KB266055

HOMO CARBO

HOMO CARBO
호모 카르보

탄소로 자란 문명, 탄소에 삼켜질 인류

신익수 지음

틈새책방

이 책을 내 아내 김다냐,
그리고 우리 두 딸에게 바친다.

빨간 약을 삼킨 화학자

네오(Neo)는 낡은 가죽 소파에 앉아 있다. 그 앞에 모피어스(Morpheus)가 서 있다. 검은 선글라스 너머로 그의 표정은 보이지 않지만, 목소리는 낮고 차분하다. 그는 천천히 두 손을 들어 올린다. 왼손에는 파란 알약, 오른손에는 빨간 알약이 들려 있다.

"이게 마지막 기회야(This is your last chance)."

모피어스가 말한다.

"이 다음엔 돌아갈 수 없어(After this, there is no turning back)."

카메라가 천천히 클로즈업된다. 모피어스의 왼손 위, 파란 알약이 먼저 화면을 채운다.

"파란 약을 삼키면 이야기는 여기서 끝난다. 자네는 침대에서 깨어나 믿고 싶은 대로 믿으며 살게 되겠지(You take the blue pill, the story ends. You wake up in your bed and believe… whatever you want to believe)."

그리고 오른손의 빨간 알약으로 화면이 넘어간다.

"빨간 약을 삼키면 자네는 이상한 나라에 남는 거야. 나는 자네에게 토끼 굴이 얼마나 깊은지 보여 줄 거야(You take the red pill, you stay in Wonderland, and I show you how deep the rabbit hole goes)."

잠시 침묵.

모피어스가 두 손을 앞으로 쭉 내민다. 네오의 얼굴이 클로즈업된다. 그의 눈동자가 두 알약 사이를 오간다. 파란색, 빨간색, 파란색, 빨간색.

모피어스가 마지막으로 이렇게 말한다.

"잊지 마… 내가 보여 주는 건 진실 그 이상도, 이하도 아니야(Remember… all I'm offering is the truth. Nothing more)."

빨간 약을 삼키면 진실을 보게 된다. 대신 다시는 편하게 잘 수 없다. 파란 약을 삼키면 매트릭스 안에서 스테이크나 먹으며 행복하게 살 수 있다. 모르는 게 정말 약인 셈이다. 네오는 빨간 약을 선택했다.

나는 네오와 같은 부류의 인간이다. 불편한 진실을 외면하지 못하는 쪽. 25년 넘게 연구실에서 전극 위를 오가는 전자들, 비커 속의 화학 반응들을 들여다보며 살았다. 그러다 문득 고개를 들어 창밖을 보면, 저 하늘 위 보이지 않는 곳에서 이산화탄소 농도가 매년 2.4ppm씩 올라가고 있다는 사실이 보인다. 1958년 313ppm에서 시작해서 2024년 지금 426.9ppm. 단 한 해도 거르지 않고 상승했다.

사람들은 이 숫자를 보면서도 대수롭지 않게 여긴다. ppm이 뭔지도 모르고, 426.9라는 숫자가 왜 문제인지도 모른다. 솔직히 나도 처음엔 그랬다. 화학 교수라고 다 아는 건 아니다. 전공이 다르면 내 분야가 아니라고 생각하기 마련이다. 그런데 2015년쯤부터 이상하게 이 숫자가 신경 쓰이기 시작했다. 마치 핑크 플로이드(Pink Floyd)의

〈Comfortably Numb〉를 듣다가 갑자기 가사가 들리는 순간과도 같다. "Hello? Is there anybody in there?"

뉴스 기사가 아니라 실제 데이터를 찾아보기 시작했다. 처음엔 그냥 호기심이었다. 그런데 파면 팔수록 기분이 묘해졌다. 뭔가 잘못 돌아가고 있었다.

'열역학 제2법칙'이라는 게 있다. 우주의 엔트로피, 즉 무질서도는 항상 증가한다. 뜨거운 커피는 식지만, 찬 커피는 저절로 끓지 않는다. 시간은 한 방향으로만 흐른다. 이건 물리학의 기본 중 기본이다.

그런데 인류 문명은 이 법칙을 정면으로 거스르려 한다. 우리는 질서를 만들어 냈다고 자부한다. 도시를 세우고, 컴퓨터를 만들고, 우주선을 쏘아 올렸다. 맞다. 우리는 대단한 질서를 만들었다. 문제는 그 대가다.

질서를 만들려면 반드시 다른 어딘가의 무질서가 증가해야 한다. 에어컨을 틀면 방은 시원해지지만, 실외기는 뜨거운 공기를 뿜어낸다. 마찬가지로 우리가 만든 문명이라는 질서는, 지구 시스템 전체의 무질서를 폭발적으로 증가시킨 결과물이다.

3억 6000만 년 전 석탄기 때 식물들이 광합성으로 대기 중 이산화탄소를 빨아들여 땅속에 묻었다. 자연이 수백만 년에 걸쳐 공들여 만든 '이산화탄소 저장고'였다. 그런데 우리는 그걸 불과 200년 만에 다시 꺼내 태워 버렸다.

수백만 년 vs 200년. 이건 단순히 속도의 문제가 아니다. 시간의 방향을 역행한 것이다. 자연이 천천히 정리해서 넣어 둔 걸, 우리가 순식간에 쏟아 버린 셈이다. 그 결과? 426.9ppm. 그리고 여전히 상승 중.

우리는 스스로를 '호모 사피엔스(Homo Sapiens)'라 부른다. 지혜로운 인간. 글쎄. 3억 년 동안 봉인해 둔 저장고를 불과 200년 만에 파헤쳐 날려 버리는 종족이 정말 지혜롭다고 말할 수 있을까?

어쩌면 우리에게는 더 정직한 이름이 필요한지도 모른다. 우리는 탄소 화합물을 먹고, 탄소로 지어진 도시에서 자고, 탄소를 태운 에너지로 숨 쉰다. 우리 몸뚱이도 탄소지만, 우리가 만든 문명 자체가 거대한 탄소 덩어리다. 그래서 나는 우리를 '호모 카르보(Homo Carbo)', 즉 '탄소 인간'이라고 부르기로 했다.

이 탄소 인간의 연대기 끝에 기록된 숫자, 426.9ppm. 이것은 단순한 대기의 성분비가 아니다. 탄소를 태워 문명을 빚어 온 호모 카르보가 지구라는 거대한 저장소에 남긴, 피할 수 없는 문명의 영수증이다.

문제는 이것이 비유가 아니라는 점이다. 탄소는 이제 우리의 핏줄이자 생명줄이다. 그것이 끊어지는 순간 문명은 멈춘다. 뻔히 낭떠러지가 보이는데도 브레이크를 밟지 못하는 이유가 바로 여기에 있다.

상황이 이렇다 보니 "도대체 무엇을 해야 하는가?"라는 질문 앞에서는 말문이 막힌다. 솔직히 답이 없다. 아니, 과학이 알려 주는 정답은 있다. 그러나 우리가 실행할 수 있을지 모르겠다.

텀블러를 쓰고 분리수거를 열심히 하는 건 좋은 일이다. 모두들 진심이다. 하지만 그 정도로는 어림도 없다. 지금 문제는 개인의 도덕성이 아니라 시스템의 구조다. 연간 370억 톤의 이산화탄소가 배출되는데, 텀블러로 줄일 수 있는 건 통계 오차 범위 안에도 못 들어간다.

"그럼 기술 발전으로 해결되지 않을까?"

기술 낙관론. 20세기의 유산이다. 문제가 생기면 기술이 해결해 줄 거라는 믿음. 나도 과학자이니까 기술을 사랑한다. 하지만 열역학은 타협하지 않는다. 이미 대기 중으로 흩어진 이산화탄소를 다시 모으려면, 처음 배출할 때보다 훨씬 더 많은 에너지가 든다. 이건 기술의 문제가 아니라 물리 법칙의 문제다.

그럼 우리 인류에게 남은 미래는 디스토피아란 말인가? 딱 잘라 말하긴 어렵다. 변수가 많다. 하지만 현재 궤적대로 가면 좋지 않다. 그것도 매우 좋지 않다.

내가 이 책을 쓰는 이유는 두 가지다.

첫째, 누군가는 말해야 한다. 정치인들은 표를 의식하고, 기업들은 주가를 신경 쓴다. 언론은 클릭 수에 연연한다. 그들에게 불편한 진실을 말하라고 기대하는 건 무리다. 그럼 과학자가 해야지.

둘째, 나는 대학교수다. 가르치는 게 일이다. 학생들에게 "데이터는 거짓말하지 않는다"라고 가르친다. 그런데 정작 세상에서 가장 중요한 데이터인 이 가파른 상승 곡선에 대해 침묵한다면, 그건 위선이다.

이 책은 해법을 제시하는 '정답지'가 아니다. 솔직히 완벽한 정답은 없다. 누군가가 "이렇게 하면 100% 해결됩니다"라고 장담한다면, 그 사람은 사기꾼이거나 무지한 사람이다.

대신 이 책은 '진단서'다. 지금 우리가 어디에 서 있는지, 앞으로 어떤 일이 벌어질 가능성이 높은지, 데이터가 말하는 것을 있는 그대로 보여 주려 한다.

불편할 것이다. 당연하다. 배에 구멍이 났는데 "양동이로 열심히 물을 퍼내면 됩니다"라고 말하는 게 해법일까, 자기 위안일까? 나는 차라리 "지금 당장 구멍을 막지 않으면 가라앉습니다"라고 말하는 게 정직하다고 본다. 위로는 나중에 해도 된다. 지금은 사실 확인이 먼저다.

1971년 레드 제플린(Led Zeppelin)이 발표한 〈Stairway to Heaven〉은 물질 만능주의에 빠진 한 여자의 이야기다. 그는 반짝이는 것이 모두 금이라 믿고, 돈으로 천국행 계단을 살 수 있다고 확신한다. 로버트 플랜트(Robert Plant)가 쓴 가사는 이렇게 시작한다.

"There's a lady who's sure all that glitters is gold, and she's buying a stairway to heaven." 영적인 구원마저 소비의 대상으로 여기는 현대인의 모습이다.

곡 중반부, 그의 앞에 두 가지 길이 놓인다. 물질적 삶과 정신적 삶. 그리고 노래는 말한다. 아직 방향을 바꿀 시간이 남아 있다고. 하지만 여기서 결정적인 구절이 나온다.

"There's a sign on the wall, but she wants to be sure."

벽에 경고 표지판이 있지만, 그는 그저 안심하고만 싶다. 경고를 보면서도 자신의 선택이 옳다고 믿고 싶어 한다. 그리고 8분이 넘는 곡이 끝날 때, 플랜트는 처음과 똑같은 가사를 반복한다. "And she's buying a stairway to heaven." 여전히 사고 있다. 현재 진행형이다. 깨달음의 기회가 있었지만, 경고를 무시한 채 여전히 계단을 한 칸 한 칸 '구매'하고 있다.

우리도 똑같다. 하늘에는 우리가 내뱉은 탄소 찌꺼기가 얼마나 차올랐는지를 보여 주는 거대한 눈금이 걸려 있다. 1958년부터 지금까지 단 한 해도 빠짐없이 상승하는 이산화탄소 농도의 붉은 그래프. 이보다 더 명확한 경고가 어디 있나. 하지만 우리는 안심하고 싶어 한다. "설마 그 정도까지야", "기술이 해결해 주겠지", "아직 시간 있 잖아". 우리도 여전히 '성장의 계단'을 사고 있다. GDP 상승률, 주가 지수, 소비 증가율. 이 모든 게 위로 올라가기만 하면 된다고 믿는다. 50년 전 노래인데 지금 우리 얘기 같다.

이제 밤이 왔다. 메탈리카(Metallica)의 〈Enter Sandman〉이 정확히 이 순간을 묘사한다. "Exit light, enter night." 빛이 꺼지고 밤이 온다. 잠들기 전 기도를 하지만, 악몽은 어차피 오게 되어 있다. "Sleep with one eye open, gripping your pillow tight." 한쪽 눈을 뜨고 자고, 베개 를 꽉 움켜쥐어라. 이 악물어라.

기후 위기는 우리의 집단적 악몽이다. 차이가 있다면, 이건 잠에서 깨면 사라지는 꿈이 아니라는 점이다. 이건 데이터다. 426.9ppm이 라는 숫자는 아침이 와도 그대로 있다. 아니, 내일 아침엔 더 올라가 있을 것이다.

요정 샌드맨(Sandman)은 모래를 뿌려 사람들을 재운다. 우리도 비 슷하다. 스스로에게 모래를 뿌리며 잠들려 한다. "아직 괜찮아, 아직 괜찮아." 하지만 보컬 제임스 헷필드(James Hetfield)는 경고한다. 꿈의 저편으로 가는 길은 편안하지 않다고. "Off to never-never land." 다 시는 돌아올 수 없는 땅. 그 단방향 비가역의 영역.

환영한다. 여기는 춥고, 건조하고, 위험하다. 하지만 적어도 이것 이 우리가 맞이할 진짜 세상이다.

이 책은 크게 세 부분으로 나뉜다.

첫 번째 부분에서는 숫자를 본다. 1958년 313ppm에서 시작해 2024년 426.9ppm까지, 이 상승 곡선이 무엇을 의미하는지 정확히 짚는다. 과학자 찰스 킬링(Charles David Keeling)이 측정한 지구의 호흡, 온실 효과의 화학, 그리고 왜 이 문제가 '되돌릴 수 없는' 것인지.

두 번째 부분에서는 역사를 훑는다. 인류가 어떻게 이 지경까지 왔는지. 석탄기부터 산업 혁명, 20세기 대가속, 그리고 기후 협상의 실패까지. 우리가 알면서도 멈추지 못한 이유.

세 번째 부분에서는 현실을 마주한다. 2°C와 4°C 상승의 차이, 생태계 붕괴 시나리오, 그리고 각국이 실제로 무엇을 하고 있는지 (혹은 하지 않고 있는지). 한국은 어떤 선택을 해야 하는지.

결론부터 말하자면 전망이 암울하다. 인류는 기후 위기라는 자신과의 싸움에서 패배하고 있다. 2026년 1월, 학술지《네이처(Nature)》는 2024년 지구 평균 기온이 산업화 이전 대비 이미 1.55°C 상승했다고 보도했다. 2015년 파리 협정이 설정한 '1.5°C 지지선'은 사실상 무너졌다. 이 목표는 단순한 숫자가 아니었다. 산호초의 99%가 생존하고, 북극 해빙이 여름에도 녹지 않으며, 수억 명이 삶의 터전을 잃지 않을 수 있는 마지노선이었다. 우리는 그 첫 번째 방어선을 지키는 데 실패했다. 기사는 "이제 과학자와 정책 입안자들은 1.5°C 목표가 효용을 다했음을 인정해야 한다"고 냉정하게 선언했다. 이제 남은 길은 하나뿐이다. 이미 뚫려 버린 방어선에 미련을 두는 대신, 에너지 시스템을 근본적으로 뜯어고쳐 2°C, 3°C로의 추가 상승을 막아 내는 구체적이고 처절한 전투에 집중하는 것이다.

2025년 1월, 비와 눈이 섞여 내리던 런던 하이게이트 공동묘지(Highgate Cemetery). 나는 칼 마르크스(Karl Marx)의 묘비 앞에 서 있었다. 그 압도적인 청동 흉상 아래에는 그가 남긴 가장 도발적인 문장, '11

번째 테제'가 장엄하게 새겨져 있었다.

“The philosophers have only interpreted the world, in various ways. The point, however, is to change it(철학자들은 지금까지 여러 가지 방법으로 세계를 해석해 오기만 했다. 그러나 중요한 것은 세계를 변혁하는 것이다).”

마지막으로, 내 머릿속에만 맴돌던 파편들에 '호모 카르보'라는 정확한 이름을 붙여 준 편집장과, 연구자의 투박한 시선을 치열한 토론으로 벼려 준 틈새책방 대표에게 깊은 감사를 전한다.

2026년 3월

신익수

차례

공기를
수집하는 남자

*"The struggle itself toward the heights
is enough to fill a man's heart.
One must imagine Sisyphus happy."*

"산 정상을 향한 투쟁 그 자체가
인간의 마음을 가득 채우기에 충분하다.
우리는 시지프가 행복하다고 상상해야 한다."

― 알베르 카뮈(Albert Camus), 《시지프 신화》(1942년)

노벨상 수상자의 엉뚱한 취미

1895년 스톡홀름의 겨울, 오후 서너 시면 이미 해가 자취를 감추는 탓에 북구의 밤은 유난히 길고 깊었다. 늦은 밤, 스웨덴 왕립공과대학교(Kungliga Tekniska högskolan)의 한 연구실. 희미한 가스등 불빛 아래 서른여섯의 화학자 스반테 아레니우스(Svante Arrhenius, 1859~1927)가 끝이 보이지 않는 계산에 몰두하고 있었다.

책상 위에는 숫자와 방정식이 빼곡한 서류가 층층이 쌓여 있었고, 잉크로 얼룩진 그의 손가락은 손때 묻은 대수표와 낡은 계산자 사이를 쉼 없이 오갔다. 이 고된 사투가 꽤 오랫동안 이어져 왔음을 짐작케 하는 풍경이었다. 그런데 흥미로운 점은, 그가 이토록 매달리고 있는 이 연구 주제가 당대의 저명한 물리화학자였던 자신의 이력과는 사뭇 동떨어진, 뜻밖의 분야였다는 사실이다.

본래 아레니우스는 전해질(electrolyte)의 '해리 이론(dissociation theory)'

으로 스웨덴 학계를 뒤흔든 스타 과학자였다. 염화나트륨($NaCl$)이 물에 녹으면 나트륨 이온(Na^+)과 염화 이온(Cl^-)으로 분리된다는 그의 통찰은 오늘날 중학생도 아는 상식이지만, 당시로서는 혁명적인 발상이었다. 비록 그의 연구(박사 학위 논문)가 처음엔 "별로 인상적이지 않다"는 혹평을 받으며 그를 낙제 위기로 몰아가기도 했지만[1], 결국 1903년 노벨 화학상을 안겨 준 위대한 업적이 됐다. 평소 그의 세계는 이처럼 시험관 속 용액과 보이지 않는 분자들의 움직임에 국한돼 있었다. 그렇다면 그가 스톡홀름의 긴 겨울밤을 지새우며 씨름하던, 본업과는 사뭇 동떨어져 보였던 그 '뜻밖의 분야'는 대체 무엇이었을까? 그것은 다름 아닌 '지구 전체'라는 거대한 시스템이었다.

미시 세계에 몰두해 온 화학자가 왜 갑자기 행성 규모의 수치들을 다루게 된 것일까? 장차 노벨상을 받게 될 이 뛰어난 학자는 대체 무엇 때문에 스톡홀름의 긴 겨울밤을 지새우며 지구의 온도와 이산화탄소(CO_2) 수치를 들여다보고 있었던 것일까?

사실 아레니우스가 이 낯선 분야에 이토록 매달린 배경에는 순탄치 않았던 개인사가 깊이 자리하고 있었다. 당시 그의 결혼 생활은 파국을 향해 치닫고 있었다. 1894년 결혼한 아내 소피아는 불과 2년 만에 이혼 소송을 제기하며 그의 곁을 떠났다. 하지만 이미 1895년부터 시작된 가정 불화로 극심한 상심에 빠져 있던 아레니우스는[2], 자신이 가장 잘하는 단 하나의 방식으로 절망에 대처했다. 바로 연구실이라는 고립된 도피처에 스스로를 가둔 채 지독한 계산에 몰두하는 것이었다.

원래 지적 호기심이 남달랐던 그는 화학에만 갇혀 있지 않았다. 지질학, 천문학, 기상학까지, 그는 세상의 작동 원리라면 무엇이든

스웨덴의 화학자이자 물리학자였던 스반테 아레니우스. 1903년 전해질 해리 이론으로 노벨 화학상을 수상했다. ©Getty Images

탐구하고자 했다[3]. 그러던 중 그는 동료 지질학자 아르비드 회그봄 (Arvid Högbom, 1857~1940)이 발표한 흥미로운 데이터 하나를 발견했다. 자연계의 탄소 순환을 연구하던 회그봄은 당시 급증하던 석탄 사용량을 토대로 인간이 매년 배출하는 이산화탄소의 양을 계산했는데, 그 결과가 놀라웠다. 인위적인 배출량이 자연의 배출량과 비슷한 규모라는 사실을 발견한 것이다[4].

아레니우스는 회그봄의 이 데이터를 보는 순간 머릿속에 한 가지 질문을 떠올렸다. "만약 인간 활동으로 대기 중 이산화탄소 농도가 높아진다면, 지구 표면의 온도는 과연 어떻게 변할까?" 당시 회그봄은 단순히 이산화탄소의 양만을 계산했을 뿐, 그것이 지구 기후라는 거대한 시스템에 어떤 파장을 일으킬지는 미처 내다보지 못했다. 하지만 아레니우스에게 그것은 충분히 도전해 볼 만한, 아니 반드시 풀어 내야만 하는 수수께끼였다. 그에게 이 문제는 복잡한 감정의 소용돌이에서 벗어나 오직 논리와 수치로만 승부할 수 있는, 지극히 순수한 물리와 수학의 영역이었기 때문이다.

1년간의 손목 터지는 계산

아레니우스가 마주한 계산의 규모는 상상을 초월했다. 그는 지구를 위도별로 잘게 나눈 뒤, 각 구간으로 들어오는 태양 복사열과 밖으로 나가는 지구 복사열 사이의 정교한 균형을 하나하나 계산해 나갔다. 문제는 방대한 수치를 오로지 수작업으로 처리해야 했다는 점이었다. 당시는 전자계산기는커녕 기계식 계산기도 흔치 않았던 시대였다.

그가 가진 도구라곤 계산자와 대수표[*], 단 두 가지뿐이었다. 계산자는 두 개의 눈금 막대를 밀고 당겨가며 곱셈과 나눗셈을 하는 도구다. 기껏해야 소수점 셋째 자리 정도의 정밀도에, 눈금을 읽는 데에도 고도의 집중력과 숙련된 손놀림이 필요했다. 대수표는 또 다른 차원의 인내심을 요구했다. 예를 들어, '347.82 × 0.0056' 같은 복잡한 곱셈 계산을 수행하려면, 우선 두꺼운 대수표 책을 한 장씩 넘겨 가며 각 숫자에 대응하는 로그(log)값을 찾아내야 했다. 그 값들을 더한 뒤 다시 표를 뒤져서 합산된 결과에 해당하는 원래의 숫자를 찾아내는 과정이 이어졌다. 곱셈을 덧셈으로 치환해 주는 유용한 도구였음에도 불구하고, 이 지루한 탐색과 기록의 반복 중 단 한 번이라도 실수하면 그때까지의 공든 탑이 여지없이 무너졌다.

매일 밤 가스등 불빛 아래서 아레니우스는 이 원시적인 도구들에 의지해 각 위도에서의 태양 고도, 대기 중 수증기 분포, 이산화탄소의 복사 흡수량 등을 고려한 복잡한 수식들과 씨름했다. 위도 한 구간의 열수지(heat balance)를 계산하는 데에도 수백 번의 곱셈과 나눗셈, 로그 계산이 뒤따랐다. 그는 이 지루한 과정을 지구 전체 위도에 걸쳐, 심지어 이산화탄소 농도를 여러 조건으로 바꿔 가며 끊임없이 반복했다[5].

---

[*] 계산자(slide rule)와 대수표(logarithm table)는 전자계산기가 발명되기 전, 과학자와 공학자들이 복잡한 계산을 수행하기 위해 필수적으로 사용했던 도구다. 계산자는 로그의 원리를 이용해 곱셈과 나눗셈 등을 근사치로 빠르게 계산하는 아날로그 장치이며, 대수표는 미리 계산된 로그값들을 표로 정리해 둔 책자다.

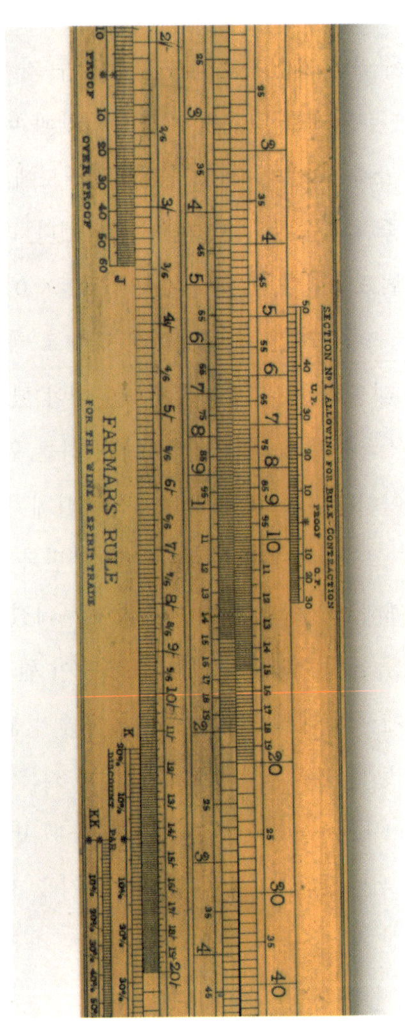

계산자는 아레니우스가 활동하던 시대에 사용된 계산 도구로, 복잡한 곱셈과 나눗셈을 근사치로 계산하는 데 쓰였다. 덧셈과 뺄셈은 할 수 없었지만 로그의 원리를 이용해 곱셈, 나눗셈, 제곱근, 삼각함수 등의 계산을 도왔다. 아날로그식 계산기로서 화학 및 과학 분야에서 널리 활용됐다.
©The Whipple Museum of the History of Science, Cambridge

하지만 계산의 복잡함보다 더 큰 걸림돌이 있었다. 이산화탄소가 열을 얼마나 흡수하는지에 대한 기초 데이터 자체가 턱없이 부족했던 것이다. 당시에는 이산화탄소가 어떤 파장의 빛을 얼마나 흡수하는지 정밀하게 측정한 실험이 거의 없었다. 아레니우스는 동료 크누트 옹스트룀(Knut Ångström, 1857~1910)이 실험실에서 측정한 제한적인 스펙트럼 데이터를 구했다[6]. 비록 정확도가 의심되는 수준의 불완전한 데이터였지만, 그것은 당시 그가 손에 쥘 수 있는 최선의 것이었다.

1년이 넘는 지루한 계산 끝에, 1896년 아레니우스는 하나의 결론에 도달했다. 대기 중 이산화탄소 농도가 두 배로 늘면 지구 평균 기온이 5~6°C 상승할 것이라는 예측이었다[7]. 이는 현대 최첨단 슈퍼컴퓨터가 내놓은 예측치(3~4.5°C)와 비교해 꽤나 근접한 결과였다. 낡은 계산자와 불확실한 데이터만으로 이산화탄소의 온실 효과가 얼마나 강력하고 근본적인 원리인지를 이토록 정확하게 짚어 냈다는 사실, 그것이 바로 이 발견의 진정한 부게였다.

아레니우스는 여기서 멈추지 않고 한 걸음 더 나아가, 당시 연간 석탄 소비량 증가율을 고려할 때, 약 3000년 후면 대기 중 이산화탄소 농도가 두 배에 달할 것이라고 내다봤다[8]. 이것은 20세기의 폭발적인 화석 연료 사용을 예상하지 못한 과소평가였지만, 그가 포착한 본질만큼은 명확했다. 공장 굴뚝에서 뿜어져 나오는 연기, 즉 인간의 생산 활동이 종국에는 지구 전체를 뜨겁게 달굴 수 있다는 경고였다. 비록 1896년 당시 사람들에게는 기이한 공상 과학처럼 들렸겠지만 말이다.

1896년 4월, 아레니우스는 자신의 연구를 《런던, 에든버러, 더블린 철학 잡지 및 과학 학술지(The London, Edinburgh, and Dublin Philosophical Magazine and Journal of Science)》에 〈대기 중 탄산 가스가 지표면 온도에 미치는 영향〉이라는 제목으로 발표했다[9]. 이것이 바로 인간 활동에 의한 기후 변화를 예측한 인류 최초의 학술 논문이었다. 하지만 학계의 반응은 냉담했다. 당시 지질학자들은 빙하기의 원인을 규명하는 데만 매몰돼 있었고, 기상학자들은 당장의 일기 예보조차 제대로 예측하지 못하는 실정이었다. 이들에게는 거대한 지구 시스템을 겨우 화학자 한 명이 계산만으로 예측했다는 것 자체가 오만하고 무모해 보였다.

게다가 아레니우스 본인의 태도 또한 오늘날 우리의 상식과는 거리가 있었다. 그는 이산화탄소 증가를 걱정할 일이 아니라 환영할 일로 여겼다. 그는 1908년에 펴낸 대중서 《세계의 형성(Worlds in the Making)》에서 다음과 같이 주장했다[10].

"온실 효과 증가로 인한 온난화는 다가오는 빙하기를 막고, 추운 지역에서도 농작물을 기를 수 있게 해 줄 것이다. 미래 세대들은 우리보다 훨씬 유리한 기후 조건에서 살게 될 것이다."

스웨덴의 혹독한 겨울을 평생 견뎌 온 아레니우스에게 지구가 따뜻해진다는 것은 재앙이 아니라 축복이었다. 당시로서는 해수면 상승이나 생태계 붕괴, 극심한 가뭄 같은 기후 위기의 징후들을 상상하기란 불가능에 가까웠다. 19세기 말의 과학자들에게 자연은 정복과 개척의 대상이었을 뿐, 인간의 활동이 거대한 자연계에 돌이킬 수 없는 피해를 줄 수 있다는 인식 자체는 희박했다.

게다가 20세기 초반의 주류 과학계는 바다가 대기 중의 이산화탄소를 모두 흡수해 정화해 줄 것이라는 낙관론에 빠져 있었다. 아레니우스에게 가해진 결정적인 타격은 1900년, 그의 동료였던 크누트 옹스트룀의 실험 결과였다. 옹스트룀은 실험실 환경에서 이산화탄소 농도를 두 배로 높여도 복사 에너지의 흡수량에는 큰 변화가 없다고 주장했다[11].

비록 옹스트룀의 실험은 대기 압력 변화나 수증기의 간섭 효과를 고려하지 못한 오류투성이였지만[12], 당시 학계는 아레니우스의 이론을 반박하는 확실한 증거로 받아들였다. 결국 아레니우스의 선구적인 예언은 점차 사람들의 기억에서 희미해졌다. 그의 논문은 도서관 서가가 깊숙한 곳에 먼지를 뒤집어쓴 채 묻혀 버렸고, 기후 변화는 수천 년 후에나 벌어질지 모를 아득한 미래의 공상으로 치부됐다.

60년 후, 태평양에서 부활한 예언

그로부터 60년 후, 태평양 한가운데 화산 정상에서 아레니우스의 예언을 현실에서 입증할 인물이 등장한다. 그의 이름은 찰스 데이비드 킬링(Charles David Keeling, 1928~2005). 흥미롭게도 킬링 역시 아레니우스처럼 원래 자신의 전공과는 다른 일에 빠져든 사례였다. 1950년대 중반, 캘리포니아공과대학교(칼텍)에서 박사후연구원으로 일하던 그는 원래 지구 화학을 연구했다. 구체적으로는 지하수에서 탄산칼슘 결정이 어떻게 형성되는지 알아보는 연구였다[13].

그런데 이 연구는 자연 상태의 이산화탄소 농도를 정확히 알아야 만 하는 숙제를 안고 있었다. 지하수의 칼슘과 탄산의 균형을 계산하려면 대기 중에 있는 이산화탄소 농도를 기준점으로 삼아야 했기 때문이다. 그런데 그때까지 알려진 문헌들을 뒤져 보면, 이 농도에 대한 보고 자료들이 매우 부실했다. 1950년대까지 대기 중 이산화탄소를 측정한 연구들은 그야말로 중구난방이었다[14].

19세기부터 20세기 중반까지 여러 과학자들이 측정을 시도했지만, 측정 방법이 제각각이었고, 결과도 신뢰를 담보하기 어려운 수준이었다. 가령 어떤 연구에서는 대기 중 이산화탄소 농도를 150ppm(1ppm = 1 part per million, 100만 개 중의 1개)으로 보고하는데, 비슷한 시기 또 다른 연구에서는 400ppm이라는 보고가 나왔다. 심지어 같은 장소에서 동일한 방법으로 측정해도 매일매일 측정값이 달리 나오는 경우도 있었다.

이러한 문제가 발생한 근본 원인은 원시적인 측정 방식에 있었다. 당시 과학자들이 사용하던 방법은 19세기부터 알려져 온 화학 측정법이었는데, 공기를 수산화바륨($Ba(OH)_2$)이나 수산화나트륨($NaOH$) 같은 알칼리 수용액에 통과시켜서 거기에 포함된 이산화탄소를 흡수(포집)시킨 다음, 다시 이 용액을 염산으로 적정*하여 농도를 측정하는 방식이었다[15].

그런데 이 방법의 문제점은 셀 수 없이 많았다. 온도가 조금만 달라져도 포집되는 이산화탄소 양이 달라졌다. 또 습도가 높으면 공

---

* 시료 용액에 일정한 농도의 산이나 염기를 서서히 넣어 반응이 끝나는 시점을 통해 농도를 알아내는 실험 방법.

기 속의 물 분자가 이산화탄소와 경쟁하면서 포집을 방해했다. 설상가상 바람이 세게 불면 공기가 너무 빨리 지나가 버려 수용액에 이산화탄소가 완전히 흡수되지 않았다. 반대로 바람이 약하면 주변 식물의 호흡으로 발생한 이산화탄소가 섞여 들어왔다. 심지어 측정자의 호흡이 측정 결과에 큰 영향을 미치기도 했다. 인간이 내쉬는 숨에는 약 4만 ppm의 이산화탄소가 들어 있다. 장비에서 2미터 떨어진 측정자가 숨을 한 번 내쉬는 것만으로도 주변 공기의 이산화탄소 농도가 순간적으로 수십 ppm이나 상승했다. 어떤 과학자는 이 문제를 해결하기 위해 입에 고무관을 물고 측정하기도 했지만, 그러면 또 고무관에서 나오는 화학 물질이 측정을 방해하곤 했다.

킬링은 이런 상황을 보며 절망했다. 이것은 "과학이라고 부를 만한 것이 아니었다"라고 회고했을 정도다[16]. 20세기 중반, 인공위성을 쏘아 올리고 원자를 쪼개는 시대에, 지구 대기의 기본 성분도 제대로 측정하지 못한다는 것이 말이 되느냐는 의미였다.

빛으로 공기를 읽는 혁명

킬링은 완전히 새로운 접근이 필요하다고 판단했다. 그가 선택한 무기는 당시로서는 혁신적이었던 적외선 분광법이었다. 부정확한 화학 반응 대신, 빛을 이용해 이산화탄소의 농도를 직접 측정하는 방식이었다. 킬링은 당시 미국 기상국(Weather Bureau)의 전폭적인 지원을 받아 자동차 한 대 값에 육박하는 최신형 적외선 가스 분석기를[17] 무려 네 대나 들여놓았다.

이 기계의 원리는 기존의 화학적 방식과는 비교할 수 없을 만큼 정교했다. 우선 텅스텐 필라멘트에서 발생한 적외선이 길이 2.5미터의 긴 금속 튜브를 통과한다. 그 튜브 내부로 측정하고자 하는 공기를 천천히 흘려보내면, 공기 속 이산화탄소 분자들이 파장 4.26마이크로미터의 적외선과 만나, 마법 같은 양자 현상을 일으키게 된다.

이산화탄소(CO_2)는 탄소 원자 하나를 중심으로 양옆에 산소 원자 두 개가 일직선으로 결합한(O=C=O) 독특한 구조를 지닌다. 이 분자는 특정 파장의 적외선을 만나면 마치 공명하는 음차(音叉, 소리굽쇠)처럼 진동하기 시작한다. 탄소와 산소 사이의 결합(C=O)이 늘어났다 줄어들기를 반복하며 분자 전체가 춤을 추듯 움직인다. 이 과정에서 빛 에너지가 분자의 진동 에너지로 전환되어 사라지는데, 흥미롭게도 이산화탄소가 흡수하는 파장이 하필 지구가 방출하는 적외선 영

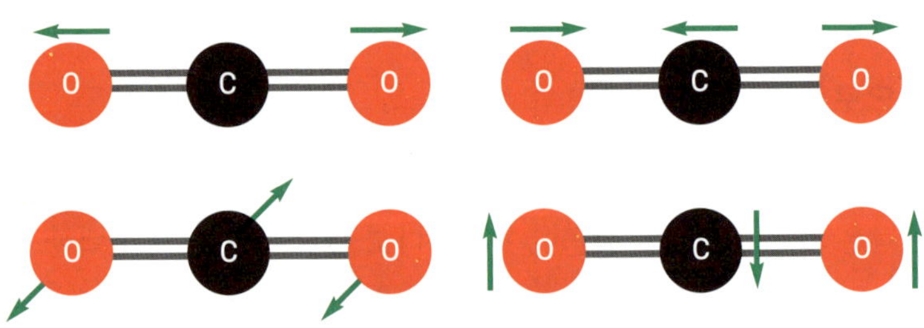

각 그림에서 탄소 원자(C) 좌우 양쪽에 배치된 빨간색 원들은 산소 원자 O를 의미한다. 이산화탄소(CO_2)는 C를 중심으로 두 개의 O가 튼튼한 이중 결합(=)으로 연결되어 구성된 작은 기체 분자다. 탄소를 중심으로 두 개의 산소 원자가 스프링처럼 진동할 수 있는데, 총 네 개의 서로 다른 운동 형태를 갖는다. 이렇게 단 세 개의 원자로 이루어진 CO_2 분자가 어떻게 지구 전체를 뜨겁게 만드는지, 그 놀라운 메커니즘은 14장에서 자세히 설명하겠다.

역과 일치한다. 이는 고전 물리학의 상식을 넘어선 양자 역학(quantum mechanics)의 영역이다.

특이한 것은 대기의 대부분을 차지하는 질소(N_2)나 산소(O_2)는 이런 현상을 보이지 않는다는 사실이다. 이들은 대칭적인 구조 탓에 적외선을 그대로 통과시키지만, **오직 이산화탄소만 선택적으로 이 빛을 '먹어 치운다'.** 이산화탄소는 지구가 내뿜는 열을 마치 담요처럼 가두는 특별한 안테나와 같다. 지표면이 낮 동안 태양으로부터 받은 에너지를 밤에 적외선(열) 형태로 우주로 내보내려 할 때, 이산화탄소 분자가 마치 출입문 앞을 가로막듯 그 열을 붙잡는다. 가시광선은 투명하게 통과시키면서도 특정 파장의 적외선은 골라서 흡수하는 이 기묘한 공명 현상. 이것이 바로 대기의 0.03%에 불과한 이산화탄소가 지구 전체의 온도를 좌우할 수 있는 결정적인 이유다.

1958년, 하와이 화산 위의 기묘한 실험

킬링이 측정 장소로 선택한 곳은 미국 하와이 빅아일랜드(Big Island)의 마우나로아(Mauna Loa) 화산이었다. 이곳은 지구상에서 가장 완벽한 대기 관측지 중 하나였다. 마우나로아는 하와이어로 '긴 산'이라는 뜻으로, 해수면에서 4,169미터까지 솟아오른 거대한 방패 화산(Shield Volcano)이다. 킬링의 관측소는 화산 정상에서 북동쪽으로 11킬로미터 떨어진 해발 3,397미터 지점에 자리 잡고 있었다. 수백 년 전에 흘러내린 용암이 굳어지면서 만들어진 거친 '아아(Aa)'와 매끄러

마우나로아 관측 센터(2006년). ©Forrest M. Mims III

운 '파호에호에(Pahoehoe)'*가 뒤섞인 검은색 현무암 평원 지대. 흡사 외계 행성과도 같은 풍경의 지형이었다. 이곳이 관측소로 선택된 이유는 단순했다. 우선 고도가 높아 지역적 오염원으로부터 격리될 수 있었다. 또한 사방이 수천 킬로미터의 태평양으로 둘러싸여 대륙의 영향을 받지 않았다. 그리고 북동쪽에서 불어오는 무역풍은 언제나 깨끗한 공기를 실어 날라줬다.

1958년 3월 29일 이른 아침, 킬링의 적외선 가스 분석기가 첫 측정을 시작했다. 기계가 처음 기록한 값은 313ppm이었다[18].

---

* '아아(Aa)'와 '파호에호에(Pahoehoe)'는 용암의 형태를 구분하는 하와이어 명칭이다. 아아 용암은 표면이 거칠고 날카로운 암석 조각들로 이뤄져 있으며, 파호에호에 용암은 표면이 매끄럽거나 밧줄 모양의 주름이 잡힌 형태를 띤다.

Air Eater: 지구의 호흡을 발견한 남자

이곳에서 킬링의 일과는 매일 똑같았다. 오전 6시, 정오, 오후 6시, 자정에 반복되는 측정. 하루에 네 번, 6시간마다 정확히 반복되는 의식과도 같은 일을 행했다[19]. 먼저 풍향계를 확인해 바람이 킬라우에아 화산 쪽에서 오지 않는지 점검했다. 화산에서 나오는 이산화탄소가 섞이면 측정값이 크게 왜곡되기 때문에 꼭 점검하고 배제해야 했다. 적절한 방향에서 바람이 불어올 때만 비로소 측정을 시작했다. 타워 꼭대기의 테플론 튜브 밸브를 열면, 연결된 전기 펌프가 작동하면서 150리터의 공기를 초당 50밀리리터씩 천천히 흡입구로 빨아들였다. 적외선 분석기가 작동하는 동안 킬링은 차트 기록계 앞에서 연속적으로 그려지는 곡선을 주시했다.

관측 초기 몇 달간은 모든 것이 예상대로였다. 이산화탄소 농도는 313~315ppm 사이에서 안정적인 수치를 유지했다. 그런데 여름이 지나 가을로 접어들 무렵, 이상한 일이 벌어졌다. 이산화탄소 농도가 조금씩, 그러나 분명하게 떨어지기 시작한 것이다. 킬링은 처음에는 장비 고장을 의심했다. 하지만 아무리 점검해도 기계에는 문제가 없었다. 정기적으로 표준 가스로 확인해 보는데, 그때의 측정은 완벽하리만큼 정확했다. 의문이 가시지 않은 채 겨울이 찾아왔다. 이번에는 이산화탄소 농도가 다시 고개를 들며 상승하기 시작했다. 킬링은 며칠 밤을 새우며 데이터 속에 숨겨진 원인을 추적했다. 그러고는 마침내 진실을 깨달았다. 이것은 장비의 오작동이 아니었다. 실은 인류가 한 번도 인지하지 못했던 경이로운 현상, 즉 지구 전체가 계절에 따라서 거대한 숨을 쉬고 있다는 증거였다.

지구 육지의 대부분은 북반구에 집중돼 있고, 유라시아 대륙과 북미 대륙에는 광대한 숲과 초원이 펼쳐져 있다. 봄과 여름철에는 이 거대한 육지의 식물들이 광합성을 하면서 대기 중 이산화탄소를 대량으로 빨아들인다.

$$6CO_2 + 6H_2O\text{(물)} + \text{빛 에너지} \rightarrow C_6H_{12}O_6\text{(포도당)} + 6O_2\text{(산소)}$$

이 간단한 화학 반응이 수억 제곱킬로미터에서 동시에 일어나면서 지구 전체 대기의 이산화탄소 농도를 뚜렷하게 떨어뜨리는 것이다. 반대로 가을과 겨울에는 식물들이 잎을 떨어뜨리고 성장을 멈춘다. 동시에 토양 속 미생물들이 죽은 잎과 가지를 분해하면서 이산화탄소를 방출한다.

$$C_6H_{12}O_6\text{(포도당)} + 6O_2 \rightarrow 6CO_2 + 6H_2O + \text{에너지}$$

이렇게 광합성의 역반응인 호흡과 분해 과정이 우세해지면서 대기 중 이산화탄소 농도가 다시 상승한다. 킬링은 자신의 발견을 이렇게 표현했다[20].

"우리는 처음으로 자연이 여름철 식물 성장을 위해 공기에서 이산화탄소를 끌어내고, 매 겨울마다 그것을 다시 되돌려주는 것을 목격하고 있었다."

이 계절적 변화의 규모는 상당히 컸다. 최고점에서 최저점까지 약 6~7ppm의 차이가 났다[21]. 전체 대기 중 이산화탄소 농도가 313ppm 정도임을 생각하면, 매년 2% 정도가 북반구 식물들의 호흡 리듬에 따라 변하고 있었던 것이다. 더 흥미로운 것은 이 변화의 정확한 시기였다. 이산화탄소 농도는 5월에 정점을 찍었다. 이는 북반구의 온대 지역 식물들이 새잎을 내기 직전의 시기였다. 반대로 이산화탄소는 9월 말에 최저점에 도달했다. 이때는 식물들의 성장기가 끝나는 시점이었다[22].

이 6~7ppm의 미세한 계절적 요동이 왜 기후 역사에서 그토록 중요한 발견이었을까? 대기 중 이산화탄소 농도 313ppm의 약 2%에 해당하는 이 변화는, 지구상의 육지 식물들이 한 계절 동안 빨아들이고 내뱉는 탄소의 양이 무려 100억 톤을 상회한다는 사실을 시사했다. 더 중요한 것은 이 호흡의 진폭 자체가 해를 거듭할수록 점점 커지고 있다는 사실이었다. 1960년대 5ppm이던 계절 변동폭이 2020년대에는 7ppm을 넘어섰다. 이는 북반구 식물들이 과거보다 더 일찍 잎을 피우고 더 왕성하게 성장하고 있다는 명백한 증거다. 역설적이게도 이것은 이산화탄소 농도 상승으로 발생한 결과였다. 즉 증가한 이산화탄소가 식물에게 더 많은 광합성 재료를 제공했고, 온난화는 식물의 성장기를 길게 만들었다. 지구의 호흡이 점점 크고 거칠어지고 있었던 것이다.

킬링은 이 거대한 박동을 포착하기 위해 매일 같은 일과를 반복했다. 거르는 날이 없었다. 매일 오전 6시, 정오, 오후 6시, 자정. 풍향계를 확인하고, 바람이 불 때만 일련의 측정 과정을 시작한다. 계측기가 작동하면, 차트 앞에서 계측기가 그리는 이상한 곡선을 늘 예

킬링(중앙)과 동료 연구자였던 모스, 워프가 함께 마우나로아 관측 센터 앞에서 찍은 사진.
©Scripps Institution of Oceanography, University of California San Diego

의주시했다. 어떤 이들에게는 이 행동이 마치 '공기를 먹는 사람(Air Eater)'처럼 이상하게 여겨졌을지도 모른다. 그는 정말로 공기를 '먹고' 있었고, 동시에 그 공기가 들려주는 지구의 호흡을 최초로 '듣고' 있었다.

아무도 믿지 않았던 313ppm의 경고

정말 충격적인 발견은 그다음이었다. 1960년까지 축적된 2년간의 데이터를 분석하던 킬링은 계절적 변동을 넘어서는 더 거대한 패턴을 포착했다. 매년 반복되는 톱니 모양의 계절 변화는 변함없었지만, 그래프 전체의 평균값이 해마다 약 1ppm씩 꾸준히 상승하고 있었던 것이다[23]. 킬링은 자신이 역사의 목격자가 됐음을 직감했다. 19세기부터 인류가 태워 온 화석 연료가 실제로 지구 대기를 바꾸고 있다는 최초의 직접적 증거를 찾아낸 셈이었다. 60년 전 스반테 아레니우스가 가스등 불빛 아래서 내놓았던 고독한 예언이 비로소 현실로 입증되는 순간이었다.

1960년 킬링은 《텔루스(Tellus)》지에 〈대기 중 이산화탄소의 농도와 이산화탄소 교환에 대한 일차 연구〉라는 논문을 발표했다. 이 논문에서 그는 1957년부터 1959년까지 마우나로아와 남극에서의 첫 월간 이산화탄소 측정 기록을 제시하며, "뚜렷한 계절적 순환과 연간 이산화탄소의 전 세계적 상승 가능성"을 발견했다고 주장했다[24].

그러나 학계의 반응은 냉담했다. 1960년 미국지구물리학회 연례 회의에서 발표한 킬링의 연구에 대해, 한 저명한 기상학자는 "겨우 2~3년 치 데이터로 지구 전체의 변화를 논하는 것은 성급한 일반화"라며 비판했다[25]. 또 다른 학자는 "화산 활동이나 해류 변화 같은 자연적 변동일 가능성을 배제할 수는 없다"며 데이터의 엄밀성에 의문을 제기했다. 더 큰 문제는 당시 과학계의 전반적인 고정관념이었다. 대부분의 과학자에게 지구는 인간의 활동 따위로 변하기에는 너무나 거대하고 강인한 존재였다. 지구는 너무 크고, 인간은 너무 작다는 것이 당시의 상식이었고, 따라서 설령 이산화탄소가 늘어난다 하더라도 바다가 여분의 이산화탄소를 모두 흡수해 줄 것이라고 믿었다.

언론과 대중의 반응도 무관심하긴 마찬가지였다. 당시 신문들은 킬링의 발견을 그저 '흥미로운 과학적 호기심' 정도로 취급했다. 《뉴욕 타임스(The New York Times)》는 1959년 킬링의 연구를 소개하면서 "태평양 한가운데의 한 과학자가 공기를 측정하고 있다"는 식으로

마우나로아 관측소가 측정한 이산화탄소 농도 변화 (1958~2024)

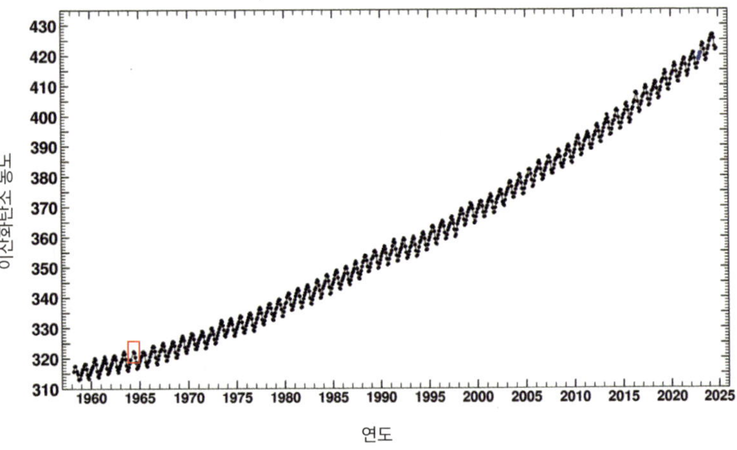

이 그래프는 1958년부터 현재까지 마우나로아 관측소에서 측정한 대기 중 이산화탄소 농도의 변화를 보여 준다. 연구비 문제로 1964년에는 작은 공백이 발생했다. 그래프에서 몇 가지 중요한 점을 확인할 수 있다.

첫째, 장기적인 상승 추세: 그래프는 지난 66년간 이산화탄소 농도가 꾸준히 상승했음을 명확히 보여 준다. 1958년 약 315ppm(연초에 작성하는 기록)에서 시작하여 2025년에는 425ppm을 넘어섰다.

둘째, 계절적 변동: 매년 작은 톱니 모양의 변동이 관찰된다. 이는 북반구의 식생이 여름에 광합성을 통해 이산화탄소를 흡수하여 농도가 낮아지고, 겨울에 식물이 부패하며 이산화탄소를 방출하여 농도가 높아지는 자연적인 순환을 의미한다.

셋째, 상승 속도의 가속화: 그래프의 기울기가 시간이 지남에 따라 점점 더 가팔라지고 있다. 1960년대의 초기 10년간 연평균 상승률은 약 0.86ppm이었으나, 최근 10년(2014~2023) 동안의 연평균 상승률은 약 2.47ppm으로 3배 가까이 빨라졌다. 이는 인간 활동에 의한 이산화탄소 배출량이 계속해서 증가하고 있음을 시사한다.

짤막하게 보도했을 뿐이었다[26]. 기후 변화가 인류의 당면 과제가 될 것이라고는 그 누구도 상상하지 못했던 시절이었다.

연구비 확보도 매년 가시밭길이었다. 킬링은 훗날 "매번 자금 지원자들을 설득해야 했고, 때로는 이미 뻔한 결과만 반복한다는 비판을 받았다"고 회고했다[27]. 1964년에는 장비를 수리할 예산을 받지 못하는 없는 바람에 킬링 곡선에 작은 공백이 생기기도 했다[28]. 그럼에도 킬링은 포기하지 않았다. 그는 자서전에서 "내 프로그램에서 수집된 데이터는 기록이 길어질수록 더욱 흥미진진해졌다"고 회고했다[29]. 그가 옳았다는 것이 증명되기까지는 그로부터 10년이 더 필요했다.

서서히 드러나는 충격적 진실

시간이 지나면서 킬링이 쌓아 올린 데이터는 논쟁의 여지가 없는 명백한 증거로 굳어졌다. 1960년대 말까지 이산화탄소 농도는 약 325ppm까지 상승했다[30]. 연간 상승률도 점점 빨라져서 1960년대 후반에는 연간 1.5ppm 이상씩 치솟고 있었다. 무엇보다 놀라운 것은 이 상승 곡선이 인류의 화석 연료 사용량 증가 추이와 정확히 일치한다는 점이었다. 킬링은 전 세계 석탄과 석유 소비 통계를 분석해 보았다. 그 결과, 인간이 배출한 이산화탄소의 약 절반이 대기 중에 누적되고 있다는 사실을 발견했다. 나머지 절반은 바다와 육지 생태계에 흡수되고는 있었지만, 자연의 정화 능력에도 분명한 한계가 있었다.

1970년대에 이르러서야 과학계는 대기 중 이산화탄소의 증가가 지속적이며, 명백히 인간 활동에 의한 것이라는 사실을 공식적으로 받아들였다. 킬링의 데이터가 축적되면서 이제는 누구도 부인할 수 없는 진실로 인정받게 된 것이다. 하지만 대중의 인식은 여전히 안일했다. 사람들은 농도가 두 배로 늘어나기까지는 수백 년은 더 걸릴 것이라고 낙관했고, 설령 문제가 생겨도 미래의 기술이 어떻게든 해결해 줄 수 있을 것이라 믿었다. 심지어 일부 과학자들은 식물이 더 잘 자랄 수 있어 반가운 일이라고 주장하기도 했다.

한편 1960년대 중반에 접어들자 킬링의 데이터에서는 불길한 변화가 감지됐다. 초기 몇 년간 연간 0.7ppm 수준에 머물던 상승률이 갑자기 1.2ppm을 돌파하며 가파르게 치솟기 시작한 것이다[31]. 무언가 근본적인 변화가 지구를 덮치고 있었다. 그 배경에는 전후 세계 경제의 유례없는 호황이 있었다. 1960년대는 이른바 인류의 '황금 시대'였다. 자동차의 급격한 대중화, 제트기를 이용한 장거리 여행의 시작, 플라스틱 혁명, 그리고 무엇보다 석유 기반 화학 공업의 폭발적 성장이 동시에 일어났다. 킬링 곡선은 인류가 누리기 시작한 전례 없는 풍요의 이면을 실시간으로, 한치의 오차도 없이 기록하고 있었다.

이 가속화의 행렬은 멈출 줄을 몰랐다. 1970년대 1.5ppm을 넘어선 연간 상승률은 1980년대에는 1.8ppm, 1990년대에는 2.0ppm에 육박했다. 중국과 인도, 브라질 같은 새로운 경제 대국들이 산업화 경쟁에 뛰어들면서 화석 연료 소비는 기하급수적으로 늘어났다.

2005년 킬링이 77세의 나이로 세상을 떠났을 때, 이산화탄소 농도는 380ppm에 도달해 있었다[32]. 평생을 바쳐 지구의 호흡을 경청

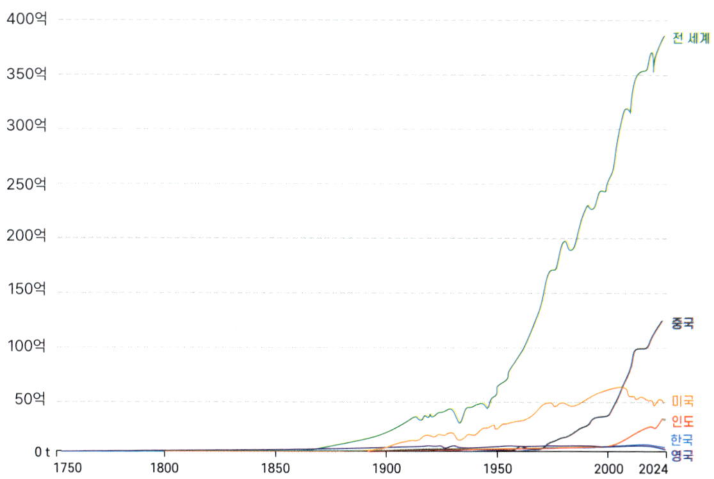

'Our World in Data'는 옥스퍼드대학교 연구진이 운영하는 데이터 시각화 사이트로, 복잡한 데이터를 매우 직관적인 그래프로 보여 준다. 위 그래프를 보면, 1950년 전후로 인류가 화석 연료 연소 등으로 배출한 이산화탄소의 양이 폭발적으로 증가하는 것을 확인할 수 있다. 주목할 점은 중국이 2000년대 이후 거의 수직으로 상승하여, 개별 국가 중 가장 큰 배출국이 됐다는 사실이다. 미국은 1950년대부터 꾸준히 증가하다가 2000년대 이후 정체 내지 완만한 감소 추세를 보인다. 인도는 2000년대 들어 가파른 상승세를 보인다. 한국은 1960년대 이후 급속한 산업화로 배출량이 꾸준히 증가하여 영국을 추월했다. 영국은 산업 혁명 초기인 1800년대부터 배출이 시작돼 역사가 가장 길지만, 최근에는 감소 추세를 보인다.

©Our World in Data

했던 위대한 관측자의 뒤를 이어, 아들 랠프 킬링(Ralph Keeling)이 아버지의 유업을 이어받았다[33]. 하지만 그가 마주한 것은 아버지가 처음 관측을 시작했던 1950년대와는 완전히 다른 세상, 열병을 앓기 시작한 낯선 행성 지구였다.

놀라운 속도로 돌진하는 지구

2024년 킬링 곡선이 가리키는 숫자는 423ppm에 도달했다(같은 해 최고 수치는 무려 **426.9ppm**이었다)[34]. 킬링이 첫 측정을 시작했던 1958년의 313ppm에서 무려 110ppm, 비율로는 35%나 급등한 수치다. 더욱 우려스러운 점은 최근의 상승 '속도'다. 2010년대 이후 연간 상승률은 2.4ppm을 넘어서고 있으며, 어떤 해에는 3ppm을 기록하기도 했다. 이는 킬링이 처음 관측을 시작했을 때보다 3배 이상 빠른 속도다.

과학자들이 남극 얼음 속에서 추출한 고대 공기를 분석해 본 결과, 현재의 이산화탄소 증가 속도는 지난 80만 년간 유례를 찾아볼 수 없는 수준임이 밝혀졌다[35]. 과거 고기후 연구에 따르면, 지구 역사상 이산화탄소 농도가 400ppm을 넘었던 마지막 시기는 약 300만 년 전인 '플라이오세 중기'였다. 당시 지구는 지금보다 2~3도 더 따뜻했고, 그린란드와 서남극 빙상은 대부분 녹아 있었으며, 해수면은 지금보다 15~25미터나 더 높았다. 현재의 이산화탄소 농도라면 지구는 조만간 그 시절과 비슷한 상태로 회귀할 것이라는 뜻이다.

하지만 플라이오세와 현재 사이에는 결정적인 차이가 있는데, 그것은 변화의 속도다. 과거 플라이오세의 높은 이산화탄소 농도는 화산 활동과 지각 변동 같은 지질학적 과정이 수십만 년에 걸쳐 만들어 낸 결과였다. 따라서 빙상이 녹고 해수면이 상승하는 데에도 그만큼의 시간이 필요했다. 이에 따라 생태계 역시 천천히 이동하며 그 변화에 적응할 수 있었다. 반면 지금의 변화는 인간이 단 66년 만에 몰아붙인 결과다. 자연적인 기후 변화에서 이산화탄소 농도가 100ppm 변하는 데는 보통 수만 년이 걸리는데, 인간은 이를 한 사람의 수명보다도 짧은 시간 안에 해치워 버린 것이다. 빙상과 생태계가 적응할 시간이 없다. 즉, 우리는 플라이오세라는 '목적지'로 엄청나게 빠른 '고속 철도'를 타고 달려가고 있는 셈이다.

킬링이 발견한 지구의 호흡은 갈수록 거칠어지고 있다. 계절적 변동 폭은 초기 측정 때보다 50% 이상 커졌고, 북극의 온난화로 영구 동토층이 녹으면서 메탄과 이산화탄소를 추가로 방출하고 있으며, 아마존 열대 우림도 어떤 해에는 이산화탄소를 흡수하는 대신 뱉어 내는 탄소 배출원으로 변해 가고 있다. 더욱 불길한 신호는 이 상승 곡선이 계속 가팔라지고 있다는 점이다. 2020년 코로나19로 전 세계가 봉쇄됐을 때도 이산화탄소 농도 상승은 멈추지 않았다. 이미 대기 중에 축적된 이산화탄소의 관성이 너무 크고, 자연계의 '되먹임 고리(feedback loop)'[*]들이 작동하기 시작했기 때문이다.

마우나로아 화산 위, 작은 관측소에서 시작된 킬링의 측정은 이제 인류에게 가장 긴급한 경고를 보내고 있다. 1958년 313ppm에서 시작된 조용한 신호는 이제 423ppm이라는 전대미문의 영역에서 울리

---

[*]   작은 에너지 불균형이나 온도 변화가 스스로를 강화하거나 완화하는 메커니즘.

는 경보음이 됐다. 아레니우스가 1896년에 예측했던 변화가 그의 상상보다 훨씬 빠른 속도로 현실이 되고 있다. 그리고 이 속도와 변화는 더 이상 선형적이지 않다. 무언가 새로운 단계로 접어들고 있으며, 그 변화의 속도 자체가 차원이 다른 경지에 들어서고 있다.

전대미문의 속도

"인간이란 모든 것에 익숙해지는 존재다.
나는 이것이 인간에 대한
가장 훌륭한 정의라고 생각한다."

— 표도르 도스토옙스키(Fyodor Dostoevsky), 《죄와 벌》(1866년)

킬링이 1958년 하와이의 화산 정상에서 처음 측정한 이산화탄소 농도는 313ppm이었다. 그로부터 66년이 지난 2024년, 그 숫자는 이제 423ppm을 가리키고 있다. 산술적으로는 매년 평균 1.67ppm씩 상승한 셈이지만, 단순한 평균치만으로는 이 수치 뒤에 숨겨진 진실을 온전히 파악할 수 없다. 진짜 문제는 상승 '속도'가 점점 빨라지고 있다는 사실이다. 1960년대만 해도 연간 1ppm 미만이었던 증가율은, 최근 10년 사이에 연간 2.4ppm을 넘어섰다. 그리고 이 무서운 가속도는 더 이상 숫자에만 머물지 않았다. 2023년 여름, 전 세계는 킬링 곡선이 수십 년간 묵묵히 경고해 온 그 불길한 미래를 마침내 마주하기 시작했다.

가장 우려스러운 대목은 이 가속화의 추세다. 2015년 열린 파리 협정에서는[1] 지구의 평균 온도 상승 폭을 산업화 이전에 비해 2°C 보다 훨씬 낮게 유지하고, 가급적 1.5°C 이하로 제한하자는 목표에 합의했다. 그러나 지금의 속도라면 2033년경에는 대기 중 이산화탄소

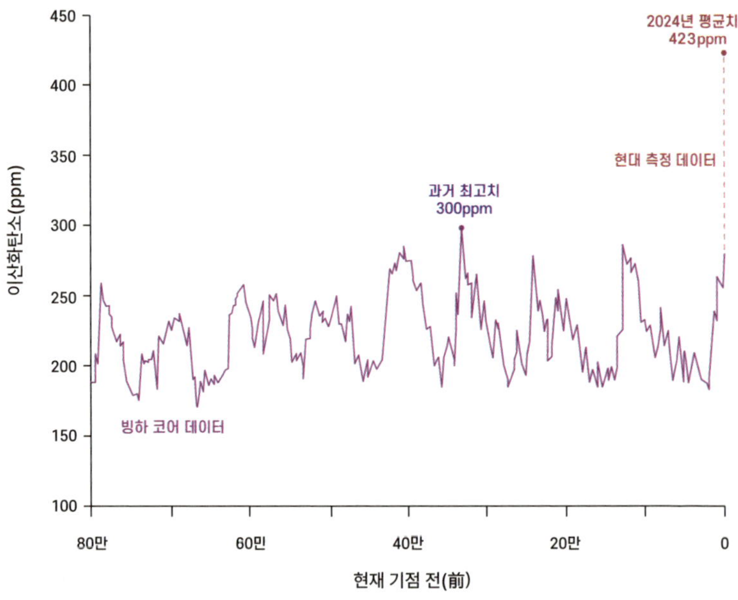

지난 80만 년간의 이산화탄소 농도 변화를 보여 주는 이 그래프는 현재 상황의 심각성을 한눈에 파악하게 해 준다. **원래 지구의 자연적 변동 범위**는 180~300 ppm 수준에 불과하다. 지난 80만 년 동안, 지구의 이산화탄소 농도는 빙하기와 간빙기라는 자연적인 기후 순환에 따라 주기적으로 변동했다. 빙하기에는 약 180ppm까지 낮아졌고, 따뜻한 간빙기에는 약 280~300ppm까지 상승했다. 그런데 **그래프의 끝부분부터는 전례가 없는 급증 추세**를 보인다. 그래프의 가장 오른쪽 끝부분은 산업 혁명 이후의 이산화탄소 농도다. 수십만 년 동안 단 한 번도 300ppm을 넘지 않았던 수치가 불과 100여 년 만에 수직으로 치솟아 420ppm을 돌파했다. 이는 자연적인 변동성과는 비교할 수 없는 규모와 속도에 해당한다.

[출처: NOAA Climate.gov(2023)]

농도가 450ppm에 도달할 것으로 예측된다[2]. 이렇게 되면 현재 추세로는 1.5°C 이하로 제한하자는 목표는 달성이 거의 불가능하다. 만약 인류가 현재의 소비 행태를 유지하며 지구상에 남은 모든 화석 연료를 태워 버린다면, 이산화탄소 농도는 무려 1,500ppm까지 치솟을 수도 있다. 그렇게 되면 지구 대기는 앞으로 수만 년 동안 산업 혁명 이전의 평온했던 상태로는 절대로 돌아가지 못할 것이다.

2023년 캐나다 산불로 사라진 뉴욕의 하늘

2017년 개봉한 〈블레이드 러너 2049〉에서 가장 충격적인 장면을 꼽으라면, 주인공 K가 폐허가 된 라스베이거스에 발을 내딛는 순간일 것이다[3]. 핵 테러로 황폐화된 도시는 갈색 연기와 방사능 먼지 속에 잠겨 있고, 온 세상은 숨 막히는 주황색 먼지로 뒤덮여 있다. 하늘은 존재하지 않고, 지면과 허공의 경계도 모호하다. 관객들은 이 디스토피아적 풍경을 보며 역설적으로 안도감을 느꼈을지도 모른다. 다행히 이건 그냥 스크린 속 허구일 뿐, 현실에서는 절대 일어나지 않을 상상 속 설정이라고.

그로부터 불과 6년 뒤, 영화 속 풍경은 현실이 됐다. 2023년 6월 7일 오후, 뉴욕 시민들은 스크린에서나 보았던 그 기괴한 장면을 맨해튼 한복판에서 목격했다. 하늘이 주황색으로 물들었고, 엠파이어 스테이트 빌딩조차 짙은 연기 속에 거의 보이지 않았다. 캐나다에서 발생한 산불의 연기가 남쪽으로 내려오면서 뉴욕시의 대기질 지수(AQI)는 무려 484까지 치솟았다[4]. 이는 뉴욕 역사상 최악의 대기질이

캐나다 산불 연기로 주황빛 하늘과 뿌연 안개에 갇힌 2023년 6월 7일의 뉴욕.
©Getty Images

었으며, 그날 하루 동안 뉴욕은 전 세계에서 공기질이 가장 나쁜 도시가 됐다[5]. 영화 속 K가 헤매던 그 주황빛 디스토피아가 21세기 맨해튼에 그대로 재현된 것이다. 평소라면 선명하게 보였을 마천루들이 주황빛 안개 속에서 희미한 실루엣으로만 남아 있었다.

특히 그날 저녁 브로드웨이에서는 전례 없는 사건이 벌어졌다. 드라마 〈킬링 이브(Killing Eve)〉로 에미상 여우주연상을 거머쥐었던 영국 배우 조디 코머(Jodie Comer)는 당시 커리어의 정점을 찍고 있었다. 그녀는 1인극 〈프리마 파시(Prima Facie)〉에서 성폭력 사건 가해자의 변호사가 어느 순간 피해자의 위치에 놓이게 되는 인물을 연기하며, 성공적인 브로드웨이 데뷔 시즌을 치르는 중이었다. 이 작품은 불과 5일 뒤 그녀에게 토니상 여우주연상을 안겨 준 역작이었다[6]. 하지만 그날 밤, 공연 시작 10여 분 만에 예상치 못한 사고가 발생했다. 극심한 대기 오염 때문에 호흡 곤란을 일으킨 코머는 결국 무대를 떠나야 했다[7]. 극 중에서는 부조리한 시스템의 폭력에 맞서 싸우던 강인한 변호사였지만, 현실에서는 통제 불가능한 기후 재해라는 더 큰 시스템 앞에 굴복할 수밖에 없었다. 극장 관계자들은 다급히 대역 배우를 무대에 올렸고, 수백 명의 관객들이 주연 배우가 교체되는 당혹스러운 광경을 지켜봐야 했다[8].

스포츠계도 마찬가지였다. 그날 저녁 양키 스타디움에서 열릴 예정이었던 뉴욕 양키스와 시카고 화이트삭스의 경기도 결국 연기되고 말았다[9]. 이미 수만 명의 팬들이 스타디움 주변에 모여 있었던 상황이었고, 그중 상당수가 멀리서 찾아온 관광객들이었다. 호텔을 예약하고, 항공편을 예매하고, 소중한 하루 휴가를 내고 찾아온 팬들 입장에서는 큰 실망이 아닐 수 없었다.

시민들의 일상마저 속절없이 무너져 내렸다. 뉴욕시 보건부는 긴급 대기질 경보를 발령하며 모든 실외 활동을 금지했다[10]. 센트럴 파크에서 조깅하던 사람들은 급히 실내로 피해야 했고, 활기차던 야외 카페들은 일제히 문을 닫았다. 건설 현장의 작업자들은 작업을 중단해야 했으며, 택배 기사들과 우편 배달원들도 마스크 없이는 일할 수 없었다. 지하철역 입구마다 마스크를 구하려는 시민들이 길게 줄을 늘어선 풍경은 흡사 재난 영화의 한 장면 같았다. 코로나19 팬데믹의 끝을 지나며 마스크를 가방 속에서 꺼내 치워 버렸던 시민들은 다시 마스크를 찾아 동분서주해야 했다. 약국의 황사 마스크가 순식간에 동이 났고, 편의점의 일회용 마스크마저 자취를 감췄다. 거리에서는 손수건이나 스카프로 얼굴을 가린 사람들의 모습이 세기말적 풍경을 연출했다.

아이들을 둔 부모들의 걱정은 더욱 깊었다. 모든 학교가 실외 활동과 체육 수업을 취소했지만, 피할 수 없는 등하굣길이 문제였다. 부모들은 아이들에게 마스크를 씌우고 최대한 빨리 실내로 들어가라고 당부했다. 아이들이 천식이나 호흡기 질환을 가진 부모들의 불안감은 극에 달했다. 에릭 애덤스(Eric Adams) 뉴욕시 시장은 "1960년대 이후 이런 대기질을 본 적이 없다"며 지극히 이례적이고 전례 없는 상황이라고 선언했다[11]. 실제로 그날 뉴욕의 대기질은 베이징이나 뉴델리의 최악의 날과 비슷한 수준이었다. 세계에서 가장 발달된 도시 중 하나인 뉴욕이 순식간에 대기 오염 도시로 전락한 것이다.

뉴욕을 뒤덮은 주황빛 연기의 근원은 저 멀리 북쪽 캐나다에 있었다. 퀘벡주에서 발생한 대규모 산불의 연기가 남하하면서 미국 동부 전역을 덮쳤다. 그렇다면 캐나다에서는 대체 무슨 일이 벌어진 것일까? 2023년 5월, 캐나다는 지구상에서 가장 심각한 '열 이상 현상'의 중심지였다[12]. 극도로 뜨겁고 건조한 기상 조건이 기록적인 산불을 촉발했다. 그해 캐나다에서 불에 탄 면적은 총 1,850만 헥타르로 평년의 7배가 넘는 규모였다. 캐나다 역사상 최악의 산불 시즌이었다[13].

2023년 산불이 이토록 가공할 위력을 떨쳤던 이유는 무엇일까? 이 대재앙의 이면에는 다음과 같은 세 가지 조건이 동시에 작용했다. 첫째, 기록적인 고온 현상이 지표면을 달구며 토양과 식물이 머금고 있던 수분을 순식간에 앗아갔다. 이 과정에서 숲은 불길에 취약한 '연료'로 변모했다. 둘째, 이례적으로 길게 이어진 가뭄은 대지 위에 죽은 나무와 마른 풀을 거대한 화약고처럼 쌓아 올렸다. 마지막으로, 한층 더 불안정해진 대기는 강력한 돌풍과 잦은 번개를 동반하며 숲 곳곳에 반복적인 점화원을 제공했다. 메마른 대지 위에 쌓인 연료, 그리고 잦은 낙뢰까지. 그야말로 거대한 숲을 통째로 집어삼키기 위해 준비된 '재앙의 조합'이었다.

이 모든 치명적인 조건을 만들어 낸 근본 원인은 결국 기후 변화였다. 대기 중 이산화탄소 농도 상승은 지구 평균 기온을 끌어올렸고, 이는 토양과 식물이 머금은 수분을 빠르게 증발시켜 땅을 바짝 메마르게 만들었다. 온난화는 여기서 그치지 않고 제트 기류를 약화시켜 고기압이 특정 지역에 오래 머무르게 하는, 이른바 '열돔(heat dome)' 현상을 유발했다. 캐나다 산불은 단순한 자연재해가 아니라, 인류가 배출한 이산화탄소가 도미노처럼 불러일으킨 연쇄 반응의 결과물이었다.

럿거스대학교(Rutgers University) 연구진의 분석에 따르면, 이 산불의 거대한 연기 구름은 햇빛을 차단해 뉴욕 지역을 일시적으로 섭씨 3

2023년 5월 27일, 캐나다 매니토바주 플린플론에서 산불 연기가 치솟는 모습. 이 산불로 인해 6월 초중순 뉴욕을 비롯한 미국 북동부 지역의 대기질이 크게 악화됐다. ©Getty Images

도나 냉각시키는 '전 지구적 어두워짐(global dimming)' 현상을 일으켰다[14]. 문제는 이 냉각 효과가 오히려 독성 물질을 지표면 근처에 가두는 역효과를 낳았다는 점이다. 이로 인해 천식 관련 응급실 방문객은 평소보다 44~82%나 급증했다. 연구진은 산불 연기가 기승을 부리던 기간 동안 사람들의 폐에 평균 9.2밀리그램(mg)의 연기 입자가 축적됐으며, 이로 인해 폐 면역 세포의 생존율이 20%나 감소했다는 충격적인 보고를 내놓았다[15]. 이산화탄소가 일으킨 불길이 국경을 넘어 수천만 명의 호흡기를 직접적으로 위협한 것이다.

마우이섬을 삼킨 불바다와 라하이나의 최후

2023년 8월 8일 새벽, 하와이 마우이섬에서는 또 다른 형태의 기후 재앙이 시작되고 있었다. 태평양을 건너온 허리케인 도라(Hurricane Dora)의 강풍이 바짝 메마른 초원을 휩쓸면서 섬 세 곳에서 동시에 화마가 피어올랐다. 그중에서도 가장 치명적인 화재는 한때 하와이 왕국의 수도였던 라하이나(Lahaina)에서 일어났다[16].

이 화재는 오전 한때 불길이 잡히는 듯 보였다. 소방관들은 5시간 반 동안 현장을 사수하며 완전 진화를 확인한 뒤, 오후 2시 18분경 현장에서 철수했다[17]. 하지만 불과 34분 뒤인 2시 52분, 계곡 깊숙이 숨어 있던 불씨가 다시 살아나며 재(再)발화됐다[18]. 초속 27미터(시속 97킬로미터)에 달하는 강풍을 만난 불길은 손쓸 틈도 없이 거대한 화염으로 변했다. 불길은 순식간에 마을 전체를 집어삼켰다. 바람을 타고 번지는 속도가 분당 1.6킬로미터에 달했는데[19], 이는 사람이 뛰어서

피할 수 있는 속도를 훨씬 넘어서는 수준이었다. 주민들에게는 대피할 시간조차 허락되지 않았다. 어떤 이들은 미처 탈출하지 못한 채 차 안에 갇혔고, 어떤 이들은 무너져 내리는 집에서 빠져나오지 못했다. 살아남기 위해 바다로 뛰어든 사람들도 있었다.

특히 참혹했던 것은 탈출을 시도하던 주민들이 극심한 교통 체증에 가로막혔다는 사실이었다. 라하이나의 주요 대피로인 라하이나 바이패스(Lahaina Bypass)는 대피 차량들이 한꺼번에 몰려들면서 거대한 주차장으로 변모했고[20], 결국 많은 사람들이 차 안에 갇힌 채 불길에 휩쓸렸다. 일부는 차를 버리고 바다로 뛰어들었지만, 그마저도 사투의 연속이었다. 68세의 프랭클린 트레요(Franklin Trejos)는 끝내 바다에 닿지 못하고, 불타는 차 안에서 친구 부부의 반려견 '샘'을 안고서 목숨을 잃었다[21]. 그날 미국 해안 경비대는 바다에서 17명을 구조하고 해안에서 40명을 추가로 구출했다[22]. 해안 경비대원들은 헬리콥터로 출동했지만, 짙은 연기와 강풍 때문에 구조 작업이 극도로 어려웠고, 이 때문에 많은 사람들이 차가운 바다에서 6시간 이상을 버텨야만 했다. 당시 5시간 넘게 바다에 떠 있었던 생존자들은 "파도가 우리를 바위에 계속 밀어붙였다. 온몸이 상처투성이가 됐지만 살아남은 것이 기적이다"라며 당시의 긴박했던 상황을 전했다[23].

이 화재로 모두 102명이 목숨을 잃었다.[24] 이는 1918년 클로케트 화재(Cloquet Fire) 이후 미국 역사상 가장 치명적인 산불이다[25]. 사망자 중 상당수는 80세 이상의 고령자들이었다. 거동이 불편한 이들이 빠르게 번지는 불을 피해 도망칠 수 없었던 것이다. 화재의 직접적인 발단은 강풍에 쓰러진 하와이안 일렉트릭사(Hawaiian Electric Company)의 전선에서 튄 작은 불꽃이었다[26]. 그러나 이 미미한 불꽃이 도시

2023년 8월 14일, 화마가 집어삼킨 후 순식간에 주민들의 삶의 터전이 사라진 라하이나.
©Getty Images

전체를 태울 수 있었던 것은 기후 변화가 만들어 낸 재앙의 조건들이 겹쳤기 때문이었다. 수개월간 지속된 가뭄으로 땅이 메말라 있었고, 습도는 평소의 절반 이하로 떨어져 있었으며, 허리케인 도라가 몰고 온 강풍이 재앙을 위한 제반 조건을 만들었다[27].

특히 라하이나 지역은 수십 년간 사탕수수 농장이 번성했던 곳으로, 농장이 문을 닫은 뒤 외래 풀들이 무성하게 자라나 있었다. 바짝 마른 이 풀들이 불길을 걷잡을 수 없이 키우는 '연료'가 됐다[28]. 여기에 기후 변화로 인해 전통적인 무역풍 패턴이 바뀌면서 라하이나 지역이 평소보다 훨씬 건조해진 점 역시 화재 확산에 결정적인 원인이 됐다. 피해는 처참했다. 약 2,200채에 달하는 건물이 파괴되거나 손상됐고[29], 경제적 피해는 55억 달러(약 7조 원)에 달했다[30]. 라하이나의 중심 시설들이 사라졌고, 150년 된 반얀나무와 라하이나 요새 같은 유서 깊은 역사적 건물들까지 모두 잿더미로 변해 버렸다. 조시 그린(Josh Green) 하와이 주지사는 이번 참사를 두고 "하와이주 역사상 최대의 자연재해"라고 선언했다[31].

라하이나에서 5대째 살아온 마크 스테플(Mark Stefl)과 미셸 넘버스 스테플(Michele Numbers-Stefl) 부부는 5년 전 산불로 집을 잃은 데 이어, 이번에는 새로 지은 집마저 모두 잃는 아픔을 겪었다. 그들은 "라하이나는 이제 더 이상 존재하지 않는다. 우리가 알던 그 마을은 영원히 사라졌다"며 깊은 절망을 토로했다[32].

파키스탄 국토 3분의 1을 삼킨 2022년 대홍수

《성경》에 기록된 홍수는 인류 역사상 가장 유명한 재앙 서사 중 하나다. 〈창세기〉에는 "깊음의 샘들이 터지며 하늘의 창들이 열려" 40일 낮밤으로 내린 비로 온 땅이 물에 잠겼다고 전한다[33]. 2022년 파키스탄에서 벌어진 현실은 가히 이《성경》의 서사를 뛰어넘는 수준이었다. 파키스탄에서는 40일이 아니라 장장 4개월 동안, 한 나라 전체가 물에 잠기는 전례 없는 재앙이 펼쳐졌다.

2022년 6월부터 10월까지, 파키스탄은 기상 관측 사상 최악의 홍수를 겪었다[34]. 평년보다 500~784%나 많은 기록적인 폭우와 북부 산지에서의 빙하 융해가 더해지면서 국토의 약 3분의 1이 물에 잠겼다[35]. 이는 영국 전체 면적의 1.5배에 해당하는 규모였다. 당시 셰리 레만(Sherry Rehman) 기후변화부 장관은 "국토의 3분의 1이 물에 잠겼고, 물을 빼낼 마른 땅조차 없다"며 "상상할 수 없는 규모의 위기"라고 말했다[36].

홍수의 서막은 6월 중순 발루치스탄(Baluchistan) 지역을 강타한 이례적인 몬순 폭우였다. 평년보다 한 달이나 일찍 시작된 몬순은 그 기세마저 예상을 훨씬 뛰어넘었다. 6월 15일부터 17일까지 사흘 동안 퀘타(Quetta) 지역에 평년 한 달 강수량의 3배에 달하는 비가 내렸는데[37], 평소 건조한 발루치스탄 지역은 이런 기습적인 폭우에는 속수무책일 수밖에 없었다.

진짜 재앙은 7월부터 시작됐다. 몬순 전선이 파키스탄 전역을 집어삼키면서 연일 기록적인 폭우가 이어졌다. 특히 신드(Sind)와 발루치스탄 지역의 강수량은 평년의 무려 8배를 기록했다[38]. 라르카나

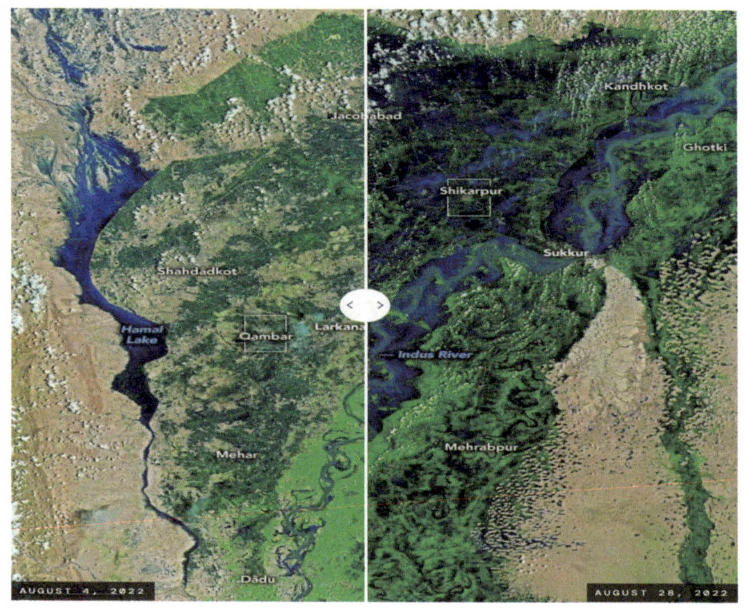

NASA가 공개한 이 위성 사진은 파키스탄 남부 신드주를 중심으로 한 인더스강 유역의 극적인 변화를 보여 준다. 1년 전인 2022년 8월 4일(왼쪽)만 해도 뚜렷했던 강줄기와 농경지, 도시의 모습이 온데간데없이 사라지고, 폭우로 불어난 물이 모든 것을 집어삼켜 2023년 8월 28일(오른쪽)에는 거대한 내해(內海)를 형성한 것을 볼 수 있다. ©NASA

(Larkana) 지역에서는 24시간 동안 726밀리미터의 비가 내렸는데, 그곳의 일 년 치 강수량이 단 하루 만에 다 쏟아진 셈이었다[39]. 설상가상 북부 산악 지대에서는 또 다른 비극이 싹트고 있었다. 기후 변화로 인한 이상 고온 현상 탓에 히말라야와 카라코람 산맥에서 7,000개가 넘는 빙하가 급속히 녹아내리기 시작한 것이다[40]. 평년보다 4도 높은 기온이 지속되면서 빙하의 융해 속도는 평소보다 2~3배나 빨라졌다.

이 엄청난 양의 융해수가 인더스강으로 무섭게 유입됐고, 이미 몬순으로 불어날 대로 불어난 강물과 합쳐지며 거대한 홍수를 만들어냈다. 인더스강의 수위는 평년보다 15미터나 높아졌다[41]. 강폭이 평소의 30배까지 넓어지면서 주변 수백 개의 마을을 순식간에 집어삼켰다. 위성 사진에 포착된 파키스탄 남부의 모습은 그야말로 충격적이었다. 평소 메마른 갈색이었던 땅은 사라지고, 그 자리에 거대한 내해가 생긴 듯 끝없는 푸른 물결만이 가득했다.

홍수가 휩쓸고 간 자리에는 차마 눈 뜨고 볼 수 없는 참혹한 인명 피해가 남았다. 최종 집계에서 1,739명이 사망했는데, 이 중 647명이 18세 미만의 어린이였다[42]. 특히 5세 미만 영유아 사망률이 급증했는데, 이들은 대부분 설사병과 영양실조로 목숨을 잃었다. 약 3,300만 명의 인구가 직접적인 영향을 받았고[43], 이는 파키스탄 전체 인구 7명 중 1명에 해당하는 숫자였다. 가장 비참한 것은 집을 잃은 사람들의 처지였다. 무려 170만 채의 주택이 파괴되거나 손상됐고, 그중 210만 명의 보금자리가 형체도 없이 완전히 사라졌다[44]. 많은 사람들이 수개월 동안 임시 텐트에서 살아야 했다. 신드주 다두(Dadu) 지역의 아흐메드 알리(Ahmed Ali)는 "우리 집은 3대째 살던 곳이었는데, 하룻밤 사이에 모든 게 사라졌다. 지금은 아무것도 남지 않았다"고 말했다[45].

경제적 근간인 농업 분야의 피해 또한 괴멸적인 수준이었다. 940만 헥타르의 농지가 침수되어 쌀 수확량의 15%, 면화 수확량의 40%가 순식간에 증발했다[46]. 국가 경제의 중추인 주요 수출품 생산이 급감하며 나라는 거대한 경제적 타격을 입었다. 여기에 120만 마리의 가축이 떼죽음을 당했고[47], 많은 농가가 일 년 내내 의존하던 개인 곡물 저장고도 모두 물에 휩쓸려 떠내려갔다.

비가 그친 뒤에도 재앙은 멈추지 않고 형태를 바꾸어 시민들을 괴롭혔다. 홍수로 인해 상하수도 시설이 파괴되면서 수인성 질병이 들불처럼 번져 나갔다. 신드주 보건 당국은 매일 약 2만 건에 달하는 설사 환자와 1만 6,000건의 말리리아 의심 환자를 치료해야 했다[48]. 정수 시설이 파괴된 지역에서는 사람들이 오염된 물을 마실 수밖에 없었다. 유니세프(UNICEF)의 급속 조사 결과에 따르면, 6~23개월 영유아의 3분의 1이 중등도 급성 영양실조를 겪고 있었고, 그중 14%는 생명을 위험하는 중증 급성 영양실조 상태였다[49]. 홍수로 인해 모유 수유를 하던 산모들의 영양 상태가 악화되면서 모유 생산량이 줄어든 것이 주요 원인이었다.

피해 지역을 직접 살핀 안토니우 구테흐스(António Guterres) 유엔 사무총장은 "이런 규모의 기후 재앙은 본 적이 없다"며, "수많은 인도적 재난을 목격했지만, 이 정도 규모의 기후 학살은 처음이다"라고 말했다[50]. 그의 말처럼 이는 단순한 자연재해가 아니라 기후 변화가 만든 인재(人災)였다. 가장 부조리한 점은 파키스탄 자신이 만들지 않은 재앙의 희생자라는 사실이었다. 파키스탄은 전 세계 온실가스 배출량의 1% 미만을 차지하지만[51], 역설적이게도 기후 변화로 인한 극단적인 기상 현상의 가장 큰 피해자가 됐다. 세계은행, 유엔, 유럽 연합이 공동으로 발표한 보고서에 따르면, 홍수 피해의 복구와 재건에만 무려 164억 달러가 필요하며, 이 과정에서 추가로 900만 명이 빈곤선 아래로 떨어질 위험에 처해 있다고 경고했다[52].

홍수로 2만 명이 실종된 리비아

파키스탄의 대홍수가 가라앉기도 전인 2023년 9월 10~11일, 이번에는 지중해 동쪽 끝 리비아의 데르나(Derna)에서 또 다른 물의 재앙이 몰아쳤다. 지중해 폭풍 다니엘(Storm Daniel)이 리비아 동부를 강타하면서 24시간 동안 414밀리미터의 비가 쏟아졌다[53]. 이는 리비아의 평상시 일 년 치 강수량과 맞먹는 양이었다. 폭우로 인해 데르나 상류의 두 댐이 연쇄적으로 무너지면서 3,000만 세제곱미터의 물이 순식간에 터져 나왔다[54]. 올림픽 수영장 1만 2,000개를 가득 채울 법한 이 어마어마한 양의 물은 높이 7미터에 이르는 거대한 진흙 소용돌이가 되어 한밤중의 도시를 덮쳤다. 건물들이 통째로 지중해로 떠내려갔고, 사람들은 잠들어 있던 침대에서 바다로 쓸려 나갔다.

　데르나 시민 모하메드 알바르기(Mohamed al-Bargi)는 "새벽 2시경 천둥소리보다 더 큰 소음이 들렸다. 창문으로 내다보니 7~8층 건물만 한 물기둥이 도시를 향해 다가오고 있었다"고 증언했다[55]. 리비아 적신월사의 마리 엘드레세(Marie el-Drese) 사무총장은 데르나에서만 1만 1,300명이 사망하고 1만 100명이 실종됐다고 발표했다[56]. 도시의 4

2023년 9월 리비아 데르나를 휩쓴 홍수가 남긴 참혹한 현장. ©Getty Images

분의 1이 흔적도 없이 사라졌으며, 압둘메남 알가이티(Abdulmenam Al-Ghaithi) 데르나 시장은 최종 사망자 수가 도시 전체 인구의 5분의 1에 달하는 1만 8,000~2만 명에 이를 것이라고 추정했다[57].

폭풍 다니엘은 '메디케인(medicane)'이라 불리는 지중해 허리케인의 한 종류였다[58]. 지구 온난화로 뜨거워진 지중해 바닷물(27.5℃)이 이 거대한 폭풍에 막대한 에너지를 공급한 결과였다. 물론 이 참혹한 비극을 오로지 자연재해 탓으로만 돌릴 수는 없다. 1970년대에 건설된 댐들은 보수 예산이 배정됐음에도 제대로 관리되지 않았고[59], 10년 넘게 이어진 내전으로 분열된 리비아 정부는 사회 기반 시설을 유지할 능력을 잃은 상태였다. 댐의 균열과 침식은 수년 전부터 확인됐지만 적절한 보수가 이뤄지지 않았다.

유엔 세계기상기구(WMO)의 페테리 탈라스(Petteri Taalas) 사무총장은 "적절한 조기 경보 시스템이 있었다면 대부분의 인명 피해를 막을 수 있었을 것"이라고 말했다[60]. WMO는 댐이 붕괴하기 72시간 전에 경보를 발령하고 리비아 당국에도 연락했지만, 분열된 정부 체계 속에서 주민들에게 전달된 것은 대피령이 아닌 '통금령'뿐이었다. 결국 따뜻해진 바다가 키운 폭풍과 무능한 정치가 만나 전대미문의 '기후 인재'를 만들어 낸 셈이었다.

가속하는 재앙의 연쇄

이 네 가지 재앙들은 단순한 자연재해의 나열이 아니다. 이들은 모두 기후 변화가 설계한 파괴의 스펙트럼이 우리 눈앞에 펼쳐진 것이다. 킬링 곡선이 보여 주는 이산화탄소 농도의 가파른 우상향은 이런 극단적 기상 현상들과 직접적인 연관이 있다. 대기 중 추가된 이산화탄소 1ppm은 지구 시스템에 더 많은 열기를 가두는 '지구 에너지 불균형(Earth energy imbalance)'을 초래한다. 2024년 현재의 423ppm은 1958년 313ppm보다 110ppm이나 높다. 이 추가된 온실가스들이 매일 지구에 가두는 에너지는 무려 히로시마에 투하된 원자 폭탄 40만 개가 터지는 위력과 맞먹는다[61]. 다시 말해, 지구는 **40만 개의 히로시마 원자 폭탄이 터지는 것과 같은 에너지의 순증가를 '매일' 온몸으로 받아 내며 뜨거워지고 있는 셈이다!**

이 에너지가 더 강력한 폭풍과 가혹한 가뭄, 파괴적인 산불과 홍수의 연료가 되는 것은 어찌 보면 당연한 귀결이다. 파키스탄은 전세계 이산화탄소 배출의 1% 미민을 차시하고도 가장 처참한 피해를 받았다. 리비아의 참사는 10년 내전으로 방치된 인프라가 기후 재난과 만났을 때 어떤 비극이 탄생하는지를 적나라하게 보여 준다. 기후 재앙은 이처럼 가장 취약한 곳을 가장 먼저, 가장 가혹하게 타격한다. 동시에 뉴욕의 주황빛 연기는 세계 최고의 부자 도시조차도 이러한 기후 변화에서 자유롭지 않음을 증명했다. 마우이의 잿더미는 풍요로운 휴양지조차 하루아침에 잿더미가 될 수 있음을 보여 줬다.

경고는 더욱 거세지고 있다. 2024년 3월, 킬링 곡선 역사상 가장 큰 월간 증가율이 기록됐다[62]. 2023년과 2024년의 2년간 증가량은 미국 해양대기청(NOAA, National Oceanic and Atmospheric Administration) 기록상 최대치를 경신했다[63]. 엘니뇨 현상이 끝났음에도 불구하고 기록적인 고온과 기뭄이 지속되면서, 지구의 허파인 식물들이 이산화탄소를 흡수하는 능력을 상실해 가고 있기 때문이다.

결국 핵심은 '속도'다. 자연은 지난 80만 년 동안 자신만의 리듬으로 변화해 왔다. 이산화탄소 80ppm이 변하는 데 1000년의 세월이 필요했고, 그 덕분에 생태계는 변화에 적응할 시간을 벌 수 있었다. 하지만 지금 우리가 목격하는 변화의 속도는 과거보다 30배나 빠르다. 자연이 한 걸음 내딛는 동안, 인류는 서른 걸음을 달려가고 있는 셈이다. 나무는 북쪽으로 도망칠 시간이 없고, 산호는 뜨거워지는 바다에 적응할 여유가 없다. 진화는 수 세대를 거쳐 일어나지만, 우리가 초래한 변화는 단 한 세대 만에 완성되고 있다. 2023년의 여름은 예고편이 아니었다. 그것은 이미 시작된 본편의 첫 장면에 불과했다. 그리고 이 잔혹한 상영은 결코 멈추지 않을 것이다.

3장

49.6도의 충격

"자연에서건 사회에서건
모든 질적 변화는 양적 변화의
연속적 축적에 의해 일어난다."

— 프리드리히 엥겔스(Friedrich Engels), 《반뒤링론(Anti-Dühring)》(1878년)

2021년 6월 29일 오후 2시에 측정된 불가능한 숫자

2021년 6월 29일 오후 2시, 캐나다 브리티시컬럼비아주(Province of British Columbia, 이하 BC주) 리턴(Lytton) 마을의 기상 관측소에서는 전례 없는 일이 벌어졌다. 기온계의 숫자가 무려 49.6°C까지 치솟은 것이다[1]. 이는 캐나다 기상 관측 사상 가장 높은 온도였을 뿐만 아니라, 북위 50도 이북 지역에서 측정된 온도로도 전 세계에서 가장 높은 기록이었다.

49.6°C라는 숫자가 얼마나 극단적인 수치인지는 다른 지역과 비교해 볼 때 더욱 극명해진다. 그 순간 리턴 마을은 사막 기후인 사우디아라비아 리야드나 이집트 카이로의 한여름보다도 뜨거웠다. 냉대 기후에 가까운 북위 50도 지역에서, 그것도 6월에 중동 사막 한가운데와 같은 온도가 나타난 것이다. 마치 지구의 기후 지도가 하루아침에 뒤바뀐 듯했다.

2021년 6월 27~29일 사흘 동안 캐나다 리턴 지역의 기온을 보여 준 기상 채널.
©The Weather Network

그런데 이것은 단순히 '매우 더운 날'이 아니었다. 여기에는 보다 더 깊은 의미가 숨어 있다. 카를 마르크스(Karl Marx)와 프리드리히 엥겔스가 발견한 변증법적 유물론의 핵심 통찰은 자연계의 변화가 단순한 직선적 진행이 아니라는 것이다. **'양적 변화의 점진적 축적이 특정 임계점에서 질적 도약을 일으킨다'**는 것이 변증법의 기본 법칙이다[2]. 물을 생각해 보면 쉽다. 99°C에서 100°C로 올라갈 때 일어나는 변화는 단순한 1도의 온도 상승이 아니다. 액체에서 기체로 탈바꿈하는, 즉 물질의 상태 자체가 완전히 달라지는 질적 변모를 의미한다.

마찬가지로 산업 혁명 이후 180년간 계속된 이산화탄소 농도의 양적 증가(280ppm → 423ppm)는, 마침내 지구 기후 시스템의 질적 변화를 촉발하는 임계점에 도달했다. 이는 더 이상 점진적 온난화가 아닌, 완전히 새로운 기후 체제로의 질적 도약을 뜻한다. 엥겔스가《자연변증법(Dialectics of Nature)》에서 설명했듯이, 자연은 "급작스러운 도약으로, 연속성의 단절로" 발전한다[3].

글로벌 열돔(heat dome)의 연쇄

리턴 마을의 극한 더위는 고립된 현상이 아니었다. 2021년 여름, 지구 전체가 마치 거대한 압력솥처럼 변하고 있었다. 사실 징조는 그보다 1년 전인 2020년 6월 20일, 지구 반대편 시베리아에서도 이미 나타나고 있었다. 러시아 사하 공화국의 베르호얀스크(Verkhoyansk)에서 기온이 무려 38°C까지 치솟은 것이다[4].

베르호얀스크라는 도시를 들어 본 적이 있는가? 북위 67도, 북동부 시베리아 내륙에 위치한 그곳은 '추위의 극점(寒極點)'으로 불리는 곳이다. 겨울 평균 기온이 영하 45도에 달하고, 한여름에도 영상 20도를 넘기 어려운, 극한 추위의 대명사와 같은 곳이다. 그런 동토의 땅에서 38도라니! 이는 마치 남극에서 야자수가 자라는 것만큼이나 기괴한 일이었다.

물론 인류 역사에 극한의 더위가 없었던 것은 아니다. 가령 2003년 서유럽을 덮친 열파(heat wave)로 인해 최고 기온이 48°C까지 치솟으며 7만 명의 목숨을 앗아갔다[5]. 2010년 러시아 열파는 모스크바 지역에서 39°C를 기록하며 5만 5,000명을 죽음으로 몰아넣었다[6]. 하지만 2021년은 궤를 달리했다. 태평양 북서부와 시베리아에서 동시에 극한 고온이 발생했다. 한 지역의 불운이 아니라, 지구 여러 곳에서 동시에 끓고 있었던 것이다.

2020년 6월 20일 러시아 베르호얀스크에서 기온이 영상 38도까지 치솟은 다음 날, 오후 11시 경에 확인한 이 지역의 기온. 여전히 30도를 가리키고 있다.
©Olga Burtseva

폭염의 강도 면에서도 차이가 명확했다. 2003년 유럽과 2010년 러시아의 극한 고온은 각각 평년보다 10~15°C 높은 수준이었다. 이미 충분히 충격적인 수치였다. 그런데 2021년 캐나다는 평년 기온을 무려 20~25°C씩이나 웃돌았다[7]. 이는 단순히 기록을 갱신하는 차원을 넘어, 기존의 모든 기상 통계가 무색해지는 순간이었다. 무언가 근본적으로 달라지고 있었다.

제트 기류의 붕괴

이런 전 지구적 극한 현상의 근본 원인은 북극에 있다. 현재 북극 지역의 온난화 속도는 지구 평균보다 무려 4배나 빠르다[8]. 과학자들은 이를 '북극 증폭(Arctic Amplification)'이라 부른다. 메커니즘은 이렇다. 북극의 얼음이 녹으면 어두운 바다나 땅이 드러난다. 하얀 얼음은 태양열의 80%를 반사하지만, 어두운 바다는 90%를 흡수한다. 바다가 뜨거워질수록 얼음은 더 빨리 녹고, 이는 다시 온난화를 가속하는 악순환의 고리가 이어진다.

이러한 북극 온난화가 가장 먼저 교란시키는 것은 바로 제트 기류(Jet Stream)다. 상공 약 10킬로미터 높이, 여객기가 날아다니는 고도에는 지구를 빙 둘러 흐르는 강력한 서풍 띠가 존재한다. 시속 200~300킬로미터, 때로는 400킬로미터가 넘는 속도로 부는 이 거대한 공기의 강(江)은 북극의 차가운 공기와 중위도의 따뜻한 공기 사이의 온도 차이가 만들어 낸다. 온도 차이가 클수록 제트 기류는 강하고 빠르다.

제트 기류와 밀접한 관계를 가진 것이 바로 '극 소용돌이(Polar Vortex)'다. 북극의 강력한 한기를 가두고 있는 이 거대한 저기압 덩어리는, 빠른 속도로 회전하는 제트 기류를 울타리 삼아 북극권 내에 머물고 있다.

제트 기류를 강물로 비유해 보자. 건강한 제트 기류는 빠르게 흐르는 직선형 급류와 같다. 이 급류가 북극의 찬 공기를 북쪽에 가둬 두고, 남쪽의 따뜻한 공기가 북상하지 못하게 막는다. 그런데 북극이 빠르게 따뜻해지면서 문제가 생겼다. 북극과 중위도의 온도 차이가 줄어들자, 제트 기류라는 '급류'가 느려지고 힘을 잃어 구불구불한 사행천처럼 변해 버린 것이다[9]. 이처럼 약해지고 크게 굽이치는 제트 기류는 단순한 '강물의 요동'을 넘어선다. 제트 기류가 약해지면 극 소용돌이의 한기가 남쪽으로 더 깊숙이 내려오고, 반대로 중위도의 따뜻한 공기는 북극을 향해 파고든다.

더욱 심각한 문제는 느려지고 구불거리는 제트 기류가 특정 지역의 기상 시스템을 '가두는' 현상이다. 제트 기류가 크게 위아래로 굽이치는 파동을 형성하면, 그 파동의 특정 부분은 대기 흐름을 막는 거대한 '벽'처럼 작용한다. 이 '벽' 때문에 한 지역에 고기압이나 저기압 같은 기상 시스템이 오랫동안 머물게 되는데, 이것을 '블로킹(Blocking)' 현상이라고 부른다.

펜실베이니아주립대학교(Pennsylvania State University)의 기후 과학자 마이클 만(Michael Mann)은 이 현상을 "준공명(quasi-resonance)"이라고 불렀다[10]. 즉, 제트 기류의 파동이 특정 지역에서 공명하면서 극한 기상 현상이 더욱 강화되고 오래 지속된다는 것이다. 마치 악기의 울림통 안에서 특정 음이 공명하며 더 크고 길게 잔향을 남기는 것과 같은

제트 기류와 극 소용돌이의 교란: 북극 온난화가 극단적인 날씨를 만드는 과정

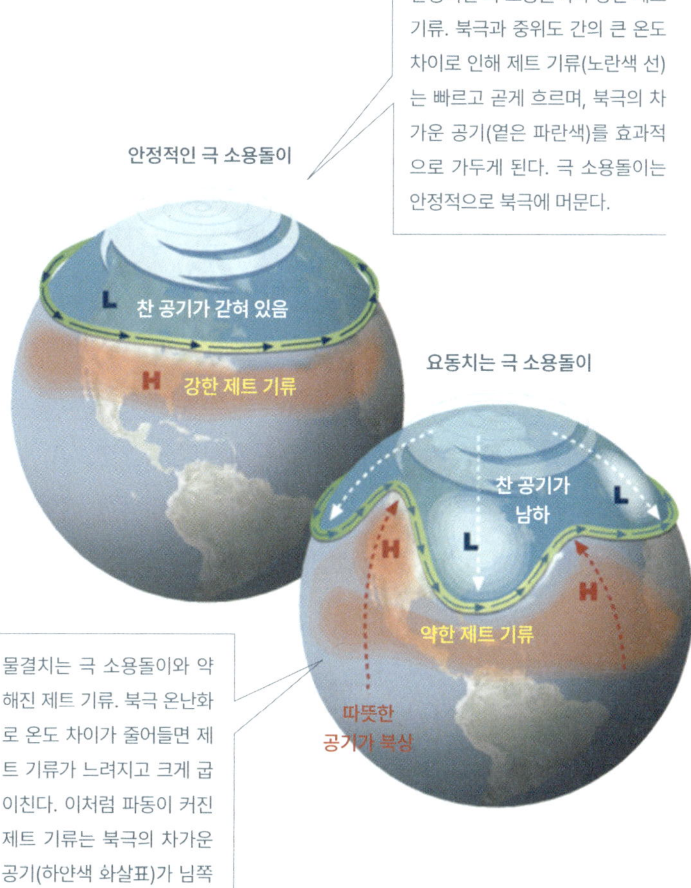

안정적인 극 소용돌이와 강한 제트 기류. 북극과 중위도 간의 큰 온도 차이로 인해 제트 기류(노란색 선)는 빠르고 곧게 흐르며, 북극의 차가운 공기(옅은 파란색)를 효과적으로 가두게 된다. 극 소용돌이는 안정적으로 북극에 머문다.

물결치는 극 소용돌이와 약해진 제트 기류. 북극 온난화로 온도 차이가 줄어들면 제트 기류가 느려지고 크게 굽이친다. 이처럼 파동이 커진 제트 기류는 북극의 차가운 공기(하얀색 화살표)가 남쪽으로 더 깊숙이 내려가게 하고, 중위도의 따뜻한 공기(붉은색 화살표)는 북쪽으로 파고들게 만든다.

원리다.

이 메커니즘을 2021년 6월의 캐나다 폭염 사례에 적용해 보자. 제트 기류의 흐름이 막히는, 이른바 '블로킹'으로 인해 태평양 북서부 상공에는 거대한 고기압 덩어리가 꼼짝없이 갇히게 됐다. 고기압 아래로 공기가 하강하면서 강하게 압축되고, 이 압축 과정에서 지상의 온도를 급격히 끌어올렸다. 이것이 이른바 열돔(heat dome) 현상의 시작이었다. 같은 고기압은 요지부동으로 그 자리에 머물렀고, 전날의 열기에 새로운 태양열이 더해지며, 지상은 매일 뜨겁게 달궈졌다. 하루, 이틀, 사흘… 결국 일주일 내내 상황은 똑같이 반복됐다. 날씨 시스템이 정상적으로 동쪽으로 이동했다면 이 정도의 고온은 하루이틀 정도만 지속됐을 것이다. 하지만 준공명으로 인해 같은 기압 배치가 일주일간 고정되면서 대기와 지표면에 매일같이 열이 축적됐다. 그 결과가 BC주 리턴 마을의 49.6°C라는 살인적인 기온이었다.

대기의 압력솥: 열돔 현상의 메커니즘

제트 기류가 고기압을 일주일간 한곳에 묶어 둔 결과, 그 아래에서는 마치 압력솥 뚜껑을 닫은 것 같은 상황이 전개됐다. 2021년 6월 말, 태평양 북서부 상공에 형성된 고기압은 직경 2,000킬로미터가 넘는 거대한 규모였다. BC주에서 미국 오리건(Oregon)까지, 해안에서 로키산맥(Rocky Mountains)까지 덮는, 두껍고 거대한 담요였다. 그리고 이 담요는 무려 일주일 동안 움직이지 않았다[11].

앞서 이야기한 고기압의 물리학을 더 자세히 살펴보자. 고기압 중심에서는 공기가 위에서 아래로 하강한다. 하강하면서 압축된다. 압축되면 온도가 올라간다. 이것이 단열 압축(adiabatic compression)이다. 자전거 타이어에 공기를 넣을 때 펌프와 타이어가 점점 뜨거워지는 것과 같은 원리다.

평상시라면 어떻게 될까? 지표면 근처의 뜨거운 공기는 상승 기류를 타고 상공으로 올라간다. 올라가면서 팽창하고 다시 식는다. 그리고 열은 대기 전체로 분산된다. 이것이 정상적인 대류 순환이다. 하지만 열돔 아래에서는 이 순환이 차단된다. 상상해 보자. 지표면에서 달궈진 공기가 위로 올라가려 한다. 하지만 고기압에서 내려오는 하강 기류가 마치 거대한 손바닥처럼 그것을 다시 아래로 강하게 눌러버린다. 뜨거운 공기는 갈 곳이 없다. 지표 근처에 갇힌 채 계속 태양열을 받는다. 매일 새로운 열이 더해지지만, 이 열이 지표면을 벗어나 빠져나갈 곳은 없다.

이렇게 되면서 대기의 자연스러운 온도 구조가 뒤집어졌다. 보통 고도가 1킬로미터 높아질 때마다 기온은 약 6.5도씩 하강한다. 이를 '기온 감률(lapse rate)'이라고 한다. 하지만 열돔 아래에서는 이 법칙이 완전히 역전됐다. 실제로 상공 5킬로미터 지점의 기온이 같은 고도의 평년 기온보다 15도나 높게 관측됐을 뿐만 아니라, 이로 인해 상공이 지표면보다 뜨거워지는 기이한 현상까지 나타났다[12]. 기상학자들은 이를 '역전층(inversion layer)'이라 부른다. 위쪽이 아래쪽보다 더 따뜻한 비정상적 상태다. 보통 역전층은 수백 미터 높이 이내에서 국지적으로 발생한다. 하지만 2021년 6월 캐나다의 열돔 현상 아래에서는, 이 역전층이 수 킬로미터 높이까지 거대하게 형성됐다. 대기 전체가 거대한 오븐이 된 것과 같았다.

더 무서운 미래: 습구 온도의 치명적 위협

2020년《환경 연구 레터스(Environmental Research Letters)》에 발표된 데이비드 J. 레이몬드(David J. Raymond) 등의 연구는 기후 위기에 대한 기존의 통념을 뒤흔드는 사실을 보고했다[13]. 지표면 온도 상승이 가져올 진짜 위협은 단순한 열기가 아니라, 증기 압력과 습도의 급격한 증가에 있다는 것이다. 증기 압력은 대기 중 물 분자가 얼마나 많고 활발한 상태인지를 보여 주는 지표다. 지표면 온도가 올라가면 물의 증발량이 늘어나 대기 중 수증기의 양(습도)을 증가시킨다. 이렇게 늘어난 수증기는 다시 대기 중의 증기 압력을 높이는데, 결국 이 높아진 증기 압력은 인간의 땀 증발을 방해하여 생존을 위협한다.

이러한 위협을 직관적으로 보여 주는 지표가 바로 습구 온도(wet-bulb temperature)다. 습구 온도는 온도와 습도를 함께 고려한 값이다. 측정 방법은 간단하다. 온도계의 감지부를 물에 젖은 솜이나 천으로 감싼다. 물이 증발하면서 온도계를 식히는데, 더 이상 증발하지 않을 때의 온도, 그것이 바로 습구 온도다. 왜 이것이 중요한가? 인간의 체온 조절은 땀의 증발에 의존하는데, 대기 중 습도가 높으면 땀이 증발하지 않는다. 체온 조절이 불가능해진다. 그리고 습구 온도 35°C는 인간이 외부 도움 없이 생존할 수 있는 최후의 물리적 한계선이다[14].

인간의 몸을 들여다보자. 우리 몸은 정교한 온도 조절 시스템을 갖추고 있다. 핵심 체온(Core temperature)은 약 37°C로 늘 유지돼야 하고, 이보다 높거나 낮으면 생명이 위험해진다. 이 정교한 시스템이 체온을 낮추기 위해 선택한 가장 효과적인 방법은 사실상 단 하나, 바로 땀의 증발이다. 메커니즘은 이렇다. 땀이 피부에서 증발할 때, 물 분자가 액체에서 기체로 변한다. 이 과정에서 엄청난 양의 열을 몸에서 빼앗아 간다. 이것을 증발 냉각(evaporative cooling)이라고 한다. 건강한 성인은 시간당 최대 1.5리터의 땀을 흘릴 수 있는데, 이를 통해 약 900와트의 열을 제거한다. 900와트면 작은 전기 히터를 1시간 동안 계속 틀어 놓는 것과 맞먹는 양이다.

하지만 이 완벽해 보이는 시스템도 한계가 있다. 땀의 증발은 주변 공기가 건조할 때만 가능하다. 공기 중 습도가 높으면 증발이 느려지거나 아예 멈춘다. 습구 온도 35°C는 바로 그 지점이다. 온도와 습도의 조합이 땀의 증발을 완전히 불가능하게 만드는 지점. 구체적인 예를 들어보자. 기온이 45°C이고 습도가 50%라면? 이 조건에서 습구 온도는 약 35°C가 된다. 또는 기온이 38°C이고 습도가 90%여도 습구 온도는 35°C에 육박한다. 이러한 상태에서는 땀이 피부에 그냥 고여 있을 뿐 증발하지 않는다. 그러면 몸에서는 무슨 일이 벌어질까? 몸은 계속 열을 생산한다. 심장 박동, 호흡, 소화, 모든 대사 과정이 열을 만든다. 그런데 이걸 배출할 방법이 없는 것이다. 열이 쌓인다. 신체 내부 장기의 온도인 핵심 체온이 조금씩 올라간다. 건강한 젊은 성인이라도 습구 온도 35°C 환경에서 6시간 이상 노출되면 치명적이다. **핵심 체온이 40°C를 넘어서면 단백질 변성이 시작된다.** 우리 몸을 구성하는 효소와 단백질이 구조를 잃는다. 42°C에 이르면? 뇌 손상이 일어나고 사망에 이른다. 에어컨 없이는 생존이 불가능하다. 이것은 나이, 기저 질환, 체력과 무관하다. 올림픽 마라톤 선수도, 20대 군인도 예외가 없다. 자연의 법칙이다. 습구 온도 35°C 이상에서 인간의 생존은 불가능하다.

2021년 캐나다 열돔 사태를 다시 보자. 밴쿠버 일부 지역의 습구 온도는 28~30°C에 달했다[15]. 인간의 생존 한계 온도인 35°C에서 불과 5~7도 아래였다. 그리고 이미 수백 명이 죽었다. 건강한 사람들에게는 28~30°C가 위험하지 않을 수 있다. 하지만 노약자, 만성 질환자, 약을 복용 중인 사람들에게는 치명적이다.

문제는 이것이 시작에 불과하다는 점이다. 컬럼비아대학교의 래드클리프(E. Radcliffe) 등이 2020년에 발표한 연구에 따르면, 현재 추세로 온실가스가 증가하면 2070년까지 페르시아만, 인더스강 유역, 화북평야(중국) 등에서 습구 온도 35°C가 정기적으로 나타날 것으로 예측된다[16]. '정기적으로'라는 표현에 주목하자. 일생에 한두 번 겪을까 말까 한 현상이 아니라는 것이다. 매년 여름마다 반복된다는 뜻이다. 이 지역들의 인구를 계산해 보자. 페르시아만 연안국들이 약 5,000만 명, 인더스강 유역(파키스탄, 인도 북서부)은 약 2억 명, 그리고 화북평야는 약 4억 명. 대략 6억 5,000만 명이다. 이들은 에어컨 없이 생존할 수 없는 환경에서 살게 된다. 전력망이 끊기면? 유례없는 기후 학살이 시작될 수 있다.

더 나쁜 것은 이것이 도시 자체의 열섬 효과와 결합됐을 때다. 콘크리트와 아스팔트로 뒤덮인 도시는 주변 지역보다 5~7도 높은 온도를 보인다. 녹지가 없고, 증발할 물이 없고, 건물과 도로가 하루 종일 열을 축적했다가 밤에 방출한다. 여기에 높은 습도까지 더해지면? 도시 전체가 거대한 사우나로 변한다. 실제로 2021년 인도 뉴델리에서는 습구 온도가 32°C를 넘나들었고, 수백 명이 열사병으로 사

습구 온도가 32°C를 넘나들던 2021년 7월의 뉴델리. ©Getty Images

망했다[17]. 한국도 이미 위험 지대에 진입했다. 시간을 한번 앞당겨 상상해 보자. 2050년 여름, 서울. 습구 온도 33°C. 에어컨 없는 반지하 방에 사는 독거노인들. 정전이 발생한다면? 이것이 우리가 향하고 있는 미래다.

에어컨 없는 유럽: 다가오는 재앙의 시나리오

유럽은 이런 위협에 특히 취약하다. 2022년 기준, 유럽 가정의 에어컨 보급률은 19%에 불과하고, 영국은 5%, 독일은 7%에 그친다[18]. 천 년 넘게 온화한 기후를 자랑하던 이 지역들이 이제 치명적 위험에 노출되고 있다. 2022년 여름, 영국에서는 기상 관측 사상 처음으로 40°C를 넘는 기온이 기록됐다. 런던 히드로 공항에서 40.2°C, 코닝스비(Coningsby)에서 40.3°C가 측정됐다[19]. 영국인들에게 40도는 지중해 휴가지의 기온이지, 런던의 기온이 아니다. 이때 영국에서는 최소 2,800명이 열 관련 질환으로 사망했다[20]. 대부분 에어컨이 없는 집에서였다.

　MIT의 엘타히르(Elfatih Eltahir) 연구팀이 시뮬레이션을 돌렸다[21]. 만약 2021년 캐나다와 같은 강도의 열돔이 유럽을 강타한다면? 결과는 재앙적이다. 에어컨 보급률이 낮은 상황에서 습구 온도 30°C 이상이 사흘간 지속되면, 런던에서만 2만~3만 명, 파리에서 1만 5,000~2만 명의 사망자가 발생할 수 있다. 더 심각한 시나리오도 있다. 습구 온도 35°C에 근접하는 경우다. 이때는 에어컨이 있어도 정전이 발생하면 생존 그 자체가 불가능해진다.

2022년 여름, 열파에 지친 프랑스. ©Getty Images

옥스퍼드대학교의 앤드류 스콧(Andrew J. Scott) 등의 분석에 따르면, 유럽의 전력 인프라는 극한 더위 시 급증하는 냉방 수요를 감당할 수 없다[22]. 수백만 대의 에어컨이 동시에 돌아가면 전력망이 무너진다. 대규모 정전이 발생하면 에어컨마저 무용지물이 된다. 누가 제일 먼저 희생될까? 고령자들이다. 2003년 유럽 열파 때 사망자의 80%가 65세 이상 고령자였다[23]. 나이가 들면 체온 조절 능력이 떨어진다. 만성 질환으로 인해 몸은 열에 더 취약해진다. 게다가 많은 고령자들이 경제적 이유로 에어컨을 구비하지 못하거나 전기 요금 부담 때문에 사용을 꺼린다. 프랑스에서는 2003년 열파 당시 혼자 사는 노인들이 집에서 조용히 죽어 갔다. 희생자들은 며칠 후에야 발견됐다.

한국은 어떨까? 한국 역시 이미 위험 지대에 진입했다. 최근 몇 년간 여름철, 특히 서울, 대구, 부산과 같은 인구 밀집 대도시에서는 높은 습도와 기온이 결합하여 생존 한계선에 근접하는 극한의 습구 온도가 빈번하게 관측되고 있다. 이제 더 이상 먼 미래, 영화 속의 상상이 아니다. 런던대학교 킹스칼리지의 기후 역학 연구팀이 2024년 발표한 연구에 따르면, 현재의 온실가스 배출 추세가 지속될 경우 2030년대에는 북위 40~60도 지역에서 49.6°C급 캐나다형 열돔이 연간 2~3회 발생할 가능성이 높다[24]. 유럽 전역, 한국과 일본, 중국 북부, 미국과 캐나다의 주요 도시들이 모두 이런 치명적 위험에 노출될 것이라는 의미다.

상상해 보라. 2035년 여름 서울. 첫 번째 열돔이 6월에 찾아온다. 일주일간 지속된다. 두 번째는 7월 중순. 세 번째는 8월 초. 매번 사상자가 발생한다. 병원 응급실은 마비된다. 전력 수요가 폭증하면서 순환 정전이 실시된다. 에어컨이 꺼진 시간대에 사람들이 죽어 간다.

이것이 '새로운 정상(new normal)'이 된다. 마치 거대한 도미노가 쓰러지기 시작하는 것처럼, 각 지역이 차례로 생존 불가능한 기후 조건에 직면하게 될 것이다. 그 첫 번째 도미노가 바로 2021년 6월 캐나다에서 쓰러졌다. 이제 다음 도미노들이 줄지어 기울고 있다.

불가능한 일이 일어난 캐나다의 그날들

앞서 언급한 캐나다 리턴 마을은 원래 어떤 곳이었을까? 인구 250명의 작은 마을, 밴쿠버에서 북동쪽으로 260킬로미터 떨어진 프레이저강 계곡, BC주 해안 산맥의 그늘에 자리 잡고 있었다. 건조한 산간 분지 지형으로 캐나다에선 더운 편이었지만, 그래도 평년 6월 최고 기온은 25°C 정도였다. 2021년 6월에 기록된 49.6°C는 평년보다 무려 25도나 높은 온도였다. 6월 27일부터 시작된 기록 행진은 매일 새로운 충격을 안겨 주었다. 27일 46.6°C로 캐나다 신기록을 세운 데 이어, 28일에는 47.9°C로 또다시 기록을 경신했다[25]. 그리고 29일, 마침내 상상을 초월하는 49.6°C가 기록됐다. 사흘 연속으로 캐나다 역사상 최고 기온이 매일 깨져 나간 것이다. 이는 마치 인간이 상상할 수 있는 한계의 천장이 사흘 연속으로 무너져 내리는 것과 같은 비현실적인 경험이었다.

현지 상공회의소 회장 버니 팬드리치(Bernie Fandrich)는 당시 상황을 "마치 용광로 안에 있는 것 같았다"고 묘사했다[26]. 리턴 마을의 대부분 집들은 에어컨이 없었다. 캐나다 서부 지역에서 에어컨은 사치품으로 여겨졌기 때문이다. 그러나 49.6°C의 열기는 모든 것을 바꿔 놓았다. 집 안 온도는 40도를 넘어섰고, 밤이 되어도 30도 아래로 내려가지 않았다[27]. 마을 전체가 말 그대로 오븐 안에 들어간 상황이었다. 아스팔트 도로는 녹아서 끈적끈적해졌고, 금속으로 된 문손잡이는 만지면 화상을 입을 정도로 뜨거웠다. 그리고 30일, 더 큰 재앙이 닥쳤다. 사흘간의 극한 더위로 건조해진 산림에서 산불이 발생했다. 주민들은 15분도 안 되는 시간 안에 모든 것을 버리고 대피해야 했다[28]. 250명의 주민들은 겨우 목숨만 부지한 채 마을을 떠났다. 그들이 들고 나온 것은 옷가지 몇 개와 애완동물에 불과했고, 평생의 추억이 담긴 사진과 유품은 집에 남겨져 고스란히 불에 타 버렸다. 19세기부터 이어져 온 리턴 마을은 지구상에서 완전히 사라졌다.

밴쿠버에서 벌어진 상상 밖의 일들

리턴에서 남서쪽으로 260킬로미터 떨어진 밴쿠버에서도 전례 없는 일들이 벌어지고 있었다. 6월 28일, 밴쿠버의 최고 기온은 34°C를 기록했다[29]. 이것만으로도 밴쿠버 시민들에게는 충격이었다. 태평양 연안의 온화한 기후로 유명한 밴쿠버에서 30도를 넘는 날은 연간 5~6일에 불과했기 때문이다. 하지만 진짜 충격은 내륙 지역에서 벌어졌다. 밴쿠버에서 동쪽으로 100킬로미터 떨어진 애보츠퍼드(Abbotsford)에서는 6월 29일 47°C를 기록했다[30]. 이곳은 평년 6월 최고 기온이 22°C 정도인 곳이었다. 그보다 25°C나 높은 온도였다.

밴쿠버 시민들에게 가장 충격적인 광경은 마트에서 벌어졌다. 에어컨을 사려는 사람들이 몰려들었지만, 재고는 이미 바닥났다. 평소

2021년 6월 28일, 갑작스러운 열파로 에어컨이 생필품이 된 캐나다 밴쿠버.
©Getty Images

에는 거의 팔리지 않던 에어컨이 갑자기 생필품이 됐다. 선풍기마저 품절되자 수백 킬로미터 떨어진 도시까지 가서 에어컨을 구하려는 사람들이 생겨났다[31].

브리티시컬럼비아대학교(University of British Columbia) 연구진이 기온 데이터를 분석한 결과, 에어컨이 없는 집의 실내 온도는 밤 10시에도 35°C 이상의 고온이 유지됐다[32]. 보통 이 지역의 여름밤 실내 온도가 20°C 내외인 것을 생각하면, 평소보다 15°C나 높은 온도였다. 밤새도록 사우나 안에서 잠을 자야 하는 상황이었던 것이다.

극한 더위는 인간뿐만 아니라 도시 전체의 인프라마저 무력화시켰다. 밴쿠버의 대중교통 당국은 6월 28일 시의 도시 철도 운행을 전면 중단했다[33]. 전동차 시스템이 극한 고온을 견디지 못했기 때문이다. 노면 온도가 50°C를 넘나들면서 철로가 열팽창으로 휘어졌고, 전력 케이블이 과열되어 화재 위험이 높아졌다. BC주의 전력 회사도 한계에 다다랐다. 에어컨 수요가 급증하면서 전력 소비량이 평소의 150%까지 치솟았다[34]. 변압기들이 과열되기 시작했고, 일부 지역에서는 정전이 발생했다. 정전이 발생한 지역의 주민들은 전기 없는 암흑 속에서 더위를 견디며 밤을 보내야 했다. 도로 인프라의 피해도 심각했다. 주 교통부(BC Ministry of Transportation)의 보고에 따르면, 주요 고속도로 17곳에서 아스팔트가 융해되거나 갈라지는 현상이 발생했다[35]. 특히 코퀴할라 고속도로(Coquihalla Highway)에서는 노면 온도가 65°C까지 올라 아스팔트가 끈적끈적해져 차량 통행이 위험해졌다.

이 현상을 가장 먼저 감지한 것은 날씨 예보 모델들이었다. 6월 20일경부터 컴퓨터 모델들이 일주일 후 태평양 북서부에 극한 고온이 나타날 것이라고 예측하기 시작했다. 일부 모델들은 평년보다 20°C 이상 높은 기온을 예측했는데, 이는 당시 기상학자들의 상식을 완전히 벗어나는 수치였다. 캐나다 환경청의 선임 기상학자 아멜 카스텔란(Armel Castellan)은 "속절없이 갈아치워지는 기록의 숫자들을 보고 있자니 할 말을 잃었다"며, 이 초현실적인 상황을 설명할 수 있는 수식어조차 찾지 못했다고 회상했다[36]. 워싱턴대학교의 기후 과학자 클리프 매스(Cliff Mass)는 이 현상을 "6시그마 사건"[*]이라고 표현했다[37]. 통계적으로 1,000만 번 중에 한 번 있을까 말까 한 극히 드문 현상이라는 의미였다. 그는 "이는 통계적 이상치를 넘어선 완전히 새로운 기후 체제의 출현"이라고 경고했다.

10억 마리 바다 생물의 죽음

열돔의 영향은 육지에만 그치지 않았다. 바다에서도 전례 없는 재앙이 벌어지고 있었다. 브리티시컬럼비아대학교의 해양 생물학자 크리스 할리(Chris Harley) 교수는 같은 해 6월 말 밴쿠버의 키칠라노 해변(Kitsilano Beach)을 걸으면서 끔찍한 광경을 목격했다. "바위마다 수만 마리의 홍합·조개·따개비·달팽이 들이 죽어 있었다. 마치 종말 영화의 한 장면 같았다"라고 할리 교수는 회상했다[38]. 특히 홍합들은 껍질이 벌어진 채 속살이 그대로 익어 있었다. 문자 그대로 '삶아진'

---

[*]　　통계학에서 시그마(s)는 표준편차를 의미한다. 6시그마는 표준편차에서 6배나 떨어진 아주 극단적인 값을 뜻한다.

상태였다.

할리 교수는 적외선 열화상 카메라로 해안 바위의 온도를 측정했다. 바위 표면 온도는 50°C를 넘나들고 있었다. 썰물 때 드러난 바위들이 뜨거운 햇빛에 6시간 이상 노출되면서, 그 위에 붙어 사는 조개류들이 말 그대로 구워진 것이다. 할리 교수가 계산한 바에 따르면, 살리시해(Salish Sea) 연안에서만 10억 마리 이상의 바다 생물이 죽었을 것으로 추정된다. 이는 밴쿠버에서 워싱턴주 올림피아까지 4,000킬로미터가 넘는 해안선을 조사한 결과였다. 더욱 심각한 것은 바닷물 온도의 상승이었다. 미국 워싱턴주 북서쪽에 위치한 퓨젓사운드(Puget Sound)만(灣)의 표층 수온은 평년보다 5도나 높은 23°C를 기록했다[39]. 이는 바다가 마치 거대한 온수 욕조가 된 것과 같았다. 연어와 같은 한류성 어류들이 살기에는 너무 뜨거운 온도였다.

인간에게 닥친 재앙

바다 생물만 죽은 것이 아니었다. 인간들도 극한 더위의 직격탄을 맞았다. BC주 검시관 사무소가 발표한 공식 집계에 따르면, 6월 25일부터 7월 1일까지 일주일 동안 619명이 열사로 사망했다[40]. 이는 충격적인 숫자였다. 평년 같은 기간에 이 지역에서 발생하는 사망자 수는 130명 정도다. 그런데 이번에는 약 490명이나 더 죽은 것이다. 사망률이 무려 376% 증가했다. BC주 역사상 가장 치명적인 자연재해였다.

주목할 부분은 사망자가 발생한 양상이었다. 사망자의 98%가 실내에서 숨졌다. 대부분이 자신의 집에서 발견됐는데, 에어컨이 없는 집에서 체온 조절에 실패해 더위로 숨진 경우가 많았다. 집이 거대한 오븐으로 변한 것 같았다. 사망자 중 70%가 70세 이상의 고령자였고, 90%는 60세 이상이었다[41]. 노화로 인해 체온 조절 능력이 떨어진 고령자들이 극한 더위에 가장 취약했던 것이다.

응급실도 극한의 상황까지 몰렸다. BC주 전역의 병원 응급실에 열사병 환자들이 몰려들었다. 일부 병원에서는 응급실 실내 온도가 32°C를 넘어섰고, 특히 라이언스 게이트(Lions Gate)라는 큰 병원의 응급 치료 병동에서는 냉방 시설이 부족해 실내 온도가 38°C까지 상승했다[42]. 병원마저 환자를 제대로 치료할 수 없는 상황이 된 것이다. 응급 전화 서비스도 마비 상태에 이르렀다. 6월 26일부터 27일까지 이틀 동안 주 전역의 응급 전화 센터(E-Comm)에는 평소보다 55% 많은 1만 5,300통의 전화가 걸려 왔고, 6월 28일에는 구급차 출동 건수가 무려 1,975건으로 이 지역 역사상 최대를 기록했다[43]. 밴쿠버 종합 병원의 응급의학과 의사 마이클 크리스천(Michael Christian)은 당시 상황을 "전쟁터 같았다"고 묘사했다[44]. 응급실에는 열사병 환자들이 줄을 이어 실려 왔고, 의료진들도 극한 더위 속에서 치료를 해야 했다. 일부 환자들은 체온이 42도까지 올라 의식을 잃은 상태로 병원에 도착했다.

농업과 산림에 미친 충격

극한 더위는 자연 생태계 전체를 뒤흔들었다. BC주 농업청의 조사에 따르면, 블루베리 농장의 30~50%가 심각한 피해를 입었다[45]. 블루베리는 서늘한 기후를 좋아하는 작물인데, 40도가 넘는 더위에 잎이 타들어 가고 열매가 말라 버렸다. 일부 농장에서는 한여름에 수확량이 90% 감소하는 참사가 벌어졌다. 가축들도 극심한 고통을 받았다. 주 전역에서 수백만 마리의 닭과 수천 마리의 소가 열사로 죽었다[46]. 특히 육계 농장의 피해가 심각했다. 밀폐된 계사 안의 온도가 50도까지 올라가면서 닭들이 대량 폐사했다. 일부 농장에서는 하루에 수만 마리의 닭이 죽어 나갔다.

산림의 피해는 더욱 장기적이었다. 극한 더위로 인해 나무들이 심각한 스트레스를 받았다. 침엽수들의 잎이 갈색으로 변하고 말라죽는 현상이 광범위하게 나타났다[47]. 특히 더글러스 전나무(Douglas Fir)와 서부 헴록(Western Hemlock) 같은 대표적인 나무 종들이 큰 타격을 받았다. 캐나다 산림청(Canadian Forest Service)의 연구에 따르면, 당시 열돔으로 인해 BC주 산림의 5~10%가 장기적 피해를 입을 것으로 예상했다[48]. 죽어 가는 나무들은 탄소 저장 능력을 잃을 뿐만 아니라, 건조해져서 향후 산불의 연료가 될 위험이 높다.

연쇄 반응의 시작

2021년 캐나다 열돔은 단일한 사건이 아니라 연쇄 반응의 시작이었다. 극한 더위로 인해 건조해진 산림은 그해 여름 캐나다 역사상 최악의 산불 시즌을 만들어 냈다. 2021년 BC주에서는 총 868건의 산불이 발생하여 86만 헥타르가 소실됐다[49]. 이는 서울시 면적의 14배에 해당하는 규모다. 산불로 인해 방출된 이산화탄소는 또 다른 온난화 요인이 됐다. 캐나다 환경청의 추정에 따르면, 2021년 이 주에서 산불로 인해 대기로 방출된 이산화탄소는 약 1억 1,000만 톤이었다[50]. 이는 캐나다 전체 연간 배출량의 15%에 해당한다.

더욱 심각한 것은 영구 동토층의 변화였다. 시베리아와 알래스카의 영구 동토층이 급속히 녹으면서 저장돼 있던 메탄과 이산화탄소가 방출되기 시작했다. 미국 지질조사소(USGS)의 연구에 따르면, 2021년 여름 알래스카의 영구 동토층에서 평년보다 40% 많은 온실가스가 방출됐다[51]. 이는 마치 도미노가 쓰러지는 것과 같았다.

영구 동토층 융해에 따른 해안 침식으로 무너져 내리는 알래스카 드루 포인트(Drew Point)의 절벽. ©USGS

온실가스 증가 → 극한 고온 → 산불과 영구 동토층 융해 →

더 많은 온실가스 방출 → 더 극한 고온

악순환의 고리가 형성되기 시작했다.

이 사건을 분석한 국제 과학자팀은 '신속 귀인 분석(Rapid Attribution Analysis)'*을 통해 다음과 같은 중요한 결론을 내렸다[52]. 그들은 이 극한 현상이 인간이 일으킨 기후 변화 없이는 '사실상 불가능'했을 것이라고 단언했다. 과학자들은 기후 변화가 이번 열돔의 발생 가능성을 최소 150배 이상 높였다고 계산했다[53]. 무엇보다 충격적인 것은 이번 열돔의 강도였다. 과학자들의 계산에 따르면, 이번 열돔은 자연적인 기후 변동만으로 발생할 수 있었던 최대 고온 범위를 2~5°C나 넘어서는 것이었다[54]. 다시 말해, 만약 인간의 온실가스 배출이 없었다면 캐나다 리턴 마을의 기온은 평년 6월 최고 기온인 25°C를 크게 벗어나지 않았을 것이며, 자연적인 요인만으로는 결코 40~50°C에 이르는 살인적인 폭염이 발생하지 않았을 것이라는 뜻이다.

공기 온도보다 지표면의 열기가 더욱 처참했다. 워싱턴주 웨내치(Wenatchee)에서는 지면 온도가 63°C까지 올랐고, 오리건주 포틀랜드(Portland)의 한 교차로에서는 아스팔트 온도가 70°C를 기록했다[55]. 이 온도는 날계란을 약 10분 이내에 구울 수 있을 정도로 뜨거운 온도다.

---

* 특정 기상 이변(폭염, 홍수 등)이 발생했을 때, 그것이 '자연적인 변동' 탓인지 혹은 '인류가 만든 기후 변화' 때문인지를 즉시 밝혀 내는 기술. 슈퍼컴퓨터로 '인간이 온실가스를 내뿜지 않았을 가상의 지구'를 설정해 시뮬레이션하며, 실제로 발생한 재난과 비교함으로써 인간의 활동이 해당 사건의 확률을 얼마나 높였는지 수치로 계산한다.

이번 사태는 기후 변화가 단순한 기온 상승을 넘어 문명 전체를 파괴할 에너지를 품고 있음을 여실히 보여 준다. 전력망과 교통망이 무너지고, 의료 시스템이 마비되며, 농업이 타격을 입고, 가장 취약한 이들이 조용히 죽어 간다. 그리고 이것은 서막에 불과하다. 과학자들의 계산에 따르면, 현재 추세가 지속될 경우 이러한 극한 열돔이 앞으로 훨씬 더 빈번해지고 강력해질 것이다[56]. 인간이라는 종이 익숙해질 수 없는 비정상이 새로운 정상이 되는 것이다.

우리가 직면한 위기의 본질을 제대로 이해하려면, 단순히 기온 상승의 '양적' 측면만 봐서는 안 된다. 기후 변화는 자연과 사회, 과학과 정치, 경제와 생태를 가르던 근대의 이분법적 사고 자체를 무너뜨리고 있다[57]. 온도가 몇 도 오르는 것이 문제가 아니라, 그 온도 상승이 촉발하는 연쇄 반응—빙하 융해, 해수면 상승, 생태계 붕괴, 식량 위기, 대규모 이주, 사회 불안정—이 우리가 '문명'이라 부르는 복잡한 시스템 전체를 근본부터 뒤흔든다는 점이다.

기후 과학자들은 이를 '연쇄 임계점(cascading tipping points)'이라고 부른다. 하나의 도미노가 쓰러지면 다음 도미노가 연쇄적으로 무너지는 원리와 같다. 북극 해빙이 녹으면 지구 알베도(Albedo, 반사율)가 감소하고, 더 많은 태양열을 흡수하게 되며, 북반구 영구 동토층이 녹아 메탄이 방출되고, 온난화는 더욱 가속된다. 그린란드 빙상이 녹으면 담수가 북대서양으로 유입되고, 전 지구적 해류 순환이 약해지며 지역 기후 패턴이 급격히 변한다. 아마존이 건조해지면 나무들은 죽게 되고, 결국 탄소 저장고가 탄소 배출원으로 뒤바뀌며, 강수 패턴이 무너지면서 더 많은 나무를 죽이게 된다.

브리티시컬럼비아대학교의 해양 생물학자 크리스 할리의 고백은

많은 과학자들의 심정을 대변한다. "생태학자로서 내 마음 한편에는 앞으로 몇 년간 어떤 일이 벌어질지 궁금함이 있다. 하지만 앞날에 대한 우울함이 더 크다. 많은 종들이 변화의 속도를 따라가지 못할 것이고, 생태계는 예측하기 어려운 방향으로 변할 것이다."[58] 그의 말은 단순한 비관이 아니다. 진화는 수천, 수만 년에 걸쳐 일어나지만, 우리가 만들어 낸 변화는 수십 년 만에 일어나고 있다. 지구 생명체는 이에 적응할 시간이 없다.

만일 인간이 살 수 있는 지역 자체가 줄어든다면? 습구 온도 35°C를 넘어서는 지역들이 속출한다면? 페르시아만, 인더스강 유역, 화북평야 지역에만 6억 5,000만여 명이 산다. 이들은 이제 에어컨 없이는 생존할 수 없는 극한 환경에 처하게 될 것이다. 그런데 전력망이 무너지면? 대규모 기후 학살이 시작될 수 있다. 여기서 그치는 것이 아니다. 기후 변화로 농업 생산성이 급감하면? 식량 위기가 찾아온다. 수억 명이 이주를 시도하면? 국경이 닫히고 국가 간 갈등이 격화된다. 문명의 토대 자체가 위협받는 것이다.

점진적인 양적 변화가 축적되면 어느 순간 질적 도약이 일어난다. 물이 99°C에서 100°C로 올라갈 때 일어나는 것은 단순한 1°C 상승이 아니라 액체에서 기체로의 갑작스럽고도 전면적인 상태 변화다. 2021년 캐나다 열돔은 바로 그러한 질적 도약의 신호탄이었다. 180년간 축적된 온실가스 배출이 마침내 지구 기후 시스템의 비선형적 변화를 촉발한 것이다. 마치 거대한 해일이 점점 높이를 키우며 다가오는 것처럼, 우리가 경험해 본 적 없는 극한 현상들이 일상적 현실로 자리 잡고 있다. 2021년 캐나다 열돔은 그 해일이 보낸 첫 번째 경고였다.

그렇다면 근본적인 질문이 남는다. 이것이 정말로 인간이 오롯이 만든 재앙이란 말인가? 어떤 사람들은 반론을 제기한다. 지구는 과거에도 온난기와 빙하기를 반복해 왔지 않은가? 우리는 단지 자연적인 온난화 주기를 겪고 있는 특별한 세대일 뿐이며, 현재의 기후 변화는 인간과 무관한 지구 자체의 자연스러운 과정이라고 주장하는 이들이 있다.

이러한 주장이 옳은지 그른지를 따지려면, 현재의 변화를 훨씬 더 긴 시간의 맥락 속에 놓고 봐야 한다. 지구는 과거 수십만 년 동안 어떤 기후 변화를 겪었는가? 그 변화의 속도와 강도는 어떠했는가? 당시 대기의 이산화탄소 농도는 얼마였고, 온도는 어떻게 변했는가? 다행히 지구는 자신의 역사를 완벽하게 기록해 두었다. 남극과 그린란드의 얼음 속에는 수십만 년의 대기 성분과 온도 기록이 그대로 보존되어 있다. 이 얼음 코어 기록을 분석하면, 현재 우리가 겪고 있는 변화가 자연적인 주기의 일부인지, 아니면 전례 없는 인위적 재앙인지 명확하게 알 수 있다. 이제 시간을 거슬러 올라가, 그 얼음 도서관을 방문할 차례다.

얼음 속에 갇힌 80만 년의 증언

"The city's ablaze, the town's on fire
The woman's flames are reaching higher
We were fools, we called her liar
All I hear is 'burn!'"

"도시는 화염에 휩싸였고, 마을은 불타오른다.
그녀의 불길은 하늘 끝까지 치솟고 있네.
우린 참 어리석었지,
그녀의 경고를 거짓이라 비웃었으니.
이제 들리는 건 오직 '불타올라라!'는 외침뿐."

— 딥 퍼플(Deep Purple), 〈Burn〉(1974년)

2021년 캐나다 리턴 마을의 49.6°C, 619명의 사망자, 그리고 바다 생물 10억 마리 폐사. 이 수치들은 그 자체로 충분히 참혹하고 충격적이지만, 우리에게는 여전히 풀리지 않는 근본적인 의문이 하나 남아 있다.

"이것이 정말로 인류 역사상 전례가 없는 일인가?"

우리는 직관적으로 "이상 기후"라는 표현을 쓴다. 하지만 무엇이 '이상(abnormal)'이고 무엇이 '정상(normal)'인지 판단하려면, 지구 기후가 걸어 온 머나먼 여정을 들여다봐야 한다. 20~30년의 짧은 기후 기록으로는 지금의 현상을 온전히 설명하기에 턱없이 부족하다. 우리에게는 현대 문명의 기억을 넘어, 훨씬 더 긴 시간 범위를 아우르는 거대한 비교 대상이 필요하다.

2004년 겨울, 유럽 과학자들이 남극 대륙 내부 돔(Dome) C 지역에서 역사상 가장 깊은 얼음 코어 채굴 작업을 진행하고 있었다. 남위 75도, 영하 54도의 혹독한 추위와 시속 200킬로미터가 넘는 강풍이 몰아치는 극한의 환경이었다[1]. 과학자들이 찾고 있던 것은 지구가 80만 년 동안 얼음 속에 보관해 온 기후의 비밀이었다. 매일 16시간씩 돌아가는 드릴이 3년간의 사투 끝에 마침내 3,270미터 깊이에 도달했을 때, 그들의 손에는 인류가 한 번도 본 적이 없는 고대의 증거가 놓여 있었다. 그 얼음 조각 속에는 80만 년 전의 공기가 그대로 갇혀 있었다. 네안데르탈인이 유럽 동굴에서 불을 피우기 훨씬 전, 현생 인류가 아프리카를 떠나기도 전의 대기기 남극의 얼음 속에서 시간을 멈춘 채 기다리고 있었던 것이다.

이 얼음 도서관에서 드릴이 1미터 더 깊이 들어갈 때마다 우리는 약 50년의 과거로 거슬러 올라간다. 1미터 구간을 뚫는 데는 1.5시간이 걸린다. 이를 감안할 때, 인류 문명 전체의 역사인 1만 년에 해당하는 얼음 코어를 얻으려면 약 200미터(1만 년÷ 50년/미터)의 얼음 기둥을 확보해야 한다. 특히 마지막 100미터 구간(3,170~3,270미터)에는 상상을 초월하는 압력으로 인해 무려 10만 년 이상의 시간이 켜켜이 눌러 담겨 있었다. 이곳에는 마지막 빙하기 전체가 단 100미터 얼음 속에 고스란히 보존돼 있었던 것이다.

3,200미터를 넘어서면서 과학자들은 현생 인류가 아프리카를 떠나기 전의 과거로 들어갔다. 80만 년 전은 호모 사피엔스가 등장하기 전으로, 호모 에렉투스와 초기 네안데르탈인들의 조상이 유럽과

EPICA 돔(Dome) C 지역의 드릴링은 영하 54도의 극한 추위 속에서 3년간 계속된 얼음 코어 채굴 작업이었다. 과학자들은 매일 16시간씩 드릴을 가동하여 80만 년 전의 고대 공기를 찾아냈다.
©British Antarctic Survey

아시아에 퍼져 살던 시기였다. 이들이 동굴에서 불을 피우며 빙하기를 견디고 있을 때, 바로 그 차가운 공기가 남극에서 얼음으로 변해 우리를 기다리고 있었던 것이다.

얼음 코어가 보여 준 과거는 과학자들의 예상보다 극적이었다. 약 2만 년 전 마지막 빙하기 극성기에 대기 중 이산화탄소 농도는 180ppm까지 떨어져 있었다[2]. 현재의 423ppm과 비교하면 절반도 안 되는 수치였다. 그때 지구는 지금과 완전히 다른 세상이란 뜻이다. 시베리아와 캐나다 북부는 2킬로미터 두께의 거대한 빙하로 뒤덮여 있었다. 해수면은 현재보다 120미터나 낮았고, 영국과 유럽 대륙은 육지로 연결되어 있었다. 아프리카 사하라 사막은 지금보다 훨씬 더 넓었고, 아마존 열대 우림은 작은 섬 같은 피난처들로 축소돼 있었다[3].

당시 지구의 식생은 현재와는 많이 달랐다. 예를 들어 유럽을 살펴보면, 지금은 울창한 숲이 자라는 지역이 당시에는 대부분 얼어붙은 황무지나 풀밭으로 덮여 있었다. 시베리아의 침엽수림은 수천 킬로미터나 남쪽으로 밀려나 있었다. 북미에서는 오대호 지역까지 빙하가 덮고 있었고, 지금의 시카고와 디트로이트가 있는 자리에는 두꺼운 얼음이 있었다. 아시아에서는 히말라야 빙하가 현재보다 훨씬 아래까지 내려와 있었으며, 한국과 일본도 현재보다 훨씬 추운 아극지(亞極地) 기후였다.

당시 인류의 삶은 극한의 생존 투쟁 그 자체였다. 고고학 증거에 따르면, 빙하기가 가장 심했던 시기에 전 세계 인구는 불과 1만 명 정도까지 줄어들었을 것으로 추정된다[4]. 인류는 아프리카 남부, 중동의 몇몇 피난처, 그리고 유럽 남부의 동굴들에 흩어져 살았다. 프

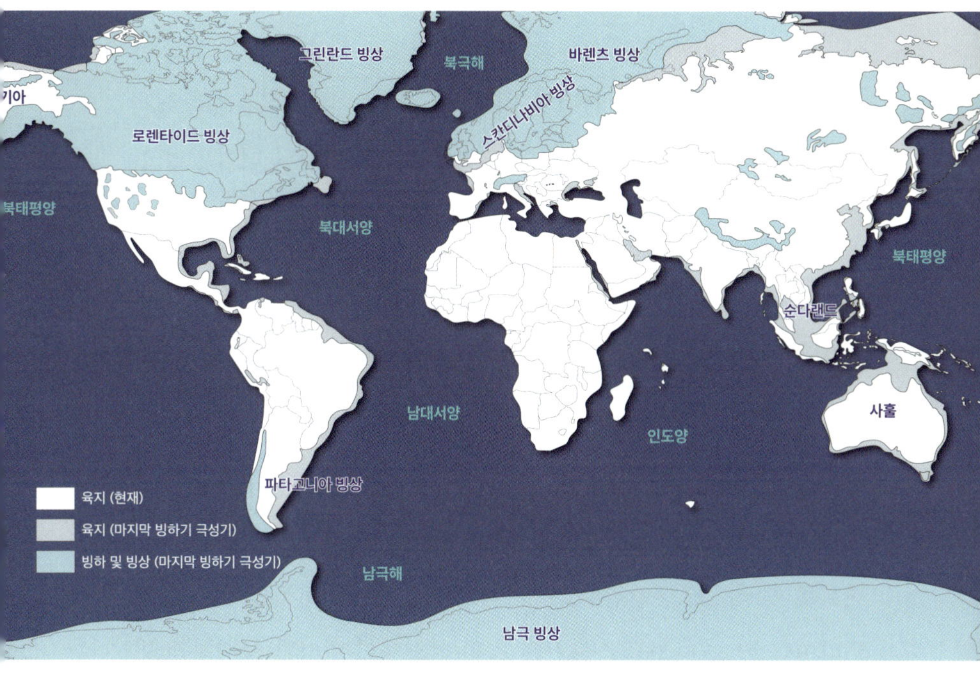

마지막 빙하기인 극성기(약 2만 년 전)의 지구 모습. 하늘색 부분이 빙하로 덮인 지역이며, 현재보다 해수면이 120미터 낮아 대륙붕이 모두 드러나 있었다. 식생대도 현재보다 남쪽으로 크게 이동해 있었다.

랑스 도르도뉴(Dordogne) 지역의 라스코(Lascaux) 동굴 벽화를 그린 크로마뇽인들이 바로 이런 극한의 추위 속에서 살았던 사람들이다. 이들이 동굴 벽에 그린 순록과 들소, 매머드는 단순한 예술 작품이 아니었다. 생존을 위한 간절한 기록이었다. 대기 중 이산화탄소가 180ppm밖에 안 되던 당시 지구는 얼어붙은 사막이나 다름없었고, 동물을 사냥하지 못하면 곧바로 죽음을 의미했다.

그린란드가 들려준 충격적인 이야기

남극 돔 C 코어가 전 지구적 기후의 긴 호흡을 보여 준다면, 그린란드 NGRIP(North Greenland Ice Core Project) 코어는 북반구의 급격한 기후 변화를 생생하게 증언한다[5]. 특히 약 1만 4700년 전에 일어난 '영거 드라이아스(Younger Dryas)' 사건은 기후 시스템이 얼마나 급격하게 변할 수 있는지를 보여 주는 충격적인 사례다. 영거 드라이아스는 '어린 산죽나무'라는 뜻으로, 이 시기의 퇴적층에서 한대성 식물인 드라이아스 꽃의 화분이 대량 발견되어 붙여진 이름이다.

마지막 빙하기가 끝나 가던 시기, 지구는 점차 따뜻해지고 있었다. 그런데 갑자기 모든 것이 뒤바뀌었다. 단 3년 만에 북반구는 다시 빙하기 상태로 돌아갔다. 그린란드의 연평균 기온은 10~15도나 떨어졌고, 강수량은 절반으로 줄어들었다[6]. 이런 급격한 변화는 무려 1300년간 지속됐다. 영거 드라이아스 시작점의 얼음을 현미경으로 보면 연간 적설층이 뚜렷하게 구분되는데, 어느 해부터 갑자기 층이 얇아지면서 먼지 농도가 급격히 증가했다. 이는 지표면이 건조해지고 식생이 사라지면서 바람에 날리는 토양 입자들이 늘어났기 때문이다. 마치 지구가 하룻밤 사이에 거대한 먼지 폭풍으로 뒤덮인 다른 행성이 된 것 같았다.

당시 유럽의 인류는 이 급변에 어떻게 대응했을까? 고고학 증거에 따르면, 많은 정착지들이 갑자기 버려졌고, 인구가 남쪽으로 대규모 이주했다. 독일 아렌스부르크(Ahrensburg) 문화의 정착지들은 영거 드라이아스 시작과 함께 급격히 줄어들었고, 농업이 막 시작되려던 중동 지역에서는 야생 곡물을 채집하는 생활 방식으로 되돌아가야만 했다. 현재 시리아와 튀르키예 지역의 고고학 유적에서는 이 시기에 정착지 크기가 급격히 줄어든 흔적이 발견된다[7].

얼음이 간직한 고대의 숨결

남극의 눈이 얼음으로 변화되는 과정은 자연이 만든 타임캡슐과 같다. 매년 내리는 눈은 누적되어 점점 더 큰 압력을 받는다. 푹신한 눈은 점차 단단해지면서 '피른(firn)'이라는 중간 단계를 거쳐 견고한 얼음으로 변한다. 이 과정에서 눈 사이의 공기는 작은 기포 형태로 얼음에 갇힌다[8].

과학자들이 이 얼음 코어를 분석하는 방법은 정교하면서 흥미롭다. 먼저 얼음을 조심스레 녹여 그 안에 갇힌 고대의 공기를 추출한다. 이후 이 공기를 질량 분석기에 넣어 이산화탄소 농도를 측정하고, 동시에 얼음 물 분자(H_2O) 안의 산소 동위 원소인 산소-18(^{18}O)의 상대적인 존재 비율($\delta^{18}O$)을 분석하여 당시의 기온을 추정한다. 그 공기 속에는 빙하기 인류가 내쉰 숨도, 매머드들이 내쉰 숨도, 고대 바다에서 증발한 수증기와 구름이 응결되며 품었던 공기도 모두 담겨 있다. 80만 년 전 지구와 직접 대화하는 것과 다름없다.

이제 돔 C 얼음 코어가 밝혀 준 이야기를 살펴보자. 지난 80만 년 동안 지구의 이산화탄소 농도는 빙하기에 약 180ppm까지 떨어졌고 간빙기에는 약 300ppm까지 상승하는 현상이 여덟 번 반복됐다[9]. 마치 지구가 규칙적으로 숨을 쉬는 것처럼 보인다. 패턴은 일정했다. 약 10만 년 주기로 빙하기와 간빙기가 교차하며, 정밀한 시계처럼 작동했다. 그리고 **80만 년 동안 대기 중 이산화탄소 농도는 단 한 번도 300ppm을 넘지 않았다.**

그런데 현재는 어떨까? 킬링이 1958년에 처음 측정했을 때 313ppm이었던 농도는 **2024년 현재 423ppm**을 넘어섰다. 이는 지난 80만 년, 아니 최근 연구에 따르면 300만 년 동안 전혀 찾아볼 수 없었던 기록이다[10].

자연의 탄소 순환 오케스트라

80만 년 얼음 코어가 보여 주는 규칙적인 빙하기-간빙기의 순환 과정을 이해하려면, 먼저 세르비아 수학자 밀루틴 밀란코비치(Milutin Milanković, 1879~1958)가 1920년대에 발견한 천문학적 주기를 알아야 한다. 지구는 태양 주위를 완벽한 원이 아닌 타원 궤도로 돈다. 이 타원의 모양은 약 10만 년 주기로 변하는데(이심률 변화), 타원이 찌그러질수록 지구가 태양에서 가장 가까울 때와 가장 멀 때의 거리 차이

밀란코비치 주기

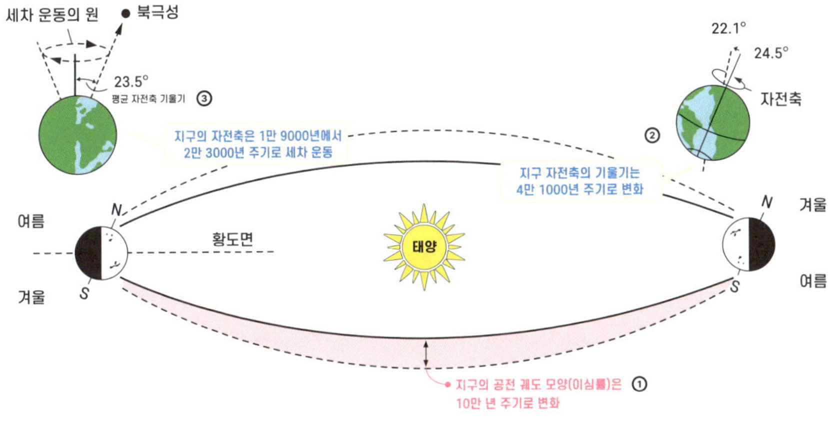

이심률, 경사각, 세차운동의 세 가지 주기가 복합적으로 작용하여, 북반구 고위도 지역이 받는 여름철 태양 에너지의 양이 변화하고, 이것이 빙하기 시작의 방아쇠 역할을 한다.

① **이심률(Eccentricity):** 지구의 공전 궤도는 약 10만 년 주기로 거의 원형에 가까운 궤도와 더 찌그러진 타원 궤도 사이를 오간다.

② **경사각(Tilt/Obliquity):** 지구 자전축의 기울기가 약 4만 1000년 주기로 22.1도에서 24.5도 사이를 오가는 '자전축 경사각'의 변화를 나타낸다.

③ **세차운동(Precession):** 팽이가 돌 듯이 흔들리는 지구 자전축의 방향이 약 1만 9000년에서 2만 3000년 주기로 변한다.

가 커지게 된다. 여기에 지구 자전축의 변화가 가세한다. 현재 23.5도인 자전축 기울기는 22.1도에서 24.5도 사이를 약 4만 1000년 주기로 오간다(경사각 변화). 기울기가 커질수록 계절의 변화가 더욱 뚜렷해진다. 마지막으로 자전축 자체가 마치 회전하는 팽이처럼 비틀거리며 도는 '세차운동(歲差運動)'까지 더해지면, 지구 기후를 결정하는 복잡한 천문학적 시계 태엽이 완성된다.

이 세 주기가 복합적으로 작용하면서 북반구 고위도 지역이 받는 여름철 태양 복사량이 변화한다. 만약 여름철 햇빛이 약해지면 겨울 눈이 녹지 않고 축적되어 빙하가 형성되기 시작한다. 이것이 빙하기 시작의 방아쇠다. 하지만 여기서 흥미로운 수수께끼가 등장한다. **밀란코비치 주기에 따른 태양 복사량의 변화는 지구 평균 기온을 고작 1~2°C 정도 바꾸는 데 그치기 때문**이다. 그런데 실제 얼음 코어에 기록된 빙하기와 간빙기의 온도 차이는 5~10°C에 달한다. 천문학적 계산만으로는 설명되지 않는 뭔가 다른 메커니즘이 작동하고 있다는 얘기다.

천문학적 주기와 실제 기온 변화 사이의 간극을 메우는 주인공은 바로 이산화탄소의 '되먹임 효과(feedback loop)'다[11]. 밀란코비치 주기가 지휘자의 첫 박자라면, 이산화탄소는 오케스트라 전체의 울림을 이끄는 제1 바이올린과 같다. 여기서 주목해야 할 사실은 현재 인류가 홀로세(Holocene)라는 온화한 간빙기에 살고 있으며, 밀란코비치 주기상으로는 사실 다음 빙하기를 향해 서서히 식어 가야 할 시점이라는 점이다. 그러나 **우리 인류는 지금, 우리가 배출하는 온실가스 덕분에, 역설적이게도 오히려 급격한 온난화 과정을 겪고 있다.** 원래는 시기상 추워져야 하는데, 반대로 마구 더워지고 있다는 이야기다. 자연의 리듬을 거스르고 있는 셈이다.

이러한 '양(positive)의 되먹임' 과정은 빙하기에서 간빙기로 변할 때뿐만 아니라, 현재의 비정상적인 온난화 과정에서도 동일한 메커니즘으로 작동한다. 그 연쇄 반응을 단계별로 살펴보면 다음과 같다.

1단계 (초기 가열): 어떤 이유로든 온난화가 시작되면 빙하가 녹기 시작한다.

2단계 (지표 노출): 빙하가 사라진 자리에는 하얀 얼음 아래 숨어 있던 어두운 땅과 바다가 드러난다.

3단계 (알베도 변화): 하얀 얼음은 햇빛의 80~90%를 반사하지만, 어두운 땅은 그 반대로 대부분을 흡수한다. 특히 바다는 땅보다 더 어두워서 햇빛의 94%나 흡수하며 열을 축적한다.

4단계 (가스 방출): 바다가 따뜻해지면 바닷물에 녹아 있던 이산화탄소가 대기 중으로 뿜어져 나온다.

5단계 (가속화): 대기 중 이산화탄소 농도가 높아지면 온실 효과가 강화되어 기온은 더욱 상승하고, 이는 다시 더 많은 빙하를 녹이는 끝없는 순환으로 이어진다.

이런 식으로 작은 초기 변화가 연쇄 반응을 일으켜 극적인 기후 변화로 이어진다. 마치 산비탈을 굴러 내려가는 작은 눈덩이가 거대한 눈사태로 돌변하는 과정과 같다[12].

반대로 빙하기가 시작될 때는 이와 정반대의 현상이 일어난다. 기온이 떨어지면 바다는 더 많은 이산화탄소를 빨아들인다. 이건 기체가 뜨거운 물보다 찬물에 더 많이 녹는 물리 현상, 즉 헨리의 법칙(Henry's Law) 때문이다. 따뜻한 콜라 캔을 따면 탄산이 거칠게 솟구치지만, 차가운 콜라는 조용히 딸 수 있는 것과 같은 원리다. 찬물이 뜨거운 물보다 기체를 더 잘 머금고 잡아 둔다는 이야기다. 바다가 차가워질수록 대기 중의 이산화탄소를 더 많이 머금게 되면서 온실 효과는 약해진다.

기온이 낮아지면 동시에 증발한 바닷물은 육지에 눈으로 쌓여 얼음과 거대한 빙하가 되고, 해수면이 낮아진다. 이때 드러난 대륙붕의 흙먼지가 바람에 날려 바다로 유입하는데, 이 먼지는 식물 플랑크톤의 비료다. 동시에 차가워진 기후가 만든 강한 바람은 영양분 가득한 심해수를 수면으로 끌어올린다. 풍부한 영양분을 얻은 플랑크톤은 폭발적으로 광합성을 한다. 대기에서 이산화탄소를 맹렬히 빨아들인다. 수명을 다한 플랑크톤이 탄소를 품은 채 바다 밑으로 가라앉는다. 빙하기는 이렇게 대기의 이산화탄소를 청소한다. 기온 하락이 더 많은 이산화탄소를 제거하고, 이산화탄소 감소가 기온을 더 낮춘다. 자연의 되먹임 고리가 돌아가는 것이다[13].

지난 80만 년 동안 이 과정은 완벽한 오케스트라처럼 연주됐다. 밀란코비치 주기가 지휘자의 신호를 보내면, 이산화탄소라는 제1 바이올린이 연주를 시작하고 바다와 얼음, 숲과 대기가 화음을 맞추며 장엄한 기후 교향곡을 완성해 왔다[14]. 하지만 지금 인류는 이 정교한 악보를 제멋대로 찢어버리고 있다.

자연 변화의 속도 vs 인간의 폭주

지금까지의 데이터를 종합해 보면 이렇다. 과거 80만 년을 통틀어 이산화탄소가 가장 가파르게 상승했던 시기조차, 1000년에 걸쳐 약 80ppm이 오른 정도에 불과했다. 즉 한 해 평균 0.08ppm가량이 늘어난 것이다[15]. 그런데 지금은 어떤가? 마우나로아 관측소의 최신 데이터에 따르면, **최근 10년간 이산화탄소 농도는 해마다 평균 2.4ppm씩 치솟고** 있다. 이는 자연적 변화보다 무려 **30배나 빠른 속도**다. 자연이 1000년에 걸쳐 변화시키던 것을 인간은 단 30년 만에 다 해치워 버린 셈이다. 지구 기후 기록 전체를 통틀어 전례를 찾을 수 없는 변칙적인 변화다. 그것은 오롯이 인간 활동에 기인한다.

문제는 생태계의 '적응 한계'다. 지구 생태계는 1000년에 걸친 점진적 변화에는 적응할 수 있지만, 30년 만에 일어나는 급변을 따라잡을 수는 없다. 스탠포드대학교의 생물학자 폴 에를리히(Paul Ehrlich)는 이를 "생태학적 충격"이라고 불렀다. 마치 시속 30킬로미터로 어린이 보호 구역을 달리던 자동차가 갑자기 시속 1,000킬로미터 초음속으로 가속하는 것과 같다. 그 속도 차를 견디지 못한 생태계라는

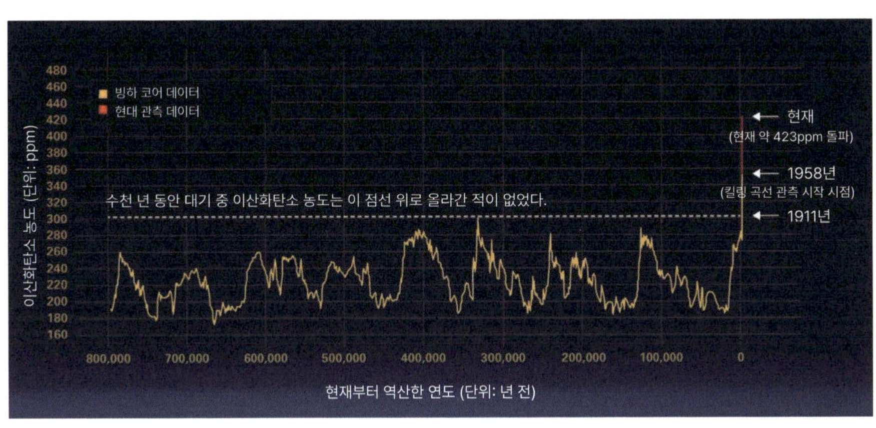

과거 2만 년까지의 자연적 이산화탄소 변화는 300ppm 아래에서 자연적인 맥동 형태를 보이지만, 1911년을 기점으로 인간 활동으로 인한 변화는 수직 상승 중이다. ⓒNASA

승객은 차 밖으로 튕겨 나갈 수밖에 없다.

그 결과는 이미 숫자로 나타나고 있다. 현재 종의 멸종 속도는 자연적인 멸종율보다 100~1,000배 빠르다. 기후 변화 연구의 아버지로 불리는 월리 브뢰커(Wally Broecker)는 이를 "성난 맹수 찌르기(poking an angry beast)"라고 표현했다. 지구 기후 시스템이라는 거대하고 예측 불가능한 짐승을 우리가 막대기로 계속 찌르고 있다는 뜻이다[16].

호모 사피엔스의 전례 없는 족적

현재 우리가 마주한 이산화탄소 농도는 지구 역사상 지극히 이례적인 수치다. 남극 돔 C 얼음 코어가 기록한 80만 년의 역사에서 이산화탄소 농도의 최고치는 약 300ppm에 불과했다. 그런데 2015년 하와이 마우나로아 관측소의 일일 평균 농도가 인류사 최초로 400ppm의 벽을 넘어섰다[17]. 시간을 더 과거로 돌려보면 상황의 심각성은 더욱 선명해진다. 2019년 발표된 한 연구에 따르면, 현재 대기 중 이산화탄소 농도는 약 300만 년 전인 플라이오세(Pliocene) 이후 최고치다. 당시의 지구는 지금보다 2~3도 더 따뜻했으며, 해수면은 지금보다 무려 15~25미터나 더 높았다.

즉 현재 우리가 배출하는 이산화탄소는 지구를 과거 300만 년 전의 기후로 강제로 되돌리고 있는 셈이다. 플라이오세 때 북극에는 얼음이 거의 없었고, 그린란드 빙상도 현재의 10분의 1 크기에 불과했다. 남극 서부 빙상은 완전히 사라져 있었고, 사하라에는 사막 대신 초원이 펼쳐져 있었다. 만약 오늘날 해수면이 그때처럼 상승한다면 런던, 뉴욕, 방콕, 상하이 같은 세계의 주요 대도시들은 모두 바다 밑에 잠긴다.

인류 문명 발달은 지구의 기후 상태와 결코 떼어 놓고 생각할 수 없다. 우리가 살고 있는 홀로세는 약 1만 1700년 전에 시작된 간빙기로, 지난 80만 년 중 가장 경이로울 만큼 안정적인 기후를 유지해 왔다[18]. 이 안정성은 이전의 간빙기와 비교하면 뚜렷하게 드러난다. 약 12만 년 전 마지막 간빙기였던 에미안(Eemian)은 현재보다 훨씬 불안정했다. 불과 수백 년 사이에 급격한 기후 변화가 반복됐고, 이러한 불안정한 기후 아래에서는 농업 활동이 거의 불가능하다. 곡물을 심고 수확하기까지는 최소 몇 달의 예측 가능한 날씨가 보장돼야 하는데, 기후가 수십 년 단위로 널뛰는 환경에서는 일정한 농업 주기를 유지할 수 없기 때문이다.

또한 정착지를 건설하고 문명을 발전시키려면 수세기에 걸친 기후 안정성이 필요하다. 급격한 기후 변화는 이런 장기 계획을 불가능하게 만든다. 반면 홀로세의 예외적인 안정성은 인류에게 농업을 선물했고, 그 토대 위에서 도시 문명과 문자, 과학 기술의 진보라는 모든 성취가 가능했다. 우리가 '인류 문명'이라 부르는 모든 보물은 홀로세가 허락한 기후적 요람 속에서 태어난 것들이다.

그런데 이제 우리는 이 안정성을 스스로 위협하고 있다. 만약 우리가 이전 간빙기에 문명을 건설하려 했다면, 몇백 년마다 찾아오는 급격한 기후 변화 때문에 번번이 좌절했을 것이다. 홀로세의 안정성은 말 그대로 인류에게 주어진 기적이고, 우리 문명은 그 기적 위에 세워진 '기후 의존적 산물'이다.

미래로의 시간 여행: 얼음이 예언하는 것

얼음 코어 데이터는 과거를 비추는 거울인 동시에, 미래를 내다보는 섬뜩한 예언서이기도 하다. 과거의 기후와 이산화탄소 간의 정교한 상관관계를 바탕으로 우리가 마주할 내일을 예측할 수 있기 때문이다. 현 추세대로 이산화탄소가 증가한다면, 21세기 말에는 아마 대기 중 농도가 500~600ppm에 다다를 것이다. 이는 지난 5000만 년간 지구가 경험하지 못했던 수준이다[19]. 고기후학 연구에 따르면, 이 농도에서는 지구 평균 기온이 현재보다 4~6도 오르고, 극지방은 그보다 훨씬 더 상승할 것으로 예측된다.

평균 기온이 4~6도 오른다는 것은 단순한 '더위'를 넘어 문명 시스템의 전면적인 붕괴를 의미한다. 그 구체적인 풍경은 다음과 같다. 첫째, 해수면이 1~4미터 상승하여 전 세계 해안 도시들이 침수 위험에 처한다. 둘째, 북극 해빙이 여름철에 완전히 사라지고 그린란드 빙상이 되돌릴 수 없는 융해 과정에 들어간다. 셋째, 아마존 열대 우림의 50% 이상이 사바나로 변하면서 거대한 탄소 배출원이 된다. 넷째, 시베리아와 알래스카의 영구 동토층이 대량 융해되면서 메탄과 이산화탄소를 방출한다. 다섯째, 몬순 패턴이 완전히 바뀌면서 아시아와 아프리카의 20억 인구가 물 부족과 식량 위기에 직면한다[20].

이 모든 비극을 더욱 절망스럽게 만드는 것은 이산화탄소의 지독한 '끈질김'이다. 한번 대기 중으로 뿜어져 나온 이산화탄소는 수백, 수천 년 동안 사라지지 않고 머무른다[21]. 결국 지금 배출하는 이산화탄소는 앞으로 수십 세대를 거쳐 후손들이 부담해야 할 짐이 될 것이다. 우리가 지금 편리함을 위해 태우는 화석 연료는 사실상 미래 세대의 생존권을 담보로 빌려 온 셈이다. 이산화탄소는 수백 년간 대기에 머물면서 지속적으로 '기후 이자'를 붙여 나갈 것이다. 우리 증손자들이 갚아야 할 '기후 부채'인 셈이다.

다가오는 임계점의 그림자

얼음 코어 데이터가 보여 주는 또 하나 주목할 만한 사실은, 지구 기후 시스템이 때로는 급격하게 상태를 바꾼다는 점이다. 양적이고 점진적인 변화가 꾸준히 축적되다가, 어느 순간 임계점(tipping point)을 넘어섰을 때 갑자기 완전히 새로운 질적 변화로 도약한다[22]. 영거 드라이아스 시기가 그 대표적인 예다. 약 1만 4700년 전, 마지막 빙하기가 끝나 가던 시기에 북반구는 갑작스럽게 다시 빙하기 상태로 돌아갔다. 그린란드 얼음 코어 기록에 따르면, 이러한 변화는 단 몇 년 만에 일어났고, 기온은 10도 이상 떨어졌으며, 강수량도 절반으로 줄어드는 극적인 전환이 있었다[23].

생태계의 증거도 이 급변을 뒷받침한다. 유럽 전역의 호수 퇴적물을 보면, 영거 드라이아스 시기에는 너도밤나무 같은 온대 숲 식물의 꽃가루가 급격히 사라지고, 북극 근처에서나 자라는 관목과 풀의 꽃가루들이 급증한 것이 확인된다. 또한 이 시기 유럽의 고고학 유적에서는 순록과 야생마 뼈의 비중이 급증한 반면, 붉은사슴과 들소 뼈는 급감한 것도 볼 수 있다. 이는 온대 생태계가 시베리아나 북극 근처와 같은 극한 생태계(아극지 생태계)로 급변했음을 보여준다.

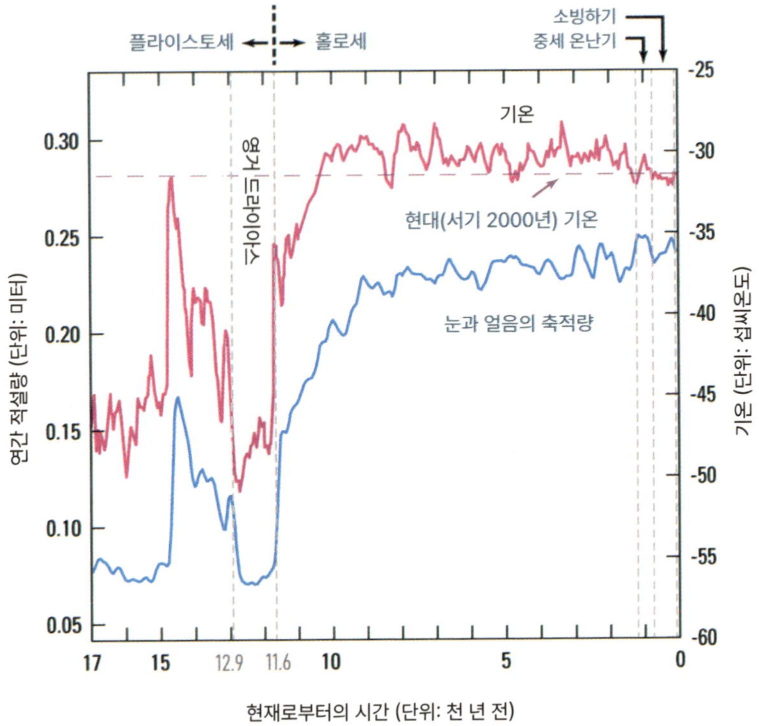

약 1만 2800년 전 급격한 기온 하락과 1만 1500년 전 급격한 온난화를 보여 주는 그래프. 기온의 급격한 하강과 상승이 수십 년이 아닌 불과 수 년 만에 일어났음을 알 수 있다(그래프 X축의 12.9 및 11.6 지점을 보라).

이 급변은 대서양 열염 순환(Atlantic Meridional Overturning Circulation, AMOC)의 갑작스러운 정지 때문에 발생한 사태였다. 따뜻한 기후로 인해 빙하가 녹으면서 대량의 담수가 북대서양으로 유입됐고, 그때 문에 바닷물의 염도가 떨어지면서 따뜻한 해류의 북상이 중단돼 버린 것이다. 마치 거대한 난방 시스템의 스위치가 갑자기 꺼진 것과 같았다.

대서양 열염 순환은 대서양의 따뜻하고 짠 표층수가 지구 북쪽으로 흐르고, 차갑고 덜 짠 심층수가 남쪽으로 되돌아오는 대서양의 바닷물 순환 현상이다. 열대 지역의 뜨거운 태양은 바닷물을 끊임없이 증발시키면서 염분 농도를 높이는 역할을 한다. 태양이 바닷물을 졸인다는 거다. 이 따뜻하고 짠 물이 북대서양을 향해 흐르는데, 이 과정에서 매초 1페타와트(10^{15} 와트)의 열을 운반한다. 이는 전 인류 에너지 사용량의 50배에 해당하는 엄청난 양이다.

이 따뜻한 물이 아이슬란드와 그린란드 남쪽 해역에 도달하면서, 차가운 공기와 만나 열을 잃게 된다. 이 물은 염분량이 높기 때문에 섭씨 0도 이하에서도 얼음이 되지 않고, 그냥 차가운 물 상태, 즉 과 냉각(supercooling)이 될 수 있다. 다시 말해, 높은 염분 때문에 섭씨 0도 이하에서도 얼지 않은 액체로 남게 된다는 말이다. 마치 겨울철 도로에 뿌리는 소금물이 영하에서도 얼지 않는 것처럼 말이다. 이 차갑고 짠 물은 밀도가 높아 밑으로 가라앉기 시작한다. 그 과정에서 뒤따라오는 멕시코 만류의 물을 끌어당기게 된다. 이 과정이 북대서양의 거대한 해수 순환을 이끄는 엔진이 된다. 가라앉은 차가운 심층수는 해저를 따라 남쪽으로 흐르며 남극까지 이동한다. 그리고 인도양과 태평양을 거쳐 다시 표층으로 올라온다. 이 순환이 온전히

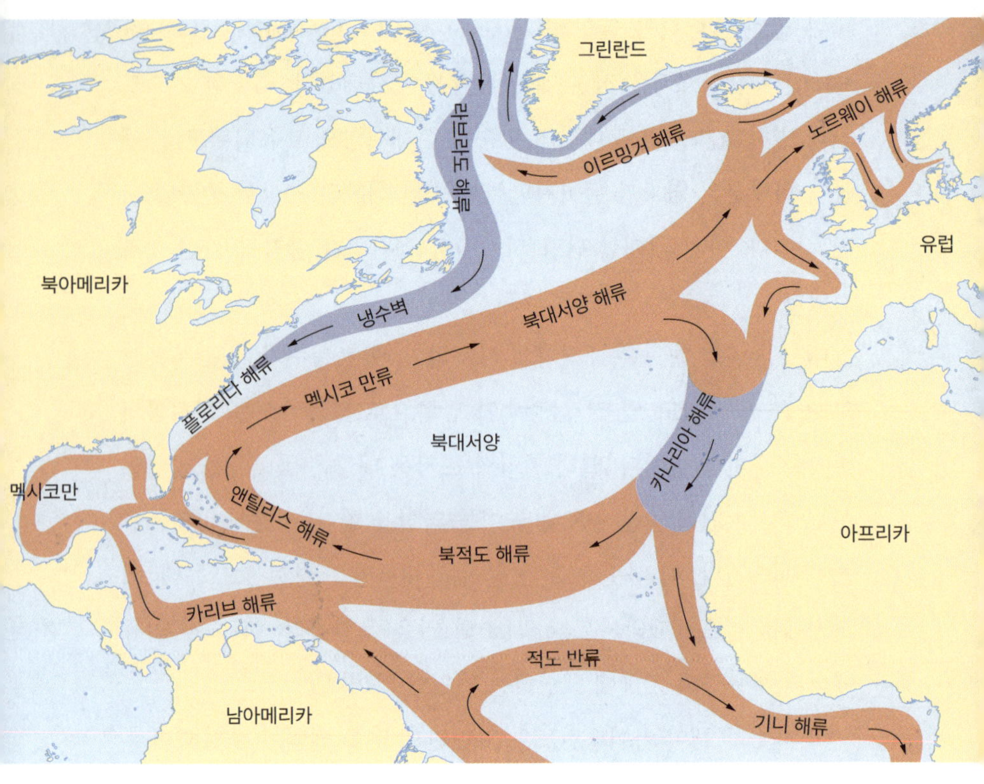

대서양 열염 순환. ©Getty Images

완성되는 데 약 1000년의 시간이 걸린다. 1000년 주기로 지구를 한 바퀴 도는 거대한 컨베이어 벨트라고 보면 된다.

문제는 이 시스템이 염분 차이로 움직인다는 사실이다. 동력원이 염분이면, 약점도 염분이다. 1961년 해양학자 헨리 스토멜(Henry Stommel)은 대서양 열염 순환의 치명적인 약점을 발견했다. 염분 차이에 문제가 발생하면 대서양 열염 순환 자체가 멈춰 버릴 수 있다는 것이다. 작동 원리는 이렇다. 만약 북대서양에 담수가 유입되어 바닷물의 염분 농도가 낮아지면, 과냉각되는 물의 밀도가 감소하게 되고, 대서양 열염 순환의 힘이 약해진다. 그러면 열대의 짠물을 북쪽으로 덜 운반하게 되고, 그 때문에 북대서양의 염분은 더 낮아지게 되며, 결국 대서양 열염 순환의 흐름은 더 약해지는 방향으로 강화된다. 그리고 이런 악순환이 특정 한계 지점을 넘게 되면 대서양 열염 순환 자체가 완전히 멈출 수 있다.

바로 이런 일이 영거 드라이아스 때 일어났다. 북미 대륙의 빙하가 녹으면서 막대한 양의 담수가 북대서양으로 흘러들어 갔다. 한 가설에 따르면, 아가시호(Lake Agassiz)라는 거대한 빙하호가 순식간에 붕괴되면서 담수가 쏟아져 나왔다고 한다. 대서양 열염 순환은 임계점을 넘어 급격히 약화되거나 정지하는 상태로 변했고, 북대서양 지역으로의 열 운반이 중단됐다. 그 결과 단 몇 년 만에 유럽과 북미 동부의 기온이 10~15°C나 하락해 버렸다. 이 시나리오가 낯익다면, 2004년 상영된 영화 〈투모로우〉를 본 기억 때문일지도 모른다. 이 영화는 지구 온난화로 극지방 빙하가 녹으면서 대서양 열염 순환이 멈추고, 그 때문에 뉴욕이 순식간에 얼어붙는다는 내용을 모티브로 하고 있다. 할리우드식 과장이 섞여 있긴 하지만, 과학적 근거는 있다. 대서양 열염 순환이 멈추면 북대서양 지역의 기온은 급격히 떨어질 수 있다. 영거 드라이아스 때 이것이 실제로 일어났다.

현재 대서양 열염 순환은 실제로 약해지고 있다. 2023년《네이처 커뮤니케이션(Nature Communications)》에 발표된 한 연구는, 지금처럼 온실가스를 계속 배출하면 대서양 열염 순환이 21세기 중반경 붕괴할 수 있다고 경고했다[24]. 그린란드 빙상이 빠르게 녹으면서 담수가 북대서양으로 점점 유입되고 있기 때문이다. 장기간의 해수면 온도 데이터에 따르면, 1950년 이후 대서양 열염 순환을 통해 흐르는 해수의 유량이 초당 300만 세제곱미터(3스베르드룹, Sv)* 감소했으며, 이는 지난 1000년 중 가장 약한 상태라고 한다[25].

만약 대서양 열염 순환이 붕괴한다면, 유럽의 평균 기온과 강수량이 급격히 감소하고, 극한 기상 현상의 빈도는 증가하게 될 것이다. 여기서 헷갈리지 말아야 할 점은, 이렇게 '난방 스위치'가 꺼지는 현상이 우리가 앞서 살펴본 전 지구적 온난화와 전혀 모순되지 않는다는 것이다. 역설적이게도 지구 전체가 온난화되는 가운데 북대서양 일부 지역은 급격히 냉각될 수 있다. 지구의 기후 시스템이 이렇게나 복잡하다.

이 '난방 스위치'가 진짜 꺼져 버리면 어떤 일이 벌어질까? 먼저 서유럽과 북미 동부가 시베리아 수준으로 추워진다. 멕시코 만류가 중단되면 영국과 아일랜드의 기온이 15°C 가까이 떨어져 그린란드 수준이 된다. 스칸디나비아와 러시아 서부에는 다시 빙하가 형성

---

* 해양학에서 해수 유량을 나타내는 국제 단위로, 1스베르드룹(Sv)은 초당 100만 세제곱미터의 물이 흐르는 양을 의미한다.

되기 시작하고, 북미 오대호 지역도 얼어붙는다. 동시에 열대 지역의 몬순 패턴이 완전히 바뀌면서 사하라 이남 아프리카와 인도에서는 극심한 가뭄이 발생한다. 이는 30억 명의 삶을 송두리째 바꿀 변화다[26]. 그린란드 빙상은 빠르게 녹고 있고, 이미 대서양 열염 순환을 약화시키고 있다. 임계점을 넘는 순간, 수만 년에 걸쳐 점진적으로 변하던 것이 갑자기 몇 년 만에 완전히 뒤집어질 수 있다.

바이킹들이 목격한 기후 급변의 전조

중세 온난기(Medieval Warm Period, 950~1250년)에서 소빙하기(Little Ice Age, 1300~1850년)로의 전환도 급격한 기후 변화의 사례다. 아이슬란드와 그린란드 얼음 코어는 이 변화가 단 50년 만에 일어났음을 보여 준다[27]. 바이킹들이 982년 그린란드에 정착할 수 있었던 것은 당시 그곳이 정말로 '초록 땅(Greenland)'이었기 때문이다. 아이슬란드에서 추방당한 바이킹 탐험가 '붉은 에리크(Erik Thorvaldsson, 950?~1003)'가 그린란드 남서부에 도착했을 때, 그곳은 현재보다도 2~3도 정도 따뜻했다. 피오르 안쪽 계곡에는 자작나무와 버드나무가 자라고 있었고, 야생 베리들이 풍성했다. 바다에는 대구와 청어가 풍부했고, 해안가에서는 바다표범과 바다코끼리를 사냥할 수도 있었다.

바이킹들은 이곳에서 소와 양을 기르며 유럽식 농업을 시도할 수 있었다. 동부 정착지와 서부 정착지를 합쳐 최대 5,000명의 바이킹들이 그린란드에서 살았던 것으로 추정된다. 그들은 석조 교회를 짓고, 유럽에서 가져온 씨앗으로 보리를 기르며, 바다코끼리 상아

붉은 에리크. ©Wikipedia

와 북극곰 가죽을 유럽에 수출하면서 번영하는 공동체를 만들었다. 11~12세기 그린란드는 북대서양 끝자락, 바이킹 문명이 닿은 가장 먼 서쪽 지역이었다.

하지만 1300년경부터 소빙하기가 시작되면서 급격한 냉각이 찾아왔고, 바이킹 정착지들은 하나씩 버려졌다. 1450년경 마지막 바이킹 정착지가 사라질 때까지, 그들은 변화하는 기후와 150년간 절망적인 싸움을 벌였다. 그린란드 바이킹 정착지 유적에서 발견된 뼈 화석들은 당시의 참상을 생생하게 보여 준다. 초기에는 소와 양의 뼈가 대부분이었지만, 후기로 갈수록 개와 말, 심지어 쥐의 뼈까지 발견된다. 극한 추위와 식량 부족으로 인해 먹을 수 있는 것은 무엇이든 먹어야 했던 것이다[28].

남극과 그린란드가 들려주는 서로 다른 이야기

남극과 그린란드 얼음 코어는 같은 시기에 대해 때로는 다른 이야기를 들려준다. 이는 남반구와 북반구의 기후 시스템이 서로 다른 패턴으로 변화하기 때문이다. 이를 '쌍극자 시소(bipolar seesaw)' 현상이라고 한다[29]. 예를 들어 영거 드라이아스 시기에 북반구는 급격히 추워졌지만, 남극은 오히려 약간 따뜻해졌다. 북대서양 열염 순환이 약화되면서 북쪽으로 흘러야 할 열이 남반구에 더 많이 머물렀기 때문이다. 이는 지구 기후 시스템의 복잡성을 보여 주는 대표적 사례다. 북쪽이 춥다가 뜨거워지면 남쪽은 뜨겁다가 차가워진다. 마치 거대한 시소가 지구 전체에서 열을 주고받으며 균형을 맞추려는 것 같다.

　문제는 지금 우리가 이 시소에 갑자기 거대한 인공 추를 올려놓고 있다는 사실이다. 이 '추'는 바로 인류가 배출하는 막대한 양의 온실가스다. 이 추가 시소의 한쪽 끝에 올라가면 시소 전체의 균형이 완전히 깨져 버린다. 기존의 자연적 변동 패턴이 무너지고, 예측 불가능한 극한 상황들이 연쇄적으로 발생할 수 있다[30].

80만 년의 증언이 던지는 질문

남극 얼음 속 80만 년의 증언은 인류에게 근본적인 질문을 던진다. 우리는 과연 지구 기후 시스템의 급격한 변화에 얼마나 취약한 존재인가? 얼음 코어가 들려주는 대답은 명확하다. 현재의 이산화탄소 농도 423ppm은 300만 년간 전례 없는 수준이며, 그 증가 속도는 자연 변화보다 30배 빠르다.

더욱 엄중한 사실은 이런 급격한 변화가 인류 문명의 근간을 뒤흔들 수 있다는 점이다. 홀로세의 안정적 기후가 인류 문명을 꽃피운 요람이었다면, 지금의 급격한 기후 변화는 그 요람을 부수는 파괴적 동력이 될 것이다. 과거 영거 드라이아스나 소빙하기 같은 상대적으로 작은 기후 변화도 당시 인류 사회에 큰 충격을 줬다. 하물며 지금 우리가 직면한 변화의 규모와 속도는 과거의 것들과 비교조차 할 수 없을 만큼 압도적이다.

현대 인류 사회는 과거 어느 때보다도 고도로 복잡하며 촘촘하게 연결돼 있다. 과거의 인류는 기후 변화에 맞춰 이주하거나 생활 방식을 유연하게 바꿀 수 있었지만, 80억 인구가 서로의 자원을 주고받으며 고착된 현재의 시스템에서는 그런 유연성을 기대하기 어렵다. 기후 변화로 인한 농업 생산성의 저하, 해수면 상승, 극힌 기상 현상은 이제 전 지구적 공급망과 경제 시스템에 통제 불가능한 연쇄 충격을 가할 것이다.

진짜 공포는 기후 시스템이 버틸 수 있는 '한계선' 너머에 있다. 과거 지구의 얼음 기록이 증언하듯이 지구 기후는 때로 갑작스럽게 완전히 다른 상태로 급격히 뒤바뀌곤 했다. 만약 그린란드의 빙상이 갑자기 녹거나(빙상 융해), 혹은 북극의 동토가 갑자기 녹아서 붕괴되거나(영구 동토층 융해), 아니면 아마존 열대 우림이 말라 죽는 일(아마존 다이백, Amazon dieback) 같은 위험한 한계선들이 도미노처럼 연쇄적으로 무너진다면, 인류는 결국 손쓸 수 없는 기후 재앙에 직면하게 될 것이다.

80만 년의 얼음이 우리에게 전하는 메시지는 분명하다. 지구 기후 시스템은 우리가 생각하는 것보다 훨씬 민감하고 예측 불가능하다.

아마존 얼내 우림의 심장부에 위치한 자만심(Jamanxim) 국립 공원에서는 지난 수십 년간 인위적 화재와 산림 벌채가 발생했다. 하지만 인간이 배출한 이산화탄소로 인해 지구의 기후가 갑작스럽게 변화하면 자연이 열대 우림을 말려 죽이는 일이 벌어질 것이다.

그리고 인류는 안정적 기후 없이는 번영할 수 없는 취약한 존재다. 우리가 지금 하고 있는 "전례 없는 실험"의 결과가 어떻게 나올지는 아무도 확신할 수 없다. 하지만 한 가지는 분명하다. 그 결과를 감당해야 할 이들은 바로 우리 자신과 후손들이라는 것이다.

5장

3억 년 전
탄소 저금통

"He was turned to steel
In the great magnetic field
…

Now the time is here
For Iron Man to spread fear
Vengeance from the grave
Kills the people he once saved"

"거대한 자기장 아래에서
그는 강철로 변신했다.
…

이제 강철 인간이
공포를 퍼뜨릴 때가 왔다.
무덤으로부터의 복수.
자신이 한때 구했던
그 사람들을 죽일 것이다."

—블랙 사바스(Black Sabbath), 〈Iron Man〉(1970년)

지하에서 캐낸 검은 돌, 즉 석탄은 인류에게 지구의 역사를 주무를 수 있는 힘을 부여했다. 수억 년간 잠들어 있던 태양 에너지를 해방함으로써 인류 문명은 폭발적으로 도약했지만, 이는 동시에 지구 시스템의 평형을 깨뜨리는 거대한 서막이기도 했다. 인류가 탄소를 방출하는 속도는 곧 파괴의 속도이자, 동시에 지구 역사의 새로운 장을 여는 신호탄이었다.

시계를 1842년 산업 혁명이 한창이던 영국의 어느 새벽으로 돌려 당시를 상상해 보자. 새벽 4시, 웨일스 남부 론다 계곡의 탄광 갱도 300미터 지하. 12세 소년 토머스 윌리엄스가 촛불 하나에 의지해 석탄 덩어리를 수레에 실어 나르고 있었다[1]. 하루 14시간, 그는 이 검은 돌덩이들을 캐내며 살았다. 1파운드짜리 석탄 한 덩어리가 런던의 공장에서 며칠간 증기 기관을 돌릴 수 있다는 사실쯤은 알고 있었다. 그러나 그 검은 덩어리의 정체에 대해서 말해 주는 이는 아무도 없었다.

3억 년 전 석탄기. 거대한 잠자리가 70센티미터 날개를 펼치고 날아다니던 시절이었다. 40미터 높이의 양치류가 하늘을 가렸다. 그 거대한 숲이 공기에서 빨아들인 이산화탄소와 함께 땅에 묻혔고, 압력을 받으며 지금 토머스가 손에 쥔 이 검은 돌이 됐다. 검은 돌에는 3억 년간 땅속에 갇혀 있던 태양 에너지가 압축돼 있었다.

이제 런던 어딘가에서 이 석탄이 불길 속으로 던져진다. 증기가 피어오른다. 기계가 돌아간다. 공장이 돌아간다. 연기를 뿜는다. 대영 제국이 돌아간다. 그리고 3억 년 전 그 숲이 공기에서 빨아들였던 이산화탄소가 다시 하늘로 돌아간다. 자연이 수천만 년에 걸쳐 땅속 깊이 숨겨 둔 것을, 인간이 단 몇 시간 만에 다시 꺼내고 있었다.

116년이 지난 1958년, 태평양 한가운데 화산 꼭대기에서 한 과학자가 그 변화의 결과물을 측정하기 시작할 것이다. 313ppm. 3억 년간 땅속에 묻혀 있던 탄소를, 수백만 명의 '토머스'가 깨워 하늘로 되돌려 보낸 결과였다.

석탄기의 지구: 썩지 않는 거대 식물들의 묘지

3억 6000만 년 전으로 시간을 되돌려 보자. 지구의 모든 대륙이 하나로 뭉쳐져 거대한 초대륙 '판게아(Pangaea)'를 이루고 있던 그 시절, 지구는 현재와는 완전히 다른 행성이었다. 하늘을 올려다보면 독수리 크기의 잠자리 메가네우라(Meganeura)가 75센티미터나 되는 날개를 펼치고 날아다녔다[2]. 땅 위에는 길이 2미터가 넘는 지네 아르트로플레우라(Arthropleura)가 기어다녔고, 독일 셰퍼드만한 바퀴벌레들이

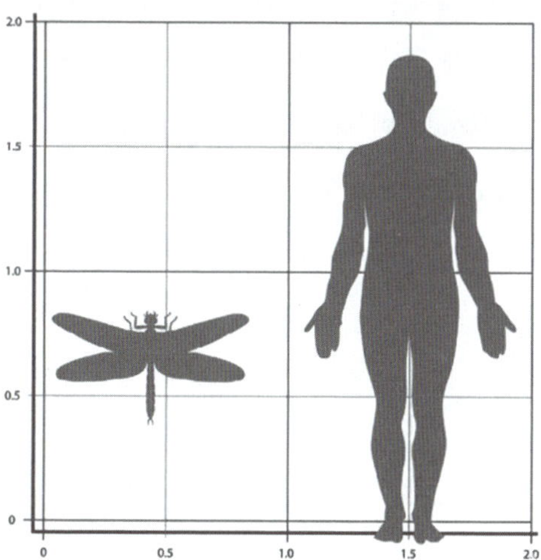

석탄기 생태계 복원도(위)와 75센티미터짜리 날개를 가진 거대 잠자리 메가네우라(아래)의 크기 비교. ©Getty Images(위쪽 사진)

낙엽 더미를 헤집고 다녔다[3]. 만약 당신이 타임머신을 타고 그곳에 도착한다면, 아마 그 즉시 도망치고 싶을 것이다.

이 기괴할 정도로 거대한 곤충들이 존재할 수 있었던 비밀은 바로 공기에 있었다. 당시 대기 중 **산소 농도는 현재와 같은 21%가 아닌 35%**에 달했다[4]. 곤충은 폐가 없어 몸 표면의 기공을 통해 직접 산소를 받아들이는데, 산소 농도가 높을수록 더 큰 몸집을 가질 수 있었다. 숲의 모습도 현재와는 전혀 달랐다. 40미터 높이의 거대한 양치식물 레피도덴드론(Lepidodendron)이 하늘을 가렸고, 나무처럼 굵게 자란 속새류 칼라미테스(Calamites)가 강가를 따라 늘어서 있었다[5]. 현재의 아마존 열대 우림보다 더 무성하고 습한 거대한 늪지대가 판게아 대륙의 적도 지역 전체를 덮고 있었다. 그런데 이 무성한 세계에는 결정적인 '빈자리'가 하나 있었다. 바로 **죽은 나무를 분해하는 청소부가 없었다**는 것이다.

현재 숲에서 커다란 나무가 죽어 쓰러지면 어떻게 될까? 불과 몇 년 안에 미생물들이 모든 것을 분해해 흙으로 되돌린다. 특히 백색부후균(white-rot fungi)이 분비하는 리그닌 분해 효소들—리그닌 퍼옥시데이즈(lignin peroxidase), 락케이즈(laccase), 망간 퍼옥시데이즈(manganese peroxidase)—이 나무의 주요 구조 성분인 리그닌을 완전히 해체한다[6].

석탄기에는 상황이 달랐다. 리그닌을 분해할 줄 아는 미생물이 아직 없었다. 자연의 청소부가 부재했던 것이다. 이 미생물들이 진화를 통해 등장한 때는 약 2억 9000만 년 전, 석탄기가 거의 끝나갈 무렵이었다[7]. 그 전까지 7000만 년 동안, 죽은 나무들은 썩기는커녕 그냥 쌓이기만 했다. 거대한 양치류들이 죽어서 늪지대에 쌓였다. 산소가 차단된 혐기성* 환경에서 이들은 분해되지 않고 차곡차곡 퇴적됐다. 지구 역사상 가장 거대한 '식물 무덤'이 만들어지기 시작한 것이다. 매년 수억 톤의 식물 잔해가 늪지대에 매장됐다. 이는 현재 전 세계 산림이 1년 동안 새로 만들어 내는 식물의 양과 맞먹는 규모였다[8]. 그런데 현재와 달리 이 바이오매스(생물에서 유래한 유기물)가 분해되지 않고 계속 축적됐다.

압축의 마법: 고대 햇빛이 검은 돌이 되기까지

늪지대에 켜켜이 쌓인 거대한 식물 잔해 위로 점점 더 많은 퇴적물이 두껍게 내려앉기 시작했다. 압력이 증가하면서 다음과 같은 놀라운 물리적, 화학적 변화가 일어났다. 처음 수천 년 동안 식물 조직에서 물이 빠져나간다. 휘발성 화합물들도 사라진다. 남은 것은 탄소다. 50~60%의 탄소 함량을 가진 이탄(peat)이 만들어진다. 현대의 이탄 습지를 보면 이 과정을 직접 관찰할 수 있다. 아일랜드의 습지, 인도네시아의 열대 이탄 지대에서 말이다.

$$(C_6H_{10}O_5)_n(\text{셀룰로스}) \xrightarrow{\text{열과 압력}} 이탄(peat) + H_2O(물) + CO_2(이산화탄소) + CH_4(메탄)$$

이것은 변환의 시작에 불과하다. 이탄 위로 이제 더 많은 퇴

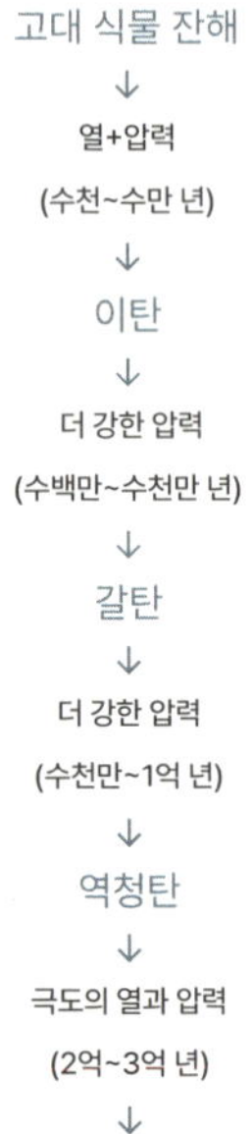

고대 식물 잔해 → 이탄(Peat, 탄소 50~60%, 수천~수만 년) → 갈탄(Lignite, 탄소 60~70%, 수백만~수천만 년) → 역청탄(Bituminous Coal, 탄소 70~85%, 수천만~1억 년) → 무연탄(Anthracite, 탄소 90% 이상, 2억~3억 년)의 과정으로 변화한다. 압력과 열이 가해질수록 탄소 함량이 높아지며 에너지 밀도는 증가한다.

적물이 쌓인다. 압력이 증가한다. 온도가 올라간다. 그렇게 수백만 년의 시간이 더 흐른다. 깊이 100미터에서 500미터 사이, 온도 50~100℃. 이탄은 갈탄(lignite)으로 변한다. 탄소 함량 60~70%. 여전히 나무의 흔적이 보인다. 손으로 만지면 부서지기 쉽다.

이제 이것이 땅속 더 깊이 묻힌다. 깊이 500미터에서 2,000미터. 온도 100~200℃. 그리고 수천만 년이 지난다. 역청탄(bituminous coal)이 만들어진다. 탄소 함량은 70~85%. 이제 단단하고 검다. 불을 붙이면 강한 열을 낸다. 산업 혁명의 연료가 바로 이것이었다. 소년 토머스 윌리엄스가 웨일스 갱도에서 캐낸 것이 바로 이것이다.

그런데 어떤 것들은 이보다 훨씬 더 깊이 묻힌다. 땅속 깊이 2,000미터 이상, 온도는 200~300℃. 그리고 1억 년 이상이 흐른다. 극도의 압력과 열이 마지막 변환을 일으킨다. 이제 무연탄(anthracite)이 탄생한다. 탄소 함량은 90% 이상. 거의 순수한 탄소다. 검은 다이아몬드처럼 단단하고 영롱한 광택을 내는 이 보석은 연기조차 내지 않고 타오르는 가장 효율적인 에너지다. 이렇게 3억 년 전의 햇빛이 에너지를 가득 담은 검은 보석으로 변신한 것이다[9].

자연은 수천만 년에 걸쳐 이 에너지를 땅속 깊숙이 숨겼다. 천천히, 조심스럽게, 한 겹 한 겹 봉인하면서 말이다. 그러나 인간은 단 200년 만에 그 견고한 빗장을 열어젖혔다. 수천만 년의 시간을 들여 쌓아 올린 봉인을, 불과 두 세기 만에 다시 연기로 바꾸어 하늘로 날려 보내기 시작한 것이다.

바다의 선물, 석유와 천연가스

석탄이 육지의 거대한 식물들로부터 만들어진 것이라면, 석유와 천연가스는 바다의 선물이었다. 석탄기와 그 이후, 바다에서는 다른 드라마가 펼쳐지고 있었다.

수면 가까이에서 식물성 플랑크톤이 햇빛을 받아 광합성을 했다. 규조류(diatoms) 플랑크톤들이 유리 같은 껍질을 만들며 번성했다. 동물성 플랑크톤도 그들을 먹으며 함께 늘어났다. 작은 갑각류들이 바다를 가득 채웠다.

그리고 이들도 결국 죽었다. 육지의 나무처럼 바다 밑바닥으로 가라앉았다. 이곳에서도 산소가 부족했다. 분해되지 않고 쌓이면서 수백만 년, 수천만 년이 지났다. 처음에는 케로겐(kerogen)이라는 복잡한 유기물 덩어리가 됐다. 석유의 어머니다[10].

그런데 여기서 온도가 중요하다. 깊이 1,000~3,000미터에 묻혀 온도가 60~120℃가 되면, 케로겐은 액체로 변한다. 석유가 탄생하는 조건이다. 과학자들은 이 온도 범위를 '석유 창(oil window)'이라고 부른다. 마치 창문처럼 딱 그 범위에서만 석유가 만들어지기 때문이다.

$$C_xH_YO_sN_n\text{(케로겐, Kerogen)} \xrightarrow{\text{열과 압력}} C_nH_{2n+2}\text{(석유)} + H_2O + CO_2$$

하지만 더 깊이, 더 뜨겁게 묻히게 되면(120~150℃), 시커먼 액체 석유는 천연가스로 분해된다.

러시아 시베리아에 위치한 천연가스 처리 시설. ©Getty Images

$$C_8H_{18}(\text{옥탄}) \xrightarrow{\text{열과 압력}} CH_4 + C_2H_6(\text{에탄}) + \text{기타 가스}$$

같은 출발점에서 시작했지만, 어느 깊이에 묻혔느냐에 따라 운명이 갈린다. 적당히 깊으면 석유, 너무 깊으면 가스.

그래서 지금 세계 지도를 펴면 흥미로운 패턴이 보인다. 왜 석유는 중동에 집중돼 있을까? 수억 년 전 그곳은 따뜻하고 얕은 바다였다. 플랑크톤이 폭발적으로 번성하기에 완벽한 환경이었다. 그리고 그들이 쌓인 깊이가 딱 '석유 창'의 온도를 만들었다.

시베리아에는 왜 천연가스가 많을까? 그곳은 훨씬 더 깊고 뜨거운 지층에 묻혔다. 석유가 될 수도 있었지만 너무 뜨거워서 가스로 변해 버렸다. 육지에서는 나무가 석탄이 됐고, 바다에서는 플랑크톤이 석유와 가스가 됐다. 모두 같은 원리다.

고대의 생명체, 땅속 깊은 매장, 오랜 시간, 그리고 압력과 열. 3억 년 전 햇빛의 또 다른 변신이었다.

숫자로 보는 탄소의 대이동

석탄기 동안 얼마나 많은 탄소가 대기에서 지하로 이동했을까? 현재 전 세계 석탄 매장량은 약 1조 톤으로 추정된다[11]. 석유의 경우, 회수 가능한 자원량이 약 2조 4,000억 배럴로 추정된다[12]. 이를 탄소량으로 환산하면 약 2,800억 톤이다. 천연가스 매장량은 약 1,400억 톤의 탄소에 해당한다.

하지만 이것은 현재 남아 있는 양일 뿐이다. 지난 3억 년 동안 자연적 풍화와 지질학적 과정으로 이미 사라진 것들도 있다. **원래 지하에 저장됐던 탄소량은 현재의 3~5배였을 것으로 추정된다.** 그래도 여전히 상당량이 남아 있다. 이산화탄소를 기준으로 했을 때, 모든 화석 연료를 합치면 현재 약 1조 톤의 탄소가 지하에 저장돼 있다. 현재 대기 중에 있는 탄소량은 약 8,500억 톤이다. 즉, 지하에 묻힌 탄소가 더 많다는 뜻이다.

계산을 해 보자. 만약 우리가 모든 화석 연료를 캐내서 태운다면, 대기 중 이산화탄소 농도는 현재의 두 배 이상이 된다. 426.9ppm이 850ppm을 넘어설 수 있다는 의미다.

그런데 끄집어내는 속도가 문제다. 현재 인류는 매일, 쉬지 않고, 하루에 약 1억 톤의 이산화탄소를 배출한다[13].

이 숫자의 의미를 석탄기 때 상황에서 이해해 보자. 거대한 양치류들이 광합성을 하며 대기에서 이산화탄소를 빨아들였다. 그들이 죽어 늪지대에 쌓이면서 그 탄소는 땅속에 묻혔다. 대기에서 제거된 것이다. 1억 톤의 이산화탄소를 제거하는 데는 약 2000년이 걸렸다.

즉 지금 인류는 석탄기 식물들이 2000년 동안 대기에서 제거한 탄소를 하루 만에 다시 대기로 돌려보내고 있다. 자연이 장장 20세기 동안 꽁꽁 숨긴 이산화탄소를 인간이 24시간 만에 다시 꺼낸다. 매일, 반복해서, 쉬지 않고 말이다.

토머스 윌리엄스가 웨일스 갱도에서 석탄을 캐던 1842년, 인류의 일일 이산화탄소 배출량은 지금의 100분의 1도 되지 않았다. 그런데 180년 만에 배출량은 100배 이상 증가했다.

대기 조성의 극적 변화와 빙하 시대의 서막

석탄기 동안 이토록 막대한 양의 탄소가 대기에서 제거되면서, 지구의 대기 조성은 극적으로 변했다. **이산화탄소 농도는 1,500ppm에서 300ppm으로 무려 1,200ppm이나 떨어졌다**[14]. 동시에 광합성을 통해 대량의 산소가 생산됐다.

$$6CO_2 + 6H_2O + 빛\ 에너지 \rightarrow C_6H_{12}O_6(포도당,\ 식물의\ 에너지원) + 6O_2$$

즉 이산화탄소가 감소한 만큼 산소가 증가한 것이다. 석탄기의 대기 중 산소 농도는 35%까지 치솟았다. 이는 현재보다 70%나 높은 수치였다. 이런 높은 산소 농도 때문에 거대한 곤충들이 번성할 수 있었다. 하지만 동시에 **지구는 극도로 불타기 쉬운 행성**이 됐다.

현재 대기에서는 습한 나무에는 불이 잘 붙지 않지만, 당시 35% 산소 농도에서는 젖은 나무도 번개 한 번에 폭발적으로 불타올랐다[15]. 석탄기의 숲은 끊임없이 화마에 휩싸였다. 산불의 흔적이 그 시대 화석층 곳곳에 남아 있다.

그리고 더 큰 변화가 일어났다. 대기 중 이산화탄소 농도가 300ppm까지 떨어지자, 지구는 온실 상태에서 갑자기 빙실 상태로 전환되기 시작했다. 온실가스가 사라지니까 당연한 일이었다. 석탄기 말기, 약 3억 년 전부터 극지방에 얼음이 쌓이기 시작했다. 빙하 시대가 도래한 것이다[16].

생각해 보라. 이산화탄소가 1,500ppm일 때 지구는 뜨거웠다. 극지방에도 얼음이 없었다. 그런데 이산화탄소가 300ppm으로 떨어지자 빙하가 생겼다. **이것은 3억 년 전에 이미 증명된 자연의 실험이었다.** 이산화탄소가 지구 온도를 조절한다는 사실을 말이다.

페름기 대멸종: 자연이 먼저 보여 준 또 다른 실험

석탄기가 끝나고 5000만 년이 흐른 2억 5000만 년 전, 지구 역사상 가장 참혹한 사건이 일어났다. 이른바 페름기 대멸종이었다. "대멸종의 어머니"라 불리는 이 시대에 **해양 생물의 96%, 육상 생물의 70%가 사라졌다**[17].

원인은 현재의 시베리아 지역에서 일어난 대규모 화산 활동이었다. 시베리아 트랩(Siberian Traps)이라 불리는 이 화산 활동은 **100만 년간 지속**되면서 엄청난 양의 이산화탄소와 황화물을 대기로 방출했다[18].

아이러니하게도 석탄기 동안 식물들이 그토록 열심히 지하로 저장한 탄소가 이때 다시 대기로 방출되기 시작했다. 화산 활동으로 지하 온도가 급상승하면서 석탄층과 석유층이 타기 시작한 것이다. **자연계 최초의 '화석 연료 연소'였다.**

이 사건은 현재 인류가 직면한 상황과 놀라울 정도로 닮아 있다. 땅속 탄소를 꺼내 태우고 있다는 것. 다만 결정적 차이는 속도에 있다. 페름기 대멸종은 수만 년에 걸쳐 일어났지만, 현재의 이산화탄소 증가는 불과 수십 년 만에 몰아치고 있다.

페름기 이후, 지구는 수백만 년을 들여 스스로를 치유했다. 화산이 멈췄고, 생명이 다시 번성하여 탄소를 흡수했으며, 빗물이 암석을 녹여 이산화탄소를 천천히 땅속으로 가져갔다. 빙하기 직전, 이산화탄

러시아 시베리아 북쪽에 위치한 타이미르반도 푸토라나 고원의 현무암 지대. 이곳은 약 2억 5000만 년 전 대규모 용암 분출이 일어났던 지역이다. ©Paul Wignall / earthlogs.com

소 농도는 280ppm으로 다시금 안정을 되찾았다.

페름기 대멸종 이후 산업 혁명 전까지, 약 2억 5000만 년의 그 긴 시간 동안 지구는 이 280ppm 전후의 농도를 비교적 평화롭게 유지해 왔다. 물론 변화가 전혀 없었던 것은 아니다. 인류가 불을 사용하고, 문명을 건설하기 시작하면서, 남극 얼음 코어에서는 미세한 이산화탄소 증가 흔적들이 감지된다.

로마 제국 시대(기원전 100년~기원후 200년)에는 대규모 제철업과 목탄 생산으로 인해 대기 중 이산화탄소가 약 1~2ppm 증가했다[19]. 중세 유럽의 '거대한 개간(Great Clearance, 1000~1300년)' 시기에도 유사한 패턴이 나타난다. 수백만 헥타르의 숲이 농지로 바뀌면서 이산화탄소 농도가 약 3~4ppm 증가했다[20].

오늘날 연간 증가폭이 2.4ppm에 달하는 것과 비교하면 당시의 변화는 미미한 수준이었다. 하지만 이런 미세한 변화들도 중요한 의미가 있다. **인류가 문명을 건설하기 시작하면서부터 지구 탄소 순환에 영향을 미치기 시작했다는 증거**이기 때문이다.

오늘날의 파워 게임을 결정한 3억 년 전의 우연

고대 숲의 나무들은 석탄이 됐고, 바다의 플랑크톤은 석유와 가스가 됐다. 그런데 왜 하필 어떤 곳에는 석유가, 어떤 곳에는 가스가, 또 어떤 곳에는 석탄이 묻혀 있는 걸까? 이 분포는 언뜻 무작위적인 우연처럼 보이지만, 실상은 현재 세계가 작동하는 방식을 결정지은 거대한 설계도와 같다. 누가 권력을 쥐고, 누가 부자가 되고, 그리고 누가 얼마나 빨리 이산화탄소를 배출하는지를 말이다.

2022년 2월, 러시아가 우크라이나를 침공했다. 러시아가 전 세계를 상대로 이토록 대담한 도박을 감행할 수 있었던 배경에는 천연가스라는 강력한 무기가 있었다. 유럽은 러시아에 즉시 경제 제재를 걸었지만, 곧 치명적인 약점에 봉착했다. 유럽은 천연가스의 40%를 러시아에 의존하고 있었기 때문이다. 독일의 겨울 난방은 어떻게 해결할 것인가? 프랑스의 공장들은 멈추지 않고 돌아갈 수 있는가?

같은 해, 중국은 '제로 코로나' 정책으로 공장을 멈춰 세우면서도 전력 부족을 메우기 위해 석탄 화력 발전소를 풀가동했다. 이산화탄소 배출량이 급증했다. 왜 유럽은 러시아 가스관에 목을 매는가? 왜 중국은 석탄에 의존하는가? 중동은 어떻게 유전 하나로 세계 에너지 경제의 중심이 됐나? 그 모든 질문의 해답은 3억 년 전 지구에 숨겨져 있다.

세계 지도를 펼쳐 보자. 중동에 석유가 있고, 시베리아에 가스가 있고, 중국에 석탄이 있다. 마치 당연한 것처럼 보인다. 하지만 이것은 지질학적 시간이 빚어낸 정교한 우연의 산물이다.

3억 년 전으로 돌아가보자. 지금 중동이라 부르는 곳은 당시 바다였다. 테티스해(Tethys Sea)라는 따뜻하고 얕은 바다였다. 적도 근처, 햇빛이 풍부했다. 플랑크톤이 번식하기에 최적의 조건이었다. 헤아릴 수 없을 정도로 많은 식물성 플랑크톤이 수면 가까이에서 광합성을 했다. 그들을 먹는 동물성 플랑크톤도 번성했다. 죽어서는 바다 밑바닥으로 가라앉았다. 산소가 차단된 환경에서 분해되지 않고 수천만 년 동안 쌓였다. 앞서 언급한 바와 같이 이렇게 케로겐이 만들어진다. 케로겐은 깊이 1,000~3,000미터에 묻혔다. 온도는 60~120℃.

현재의 화석 연료 매장지가 고대 대륙 분포 및 지리적 환경과 어떻게 연결되는지 보여 준다. 석탄은 고생대 늪지대에서, 석유·가스전은 유기물이 풍부했던 얕은 바다에서 생성됐다.

딱 들어맞는 '석유 창'이었다.

만약 테티스해가 조금만 더 깊었더라면? 아마 온도가 150℃를 넘어 석유가 아닌 천연가스가 됐을 것이다. 만약 조금만 더 얕았다면? 온도가 50℃를 넘지 않아 케로겐으로 그냥 남았을 것이다. 그것이 오늘날 사우디아라비아가 석유 부자인 이유다.

반면 시베리아는 달랐다. **이곳의 유기물은 중동보다 훨씬 더 깊고 뜨거운(150℃ 이상) 지층에 묻혔다.** 그 결과 석유가 분해되어 **메탄(CH_4)이 주로 만들어졌다.** 즉 천연가스다. 이것이 러시아가 세계 최대 천연 가스 보유국이 된 이유이며[21], 오늘날 유럽이 러시아의 파이프라인에 운명을 저당 잡힌 근원적 이유다. 21세기의 지정학은 3억 년 전의 지열이 결정한 것이나 다름없다.

한편, 중국, 인도, 호주, 미국 동부 등의 육지는 석탄의 서사로 요약된다. 석탄기에 이곳들은 판게아 대륙의 습한 늪지대였다. 거대한 양치류가 자라고 죽어 쌓이는 곳이었다. 만약 당시 이 지역들이 사막이었다면? 석탄은 없었을 것이다. 만약 바다였다면? 석유가 됐을 것이다.

그곳에 우연히 늪이 있었고, 그래서 석탄이 생겨났다. 덕분에 지금 중국은 전력의 60%를 석탄에서 얻는다. 같은 이유로 인도도 석탄에 의존한다. 호주는 석탄을 수출하며 돈을 번다. 그리고 그 대가로 엄청난 양의 이산화탄소가 지금 이 순간에도 대기 중으로 뿜어져 나가고 있다.

영국이 산업 혁명을 주도한 이유도, 중동이 20세기 지정학의 중심이 된 이유도, 러시아가 유럽을 압박할 수 있는 이유도, 중국이 제조업 강국이 된 이유도 모두 여기서 시작됐다. 석탄기의 지리는 단순한 과거의 역사가 아니다. 그것은 지금 우리가 살고 있는 현재다. **3억 년 전의 기후 조건이 오늘날의 정치와 경제를 좌우하고 있는 것이다.**

시간의 비대칭성: 상상을 초월하는 속도 차이

이제 우리는 킬링의 측정값이 예고하는 미래를 이해할 수 있다. 현재 우리가 태우고 있는 석탄, 석유, 천연가스는 모두 3억 년 전 석탄기에 대기에서 빠져나가 지하에 저장된 '고대의 이산화탄소'다.

석탄기 동안 이산화탄소가 대기에서 지하로 이동해 저장되기 까지 약 6000만 년이 걸렸다. 그런데 우리는 지금 그렇게 수천만 년에 걸쳐 지하에 묻힌 탄소를 끄집어내 방출하는 데 겨우 200년을 쓰고 있다. 지금 이 순간도 끄집어내고 있다, 그 속도 차이가 무려 30만 배에 달한다.

만약 석탄기의 탄소 저장 과정을 1년이라고 한다면, 인간이 그것을 다시 방출하는 과정은 단 105초(약 1.75분) 만에 일어난 셈이다. 30만 년 동안 매일 1달러씩 저축해서 모은 돈을 단 하루 만에 모두 써 버리는 것과 같다.

석탄기에는 이산화탄소가 연간 **0.00002ppm**씩 감소했다. 현재는 연간 2.4ppm씩 증가한다. 지구 자연계가 이산화탄소를 제거하는 속도보다 인간이 배출하는 속도가 **12만 배**나 빠르다. 그런 의미에서 지금 지구는 모든 과정이 거꾸로 흐르는 '역(逆)석탄기'라고 해도 과언이 아니다.

석탄기에 일어난 모든 변화가 정반대 방향으로, 그것도 가공할 속도로 되돌아가고 있다. 이산화탄소는 300ppm에서 423ppm으로 치솟았다. 온도는 올라가고, 빙하는 녹고, 생물 다양성의 붕괴가 뒤따르고 있다.

문제는 인간 문명이 지난 1만 년간의 안정적인 홀로세 기후에 최적화되어 발달했다는 점이다. 현재 추세로는 2300년경이면 이산화탄소가 석탄기 수준인 1,500ppm까지 회귀할 것으로 보인다. 극지방의 모든 얼음이 녹고, 해수면은 70미터 이상 상승하며, 적도 지방은 인간이 생존할 수 없는 불모지로 변할 것이다. 이러한 극한 환경에서 인류 문명을 지속하는 것은 불가능에 가깝다.

이제 인류는 석탄기 식물들과는 정반대 방향으로 지구 시스템을 뒤흔드는 지질학적 힘이 됐다. 석탄기 식물들은 광합성을 통해 이산화탄소를 지표면 아래로 묻어 버렸지만, 인류는 연소를 통해 다시 이산화탄소를 바깥으로 내보내고 있다.

아이러니한 점은 인류의 이런 행보가 결코 파괴를 목적으로 시작한 것이 아니라는 사실이다. 1만 년 전 농업을 시작할 때도, 250년 전 증기 기관을 발명할 때도, 인류는 단지 더 나은 삶을 원했을 뿐이다.

왜 탄소를 다시 지하에 묻기가 어려울까?

석탄기에 그토록 많은 이산화탄소가 지하로 사라질 수 있었던 이유는 특별한 조건들이 완벽하게 맞아떨어졌기 때문이다. 첫째, 리그닌을 분해하는 미생물이 없었다. 오늘날 숲에서 나무가 죽으면 몇 년 내에 완전히 분해되지만, 석탄기에는 이런 시스템이 없었다. 둘째, 식물이 썩지 않고 쌓일 수 있는 광범위한 혐기성 늪지 환경이 조성돼 있었다. 셋째, 이 과정이 수천만 년이라는 유구한 세월 동안 지속됐다.

문제는 오늘날의 지구가 이 조건 중 단 하나도 재현할 수 없다는 사실이다. 자연적인 이산화탄소 제거는 지독할 정도로 느리다. 나무를 심어도 수십 년이 걸리고, 풍화 작용을 통한 최종 제거는 10만 ~100만 년이 걸린다. 우리가 지금 배출하는 이산화탄소가 자연적으로 완전히 제거되려면 10만 년에서 100만 년의 시간이 필요하다는 뜻이다.

그렇다면 인간이 기술력을 동원해 직접 대기에서 탄소를 걸어 낼 수는 없을까? 안타깝게도 이는 물리적으로 극히 어려운 일이다. 석탄

석탄에서 빠져나와 대기 중으로 흩어진 이산화탄소를 탄소 형태로 다시 모으려면, 석탄을 태운 만큼의 에너지가 필요하다. ⓒGetty Images

을 태우면 열이 나온다. 그 열로 증기 기관을 돌린다. 반대로 이산화탄소를 다시 탄소로 되돌리려면 최소한 석탄을 태워 얻었던 만큼의 에너지를 고스란히 다시 쏟아부어야 한다. 현재 기술로는 이산화탄소 1톤을 제거하려면, 석탄 1톤을 태워서 얻는 에너지의 25~75%가 필요하다. 열역학적으로 거의 제로섬 게임에 가까운 셈이다.

더 근본적인 난관은 '농도'에 있다. 현재 대기 중 이산화탄소 농도가 전체의 0.04%에 불과하다. 이토록 희박하게 흩어진 이산화탄소 분자만을 골라내는 것은 마치 거대한 수영장에서 설탕 한 티스푼 뿌려놓고, 그 설탕 입자만을 다시 찾아내라는 요구와 비슷하다. 설탕

가루를 수영장에 던져 풀어 버리는 것은 너무 쉬운 일이다. 그런데 수영장 물에 녹은 설탕 가루를 다시 긁어모은다고 생각해 보라. 어떻게 해야 할지 감이 잡히는가?

엔트로피의 물결에 올라탄 문명

혹시 이상하다고 생각해 본 적이 없는가? 왜 뜨거운 커피는 시간이 지나면 늘 식어 버리는 걸까? 주방에 가만히 놓아둔 차가운 커피가 저절로 끓어오르는 기적은 왜 단 한 번도 일어나지 않을까?

역사상 가장 정교하게 지어진 로마의 콜로세움은 수천 년의 세월이 흐르면서 서서히 허물어져 폐허가 됐다. 그런데 왜 단 한 번도, 흩어진 돌무더기가 저절로 쌓여 콜로세움을 재건하는 일은 일어나지 않았을까? 서재에 잘 꽂아 둔 책들은 시간이 지나면 먼지가 쌓이고 색이 바래지만, 흙과 먼지가 저절로 뭉쳐 한 권의 책이 되는 일은 없다. 역사의 흐름, 문명의 진보, 더 나아가 고고한 시간의 흐름은 늘 단방향으로만 진행할 뿐 뒤로 돌아가는 일은 없다.

이 모든 현상에는 보이지 않는 거대한 강물의 흐름과 같은 '방향성'이 존재한다. 자연은 질서 정연하고 에너지가 높은 특별한 상태에서, 무질서하고 에너지가 낮은 평범한 상태로 끊임없이 흘러간다. 이 우주적 흐름의 법칙, 이 거스를 수 없는 시간의 화살을 과학자들은 **열역학 제2법칙**이라고 부른다. 그리고 이 법칙의 핵심에는 **엔트로피**(Entropy)라는, '무질서의 정도(degree of disorder)'를 나타내는 개념이 자리 잡고 있다. 우주의 총 엔트로피는 결코 줄어들지 않고, 오로지 증가하는 방향으로만 나아간다.

석탄을 태우면 이 복잡한 물질은 격렬한 열과 빛을 내뿜으며 재와 이산화탄소로 변한다. 에너지를 방출하는 이 과정은 자연의 흐름에 부합한다. 불꽃 하나만 던져 주면 활활 타오른다.

반대로 대기 중의 이산화탄소를 다시 탄소로 되돌리려면? 화학적으로 너무도 안정적인 이산화탄소를 분해하려면, 이산화탄소에 엄청난 에너지를 넣어 주어야 한다. 더구나 드넓은 대기에 흩어져 있는 이산화탄소 분자들을 한곳으로 붙잡아서 모아 놓아야 그나마 가능하다. 이것은 우주의 순리를 거스르는 일이다. 절대로 저절로 일어나지 않는다. 막대한 에너지를 외부에서 억지로 쏟아부어야만 한다. 무질서를 질서 정연하게 바꿔야 하니, 다른 곳에서 더 큰 무질서도의 희생을 치르며 이 억지를 만들어 내야 한다. 이것이 바로 우리가 이산화탄소 제거에 어려움을 겪는 근본적인 이유다. 기술의 문제가 아니라, 전 우주를 지배하는 고고한 법칙에 맞서는 힘겨운 싸움인 것이다.

한편 인류 문명이란 본질적으로 이 법칙에 순응하는 역사다. 우리는 석탄과 석유라는 응축된 질서를 태워 열과 이산화탄소로 바꾸는 과정에서 나오는 막대한 에너지를 이용해 찬란한 문명의 불빛을 밝혔다. 우리가 더 높은 빌딩을 짓고 더 빠른 자동차를 만들수록, 우주 전체의 무질서는 더욱 가속화됐다.

결국 우리가 마주한 이산화탄소 문제는 기술의 실패가 아니다. 엔트로피의 법칙을 너무나 성공적으로 활용해 온 인류 문명이 받아 든 필연적인 청구서, 자연이 내민 청구서인 셈이다.

고대 햇빛의 마지막 경고

이제 다시 처음의 이야기, 고대의 석탄으로 돌아가 보자. 현재 423ppm 까지 치솟은 대기 중 이산화탄소 농도는 연간 2.4ppm라는 가파른 속도로 그 기록을 갱신하고 있다. 웨일스 탄광의 깊은 갱도에서 12세 소년 토머스가 캐낸 석탄 한 덩어리에는 3억 년 전 거대한 양치류가 광합성으로 고정한 고대의 햇빛이 들어 있었다.

그 고대의 햇빛이 19세기 런던의 공장 굴뚝을 통해 다시 하늘로 돌아갔을 때, 그것이 지구 전체의 기후를 바꿀 줄은 아무도 몰랐다. 그러나 킬링의 정밀한 측정은 그 보이지 않는 변화를 포착해 냈고, 이제 우리는 그 검은 연기의 정체가 무엇인지 똑똑히 알고 있다.

석탄기의 거대한 이산화탄소 이동이 끝난 후, 인류가 등장하기까지의 그 긴 공백기 동안 지구는 어떤 변화를 겪었을까? 그리고 불을 발견한 최초의 인간부터 산업 혁명의 기계 문명에 이르기까지, 우리는 어떻게 서서히 기후의 새로운 지배자로 군림하게 됐을까?

이 질문들에 답하기 위해 이제 석탄기의 거대한 지질학적 시간에서 벗어나, 본격적으로 인간의 시간으로 들어가 봐야 한다. 문명과 기후가 어떻게 복잡하게 얽혀 왔는지, 그 놀랍고도 극적인 역사 속으로 말이다.

6장

불을 든 유인원

*"For he stole the flashing fire, thy flower,
the mother of all arts, and bestowed it
upon mortals."*

"프로메테우스는 신의 권능,
곧 모든 문명의 어머니인 찬란한 불꽃을 훔쳐
필멸자들에게 선사했다."

— 아이스킬로스(Aeschylus), 《결박된 프로메테우스》(기원전 430년경)

이 고대 그리스 신화의 한 구절은 불(Fire)이 인류 문명을 시작하게 한 근원적인 힘이었음을 상징한다. 프로메테우스는 신들의 불을 훔쳐 인간에게 주었고, 그 대가는 혹독했다. 그는 힘과 권력을 상징하는 신, 크라토스(Kratos)의 감시하에 캅카스(Caucasus)산맥의 차가운 바위에 결박당했고, 매일 독수리에게 간을 쪼이는 영원한 형벌 속에 갇혔다.

신화는 그 뒤의 이야기는 말하지 않는다. 인간이 그 불로 무엇을 했는지를 말이다. 불은 인류에게 따뜻함을 주었고, 어둠을 밝혔고, 음식을 익혔다. 하지만 동시에 그 불은 숲을 불태웠고, 광석을 녹였고, 하늘을 연기로 채웠다. 프로메테우스가 훔친 불은 단순한 선물이 아니었다. 그것은 지구 시스템 전체를 바꿀 수 있는 권능이었다. 인류는 이 힘을 사용해 지구의 이산화탄소 순환에 서서히 개입하기 시작했다. 그리고 신화 속 독수리가 프로메테우스의 간을 쪼아 먹듯, 이제 우리는 불과 문명이 불러온 역설적인 결과와 마주하고 있다.

호모 사피엔스, 지구 시스템을 건드리다

석탄기가 끝난 후 약 3억 년이라는 거대한 시간이 흐르는 동안, 지구는 수많은 변화를 겪었다. 공룡의 시대가 왔다 갔고, 포유류가 번성했으며, 마침내 호모 사피엔스가 등장했다. 하지만 이 긴 시간 동안 대기 중 이산화탄소 농도는 상대적으로 안정적이었다. 석탄기가 끝난 후 이산화탄소는 200~300ppm 사이에서 천천히 변동했다. 화산 폭발이나 운석 충돌 같은 격변이 있을 때만 급격한 변화가 있었을 뿐이었다.

그러다 지금으로부터 약 1만 년 전, 완전히 새로운 변화가 시작됐다. 이번에는 지질학적 힘이 아니었다. **인류가 환경을 바꾸기 시작했다.** 처음에는 그 변화가 미미했다. 하지만 시간이 지나면서, 특히 농업 혁명 이후 인류가 환경에 끼치는 영향은 점점 더 뚜렷해졌다.

남아프리카 본데르베르크 동굴(Wonderwerk Cave) 깊숙한 곳, 100만 년 전의 어느 밤. 한 무리의 호모 에렉투스가 동굴 벽에 기대어 앉아 있다. 그들 앞에서는 작은 불꽃이 타오르고 있다. 붉은빛이 동굴 벽의 석회암을 물들이고, 연기가 천천히 천장을 따라 입구 쪽으로 흘러 나간다. 밤의 추위가 물러간다. 누군가가 나뭇가지를 불꽃 더미에 집어넣는다. 불은 더 세차게 타오른다.

2012년 고고학자들은 이 동굴 바닥을 파냈다. 100만 년 전의 지층에서 체계적으로 태워진 뼈와 재, 그리고 가열된 도구들이 나왔다[1]. 이는 인류가 불을 통제적으로 사용한 가장 오래된 증거 중 하나였다.

그날 밤 자신들이 동굴 입구에서 피운 작은 불꽃이 지구 전체의

남아프리카 본데르베르크 동굴. ©World Monuments Fund

대기 조성을 바꾸는 거대한 실험의 첫걸음이라는 것을 아는 이는 한 사람도 없었을 것이다. 나무가 타오른다. 나무를 구성하는 셀룰로오스라는 복잡한 분자가 산소와 만나 쪼개지고, 탄소 원자들이 산소와 결합하며 이산화탄소가 만들어진다. 그리고 그 불꽃에서 튀어나온 이산화탄소 분자들은 대기로 올라가 지구 전체를 돌기 시작한다. 동시에 엄청난 양의 에너지가 열과 빛의 형태로 터져 나온다.

$$C_6H_{10}O_5(셀룰로오스) + 6O_2 \rightarrow 6CO_2 + 5H_2O + 열에너지(2,800kJ/mol)$$

이 반응은 단순해 보이지만, 이는 인류사의 궤적을 바꾼 가장 중요한 화학 반응이었다. 반응식에서 뿜어져 나온 2,800kJ의 에너지, 그것은 동굴의 어둠만 밝힌 것이 아니었다. 그 열기는 고기를 익히고, 딱딱한 뿌리를 부드럽게 만들었으며, 마침내 인류의 뇌, 그 복잡한 시냅스의 연결망 속으로 흘러들었다.

진화 인류학자 리처드 랭엄(Richard Wrangham)의 '요리 가설(Cooking Hypothesis)'은 이 지점에서 흥미로운 통찰을 던진다. 불에 익힌 음식은 소화가 쉽다. 덕분에 인류는 질긴 날고기를 씹고 분해하는 데 낭비하던 막대한 에너지를 절약할 수 있었고, 이 '잉여 에너지'는 고스란히 뇌의 용량을 키우는 데 재투자됐다는 것이다.

뇌는 사치스러운 기관이다. 체중의 2%밖에 안 되면서 전체 에너지의 20%를 독식한다. 인류가 이 고비용 기관을 감당할 수 있었던 건 오직 불 덕분이었다는 말이다. 탄소를 태워 음식을 익힘으로써 소화 기관이 짊어졌던 부담을 외부의 에너지로 해결했다.

어쩌면 지금의 문명이 이 우연한 발견, 즉 '연소 반응의 발견'과

'생물학적 진화'의 결합을 통해 싹튼 것일지도 모른다. 나무를 태운 에너지가 뇌를 키웠고, 그 뇌가 빚어 낸 지능이 다시 문명을 창조했다. 우리가 이산화탄소와 떼려야 뗄 수 없는 문명을 이룩하게 된 것은, 이미 우리의 생물학적 진화가 예비한 필연적 귀결이었을 것이다.

이처럼 뇌를 확장시키고 문명을 싹틔운 불의 힘은, 인류를 지구상의 다른 모든 생명체와 구별 짓는 결정적인 기준점이 됐다. 신화 속 프로메테우스가 훔쳐다 준 불은 단순한 도구 이상이었다. 그것은 지구 시스템의 에너지 순환에 직접 개입할 수 있는 '신들의 권능' 그 자체였다. 이 권능을 손에 쥔 유일한 종으로서의 인류는 이제 자연의 질서에 도전하기 시작했다.

물론 하루아침에 일어난 일은 아니다. 80만 년 전부터 인류의 조상들이 불을 사용한 흔적이 발견되지만, 체계적이고 광범위한 불의 사용은 약 40만 년 전부터 시작됐다[2]. 이때부터 인류는 단순히 자연에 순응하는 존재가 아니라, **자연을 변화시키는 능동적인 주체**로 거듭나게 된 것이다.

1만 년 전의 대변혁: 농업 혁명이 남긴 최초의 지문

기원전 8000년경, 튀르키예 남동부 비옥한 초승달 지역의 한 계곡. 바람에 일렁이는 야생 밀(Einkorn Wheat)의 황금빛 물결을 바라보며, 한 무리의 사람들이 멈춰 섰다. 그들의 머릿속에 인류의 운명을 바꿀 질문이 스쳤다. "해마다 이곳저곳을 떠돌며 곡물을 찾아 헤매는 대신, 우리 정착지 근처에서 직접 길러 보면 어떨까?"

이 지역은 세계에서 유일하게 밀, 보리, 렌즈콩, 완두콩 등 주요 작물들의 야생 조상이 모두 자연적으로 자라는 곳이었다. 하지만 농사를 지으려면 땅이 필요했다. 평평하고, 햇빛이 잘 들고, 물이 가까운 땅. 불행히도 그런 좋은 땅은 이미 거대한 숲이 차지하고 있었다.

숲을 지우지 않고는 밭을 얻을 수 없었다. 곧이어 날카롭게 갈아 낸 돌도끼가 나무를 찍어 내렸고, 불이 나무를 태웠다. 숲이 사라진 자리에 밭이 들어섰다. 그리고 그 순간, 지구의 탄소 순환이 바뀌기 시작했다. 비옥한 초승달 지역에서 점화된 이 변화는 곧 유럽으로, 중동으로, 그리고 동아시아로 번져 나갔다[3].

이 급격한 변화의 증거는 땅속 깊은 곳에 고스란히 남아 있다. 2000년대 초반, 과학자들이 튀르키예 아나톨리아 고원의 한 호수 바닥을 시추했다. 수천 년간 쌓인 층층에서 퇴적물이 나왔다. 그 속에는 고대의 꽃가루가 보존돼 있었다. 기원전 7000년 이전의 퇴적층에는 참나무와 소나무 꽃가루가 가득했다. 이곳이 울창한 숲이었다는 증거다. 반면 기원전 7000년 이후 층에는 참나무와 소나무 꽃가루가 급격히 줄어들었고, 그 자리를 곡물과 잡초 꽃가루가 채웠다[4]. 숲이 농경지로 강제 교체된 것이다.

계산을 해 보자. 온대림 1헥타르(100미터×100미터 넓이), 축구장보다 조금 큰 땅에는 얼마나 많은 탄소가 저장돼 있을까? 온대림 1헥타르에는 평균 150~200톤의 나무와 식물이 자란다. 그 바이오매스 성분의 약 반 정도가 탄소다. 즉 땅 위에 약 70~100톤의 탄소가 숲이라는 형태로 저장돼 있는 셈이다. 그런데 인간이 밭을 만들기 위해 이 나무들을 베고 불태우는 순간, 고정되어 있던 탄소는 산소와 결합해 이산화탄소가 되어 대기 중으로 흩어진다. 탄소는 이산화탄소로 변환되면 무게가 약 3.67배 늘어나므로, 1헥타르의 숲이 사라질 때마다 무려 260~370톤의 이산화탄소가 하늘로 뿜어져 나간다[5].

신석기 시대에 전 세계적으로 얼마나 많은 숲이 사라졌는지 정확히 알 수는 없다. 하지만 인구가 늘어나는 속도와 농업이 확산되는 속도를 보면, 매년 수만 헥타르의 숲이 잿더미로 변했을 것으로 추정된다[6]. 매년 수백만 톤의 이산화탄소가 대기에 추가된 셈이다.

문제는 여기서 끝나지 않는다. 베어진 나무는 더 이상 이산화탄소를 흡수할 수 없다. 성숙한 온대림 1헥타르는 광합성을 통해 매년 약 10~15톤의 이산화탄소를 빨아들인다[7]. 농경지도 광합성을 하지만, 흡수량은 숲의 절반도 안 된다. 이산화탄소는 한꺼번에 배출하고, 지속적인 흡수 능력까지 잃어 버린 것이다. 이중의 타격이었다.

윌리엄 루디만의 발견

2003년 버지니아대학교의 고기후학자 윌리엄 루디만(William Ruddiman)은 충격적인 주장을 내놓았다.

"인류에 의한 온난화는 산업 혁명이 아니라, 8000년 전(농업 혁명)에 시작됐다."

학계가 발칵 뒤집혔다. 8000년 전? 산업 혁명보다 7000년이나 앞선다는 말인가? 루디만은 남극 빙하 코어 데이터를 통해 과거 대기의 이산화탄소 농도를 분석하고 있었다[8]. 그런데 기묘한 패턴을 발견했다.

원래 지구 궤도는 밀란코비치 주기에 따라 규칙적으로 변한다. 이

변화에 따라 간빙기 정점을 지난 후 북반구의 여름철 일사량이 줄어
들면 이산화탄소 농도도 자연스럽게 떨어져야 한다. 실제로 40만 년
전의 간빙기를 비롯한 과거의 모든 기록이 이 규칙을 따르고 있었다.

그런데 현재의 간빙기, 즉 '홀로세'만은 완전 딴판이었다. 기원전
6000년경부터 하락해야 할 이산화탄소 농도가 오히려 계속 상승 곡
선을 그리고 있었다. 자연의 주기를 거스르는 무언가가 이산화탄소
를 억지로 밀어 올리고 있었던 것이다.

루디만은 그 '보이지 않는 무언가'의 실체를 인간의 농업에서 찾
았다. 기원전 8000년경 시작된 농업은 숲을 태워 밭을 만들며 이산
화탄소를 뿜어냈고, 기원전 3000년경 아시아 전역으로 확산된 벼농
사는 논에서 메탄을 발생시켰다.

처음에는 "초기 농업의 규모가 그렇게 거대했을 리 없다", "자연적
변동일 수도 있다"는 식의 반론이 빗발쳤다. 하지만 후속 연구들이
루디만의 손을 들어 주기 시작했다. 2011년 런던대학교(UCL)의 도리
언 풀러(Dorian Fuller)는 아시아 벼농사 유적의 확산 시기가 루디만의
주장과 정확히 일치함을 밝혀냈고, 같은 해 제드 캐플런(Jed Kaplan)팀
은 초기 농업으로 무려 343기가톤의 막대한 양의 탄소가 배출됐다
는 계산 결과를 내놓았다[9·10].

결정적인 증거는 2013년 《사이언스(Science)》에 실린 로건 미첼
(Logan Mitchell)의 연구였다[11]. 로건 미첼 연구팀은 5000년 전부터 증가
한 메탄의 출처를 추적했다. 메탄도 탄소처럼 동위 원소 지문을 남
긴다. 자연적 습지에서 나오는 메탄과 벼농사에서 나오는 메탄은 화
학적 구성이 미묘하게 다르다. 미첼 연구팀은 남극 빙하 코어에 갇
힌 5000년 전의 메탄을 분석했다. 결과는 명확했다. 메탄 증가의 원

인간이 처음으로 기후에 영향을 미친 시기는 농업 혁명 때부터다. ©Getty Images

인은 자연적 습지 때문이 아니었다. 그 주범은 인간의 벼농사였다.

이 극적인 반전을 가장 직관적으로 보여 주는 것이 바로 다음 그래프다. 남극 빙하 속에 갇힌 공기를 분석해 복원한 지난 1만 2000년간의 기록을 보자. 원래대로라면 지구의 이산화탄소 농도는 기원전 6000년부터 서서히 하강 곡선(주황색 점선)을 그렸어야 했다. 그런데 실제 관측값(파란색 실선)은 정반대로 상승하기 시작했다. 숲을 태워 밭을 만들고 논에 물을 대면서, 인류가 자연의 궤도를 비틀어 버린 것이다. 산업 혁명 직전까지 벌어진 이 38ppm의 격차, 바로 이것이 인류가 만들어 낸 '인공적인 온기'였다.

그렇다면 이 '인공적인 온기'는 지구에 어떤 결과를 가져왔을까? 역설적이게도 만약 초기 인류가 농업을 시작하지 않았다면 지구는 자연적인 주기에 따라 이미 새로운 빙히기로 진입했을 가능성이 높다[12]. 우리는 의도하지 않았지만, 수천 년 전부터 지구 기후를 바꾸고 있었던 것이다.

이러한 인간의 개입 흔적은 고대에만 머물지 않는다. 중세 유럽의 대개간 시기인 1000~1300년, 남극 빙하 코어는 또 다른 신호를 포착했다[13]. 공기 방울 속 이산화탄소를 구성하는 탄소 원자들 중 가벼운 탄소(^{12}C, 탄소-12)의 비율이 증가했다. 나무와 식물은 광합성을 할 때 가벼운 탄소(^{12}C)를 선호한다. 그래서 식물이 불에 타면, 가벼운 탄소가 많은 이산화탄소가 방출된다. 이것은 중세에 상당한 규모의 삼림 벌채가 이뤄졌다는 직접적인 증거에 해당한다.

결국 농업 혁명은 단순히 인류 문명의 시작만이 아니었다. 그것은 호모 사피엔스가 지구 시스템이라는 거대한 기계의 조작판에 손을 댄, 돌이킬 수 없는 개입의 시작이었다.

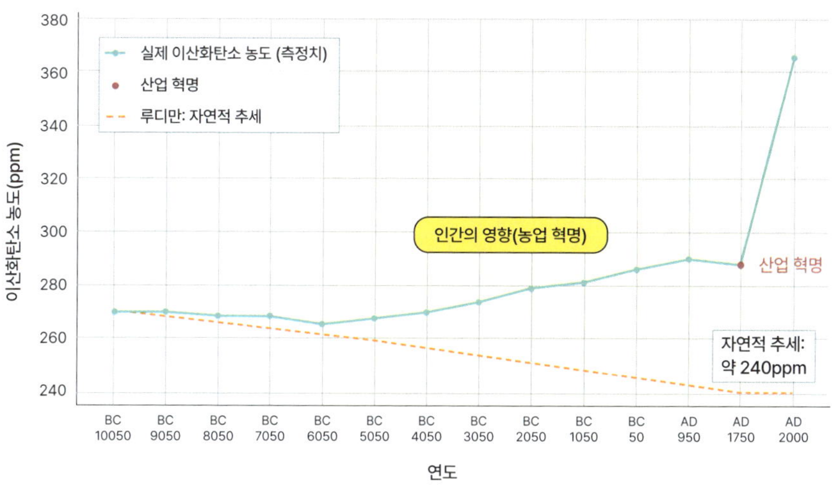

인류는 언제부터 기후를 바꾸기 시작했는가? 남극 빙하 속 갇힌 공기를 분석해 복원한 지난 1만 2000년간의 이산화탄소 농도를 보자. 주황색 점선은 자연의 규칙대로라면 따라갔어야 할 추세이고, 파란색 선은 실제로 측정된 값이다. 8000년 전부터 두 선이 갈라지기 시작한다. 자연적으로 계속 내려갔어야 할 이산화탄소 농도가 오히려 올라간 것이다. 그 차이는 산업 혁명 직전까지 38ppm에 달했다. 범인은 농업이었다. 숲을 태워 밭을 만들고, 논에 물을 대면서 인류는 의도하지 않게 지구의 온도 조절 장치를 건드리기 시작했다. 산업 혁명은 그 속도를 폭발적으로 가속화한 순간이다. 그 래프는 루디만의 초기 인위적 기후 변화 가설을 시각화한 것이다.

[출처: NOAA/NCEI Antarctic Ice Cores Revised 800KYr CO_2 Composite (Bereiter et al., 2015)]

메소포타미아의 거대한 실험: 습지가 농경지로

시계를 돌려 기원전 3500년경, 지금의 이라크 남부로 가 보자. 티그리스강과 유프라테스강 사이, 고대 도시 우르(Ur) 근처에 서 있다고 상상해 보자. 사방으로 끝없이 펼쳐진 갈대밭. 사람 키 높이를 훌쩍 넘는 갈대들이 바람에 흔들린다. 진흙투성이 습지 위로 물새 떼가 날아오른다. 발을 내디디면 진창에 푹푹 빠진다. 이곳은 땅도 아니고 물도 아닌, 그 사이 어딘가였다.

수메르인들은 이 거대한 진창을 농경지로 바꾸기 시작했다. 중장비나 폭약도 없는 시절, 그들이 가진 것이라곤 고작 삽과 곡괭이, 그리고 사람의 근력뿐이었다. 그들은 운하를 팠다. 처음에는 작은 도랑이었다. 하지만 세월이 흐르면서 운하는 점점 길어지고 넓어졌다. 아버지가 판 운하를 아들이 연장했고, 손자가 또 연장했다. 수백 년, 아니 수천 년에 걸친 집요한 노동이었다.

고고학자들이 밝혀낸 바에 따르면, 기원전 2500년경 남부 메소포타미아 전역에 깔린 운하의 총 길이가 무려 2만 킬로미터가 넘었다[14]. 이는 파나마 운하를 250개나 이어 붙인 것과 맞먹는다. 오로지 사람의 힘만으로 이뤄 낸 이 기적은 문명의 승리였다. 진창이 밀밭으로, 습지가 도시로 변했다. 인류 최초의 대규모 생태계 개조였다.

하지만 그 화려한 승리의 아래쪽, 땅속 깊은 곳에서는 전혀 다른 일이 벌어지고 있었다. 습지는 단순한 진창이 아니었다. 그것은 거대한 탄소 저장고였다. 물에 잠긴 땅에서는 산소가 부족해서 죽은 식물들이 완전히 썩지 못한다. 그래서 수천 년 동안 쌓이고 쌓여 엄청난 양의 탄소가 땅속에 갇혀 있었다.

저장량은 실로 엄청났다. 습지 상태일 때 토양 1제곱미터에는 약 70~100킬로그램의 탄소가 봉인돼 있다. 하지만 물을 빼고 농경지로 개간하는 순간 산소가 유입되며, 탄소는 산화되어 공기 중으로 날아간다. 농경지로 변한 땅의 탄소 저장량은 20~30킬로그램으로 급감한다[15]. 저장량의 차이가 3~4배에 육박한다. 그리고 그 차이만큼의 막대한 양의 탄소가 고스란히 대기 중으로 날아간다. 수메르인들이 삽질을 할 때마다, 운하를 팔 때마다, 논밭을 일굴 때마다 수천 년간 땅속에 묻혀 있던 탄소가 서서히 공기 중으로 새어 나왔다. 눈에 보이지도 않고, 냄새도 없다. 아무도 눈치채지 못했지만, 대기의 성분은 분명히 변하고 있었다.

같은 시기, 지구 반대편에서도 똑같은 역사가 반복됐다. 중국 황허강 유역, 기원전 7000년경부터 이곳에서도 농업 혁명이 시작됐다. 황토고원이라 불리는 이 거대한 평원은 수만 년에 걸쳐 바람이 실어 나른 미세한 흙먼지가 쌓여 만들어진 곳이었다. 비옥했고 곡식이 잘 자랐다. 하지만 이 황토 아래에도 엄청난 양의 탄소가 잠들어 있었다. 쟁기로 땅을 갈고, 밭을 일굴 때마다 흙 속에 갇혀 있던 탄소들이 해방되어 하늘로 솟구쳤다[16].

남극 빙하 코어의 데이터가 보여 주는 증거는 명확했다. 기원전 5000년경부터 대기 중 이산화탄소 농도가 매년 약 0.15ppm씩 올라가기 시작했다. 지금 기준으로 보면 아주 느린 속도다. 하지만 이미 자연적 변동폭을 생각하면 명백히 비정상적인 급등이었다.

인류가 농사를 짓기 시작한 그 순간부터, 지구의 대기 시계가 다르게 흐르기 시작한 것이다. 물론 당시 사람들이 자신들이 대기 조성을 바꾸고 있다는 사실을 알았을 리 없다. 그들은 그저 가족을 먹여 살리기 위해 땅을 팠을 뿐이었다. 하지만 그 생존을 위한 작은 몸부림들이 쌓이고 쌓여, 마침내 지구 시스템을 뒤흔드는 거대한 나비 효과를 낸 것이다.

농업과 메탄: 또 다른 온실가스의 등장

농사를 짓기 시작하면서 이산화탄소만 늘어난 게 아니다. 또 다른 기체가 공기 중으로 새어 나오기 시작했다. 메탄이었다. 메탄은 같은 양일 경우 이산화탄소보다 수십 배나 강력한 온실 효과를 일으키는 이른바 '슈퍼 온실가스'다. 그런데 농사가 시작되면서 이 메탄을 인류가 대량으로 만들어 내기 시작했다. 물론 이번에도 의도는 없었다. 그 배출구는 크게 두 가지였다.

첫 번째 주범은 논이었다. 기원전 5000년경 중국 양쯔강 유역. 사람들이 논에 물을 가두기 시작했다. 벼는 물에 잠겨야 잘 자라기 때문이다. 그런데 물에 잠긴 땅 아래, 산소가 없는 환경에서는 특별한 미생물들이 활동한다. 메탄 생성 고세균(methanogenic archaea, methanogen)이라 불리는 이 미생물들은 땅속 썩은 식물 찌꺼기를 먹고 산다. 그 과정에서 메탄을 내뿜는다. 일종의 배설물이다.

얼마나 나올까? 논 1헥타르―축구장 하나 반 정도 크기―에서 1년에 약 100~300킬로그램의 메탄이 솟아오른다[17]. 벼가 자라는 동안, 그 아래 땅속 미생물들은 쉬지 않고 메탄을 만들어 낸다.

두 번째는 가축이었다. 기원전 8000년경, 중동에서 사람들이 소와 양을 기르기 시작했다. 목축의 시작이었다. 그런데 소 같은 반추 동물은 특이한 소화 기관을 갖고 있다. 네 개의 위를 가진 이들은 풀을 되새김질하면서 소화한다. 그 과정에서 위 속 미생물들이 셀룰로오스를 분해한다. 그리고 그 부산물로 메탄이 나온다. 소 한 마리가 트림이나 방귀로 하루에 내뿜는 메탄은 약 250~500리터다[18]. 소 몇 마리야 문제없지만 수백 마리, 수천 마리, 수만 마리가 되면 이야기가 달라진다. 목축업이 확산되면서 소와 양의 개체수가 폭발적으로 늘어났다. 그만큼 메탄도 급증했다.

이 범행 기록 역시 얼음 속에 남아 있다. 남극 빙하 코어에 갇힌 고대 공기를 분석하면 메탄 농도 변화가 나타난다. 약 5000년 전부터 메탄 농도가 급격히 올라가기 시작했다[19]. 농업 혁명 이전에는 대기 중 메탄이 350~400ppb(10억분의 1) 수준이었다. 그런데 농업이 퍼지면서 700ppb까지 치솟았다. 논이 늘어나고, 가축이 늘어날 때마다 메탄이 조금씩 더 늘어났다. 이산화탄소와 메탄, 두 가지 온실가스가 동시에 늘어나고 있었다.

청동기 혁명: 하늘로 치솟는 연기

기원전 3200년경, 튀르키예 중부 아나톨리아. 한 대장간에서 누군가가 구리에 주석을 섞어 보았다. 실험은 성공적이었다. 새로 만들어진 금속은 구리보다 단단했고, 칼날도 더 날카로웠으며, 쓰임새도 훨씬 많았다. 바로 청동이었다. 이 발견은 단순히 새로운 합금 재료를 만든 게 아니었다. 인류가 자연을 대하는 방식이 근본적으로 바뀌었음을 알리는 신호탄이었다.

문제는 '불'이었다. 청동을 만들려면 구리를 녹여야 하는데, 구리가 녹는 온도는 1,084°C에 달한다. 장작불로 얻을 수 있는 온도가 아니다. 이 고온을 얻기 위해서는 화력이 좋은 엄청난 양의 목탄(숯)이 필요했다.

청동의 주재료인 구리 1킬로그램을 얻기 위해 얼마나 많은 대가를 치러야 했을까? 실험 고고학자들이 고대 방식을 재현해 본 결과, 우선 구리 광석이 20~30킬로그램이나 필요했다. 당시 광석의 품질이 그리 좋지 않았기 때문이다. 그리고 목탄은 20~40킬로그램이 들어갔다. 그런데 목탄 1킬로그램을 만들려면 (전통 흙 가마 방식으로) 나무 약 7.2킬로그램이 필요했다. 그러니까 결국 겨우 구리 1킬로그램을 얻기 위해 무려 300킬로그램의 나무가 연기로 사라졌다는 얘기다[20].

나무를 태워 목탄을 만드는 과정에서 당연히 막대한 양의 이산화탄소가 쏟아져 나왔다. 나무 1톤을 태울 때 약 1.8톤의 이산화탄소가 발생한다고 생각하면[21], 청동검 한 자루를 만들기 위해 숲의 상당 부분을 하늘로 증발시켜 버린 셈이다.

지중해의 작은 섬 키프로스로 가보자. 이 섬은 청동기 시대에 구리 생산 중심지였다. 섬 전체가 거대한 대장간이었다. 산비탈 곳곳에서 연기가 치솟았다. 광산에서는 하루 종일 곡괭이 소리가 울려 퍼졌다. 대장간에서는 밤낮없이 망치질이 계속됐다. 구리가 필요했다. 무기를 만들려면, 도구를 만들려면, 장신구를 만들려면 구리가 있어야 했다. 그래서 파고 또 팠다. 녹이고 또 녹였다. 목탄을 만들려면 나무가 필요했다. 나무를 베고 또 베었다. 섬의 숲이 사라지기 시작했다.

고고학자들은 땅을 파서 수천 년 전 꽃가루를 분석했다[22]. 기원전

지중해의 햇살, 키 낮은 나무가 듬성듬성 있는 민둥산에 가까운 모습이 공존하는 현재의 키프로스.
©Getty Images

2500년경까지만 해도 키프로스는 소나무와 참나무 숲으로 덮여 있었다. 그런데 청동기 시대가 본격화되면서 나무 꽃가루가 급격히 줄어들었다. 대신 풀과 관목 꽃가루가 늘어났다. 숲이 민둥산으로 바뀌고 있었던 것이다. 청동기 시대가 끝날 무렵, 키프로스 섬 전체 숲의 60~70%가 사라졌다. 수천 년 자라 온 나무들이 한두 세기 만에 베어져 연기로 바뀌었다.

키프로스만의 일이 아니었다. 튀르키예, 그리스, 발칸반도, 스페인 전역에서 똑같은 일이 벌어졌다. 구리가 나는 곳이면 어디든 숲이 사라졌다. 스페인 남부 리오 틴토(Río Tinto) 광산 지역은 4000년간 구리를 캐고 녹이면서 광활했던 참나무 숲이 거의 사라졌다[23].

베어진 나무가 타면서 나온 이산화탄소는 하늘 위로 올라가 축적됐다. 남극 얼음 코어가 그 증거를 보여 준다. 기원전 3000년경부터 대기 중 이산화탄소 상승 속도가 더 빨라졌다. 연간 0.2ppm씩 올라갔다. 더 직접적인 증거는 그린란드 빙하에서 발견됐다. 이 시기 형성된 얼음 속에 구리와 납 성분이 갑자기 늘어났다[24]. 광석을 녹일 때 나온 연기가 바람을 타고 수천 킬로미터를 날아가 그린란드 빙하에까지 쌓였던 것이다. 인류 최초의 대규모 산업이자, 대규모 대기 오염 사건이기도 했다.

철의 시대: 용광로가 만든 새로운 세계

기원전 1200년경, 튀르키예 중부의 히타이트족이 시쳇말로 히트를 쳤다. 인류 최초로 철을 녹이는 비밀을 알아낸 것이다. 철은 청동과는 차원이 달랐다. 훨씬 단단했고, 칼날은 더 날카로웠으며, 무엇보다 흔했다. 구리는 특정 지역에서만 나왔지만, 철은 거의 어디서나 구할 수 있었다.

물론 대가가 있었다. 철을 녹이려면 엄청난 열이 필요했다. 구리의 녹는점은 1,084°C인데 비해 철은 1,538°C다. 철을 다룰 때는 녹는점만이 문제가 아니었다. 철광석은 철과 산소가 화학적으로 단단히 결합된 형태다. 그 결합을 끊어 내야 순수한 철을 얻을 수 있었다. 구리처럼 그냥 녹이면 나오는 재료가 아니었다. 목탄을 용광로에 집어넣고 불을 지피면, 목탄이 타면서 일산화탄소가 만들어진다. 이 일산화탄소가 철광석 속을 휘저으며 산소를 낚아챈다. 산소가 떨어져 나가면 순수한 철만 남는다.

철 1킬로그램을 얻기 위해 약 8~10킬로그램의 목탄을 용광로에 투입해야 했다. 목탄 1킬로그램당 나무가 약 7.2킬로그램이 필요하다고 생각하면, 철 1킬로그램이 나올 때마다 숲에서 **나무 약 60~70킬로그램**이 사라졌다는 계산이 나온다[25].

구리 1킬로그램을 만들 때 **나무 약 300킬로그램**이 필요했던 것에 비하면 (철 1킬로그램당 60킬로그램은) 훨씬 효율적인 생산이었다. 하지만 문제는 절대적인 양에 있었다. 철은 어디에나 쓰였다. 청동은 비싸서 주로 무기와 장신구에만 쓰였지만, 철로는 쟁기도, 낫도, 도끼도, 못도 만들었다. 한 마을에서 필요한 철의 양이 청동의 수십 배였다. 숲은 그만큼 더 빨리 사라졌다.

기원전 5세기 아테네만 해도 1년에 수백 톤의 철을 만들었다. 철 1톤당 나무 60~70톤이 필요했으니, 아테네 주변 아티카반도의 숲들은 빠르게 벌거벗었다. 게다가 아테네에는 라우리온(Laurion,

Λαύριον)이라는 거대한 은광이 있었다. 여기서 1년에 1,000~2,000톤의 은을 캤다[26]. 은을 얻으려면 납을 제련해야 했고, 납을 제련하려면 또 목탄이 필요했다. 은 1톤을 얻는 과정은 이랬다. 우선 납 광석 200~300톤을 캐야 했다. 당시 광석에는 은이 고작 0.3~0.5%밖에 안 들어 있었기 때문이다. 납을 제련하는 데 목탄 100~150톤이 들어갔다. 그리고 납에서 은을 정제하는 데 목탄이 또 50~80톤 필요했다. 합치면 목탄이 대략 150~230톤 들어갔다. 앞서 적용한 비율(목탄 1: 나무 7.2)을 대입하면, 결국 은 1톤을 위해 나무 약 1,100~1,600톤이 사라졌다는 충격적인 계산이 나온다. 철 제련과 은 제련이 동시에 돌아갔다. 아테네 주변 산들의 숲이 무너졌다.

플라톤(Plato, 기원전 427~기원전 347)은 이 변화를 생생하게 기록했다[27]. "아티카의 산들은 한때 거대한 나무들로 덮여 있었다. 하지만 지금은 뼈만 남은 병자의 몸처럼 흙은 씻겨 내려가고, 꿀벌만을 위한 황량한 땅이 되고 말았다."

시적인 표현이었지만 결코 과장이 아니었다. 과학자들이 당시 땅속 꽃가루를 분석한 결과[28], 기원전 5~4세기를 기점으로 소나무 같은 나무 꽃가루의 비율이 70%에서 20%로 급감했다. 숲이 풀밭으로 바뀌었다는 직접적인 증거였다.

로마의 욕망: 제국이 삼킨 숲들

진정한 환경적 충격은 로마 제국의 등장과 함께 시작됐다. 기원후 1세기경 전성기 로마 제국의 모습을 상상해 보자. 100만 명이 넘는 인구가 몰려 사는 거대한 도시. 하루 종일 물을 데워야 하니 아궁이에서 장작불이 꺼지지 않는다. 대장간에서는 밤낮없이 망치질 소리가 울린다. 용광로의 불길이 하늘을 붉게 물들인다.

로마의 에너지 소비는 당시로서는 상상하기 어려운 수준이었다. 로마인들은 목욕을 사랑했다. 카라칼라(Caracalla) 욕장 같은 대형 테르마이(thermae) 하나를 하루 종일 가동하기 위해서는 약 10톤의 나무가 필요했다[29]. 당시 기록에 따르면, 로마 시내에는 이런 초대형 욕장이 11개나 있었다. 동네 곳곳의 일반 대중탕도 850여 개에 달했다. 자그마한 욕탕조차 하루에 약 2톤 정도의 나무를 태워 올렸다. 이들을 모두 합치면 로마 시내에서만 매일 최소 2,000톤 이상의 나무가 목욕탕에서 타올랐다. 1년이면 무려 70만 톤이었다.

하지만 목욕탕은 시작에 불과했다. 로마 제국의 산업 엔진은 더 많은 나무를 삼켰다. 전성기 로마는 연간 8만 2,000톤의 철을 생산했다[30]. 지금 기준으로는 적지만, 당시로서는 상상을 초월하는 규모였다. 앞서 계산했듯이 철 1톤을 만들려면 나무 약 60~70톤이 필요했으니, 철 8만 2,000톤을 만들려면? 매년 최소 500만 톤에서 최대 600만 톤에 달하는 나무가 제철소의 용광로에서 사라졌다는 결과가 나온다. 여기에 집 짓는 나무, 배 만드는 나무, 난방용 장작까지 합치면 로마가 1년마다 집어삼킨 숲의 규모는 가늠조차 어렵다.

로마는 지중해 연안의 숲을 광산 다루듯 개발했다. 스페인에서는 은광을 캐고 제련하느라 이베리아반도의 참나무 숲이 사라졌다. 프랑스의 갈리아(Gallia) 지역에서는 거대한 떡갈나무들이 베어져 로마 전함의 선체가 됐다. 루마니아의 다키아(Dacia)와 독일의 게르마니아(Germania)에서는 침엽수들이 베어져 로마 건축물의 기둥이 됐다.

고대 로마 공중 목욕탕인 카라칼라 욕장의 흔적. ©Getty Images

트라야누스(Trajanus) 황제 시대(재위, 98~117)의 기록을 보면, 다키아를 정복한 뒤 그 지역의 벌목권을 로마 상인들에게 대규모로 팔았다는 내용이 나온다[31]. 마치 현대의 산림 개발권 매각과 똑같은 방식이었다.

시간이 갈수록 나무를 구하러 가는 거리가 점점 멀어졌다. 처음에는 로마 근교 100~300킬로미터 이내의 이탈리아반도에서 나무를 구했다. 하지만 그 숲들이 사라지자 500~1,000킬로미터 떨어진 알프스 북쪽 게르마니아로 갔다. 그것도 모자라자 다키아와 브리타니아(Britannia)로 갔다. 1,500~2,000킬로미터였다. 기원후 3세기에는 심지어 북아프리카 아틀라스산맥까지 가서 나무를 베어 왔다[32]. 나무를 베어 그 먼 거리를 운반하는 것 자체가 또 다른 에너지를 먹어 치우는 비효율의 악순환이었다.

이 파괴의 증거는 지구 반대편 극지방에 고스란히 남아 있다. 그린란드와 남극 빙하 코어를 분석해 보면, 이 시기에 나무를 태울 때 나오는 특정 물질의 농도가 크게 증가한 것으로 나타난다. 로마가 숲을 태우는 연기가 지구 반대편 극지방까지 날아간 것이다.

결국 로마의 목재 소비는 제국을 무너뜨리는 원인 중 하나가 됐다. 3세기경부터 로마 주변 숲이 바닥나기 시작했다. 나뭇값이 폭등했다. 디오클레티아누스(Diocletianus) 황제(재위, 284~305)가 발표한 가격 통제령을 보면, 목재 가격이 2세기에 비해 15배 이상 올랐다고 기록돼 있다[33]. 단순한 인플레이션이 아니었다. 나무를 구할 수 없었던 것이다. 4~5세기 로마의 역사가 암미아누스 마르켈리누스(Ammianus Marcellinus, 330?~400?)는 이렇게 썼다. "한때 울창했던 갈리아의 숲들이 무분별한 벌채로 황폐해졌고, 변방 요새들은 연료가 부족해졌다."

에너지 위기는 군사력에 직격탄을 날렸다. 나무가 없으니 철을 만들 수 없어 철 생산이 급감했다. 무기의 질이 떨어졌다. 농기구도 형편없어졌다. 군대는 약해졌고, 농사는 망가졌다. 로마 제국의 쇠퇴에는 수많은 원인이 있다. 하지만 에너지 자원의 고갈도 중요한 역할을 했다는 게 최근 연구의 결론이다[34].

중세의 대반전: "거대한 개간"의 시작

로마 제국 멸망 후 유럽이 암흑 시대에 빠져 있는 동안, 지구의 식생은 천천히 회복됐다. 인구가 급감하면서 버려진 농지가 다시 숲으로 돌아갔고, 제련업의 쇠퇴로 목재 소비도 크게 줄어들었다. 빙하 코어 데이터를 보면, **5~10세기 동안 대기 중 이산화탄소 농도는 거의 변하지 않거나 심지어 약간 감소**하기도 했다[35]. 인류 문명의 후퇴가 자연에게는 회복의 시간이었던 셈이다.

이런 짧은 평화는 서기 1000년경을 기점으로 끝났다. 중세 온난기(Medieval Warm Period)가 찾아왔다. 기온이 올라가면서 농사가 잘되고, 곡식이 잘 자랐다. 인구가 늘어났다. 1000년에 3,800만 명이었던 유럽 인구가 1300년에는 7,800만 명으로 두 배 이상 늘어났다[36]. 가히 인구 폭발 수준이었다.

사람이 늘어나면 먹을 게 필요하다. 당연히 농지가 더 필요했고, 숲을 베어야 했다. 역사가들이 "거대한 개간(Great Clearance)"이라 부르는 대규모 삼림 벌채의 시대가 열린 것이다. 1147년 한무리의 독일계 농민들이 엘베강을 건넜다. 강 건너편에는 인간의 손길이 거의 닿지 않은 원시림이 끝없이 펼쳐져 있었다. 하늘을 가릴 듯 빽빽한 참나무와 너도밤나무 사이로 야생 소와 유럽 들소가 어슬렁거렸다. 독일 동방 식민*, 오스트지들룽(Ostsiedlung)이 시작된 것이다.

이들은 도끼를 들고 숲으로 들어갔다. 나무를 베고, 불을 질렀다. 그루터기를 뽑아내고, 땅을 갈았다. 수십 년 뒤, 원시림이 있던 자리에는 질서 정연한 농경지가 들어섰다. 12~14세기에 걸쳐 진행된 이 개간 사업으로 현재의 폴란드, 체코, 헝가리 지역 숲의 60~70%가

11~14세기 무렵 신성 로마 제국 동부 지역 및 그 너머의 정복지로 이주한 독일인들. 이로 인해 정착지 지역이 대규모로 개발되고 사회 구조의 변화가 일어났다. ©Eike von Repgow

---

* 　12세기에서 14세기에 걸쳐 신성 로마 제국의 독일인들이 동유럽(현재의 폴란드, 체코, 헝가리 등)으로 대거 이주한 역사적 사건. 이 과정에서 숲이 개간되어 농경지로 바뀌고 수많은 도시가 건설됐으며, 동유럽의 인구 구조와 풍경이 근본적으로 변화했다.

사라졌다[37].

독일 동부의 브란덴부르크(Brandenburg) 지역은 이 파괴적인 변화의 중심지였다. 본래 이곳은 게르만족과 슬라브족이 마주하는 광활한 원시림 지대였다. 1150년경만 해도 이 땅의 80%가 숲이었다. 하지만 불과 150년 뒤인 1300년경, 숲의 면적은 30% 이하로 쪼그라들었다[38].

150년 만에 거대한 자연이 농경지로 바뀌는 과정에서, 베어진 나무들은 대부분 불태워졌고 수천 년간 저장돼 있던 탄소는 연기와 함께 하늘로 올라갔다. 공교롭게도 이 지역의 이름에 그 파괴의 역사가 그대로 담겨 있다. '브란덴부르크'라는 지명은 숲을 태우던 게르만어의 '불(branda)'과, 그 숲의 본래 주인이었던 슬라브어의 '소나무 숲(Branibor)'이라는 두 단어가 합쳐진 것이라는 설이 유력하다. 불타는 숲, 그것이 이 땅에 새겨진 새로운 이름이었다.

흥미로운 점은 성스러운 수도원들이 이 개간 사업의 선봉장이었다는 사실이다. 특히 시토회(Cistercian Order) 수도원들은 그레인지(Grange)라는 독자적인 농장 경영 시스템을 만들었는데[39], 이는 현대의 기업형 농업과 놀라울 정도로 흡사했다. 프랑스 퐁테네(Fontenay) 수도원의 기록을 보자. 1118년 설립 당시 수도원 주변은 울창한 떡갈나무 숲이었다. 그러나 80년 뒤인 1200년경에는 반경 20킬로미터 내의 삼림이 거의 완전히 개간되어 농지와 목초지로 바뀌어 버렸다[40]. 그리고 이런 패턴은 유럽 전역의 시토회 수도원에서 반복됐다. 수도원이 세워지면 주변 숲이 사라졌다.

영국도 마찬가지였다. 1086년 정복왕 윌리엄이 만든 토지 조사서 《둠즈데이 북(Domesday Book)》에 따르면, 당시 잉글랜드의 15%가 숲이었다. 하지만 1340년에는 그 비율이 4%로 급감했다. 250년 만에 숲의 73%가 증발한 것이다[41]. 특히 영국 남동부의 웰드(Weald) 지역은 중세 초기 유럽 최대의 참나무 숲 중 하나였다. 하지만 제철업과 농업 확장으로 대부분 사라졌다.

중세 수도원 기록들을 분석한 연구에 따르면, 1000~1300년 사이에 유럽에서 개간된 숲의 면적은 약 2,500만 헥타르였다. 이는 현재 대한민국 면적의 약 2.5배에 해당하는 거대한 규모였다.

새로운 농업 기술과 메탄 농도의 급증

중세 온난기의 농업 확장은 이산화탄소뿐만 아니라 메탄 배출에도 기름을 부었다. 이 시기 농업에는 두 가지 중요한 변화가 있었다.

첫째는 무거운 쟁기(heavy plow)의 도입이다. 8~9세기경 유럽에 도입된 무거운 쟁기는 점토질 토양을 깊이 뒤집어 농업 생산성을 크게 높였다[42]. 하지만 토양을 깊이 교란하는 과정에서 토양에 저장된 탄소가 대기 중으로 쏟아져 나왔다. 그리고 깊이 갈아엎은 땅에는 산소가 부족한 환경이 만들어졌다. 그곳에서 미생물들이 메탄을 만들어 냈다.

그다음은 삼포제(three-field system)의 확산이다. 이전에는 땅의 절반을 항상 쉬게 했다. 이포제라는 방식이었다. 하지만 삼포제에서는 쉬는 땅이 3분의 1로 줄어들었다[43]. 즉 더 많은 농사를 지었다는 것이다. 당연히 생산성이 올라갔다. 그러나 동시에 더 많은 가축이 필요했고, 이는 더 많은 메탄 배출로 이어졌다.

남극 로 돔(Law Dome) 빙하 코어의 메탄 농도 데이터를 보면, 1000~

1300년 사이에 메탄 농도가 약 695ppb에서 760ppb로 급증했다. 연간 약 0.22ppb씩 올라간 것이다. 이는 산업 혁명 이전으로서는 매우 빠른 속도였다.

이 시기 이산화탄소 증가의 원인이 정말 인간 활동 때문인지를 확인해 주는 직접적인 증거가 있다. 탄소 동위 원소가 바로 그것이다. 탄소에는 무게가 다른 여러 종류의 원소가 존재한다. 대부분의 탄소 원자(C)는 탄소-12(^{12}C)이지만, 일부는 탄소-13(^{13}C)이다. 식물은 광합성을 할 때 가벼운 ^{12}C를 더 좋아한다. 그래서 나무나 풀로부터 생성된 이산화탄소 분자의 탄소 원자 C 중에 ^{12}C 원자의 비율이 높다.

과학자들은 남극 얼음 속 이산화탄소를 분석해서 ^{12}C와 ^{13}C의 비율을 측정했다. 그 결과, 1000~1300년 동안 발생한 이산화탄소 중에 가벼운 ^{12}C 원자의 비율이 뚜렷하게 늘어난 것이 관찰됐다[44]. 이것은 이산화탄소가 나무를 베고 태우면서 나온 것이라는 증거였다. 즉 삼림 벌채가 이산화탄소 증가의 주요 원인이었다는 직접적인 증명이었다.

증거는 극지방에만 있는 게 아니다. 유럽 현지의 기록들도 이를 뒷받침한다. 나무 나이테를 분석한 연구에 따르면, 삼림 개간이 가장 활발했던 12~13세기 독일과 폴란드 지역의 나무들은 성장 속도가 비정상적으로 빨랐다[45]. 주변 나무들이 베어지면서 햇빛과 양분을 더 많이 받을 수 있게 됐기 때문이다. 프랑스 오베른 지역의 호수 퇴적층 분석에서도 같은 결론이 나온다[46]. 1150~1250년 사이의 지층에서 숯 조각과 함께 밀, 보리 같은 곡물 꽃가루도 크게 증가했다. 숲을 불태운 자리에 밭을 일궜다는 명백한 기록이다.

이론적으로라면 인간이 숲을 태워 쏟아낸 이 막대한 온실가스로 인해 지구는 더 뜨거워졌어야 했다. 그런데 기이한 일이 벌어졌다. 13세기 후반부터 유럽의 기온이 오히려 서서히 떨어지기 시작했다.

인간이 보일러를 켰는데 왜 방은 식어 갔을까? 답은 압도적인 자연의 힘에 있었다. 하필 이 시기에 태양 활동이 줄어들었고, 대규모 화산 폭발이 연이어 발생했다. 화산재가 하늘을 가려 햇빛을 차단했다. 자연이 만들어 낸 냉각 효과가 인간이 배출한 온실가스의 온난화 효과를 덮어 버린 것이다. 물론 인간의 활동이 무의미했던 건 아니다. 만약 인간이 이산화탄소를 배출하지 않았다면 기온은 더 급격하고 치명적으로 떨어졌을 것이다. 인간의 탄소는 추락하는 기온을 그나마 받아 주는 에어백 역할을 했다. 하지만 자연의 냉각 효과를 완전히 막을 수는 없었다[47].

결국 기후의 반격은 인간 사회를 강타했다. 1315~1322년, 대기근이 유럽을 덮쳤다[48]. 중세 온난기가 끝나면서 기온이 떨어지고 비가 많이 내렸다. 농사가 망했다. 곡식이 썩었다. 사람들이 굶어 죽었다. 인구 증가가 멈췄다. 숲을 베는 일도 멈췄다. 더 이상 개간할 여력이 없었다. 자연을 정복하려던 인간의 대규모 개간은 자연의 변덕 앞에서 그렇게 허무하게 멈춰 섰다.

기술 혁신과 환경 압력

중세 말기, 유럽의 풍경이 바뀌기 시작했다. 12세기부터 들판에는 풍차가, 강가에는 수차가 들어섰다[49]. 인류가 자신의 근력 대신 물과 바람이라는 자연의 힘을 빌려 기계를 돌리기 시작한 것이다. 거대한 톱니바퀴가 돌아가며 곡식을 빻고, 나무를 켜고, 쇠를 두드렸다. 바야흐로 농업과 제조업의 생산성이 폭발하는 '동력 혁명'의 시대가 열렸다.

특히 수차의 확산이 눈부셨다. 1086년의 《둠즈데이 북》을 보면 당시 잉글랜드에는 수차가 5,600개 있었다. 하지만 1300년경에는 1만 5,000개를 넘었다[50]. 약 2.7배 증가한 것이다. 수차는 곡물을 빻는 데만 쓰인 게 아니었다. 직물 공장, 제철소에서, 목재 가공소에서도 쓰였다. 생산이 늘어났다. 그만큼 자원 소비도 늘어났다.

인간의 혁신에는 늘 대가가 따르는 법이다. 수차를 돌리려면 물길을 바꿔야 했다. 물의 흐름을 조절하려면 댐을 쌓아야 했고, 수로를 파야 했다. 하천 생태계가 바뀌었다. 그리고 수차로 돌아가는 제재소와 제철소가 늘어나면서 목재 소비가 폭발적으로 증가했다.

13세기 영국의 딘 숲(Forest of Dean)을 보자. 이곳은 왕실 조선소에 참나무를 공급하는 주요 기지였다. 거대한 참나무들이 즐비했다. 전함을 만들 때마다 이곳에서 나무를 베어 날랐다. 수차를 이용한 제재소가 들어서면서 나무를 자르는 속도가 급격히 빨라졌다. 목재 가공 속도 역시 비약적으로 빨라졌다. 예전에는 톱으로 하루 종일 켜야 겨우 몇 개 만들던 판자를 이제는 몇 시간 만에 수십 개씩 만들어 냈다. 숲이 고갈되는 속도도 그만큼 빨라졌다. 결국 한계점이 찾아왔다. 1280년경, 딘 숲의 참나무가 거의 바닥났다[51]. 결국 영국은 노르웨이에서 목재를 수입해야 했다.

영국 에이번강 옆에 위치한 수차. ©Getty Images

1000~1300년 사이 유럽 인구는 기하급수적으로 팽창했다. 하지만 자연이 받는 환경 압력은 그보다도 훨씬 빠르게 증가했다. 왜일까? 단순히 사람 머릿수만 늘어난 게 아니었기 때문이다. 한 사람이 소비하는 자원의 양, 즉 '1인당 생태 발자국'이 커졌기 때문이다. 무거운 쟁기가 땅을 깊이 파헤쳤다. 수차와 풍차가 확산됐다. 제철소 용광로는 밤낮없이 타올랐다. 이 모든 기술 혁신은 인간의 삶을 풍요롭게 했지만, 동시에 자연에 대한 청구서를 부풀렸다. 총 환경 압력은 다음과 같은 곱셈 공식으로 설명된다.

$$\text{총 환경 압력} = \text{인구} \times \text{기술 수준} \times \text{1인당 소비}$$

기술 혁신이 생산성을 높였지만, 동시에 자연에 대한 압력도 가중시켰다. 총 환경 압력은 단순히 인구 증가의 문제가 아니라, 인구와 기술 발전이 결합된 복합적 증가의 결과다[52]. 즉 인구가 두 배 늘어나고 1인당 소비가 두 배 늘어나면 총 압력은 네 배가 되는 식이다.

이런 지수적 증가는 지속 가능하지 않았다. 신호는 가격에서 나타났다. 13세기 말부터 목재 가격이 급등하기 시작했다. 영국의 경우, 1250~1350년 사이에 목재 가격이 약 4배 올랐다[53]. 수요가 공급을 초과하고 있었다. 자원이 고갈되고 있다는 명확한 경고등이었다.

1만 년 동안의 농업 문명사를 돌아보면, 놀라울 정도로 일관된 패턴이 발견된다.

첫째, 숲의 파괴는 곧 탄소의 배출이었다. 삼림 벌채와 농지 전환은 예외 없이 이산화탄소 증가로 이어졌다. 수백 년간 나무 속에 갇혀 있던 탄소가 불과 몇 년 만에 대기로 풀려났다.

둘째, 금속의 시대는 숲의 재앙이었다. 청동기에서 철기로, 소규모 대장간에서 대규모 제련소로 발전할수록 에너지 집약도가 급증했고, 숲은 그만큼 빨리 사라졌다.

셋째, 기술은 양날의 검이었다. 쟁기와 수차는 문명을 살찌웠지만, 동시에 자원 고갈의 시계를 앞당겼다.

다섯째, 자원 고갈은 문명의 쇠퇴로 이어졌다. 로마 제국의 사례에서 보듯이 에너지 자원의 고갈은 경제적, 군사적 약화의 원인이 됐다.

하지만 농업 시대의 환경 변화에서 우리가 배워야 할 가장 중요한 교훈은 따로 있다. 바로 '가역성(Reversibility)', 즉 **되돌릴 수 있었다**는 점이다. 로마 제국이 멸망한 후 유럽의 삼림이 회복된 것처럼, 인간 활동이 줄어들면 자연은 스스로 회복할 수 있었다. 대기 중 이산화탄소 농도도 5~10세기 동안 안정되거나 심지어 약간 줄어들기까지 했다.

어떻게 이것이 가능했을까? 첫째, 속도가 느렸다. 농업 시대의 이산화탄소 증가율은 연간 0.1~0.4ppm 수준이었다. 자연이 흡수할 수 있는 범위 내였다. 둘째, 탄소의 출처가 달랐다. 화석 연료가 아니라 살아 있는 생물체였다. 나무를 베고 태웠지만, 나무가 다시 자라면 그 탄소를 재흡수할 수 있었다. 순환 구조였다. 셋째, 범위가 국지적이었다. 로마 주변 숲이 사라져도 시베리아 숲은 그대로였다. 한 지역이 망가져도 다른 지역은 멀쩡했다. 지구 전체가 아닌 일부 지역의 문제였기에 옆 동네의 자연이 회복을 도울 수 있었다.

결론적으로 가역성이 가능했던 이유는 **인간이 야기한 변화의 속도가 자연의 회복 속도보다 느렸던 덕분이다.** 농업 시대의 이산화탄소 증가율은 연간 0.1~0.4ppm 수준으로, 자연적 변동폭 내에서 흡수될 수 있었다. 또한 **화석 연료가 아닌 생물체 유래 탄소**를 주로 사용했기 때문에 전체 탄소 순환에서 벗어나지 않았다. 즉, 식물이 다시 자라나면서 탄소의 재흡수가 가능한 구조였다. 마지막으로 이 시절 인간이 만들어 내는 변화란 전 지구적인 변화가 아닌, 일부 지역에서의 제한적인 변화를 의미했다. 한 지역의 삼림이 고갈돼도 다른 지역은 여전히 숲이 유지될 수 있는 형태, 국지적인 변화에 불과했다.

산업 혁명 이후의 시대와는 명확히 달랐다. 농업 시대에는 살아 있는 나무를 태웠다. 반면 산업 혁명 이후에는 수억 년 전 죽은 생물을 파내서 태운다. 농업 시대에는 대기 중 이산화탄소 농도가 연간 0.1~0.4ppm씩 오르지만, 산업 시대에는 연간 2.4ppm씩 올라간다. 농업 시대에는 지역적이었지만, 산업 시대에는 전 지구적이다. 농업 시대에는 회복이 가능했지만, 산업 시대에는 극히 어렵게 됐다.

바로 이 시점에서, 인류 역사상 가장 충격적인 반전이 기다리고 있었다. 13세기 초, 몽골 고원의 한 부족장이 '칸(汗)'이라는 칭호를 받으며, 유라시아 대륙 곳곳에서 전례 없는 대규모 정복과 인구 변화를 촉발하려 하고 있었다.

1206년 테무친이 칭기즈 칸으로 추대되던 그 순간, 세상 누구도 예상하지 못했다. 이 한 남자의 야망이 수천만 명의 목숨을 앗아갈 뿐만 아니라, 지구 전체의 대기 조성까지 바꿀 것이라는 사실을. 칸의 말발굽이 유라시아 대륙을 짓밟기 시작했을 때, 그것이 지구의 이산화탄소 농도를 떨어뜨리는 예상치 못한 결과를 가져올 줄은 아무도 몰랐다.

농업 문명 1만 년간 서서히 증가하던 인간의 환경 지문이, 이제 완전히 다른 차원의 변화를 맞으려 하고 있었다. 대량의 죽음이 만들어 낼 역설적 기후 효과의 시대로 말이다.

7장

칸의 말발굽:
1억 명 죽음의
기후적 결과

"All that is solid melts into air,
all that is holy is profaned,
and man is at last compelled to face
with sober senses his real conditions of life,
and his relations with his kind."

"모든 견고한 것들은 공기 속으로 사라지고,
모든 신성한 것들은 더럽혀진다.
그리고 인간은 마침내 냉철한 감각으로
자신의 실제 삶의 조건과 종족과의 관계를
마주하도록 강요받는다."

—카를 마르크스(Karl Marx) & 프리드리히 엥겔스,

《공산당 선언》(1848년)

《공산당 선언》의 제1장에 등장하는 이 명문장은 자본주의 아래에서 기존 사회의 모든 기반이 무자비하게 해체되는 상황을 예언한다. 실제로는 자본주의의 붕괴가 아닌, 20세기 현실 사회주의 국가들의 붕괴 요인으로 역설적으로 소환되기는 했지만 말이다.

이 파국적이고 종말론적인 문장은 그보다 훨씬 이른 시기, 즉 600년 전에 이미 유라시아 대륙에서 충격적인 형태로 현실화됐다. 몽골 침입과 흑사병은 농업 문명이 수천 년간 쌓아 올린 도시, 관개 시설, 사회 질서, 그리고 삶의 기반 등 '모든 견고한 것'을 파괴했다. 1206년부터 1368년까지 7,000만에서 1억 명이 사라졌고, 생명 앞에서 신성함은 무의미해졌다. 오직 생존만이 남은 인간은 '냉철한 감각'으로 황폐해진 땅 위에서 홀로 남겨졌다.

이 파국적인 죽음의 결과, 수억 헥타르의 경작지가 버려졌다. 약 7억 헥타르의 땅이 다시 숲으로 돌아갔다. 동시에 하늘과 땅이 함께 움직였다. 햇빛이 약해졌고, 화산이 폭발했고, 역병이 대륙을 휩쓸었다. 모든 것이 동시에 찾아왔지만, 우연이었다. 그리고 남극 얼음 속 공기를 분석한 과학자들은 의외의 사실을 발견했다. 대기 중 이산화탄소 농도가 떨어졌고, 지구는 차가워졌다.

오논강의 아침

1206년 봄, 몽골 고원 오논강(Onon River) 상류. 새벽 서리가 풀을 덮고 있었다. 멀리서 말발굽 소리가 들렸다. 수만 명의 기마병들이 강변으로 모여들고 있었다. 메르키트(Merkit), 나이만(Naiman), 타타르(Tatar), 케레이트(Kerait) 등 불과 20년 전만 해도 서로가 서로를 죽이던 부족들이었다[1].

강 중앙에는 두터운 양털 천으로 만든 커다란 천막이 있었다. 그 안에 한 남자가 서 있었다. 그의 이름은 테무친(Temüjin, 1162?~1227). 기록에 따르면, 그가 아홉 살이 되던 해, 그의 아버지 예수게이(Yesügei, 1134?~1171?)가 타타르족에게 독살당했다. 가족은 부족에서 쫓겨나 초원을 떠돌았다. 사춘기 시절에는 노예로 붙잡혀 목에 칼을 쓴 채 살기도 했다[2]. 극한 상황에서의 생존 경험 때문인지, '완전한 승리는 적의 완전한 제거를 통해서만 가능하다'는 철학을 가졌다.

부족장들이 하나씩 무릎을 꿇었다. "칭기즈 칸!"

위대한 가한(可汗), 하늘이 내린 황제. 그날 아침 오논강에서 일어난 일을 목격한 사람들은 몰랐다. 이 순간이 앞으로 160년에 걸쳐 7,000만 명 이상의 목숨을 앗아 갈 사건의 시작이라는 것을. 그리고 그 죽음이 지구의 대기를 바꿀 거라는 것을. 몽골 초원에 불이 붙었

칭기즈 칸의 궁정 모습. 14세기 페르시아 역사가 라시드 알딘이 그린 칭기즈 칸과 그의 신하들. 이 그림이 그려질 무렵 몽골 제국이 지구 환경에 미친 영향이 드러나기 시작했다.
©《역사집성서(Jami' al-tawarikh)》

다. 그리고 그 불씨 하나가 바람을 타고, 온 초원, 나아가 유라시아 대륙 전체를 전쟁의 불길로 몰아넣었다.

피로 물든 대륙

그 후 13년이 흐른 1219년, 칭기즈 칸은 20만 대군을 이끌고 서쪽으로 향했다. 명분은 오트라르(Otrar, 현재 카자흐스탄 남부의 유적지)에서 몽골 상단 450명이 학살당한 사건에 대한 보복이었다. 상단은 몽골이 서요(西遼)를 멸망시킨 후 중앙아시아를 지배하던 호라즘 제국(Khwarazmian Empire)에게 보낸 사절이었다. 이들이 학살당하자 칭기즈 칸은 호라즘의 무함마드 2세(Muhammad II of Khwarazm, 1169~1221)에게 항의하는 사신을 보냈다. 그러나 호라즘의 무함마드 2세는 사신 중 일부는 처형하고 일부는 수염을 밀어 칸에게 돌려보냈다. 호라즘의 무모한 행동은 말 그대로 역사를 바꾸는 사건이 됐다. 분노한 칭기즈 칸은 금나라 정벌조차 미루고 기수를 서쪽으로 돌렸다. 목표는 호라즘 제국의 멸망이었다[3].

1220년 2월, 부하라(Bukhara). 인구 30만의 이 도시는 중앙아시아의 보석 같은 곳이었다. 실크 로드의 중심에 위치한 상업과 학문의 중심지였다. 몽골군이 도착했을 때 도시는 항복했다. 저항 자체가 무의미했다. 그런데도 몽골군은 학살을 멈추지 않았다. 페르시아 역사가 아타말리크 주바이니(Atâ-Malek Juvaini, 1226~1283)의 기록에 따르면, 1220년 부하라 공격에서 몽골군은 정복한 도시에 대해 지금껏 보지 못했던 새로운 처리 방식을 보여 주었다[4]. 도시가 항복하면 주민들

13세기 몽골군의 호라즘 제국 침공 당시 성문 앞 전투 장면. 이 역시 라시드 알딘의 책에 수록된 세밀화다. ©《역사집성서》

을 성벽 밖으로 내보낸 후 체계적으로 분류했다. 기술자들과 장인들은 몽골로 끌고 가고, 젊은 남성들은 다음 공성전의 인간 방패로 활용했다. 나머지는 전부 죽였다. 결국 27만 명이 살해됐다.

몽골군은 거기에 멈추지 않았다. 그들은 도시의 관개 시설을 모조리 파괴했다. 수문을 부수고 수로를 메웠다. 도시가 다시 일어설 수 없도록, 이 땅이 영원히 목초지로만 남게 하려는 목적이었다.

수개월 후, 살아남은 이들이 고향에 돌아와 목격한 것은 침묵뿐이었다. 운하에는 물이 흐르지 않았고, 과수원은 말라 죽어 가고 있었다. 도시가 너무도 완벽히 파괴됐기 때문에 머지않아 이곳은 사막이 될 것이 분명했다. 14세기 초 이븐 바투타(Ibn Battuta, 1304~1368)가 이 지역을 지나갔을 때, 부하라는 이미 황무지였다[5].

한편 부하라에서 동쪽으로 약 270킬로미터 떨어진 사마르칸트(Samarkand)는 인구 100만의 대도시였다. 주바이니의 기록에 따르면, 이 도시에서 80만 명 이상이 몽골군에게 학살됐다[6]. 우르겐치(Urgench)는 호라즘의 수도였던 만큼 저항이 가장 격렬했다. 6개월간의 포위 공격 끝에 도시가 함락되자, 몽골군은 도시를 완전히 파괴했다. 호라즘의 수도에서는 50만 명이 사라졌고, 도시는 황무지처럼 될 때까지 파괴됐다[7].

1256년 훌라구(Hulagu, 1218~1265)가 이끄는 몽골군이 서아시아를 침공했을 때, 그들의 파괴는 절정에 달했다. 1258년 바그다드(Baghdad) 함락은 이슬람 문명사의 전환점이 됐다. 바그다드는 8세기부터 이슬람 세계의 수도 역할을 했던 거대 도시였다. 13세기 쇠퇴기에도 인구는 약 30만에서 50만 명에 달했던 것으로 추정된다. 그러나 훌라구의 공격 후 도시는 처참히 파괴됐다. 이슬람 역사가 이

몽골 제국은 동아시아에서 동유럽에 이르는 광대한 영역을 지배하며 인류 역사상 가장 넓은 제국을 건설했다. ©Wikipedia

븐 카티르(Ibn Kathir, 1301~1373)의 기록에 따르면, 몽골군은 일주일간 계속해서 학살을 벌였고, 티그리스 강물이 시체로 인해 붉게 물들었다.

몽골이 가져온 재앙은 동쪽이라고 다르지 않았다. 1211년 침공당했을 당시, 금나라는 인구 5,000만 명의 강대국이었다[8]. 1234년 금나라가 완전히 멸망한 후 인구 조사를 했을 때 살아남은 인구는 1,000만 명에 불과했다[9]. 80%의 인구가 사라졌다. 남송에는 더 정확한 기록이 남아 있다. 1193년 남송의 호구 조사에 따르면, 총 인구는 1억 2,000만 명이었다[10]. 그러나 1290년 원나라 초기의 조사에서는 중국 전체 인구가 약 6,000만 명으로 기록돼 있다[11]. 반세기 만에 인구가 절반으로 줄어들었다.

동유럽에서도 상황은 마찬가지였다. 1237년부터 1240년까지 바투(Batu, 1207~1255)가 이끄는 몽골군이 러시아 공국(Rus' principalities, 루스 공국)들을 차례로 정복했다. 러시아 연대기의 기록에 따르면, 랴잔(Principality of Ryazan) 공국은 완전히 파괴되어 6년간 아무도 살지 않았다고 한다. 키이우(Kyiv)는 특히 상징적이었다. 12세기까지 동유럽 최대 도시였던 키이우의 당시 인구는 약 3만에서 5만 명으로 추정된다. 그러나 1240년 몽골군의 공격 후, 교황청의 사절단 중 한 명이었던 플라노 카르피니(Plano Carpini, 1185?~1252)가 1246년 이 도시를 방문했을 때는 겨우 200채의 집만이 남아 있었다고 기록했다[12]. 인구는 1,000명에도 미치지 못했다. 도시 인구의 97% 이상이 사라진 것이다.

대학살의 규모

사망자의 전체 규모를 계산하는 것은 쉽지 않다. 당시 정확한 인구조사 자료가 많지 않고, 지역별로 기록의 편차도 크다. 역사학자들 중에는 보수적으로 4,000만 명이라고 추정하는 이들이 있다[13]. 또 다른 학자들은 최대 1억 명까지 잡는다. 현재 학계에서 가장 널리 받아들여지는 견해는 직간접적 사망자가 7,000만에서 1억 명 사이라는 것이다. 당시 전 세계 인구가 약 4억 명이었다. 인류의 5명 중 1명, 혹은 4명 중 1명이 사라진 것이다.

위스콘신대학교(University of Wisconsin – Madison)의 역사학자 데이비드 모건(David Morgan)은 지역별로 이 재앙을 분석했다[14]. 중앙아시아가 가장 큰 타격을 받았다. 300만 명이 살던 곳에서 75만 명만 남았다.

중국은 1억 2,000만 명에서 6,000만 명으로 줄었다. 절반이 사라진 것이다. 이란고원은 더욱 참혹했다. 250만 명 중 50만 명만 살아남았다. 러시아는 상대적으로 피해가 적었지만, 그래도 600만 명에서 420만 명으로 줄었다. 역사가 J.J. 손더스(J.J. Saunders)가 호라즘 지역을 집중적으로 연구한 결과는 충격적이다[15]. 이 지역에는 250만 명이 살고 있었는데, 몽골군이 지나간 후 25만 명만 살아남았다. 10명 중 9명이 사라진 것이다.

버려진 대지의 생태학적 복구

몽골이 쓸고 간 곳에서의 환경 변화를 이해하기 위해서는 유목 문명과 농업 문명의 근본적 차이를 살펴봐야 한다. 이는 단순한 생활 방식의 차이가 아니라, 자연을 바라보는 철학의 차이였다. 농업 문명은 본질적으로 '자연 개조' 문명이다. 토지를 개간하고, 물길을 바꾸며, 야생 동식물을 가축화하고 작물화한다. 정착 농업은 필연적으로 생태계의 인위적 단순화를 수반한다. 다양한 야생 식물이 자라는 초원이나 숲이 몇 종류의 작물만 자라는 단순한 농지로 바뀌는 것이다. 반면 유목 문명은 '자연 적응' 문명이다. 계절과 기후에 따라 이동하며, 자연의 리듬에 맞춰 살아간다. 유목민들은 초원을 개조하지 않는다. 대신 초원의 자연스러운 식생을 그대로 이용하여 가축을 방목한다.

칭기즈 칸으로부터 구전됐다는 규율인 '야사(Yassa)'에는 이런 환경 철학이 잘 드러난다. 야사에는 "풀이 자라는 계절에는 한곳에 머물지 말라"는 조항이 있다. 이는 초원의 식생을 보호하기 위한 생태학적 지혜였다. 과도한 방목으로 초원이 황폐화되는 것을 방지하려는 것이었다. 몽골군이 정착 농업 지역을 정복할 때, 그들은 의도적으로 농업 기반 시설을 파괴했다. 관개 수로를 메우고, 성벽을 허물며, 농민들을 초원으로 끌고 갔다. 이는 단순한 파괴가 아니라 농업 문명을 유목 문명으로 되돌리는 시도였다. 칭기즈 칸은 실제로 중국 전체를 목초지로 만들 계획을 세웠다가, 야율초재의 설득으로 포기한 바 있다.

이런 유목민의 '역개발' 정책이 의도하지 않게 지구적 규모의 생태 회복과 탄소 격리를 초래한 것이다. 농지가 초원이나 삼림으로 돌아가면서 대기 중 이산화탄소가 식물 바이오매스와 토양 유기물로 고정됐다.

침묵하는 땅에서 일어난 일

사람들이 사라진 땅에서 가장 먼저 변한 것은 공기였다. 관개 시설이 파괴되고 수로가 메워졌다. 농민이 사라졌다. 경작지가 방치됐다. 그리고 식물이 돌아왔다. 처음 1년 동안은 쑥, 강아지풀, 바랭이 같은 일년생 풀들이 먼저 자리를 잡았다. 빈 땅의 개척자, 선구 식물(pioneer plants)들이었다[16]. 이들이 광합성을 시작했다. 대기 중 이산화탄소를 흡수하여 자신의 몸을 만들었다. 몇 년이 지나자 다년생 풀과 관목이 자리를 잡았다. 뿌리가 깊어지고, 토양 구조가 개선됐다[17]. 더 많은 탄소가 땅속으로 들어갔다. 10년, 15년이 흐르면서 관목림이 형성되기 시작했다. 타마릭스(Tamarix), 삭사울(Saxaul/Haloxylon), 산조팝

나무 등의 나무들은 풀보다 훨씬 많은 탄소를 저장한다[18]. 줄기, 가지, 뿌리에 수십 년, 수백 년 치의 탄소를 가둔다. 그리고 사반세기가 지나자 참나무, 자작나무, 소나무 같은 교목이 들어섰다. 이제 이곳은 다시 숲이 됐다.

중국 황토고원에서도, 중앙아시아 초원에서도, 러시아 평원에서도 같은 과정이 반복됐다[19]. 스위스 로잔연방공과대학교(EPFL)의 제드 캐플런(Jed Kaplan)과 그의 연구팀은 위성 데이터와 고고학적 증거를 종합하여 이 시기의 토지 이용 변화를 분석했다[20]. 그 결과 13세기에서 14세기 동안 유라시아 대륙 전역에서 대규모 농지가 버려져 자연 상태로 되돌아갔다는 것이 확인됐다.

이제 숫자로 계산해 보자. 기후학자 율리아 퐁그라츠(Julia Pongratz)의 분석에 따르면, 몽골 침입으로 주인을 잃고 버려진 경작지는 보수적으로 추산해도 약 1,420만 헥타르에 달했다. 이 땅이 100년에 걸쳐 서서히 숲으로 변했다. 헥타르당 평균 약 180톤의 이산화탄소를 흡수했다고 가정하면, 총 26억 톤의 이산화탄소가 대기에서 제거되어 땅속과 나무 안에 갇혔다[21]. 지역적으로 보면 그 효과는 실제로 컸을 것이다. 부하라 주변에서, 황토고원에서, 러시아 평원에서 이 지역들의 식생이 변하고, 토양에 탄소가 축적되고, 지역 기후가 변했을 것이다. 숲은 초원보다 더 많은 수분을 머금고, 더 시원한 미기후(微氣候, 지면에 접하여 식물 생장과 밀접한 국지적 기후)를 만든다.

그리고 바로 그 무렵, 자연에서는 훨씬 더 큰 변화가 시작되고 있었다.

하늘이 어두워지고 해가 보이지 않는 날들

1257년 어느 날, 인도네시아 사말라스 화산(Samalas volcano)이 대폭발했다. 화산폭발지수(VEI) 7등급이었다. 이는 화산 폭발의 강도를 나타내는 지수로, 8단계 중 7단계는 역사상 가장 강력한 폭발 중 하나다[22]. 화산재와 황산염 에어로졸이 높이 43킬로미터의 성층권 위까지 치솟았다. 수백만 톤의 미세한 입자들이 대기 중으로 분출됐다. 이 미세한 입자들은 햇빛을 차단했다. 마치 거대한 우산이 지구를 덮은 것처럼. 그해 여름, 유럽과 아시아에서는 이상 기후가 보고됐다. 7월인데

한때 하늘을 찌를 듯한 사말라스 산의 위용은 단 한 번의 폭발로 사라졌고, 현재는 린자니 산과 세가라 아낙 호수만 남았다. ©Wikipedia

도 눈이 내렸다. 작물이 얼어 죽었다.《영국사 연대기(Chronicles of English History)》는 "(이상하게) 여름이 오지 않았다"고 기록했다[23].

화산 폭발은 계속됐다. 1275년, 1286년, 1314년. 13세기에서 14세기 초까지 대규모 화산 폭발이 여러 차례 발생했다. 매번 화산이 폭발할 때마다 대기 중으로 먼지와 가스가 분출되고, 햇빛이 가려졌다.

동시에 더 높은 곳에서, 그러니까 태양 그 자체에서 변화가 일어나고 있었다. 1280년부터 태양 흑점의 수가 급격히 감소하기 시작했다[24]. 태양 흑점은 태양 활동의 지표다. 흑점이 많으면 태양이 활발하게 에너지를 방출한다는 뜻이다. 흑점이 적으면 태양 활동이 약해진다는 의미다. 1350년경까지 태양 흑점 수는 중세 온난기에 비해 절반 이하로 떨어졌다. 태양이 방출하는 에너지가 줄었다. 지구로 도달하는 햇빛이 약해졌다. 그 차이는 미미했다. 태양 복사량은 약 0.1% 감소했을 뿐이다. 하지만 이러한 미미한 감소만으로도 지구 평균 기온을 0.1~0.2℃ 정도 낮추기에 충분했다. 태양이 약해지고, 화산이 햇빛을 가렸다. 지구가 식기 시작했다.

첫 번째 신호들

1310년대, 뭔가 달라지고 있었다. 유럽의 농부들이 가장 먼저 느꼈다. 여름이 짧아지고 있었다. 겨울이 길어지고 있었다. 봄에 씨를 뿌리는 시기가 점점 늦어졌다. 가을에 수확하는 시기는 점점 빨라져야 했다.

1315년 봄, 드디어 이상한 일이 일어났다. 비가 내리기 시작했다. 3월, 4월, 5월, 그리고 6월, 7월이 지나는데도 비가 멈추질 않았다. 밭이 물에 잠겼다. 씨앗이 썩었다. 밀이 자라지 못했다. 영국의 한 연대기에는 이렇게 기록돼 있다. "비가 너무 많이 내려 땅을 경작할 수 없었다. 곡식은 물에 잠겨 자라지 못했고, 거둘 것이 없었다." 왜 이런 일이 일어났을까? 지구 기온이 낮아져 대기 순환 패턴이 바뀌었기 때문이다. 제트 기류가 남쪽으로 이동했다. 그 결과 저기압이 유럽 상공에 정체됐고, 비가 끊임없이 내렸다[25].

1316년에도 같은 일이 반복됐다. 그 후 7년 동안 유럽 전역에서 비가 끊임없이 내렸다. 그 결과 식량난이 시작됐다. 1317년 영국의 밀 가격은 평년의 8배로 뛰었다. 사람들은 말을 잡아먹기 시작했다. 말이 없어지자 개를 잡아먹었다. 개가 사라지자 그다음엔 쥐를 잡아먹었다. 어떤 지역에서는 식인 사건이 보고되기도 했다. 유럽 인구의 10~15%가 굶주림과 영양실조로 사망했다. 영국에서만 최소 50만 명이 죽었다. 프랑스에서는 100만 명 이상이 사망했다. 독일, 폴란드, 스칸디나비아에서도 수십만 명이 굶어 죽었다[26]. 살아남은 사람들도 면역력이 극도로 약화됐다. 영양 상태가 나빠지면 질병에 취약해진다. 몸이 약해진 사람들이 유럽 전역에 가득했다. 바로 이때, 중앙아시아에서는 다른 변화가 일어나고 있었다.

검은 죽음

13세기 후반부터 시작된 기온 하락과 강수 패턴 변화는 중앙아시아 설치 동물[*] 개체군에 직접적 영향을 미쳤다. 기온이 낮아지자 중앙아시아의 생태계도 변했다. 노르웨이 오슬로대학교 닐스 스텐세트(Nils Stenseth) 연구팀의 분석에 따르면, 기온이 $1°C$만 변해도 설치류의 서식 밀도가 급격히 변한다. 추위가 심해지면서 마멋(Marmot, 다람쥐과)들은 더 낮은 고도로, 더 서쪽으로 이동했다. 이는 인간 거주지와의 접촉 빈도를 급격히 증가시켰다[27].

마멋의 몸속에는 페스트균(Yersinia pestis)이 살고 있었다. 수천 년 동안 마멋과 벼룩 사이를 오가며 조용히 존재하던 균이었다. 하지만 이제 그 균이 새로운 숙주를 만났다. 바로 인간이었다. 설상가상으로 인간의 교역로를 따라 도착한 도시에는 쥐(rat)라고 하는 완벽한 증폭기이자 운반책이 기다리고 있었다. 아이러니하게도 몽골 제국이 구축한 실크 로드가 페스트균의 고속도로가 됐다. 유라시아 대륙을 가로지르는 거대한 교역망, 한때 비단과 향신료를 실어 나르던 그 길을 따라 죽음이 서쪽으로 달려갔다.

1346년 흑해 연안 카파(Kaffa)에서 첫 유럽 발병이 일어났다. 이곳은 몽골 교역망의 서쪽 종착지였다. 1347년 10월, 페스트는 제노바(Genoa) 상선을 타고 시칠리아 메시나(Messina, Sicily) 항에 도착했다. 12월에는 마르세유(Marseille). 1348년 초에는 피렌체(Firenze), 베네치아(Venezia), 파리(Paris), 그리고 여름에는 런던(London). 1349년에는 독일과 영국

---

[*]　쥐목(Rodentia, 齧齒目)에 속하는 포유류의 총칭으로 쥐, 다람쥐, 마멋, 비버 등이 포함된다. 날카로운 앞니가 계속 자라는 것이 특징이며, 번식력이 강하고 환경 변화에 민감하다. 역사적으로 페스트균(흑사병)을 비롯한 다양한 병원체의 주요 숙주 역할을 했다.

투르네에서 전염병 희생자들을 집단 매장하는 모습.
©《질 리 뮈지의 연대기(Chronicles of Gilles Li Muisis)》(1350년경)

전역으로 퍼졌다. 1315~1322년 유럽 대기근은 이미 사람들의 건강을 약화시켜 놓은 상태였다. 영양실조로 면역력이 저하된 유럽인들에게 페스트는 치명타였다. 병에 걸리면 림프절이 부어오르고, 고열이 나며, 피부가 검게 변했다. 대부분은 일주일 안에 죽었다. 5년 만에 2,500만 명, 유럽 인구의 30~60%가 사망했다[28].

농지를 경작할 사람이 없었다. 영국의 경우 14세기 말까지 경작지의 20% 이상이 황무지로 변했다[29]. 마을이 통째로 사라졌다. 그 땅에 다시 숲이 자랐다. 유럽에서 약 500만 헥타르의 농지가 추가로 버려졌고, 이 땅이 숲으로 변하면서 약 2억 톤의 추가 이산화탄소가 흡수됐다. 이제 유라시아 대륙 전체에서 숲이 자라고 있었다. 동쪽에서는 몽골 침입으로, 서쪽에서는 흑사병으로.

악순환의 시작

지구 시스템에는 신비로운 메커니즘이 있다. 작은 변화가 더 큰 변화를 부른다. 그리고 그 큰 변화가 다시 처음 변화를 강화한다. 이것이 '양의 되먹임(positive feedback)'이다.

기온이 떨어지기 시작했다. 태양 활동이 약해지고, 화산이 햇빛을 가리고, 대기근이 인구를 줄이고, 페스트가 유럽을 휩쓴 후 나타난 현상이었다. 기온이 떨어지자 눈이 더 많이 쌓였다. 특히 겨울철, 북유럽과 러시아가 그랬다. 흰 눈은 햇빛을 반사한다. 검은 땅은 햇빛의 10~15%만 반사하지만, 흰 눈은 마치 거울처럼 80~90%를 반사한다. 햇빛이 더 많이 반사되면 지표면이 덜 뜨거워진다. 덜 뜨거워지면 당연히 기온이 더 떨어진다. 그리고 기온이 더 떨어지면 눈이 더 오래 남고, 더 넓은 지역을 덮는다. 그러면 더 많은 햇빛이 반사되고, 기온은 더 떨어진다. 악순환이었다. 아니, 자연의 입장에서 본다면 선순환이라고 표현해야 옳다. 냉각을 강화하는 방향으로 작동하는 선순환.

또 다른 되먹임도 있었다. 차가운 바닷물은 따뜻한 바닷물보다 이산화탄소를 더 많이 흡수한다. 헨리의 법칙이다. 기온이 떨어지자 바다의 온도도 떨어졌다. 특히 북대서양에서 그랬다. 차가워진 바다는 대기에서 이산화탄소를 더 많이 빨아들였다. 대기 중 이산화탄소가 줄어들면 온실 효과가 약해진다. 온실 효과가 약해지면 기온이 더 떨어진다. 또 시작이다. 기온이 더 떨어지면 바다가 더 차가워진다. 바다가 더 차가워지면 이산화탄소를 더 많이 흡수한다. 또 다른 냉각 강화의 순환이다. 애초의 시작은 태양 활동 감소와 화산 폭발이 만들었다. 인구 감소로 인한 유라시아의 재삼림화가 거기에 더해졌다. 그리고 되먹임 고리가 그 변화를 증폭시켰다. 마치 눈덩이가 산비탈을 굴러 내려가며 점점 커지듯이.

남극의 증언

베른대학교(University of Bern) 과학자들이 남극 얼음을 분석했다[30]. 1200년경 대기 중 이산화탄소 농도는 약 277ppm이었다. 1250년경에는 275ppm, 1300년경에는 272ppm, 1350년경에는 270ppm, 1400년경에는 267ppm. 200년 동안 10ppm이 감소했다. 이는 적은 숫자가 아니다. 지난 80만 년 동안 자연적으로 일어난 이산화탄소 변화 속도와 비교해 보면, 상당히 빠른 변화였다. 빙하기가 시작되거나 끝날 때를 제외하면 말이다.

남극 바다와 빙하. ©Getty Images

또 과학자들이 13~14세기 얼음 속 이산화탄소를 분석한 결과, 무거운 ^{13}C의 상대적 비율이 미세하게 증가한 사실이 확인됐다[31]. 이것은 대기에서 제거된 이산화탄소가 육상 식물에 의해 흡수됐다는 증거였다. 즉, 재삼림화가 실제로 일어났다는 직접적인 증거다. 동시에 다른 신호도 나타났다. 차가워진 바다에 의한 이산화탄소의 흡수 증가도 보였다. 육지의 숲이 ^{12}C만을 편식하는 '극단적인 미식가'라면, 차가운 바다는 ^{12}C를 '아주 약간' 선호할 뿐, 사실상 ^{12}C와 ^{13}C를 거의 구별하지 않고 통째로 빨아들이는 '대식가'에 가깝다. 남극의 얼음 기록은 이산화탄소 속의 ^{13}C 비율이 '크게' 변한 숲의 흔적과, 동시에 대기 중에 존재하는 이산화탄소 총량이 줄어든 바다의 흡수 흔적을 모두 보여 주고 있었다. 즉 두 과정이 동시에 일어나고 있었다.

첫 번째 실험의 결말

칭기즈 칸의 말발굽은 유라시아 대륙을 피로 물들였다. 7,000만에서 1억 명이 죽었다. 대륙 전체의 식생이 변했다. 하지만 그것만으로는 충분하지 않았다. 만약 몽골 침입만 있었다면? 대기 중 이산화탄소는 아마 1ppm도 채 감소하지 않았을 것이다. 지역적으로는 극적인 변화였지만, 전 지구적으로는 거의 감지되지 않을 정도에 불과했다. 왜냐하면 대기는 빠르게 섞이기 때문이다. 부하라에서 흡수된 이산화탄소는 곧 파리로, 카이로로, 광저우로 퍼진다. 그리고 그곳에서 배출된 이산화탄소가 다시 부하라로 돌아온다.

당시 대기 전체에 들어 있는 이산화탄소는 약 2조 2,000억 톤 정도로 추정된다[32]. 그중 몽골 침입으로 흡수된 26억 톤은 대기 전체 이산화탄소의 0.1%에 불과했다. 큰 수영장에 물 한 컵을 빼는 것과 마찬가지였다. 그러나 이때 자연이 스스로 개입했다. 태양이 약해지고, 화산들이 폭발했다. 기온이 떨어지기 시작했다. 그리고 한번 시작된 냉각은 되먹임 고리를 통해 스스로를 더 강화했다. 흑사병이 유럽을 휩쓸면서 재삼림화는 유라시아 전체로 확대됐다. 또한 차가워진 바다는 더 많은 이산화탄소를 흡수했다. 결과적으로 대기 중 이산화탄소는 200년 동안 10ppm 감소했다. 그중 몽골 침입과 흑사병 등 인간의 죽음이 직접 기여한 부분은 모두 합쳐도 1ppm이 채 되지 않았을 것이다. 나머지는 자연이 만든 것이었다. 태양, 화산, 바다. 인간은 조연이었고, 자연이 주연이었다.

현재와의 대화

여기서 잠깐, 현재와 비교해 생각해 보자. 13~14세기 동안 200년에 걸쳐 이산화탄소가 10ppm 감소했다. 연평균 0.05ppm의 감소 속도다. 그런데 현재 우리는 **매년 이산화탄소를 증가시키고 있고, 그 농도는 연간 2.4ppm이다**[33]. 현재의 증가 속도는 당시 감소 속도의 약 50배다. 방향이 반대일 뿐만 아니라, 연간 증가량이 너무 크다. 13~14세기 당시의 이산화탄소 감소는 자연의 힘이 압도적이었다. 여기에 인간의 기여는 20~30%에 불과했다. 하지만 현재의 증가는? 거의 100%가 인간에 의한 것이다[34].

'나무를 심으면 이산화탄소가 줄어들고 온난화도 막을 수 있지 않을까?'라고 많은 사람들이 생각한다. 마치 13~14세기 그랬던 것처럼. 그러나 과학은 이에 냉정하게 답한다. 2019년 스위스 취리히연방공과대학교(ETH Zürich) 연구팀의 분석에 따르면, 지구상의 모든 적합한 토지에 나무를 심는다 해도 흡수할 수 있는 탄소는 인류가 화석 연료에서 배출한 총량의 겨우 10~15%에 불과하다[35]. 심지어 13세기 몽골 침입 때만큼의 숲이 100년에 걸쳐 최대로 복원된다 해도, 그 총 흡수량은 현재 인류가 배출하는 한 달 치의 이산화탄소도 감당하지 못한다.

이제 퐁그라츠가 13세기를 분석했던 계산법을 빌려와 현재에 거꾸로 대입해 보자[36]. 그는 당시 보수적으로 4,000만 명의 사망자가 발생했다고 가정했고, 그로 인해 회복된 녹지가 약 26억 톤의 이산화탄소를 흡수했다고 분석했다. 그렇다면 현재 인류가 단 1년 동안 뿜어내는 400억 톤을 모두 흡수하려면 얼마나 많은 희생이 필요할까?

계산기를 두들겨 보면 절망적인 결론이 나온다. 숲이 100년 동안 흡수할 총량을 몽땅 털어 넣어 '단 1년'의 배출량을 막는다고, 숲에게 말도 안 되게 유리한 가정을 해 보자. 그래도 현재의 연간 배출량을 상쇄하려면, 지금 당장 6억 명 이상의 인구가 사라지고 그 땅이 모조리 숲으로 바뀌어야 한다는 답이 나온다. 현재 배출량이 당시 흡수량의 15배에 달하니, 죽음도 15배가 필요한 셈이다. 심지어 이는 13세기처럼 토지 이용 효율이 극도로 낮았을 거라 가정하고, 숲의 능력을 최대로 쳐줬을 때의 결과다.

더 끔찍한 것은 이것이 일회성으로 끝나지 않는다는 점이다. 내년에 우리는 또다시 400억 톤의 탄소를 배출할 것이다. 이 새로운 배출량을 막으려면 또다시 새로운 숲이 필요하다. 작년에 만든 숲은 이미 작년 배출량을 감당하느라 여력이 없다. 결국 내년에도 또 다른 6억 명이 사라져서 새로운 땅을 내놓아야 한다. 즉, 매년 6억 명씩 인구가 계속 줄어들고, 우리가 살던 땅이 해마다 거대한 규모로 무인지대가 되면 겨우 해 볼 만하다는 것이다. 끔찍한 상상이다. 이것이 우리가 태우고 있는 화석 연료의 무게다.

재삼림화는 물론 중요한 해결책 중 하나다. 하지만 그것만으로는 결코 충분하지 않다. 화석 연료 사용을 극적으로 줄이지 않는 한, 나무 심기는 속도를 조금 늦출 수 있을 뿐 온난화의 방향을 바꾸지는 못한다.

첫 번째 실험이 가르쳐 준 것

칭기즈 칸이 1206년 오논강에서 칸으로 추대되던 그 순간, 그의 정복이 지구의 대기 조성에 영향을 미칠 것이라는 사실을 아무도 예상하지 못했다. 미미했지만 영향은 분명히 있었다. 첫 번째 교훈은 **규모**다. 인류사 최대의 학살 중 하나였지만, 그것만으로는 지구 대기를 의미 있게 바꾸기에 충분하지 않았다. 지역적으로는 극적인 변화였지만, 전 지구적으로는 미미했다. 두 번째 교훈은 **자연의 힘**이다. 인간이 만든 변화보다 자연적 요인이 훨씬 더 강력했다. 태양 활동, 화산 폭발, 해양 순환. 이것들이 주연이었고, 인간은 조연이었다. 세 번째 교훈은 **되먹임**이다. 작은 변화가 더 큰 변화를 부를 수 있다. 냉각이 더 많은 냉각을 낳고, 이산화탄소 감소가 더 많은 이산화탄소 감소를 낳는다. 네 번째 교훈은 **시간**이다. 200년에 걸쳐 서서히 일어난 변화였다. 나무가 자라는 데는 시간이 걸린다. 해양이 반응하는 데도 시간이 걸린다. 자연의 시간은 인간의 시간과 다르다.

한편 1492년 10월 12일, 니냐(Niña), 핀타(Pinta), 산타마리아(Santa María)라는 이름을 가진 세 척의 배가 카리브해의 작은 섬에 상륙했다. 그 배를 이끈 남자의 이름은 콜럼버스(Christopher Columbus, 1451~1506). 그는 자신이 인도 제도에 도착했다고 믿었지만 도착한 곳은 완전히 다른 곳이었다. 아메리카 원주민 5,000만 명의 운명이 결정되는 순간이었다.

이는 몽골 시대에 버금가는, 어쩌면 그 이상이라 할 거대한 인구 절멸 사태의 서막이었다[37]. 이번에는 수준이 달랐다. 속도가 달랐고, 규모가 달랐고, 메커니즘이 달랐다. 몽골의 칼과 활은 사람을 직접 죽였다. 하지만 유럽인들이 가져온 것은 훨씬 더 치명적이었다. 눈에 보이지 않는 무기. 천연두, 홍역, 말라리아 등의 병원균이었다. 충격이 몽골 제국보다 훨씬 더 컸다. 지구가 이에 실제로 반응했다. 남극 얼음이 명확한 증거를 보여 줬다. 기후 학자들은 이 시기를 특별히 주목한다. 왜냐하면 이것이 인간 활동이 전 지구적 기후에 감지 가능한 영향을 미친 가장 초기 사례 중 하나이기 때문이다. 다음 장에서 우리는 "신대륙의 침묵"이라 불리는, 인간의 두 번째 실험을 목격하게 될 것이다. 물론 의도하지는 않은 실험이었다.

아메리카의 침묵: 5,000만 명이 사라진 후

"April is the cruellest month, breeding.
Lilacs out of the dead land."

"4월은 가장 잔인한 달,
죽은 땅에서 라일락이 자라는."

—T. S. 엘리엇(T. S. Eliot), 《황무지(The Waste Land)》(1922년)

크리스토퍼 콜럼버스의 장화가 산살바도르섬의 산호 모래를 처음 밟았을 때, 두 세계의 운명이 갈렸다. 그 순간 대서양을 건너온 것은 단순히 세 척의 범선과 90명의 선원만이 아니었다. 수백만 년간 분리되어 진화해 온 구대륙의 미생물들―천연두 바이러스(Variola major), 홍역 바이러스(Morbillivirus), 티푸스균(Rickettsia prowazekii)―이 신대륙의 해변에 함께 첫발을 내디딘 것이다[1].

콜럼버스의 기록에 따르자면, 해변에서 그를 맞이한 루카요족(Lucayan people) 원주민들은 "매우 잘생기고 아름다운 몸매를 가진 사람들"이었다. 하지만 그들의 면역계는 곧 닥칠 재앙에 전혀 준비돼 있지 않은 사람들이었다. 콜럼버스 자신도 몰랐다. 자신이 가져온 보이지 않는 침입자들이 앞으로 150년에 걸쳐 5,000만 명의 목숨을 앗아갈 것이며, 그 결과로 대륙 규모의 숲이 되살아나 지구 대기에서 약 270억 톤의 이산화탄소를 제거하여 유럽에 소빙하기를 몰고 올 것이라는 사실을 말이다. 1958년 찰스 킬링이 마우나로아에서 측정한 313ppm은, 사실 이 거대한 자연적 탄소 격리 실험이 끝난 지 200년이 지난 후의 수치였다. 만약 아메리카 원주민 절멸이 없었다면, 킬링은 아마도 317ppm에 가까운 수치를 확인했을 것이다.

1491년의 번영하는 대륙

콜럼버스가 도착한 아메리카는 결코 텅 빈 '신세계'가 아니었다. 적어도 1만 5000년 전부터 인간이 거주해 온 이 땅에는 복잡하고 정교한 문명들이 꽃피우고 있었다. 과학 저널리스트인 찰스 맨(Charles Mann)의 종합 연구에 따르면, 1491년 '신대륙' 아메리카의 인구는 보수적 추정으로 5,000만 명, 일부 학자들은 최대 1억 명이었다고 추정한다[2]. 이는 당시 유럽 전체 인구보다 많거나, 맞먹는 규모였다.

멕시코의 아즈텍 제국은 20만 명이 넘는 인구를 가진 거대 도시 테노치티틀란(Tenochtitlan)을 중심으로 번영하고 있었다. 호수 위에 떠 있는 이 도시는 치남파(chinampa)라는 인공 농원 시스템으로 둘러싸여 있었다. 이는 1제곱킬로미터당 1,000~1,800명을 부양할 수 있는 세계에서 가장 집약적인 농업 중 하나였다[3].

페루의 잉카 제국은 안데스산맥을 따라 4,000킬로미터에 걸쳐 펼쳐진 정교한 도로망과 계단식 농업 시스템을 구축하고 있었다. 해발 4,000미터 고지대까지 건설된 계단식 농지 안데네스(Andenes)는 총 100만 헥타르에 달했다[4].

아마존에서는 원주민들이 '테라 프레타(Terra Preta)'라고 불리는 검은 토양을 인위적으로 만들어 열대 우림 한가운데서도 지속 가능한

페루 잉카 제국 유적지 피삭(Pisac)의 계단식 밭. 잉카인들은 가파른 산비탈에 돌로 축대를 쌓아 이 밭을 만들었다. 고도에 따른 미세 기후 변화를 이용해 옥수수, 감자 등 다양한 작물을 재배하는 정교한 농업 기술이었다. ©Getty Images

농업을 영위했다. 숯, 뼈, 어류 잔해, 인분을 특별한 방식으로 혼합하여 만든 이 토양은 자연 토양보다 탄소 함량이 3배 이상 높았고, 현재도 아마존 곳곳에서 발견되어 과거 수백만 명이 거주했던 증거를 제공한다[5].

콜럼버스의 교환

아즈텍 제국의 수도 테노치티틀란에서 고열에 시달리던 한 젊은 전사가 마지막 숨을 거뒀다. 그의 얼굴은 천연두 물집으로 뒤덮여 있었고, 어머니는 아들의 시신을 끌어안고 절규했다. 하지만 그녀도 이미 같은 증상이 나타나기 시작한 상태였다. 며칠 후, 어머니도 아들 곁으로 갔다. 이런 비극이 테노치티틀란 곳곳에서 동시에 벌어지고 있었다. 운하를 따라 늘어선 화려한 궁전들과 피라미드 그림자 아래에서 매일 수천 구의 시체가 쌓여 갔다.

16세기 프란치스코회 수도사 베르나르디노 데 사아군(Bernardino de Sahagún, 1499?~1590)이 기록한 나우아틀(Nahuatl)어(語) 증언에 따르면, "병이 퍼지기 시작하자 사람들이 너무 빨리 죽어서 시체를 묻을 사람도 없었다. 집 안에서 썩어 가는 시체들 때문에 온 도시가 악취로 뒤덮였다"고 했다[6].

1492년 이후 벌어진 일은 인류사에서 유례를 찾아볼 수 없는 재앙이었다. 구대륙, 즉 유라시아의 유럽인들은 단순히 칼과 총만 가져온 것이 아니었다. 그들은 '콜럼버스 교환(Columbian Exchange)'이라고 불리는 생물학적 대교환의 주역이었다[7]. 수백만 년간 분리돼 있던 구대륙과 신대륙의 생물들이 갑작스럽게 교류하기 시작한 것이다.

핵심적인 차이는 가축화의 역사에 있었다. 유라시아 대륙에서는 기원전 8000년경부터 소, 돼지, 닭, 양, 염소, 말 등 다양한 동물을 가축화했다. 이 과정에서 인수 공통 감염병들이 지속적으로 인간 사회로 전파됐다. 가령 천연두는 우두(牛痘, cowpox)에서 진화하여 면역이 없는 인구 집단에서는 무려 90%의 치사율을 보였다. 홍역은 소의 우역(rinderpest)에서 진화했고, 인플루엔자는 돼지와 오리에서, 백일해는 돼지에서, 결핵은 소에서 기원했다[8]. 유라시아의 인류는 1만 년에 걸쳐 이런 질병들과 더불어 공진화(共進化, co-evolution)하면서 집단 면역을 형성했다. 수많은 사람들이 죽었지만, 살아남은 사람들의 유전자에는 이런 병원체에 대한 저항력이 새겨졌다. 반면 아메리카 원주민들이 가축화한 동물은 라마, 알파카, 기니피그, 칠면조, 개 정도에 불과했다. 이들로부터 전파되는 인수 공통 감염병은 극히 제한적이었고, 따라서 유라시아 대륙 병원체에 대한 면역력은 전혀 없는 상태였다.

라스 카사스 신부가 목격한 지옥

1542년 세비야에서 출간된 한 권의 얇은 책자가 유럽을 충격에 빠뜨렸다. 도미니크회 수도사 바르톨로메 데 라스 카사스(Bartolomé de las Casas, 1484~1566)가 쓴 《인디언들의 파괴에 관한 간략한 보고(Brevísima relación de la destrucción de las Indias)》(이하 《보고서》)였다[9]. 그는 40년간 아메리카 대륙 곳곳을 여행하며 제국의 탐욕이 빚어낸 대학살의 현장을 목격했다. 침묵하기 어려웠다. 그의 《보고서》에는 살아 있는 증언들과 가공할 만한 수치들이 담겨 있었다. 불타는 마을의 비명, 죽어 가는 아이들의 눈빛, 피로 물든 강물, 그리고 죽어 간 사람들의 숫자가 생생하게 기록돼 있었다.

다음은 라스 카사스의 《보고서》와 당대의 여러 기록을 바탕으로 재구성한 그 '파괴의 연대기'다.

- **첫 번째 연대기: 히스파니올라(Hispaniola)섬의 비극(1502~1520년경)**
라스 카사스는 《보고서》에서 당시의 참상을 이렇게 회고했다.

"내가 처음 이 섬에 도착했을 때는 1502년이었다. 그때 이 섬에는 300만 명이 넘는 사람들이 살고 있었다. 그들은 평화롭고 온순했으며, 우리에게 친절했다. 그러나 우리의 탐욕이 그곳을 지옥으로 바꿨다. 금을 향한 광기는 스페인 사람들을 야수로 만들었다. 그들은 마을을 덮쳐 닥치는 대로 도륙했고, 살아남은 자들은 광산의 가혹한 채찍질 아래 파리 목숨처럼 쓰러져갔다."

그리고 1518년 무렵, 인간의 잔혹함이 휩쓸고 간 자리에 더 무시무시한 재앙이 당도했다. 원주민들이 "우에이 자우아틀(큰 발진)"이라 부른 괴질이었다. 몸이 터질 듯한 물집으로 뒤덮이고 고열에 시달리다 죽어 갔다. 라스 카사스가 섬을 떠날 무렵, 한때 300만 명이 북적이던 땅은 들개들만이 시신을 찾아 헤매는 거대한 무덤으로 변해 있었다.

◆ 두 번째 연대기: 쿠바의 참상(1512~1515년경)

히스파니올라보다 더 아름다웠던 쿠바섬 역시 1511년 벨라스케스 원정대의 도착과 함께 도살장으로 변했다. 라스 카사스는 이곳에서 평생 잊지 못할 끔찍한 광경을 목격했다. 저항하던 추장 아투에이(Hatuey)가 산 채로 화형대에 오른 것이다.

"세례를 받으면 천국에 간다"는 수도사의 회유에 추장은 물었다. "천국에도 스페인 사람들이 있는가?" 그렇다는 대답에 그는 불길 속에서 마지막 숨을 내뱉었다. "그렇다면 나는 지옥을 택하겠다. 저 잔혹한 자들과 함께 있느니 그 편이 낫다."

이 비극의 땅에도 곧 역병의 그림자가 덮쳤다. 1519년 멕시코에서 건너온 천연두가 들불처럼 번지며, 학살에서 살아남은 자들마저 집어삼켰다. 독수리 떼가 하늘을 검게 뒤덮었으나, 시신을 거둘 사람은 어디에도 없었다.

◆ 세 번째 연대기: 멕시코 테노치티틀란의 함락(1524~1531년경)

1520년 황금의 제국 아즈텍의 수도 테노치티틀란은 스페인 정복자 코르테스(Hernándo "Hernán" Cortés, 1485~1547)의 칼날 앞에 섰다. 그러나 제국을 무너뜨린 진정한 정복자는 코르테스가 데려온 '보이지 않는 병마(病魔)'였다. 당시의 참상을 나우아틀어(아즈텍 언어) 기록은 이렇게 전한다.

"역병이 우리를 덮쳤다. 사람들의 얼굴과 온몸이 끔찍한 물집으로 뒤덮였다. 너무 고통스러워 누울 수도, 몸을 돌릴 수도 없었다. 조금이라도 움직이려 하면 비명이 터져 나왔다. 황제 쿠이틀라우악마저 이 병으로 쓰러지자, 제국의 찬란했던 태양은 영원히 저물고 말았다."

◆ 네 번째 연대기: 최후의 호소(1542년, 스페인 궁정)

1542년, 70세의 노사제 라스 카사스는 카를로스 1세 황제 앞에서 피를 토하듯 절규했다.

"폐하! 우리가 신의 이름으로 저지른 이 끔찍한 죄악을 보소서. 탐욕에 눈먼 자들이 저지른 만행으로 저 광활한 땅이 텅 비어 버렸습니다. 이 파괴를 멈추지 않는다면, 신의 준엄한 심판이 스페인 제국 전체에 내릴 것입니다!"

라스 카사스는 1566년 92세로 세상을 떠났다. 그의 기록에 따르면, 히스파니올라섬에 처음 도착했을 때 300만 명이던 인구는 그가 죽을 때쯤엔 겨우 1만 명에 불과했다. 현대 역사학자들은 라스 카사

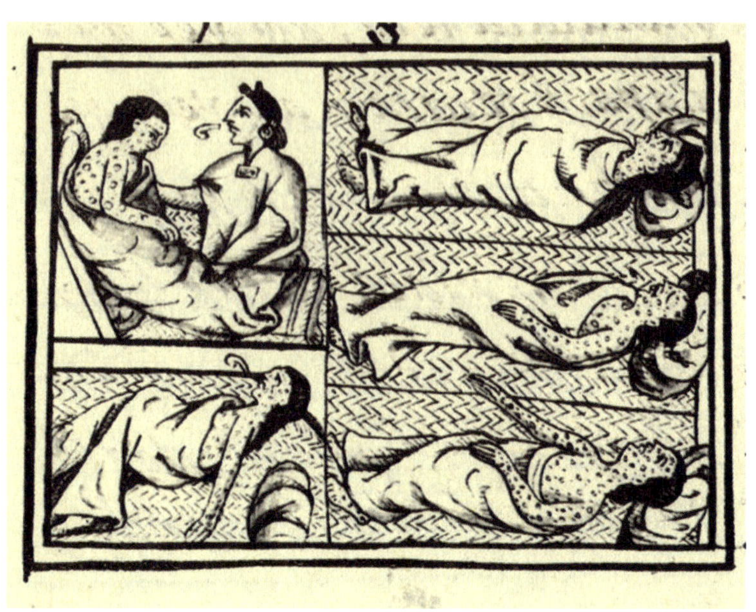

16세기 아즈텍 원주민의 천연두 피해 묘사. 스페인 프란치스코회 수사 베르나르디노 데 사아군이 아즈텍(나우아족) 화가들의 도움을 받아 제작한 《플로렌틴 코덱스(Florentine Codex)》(12권 54쪽)의 삽화. 유럽인이 유입시킨 천연두로 인해 고통받는 원주민들의 모습을 기록하며, 정복 직후 대륙을 휩쓴 대규모 인구 감소의 참상을 보여 준다. ⓒLibrary of Congress

스의 증언을 두고 논쟁했다. 특히 그가 제시한 초기 인구 추계는 과장됐다는 비판이 크다. 그러나 고고학적 발굴과 DNA 분석, 나무 연륜 연구 등은 그가 기록한 '대규모 인구 감소'라는 현상 자체와 그 참혹함이 대체로 정확했음을 입증하고 있다. 그가 목격한 것은 단순한 정복 전쟁이 아니었다. 그것은 인류 역사상 최대 규모의 생물학적 재앙이었고, 그 결과 대륙 전체의 생태계를 바꿔 놓았으며, 나아가 지구 전체의 기후에까지 영향을 미쳤다.

라스 카사스 자신은 몰랐지만, 그가 목격한 죽음들은 수십억 톤의 탄소를 대기 중에서 제거하고 있는 중이었다. 텅 빈 마을터에서 자라나기 시작한 어린 나무들은 조용히 대기 중 이산화탄소를 흡수하며, 유럽에 소빙하기를 가져올 준비를 하고 있었다. 인류학자 헨리 도빈스(Henry Dobyns, 1925~2009)의 연구에 따르면, 1492년부터 1650년까지 아메리카 원주민 인구는 약 90% 감소했다[10]. 지역별로 보면 그 양상은 더욱 극명했다. 먼저 카리브해 제도는 99.98%의 사망율을 보였다. 멕시코 인구는 1519년 약 1,500만 명에서 1600년 약 100만 명으로, 페루는 1532년 약 900만 명에서 1600년 약 60만 명으로 감소했다. 북미는 1492년 약 400만 명에서 1650년 약 50만 명으로 감소했다[11]. 이는 절대적 수치로 약 4,500만~9,000만 명이 사망했다는 것을 의미했다.

텅 빈 대륙에 돌아온 숲

이처럼 엄청난 규모의 인구 감소는 아메리카 대륙의 경관을 완전히 바꿔 놓았다. 수백만 명이 수천 년에 걸쳐 개간해 온 농지들이 갑작스럽게 버려지면서, 자연은 빠르게 이 땅을 되찾기 시작했다. 과학 저널리스트인 찰스 맨(Charles C. Mann)은 이 현상을 생생하게 기술했다.

"1600년경 아메리카는 마치 중성자 폭탄이 터진 후와 같았다. 건물과 도로는 남아 있지만 사람이 사라진 것처럼, 계단식 농지와 관개 시설은 그대로 있지만 그것을 관리할 사람들이 모두 사라져 버린 유령 대륙이 된 것이다."[12]

안데스산맥을 따라 정교하게 건설된 잉카의 계단식 농지들이 하나둘 버려지기 시작했다. 해발 4,000미터 고지대의 안데네스에서 감자를 기르던 농민들이 사라지자, 야생 이추(ichu) 풀이 다시 자라났다. 100만 헥타르가 넘는 인공 농지가 자연 상태로 돌아가면서 엄청난 양의 탄소를 흡수하기 시작했다.

이 거대한 멸절과 그에 따른 녹색의 반격은 남미에만 국한된 것이 아니었다. 북미 대륙에서도 동일한 현상이 시차를 두고 벌어졌다. 1620년 메이플라워호(Mayflower)를 타고 아메리카에 도착한 청교도들은 뉴잉글랜드(New England)의 '원시 자연'에 감탄했다. 윌리엄 브래드포드(William Bradford, 1590~1657)는 《플리머스 플랜테이션에 관하여(Of Plymouth Plantation)》에서 이를 기록했다.

"이 땅은 하나님이 우리를 위해 준비해 주신 새로운 가나안이다. 끝없이 펼쳐진 숲과 맑은 강들, 그리고 아무도 밟지 않은 순수한 자연이 우리를 기다리고 있다."[13]

하지만 브래드포드가 '처녀림'으로 여긴 숲의 상당 부분은 사실 100년 전까지만 해도 원주민들의 농지였다. 북미 동부 지역에는 1492년 당시 약 400만 명의 원주민이 거주했고, 이들은 화전 농업(slash-and-burn agriculture, 숲에 불을 질러 밭을 일구는 방식)을 통해 숲과 초원이 조화를 이룬 모자이크 경관을 만들어 내고 있었다. 그런데 16~17세기 전염병으로 원주민 인구가 급감하자, 약 200만 헥타르의 농지가 삼림으로 되돌아갔다[14].

소빙하기의 촉발: 분자 수준의 증거

남극 얼음 코어는 1500년부터 1750년까지 250년간의 아메리카 대재앙의 분자적 증거를 간직하고 있다. 스위스 베른대학교 토마스 슈토커(Thomas Stocker) 연구팀의 분석 결과, 1500년경부터 1750년까지 대기 중 이산화탄소 농도는 꾸준히 감소했다[15].

탄소 동위 원소 분석 결과, 1600년경부터 대기 중 이산화탄소에 존재하는 탄소 동위 원소 탄소-13(^{13}C)의 비율($\delta^{13}C$)이 급격히 상승했다. 이는 식물들이 광합성을 통해 대기 중 이산화탄소를 대량으로 흡수하고 있다는 신호였다. 즉 삼림화가 있었다는 증거다[16]. 또한 관측된 8ppm의 감소는 약 620억 톤의 이산화탄소가 대기에서 사라졌음을 의미했다. 이 양은 소빙하기를 유발하기에 충분한, 거대한 규모였다.

현대 기후학은 16세기부터 18세기까지 이어진 이 혹독한 추위, 즉 '소빙하기'가 단 하나의 원인이 아닌 세 가지 요인이 절묘하게 겹친 '완벽한 폭풍'의 결과라고 설명한다. 첫째는 **태양 활동의 감소**다. 1645년부터 1715년까지 이어진 '마운더 극소기(Maunder Minimum)' 동안 태양 흑점이 거의 사라지면서, 지구에 도달하는 태양 복사 에너지가 미세하게 감소했다[17]. 영국의 천문학자 에드워드 월터 마운더(Edward Walter Maunder, 1851~1928)가 발견한 이 현상은, 태양 표면에서 흑점이 거의 사라진 시기였다. 둘째는 300년에 걸친 **연쇄적인 화산 폭발**이었다. 1258년 사말라스 화산을 시작으로 1452년 쿠와에, 1600년 우아이나푸티나 화산 등이 차례로 폭발하며 성층권에 황산염 에어로졸을 뿌렸다. 이 미세 입자들이 거대한 양산처럼 햇빛을 반사하

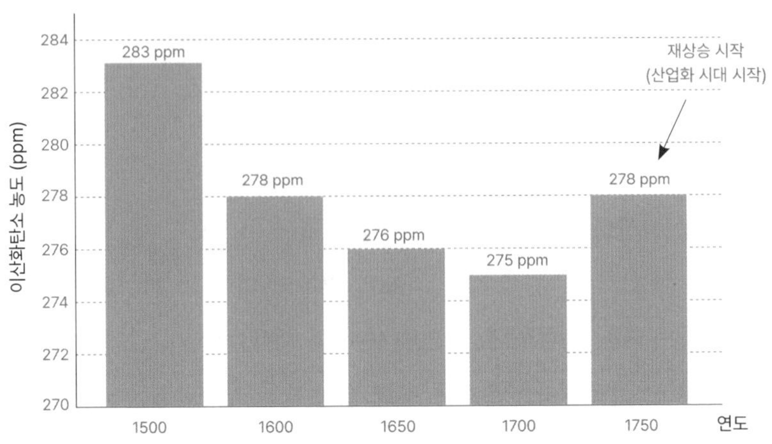

남극 빙하 코어 분석을 통해 복원한 250년간의 대기 중 이산화탄소 농도 변화. 이 그래프는 1500년경 283ppm이었던 이산화탄소 농도가 1700년 275ppm까지 약 8ppm 하락했음을 보여 준다. 이 감소 시기는 아메리카 원주민의 대규모 절멸 이후 버려진 농지가 다시 숲으로 돌아간 '대륙 규모의 재삼림화' 시기와 정확히 일치한다. 이 숲이 대기 중 이산화탄소를 대량 흡수한 것이 소빙하기를 촉발하는 핵심 요인 중 하나였음을 알 수 있다. 1750년경(278ppm)부터 시작되는 농도 반등은, 이 거대한 자연적 탄소 흡수가 포화에 이르는 동시에, 산업 혁명의 서막이 올랐음을 시사한다. [출처: 슈토커 외, 베른대학교]

여 지구를 냉각시켰다[18]. 그리고 마지막 요인이 바로 **아메리카 대륙의 재삼림화**였다.

유니버시티칼리지런던(UCL)의 알렉산더 코크(Alexander Koch) 연구팀의 최신 종합 분석에 따르면, 이 새로운 숲은 대기로부터 약 7.4기가톤의 탄소(7.4GtC), 즉 이산화탄소로 환산 시 약 270억 톤에 달하는 막대한 양을 흡수했다. 이로 인해 대기 중 이산화탄소 농도가 약 3.5ppm 하락했다. 이는 남극 빙하 코어에서 관측된 소빙하기 동안의 전체 이산화탄소 감소량(약 7~8ppm)의 거의 절반에 해당하는 수치다[19].

MIT 기후학자들의 시뮬레이션에 따르면, 태양이나 화산 중 어느한 요인만으로는 소빙하기의 극심한 추위를 설명할 수 없다. 오직아메리카 대륙의 5,000만 명의 죽음이 야기한 이 거대한 탄소 격리(3.5ppm 감소)가 더해졌을 때만, 17세기 유럽의 템스강을 얼어붙게 한그 혹독한 한랭화가 재현됐다. 특히 아메리카 대륙의 재삼림화 역할은 독특했다. 화산 폭발의 효과가 2~3년 만에 사라지고 태양 활동이주기에 따라 변동하는 것과 달리, 재삼림화는 150년 이상 지속적으로 대기에서 이산화탄소를 빨아들이며 소빙하기를 '잠그는(lock-in)'역할을 했다[20]. 아메리카의 재삼림화가 없었다면 소빙하기는 훨씬약했거나 더 일찍 끝났을 것이다. 흥미롭게도 소빙하기의 영향은 지역마다 양상이 달랐다. 이산화탄소 감소로 북극 해빙이 확대되면서북대서양 해류 열염 순환(AMOC)이 약화됐고, 이것이 유럽을 더욱 혹독한 추위에 떨게 했다[21]. 아메리카 대륙 5,000만 명의 죽음이 부메랑처럼 유럽의 겨울을 더욱 혹독하게 만들었다는 것은 역사의 아이러니다.

마드리드 궁정의 이상한 초상화

1520년대, 스페인은 세계의 중심이었다. 카를로스 1세(Carlos I, 1500~1558)는 "해가 지지 않는 제국"을 통치했다. 스페인, 네덜란드, 오스트리아, 나폴리, 아메리카 대륙까지. 1520년부터 1560년까지 유럽 전역에서 혹독한 겨울이 사라졌고, 봄·여름·가을 기온이 20세기와 비슷했다. 이 조건은 농업과 인구 증가에 유리했다. 1540년은

1500~2000년 사이에서 가장 따뜻하고 건조한 해였다. 곡식이 잘 자랐다. 사람들이 늘었고 제국이 번성했다. 하지만 1570년경부터 뭔가 달라지기 시작했다. 1570년경부터 여름, 가을, 봄 기온이 급격히 하락하여 유럽 전역에 심각한 인도적 위기를 초래했다. 1570~1600년 동안 여름 기온은 1961~1990년 기간보다 0.8˚C 낮았다. 빙하가 전진하기 시작했다. 예를 들어, 스위스 알프스의 그린델발트 빙하는 약 1킬로미터 전진하며 숲과 농장을 파괴했다.

1650년대 후반, 마드리드 왕궁. 스페인 합스부르크 왕가의 궁정화가 디에고 벨라스케스(Diego Rodríguez de Silva y Velázquez, 1599~1660)는 나이 든 펠리페 4세(Felipe IV, 1605~1665)를 그리고 있었다. 벨라스케스는 펠리페 4세의 그림을 많이 그렸다. 1635년경 그가 그린 왕은 화려했다. 금빛 갑옷, 붉은 벨벳, 깃털 달린 모자. 말 위에 당당히 앉은 정복자의 모습이었다. 그때는 아직 따뜻했던 시절의 마지막 기억이 남아

벨라스케스가 1635년경 그린 〈기병복을 입은 펠리페 4세〉. ©Wikipedia

1656년에 그린 펠리페4세의 초상화. © Wikipedia

있었다.

1656년 그의 화폭은 완전히 달랐다. 어두운 배경. 창백한 얼굴. 왕의 눈가에 깃든 깊은 피로. 화려한 장식은 사라졌다. 무엇이 바뀐 걸까? 왕이 늙었다고? 제국이 쇠락했다고? 맞다. 하지만 그것이 전부가 아니었다. 1520년대의 따뜻한 봄날이 사라졌다. 1540년의 뜨거운 여름은 다시 오지 않았다. 17세기는 유럽에서 소빙하기의 절정이었으며, 가장 추운 세기로 기록됐다. 창밖의 세상 자체가 변하고 있었다.

같은 시기, 북쪽 1,500킬로미터 떨어진 네덜란드에서는 화가들이 또 다른 그림을 그리고 있었다. 헨드리크 아베르캄프(Hendrick Avercamp, 1585~1634)는 평생 같은 장면만 그렸다. 얼어붙은 운하와 그 위에서 스케이트를 타는 사람들, 썰매를 끄는 사람들, 얼음 위에서 낚시하는 사람들. 왜 그는 강박적으로 같은 주제를 반복했을까? 이유는 간단하다. 슬프게도 그가 평생 동안 본 모습이 그것뿐이었기 때문이다. 17세기 네덜란드의 겨울은 북극의 추위처럼 춥기로 악명 높았고, 매 겨울마다 운하가 얼어붙었다. 지금은 네덜란드 운하가 겨울에 완전히 얼어붙는 일이 거의 없지만, 17세기에는 거의 매년 있는 일이었다.

1670년경, 또 다른 네덜란드 화가 야코프 판 라위스달(Jacob van Ruisdael, 1629?~1682)은 〈겨울 풍경〉을 그렸다. 눈 덮인 마을, 얼어붙은 강, 그리고 낮게 깔린 잿빛 구름이 온 세상을 짓누르는 듯한 하늘.

이들은 예술가였다. 하지만 동시에 기록자이기도 했다. 자신들이 매일 목격하는 세상을 캔버스에 담았을 뿐이다. 그리고 그들이 목격한 세상은 추웠다. 점점 더 추워지고 있었다.

이 얼어붙은 세상의 감각은 캔버스에만 머무르지 않았다. 그것은 곧 소리가 됐다. 1720년대 초반 베네치아. 안토니오 비발디(Antonio Vivaldi, 1678~1741)는 네 편의 바이올린 협주곡을 작곡했다. 〈사계〉. '겨울(L'Inverno)'의 첫 악장이 시작되면 바이올린이 날카롭게 떨린다. 스타카토. 짧게 끊어지는 음표들. 악보에는 설명이 붙어 있다.

"Aggiacciato tremar tra nevi algenti(추위에 떨며 얼어붙은 눈 속에서)*"*

"Batter i piedi ogni momento(계속해서 발을 동동 구르며)*"*

비발디는 단순히 추상적인 '겨울'을 작곡한 게 아니었다. 그가 직접 경험한 추위를 음표로 옮긴 것이다. 이가 딱딱 부딪히는 소리, 추위에 몸을 떠는 모습, 그리고 얼어붙은 땅을 걷는 발걸음들. 모든 것이 음악 속에 들어 있다. 1740년 베네치아 석호가 완전히 얼어붙었다. 사람들은 얼음 위를 걸어서 본토까지 갔다. 지중해의 도시 베네치아가 얼어붙었다. 비발디는 그런 세상에서 살았고, 그런 세상을 작곡했다.

벨라스케스, 라위스달, 비발디. 이 거장들은 자신들이 포착한 시대의 어둠과 추위를 공유했다. 하지만 그들 중 누구도, 그 근본 원인을 알지는 못했다. 왜 이렇게 세상이 추워졌는지, 왜 운하가 매년 얼어붙는지, 왜 베네치아 석호까지 얼음으로 뒤덮였는지 몰랐다. 신의 분노라고 생각한 사람도 있었을 것이다. 시대의 저주라고 여긴 사람도 있었을 것이다.

소빙하기가 절정에 달한 17세기 중반에 템스강이 얼어붙고, 네덜란드 운하에서 스케이트 축제가 열렸다. 벨라스케스, 라위스달, 비

야코프 판 라위스달의 〈겨울 풍경〉(1670년경). 얼어붙은 네덜란드 운하에서 스케이트를 타는 사람들을 표현했다. 17세기 유럽을 강타한 소빙하기의 혹독한 추위를 보여 주는 대표작이다. 이런 한랭화는 아메리카 재삼림화로 인한 이산화탄소 감소와 밀접한 관련이 있다. ©Wikipedia

발디처럼 당시 유럽인들은 이런 한랭화의 원인을 전혀 알지 못했다. 그들이 정복한 아메리카에서 5,000만 명이 사라지고, 그 자리에 되살아난 숲들이 바로 이 추위를 만들어 내고 있었던 사실을 말이다.

산업 혁명으로의 전환점: 증기와 석탄의 서막

1750년경부터 아메리카 대륙 재삼림화의 탄소 흡수 효과는 포화 상태에 이르렀다. 더 이상 대규모 농지가 버려지지 않았고, 이미 복원된 삼림들도 성숙 단계에 접어들면서 추가적인 탄소 흡수 능력이 둔화됐다.

바로 이 시점에 유럽에서는 새로운 변화가 시작되고 있었다. 1712년 토머스 뉴커먼(Thomas Newcomen, 1663~1729)이 발명한 대기압 기관이 영국의 탄광에서 물을 퍼올리기 시작했다. 1769년 제임스 와트(James Watt, 1736~1819)가 이를 개량한 증기 기관은 더욱 효율적으로 석탄을 연료(에너지)로 변환했다. 석탄을 연료로 하는 산업 혁명의 시작은 인류가 다시 대기 중에 이산화탄소를 대량 방출하기 시작했음을 의미했다.

흥미롭게도 와트의 증기 기관 특허(1769년)는 소빙하기가 절정에 달한 바로 그 시점에 등록됐다. 아메리카 원주민들의 죽음이 만든 추위 속에서, 유럽인들은 더 많은 열을 얻기 위해 석탄을 태우기 시작했다. 3억 년 전 석탄기에 저장된 고대의 햇빛이 18세기 영국의 굴뚝을 통해 다시 하늘로 돌아갔다. 남극 빙하 코어 분석 결과, 1750년경을 기점으로 대기 중 이산화탄소 농도가 다시 상승 전환하기 시작했다[22]. 아메리카 원주민 절멸로 시작된 250년간의 자연적 탄소 흡수 시대가 끝나고, 화석 연료 연소를 통한 인위적 탄소 배출 시대가 본격 개막한 것이다.

1958년, 찰스 킬링이 놓친 역사

1958년 3월 하와이 마우나로아 산정에서 찰스 킬링이 처음으로 기록한 313ppm이라는 수치 속에는 거대한 역사가 숨어 있었다. 이 숫자는 그 자체로 산업 혁명 직전(1750년)의 278ppm보다 35ppm이나 높은, 명백한 '인간의 흔적'이었다. 하지만 이 313ppm이라는 수치 자체도 사실은 '억눌린' 결과였다. 1958년까지 인류가 화석 연료 사용과 토지 벌채로 배출한 이산화탄소의 총량을 고려하면, 이 수치는 313ppm보다 훨씬 더 높았어야 했다.

그렇다면 왜 겨우 313ppm이었을까? 여기에는 지구 시스템의 거대한 완충 장치가 작용했다. 첫째, 배출된 이산화탄소의 약 절반을 바다가 쉼 없이 흡수해 준 덕분이다. 둘째, 우리가 잊고 있던 16세기의 유산, 즉 '아메리카 대륙의 침묵'이 남긴 흔적이 있었다. 만약 **아메리카 원주민 절멸이라는 비극**과 그로 인한 **대륙 규모의 재삼림화**(약 3.5~4ppm 감소 효과)가 없었다면, 1958년 킬링이 측정한 값은 313ppm이 아니라 317ppm에 가까웠을 것이다. 5,000만 명의 죽음이 만든 그 차이가 200년이 지난 후에도 여전히 대기 중에 각인되어, 킬링의 측정기에 기록됐던 것이다.

1492년 아메리카 원주민의 절멸과 그로 인한 3.5ppm의 탄소 격리(재삼림화)가 아예 없었다고 가정해 보자. 산업 혁명은 278ppm이 아닌 약 281.5ppm(278 + 3.5)에서 시작했을 것이다. 1958년 킬링이 마주했을 수치는 313ppm이 아니라 316.5ppm, 혹은 그 이상의 수치였을 것이다. 5,000만 명의 죽음이 만든 숲은 20세기 중반까지도 여전히 산업화의 속도를 미세하게나마 상쇄하고 있었다. 이는 중요한 교훈을 준다. 탄소 배출과 흡수의 효과는 수백 년간 지속되며, 한 세대의 행동이 열 세대 후에도 지구 대기에 영향을 미친다는 점이다. 현재 우리가 배출하는 이산화탄소도 2200년, 2300년, 어쩌면 2500년까지도 대기 중에 남아 미래 세대에 영향을 미칠 것이다.

산업 혁명의 포효. 〈커설 무어(Kersal Moor)에서 바라본 맨체스터(Manchester)〉(1852). 영국 화가 윌리엄 와일드(William Wyld, 1806~1889)가 1852년 빅토리아 여왕의 의뢰로 그린 수채화. 전경(前景)에는 전원적인 시골 풍경이 평화롭게 펼쳐져 있지만, 강 저편의 맨체스터 시내는 수백 개의 굴뚝이 내뿜는 검은 연기로 완전히 뒤덮여 있다. 목가적인 풍경과 '굴뚝의 포효'가 만들어 내는 이 극단적인 대비는, 인류가 자연을 연료로 삼아 고대의 탄소를 대기로 되돌려 보내기 시작했음을 보여 주는 강력한 시각적 증거다. ©Getty Images

킬링은 단지 현재의 공기만 측정한 게 아니었다. 그는 1492년 콜럼버스의 발걸음부터 1769년 와트의 증기 기관까지, 그리고 앞으로 수백 년간 이어질 인류의 대기 실험의 역사를 기록하고 있었던 것이다. 킬링이 매일 아침 계기판의 숫자를 확인하며 기록할 때마다, 그는 단순히 현재의 공기를 측정하는 게 아니라 아즈텍 전사들, 아메리카 대륙에서 벌어진 대학살의 이야기도 읽어 내고 있었던 것이다. 313이라는 숫자 속에는 인류 역사상 가장 극적인 탄소 순환 실험의 잔향이 여전히 울리고 있었다.

하지만 이제 그 실험이 완전히 뒤바뀌었다. 2024년 현재, 423ppm이라는 수치는 아메리카의 침묵이 산업 문명의 굉음으로 바뀌었음을 보여 준다. 16세기 천연두 바이러스가 만들어 낸 자연의 탄소 흡수는 18세기 제임스 와트의 증기 기관이 시작한 화석 연료 배출 앞에서 완전히 압도됐다. 테노치티틀란의 치남파에서 자라나던 어린 나무들의 호흡은 이제 런던과 맨체스터 굴뚝들의 포효에 묻혀 버렸다. 콜럼버스가 카리브 군도의 섬에 도달했던 그날, 하늘은 맑았을 것이다. 하지만 500년 후 그 후손들이 바라보는 옛 테노치티틀란의 하늘은 스모그로 뒤덮여 있다. 역사의 아이러니다. 그들의 죽음이 한때 지구를 차갑게 만들었지만, 이제 그들의 땅에서 피어오르는 연기가 지구를 뜨겁게 달구고 있다.

산살바도르섬의 산호 모래를 처음 밟았던 콜럼버스의 발걸음에서 시작된 이야기는 이제 완전히 다른 방향으로 흘러가고 있었다. 아메리카의 침묵은 끝났고, 증기 기관의 시대가 열렸으며, 인류는 3억 년 전 고생대 숲이 남긴 유산을 본격적으로 하늘로 되돌려 보내기 시작했다.

소빙하기와
해적의 시대

"*We come from the land of the ice and snow
From the midnight sun where the hot springs flow
…*

*The hammer of the gods
Will drive our ships to new lands
…*"

"우리는 얼음과 눈의 땅에서 왔다.
한밤의 태양과 온천이 흐르는 곳에서
…

신들의 망치가
우리의 배를 새로운 땅으로 인도하리라.
…"

— 레드 제플린(Led Zeppelin), 〈Immigrant Song〉(1970년)

1970년 여름, 아이슬란드의 황량한 풍경에 매료된 로버트 플랜트 (Robert Anthony Plant)가 특유의 날카로운 샤우팅을 내질렀을 때, 그는 수백 년 전 북대서양을 호령하던 바이킹의 영혼을 완벽하게 소환해 냈다. 매서운 북풍처럼 귓가를 때리는 기타 리프와 심장을 울리는 드럼 비트는 단순한 록 음악을 넘어, 얼어붙은 바다를 건너야 했던 자들의 절박한 투쟁가처럼 들린다.

그런데 이 노래는 묘하게도 14세기 이후 인류가 마주하게 될 거대한 운명을 예언하는 듯하다. 바로 지구 전체가 문자 그대로 '얼음과 눈의 땅'으로 변해 가던 이 시기였기 때문이다. 마치 가사 속의 '신들의 망치'가 내리친 듯, 태양은 빛을 잃었고 화산은 불을 뿜었으며, 그로 인한 혹독한 추위는 인류를 생존의 벼랑 끝으로 내몰았다. 사람들은 따뜻한 땅을 찾아, 혹은 얼어붙은 땅에서 살아남기 위해 필사적으로 배를 띄워야만 했다.

노래는 신화 속 바이킹의 호전적인 기개를 유쾌하게 그려 내고 있

네덜란드 출신의 화가 토마스 와이크(Thomas Wyck)가 그린 〈템스강의 프로스트 페어〉(1683). 17세기 소빙하기 당시 런던 템스강이 얼어붙자 강 위에서 축제와 상업 활동이 벌어지는 이색적인 풍경을 담고 있다. ©Wikipedia

지만, 그 배경이 되는 '얼음과 눈의 땅'은 17세기 인류가 마주해야 했던 냉혹한 현실과 기묘하게 겹쳐진다. 노랫말 속의 차가운 풍경은 단순한 판타지가 아니라, 실제로 템스강마저 꽁꽁 얼어붙게 만들었던 당시의 기후를 정확히 관통하고 있다.

1683년 겨울, 템스강 강물은 마치 거대한 대리석 판처럼 단단해져서, 사람들이 그 위에서 장작불을 피우고 음식을 구워 먹을 수 있을 정도였다. 그런데 이 광경 뒤에는 지구 전체를 뒤흔든 세 개의 거대한 힘이 숨어 있었다.

13세기 칭기즈 칸의 말발굽이 밟은 유라시아 대지에서 시작된 대학살, 15세기 콜럼버스가 가져온 천연두 바이러스가 신대륙에서 벌인 절멸, 그리고 태양의 전례 없는 활동 침묵. 이 세 가지가 완벽하게 겹쳐지면서 인류는 수백 년간 얼음에 갇힌 세계를 경험하게 됐다.

런던 시민들이 얼어붙은 강 위에서 '프로스트 페어(Frost Fair)'를 열며 축제를 벌이고 있었지만, 정작 그들은 이 추위가 대기 중 이산화탄소 농도의 급감, 70년에 걸친 태양 활동의 침묵, 그리고 연이은 화산 폭발이 빚어낸 기후사적 대사건의 결과물이라는 사실은 알지 못했다.

마운더의 침묵: 태양이 잠든 70년

소빙하기가 가장 극심했던 시기는 1645년부터 1715년까지의 70년간이었다. 이 기간을 '마운더 극소기(Maunder Minimum)'라고 부른다[1].

갈릴레오가 1610년 망원경으로 태양을 처음 관측한 이후, 유럽의 천문학자들은 태양 표면의 검은 점들을 꾸준히 기록해 왔다. 본래 태양 흑점은 11년을 주기로 수십 개에서 수백 개가 생성과 소멸을 반복하는 것이 정상이다. 그런데 1645년 무렵, 이 규칙적인 패턴이 거짓말처럼 깨졌다.

파리 천문대의 조반니 카시니(Giovanni Cassini, 1625~1712)는 1671년부터 1677년까지 6년간 단 한 개의 흑점도 관측하지 못했다고 기록했다[2]. 런던 그리니치 천문대의 기록 역시 마찬가지였다. 1645년부터 1715년까지 70년간 관측된 흑점의 총 개수는 평상시 1년 동안 나타나는 개수의 절반에도 미치지 못했다[3].

현대 위성 관측 데이터에 따르면, 태양 흑점 활동의 최대기와 최소기 사이, 지구에 도달하는 에너지양은 약 0.1%의 차이를 보인다[4]. 이는 작아 보일 수 있지만, 지구 전체 에너지 수지에서 1제곱미터당 약 1.3~1.4와트(W/m^2)라는 유의미한 격차를 만들어 낸다. 마운더 극

소빙하기가 극심했던 시기에 태양 흑점의 개수도 확연히 줄었다. ©Getty Images

소기라는 긴 침묵 동안 이러한 에너지 감소가 70년이나 누적되면서, 지구 평균 기온은 약 0.3~0.5°C나 주저앉았다[5].

하늘을 덮은 화산재의 장막

물론 태양 활동의 침묵 하나만으로는 소빙하기의 모든 미스터리를 설명할 수 없다. 지구를 얼어붙게 만든 또 다른 주범은 일련의 대규모 화산 폭발이었다. 1257년 인도네시아 사말라스 화산이 성층권에 2억 톤의 황 화합물을 뿜어내며 신호탄을 쏘아 올렸다. 이는 20세기 가장 큰 화산 폭발인 1991년 필리핀 피나투보(Pinatubo) 화산보다 무려 5배나 강한 규모였다[6].

이어 1452년 바누아투의 쿠와에(Kuwae) 화산, 1600년 페루 후아이나푸티나(Huaynaputina) 화산, 1809년 인도네시아의 정체 불명의 화산, 1815년 탐보라(Tambora) 화산에 이르기까지, 소빙하기 동안 거대한 화산들이 연이어 폭발했다. 화산재와 황 화합물이 성층권 15~25킬로미터 상공에 거대한 장막을 드리워 태양광을 차단하자, 엄청난 전 지구적 파급 효과가 뒤따라왔다.

화산이 폭발한 직후 1~2년간 지구로 들어오는 태양 에너지는 1~3% 감소했고, 그 여파로 지구 평균 기온은 추가로 0.5~1.5°C 하락했다[7]. 탐보라 화산 폭발 이듬해인 1816년이 '여름 없는 해(Year Without a Summer)'로 기록된 것은 결코 우연이 아니었다. 그해 6월에 북미 동부에 눈이 내렸고, 유럽의 7월 평균 기온은 평년보다 3°C나 낮았다[8].

보이지 않는 대기의 변화

근본적인 변화는 대기의 구성 성분 그 자체에서 일어났다. 남극 로돔 빙하 코어를 정밀 분석한 결과, 소빙하기 동안 대기 중 이산화탄소 농도는 275~280ppm으로, 중세 온난기보다 약 8~10ppm이나 낮았다는 사실이 드러났다[9].

이러한 이산화탄소 농도의 급락은 앞서 7장과 8장에서 다룬 두 차례의 거대한 인구 재앙과 직결돼 있다. 13~14세기 몽골 제국의 정복 전쟁으로 유라시아 대륙에서 1억 명이 사망하고, 15~16세기 아메리카 대륙에서 5,000만 명의 원주민이 절멸하면서, 총 1억 600만 헥타르의 농지가 삼림으로 되돌아갔다[10]. 이는 현재 멕시코와 인도네시아를 합친 면적에 맞먹는다.

농지가 숲으로 돌아가는 거대한 '재삼림화'가 기후에 미친 영향은 막대했다. 2019년 알렉산더 코흐(Alexander Koch) 등의 연구진은 아메리카 대륙의 '대절멸(Great Dying)'이 남긴 탄소 발자국을 정량화했다[11]. 그들은 약 5,500만 명 이상의 사망으로 인해 55만~60만 제곱킬로미터의 경작지가 숲으로 되돌아갔으며, 이 숲들이 대기 중 이산화탄소를 흡수해 농도를 약 7~10ppm가량 떨어뜨렸다고 추산했다. 이 수치는 로 돔 빙하 코어에서 관측된 실제 감소폭(8~10ppm)과 놀라울 정도로 일치한다. 아메리카 원주민의 절멸이 소빙하기의 한랭화를 심화시킨 핵심 요인이었음을 과학적으로 입증한 셈이다.

나아가 사이먼 루이스(Simon Lewis)와 마크 매슬린(Mark Maslin)은 2015년 《네이처(Nature)》 논문에서, 1610년경 나타나는 이 뚜렷한 이산화탄소 농도 최저점을 '오르비스 스파이크(Orbis Spike)'라 명명했다[12]. 라틴어로 '세계(World)'를 뜻하는 '오르비스'는, 신대륙과 구대륙의 충돌이 행성 전체의 대기 조성을 바꿔 놓은 최초의 지질학적 흔적임을 상징하는 이름이다. 식물들이 광합성을 통해 대기 중 이산화탄소(특히 ^{12}C)를 대량으로 흡수했다는 사실은 탄소-13 동위 원소(δ^{13}C) 분석을 통해서도 명확히 확인됐다[13].

베이징의 얼어붙은 5월: 동아시아를 강타한 추위

소빙하기의 서슬 퍼런 냉기는 유럽에만 국한되지 않았다. 동아시아 역시 이 시기가 역사상 가장 추웠던 시기 중 하나로 기록했다. 중국 기상청이 2000년간의 역사 기록을 분석한 결과, 1580~1650년이 가장 혹독한 한랭기였음이 밝혀졌다[14].

그 증거는 기록 곳곳에 남아 있다. 1641년 5월 19일, 베이징에 눈이 내렸다. 《명실록(明實錄)》은 이를 "5월에 내린 기이한 눈(奇雪)"이라고 기록했다[15]. 음력으로는 이미 한여름의 초입에 접어든 시기였으니, 당시 사람들에게 이 눈은 불길한 징조 그 자체였을 것이다.

과학적 데이터도 이를 뒷받침한다. 베이징 인근의 나이테를 분석한 결과, 1630년대 말에서 1640년대 초(특히 1637~1644년)는 지난 500년 중 가장 춥고 건조한 이른바 '메가가뭄(megadrought)'의 시대였다[16]. 몽골고원의 차가운 북풍이 평소보다 훨씬 깊숙이 남쪽으로 밀고 내려왔고, 여름철 단비를 뿌려줘야 할 남쪽의 따뜻하고 습한 바람(몬순)은 그 기세에 눌려 북상하지 못한 채 차단돼 버린 탓이다.

추위는 곧 생존의 위협이었다. 1643년에는 양쯔강 하류가 꽁꽁 얼어붙어 사람들이 걸어서 강을 건널 수 있을 정도였다. 이는 명나라가 건국된 1368년 이래 단 한 번도 없었던 초유의 일이었다. 제국의 대동맥인 양쯔강이 얼어붙자 물류가 마비됐고, 이는 재앙적인 쌀값 폭등으로 이어졌다. 역사학자 티머시 브룩(Timothy Brook)이 지적했듯이, 이러한 기후 재앙이 불러온 경제적 파탄은 곧 위태했던 명 왕조의 붕괴를 가속화하는 결정타가 됐다[17].

기후 변화는 농업에 직격탄이었다. 1640~1644년 이어진 연쇄적인 흉작으로 화북평야와 강남 지역의 농업 생산량은 바닥을 쳤다. 굶주림을 견디지 못한 농민들은 결국 쟁기 대신 칼을 들었다. 이자성(李自成, 1606~1645)의 난이 바로 이 시기였다. 기근, 전쟁, 그리고 전염병이라는 '세 가지 재앙'이 겹치면서 명말 청초 중국의 인구는 수직으로 낙하했다. 중국 경제사학자 양방중(梁方仲, 1908~1970)의 통계에 따르면, 1600년경 약 1억 5,000만 명에 달했던 인구가 1650년경에는 1억 명 수준으로 곤두박질쳤다[18]. 인구의 3분의 1이 50년 만에 사라진 것이다. 결국 소빙하기의 추위가 명나라 멸망이라는 역사적 사건의 방아쇠를 당긴 셈이다.

아사마산의 검은 겨울: 일본을 덮친 대기근

일본에서도 소빙하기의 절정기에 전례 없는 재앙이 잇따랐다. 1782~1787년의 '덴메이 대기근(天明大飢饉)'은 일본 역사상 최악의 기근 중 하나로 꼽힌다.

비극의 서막은 화산 폭발이었다. 1783년 7월 6일, 군마현(群馬県)의

1783년에 대폭발한 아사마산을 그린 작가 미상의 그림(1786년경). ⓒkomoro-tour

작가 미상, 〈덴메이 대기근 묘사도〉 (1786년경)
ⓒFukushima Prefecture Aizumisato Town Board of Education Collection

아사마산(浅間山)이 불을 뿜었다. 화산재가 하늘을 뒤덮으면서 도쿄(당시 에도, 江戸)는 한낮에도 등불을 켜야 할 만큼 전국이 어두워졌다[19]. 화산재는 간토(関東)평야 전체에 5~10센티미터 두께로 쌓여 모든 농작물을 질식시켰다.

설상가상이라는 말로는 부족했다. 같은 해인 1783년, 아이슬란드의 라키(Laki) 화산도 대폭발을 일으켰다. 이 화산이 8개월간 뿜어낸 분출물은 북반구 전체의 기온을 1~2℃ 끌어내렸다[20]. 이 '이중의 화산 겨울' 탓에 일본의 여름 평균 기온은 평년보다 3℃나 낮았고, 도호쿠(東北) 지방에서는 한여름인 8월에 서리가 내리는 기현상이 벌어졌다.

기근의 참상은 지옥도(地獄圖)를 방불케 했다. 센다이번(仙台藩)의 기록에 따르면, 1784년 인구 55만 명 중 10만 명이 굶어 죽었다[21]. 쓰가루번(津軽藩)에서는 인구의 3분의 1이 사망했고, 살아남은 사람들은 나무껍질과 풀뿌리로 간신히 연명했다. 전국적으로 약 100만 명이 목숨을 잃었다. 이 시기 일본의 쌀 생산량은 평년의 20~30%에 그쳤다[22]. 에도 막부는 사이고쿠(西国, 주고쿠·시코쿠·규슈 등 서일본 지역)에서 쌀을 긴급 수송하려 애썼지만, 당시의 열악한 운송 인프라로는 실질적인 구호가 이뤄지기에 턱없이 부족했다. 결국 덴메이 대기근은 에도 시대 후기, 견고했던 막부 체제를 뿌리부터 뒤흔드는 균열의 시작점이 됐다.

얼어 버린 한강

한반도 역시 소빙하기의 서슬 퍼런 냉기를 피해 갈 수 없었다. 당시의 추위가 얼마나 이례적이었는지는 왕의 비서실 일지인《승정원일기(承政院日記)》에 생생하게 기록돼 있다.

1672년(현종 13년), 한겨울이 채 오기도 전인 음력 10월 25일(양력 12월 14일), 왕의 식사를 담당하던 관청인 사옹원(司饔院)은 다급한 보고를 올렸다.

"한강 물이 벌써 반쯤 얼어붙어(江水半氷) 어부들이 며칠째 신선한 물고기를 잡을 수 없다고 호소하고 있습니다."[23]

한강은 보통 가장 추운 1월 중순이 돼서야 결빙된다. 하지만 소빙하기였던 당시에는 양력 12월 초중순에 이미 강이 반이나 얼어붙어 뱃길이 막혔다. 결국 해를 넘겨서까지 추위는 꺾이지 않았다. 음력 12월 13일(양력 1673년 1월 30일), 현종은 신하들에게 자신의 건강을 묻는 자리에서 끈질긴 추위를 이렇게 한탄했다.

"올해의 추위는 예전 역사에서도 찾아볼 수 없을 정도다(今年寒事 前古所無)."[24]

임금조차 "전례가 없다"고 혀를 내두를 정도의 혹한은 단순한 자연재해를 넘어 사회 붕괴의 서막이었다. 사실 이러한 냉기는 갑작스러운 것이 아니었다. 이미 수년간 누적된 기후 재난으로 인해, 조선은 바로 직전 해인 1671년에 역사상 가장 끔찍한 비극을 마주해야 했다. 바로 '경신대기근(庚申大饑饉)'이었다.

봄부터 가을까지 이어진 극심한 가뭄과 냉해로 인해 농작물 수확량은 평년의 절반에도 미치지 못했다[25]. 상황의 처참함은 실록 곳곳에 남아 있다. 1671년 1월 11일, 전라 감사 오시수(吳始壽)가 임금에게 올린 장계는 그야말로 아비규환의 지옥도를 보여 준다.

"기근의 참혹함이 올해보다 심한 적이 없었고, 남방의 추위 또한 올겨울보다 심한 적이 없었습니다. 굶주림과 추위가 몸을 조여 오니

堂處置請出　上特命遞差且曰光迪承批之曰夜未深矣不爲引避而出去
翌朝稱病不来過午之後費辭張皇偃然来避揆以情迹珠渉駭怪如此奔走
臺官用於何處乎○辛酉以申最爲校理李惟泰爲贅善閔宗道爲修撰史臣
曰惟泰居鄉多怨謗其諸子爭以射利爲事廣占田土甚爲民害有識者莫不
唾鄙宗道嘗奉使址關重制中大張妓樂人皆非之○右議政洪重普上劄辭
職乞收祿俸輸送之命　上優批答之遣史官傳諭○淑敬公主卒公主進見
于內猝患痘疾出歸其第因不起　上率百官擧哀于崇文堂時　上侯未寧
擧哀一節藥房三啓請停而不從○壬戌禮曹判書趙復陽卒復陽左議政翼
之子也感疾未數日卒　上命給喪需　世子亦賜棺材復陽少有文才歷敭
華顯而立朝無可稱之節只喜黨論及夆銓柄多有黨官之誚識者鄙之○癸
亥全羅監司吳始壽馳　啓曰饑饉之慘未有甚於今年南土之寒亦莫甚於
今冬飢寒切身相聚爲盜家有擔石者輒遭刼掠之患身着一褐者亦被鋒刃
之禍甚至發塚剖棺掘出藁葬偸取歛衣丐乞之徒皆以緼藁掩其腹背縷命
雖存鬼形已具在在皆然憐不忍見近營之邑凍死之數至於一百九十名之
多而赤子之棄溝壑水無處無之有罪者不以凶年而廢囚一八圖圖罪無大

《현종실록》 19권에 게재된, 1671년 전라 감사 오시수가 현종에게 대기근의 현장을 보고하는 내용. ⓒ국사편찬위원회

사람들이 떼를 지어 도둑질을 하고 있습니다. (중략) 심지어는 무덤을 파서 관을 쪼개고, 시신에 입힌 수의(염의)를 훔쳐 가기도 합니다."[26]

산 사람이 입을 옷이 없어 죽은 자의 무덤을 파헤치는 상황이었다. 보고는 이렇게 이어진다.

"빌어먹는 무리들은 짚을 엮어 배와 등을 가리고 있으니, 실오라기 같은 목숨은 붙어 있지만 그 모습은 이미 귀신의 형상이 돼 버렸습니다. 감영 가까운 고을에서 얼어 죽은 자만 무려 190명이나 되고, 갓난아이를 도랑에 버리고 강물에 던지는 일이 없는 곳이 없습니다."

한양 도성 안에서조차 굶어 죽는 이들이 속출했다. 경기도에서만 12만 명이 굶어 죽었고, 전국적으로는 약 100만 명, 즉 당시 인구의 상당수가 목숨을 잃은 것으로 추정된다. 이 엄청난 기근은 조선 후기 사회를 송두리째 뒤흔들었다. 삶의 터전을 잃고 유랑하는 농민들이 급증하면서 신분제가 요동치기 시작했고, 이는 역설적으로 상업과 수공업이 싹트는 토양이 됐다.

북대서양의 비밀: 바뀐 해류가 만든 추위

4장에서 우리는 영거 드라이아스라는 기후 사건을 만난 적이 있다. 북미의 빙하가 무너지면서 쏟아진 담수가 북대서양의 해류 순환을 멈춰 세웠고, 그 결과 유럽이 단 몇 년 만에 꽁꽁 얼어붙었던 그 극적인 사건 말이다. 흥미롭게도 소빙하기에 이와 유사한 시스템이 또다시 작동했다. 이번에는 '멈춤'이 아니라, '느려짐'이었다.

우즈홀 해양연구소(Woods Hole Oceanographic Institution, WHOI)의 로이드

키그윈(Lloyd Keigwin) 연구팀은 이 비밀을 풀기 위해 북대서양 심해 바닥을 파고들어 갔다. 그들은 수백 년, 수천 년 동안 쌓인 진흙층에서 고대 플랑크톤 껍데기를 골라내 산소 동위 원소 비율을 정밀 분석했다. 그러자 1400년부터 1850년까지, 소빙하기 내내 해류의 온도와 염분이 서서히 변하고 있었다는 결정적인 증거를 포착했다[27]. 지구의 열을 나르는 컨베이어 벨트, 즉 대서양 열염 순환(AMOC)이 서서히 브레이크를 밟고 있었던 것이다.

순환이 느려지면 적도의 따뜻하고 짠 바닷물이 유럽까지 도달하지 못한다. 그러면 유럽은 더 추워지고, 북대서양 바다는 염분이 낮아지면서 싱거운 물이 된다. 싱거운 물은 가볍다. 원래 무겁게 가라앉으면서 순환을 이끌어야 할 바닷물이 가벼워져 버리니, 컨베이어 벨트를 돌리는 힘은 더 약해지게 된다. 꼬리에 꼬리를 무는 악순환, 즉 또 다른 되먹임 고리의 시작이었다. 영국 기상청 해들리 센터(Hadley Center)의 시뮬레이션에 따르면, 북대서양 순환이 30%만 약해져도 유럽 기온은 평균 2~3°C나 곤두박질친다[28]. 이는 소빙하기 동안 유럽이 겪은 한랭화를 과학적으로 설명하는 유력한 시나리오다.

그린란드 바이킹들의 비극적인 최후도 이 맥락에서 이해할 수 있다. 4장에서 보았듯이 그들은 985년 '중세 온난기'의 혜택을 입어 그린란드에 정착했다. 당시엔 북대서양 순환이 강했고, 따뜻한 멕시코 만류가 그린란드 해안까지 밀려왔다. 여름은 길었고, 풀이 자랐고, 소를 기르기에 부족함이 없었다. 하지만 1300년경부터 모든 것이 변했다. 해류가 느려지면서 열 공급이 끊기자 그린란드의 여름은 급격히 짧아졌다. 목초지는 얼어붙었고 소들은 굶어 죽었다. 얼음이 바닷길을 막아 유럽에서 오던 보급선마저 끊겼다. 1450년경, 공동체의 마지막 생존자가 숨을 거두었을 때, 세상에는 그를 묻어 줄 사람조차 남아 있지 않았다. 땅이 돌처럼 얼어버려 시신을 깊이 묻지 못했다는 고고학적 발굴 결과가 그들의 처참했던 마지막을 증언하고 있다.

얼음이 만든 새로운 세계: 네덜란드의 황금시대

그렇다고 모든 문명이 추위 앞에 무릎 꿇은 것은 아니었다. 네덜란드는 오히려 이 혹독한 추위를 기회로 반전시켰다. 모두가 얼어붙은 운하를 보며 한탄할 때, 네덜란드인들은 이를 천연 고속도로로 활용할 방법을 찾아냈다. 네덜란드 국립기록원의 17세기 통행세 기록을 분석해 보면, 겨울철 얼음길을 통한 화물 운송량이 여름철 수상 운송량을 넘어서는 경우가 많았다[29].

물론 선박에 비할 바는 아니지만, 얼음 위를 달리는 썰매는 늪지대나 진흙길보다 훨씬 효율적이고 빨랐다. 암스테르담에서 함부르크까지 평상시 2주 걸리던 여행이 얼음길로는 4~5일이면 가능했다. 네덜란드 상인들은 이러한 '얼음 어드밴티지'를 상업적 기회로 연결했다. 그들은 뱃길이 얼어붙기 전인 가을에 발트해에서 곡물을 대량으로 사들여 거대한 창고에 비축했다. 그리고 겨울과 봄, 곡물 부족으로 남유럽이 고통받을 때 이를 비싼 값에 되팔았다. 1650~1720년, 네덜란드가 유럽 곡물 무역의 60% 이상을 독점하며 '황금시대'를 구가할 수 있었던 배경에는 이런 기후적 우위가 자리하고 있었다[30].

소빙하기는 바다 위에서도 예측 불가능한 변화를 만들어 냈다. 북대서양의 대기 순환 패턴이 바뀌며 폭풍의 빈도가 잦아졌고, 이는 유럽에서 아메리카 대륙으로 향하는 정기 항로에 위험 요소로 작용했다. 영국 해군성 기록에 따르면, 1650~1730년 대서양 항해에서 폭풍으로 인한 선박 손실률이 이전 시기보다 눈에 띄게 증가했다[31].

아이러니하게도 이러한 혼란은 카리브해에서 해적들에게는 절호의 기회가 됐다. 17세기 말부터 18세기 초, 카리브해의 해적들은 황금시대를 구가했다. 헨리 모건(Henry Morgan, 1635~1688), '검은 수염' 에드워드 티치(Edward Teach "Blackbeard", 1680~1718), 그리고 전설적인 여해적 앤 보니(Anne Bonny, 1698?~1782?)가 악명을 떨치던 시기는 소빙하기의 기후 변동이 가장 극심했던 시기와 겹친다.

물론 폭풍은 누구에게나 공평하게 위험하다. 하지만 이 극한의 기상은 거대하고 둔중한 정규 해군에게는 치명적인 약점으로 작용했다. 1703년 11월, 영국을 강타한 '대폭풍(Great Storm)'은 왕립해군 함선 13척을 침몰시켰고, 8,000명 이상의 사망자를 냈다[32].

당시 해군의 거대한 주력함들은 화력은 막강했지만, 선체가 워낙 육중해 배 밑바닥이 물속 깊이 잠기는 구조였다. 이 때문에 폭풍이 몰아칠 때 암초가 많은 연안으로 피했다가는 배가 바닥에 걸려 난파될 위험이 컸다. 결국 해군은 울며 겨자 먹기로 거친 먼바다로 나가 파도를 온몸으로 버텨 내야만 했다. 반면 해적들은 물 위에 가볍게 뜨는 작고 날렵한 배를 주로 탔다. 덕분에 악천후가 닥치면 거대한 군함은 접근조차 할 수 없는 얕은 강어귀나 복잡한 숲 사이로 신속하게 숨어들 수 있었다.

게다가 잦은 폭풍은 거대한 호송 선단(Convoy)을 뿔뿔이 흩어지게 만들었다. 해적들에게 폭풍은 성가신 장애물이 아니라, 단단히 뭉친 양 떼를 흩어 놓는 자연의 몰이꾼이었다. 스페인 보물선 기록을 보면, 1680~1720년 사이 해적 공격으로 인한 손실이 이전보다 3배나 급증했다[33]. 기후 변화가 만들어 낸 항로의 불확실성과 전술적 환경 변화가, 해적들에게는 더할 나위 없는 사냥터를 제공한 셈이었다.

과학 혁명의 숨겨진 동력

흥미롭게도 소빙하기는 과학 혁명과 시기적으로 정확히 겹친다. 갈릴레오가 망원경으로 태양 흑점을 관측하기 시작한 1610년, 케플러(Johannes Kepler, 1571~1630)가 행성 운동 법칙을 발견한 1619년, 뉴턴(Isaac Newton, 1643~1727)이 《프린키피아(Principia Mathematica)》를 출간한 1687년 모두 소빙하기 한복판이었다. 이러한 위대한 발견들은 우연의 산물이 아니다. 기후 변화가 던진 생존의 위협이 인류의 과학적 탐구를 자극한 결과였다.

불규칙해진 날씨와 해류를 예측하기 위해서는 이전보다 훨씬 더 정밀한 천체 관측과 물리 법칙의 이해가 필수적이었다. 존 해리슨(John Harrison, 1693~1776)이 평생을 바쳐 정밀한 해상 시계를 개발한 것도 이런 맥락이다. 1761년 그가 만든 걸작 'H4 크로노미터'는 81일간의 거친 항해 후에도 오차가 고작 5초에 불과했다[34]. 이는 인류가 바다 위에서 자신의 위치(경도)를 정확히 파악할 수 있게 됐음을 의미

존 해리슨의 마린 크로노미터 H1. 1735년에 완성한 인류 최초의 해상용 정밀 시계로서, 당시 항해의 최대 난제였던 '경도(Longitude)'를 정확히 측정하기 위해 제작됐다. 파도에 흔들리는 배 위에서도 정확성을 유지할 수 있도록, 아령 모양의 막대(밸런스) 두 개가 서로 반대 방향으로 움직이며 균형을 잡도록 설계됐다. ©Getty Images

했고, 비로소 진짜 대항해 시대를 가능하게 만든 혁신이었다.

기상학도 이 시기에 비약적으로 발전했다. 에반젤리스타 토리첼리(Evangelista Torricelli, 1608~1647)가 1643년 기압계를 발명하고, 가브리엘 파렌하이트(Gabriel Fahrenheit, 1686~1736)가 1714년 수은 온도계를 개발한 것 또한, 모두 소빙하기의 변덕스럽고 혹독한 날씨를 데이터로 붙잡아 두려는 노력의 산물이었다.

종료의 신호: 태양의 귀환과 석탄의 굴뚝

19세기 중반, 길었던 소빙하기는 서서히 끝을 향해 달리고 있었다. 1715년 이후 태양 흑점 활동이 정상화됐고, 대규모 화산 폭발 빈도도 눈에 띄게 줄어들었다. 1815년 탐보라 화산 이후로는 소빙하기 수준의 대형 화산 폭발이 없었다. 무엇보다 산업 혁명으로 인한 온실가스 배출이 본격화되면서 인위적 온실 효과가 자연적 한랭화를 압도하기 시작했다.

남극 빙하 코어 분석 결과는 이 급격한 변화를 증명한다. 수천 년간 275ppm에서 정체돼 있던 대기 중 이산화탄소 농도는 1850년을 기점으로 상승 곡선을 그리기 시작해, 1900년에는 295ppm을 돌파했다[35]. 역설적이게도 소빙하기의 추위는 그 시대를 끝장낼 씨앗을 스스로 품고 있었다. 유럽인들은 매서운 추위를 이기기 위해 더 많은 땔감을 찾았고, 나무가 부족해지자 땅속의 검은 돌, 즉 석탄으로 눈을 돌리기 시작했다. 1700년 300만 톤에 불과하던 영국의 석탄 소비량은 1800년에 1,000만 톤으로, 다시 1850년에 5,000만 톤으로 폭발적으로 증가했다[36].

하지만 단순히 석탄을 태우는 것만으로는 문명을 바꿀 수 없었다. 필요한 것은 석탄의 에너지를 체계적으로 기계적 힘으로 바꿀 장치였다. 1769년 소빙하기의 냉기가 아직 기승을 부리던 바로 그 시점에, 스코틀랜드의 한 기계공이 그 열쇠를 완성했다. 제임스 와트의 증기 기관이 1769년 특허를 받은 것은 역사적 아이러니가 아닐 수 없다. 소빙하기가 절정에 달한 바로 그 시점에, 인류는 3억 년 전 고생대가 저장해 둔 탄소를 본격적으로 하늘로 되돌려 보내기 시작한 것이다.

아메리카 원주민들의 죽음이 만든 추위 속에서, 유럽인들은 더 많은 열을 얻기 위해 석탄을 태우기 시작했다. 제임스 와트는 자신이 만든 증기 기관이 어떤 나비 효과를 불러올지 꿈에도 몰랐을 것이다. 그는 단지 뉴커먼 엔진(Newcomen engine)보다 효율적인 기계를 만들었을 뿐이지만 그 기계는 곧 지구의 기후 시계를 거꾸로 돌리기 시작했다. 13~16세기 몽골인들과 유럽인들이 만든 재삼림화로 대기에서 제거된 100억 톤의 이산화탄소는, 이제 석탄 연기와 함께 다시 하늘로 올라갈 운명이었다. 그리고 그 양은 자연이 제거한 것보다 훨씬, 아주 훨씬 더 많았다.

알프스의 빙하들이 후퇴하기 시작했다. 수백 년간 계곡을 점령했던 얼음이 산 위로 물러나자, 그 아래 잠들어 있던 고대 로마 시대의 교역로와 유물들이 세상 밖으로 드러나기 시작했다[37]. 템스강의 마지막 프로스트 페어는 1814년이 끝이었다. 그 후로 템스강이 다시는 얼어붙지 않았다. 1831년 새로운 런던교가 건설되면서 강물의 흐름이 빨라진 것도 한 이유였지만, 근본적으로는 지구가 더 이상 예전처럼 춥지 않았기 때문이다.

완벽한 폭풍의 교훈

소빙하기는 기후 시스템의 복잡성을 보여 주는 완벽한 사례였다. 태양 활동 변화, 화산 폭발, 인구 변동으로 인한 이산화탄소 농도 변화, 해류 순환의 변동이 모두 복합적으로 작용하여 수백 년간 지구를 차갑게 만들었다. 각각의 요인은 그리 크지 않았을지 모르나, 이들이 동시에 겹치면서 '완벽한 폭풍'을 만들어 낸 것이다.

현재 우리가 경험하고 있는 기후 변화는 소빙하기와 정반대 방향으로 치닫고 있지만, 그 복합성과 상호 작용의 메커니즘은 놀라울 정도로 유사하다. 온실가스 증가, 해류 변화, 빙하 융해, 극한 기상 현상이 모두 상호 증폭하면서 예측하기 어려운 변화를 만들고 있기 때문이다. 소빙하기의 혹한 속에서 인류가 보여 준 적응력과 혁신 정신—네덜란드의 얼음길 활용, 새로운 농작물 도입, 과학 기술의 태동—은 오늘날 기후 위기의 시대에도 중요한 참고가 될 수 있다.

하지만 여기에는 한 가지 결정적 차이가 있다. 바로 속도다. 소빙하기의 온도 변화 속도는 연간 0.01°C 수준이었지만, 현재는 그보다 100~200배나 빠른 속도로 변화하고 질주하고 있다는 점이다. 1645년 템스강 위에서 프로스트 페어를 즐기던 런던 시민들이 상상할 수 없었던 것처럼, 우리 역시 지금 벌어지고 있는 변화의 끝을 온전히 예견하기가 어렵다. 그러나 한 가지는 확실하다. 기후는 인간 문명의 모든 영역을 관통하는 가장 근본적인 힘이며, 그 변화의 파급력은 우리 상상을 초월한다는 사실이다.

와트가 연 판도라의 상자

"역사는 주체도
목적도 없는 과정이다."

— 루이 알튀세르(Louis Pierre Althusser), 《자본론을 읽는다》(1965년)

1769년, 운명의 순간

아메리카 대륙의 침묵이 지구를 차갑게 만든 지 불과 150년 후, 1769년 1월 5일 스코틀랜드 글래스고(Glasgow)의 한 작업장에서는 정반대 방향의 변화가 시작되고 있었다. 소빙하기의 혹독한 추위가 유럽을 뒤덮고 있던 그 순간, 제임스 와트는 자신의 손이 3억 년 전부터 잠들어 있던 고대의 태양을 깨우게 될 줄은 몰랐다.

며칠 전까지만 해도 런던 템스강이 얼어붙어 있었다. 시민들은 얼음 위를 걸으며 추위를 달랬다. 이 혹독한 겨울은 150년 전 아메리카 대륙에서 시작된 변화의 흔적이었다. 5,000만 명이 사라진 자리에 되돌아온 숲이 여전히 지구를 차갑게 만들고 있었다.

작업장 한쪽의 거대한 철제 실린더가 천천히 움직이기 시작했다. 뜨거운 증기가 피스톤을 밀어 올렸다. 차갑게 식은 응축기가 진공을 만들며 피스톤을 다시 끌어당겼다. 리듬이 생겼다. 규칙적으로, 힘차

스코틀랜드 화가 제임스 로더(James Eckford Lauder, 1811~1869)의 〈제임스 와트와 증기 엔진-19세기의 여명〉 (1855)은 와트가 글래스고대학교에서 뉴커먼 엔진의 문제점을 발견하고 별도 응축기 아이디어를 떠올리는 순간을 극적으로 묘사했다. 어둠 속에서 증기가 피어오르는 모습은 곧 인류 문명을 바꿀 발견의 순간을 상징한다. ©Google Arts & Culture

게, 멈추지 않고. 뉴커먼의 기존 증기 기관보다 5배나 효율적이었다[1]. 이 기계는 그 순간, 칭기즈 칸의 학살과 콜럼버스의 천연두가 만들어 낸 차가운 세계를 다시 뜨겁게 달굴 열쇠를 인류에게 쥐여 주었다.

와트는 자신의 발명품을 "fire engine"이라 불렀다. 불의 엔진. 이 기계는 단지 광산의 물을 퍼내거나 직물을 짜는 용도로 고안됐지만, 와트의 예상과는 달리 지구 전체의 탄소 순환을 영원히 바꿀 판도라 의 상자였다.

매장된 고대 햇빛의 각성

와트의 증기 기관이 돌아가는 원리는 대단히 단순했다. 물을 끓여 증기를 만들고, 그 증기의 압력으로 피스톤을 움직여 회전 운동을 만들어 내는 것이었다. 하지만 그 단순함 뒤에는 경이로운 에너지 변환 과정이 숨어 있었다. 석탄이 타면서 일어나는 화학 반응은 본 질적으로 시간을 거슬러 올라가는 과정이다. 3억 년 전 석탄기의 거 대한 양치식물 숲에서 광합성으로 저장된 태양 에너지가, 긴 잠에서 깨어나 다시 빛과 열로 방출된다. 광합성의 역반응이라는 이야기다. 와트가 굴뚝에서 피어오르는 연기를 볼 때, 그는 3억 년의 시간 여행 을 목격하고 있었다.

광합성 반응(3억 년 전):

$6CO_2$(이산화탄소) + $6H_2O$(물) + 태양 에너지 → $C_6H_{12}O_6$(포도당) + $6O_2$(산소)

연소 반응(1769년, 광합성의 역반응):

$$C_6H_{12}O_6 + 6O_2 \rightarrow 6CO_2 + 6H_2O + \text{열 에너지}$$

석탄기의 거대한 양치식물들은 적도 부근의 강렬한 햇빛을 받으며 자랐다. 당시 태양은 지금보다 약 3%가량 어두웠다. 흑점 활동 같은 일시적인 현상 때문이 아니었다. 태양은 나이를 먹을수록 핵융합 반응이 활발해져 점점 뜨겁게 타오르는 별인데, 당시엔 지금보다 젊은 시기였기 때문에 그만큼 에너지를 덜 방출했다. 하지만 지구의 대기 중 이산화탄소 농도가 1,500ppm에 달했을 것으로 추정되며, 지금보다 5~10°C나 더 뜨거웠다[2]. 이 식물들이 매년 광합성으로 고정한 탄소는 약 400억 톤에 달했다[3].

석탄기 때 죽은 식물들은 완전히 분해되지 않고 늪지대에 쌓였다. 리그닌을 분해할 수 있는 균류가 아직 진화하지 못했기 때문이다. 이렇게 6000만 년 동안 쌓인 식물 잔해가 퇴적층 속에서 압축되고 가열되며 석탄으로 변했다. 지구는 사실상 거대한 태양 에너지 저금통이었다. 와트는 그 저금통의 자물쇠를 풀었다. 자연이 6000만 년에 걸쳐 천천히 저장한 것을, 인류는 불과 200년 만에 다시 대기로 방출하게 될 것이었다. 저장 속도 대비 방출 속도는 약 30만 배 빠른 것이었다. 그리고 1769년 소빙하기의 추위 속에서 더 많은 열을 갈구하던 인류에게 와트의 증기 기관은 그 저금통을 처음으로 본격적으로 털어 낼 열쇠를 제공했다.

열역학 법칙과 만난 고대의 에너지

와트가 자신의 증기 기관을 완성할 수 있었던 것은 무의식적으로나마 열역학의 기본 원리를 이해했기 때문이다. 그는 뉴커먼 기관의 치명적 약점을 발견했다. 매번 피스톤이 작동할 때마다 뜨거운 실린더를 차갑게 식혀야 했고, 다음 사이클에서는 그 실린더를 가열해야 했다. "이건 마치 냄비를 끓인 다음 매번 얼음물에 담갔다가 다시 불에 올리는 것과 같다."

와트는 자신의 아이디어를 설명했다. 그의 해결책은 간단했다. 별도의 응축기를 만들어 실린더는 항상 뜨겁게, 응축기는 항상 차갑게 유지하는 것이었다.

이 단순한 아이디어가 에너지 효율을 개선했다. 열역학적으로 보면, 와트는 '카르노(Carnot) 효율'에 한 걸음 더 가까워진 것이었다. 카르노 효율이란, 열기관이 이론적으로 달성할 수 있는 최대 효율을 뜻한다[4]. 즉, 열기관의 작동 효율을 높이려면 고온부(열원)와 저온부(열 배출구)의 온도 차이가 커야 하며, 이 두 과정이 섞이지 않고 독립적으로 유지돼야 한다. 여기에 비춰 볼 때 실린더의 온도를 최대한 높게 유지하려 했던 와트의 직관은 과학적으로 옳은 접근이었다.

그렇다면 이 '과학적 직관'이 만들어 낸 실제 성적표는 어땠을까? 와트가 분리형 응축기를 도입해 달성한 최종 열효율은 약 2.7%였다.

오늘날의 기준으로 보면 터무니없이 낮아 보인다. 하지만 비교 대상을 당시로 돌려보면 이야기가 달라진다. 인간의 근육이 화학 에너지를 기계적 일로 바꾸는 효율은 약 20%다. 반면 기존의 뉴커먼 엔진은 고작 0.5% 수준에 불과했다. 와트가 이를 2.7%로 끌어올렸다

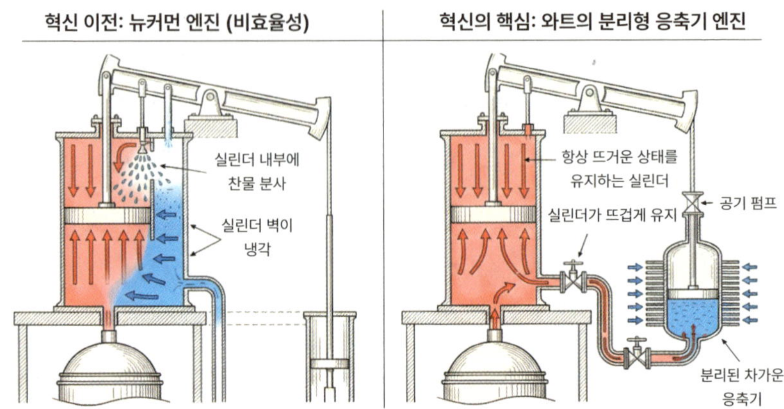

뉴커먼 엔진은 뜨거운 실린더 내부에 직접 냉각수를 분사하여 실린더 벽까지 반복적으로 식고 데워지는 과정에서 막대한 열에너지를 낭비하는 등 비효율적이었다. 이에 반해 와트는 증기를 식히는 별도의 공간인 '분리된 응축기'를 도입해 결정적 혁신을 이뤘다. 이 구조는 실린더를 항상 뜨겁게 유지하면서 사용이 끝난 증기는 외부의 차가운 복수기로 배출해 식히는 방식으로, 뜨거운 곳은 뜨겁게, 차가운 곳은 차갑게 유지해야 한다는 열역학 원리를 구현하여 버려지는 열을 획기적으로 줄였고 작동 효율을 높일 수 있었다.

는 것은, 효율을 무려 **5배** 향상시켰다는 뜻이다. 당시로서는 개선이 아니라 '혁신' 수준의 개량이었다. 하지만 냉정하게 현대적 관점에서 본다면, 여전히 97% 이상의 에너지가 버려지고 있는 상황이었다. 오늘날 최고 효율을 자랑하는 복합 화력 발전소가 60%의 효율에 달하는 것과 비교하면 더욱 그렇다[5].

그렇다면 와트의 기계가 놓친 그 막대한 에너지는 다 어디로 갔을까? 상황을 그려 보자. 1킬로그램의 석탄이 타면서 약 30메가줄(MJ)의 에너지를 뿜어낸다. 와트의 엔진은 이 중 고작 0.8MJ(약 2.7%)만을 피스톤을 미는 힘으로 바꿨다. 나머지 **29.2MJ**의 에너지는 허공으로 증발했다. 보일러 굴뚝으로 뿜어 나가는 뜨거운 배기가스가 에너지를 실어 날아갔고, 응축기를 식히는 냉각수가 열을 머금고 흘러 나갔으며, 덜그럭거리는 실린더와 피스톤의 마찰열로 에너지가 흩어졌다.

이 사라진 에너지들은 결국 어디로 갔을까? 우주 밖으로 사라진 것이 아니다. 모두 우리 지구 환경으로 방출됐다. 굴뚝의 열기는 대기를 데웠고, 뜨거워진 냉각수는 강과 바다를 데웠다. 19세기 중반, 공장 굴뚝이 숲을 이룬 맨체스터나 버밍엄의 평균 기온이 주변 시골보다 2~3°C 높았던 것은 결코 우연이 아니었다[6]. 인간이 캐낸 고대의 태양 에너지가 열역학 법칙에 따라 지구를 데우기 시작한, 인류세의 서막이었다.

대부분 버려지는 에너지

와트는 평생 효율을 높이려 애썼다. 더 뜨거운 증기, 더 차가운 응축기, 더 매끄러운 실린더를 만들기 위해 고군분투했다. 그 뒤를 잇듯, 와트가 세상을 떠난 지 5년 만인 1824년에 프랑스의 젊은 공학자 사디 카르노(Sadi Carnot, 1796~1832)가 등장해 당시 과학계를 뒤흔들 물리학 법칙을 세상에 내놓았다.

"아무리 완벽하게 만든 열기관이라도 효율 100%는 불가능하다."

이것이 충격적이었던 이유는 당시만 해도 사람들은 열을 물처럼 흐르는 물질(유체)로 생각했기 때문이다. 그래서 기술자가 기계를 정교하게 깎고 마찰을 없애면 언젠가는 손실 없는 완벽한 엔진을 만들

수 있다고 믿었다. 하지만 카르노는 이것을 엔지니어의 기술 수준 차원이 아니라, **자연의 법칙 자체가 효율의 한계를 정해 놓았다**고 수학적으로 증명했다.

카르노가 《열의 동력에 관한 고찰(Réflexions sur la puissance motrice du feu)》에서 밝힌 바에 따르면, 열기관의 효율은 오직 한 가지, '뜨거운 쪽과 차가운 쪽의 온도 차이'에만 의존한다. 왜 온도 차이만 중요할까? 열은 물처럼 높은 곳에서 낮은 곳으로만 이동하기 때문이다. 인간이 만든 열기관이란 그 뜨거운 흐름의 일부를 가로채서 일로 바꾸는 장치에 불과하다. 마치 폭포의 낙차를 이용해 물레방아를 돌리는 것과 같은 식이다. 폭포의 낙차가 클수록(높이 차이가 클수록) 더 센 물살을 얻듯, 온도 차이가 클수록 더 많은 일을 뽑아낼 수 있을 것이다.

카르노가 발견한 공식은 단순했다.

$$\text{효율}(\eta) = 1 - (\text{차가운 쪽 온도} \div \text{뜨거운 쪽 온도}),\ \text{즉}\ \eta_{carnot} = 1 - T_c / T_h$$

(여기서 온도는 섭씨에 273을 더한 절대 온도(K)를 사용한다.)

이 짧은 공식에는 세 가지 심오한 의미를 담고 있다. 첫째, **효율 100%는 우주적으로 불가능하다.** 효율이 1(100%)이 되려면 차가운 쪽 온도가 0(절대 영도)이어야 한다. 하지만 절대 영도(-273.15°C)는 우주 어디에도 존재하지 않는다. 심지어 우주에서 가장 차가운 곳인 텅 빈 공간조차 빅뱅의 흔적인 우주 배경 복사(Cosmic Microwave Background)로 인해 약 2.7K(-270°C)의 온도를 나타내고 있다. 둘째, **효율을 높이는 길은 오직 두 갈래뿐이다.** 뜨거운 쪽을 더 뜨겁게 달구거나, 차가운 쪽을 더 차갑게 식히거나. 와트가 본능적으로 추구했던 '더 뜨거운 증기'와 '분리 응축기'가 바로 이 원리였다. 셋째, **이것은 타협할 수 없는 자연의 본질적 한계다.** 아무리 돈을 쏟아붓고 천재적인 기술을 동원해도 이 이론적 한계선(카르노 효율)을 넘을 수는 없다.

그렇다면 와트의 증기 기관은 이 한계선 어디쯤에 있었을까? 당시 보일러 기술로는 $100°C$(373K) 이상의 증기를 만들기 어려웠고, 응축기는 약 $20°C$(293K) 정도로 유지됐다. 이를 공식에 넣으면 이론적 최대 효율이 나온다.

$$\eta = 1 - 293/373 = 0.214 \text{ (약 21.4\%)}$$

물리학이 허용하는 이론적인 최대치가 고작 21.4%였다. 그런데 실제 와트 엔진의 효율은 약 2.7%에 불과했다. 이론적 한계의 8분의 1 수준에 그친 것이다(참고로 현대의 최첨단 증기 터빈도 이론 한계의 80~90% 정도까지만 달성한다). 여기서 불편한 진실이 드러난다. 와트가 효율을 획기적으로 높였다고는 하나, **투입한 석탄 에너지의 97% 이상은 여전히 일로 바뀌지 못한 채 버려지고 있었다.** 그 막대한 열은 모두 대기로, 강물로, 바다로 흩어졌다. 결국 지구의 엔트로피를 높이는 무용한 열로 남아 버린 것이다.

역설적이게도 이 '비효율적인 효율 개선'이 세상을 바꿨다. 나름 효율이 좋아져 경제성이 확보되자, 증기 기관은 광산에서, 공장으로, 기차와 배로 폭발적으로 확산됐다. 그리고 그 확산 속도만큼 대기 중 이산화탄소 농도 또한 가파르게 상승하기 시작했다.

수치로 본 변화의 시작

산업 혁명 이전인 1750년, 대기 중 이산화탄소 농도는 약 280ppm이었다. 이는 지난 80만 년 동안 유지돼 온 자연적 변동 범위 안에 있는 수치였다. 간빙기 동안에도 이산화탄소 농도가 300ppm을 넘는 경우는 거의 없었다[7]. 하지만 와트의 증기 기관이 상용화된 1780년대부터 상황이 달라지기 시작했다. 1800년에는 283ppm, 1850년에는 285.2ppm으로 서서히 상승하기 시작했다. 연간 0.1~0.2ppm씩 증가하는 것은 지질학적 시간 스케일로 보면 엄청난 속도였다[8].

영국의 석탄 소비량을 보면 이 변화가 얼마나 극적이었는지 알 수 있다. 1700년에 연간 약 300만 톤이던 석탄 소비가 1800년에는 약 1,000만 톤, 1850년에는 5,000만 톤으로 폭증했다[9]. 이를 전 지구적 탄소 순환과 비교해 보면 그 의미가 더욱 명확해진다. 산업 혁명 이전에 인간 활동으로 인한 이산화탄소 배출은 연간 약 30억 톤 정도였다. 주로 삼림 벌채와 농업 활동에 의한 것이었다. 하지만 1850년이 되면 영국에서만 화석 연료 연소로 연간 약 1억 5,000만 톤의 이산화탄소가 추가로 배출됐다.

검은 다이아몬드의 제국

석탄이 '검은 다이아몬드'라고 불린 것은 단순한 수사가 아니었다. 18세기 말과 19세기 초, 석탄은 실제로 다이아몬드만큼이나 귀중한 전략 자원이었다. 에너지 밀도만 보더라도 압도적이었다. 나무가 1

킬로그램당 15~19MJ의 에너지를 내는 데 비해, 석탄은 그 두 배에 가까운 25~35MJ을 뿜어냈다[10]. 게다가 부피가 작아 운송과 저장도 훨씬 용이했다.

영국이 산업 혁명의 발상지가 된 것은 결코 우연이 아니었다. 브리튼 섬은 지질학적 축복을 받은 땅이었다. 석탄기 지층이 지표면 가까이에 광범위하게 솟아 있어 채굴이 용이했기 때문이다. 웨일스의 사우스 웨일스 탄전, 잉글랜드 북부의 더럼, 스코틀랜드의 중부 저지대 탄전이 모두 손만 뻗으면 닿을 곳에 있었다[11]. 더 결정적인 것은 이 탄전들의 위치였다. 대부분 해안가나 강 유역에 자리 잡아 배를 통한 대량 운송이 가능했다. 영국의 대표적 석탄 산지인 뉴캐슬에서 런던까지, 템스강 물길을 따라 석탄선들이 쉴 새 없이 오르내렸다. "뉴캐슬에 석탄을 가져간다(carrying coals to Newcastle)"는 표현이

19세기 뉴캐슬 지역의 탄광. 1851년에 출간된 《과학, 문학 및 예술 도해 백과사전(Encyclopedia of Science, Literature and Art)》에 수록된 광산 판화 삽화. ©Getty Images

'쓸데없는 짓'을 뜻하는 관용구로 굳어질 정도로, 당시의 석탄 운송량은 엄청났다.

영국의 석탄은 질적으로도 우수했다. 탄소 함량이 85~90%에 달하는 고품질의 무연탄과 역청탄이 주를 이뤘다. 황 함량이 낮고 발열량이 높아 제철업에 최적화된 연료였다. 무엇보다 점결성 석탄(caking coal)*이 풍부했다는 점이 결정적이었다. 이것이 있었기에 훗날 대영 제국을 떠받칠 강철 산업의 발전이 가능했다.

대륙을 가로지른 증기의 확산

영국에서 시작된 증기 혁명은 곧 유럽 대륙으로 확산됐다. 벨기에는 유럽 대륙에서 산업 혁명을 가장 먼저 받아들인 국가였다. 1820년대 리에주(Liège)와 샤를루아(Charleroi) 지역의 석탄광에서 증기 기관이 도입되면서, 벨기에는 1인당 산업 생산량에서 곧 영국을 추월했다[12]. 1840년대 독일에서는 루르(Ruhr) 지역이 산업 혁명의 중심지가 됐다. 프리드리히 크루프(Friedrich Krupp)가 에센(Essen)에서 시작한 철강 공장은 증기 망치와 증기 압연기를 도입하면서 유럽 최고의 강철을 생산하기 시작했다. 루르 탄전에서 나오는 코크스는 질이 뛰어나 철강

---

* 점결성 석탄(caking coal)이란 가열했을 때 부드러워지며 서로 엉겨 붙어 단단한 덩어리, 즉 코크스(coke)가 되는 성질을 가진 석탄을 말한다. 코크스는 용광로 내에서 철광석을 녹일 때 고온을 견디며 통기성을 확보해 주기 때문에 제철 산업에 필수적인 연료다.

생산에 최적이었다[13].

1844년 루르 지역의 석탄 생산량은 160만 톤에서 1870년에는 1,180만 톤으로 폭증했다. 도르트문트(Dortmund), 에센(Essen), 뒤셀도르프(Düsseldorf)를 잇는 공업 지대에서는 밤낮없이 용광로 불빛이 하늘을 붉게 물들였다. 독일 농민들은 처음에 이 불빛을 "땅속 지옥의 문이 열렸다"며 두려워했지만, 곧 일자리를 찾아 공장으로 몰려들었다.

신대륙의 검은 황금

대서양 건너편에서도 비슷한 변화가 일어났다. 1825년 펜실베이니아주 애슐랜드(Ashland)에서 무연탄(anthracite)이 발견된 후, 미국 동부 지역은 급속한 산업화가 진행됐다. 펜실베이니아 무연탄은 황 함량이 낮고 연소 효율이 높아 가정용 난방은 물론 제철업에도 최적이었다[14]. 1830년 펜실베이니아의 무연탄 생산량은 17만 톤에 불과했지만, 1860년에는 850만 톤으로 50배나 증가했다. 스크랜턴(Scranton), 윌크스-배러(Wilkes-Barre), 포츠빌(Pottsville) 등 탄광 도시들이 하룻밤 사이에 거대한 공업 도시로 변모했다.

이들 도시에서 채굴된 석탄은 델라웨어-래러탄 운하(Delaware and Raritan Canal)를 통해 필라델피아와 뉴욕으로 운송되어 동부 공업 지대를 먹여 살렸다[15]. 1840년대 말 펜실베이니아 철도(Pennsylvania Railroad)가 완공되면서 석탄 운송은 더욱 활발해졌다. 피츠버그는 오하이오강(Ohio River)을 따라 내려오는 석탄과 철광석을 이용해 미국 철강업의 중심지로 성장했다. 카네기(Andrew Carnegie, 1835~1919)가 1875년 건설한 에드가 톰슨 제철소(Edgar Thomson Steel Works)는 하루에 100톤의 강철을 생산할 수 있는 거대한 공장이었다[16].

철과 증기의 시너지

와트의 증기 기관이 세상을 바꿀 수 있었던 결정적인 배경에는 동시대 제철 기술의 비약적인 혁신이 자리 잡고 있었다. 1784년 헨리 코트(Henry Cort, 1740~1800)가 개발한 퍼들링 공법(puddling process)과 압연기는 불순물을 제거한 양질의 연철을 대량으로 생산할 수 있게 해 줬다. 이는 고압을 견뎌야 하는 증기 기관의 정밀한 실린더와 피스톤을 제작하는 데 필수적인 토대가 됐다.

여기에 화룡점정을 찍은 인물이 바로 존 윌킨슨(John Wilkinson, 1728~1808)이었다. 와트의 사업 파트너로서 증기 기관용 실린더를 독점 공급했던 그는, 자신이 발명한 정밀 보어링 기계(boring machine)를 통해 기존 방식보다 10배나 정밀하게 실린더를 깎아 냈다[17]. 이는 실린더와 피스톤 사이로 증기가 새어 나가는 것을 막아, 엔진의 효율을 극대화하는 열쇠가 됐다. 이 설계 덕분에 대포는 물론 거대한 증기 기관 실린더도 전례 없는 정밀도로 가공할 수 있었다.

와트의 동업자 매슈 볼턴(Matthew Boulton, 1728~1809)은 1776년, 윌킨슨이 가공한 실린더를 보고 감탄하며 이렇게 기록했다.

"윌킨슨 씨가 우리를 위해 보어링한 실린더들은 오차가 거의 없다. 티프턴(Tipton)에 설치한 지름 50인치짜리의 거대한 실린더조차,

그 오차가 낡은 실링 동전 한 닢 두께(약 1~1.25mm)*도 되지 않는다."[18]
당시의 기술 수준을 고려하면 이는 기적에 가까운 정밀도였다.

철강업과 증기 기관은 서로가 서로를 끌어올리는 거대한 피드백 루프를 형성했다. 철 1톤을 생산하려면 약 3~4톤의 석탄이 필요했고, 증기 기관 한 대를 만드는 데는 수십 톤의 철이 들어갔다. 그렇게 만들어진 증기 기관은 다시 광산으로 가 더 많은 석탄을 퍼 올렸고, 그 석탄은 다시 용광로에서 더 많은 철을 녹였다. 바야흐로 석탄 소비가 기하급수적으로 폭발하는 시대가 열린 것이다.

면화로 직조되는 세계

증기 기관의 가장 극적인 활용처는 방직업이었다. 1785년 에드먼드 카트라이트(Edmund Cartwright, 1743~1823)가 발명한 역직기(力織機, power loom, 동력으로 작동하는 직조기)에 증기 기관이 결합되면서, 면직물 생산량이 폭발적으로 증가했다. 맨체스터는 '면화의 수도'가 됐고, 랭커셔(Lancashire) 지역의 방직 공장들은 밤낮없이 돌아갔다.

맨체스터의 방직 공장에서 일하는 노동자들의 하루는 새벽 5시 30분에 시작됐다. 공장 사이렌이 울리면 남녀노소 할 것 없이 공장으로 달려갔다. 12시간 교대로 일하는 노동자들은 점심시간 30분을

---

*   18~19세기 통용된 스털링 실링 은화의 규격과 밀도를 토대로 역산해 보면 두께는 약 1.25mm로 추정된다. 볼턴이 '낡은' 동전이라 표현한 점을 감안하면 이보다 약간 더 얇았을 가능성이 크다.

제외하면, 기계 앞에서 꼼짝할 수 없었다. 1833년 의회 조사에 따르면, 맨체스터 방직 공장 노동자의 적지 않은 비율이 16세 미만의 아동이었다[19]. 한 방직공은 "기계의 소음이 너무 커서 옆 사람과 대화하려면 고함을 질러야 했다"고 회고했다. "공기는 목화 섬유로 뽀얗게 가득 차 있어서 숨쉬기도 어려웠다. 하루 일을 마치고 나면 옷과 머리카락이 모두 하얗게 변해 있었다."[20]

방직 산업은 전 지구적 차원의 변화를 불러왔다. 미국 남부의 면화 농장에서 생산된 원면이 리버풀(Liverpool) 항구로 들어와 맨체스터에서 가공되어 전 세계로 수출됐다. 1790년경 미국의 면화 생산량은 거의 없었지만, 1800년 약 15만 6,000베일(Bale, 1베일은 면화 약 181~227킬로그램), 약 3.5만 톤을 생산하더니, 1860년에는 약 80만 톤에 달하는 400만 베일로 폭증했다[21].

에드먼드 카트라이트가 발명한 역직기. ⓒGetty Images

이런 국제 분업 체계는 운송업의 혁신도 요구했다. 1807년 로버트 풀턴(Robert Fulton, 1765~1815)이 증기선을 상용화한 후, 대서양 횡단 시간이 6주에서 2주로 단축됐다. 1825년에는 조지 스티븐슨(George Stephenson, 1781~1848)의 증기 기관차 '로코모션 1호(Locomotion No. 1)'가 스톡턴-달링턴 철도(Stockton and Darlington Railway)에서 첫 운행을 시작했다.

1840년대 영국과 유럽을 휩쓴 '철도광(Railway Mania)'은 증기 혁명이 사회에 미친 심리적 충격을 보여 주는 상징적 사건이었다. 1845년에서 1847년 사이, 단 3년 동안 영국에서는 272개의 철도 회사가 설립됐고, 9,500마일(약 1만 5,300킬로미터)의 철도 건설 계획이 승인받았다[22]. 런던 증권 거래소는 연일 철도 주식으로 북적였다. 평범한 시민들까지 철도 투자에 뛰어들었고, 어떤 사람들은 집을 담보로 잡아 철도주를 샀다. 1846년 《타임스(The Times)》는 "온 나라가 철도에 미쳐 있다"고 보도했다. 철도 광풍은 곧 엄청난 양의 석탄 소비를 의미했다. 1850년까지 영국에 건설된 6,000마일의 철도망을 위해 막대한 양의 철강과 석탄이 땅속에서 뽑혀 나와 대기 중으로 사라졌다.

동양의 근대화: 일본의 각성

1868년 메이지 유신(明治維新) 이후 일본은 서구의 산업 기술을 적극적으로 받아들였다. 1872년 도쿄-요코하마 간 첫 철도가 개통되면

일본 근대화와 산업 혁명을 상징하는 핵심 시설인 야하타 제철소(현 일본제철 규슈 제철소).
©Site of Japan's Meiji Industrial Revolution

서 일본의 산업 혁명이 본격적으로 시작됐다. 영국에서 수입한 증기 기관차는 일본인들에게 "철의 말(鉄の馬, 테츠노우마)"이라고 불렸다[23].

1897년 야하타 제철소(八幡製鉄所)가 건설되면서 일본은 아시아 최초로 근대적 철강업을 시작했다. 규슈(九州)의 지쿠호 탄전(筑豊炭田)에서 채굴된 석탄을 이용해 철강을 생산했다. 1890년 일본의 석탄 생산량은 240만 톤에 불과했지만, 1900년에는 740만 톤으로 3배 증가했다[24].

메이지 정부는 "부국강병"을 내세우며 전국에 방직 공장을 건설했다. 도미오카 제사장(富岡製糸場)을 비롯한 초기 공장들은 증기 기관을 동력으로 사용했다. 방적 산업의 성장은 더욱 폭발적이었다. 1886년 일본의 면사(Cotton Yarn) 생산량은 약 1,600만 파운드(7,260톤)에 불과했지만, 1900년에는 약 2억 6,700만 파운드(12만 1,100톤)로 16

배 넘게 급증했다[25]. 불과 15년 만에 산업의 규모가 완전히 달라진 것이다. 이 엄청난 양의 실은 곧장 기계식 방직기로 들어가거나 수공업자들에게 팔려 나갔고, 일본을 단숨에 세계적인 섬유 수출국 반열에 올려놓았다.

런던을 뒤덮은 지옥의 연기

1850년경, 예민한 관찰자들은 무언가 잘못되고 있음을 감지했다. 런던의 안개는 더 자주, 더 짙게, 그리고 더 고약한 냄새를 풍기며 도시를 휘감았다. 1812년 시인 조지 바이런(George Gordon Byron, 1788~1824)은 런던의 공기를 "지옥의 연기"라고 불렀고, 1855년 당대 최고의 과학자 마이클 패러데이(Michael Faraday)는 템스강이 "거대한 하수구"가 됐다고 탄식했다[26]. 패러데이의 탄식은 단순한 비유가 아니었다. 증기선을 타고 템스강을 건너던 그는, 하얀 명함 조각을 찢어 강물에 떨어뜨렸다. 물이 얼마나 더러운지 확인하기 위한 간단한 테스트였다. 종이 조각들은 불과 1인치(약 2.5cm)도 가라앉기 전에 시커먼 물속으로 자취를 감췄다. 해가 쨍쨍한 대낮이었음에도 강물이 이미 빛조차 투과하지 못하는 탁류로 변해 있었기 때문이다. 250만 인구의 배설물과 공장 폐수가 여과 없이 쏟아져 들어오면서, 템스강은 생명이 흐르는 물길이 아니라 썩어 가는 거대한 하수구로 전락해 있는 상황이었다.

　패러데이의 이러한 시도는 단순한 일화 수준으로만 남지 않았다. 그는 즉시 《타임스》에 공개 서한을 보내 자신이 목격한 강의 참상을 세상에 알렸다. 당대 최고의 지성이 던진 이 냉철한 고발장은 영국 사회를 뒤흔들었고, 주간지《펀치(Punch)》는 그가 오물투성이의 템스강 신에게 명함을 건네는 풍자화를 실어 이 순간을 역사의 한 페이지로 각인했다. 과학자의 눈이 여론을 움직인 결정적인 분기점이었다. 그의 고발은 3년 뒤 런던을 마비시킨 대악취 사태 앞에서 다시금 소환됐고, 결국 템스강을 살리기 위한 당대 최대 규모의 하수도 정비 사업을 이끌어 내는 강력한 도화선이 됐다.

1858년 여름, 런던은 '대악취(The Great Stink)'라 불리는 전례 없는 환경 재앙에 직면했다. 기록적인 폭염으로 템스강 수위가 낮아지자, 강바닥에 쌓여 있던 오물들이 부패하며 끔찍한 악취를 뿜어냈다. 강변에 위치한 의회 건물은 아수라장이 됐다. 의원들은 코를 쥔 채 회의를 해야 했고, 급기야 창문에 표백분을 적신 커튼을 쳐야만 했다[27]. 이런 조치를 취한 이유는 당시 사람들이 '미아스마(Miasma, 독기) 이론'을 믿고 있었기 때문이다. 질병은 오염된 공기(악취)를 통해 전파된다는 생각이었다. 그 때문에 악취를 소독약 냄새로 덮으면, 조금이라도 전염병을 막을 수 있을 것이라는, 그 당시 수준에서는 이해할 만한 조치였다.

《타임스》는 "템스강이 하나의 거대한 하수도가 됐다"고 개탄했다. 악취보다 더 무서운 것은 물이었다. 오염된 식수원은 콜레라와 장티푸스 같은 수인성 전염병의 온상이 됐고, 1854년 콜레라 대유행으로만 1만 명 이상의 런던 시민이 목숨을 잃었다.

결국 정부가 움직였다. 토목 기사 조지프 배절제트(Joseph Bazalgette, 1819~1891)에게 런던의 하수도 시스템 재건이라는 막중한 임무를 맡겼다. 배절제트는 런던 지하에 총 길이 2,100킬로미터에 달하는 거대한 벽돌 하수관망을 구축해, 오수를 템스강 하류 쪽으로 빼내는 대공사를 감행했다. 1875년 완공된 이 시스템은 콜레라를 런던에서 영원히 추방했고, 배절제트는 "런던을 구한 영웅"으로 칭송받으며 기사(Sir) 작위를 받았다[28]. 이는 인류가 도시 환경 오염에 맞서 대규모 공학적 해법으로 승리한 기념비적인 사건이었다.

맨체스터와 버밍엄(Birmingham), 셰필드(Sheffield) 같은 공업 도시들의 상황도 다르지 않았다. 1840년대 맨체스터를 방문한 프리드리히 엥겔스는 "공기가 너무 오염되어 낮에도 가스등을 켜야 하는 날이 많다"고 기록했다. "공장 굴뚝에서 뿜어져 나오는 검은 연기가 하늘을 뒤덮어 햇빛조차 차단해 버렸다"는 것이다[29]. 와트의 증기 기관이 만든 산업 사회의 모순을 목격한 엥겔스의 고발은 결국 마르크스주의(Marxism)의 중요한 토대가 됐다[30].

그러나 이런 국지적 환경 오염과 사회적 모순 뒤편에서, 지구 기후 시스템 전체가 흔들리고 있다는 사실을 이해하는 사람은 아무도 없었다. 지구는 이미 반응하고 있었다. 빙하 코어 기록에 따르면, 1850년경부터 대기 중 이산화탄소 농도 상승률이 자연적 변동폭(연간 0.01~0.02ppm)을 넘어 0.1~0.2ppm으로 가파르게 치솟기 시작했다[31]. 인류가 지질학적 힘을 가진 존재로 거듭난 순간, 지구는 새로운 시대로의 진입을 알리는 신호를 조용히, 그러나 분명하게 보내고 있었다.

농촌에서 공장으로: 삶의 터전이 바뀌다

산업 혁명은 단순히 기술의 변화만을 의미하지 않았다. 그것은 인간 삶의 방식 자체를 근본적으로 바꾸어 놓았다. 수천 년간 땅에 뿌리를 두고 살아온 농민들이 대거 도시로 이주하기 시작했다. 1801년 영국 인구의 80% 이상이 농촌에 거주했지만, 1851년에는 도시 인구가 농촌 인구를 넘어섰다. 이는 인류 역사상 최초의 도시화 혁명이었다. 1840년대 후반 연속된 흉작으로 요크셔(Yorkshire)와 같은 농업 지역에서는 수 세대 동안 땅을 지켜 온 농민 가족들이 생계를 포기하고, 맨체스터나 리즈(Leeds) 같은 공업 도시로 떠나는 일이 급증했다[32].

공장에서 일하기 시작한 농민들의 삶은 완전히 달라졌다. 해와 계절의 리듬에 맞춰 살던 농촌 생활과 달리, 공장에서는 시계가 삶의 주인이 됐다. 매일 같은 시간에 일어나, 같은 시간에 공장에 가서, 기계의 속도에 맞춰 일해야 했다. 1833년 공장법이 제정되기 전까지, 9세 아이들도 하루 14시간씩 공장에서 일해야 했다. 1832년 의회 조사위원회의 보고서에는 "많은 아이들이 기계에 팔이나 손가락을 잃는다"는 참혹한 기록이 남아 있다. "아이들은 성인보다 민첩해서 돌아가는 기계 사이로 들어가 청소하는 일을 맡는데, 이 과정에서 사고가 자주 발생한다."[33]

에너지 혁명의 물리학

와트 증기 기관의 진정한 혁신은 단순한 효율 개선을 넘어선다. 그것은 인류가 역사상 처음으로, 화석 연료에 잠재된 화학 에너지를 연속적인 기계적 일(Work)로 변환하는 시스템을 손에 넣었다는 물리학적 사건이었다. 이전까지 인류의 동력은 근육의 생화학적 수축이나 바람과 물의 즉각적인 흐름에 의존했다. 하지만 증기 기관은 물 분자의 액체-기체 간의 상전이(phase transition)와 팽창 압력을 이용해, 석탄이라는 고밀도 탄소 덩어리를 회전 운동으로 바꾸는 공학적 프로세스를 정립했다.

물론 초기 와트 기관의 열효율은 약 2.7%에 불과했다. 열역학적으로 본다면, 투입된 석탄 에너지의 97.3%는 여전히 '일'이 되지 못한 채 버려지고 있었다는 뜻이다. 석탄이 품고 있던 맹렬한 화학 에너지는 기계를 돌리는 찰나의 순간을 제외하고는, 대부분 뜨거운 열기가 되어 대기와 물속으로 허무하게 흩어져 버렸다. 이 막대한 에너지 손실은 단순한 버림이 아니었다. 지구가 본래 유지하던 에너지의 균형 위에, 태양과는 무관하게 인간이 억지로 만들어 낸 새로운 열이 더해지기 시작했음을 의미했다. 19세기 중반, 수천 개의 굴뚝이 뿜어내는 폐열로 인해 런던과 맨체스터의 기온이 주변 농촌보다 2~3℃ 높게 형성된 현상은[34], 인류가 국지적으로나마 기후의 흐름에 간섭하기 시작했다는 열역학적 징후였다.

하지만 공학적으로 가장 중요한 변화는 드넓은 '확장성(Scalability)'이었다. 생물학적 한계와 휴식에 묶여 있던 기존 동력과 달리, 증기 기관은 연료의 투입량에 비례해 출력을 무한히 높일 수 있는 물리적 장치였다. 석탄만 공급된다면, 기계는 지치지 않고 24시간 내내 엔트로피를 증가시키며 문명의 속도를 가속화할 준비가 돼 있었다.

글로벌 탄소 순환의 교란

산업 혁명 이전까지 지구의 탄소 순환은 비교적 안정적이었다. 대기 중 이산화탄소는 주로 화산 활동으로 추가되고, 풍화 작용과 해양 흡수로 제거됐다. 생물권에서는 광합성과 호흡이 거의 균형을 이루고 있었다. 하지만 1780년대부터 이 균형이 깨지기 시작했다. 인간이 3억 년 전에 저장된 탄소를 대기 중으로 방출하기 시작한 것이었다. 이는 기존 탄소 순환에 완전히 새로운 흐름을 추가하는 것이었다.

욕조 수도꼭지에서는 물이 계속 들어오고(화산 활동, 호흡, 분해), 배수구로는 물이 빠져나간다(광합성, 해양 흡수, 암석 풍화). 산업 혁명 이전까지는 이 두 흐름이 거의 균형을 이뤘다. 연간 약 800억 톤의 이산화탄소가 대기로 들어오고, 같은 양이 제거됐다[35]. 1850년경 화석 연료 연소가 연간 2억 톤의 이산화탄소를 추가했다. 전체 흐름의 0.25%에 불과했다. 하지만 이것이 문제였다. 배수구의 용량은 한정돼 있는데, 수도꼭지 흐름이 0.25% 증가한 것이다. 욕조 물은 천천히, 그러나 확실하게 차오르기 시작했다.

더 큰 문제는 배수구가 막히기 시작했다는 점이다. 해양은 이산화탄소를 흡수하면서 산성화됐고(pH 8.2 → 8.1), 산성화된 바다는 이산화탄소 흡수 능력이 떨어졌다. 육상 식물들도 이산화탄소 비료 효과(CO_2 Fertilization Effect)[*]로 처음에는 더 많이 흡수했지만, 온도가 오르면

---

* 대기 중 이산화탄소 농도가 높아지면 식물의 광합성이 촉진되어, 마치 비료를 준 듯 성장이 빨라지는 현상을 말한다. 숲의 탄소 흡수력을 높여 온난화를 일시적으로 늦추는 역할을 하지만, 기온이 과도하게 오르거나 토양 양분이 고갈되면

서 호흡량이 증가해 순흡수량이 감소했다[36]. 지구 시스템의 반응 시간을 고려하면 이 변화는 더욱 의미심장했다. 대기-해양 평형 달성에는 수백 년이 걸리고, 지질학적 탄소 순환(암석 풍화와 퇴적)은 수십만 년이 필요하다. 인간이 수십 년 안에 배출한 이 이산화탄소가 완전히 제거되려면 수천 년이 걸릴 것이었다[37].

와트의 증기 기관은 단순한 기계 발명을 넘어 문명의 에너지 기반을 완전히 바꿔 놓았다. 수천 년 동안 인류는 태양 에너지에만 의존해 왔다. 농업은 현재의 태양 에너지(광합성)를, 풍력과 수력은 태양이 만든 기상 현상을, 목재는 최근에 저장된 태양 에너지를 이용했다. 하지만 증기 기관은 처음으로 과거의 태양 에너지, 즉 지질학적 시간에 저장된 화석 연료를 대규모로 이용할 수 있게 만들었다.

이는 에너지 제약으로부터의 해방을 의미했다. 더 이상 땅의 넓이나 현재의 햇볕에만 의존할 필요가 없어졌다. 경제학자 제번스(William Stanley Jevons, 1835~1882)는 1865년 《석탄 문제(The Coal Question)》에서 다음과 같이 표현했다.

"석탄은 우리 문명의 물질적 에너지다. 석탄과 함께 우리의 힘은 상승하고, 석탄이 고갈되면 쇠퇴할 것이다."[38]

그의 예언은 부분적으로만 맞았다. 석탄은 고갈되지 않았지만, 그것이 만든 문명은 이제 다른 위험에 직면해 있다.

그 효과는 한계에 부딪힌다.

1850년, 지질학적 힘이 된 인간

1850년이 되면서 인간 활동은 명백히 지구 시스템의 일부가 됐다. 더 이상 지질학적 힘이나 천문학적 변화만이 지구의 기후를 좌우하는 것이 아니었다. 인간이 만든 기계들이 뿜어내는 이산화탄소도 지구 기후 시스템에 영향을 미치기 시작했다. 물론 당시에는 그 영향이 미미해 보였다. 1850년 대기 중 이산화탄소 농도 285ppm은 산업혁명 이전 280ppm에 비해 겨우 1.8% 증가에 불과했다. 하지만 이 작은 변화는 돌이킬 수 없는 추세의 시작이었다.

더 중요한 것은 변화의 가속도였다. 이산화탄소 농도가 1750~1850년까지 100년간 5ppm 증가했다면, 이후 100년(1850~1950년) 동안에는 25ppm이 증가했다. 그리고 그다음 50년(1950~2000년) 동안에는 40ppm이 더해졌다. 2024년 현재, 423ppm에 도달한 이산화탄소 농도는 와트의 증기 기관이 촉발한 변화의 연장선상에 있다. 지구 시스템의 관성을 고려하면, 1850년의 변화는 이미 21세기의 운명을 결정짓고 있었다. 대기 중으로 방출된 이산화탄소는 수백 년간 대기에 머물면서 지구의 복사 균형을 교란할 것이었다. 와트는 자신도 모르는 사이에 지구 기후 시스템에 새로운 강제력(forcing)을 가한 것이었다.

판도라 상자의 내용물

그리스 신화에서 판도라가 연 상자에서는 온갖 재앙이 튀어나왔지만, 마지막에는 희망도 함께 나왔다. 와트가 1769년에 연 판도라의 상자는 어떨까? 상자에서 나온 것들을 살펴보자.

가장 먼저 나온 것은 풍요였다. 증기 기관으로 시작된 산업 혁명은 인류에게 전례 없는 물질적 풍요를 가져다 주었다. 기계화된 농업은 더 많은 인구를 먹여 살릴 수 있게 했고, 공장 생산은 생활용품을 대중화했다. 교통 혁명은 지구를 하나의 시장으로 만들었다.

다음으로 나온 것은 지식이었다. 산업 혁명은 과학 기술의 발전을 가속화했다. 더 정밀한 기계를 만들려는 노력에서 재료 과학이 발달했고, 효율을 높이려는 시도에서 열역학이 체계화됐다. 대량 생산은 표준화와 정밀 측정을 발전시켰다.

상자에서는 재앙도 함께 나왔다. 대기 오염, 수질 오염, 도시 슬럼, 노동 착취 등 산업화의 어두운 면들이 드러났다. 그리고 가장 교묘한 재앙은 보이지 않게 진행되고 있었다. 대기 중 이산화탄소 농도의 상승이었다. 이 보이지 않는 변화는 150년 후 지구 전체를 위협할 것이었다. 빙하 융해, 해수면 상승, 극한 기상 현상의 증가, 생태계 교란 등 기후 변화의 모든 징후들이 1769년 그 순간부터 시작됐다고 할 수 있다.

그렇다면 희망은 어디에 있을까? 아이러니하게도 그 희망은 와트의 증기 기관 자체에 있다. 그의 발명은 효율 개선의 중요성을 보여주었다. 같은 일을 하면서도 더 적은 에너지를 사용하는 것이 가능하다는 증명이었다. 이 원리는 오늘날의 재생 에너지 기술과 에너지 효율 혁신의 근간이 되고 있다.

1769년이 결정한 2024년

1769년 증기 기관의 발명으로 향후 지구의 운명을 바꾼 제임스 와트. ©Getty Images

와트가 1769년 1월 5일 자신의 작업장에서 증기 기관을 완성했을 때, 그는 자신이 255년 후 지구의 운명을 결정짓고 있다는 사실을 알지 못했다. 그러나 수치는 거짓말하지 않는다. 1850년까지 80년간 인류가 배출한 이산화탄소 총량은 약 160억 톤이었다. 이는 대기 중 이산화탄소 농도를 5ppm 상승시켰다(280ppm→285ppm). 연평균 0.06ppm 증가였다.

2024년 현재, 대기 중 평균 이산화탄소 농도는 423ppm이다. 1850년 이후 138ppm, 49% 증가했다. 누적 배출량은 약 1조 6,000억 톤이다[39]. 와트 시대의 연간 2억 톤은 이제 360억 톤이 됐다[40]. 180배 증가다. 문제는 이 이산화탄소가 사라지지 않는다는 점이다. 대기 중 이산화탄소의 약 20%는 수십 년 내에 해양과 육상 생태계에 흡수된다. 또 다른 40%는 수백 년에 걸쳐 제거된다. 그러나 나머지 40%는 수천 년에서 수만 년 동안 대기 중에 머문다.

결국 2024년 대기를 떠도는 이산화탄소 분자 중 상당수는 1850년대 영국 맨체스터의 방직 공장 굴뚝에서 나온 것들이다. 1890년대 피츠버그 제철소의 용광로에서 나온 것들도 있다. 1920년대 디트로이트 자동차 공장에서 나온 것들도 여전히 그곳에 있다. 2024년 현재, 욕조에는 인류가 추가한 물이 무릎 높이까지 차올랐다. 그리고 수도꼭지의 물줄기는 점점 거세지고 있다.

와트의 증기 기관이 연 판도라의 상자에서 나온 것들은 이제 되돌릴 수 없다. 상자를 다시 닫을 수는 없다. 우리가 할 수 있는 것은 더 이상 나오지 않도록 막는 것뿐이다. 그러나 이미 나온 것들은 우리의 자손 수십, 수백 세대가 감당해야 할 유산이 됐다. 1769년 1월 5일, 글래스고의 추운 작업장에서 와트가 증기 기관의 첫 시동을 걸었을 때, 그는 단순히 물을 퍼 올리는 기계를 만든 것이 아니었다. 그는 인류가 지질학적 힘(geological force)이 되는 시대, 인류세(Anthropocene)의 시작을 알리는 시동을 건 것이었다. 그리고 그 엔진은 지금도 멈추지 않고 돌아가고 있다.

생명을 구한 공정의 대가

"Two souls, alas! reside within my breast,
and each withdraws from and repels its
brother."

"아아, 내 가슴속엔 두 개의 영혼이 살고 있나니,
이 두 형제가 서로를 거부하고 물리친다네."

—괴테(Johann Wolfgang von Goethe), 《파우스트(Faust)》(1808년)

1909년 7월 2일 새벽 4시, 독일 칼스루에기술대학교(Karlsruhe Institute of Technology)의 작은 실험실에서 프리츠 하버(Fritz Haber, 1868~1934)는 떨리는 손으로 압력계 바늘을 바라보고 있었다. 200기압. 온도계는 500°C를 가리켰다[1]. 마치 지옥의 조건을 재현한 것 같은 이 반응기 안에서, 그는 지구 대기의 78%를 차지하는 질소의 삼중 결합을 깨뜨리려 시도하고 있었다.

"이번엔 될 것 같다."

하버가 조수 로버트 르 로시뇰(Robert Le Rossignol, 1884~1976)에게 속삭였다. 5년간 수백 번의 실패 끝에, 그는 마침내 자연이 수십억 년 동안 꽁꽁 잠가 둔 질소 저장고의 자물쇠를 따려 하고 있었다.

반응기에서 나오는 가스를 분석한 결과, 의미 있는 수치를 얻었다. 8%의 암모니아 전환율. 미미해 보이지만, 이는 연속 공정으로 확장할 수 있는 수준이었다. 실험실에서 일어난 이 반응은 훗날 20억 명의 생명을 구하는 열쇠가 됐으나, 동시에 지구 전체를 질식시킬 이산화탄소의 홍수를 예고하는 서막이기도 했다.

$$N_2(질소) + 3H_2(수소) \rightleftharpoons 2NH_3(암모니아) + 열에너지 \text{ (발열 반응, } \Delta H = -92kJ/mol)$$

위의 화학식은 질소 분자 1개와 수소 분자 3개가 결합하여 암모니아 분자 2개를 만드는 과정을 나타낸다. 'ΔH = -92kJ/mol'은 이 과정이 열을 외부로 방출하는 '발열 반응'임을 의미한다. 즉, 암모니아가 만들어질 때마다 상당한 양의 열이 밖으로 튀어나온다는 뜻이다. 장작이 타오르면서 주변에 온기를 뿜어내듯이 말이다.

이처럼 간결한 수식 하나가 20세기 문명의 궤적을 송두리째 뒤바꾸어 놓았다[2]. 하버의 성공은 토머스 맬서스(Thomas Robert Malthus, 1766~1834)가 예견한 식량 위기를 기술로 돌파해 낸 결정적 분기점이 됐지만, 동시에 기후 시스템을 위협하는 새로운 문제의 시발점이기도 했다.

야누스 얼굴을 가진 천재

프리츠 하버는 1868년 브레슬라우[Breslau, 현재 폴란드 브로츠와프(Wrocław)]에서 태어났다[3]. 유태계 독일인인 아버지 지크프리드 하버(Siegfried Haber)는 염료와 안료를 거래하는 상인이었다. 어머니 파울라(Paula)는 프리츠가 태어난 지 3주 만에 산후열로 세상을 떠났다. 어머니의 이른 죽음은 하버에게 평생의 그림자가 됐다[4].

1901년 하버는 브레슬라우대학교(University of Breslau, 현재 폴란드 브로츠

프리츠 하버. ©Getty Images

와프대학교)에서 화학 박사 학위를 받은 클라라 임머바르(Clara Immerwahr, 1870~1915)와 결혼했다. 그녀는 당시 독일에서 손꼽히는 여성 화학 박사 중 한 명이었지만, 기혼 여성의 학문 활동을 사실상 금지했던 사회적 제약 때문에 결국 자신의 연구를 포기해야 했던 인물이다[5].

이러한 아내의 희생과 헌신 속에서 하버는 1909년 암모니아 합성에 성공하며 승승장구했다. 하지만 1914년 제1차 세계 대전이 발발하자 그의 삶은 영광과 비극이 교차하는 복잡한 궤적으로 접어들었다. "평화를 위해서는 전쟁에서 이기는 것이 최선"이라는 신념 아래 독가스 개발에 매진한 덕분에 그는 '화학전의 아버지'라 불리게 됐고, 1915년 4월 22일 이프르(Ypres) 전투에서 독일군의 염소(Cl_2) 가스 공격을 주도하기까지에 이르렀다. 남편이 쌓아 올린 이 비인도적인 업적은 과학자로서의 양심을 간직했던 클라라에게 견딜 수 없는 절망을 안겨 줬다. 결국 이프르 전투로부터 불과 한 달 뒤인 5월 2일 새벽, 클라라는 베를린 자택 정원에서 남편의 권총으로 스스로 생을 마감했다[6]. 유서는 남기지 않았지만, 역사학자들은 그녀가 과학을 살상 도구로 이용한 남편에게 절망해 극단적인 선택을 했을 것이라 추정하고 있다.

아내의 자살이라는 참혹한 비극 앞에서도 하버는 독가스 연구를 멈추지 않았다. 전쟁이 끝난 1918년, 그는 인류를 기아에서 구제한 공로로 노벨 화학상을 거머쥐었으나, 정작 시상식장에서는 "죽음의 상인"이라는 비난을 감내해야 했다[7]. 유태계 혈통임에도 맹렬한 독일 민족주의자였던 그는 "전시(戰時)에는 화학자도 조국을 위해 봉사해야 한다"라며 스스로의 행위를 정당화했다. 그러나 이는 인류 공동의 자산이어야 할 과학 기술을 국가 이데올로기의 도구로 전락시킨, 위선적인 변명에 불과했다.

이후 하버의 삶에는 인류사에서 유례를 찾기 힘든 잔혹한 아이러니가 뒤따랐다. 조국과 민족을 향했던 그의 광기 어린 헌신은 1933년 히틀러의 나치 정권이 집권하며 무참히 부정당했다[8]. 나치는 그가 누구보다 열렬한 독일 민족주의자라는 사실은 외면한 채, 단지 유태인이라는 이유만으로 그를 국외로 내쫓아 버렸다. 독일 민족을 위해 살상 무기를 개발했던 하버가, 결국 평생을 바쳐 헌신했던 그 민족주의로부터 철저히 버림받은 것이다. 더욱 비극적인 사실은 하버 자신은 버려졌을지언정, 그가 남긴 기술적 유산만큼은 독일에 남아 나치의 학살 병기로 충실히 복무했다는 점이다. 하버가 구축한 독성 물질 연구 체계 아래에서, 그의 제자이자 동료였던 발터 헤어트(Walter Heerdt, 1888~1957)와 게르하르트 페터스(Gerhard Peters, 1900~1974)는 시안화수소(HCN)를 주성분으로 하는 '치클론 B(Zyklon B)'를 완성했다[9]. 상온에서 빠르게 기화하는 이 휘발성 독성 물질은, 훗날 하버의 동족인 수많은 유태인의 목숨을 앗아가는 비극의 씨앗이 됐다.

원래 치클론 B는 창고의 쥐를 잡거나 배의 화물칸을 소독하기 위한 해충 구제용으로 개발된 물질이었다. 제품은 규조토 같은 흡착제에 시안화수소와 안정제, 그리고 오용을 막기 위해 위험 물질임을 알리는 자극적인 경고용 냄새 성분을 혼합한, 과립 형태의 물질이었다. 그러나 나치는 이 실용적인 살충제를 인류 역사상 가장 끔찍한 용도로 변질시켰다.

나치는 아우슈비츠(Auschwitz)와 마이다네크(Majdanek) 등지의 가스실에서 치클론 B를 대량 학살 도구로 사용했다. 상온에서 매우 빠르게 기화하여 가스실을 가득 채운 이 독가스는, 결국 100만 명이 넘는

아우슈비츠 수용소에서 사용된 치클론 B. ©United States Holocaust Memorial Museum

유대인의 목숨을 앗아가는 비극의 상징이 됐다[10].

그런데 정작 하버 자신은 이 참혹한 홀로코스트의 현장을 목격하지 못했다. 조국에서 쫓겨나 망명길에 오른 지 불과 몇 달 만인 1934년 1월 29일, 스위스 바젤로 향하던 중 심장마비로 쓸쓸히 생을 마감했다[11]. 그의 나이 66세였다. 비극은 그의 죽음 이후에도 멈추지 않았다. 그가 세상을 떠나고 10년 뒤, 그의 유대인 친족 중 상당수는 하버가 기틀을 닦은 기술로 만들어진 바로 그 가스에 의해 목숨을 잃었다.

과학사가 마거릿 로시터(Margaret Rossiter, 1944~2025)는 하버를 일컬어 "현대 과학의 파우스트"라고 불렀다[12]. 인류를 기아에서 구하려던 과학자의 열망이, 역설적으로 인류가 인류를 학살하는 시대의 문을 열었기 때문이다. 암모니아 합성은 오늘날 20억 명에게 빵을 주었지만, 그가 남긴 화학 기술의 유산은 100만 명을 죽인 독가스의 씨앗이 됐다. 조국을 향한 헌신은 민족주의의 배신으로 돌아왔고, 그가 남긴 기술적 성취는 그의 뿌리였던 유태인을 학살하는 데 전용됐다. 하버는 이렇게 현대 과학사에서 가장 고통스러운 아이러니를 상징하는 인물로 남았다.

질소의 역설

질소는 지구상에서 가장 아이러니한 존재다. 우리가 숨 쉬는 공기의 78%가 질소 분자(N_2, 질소 원자 N이 2개 결합한 이원자 분자)로 이뤄졌음에도 불구하고, 19세기까지 전 세계의 식물들은 질소 부족에 시달려야 했다. 이는 마치 사방이 바다로 둘러싸인 섬에서 마실 물이 없어 갈증에 허덕이는 상황과도 같았다. 문제는 질소 분자(N_2)의 견고한 구조에 있었다. $N \equiv N$으로 표현되는 질소 분자는 두 개의 질소 원자가 세 개의 공유 결합으로 단단히 결합한 구조다(삼중 결합). 마치 질긴 세 가닥 동아줄로 단단히 묶인 것처럼, 그 자체로 너무나 안정적인 물질이다. 이 삼중 결합을 끊는 데 필요한 에너지는 945kJ/mol에 달하는데, 화학 결합 중에서도 가장 강력한 축에 속한다[13]. 구체적으로 예를 들면, 질소 28그램(1몰)의 삼중 결합을 끊기 위해서는 상온(25°C)의 물 3리터를 100°C까지 펄펄 끓일 수 있는 막대한 에너지가 필요하다. 질소 분자(N_2)의 결합력이 워낙 강하다 보니, 식물은 스스로의 힘만으로는 이 결합을 깨뜨려 영양분으로 사용할 수 없다. 대기 중에

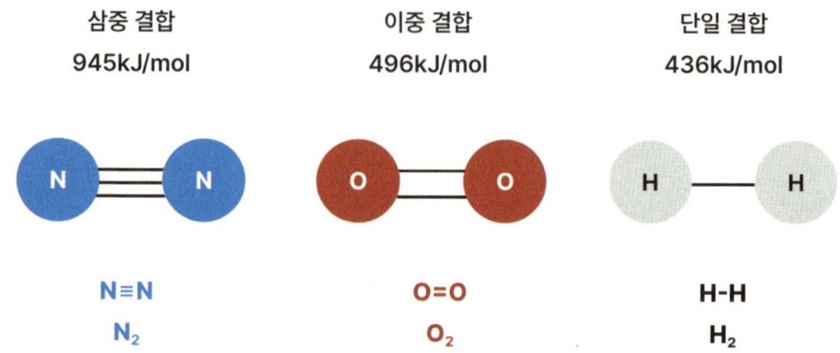

질소 분자(N_2)의 삼중 결합은 세 쌍의 전자를 공유하는 매우 강력한 결합이다. 산소의 이중 결합(O_2, 496kJ/mol)이나 수소의 단일 결합(H_2, 436kJ/mol)에 비해 질소의 삼중 결합(945kJ/mol)은 그 결합력(동아줄 전체를 끊을 때 필요한 힘)이 2배 이상 강하다. 이 때문에 질소는 대기 중에서 매우 안정적으로 존재하지만, 식물이 이용하기는 극도로 어렵다.

질소가 아무리 많아도 식물이 이를 직접 흡수하지 못하는 이유가 바로 이 때문이다.

자연계에서 무쇠처럼 단단한 질소 결합을 끊을 수 있는 존재는 오직 '나이트로지네이즈(Nitrogenase)'라는 특수한 효소를 가진 뿌리혹박테리아뿐이다[14]. 하지만 이 효소조차 질소를 암모니아로 바꾸는 과정이 결코 만만치 않다. 뿌리혹박테리아는 고작 질소 분자 1개를 처리하기 위해 무려 16개의 ATP(adenosine triphosphate)* 분자를 쏟아부어야 하기 때문이다[15].

이것이 얼마나 막대한 에너지인지는 식물의 주식인 포도당과 비교해 보면 이해할 수 있다. 식물은 광합성을 통해 피 같은 포도당을 만들어 내지만, 질소 고정 과정에서는 오히려 이 소중한 포도당을 대량으로 태워야 한다. 구체적으로 보면, 포도당 분자 1개가 분해되면 약 30~32개의 ATP가 만들어진다. 그런데 앞서 1개의 질소 분자를 깨는 데 16개의 ATP가 필요하다는 사실을 상기하자. 다시 말해, 질소 분자 단 하나를 얻기 위해 힘들게 만든 포도당의 절반을 고스란히 연료로 써 버리는 셈이다.

이걸 무게로 환산하면 더욱 놀라운 사실이 드러난다. 식물이 생장에 필요한 **질소 28그램을 벌기 위해 그 3배가 넘는 90그램의 포도당을 '세금'으로 지불하는 셈**이기 때문이다. 이는 마치 1,000원을 벌기 위해 재료비로 3,000원을 쓰는 '적자 장사'와 비슷한 모양새다. 식물 입장에서 질소는 생존을 위해 필수적인 아이템이지만, 획득할수록 생체

---

* 생명체가 활동에 필요한 에너지를 저장하고 운반하는 생체 내의 중요한 분자로서, '생체 에너지 화폐'에 해당한다.

에너지를 바닥내야만 하는 최고급의 사치품인 꼴이다. 심지어 이조차 오직 뿌리혹박테리아와 공생하는 식물만이 누릴 수 있는 고단한 특권이다.

효율이 이토록 낮다 보니, 자연은 이 어려운 작업을 수억 년에 걸쳐 아주 천천히, 그리고 생태계가 겨우 유지될 정도로 소량씩만 수행할 수밖에 없었다. 19세기 말, 독일의 화학자 유스투스 폰 리비히(Justus von Liebig, 1803~1873)는 '최소율의 법칙(Law of the Minimum)'을 통해 이 현상을 명쾌하게 설명했다[16]. 식물 성장에 필요한 여러 요소가 아무리 차고 넘쳐도, 가장 부족한 요소 하나가 전체 성장의 한계를 결정한다는 원리다. 물이 아무리 많아도 구멍 난 물통에는 물을 채울 수 없는 것과 같은 이치다. 그리고 인구가 급증하던 19세기 유럽의 농지에서 그 구멍, 즉 풍요의 시대로 나아가는 발목을 잡던 가장 약한 고리는 언제나 질소였다.

맬서스의 절망적인 예언

1898년 9월 7일, 영국 브리스틀(Bristol)에서 열린 영국과학진보협회(British Association for the Advancement of Science, BAAS) 연차 총회장. 화학자 윌리엄 크룩스(William Crookes, 1832~1919)가 연단에 올랐을 때, 청중들은 그의 표정에 서린 침울함을 단번에 알아챌 수 있었다. '밀 문제(The Wheat Problem)'라는 제목의 그의 연설은, 풍요를 자신하던 당시 과학계에 묵직한 화두를 던졌다[17].

"신사 여러분, 우리는 전례 없는 수급 위기에 직면해 있습니다. 현재 세계 인구 16억 명은 매년 1%씩 늘어나는데, 칠레 초석은 바닥을 드러내고 있습니다"

크룩스의 분석은 철저히 계산에 기반한 것이었다. 당시 유럽 농업의 생명줄과 같았던 칠레 초석(질산나트륨, NaNO₃)의 연간 채굴량은 150만 톤 수준이었다. 하지만 인구 증가 속도를 고려하면 1930년대에는 그 두 배인 연간 300만 톤이 필요할 상황이었다. 반면 칠레 아타카마 사막의 초석 매장량은 기껏해야 20~30년 치에 불과했다[18].

그는 떨리는 목소리로 연설을 이어 갔다. "영국은 30년 내에 기아에 직면할 겁니다. 인구는 증가하지만 토지는 한정돼 있고, 질소 비료 없이는 수확량을 늘릴 수 없습니다. 해답은 오직 하나, 대기 중 질소를 고정하는 기술뿐입니다."

크룩스가 경고한 위기의 본질은 100년 전 토머스 맬서스가 던진 암울한 예언과 궤를 같이 하는 것이었다. 1798년 맬서스가 발표한 《인구론(An Essay on the Principle of Population)》은 단순한 학술 이론을 넘어, 19세기 유럽 사회 전체를 관통하는 이념적 틀로 자리 잡은 상황이었다[19].

맬서스의 논리는 명쾌했다. 인구는 기하급수적으로 증가한다(가령, 2, 4, 8, 16, 32…로 증가하는 식). 그러나 식량은 산술급수적으로만 늘어날 수 있다(2, 4, 6, 8, 10…). 그렇다면 결론은 간단하다. 인구를 억제하는 메커니즘이 작동하지 않는다면, 인류는 광범위한 기아와 빈곤에 빠질 수밖에 없다.

이 절망적인 예언은 비정한 정책으로 구현됐다. 1834년 영국 의회가 통과시킨 신구빈법(New Poor Law)이 그것이다[20]. 이 법안은 빈민 구제가 오히려 출산과 인구 증가를 부추겨 사회 전체를 파멸로 몰아넣을 수 있다는 맬서스적 공포를 배경에 깔고 있었다. '정부의 구제를 받는 삶이 최하층 노동자의 삶보다 나아서는 안 된다'는 원칙 아래, 가난한 자를 돕는 자선은 선행이 아닌 죄악으로 간주되기 시작했다.

이러한 인식 아래 정부가 만든 빈민 구호소(workhouse)는 의도적으로 비참하게 설계됐다. 가족은 분리 수용되고, 노동이 강제됐으며, 식사는 생명을 겨우 부지할 수 있을 정도로 최소한만 제공됐다. 찰스 디킨스(Charles Dickens, 1812~1870)가 쓴《올리버 트위스트(Oliver Twist)》(1838)에서 묘사한 그 잔혹한 시스템은, 맬서스의 이론이 빈민에 대한 차별과 탄압을 정당화하던 시대의 서글픈 초상이었다[21].

대영 제국은 이 논리를 식민 통치의 방패로도 활용했다. 100만 명이 굶어 죽어 간 아일랜드 대기근(1845~1852) 당시, 영국 정부는 적극적인 구호 정책 대신 수수방관을 택했다. 당시 재무부 차관보였던 찰스 트레벨리언(Sir Charles Trevelyan, 1st Baronet, 1807~1886)은 이 참혹한 기근을 '사회를 교정하기 위한 신의 섭리'로 해석하며 개입을 거부했다[22]. 100만 명이 굶어 죽고, 또 다른 100만 명이 이민을 떠났지만, 맬서스적 논리 속에서 이 비극은 그저 '과잉 인구의 자연스러운 조정'일 뿐이었다.

인도에서도 마찬가지였다. 19세기 후반, 인도에 수차례 기근이 닥쳤음에도 영국 식민 당국은 식량 수출을 멈추지 않았다. 당시 총독 리튼 경(Robert Bulwer-Lytton, 1831~1891)은 1877년 "시장의 자연스러운 작동을 방해해서는 안 된다"는 논리를 내세우며 구호를 제한했는데[23], 이 비정한 무관심의 배후에는 언제나 맬서스의 이론이 방패가 됐다.

더 나아가 맬서스의 인구론은 찰스 다윈(Charles Darwin, 1809~1882)에게도 결정적인 영감을 줬다[24]. 다윈은 자서전을 통해 맬서스를 읽고 나서야 비로소 '생존 경쟁'이라는 개념을 정립할 수 있었다고 술회했다. 자연 선택 이론의 핵심인 '생존을 위한 투쟁'은 결국 제한된 자원을 둘러싼 경쟁이라는 맬서스적 세계관에서 태동한 셈이다.

이 논리는 20세기 초 우생학(eugenics) 운동으로까지 왜곡돼 이어졌다. 다윈의 사촌인 프랜시스 골턴(Francis Galton, 1822~1911)은 1883년 '우생학'이라는 용어를 창안하며[25], 제한된 자원 속에서는 '우수한 형질'을 지닌 집단의 번식을 장려하고, 그렇지 않은 경우에는 억제해야 한다는 차별적 시각을 제시했다. 맬서스가 경고한 인구 압력의 공포는 어느덧 사회적 약자를 배제하고 차별하는 논리로 정교하게 다듬어지고 활용됐다.

1898년 크룩스가 연단에 섰을 때, 그가 목격한 것은 단순한 질소 수치의 부족만이 아니었다. 그는 지난 100년간 유럽 사회를 지배해온 맬서스적 공포를 다시 불러들였다. '인구는 늘어나는데 자원은 한정돼 있다. 이대로라면 대규모 기아는 불가피하다. 그러니 누군가는 굶어 죽어야 한다.'

크룩스는 맬서스와는 달랐다. 그는 체념하는 대신 과학 기술의 가능성에 의지했다. '대기 중 질소를 고정하는 기술'이라는 새로운 해법을 제시했다. 과학이 맬서스의 저주를 깰 수 있다고 믿었던 것이다.

그로부터 11년 후인 1909년, 프리츠 하버가 그 믿음을 현실로 만들었다.

크룩스의 연설을 들은 젊은 물리화학자 프리츠 하버는 그날 밤 잠을 이루지 못했다. 1904년부터 그는 질소 고정 문제에 본격적으로 뛰어들었다. 당시까지 시도된 방법들은 모두 에너지 효율이 낮았다[26]. 노르웨이의 크리스티안 비르켈란(Kristian Birkeland, 1867~1917)과 삼 에이데(Sam Eyde, 1866~1940)가 개발한 전기 방전법은 번개처럼 강력한 전기 아크를 발생시켜 질소 분자의 삼중 결합을 끊는 방식이었지만, 전력 소모가 너무 컸다[27]. 질소 1톤을 고정하는 데 전력 60~80MWh를 필요로 했다. 이는 현대의 일반 가정 수십 가구가 1년 내내 쓸 만큼의 막대한 전력에 해당한다.

하버는 다른 접근법을 채택했다. 열역학의 르샤틀리에 원리(Le Chatelier's Principle)를 활용하기로 한 것이다[28]. 앞서 제시했던 질소와 수소의 직접 결합 반응을 다시 상기해 보자.

$$N_2 + 3H_2 \rightleftharpoons 2NH_3 + \text{열에너지} \ (\Delta H = -92.4\text{kJ/mol})$$

이 간결한 화학 반응식 속에는 우리가 주목해야 할 과학적 사실이 숨어 있다. 우선 ΔH가 음수(-)라는 것은 반응이 진행되면서 열을 외부로 뿜어내는 '발열 반응'이라는 뜻이다. 다음으로 화살표 좌우에 있는 숫자에 주목하자. 화살표 왼편, 그러니까 반응 전에는 숫자가 1, 3인데, 화살표 오른편의 숫자는 2다. 이 얘기는 전체 4개(1+3)의 분자가 반응해서 2개의 암모니아 분자가 만들어진다는 것을 의미한다. 즉 반응을 거치며 분자라는 알맹이의 전체 개수가 절반으로 줄어드는 것이다. 그런데 반응이 진행돼도 전체 질량은 보존되기 때문에(질량 보존의 법칙), 이 줄어듦은 부피의 문제로 귀결된다. 결국 분자 수가 줄어든 만큼 전체 부피는 절반으로 수축하는 셈이다. 요약하자면 이 반응은 열을 방출하면서 동시에 전체 부피가 감소하는 화학 반응이다.

이 지점에서 르샤틀리에의 원리가 등장한다. 외부에서 압력을 높여 수축하려는 반응을 도와 주고(고압), 동시에 발생하는 열이 원활히 방출되도록(저온) 조절한다면, 평형은 자연스럽게 생성물인 암모니아 쪽으로 기울게 된다. 이론적으로는 고압과 저온이 암모니아 생산의 최적 조건인 셈이다. 하지만 여기에는 치명적인 딜레마가 도사리고 있었다. 평형을 생성물 쪽으로 유리하게 이끌려면 온도를 낮춰야 했지만, 역설적으로 온도를 너무 낮추면 화학 결합을 끊고 이어 주는 반응 속도가 처참할 정도로 느려져 실용성이 완전히 사라지기 때문이다.

'암모니아를 더 많이 얻기 위한 낮은 온도'와 '암모니아를 더 빨리 만들기 위한 높은 온도'. 하버는 높은 압력과 낮은 온도라는 평형의 조건, 그리고 빠른 속도를 위해 높은 온도가 필요하다는 속도의 조건 사이에서 최적의 타협점을 찾아야만 했다. 이 모순적인 상황을 하버가 어떤 영리한 방식으로 돌파했는지 그 과정을 들여다보자.

촉매와 온도 그리고 압력으로 만들어 낸 마술

하버가 직면한 문제는 열역학과 반응 속도론 사이의 근본적인 갈등이었다. 스반테 아레니우스(Svante Arrhenius)가(이 책 1장에서 등장한 그 아레니우스다) 개발한 반응 속도 방정식에 따르면, 반응 속도는 온도에 지수적으로 의존한다. 쉽게 말해, 활성화 에너지가 높을수록, 온도가 낮을수록 반응은 느려진다는 의미다.

$$k=Ae^{-\left(\frac{E_a}{RT}\right)}$$

(여기서 k는 반응 속도 상수, E_a는 활성화 에너지, R은 기체 상수, T는 절대 온도)

그렇다면 활성화 에너지란 무엇인가?

화학 반응은 마치 산을 넘어 다른 골짜기로 가는 것과 같다. 질소(N_2)와 수소(H_2)가 암모니아(NH_3)가 되려면, 먼저 거대한 에너지 장벽을 넘어야 한다. 이 장벽의 높이가 바로 활성화 에너지다.

질소를 암모니아로 바꾸는 길에는 왜 이토록 험난한 장벽이 존재할까? 그 근본적인 이유는 앞서 살펴본 질소 분자의 견고한 삼중 결합($N{\equiv}N$)에 있다. 앞서 우리는 이 결합을 끊는 데 945kJ/mol이 필요하다는 것을 알았다. 다행히 암모니아 합성 반응의 활성화 에너지는 460~840kJ/mol정도로, 질소의 결합 에너지보다는 다소 낮다.

이것이 가능한 것은 바로 '반응 경로'라는 비밀 때문이다. 질소 분자가 수소 분자와 반응할 때, 삼중 결합을 완전히 끊고 나서 새로운 결합을 만드는 게 아니다. 대신 부분적으로 끊어지면서 동시에 수소와 새로운 결합이 형성되는 절묘한 과도기를 거친다. 마치 한 손을 놓으면서 동시에 다른 손을 잡는 것처럼 말이다. 이 과도기적 상태를 화학에서는 "전이 상태(transition state)"라고 부른다.

전이 상태에서는 $N{\equiv}N$ 삼중 결합이 완전히 끊어지지 않고 느슨

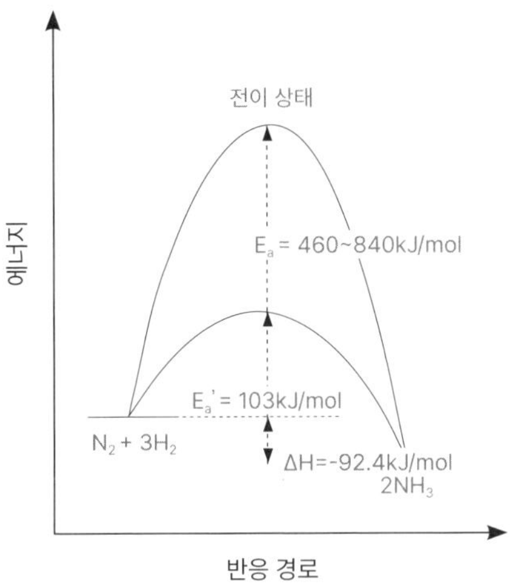

가로축은 반응의 진행 정도를, 세로축은 에너지를 나타낸다. 왼쪽의 N_2 + 3H_2에서 시작하여 오른쪽의 2NH_3로 가는 경로 중간에 높은 봉우리(활성화 에너지 장벽)가 있다. 촉매를 사용하면 이 봉우리가 낮아진다(점선).

해진 상태에서 수소 원자들이 접근하여 N-H 결합을 만들기 시작한다. 그래서 활성화 에너지, 장벽의 높이가 945kJ/mol보다 낮은 것이다. 그럼에도 불구하고 460~840kJ/mol이라는 높이는 여전히 압도적인 에너지량이다.

공기 중의 질소를 암모니아로 변환하는 일이 얼마나 지난하고 어려운 과정인지를 이해하려면 도표를 들여다봐야 한다. 위 도표는 질소로부터 암모니아가 생성되는 반응의 에너지 관계를 나타내는데, 에너지 관점에서 봤을 때 이 반응은 극악의 난이도를 지닌 괴상한 화학 반응이다. 도표를 찬찬히 뜯어보면 이 지독한 역설이 드러난다.

최종 생성물인 암모니아(2NH₃)는 사실 처음 재료였던 질소와 수소 (N₂+3H₂)보다 훨씬 낮은 에너지 상태에 있다(92kJ/mol만큼 낮다). 이는 마치 왼쪽 언덕의 공(N₂ + 3H₂)이 가파른 언덕 꼭대기에 아슬아슬하게 멈춰 서 있고, 저 아래 안락한 골짜기(2NH₃)로 굴러 내려가고 싶어 하는 것과 같다.

이론적으로 이 반응은 에너지를 방출하며 저절로 일어나야 마땅하다. 에너지, 소위 텐션(tension)이 높은 쪽에서 낮은 쪽으로 진행되는 건 자연의 섭리다. 그런데 도표의 중간을 보면, 그 공의 경로 앞에 거대한 포물선 모양의 산맥이 가로놓여 있다. 이것이 바로 도표의 가장 높은 봉우리, **'활성화 에너지(Eₐ)'라 불리는 장벽**이다. 이 장벽의 높이(460~840kJ/mol)는 질소의 강력한 삼중 결합을 부분적으로 끊고 전이 상태를 거쳐 가는 데 필요한 에너지다. 골짜기로 굴러 내려가며 에너지를 방출하기 위해서는, 아이러니하게도 먼저 이 어마어마한 산을 넘어갈 에너지를 투입해야만 한다.

하버가 제일 먼저 한 일은 바로 이 산의 높이를 낮추는 것이었다. 어떻게? 촉매를 사용하면 된다. 촉매란 반응에 참여하지만 자신은 변하지 않으면서, 반응 경로를 바꿔 주는 물질이다. 비유하자면, 깍아지른 산 정상을 넘는 대신 산허리를 뚫어 '터널'을 내는 것과 같다. 터널은 여전히 평지보다는 높은 곳에 있지만, 산꼭대기를 넘는 것보다는 훨씬 수월하다.

하버가 처음 찾아낸 촉매는 오스뮴 산화물(OsO₄)이었다[29]. 그후 보슈와 BASF 연구팀은 이를 더욱 발전시켜, 철(Fe)에 알루미늄 산화물 (Al₂O₃)과 칼륨 산화물(K₂O)을 첨가해 내구성과 활성을 극대화한 촉매를 완성했다. 그리고 이 촉매 표면에 질소 분자가 달라붙으면(흡착), N≡N 결합이 마법처럼 약해진다. 마치 팽팽하게 당겨져 있던 단단한 밧줄이 촉매의 힘에 의해 느슨하게 풀리는 것과 비슷한 이치다.

촉매라는 터널이 뚫리자, 활성화 에너지는 103kJ/mol까지 낮아졌다. 도표의 아래쪽 작은 언덕이 바로 그 촉매 경로다. 원래 460~840kJ/mol이던 장벽이 103kJ/mol로 줄어든 것이다. 약 80~90%가 감소한 것이다.

장벽을 낮췄음에도 103kJ/mol은 여전히 히말라야급 고지대다. 상온에서는 여전히 반응이 일어나지 않았다. 아무리 터널을 뚫었어도 공(반응물)이 그 안으로 굴러 들어갈 최소한의 추진력은 필요했기 때문이다. 그래서 하버는 **온도를 500°C까지 끌어올려야** 했다. 불을 지펴 열에너지를 공급해야만, 비로소 질소라는 공이 촉매가 만든 산맥을 넘어갈 힘을 얻을 수 있기 때문이었다.

그런데 이제 여기서 딜레마가 발생한다. 이 반응은 앞서 살펴봤듯이 암모니아가 만들어질 때마다 열을 밖으로 뿜어낸다(발열 반응, ΔH = -92kJ/mol). 열역학의 기본 원리인 **르샤틀리에의 원리**에 따르면, 이러한 발열 반응은 온도가 높아질수록 오히려 역반응, 즉 애써 만든 암모니아가 다시 질소와 수소로 분해되는 쪽을 더 선호하게 된다.

생각해 보자. 반응이 진행되면서 열이 나온다. 그런데 우리는 반응을 빠르게 하려고 외부에서 열을 더 가해야 한다. 반응 입장에서는 "이미 뜨거운데 왜 더 뜨겁게 만드냐? 그럼 나는 반대로 가겠다"는 식이 된다.

이것이 하버가 마주한 거대한 모순이었다. 반응을 '시작'시키려면 뜨거운 불이 필요한데, 그 불이 반응의 '완성'을 방해하는 셈이다.

즉, 온도를 높이면 속도는 빨라지지만 수율(yield)[*]이 줄어든다. 반대로 온도를 낮추면, 수율은 높아지지만 반응이 100년쯤 걸릴지 모를 정도로 느려진다.

평범한 상온, 상압의 공기 중에서는 활성화 에너지 장벽을 넘을 수 있는 에너지가 존재하지 않는다. 설상가상으로 에너지를 주면 외려 더 안 만들어지는 괴상한 반응. 대기의 78%라는 무진장한 질소가 존재함에도, 식물들이 그렇게 굶주릴 수밖에 없었던 이유였다.

여기서 하버는 두 번째 카드를 꺼내 든다. 바로 '압력'이었다. 그는 화학식을 다시 들여다봤다. N_2(1분자) + $3H_2$(3분자) $\rightleftharpoons$ $2NH_3$(2분자). 처음 시작은 총 4개의 기체 분자로 시작인데, 그게 쪼개지고 뭉쳐져 나중에 만들어지는 것은 단 2개의 기체 분자뿐이다. 반응이 일어날수록 기체의 부피가 반토막으로 줄어드는 것이다.

하버는 이 점을 놓치지 않았다. 르샤틀리에의 원리는 압력에도 똑같이 적용된다. 만약 시스템을 거대한 힘으로 짓누른다면, 시스템은 그 압력을 해소하기 위해 스스로 부피를 줄이는 방향으로, 즉 4분자가 2분자가 되는 방향, 즉 정반응, 다시 말해 왼쪽에서 오른쪽 언덕으로 도망치려 할 것이다.

이것이 바로 '200기압'이라는, 당시로서는 상상조차 하기 힘든 압력의 정체다. 500°C의 고온이 암모니아 합성을 억지로 떠밀지만, 그렇게 만들어진 암모니아가 다시 500°C의 고온 때문에 재빨리 거꾸

---

[*]　화학 반응에서 이론적으로 얻을 수 있는 최대 생산량에 대비해, 실제 공정에서 얻은 결과물 간의 양적 비율을 말한다. 쉽게 말해, 투입한 재료를 얼마나 알뜰하게 완제품으로 바꿨는지 보여 주는 '생산 효율 성적표'다.

로 되돌아가려고 하는 상황. 이 되돌아가려는 힘을, 200기압이라는 거대한 압력이 짓누르며 억지로 "다시 합쳐져라!"라고 밀어붙이는 형국이었다.

결국 하버의 전략은 적당한 '타협'이었다. 그는 반응이 일어날 수 있는 최소한의 고온(500°C)과, 그 고온의 불리함을 찍어 누를 수 있는 최대한의 고압(200기압), 그리고 이 모든 과정을 그나마 가능하게 해주는 '촉매'라는 세 가지 무기를 조합해, 마침내 자연의 가장 견고한 자물쇠를 열어젖힌 것이다.

하버와 그의 조수 르 로시뇰은 1905년부터 1909년까지 4년간 수백 번의 실험을 반복했다[30]. 온도 400~600°C, 압력 50~300기압의 다양한 조건에서 말이다. 실험실은 그야말로 위험천만했다. 고압 수소는 폭발 위험이 높았고, 고온에서는 반응기가 터질 위험이 있었다. 실제로 1906년 가을, 실험 중 반응기 폭발로 하버는 얼굴에 화상을 입었다[31].

가장 큰 과제는 촉매였다. 니켈, 코발트, 팔라듐 등 다양한 금속을 시도했지만 만족스러운 결과를 얻지 못했다. 1909년 하버는 마침내 오스뮴 화합물을 촉매로 사용해 500°C, 200기압에서 암모니아 전환율이 8%에 달하는 획기적인 결과를 얻었다[32]. 100 중에 겨우 8. 미미해 보이지만, 이는 연속 공정을 통해 충분히 수율을 높일 수 있는 유의미한 수치였다.

보슈의 해법: 실험실에서 공장으로

하버의 발견이 실험실의 지적 호기심에만 그쳤다면, 인류 역사는 지금과는 많이 달랐을 것이다. 하버가 사용한 오스뮴 촉매는 성능은 준수했지만 백금족 원소답게 지나치게 비싸고 희귀해서 상업성이 없었다. 하버의 실험을 세계사의 거대한 무대로 끌어올린 주인공은 화학 제품 제조 기업 바스프(BASF, Badische Anilin-und Soda-Fabrik)의 젊은 엔지니어, 카를 보슈(Carl Bosch, 1874~1940)였다[33]. 1874년생인 보슈는 하버보다 여섯 살이 어렸지만, 공학적 직관력만큼은 타의 추종을 불허했다. 1909년 하버의 실험실을 방문한 보슈는 즉시 이 공정의 혁명적 잠재력을 간파했다. 하지만 그가 직면한 공학적 문제는 하버가 직면했던 이론적 고민보다 훨씬 더 가혹하고 복잡했다.

실험실의 작은 반응기를 거대한 공업 설비로 확대하는 것은 단순히 규모를 키우는 차원이 아니었다. 200기압의 압력을 견딜 수 있는

카를 보슈. ©Carl Bosch Museum

거대한 반응기를 만들어야 했고, 500°C의 고온에서도 작동하는 시스템을 설계해야 했기 때문이다. 1909년 당시 세계 최고 수준의 공업 시설조차 겨우 20~30기압을 견디는 수준이었음을 감안하면[34], 이는 시대를 앞서간 무모한 도전과도 같았다.

가장 큰 난관은 금속을 파괴하는 '수소 취성(hydrogen embrittlement)' 현상이었다. 고온 고압 상태의 수소 분자는 강철 내부로 침투해 금속 조직을 파괴한다. 보슈는 여기서 획기적인 해결책을 제시했다. 이중벽 구조의 반응기를 만드는 것이었다[35]. 내벽은 수소에 강한 특수 합금으로, 외벽은 고압을 견디는 강철로 설계하여 압력과 부식을 동시에 잡아낸 것이다.

이와 동시에 보슈의 팀은 오스뮴을 대체할 저렴하고 효율적인 촉매를 찾기 위해 수천 번의 실험을 거듭했다. 수많은 시행착오 끝에 마침내 산화철에 칼륨과 알루미늄 등을 첨가한 저렴한 촉매를 개발해 냈다[36].

보슈의 또 다른 혁신은 순환 공정이었다. 한 번에 8%밖에 변환되지 않는 암모니아를 분리한 후, 반응하지 않고 남은 92% 여분의 질소와 수소를 다시 반응기로 돌려보내는 것이었다. 이론적으로는 간단해 보였지만, 고압 가스의 순환 시스템을 설계하는 것은 당시로서는 전례 없는 도전이었다.

1913년 9월 9일, 독일 루트비히스하펜(Ludwigshafen)시의 오파우(Oppau) 지역에 세계 최초의 대규모 암모니아 합성 공장이 가동을 시작했다. 최초 생산량은 하루 30톤에 불과했지만[37], 이는 인류 역사의 커다란 분기점이었다. 인류가 마침내 '공기에서 빵'을 만들어 내며 맬서스의 저주를 끊은 순간이었다.

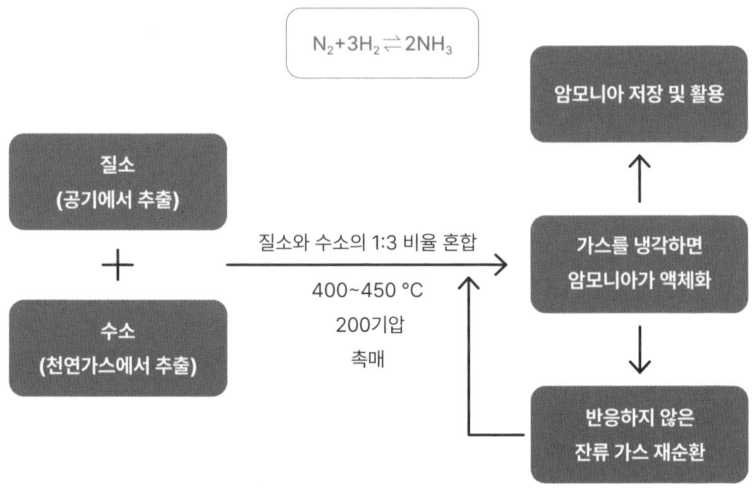

암모니아(NH_3) 합성 반응은 분자 4개가 분자 2개로 줄어들어 전체 부피가 감소하는 특징을 지닌다. 이 반응은 고온에서 반응이 시작되는데, 반응 자체가 발열 반응이라서 온도가 높으면 만들어진 암모니아가 다시 거꾸로 질소와 수소로 분해된다. 그런데 르샤틀리에의 원리에 따라 반응 용기에 고압을 걸어 주면(왼쪽), 평형은 부피가 작은 암모니아(생성물) 쪽으로 이동하게 되며, 생성된 액체 암모니아를 제거하면, 평형 상수를 유지하기 위해 더 암모니아를 생산하는 식으로 작동한다. 이는 하버가 암모니아 생산 수율(yield)을 높이기 위해 채택한 핵심 전략이었다. 이 공로를 인정받아 하버는 1918년, 보슈는 1931년 각각 노벨 화학상을 수상했다.

에너지의 딜레마

하버-보슈 공정(Haber-Bosch process)의 눈부신 성공은 또 다른 한편 큰 숙제를 불러왔다. 바로 반응에 필요한 수소를 어디서 조달할 것인가 하는 문제였다. 초기에는 물을 전기 분해하여 수소를 얻었지만, 전력 소모가 너무 커서 경제성이 떨어졌다. 결국 인류가 찾아낸 해답은 천연가스였다. 천연가스의 주성분인 메탄(CH_4)을 고온의 수증기와 반응시키는 수증기 개질(steam reforming)* 공정이 도입된 것이다[38]. 이 공정은 크게 두 단계로 나뉜다.

단계 1

$$CH_4 + H_2O + 열에너지 \rightarrow CO(일산화탄소) + 3H_2 \text{ (흡열 반응, } \Delta H = +206kJ/mol)$$

단계 2

$$CO + H_2O \rightarrow CO_2 + H_2 + 열에너지 \text{ (발열 반응, } \Delta H = -41kJ/mol)$$

첫 번째 단계는 메탄과 수증기가 반응해 일산화탄소와 수소를 만드는 과정이다. 이때 외부에서 많은 열을 가해 줘야 반응이 일어난다. 두 번째 단계는 일산화탄소를 이산화탄소로 바꾸면서 추가 수소를 얻는 과정이다. 이때는 열이 외부로 뿜어져 나온다.

---

* 문자 그대로 물질의 '성질을 고친다(改質)'는 뜻이다. 천연가스에 높은 온도의 수증기를 가해 분자의 화학적 구조를 변형시키고, 그 과정에서 우리가 필요한 수소를 분리해 내는 공정을 말한다.

결과적으로 메탄 1분자에서 수소 4분자를 얻지만, 동시에 이산화탄소(CO_2) 1분자를 부산물로 배출한다. 여기에 더해, 이 반응을 일으키기 위해 개질기 온도를 1,000°C 가까이 높여야 하는데, 이때 연료로 태우는 가스에서도 막대한 이산화탄소가 쏟아져 나온다. 이 두 과정을 합산하면, 암모니아 1톤을 생산할 때 무려 1.9톤의 이산화탄소가 발생하는 셈이다[39].

2023년 기준, 전 세계 천연가스 소비량의 약 3~5%가 하버-보슈 공정에 사용되고 있다. 이는 전 세계 에너지 소비량의 1~2%, 이산화탄소 배출량의 약 3%가 오직 이 공정 하나에서 나오고 있다[40]. 이를 좀 더 직관적으로 이해하기 위해 가정집으로 비유해 보자. 서울의 평균적인 아파트 한 채가 겨울 한 달간 난방에 사용하는 천연가스는 부피로 약 120세제곱미터다. 이 가스로 스마트폰 배터리 무게만 한 수소 약 21킬로그램을 추출할 수 있고, 이를 공정 효율에 맞춰 합성하면 암모니아 비료 약 121킬로그램을 얻게 된다. 하지만 문제는 그 대가다. 비료 121킬로그램을 얻는 과정에서 배출되는 이산화탄소는 무려 230킬로그램에 달한다. 얻는 것보다 버리는 것이 거의 두 배(1.9배)나 많은 셈인데, 이 배출량은 휘발유 승용차로 서울에서 부산을 2회 왕복할 때 나오는 양과 비슷하다.

에너지 효율 면에서도 뼈아픈 손실이 뒤따른다. 대형 세탁기 크기만한 1세제곱미터의 천연가스에는 약 10.55kWh의 에너지가 잠재돼 있다[41]. 하지만 이를 암모니아로 변환하기 위해 실제 투입해야 하는 에너지는 그 이론값의 1.5배를 넣어 줘야 한다. 안타깝게도 이 초과 지불된 에너지는 암모니아라는 결과물 속에는 단 1%도 저장되지 않는다. 그저 거대한 반응기를 달구는 폐열(waste heat)로 소모되거나,

이산화탄소라는 배기가스와 함께 굴뚝 밖으로 허망하게 흩어질 뿐이다. 마치 1만 원짜리 물건을 사는데 계산대에서 수수료로 5,000원을 쓸데없이 더 지불하는 격이다.

공기에서 빵을 만든 기적의 대가

20세기 중반, 하버-보슈 공정은 진정한 위력을 발휘하기 시작했다. 제2차 세계 대전 이후 경제 재건과 함께 암모니아 생산량이 기하급수적으로 증가했다. 1950년 연간 300만 톤이었던 전 세계 암모니아 생산량은 1970년 4,000만 톤, 1990년 1억 톤, 2020년에는 1억 8,500만 톤에 달했다[42].

이 엄청난 질소 비료가 만든 가장 극적인 변화는 인도 펀자브 지역에서 목격됐다. 1960년대 중반, 미국의 농학자인 노먼 볼로그(Norman Borlaug, 1914~2009)가 주도한 '녹색 혁명(Green Revolution)'은 하버-보슈 공정 없이는 불가능했을 것이다. 녹색 혁명은 새로운 농법과 화학 비료 등을 사용하는 농업 개혁 운동이었다. 이를 통해 특히 개발 도상국의 식량 생산이 크게 늘어났고, 볼로그는 1970년에 노벨 평화상을 수상했다[43].

1965년 이후 새로운 밀 씨앗과 요소 비료가 보급된 펀자브 지역에서는 에이커당 수확량이 3배로 늘어나는 기적이 일어났다[44]. 인도의 밀 생산량은 1960년 1,100만 톤에서 1990년 5,500만 톤으로 5배 증가했다[45]. 1960년대 중반까지만 해도 인도는 매년 미국으로부터 1,000만 톤의 곡물을 수입해야 했지만, 1970년대 후반에는 곡물 자

1960년대 중반 질소 비료를 통해 밀 생산량을 급격하게 늘린 인도.
©Rockfeller Archive Center

급을 달성했다.

중국에서도 비슷한 변화가 일어났다. 1978년 개혁·개방 이후, 중국의 화학 비료 사용량은 폭발적으로 증가했다. 1980년 중국의 질소 비료 사용량은 연간 1,200만 톤(질소 기준)에서 2010년에는 3,100만 톤으로 증가했다[46]. 같은 기간 중국의 곡물 생산량은 3억 2,000만 톤에서 5억 5,000만 톤으로 늘었다[47]. 산둥성 등 중국의 주요 농업 지대에서는 1980년대 초까지 인분을 비료로 썼지만, 1985년부터 화학 비료가 보급되면서 수확량이 두 배 가까이 늘어났다. 이제 화학 비료 없는 농업은 상상할 수 없게 된 것이다.

하버-보슈 공정이 세계를 바꿀 수 있었던 이유는 단순했다. 농부들에게 질소를 무한히 제공했기 때문이다.

19세기까지 농부들이 질소를 얻을 수 있는 방법은 세 가지뿐이었다[48]. 첫째, 콩과 식물을 심어 뿌리혹박테리아가 질소를 고정하게 하는 것. 둘째, 동물의 분뇨를 거름으로 쓰는 것. 셋째, 칠레 해안의 구아노(새똥이 쌓여 만들어진 천연 질소 비료)를 수입하는 것. 모두 느리고, 비효율적이고, 한계가 명확했다[49].

하버-보슈 공정은 이 모든 한계를 단번에 돌파했다. 공기에서 직접, 무제한으로, 빠르게 질소 비료를 만들 수 있게 된 것이다.

공장에서 만든 암모니아(NH_3)는 토양에 뿌려지면 박테리아에 의해 질산염(NO_3^-) 또는 암모늄 이온(NH_4^+)으로 변환된다. 이 형태의 질소는 식물의 뿌리가 직접 흡수할 수 있다. 흡수된 질소는 식물 내부에서 아미노산으로 합성되고, 아미노산은 단백질이 되어 식물의 몸체를 구성한다. 즉, 더 많은 질소는 더 많은 단백질을 의미했고, 이는 더 큰 식물, 그리고 더 많은 수확량을 의미했다. 이 전후 관계가 세상을 바꿨다.

같은 면적의 땅에서 곡물 수확량이 두세 배로 늘어났다. 독일에서는 1920년 헥타르당 밀 수확량이 1.8톤이었는데, 1960년에는 3.5톤으로 거의 두 배가 됐다. 미국의 옥수수는 더 극적이었다. 1940년 헥타르당 2.0톤이었던 수확량이 1980년에는 6.0톤으로 세 배나 증가했다[50]. 인류는 처음으로 땅의 제약에서 벗어나기 시작했다.

인구학자 바츨라프 스밀(Vaclav Smil, 1943~)의 분석은 하버-보슈 공

대표적인 아미노산 분자인 페닐알라닌($C_5H_{10}N_2O_3$, 왼쪽)과 글루타민($C_9H_{11}NO_2$, 오른쪽)의 분자 구조. 페닐알라닌은 분자 1개당 질소 원자를 1개, 글루타민은 2개를 포함하고 있다.

정의 진정한 의미를 서늘한 숫자로 증명한다. 그의 계산에 따르면, 2024년 현재 80억 인류 중 절반에 육박하는 약 40억 명이 오직 하버-보슈 공정이 쏟아 낸 질소 비료 덕분에 생존하고 있다[51].

스밀의 계산은 이렇다. 우리 몸을 구성하는 단백질의 핵심은 질소다. 단백질은 아미노산이라는 작은 분자들이 사슬처럼 연결된 거대 분자다. 그리고 모든 아미노산에는 반드시 질소(N) 원자가 들어 있다. 성인 한 명의 몸에는 평균 2킬로그램의 질소가 들어있다. 70킬로그램 성인 기준으로 체중의 약 3%다[52].

이 질소는 어디서 왔을까? 당연히 우리가 먹는 음식에서 왔다. 빵의 밀, 고기의 단백질, 채소의 아미노산. 그 모든 것의 질소는 원래 식물이 흡수한 것이다.

그렇다면 식물은 어디서 질소를 흡수할까? 여기서 계산이 갈린다. **농업 혁명 이전 자연의 질소 순환만으로는 기껏해야 40억 명 정도의 인구만 부양할 수 있었다.** 뿌리혹박테리아가 공기 중 질소를 고정하는 속도, 낙뢰가 질소 화합물을 만드는 양, 동물 분뇨가 제공하는 질소. 이 모든 자연적 공급원을 합쳐도 연간 약 4,000만 톤의 질소밖에 만들 수 없다.

2024년 현재, 전 세계 농업은 연간 약 7,500만 톤의 질소를 식량 형태로 생산하고 있다. 그 차이인 3,500만 톤이 바로 하버-보슈 공정에서 나온 것이다. 그리고 이 추가 질소가 약 40억 명을 더 먹여 살리고 있다. **나머지 40억 명의 생명은 사실상 화학 공업이 만들어 낸 잉여 식량에 빚지고 있는 셈이다.**

여기서 주목해야 할 것이 스밀의 동위 원소 분석 연구 결과다. 질소에는 무게가 다른 두 종류가 있다. 질소-14(^{14}N)와 질소-15(^{15}N)다. 자연계의 질소는 대부분 ^{14}N이지만, 하버-보슈 공정을 거친 질소는 ^{15}N의 비율이 미묘하게 다르다. 이 차이를 추적하면, 어떤 질소가 자연에서 왔고 어떤 질소가 공장에서 왔는지 알 수 있다.

스밀의 동위 원소 분석 연구에 따르면, **지금 우리의 몸을 이루는 단백질 속 질소 원자의 절반은, 1909년 하버와 보슈가 고안해 낸 그 기계 장치 안에서 만들어진 것이다**[53].

생각해 보자. 당신의 몸을 구성하는 질소 원자들 중 절반 가량은 100년 전까지만 해도 하늘 높이 떠다니던 질소 분자였다. 200기압, 500도의 지옥 같은 반응기를 거쳐 암모니아가 되고, 비료가 되고, 밀에 흡수되고, 당신이 먹은 빵이 되고, 결국 당신의 근육과 DNA가 된 것이다. **우리 신체의 단백질 절반이 자연이 아니라 공장의 산물인 셈이다.**

1900년 16억 명이었던 세계 인구는 2024년 80억 명을 넘어섰다[54]. 이 폭발적 증가는 의학의 발전, 위생의 개선 등 여러 요인이 복합적으로 작용한 결과다. 하지만 그 모든 것의 토대는 식량이었다. 먹을 것이 없으면 인구는 늘어날 수 없다. 하버-보슈 공정은 인류에게 그 식량을 제공했다.

이러한 생화학적 결론은 필연적으로 구조적인 취약성을 내포한다. 인류의 절반을 지탱하는 이 시스템이 유지되기 위해서는, 전 세계를 잇는 비료 공급망이 멈추지 않고 작동해야 하기 때문이다.

가정을 하나 해 보자. 전 세계 80억 명 중 40억 명의 생명이 화학 공장에 의존하고 있다면, 그 공장이 멈추는 순간 무슨 일이 벌어질까? 특정 국가의 생산 시설이나 물류가 멈추면 전 지구적 식량 안보가 즉각적인 타격을 입을 수밖에 없는 구조다. 이것은 이론이 아니다. 이미 현실에서 일어난 일이다.

이 잠재된 불안정성이 현실의 위기로 구체화된 것은 2020년이었다. 코로나19 팬데믹으로 인해 중국이 봉쇄 조치를 단행하면서 전 세계 요소(urea) 공급망에 균열이 생기기 시작했다. 중국은 전 세계 요소 생산량의 26%를 차지하는 최대 생산국이었다[55]. 우한을 비롯한 주요 공업 도시들이 봉쇄되자, 공장 가동률이 급격히 떨어졌다. 동시에 물류도 마비됐다. 항구가 폐쇄되고, 트럭 운전사들이 격리되고, 컨테이너선이 발이 묶였다.

2020년 3~4월, 국제 요소 가격은 톤당 200달러에서 400달러로 두 배나 뛰었다[56]. 브라질의 대두 농가, 인도의 쌀 농부, 베트남의 커피 재배자들이 비료를 구하지 못해 발을 동동 굴렀다. 어떤 지역에서는 비료를 구하기 위해 농민들이 새벽부터 줄을 섰다. 인도를 비롯한 동남아시아의 농민들은 비료 구입에 어려움을 겪었고, 이는 곧 식량 가격 상승으로 이어졌다. 인도에서는 비료 부족으로 일부 지역의 쌀 수확량이 20~30% 감소했다[57].

비료 가격 상승은 곧바로 식량 가격으로 이어졌다. 2020년 하반기부터 2021년까지 국제 곡물 가격이 50% 이상 올랐다. 개발 도상국

하버-보슈 공정 덕분에 인류는 식량을 안정적으로 확보했지만, 동시에 구조적 취약성도 내포하게 됐다. ©Getty Images

에서는 수백만 명이 식량 불안에 시달렸다. 유엔 세계식량계획(WFP)은 팬데믹으로 인한 기아 위험 인구가 1억 3,200만 명 증가했다고 발표했다[58].

2022년 2월 24일 러시아의 우크라이나 침공은 더 큰 충격을 가져왔다. 러시아는 세계 최대의 질소 비료 수출국 중 하나였고, 우크라이나도 주요 암모니아 생산국이었다.

전쟁이 시작되자마자 공급망이 붕괴했다. 우크라이나 남부 흑해 연안의 대형 암모니아 생산 시설들이 포격으로 가동을 멈췄다. 오데사 항구가 봉쇄되면서 수출이 중단됐다. 러시아는 보복으로 비료 수출을 제한했다.

전쟁으로 인한 공급 차질로 2022년 질소 비료 가격은 사상 최고치를 기록했다[59]. 유럽 연합의 제재로 러시아산 비료 수입이 중단되면서, 유럽의 농민들은 비료 비용이 3~4배 증가하는 충격을 받아내야 했다. 독일의 밀 농가는 2021년 헥타르당 150유로였던 비료 비용이 2022년 600유로로 4배 뛰었다고 보고했다[60].

많은 농가들이 비료값이 너무 올라 농사를 포기할지 심각하게 고민해야 할 지경에 이르렀다. 영국의 한 농민 단체 조사에 따르면, 응답자의 37%가 "비료를 평소보다 적게 쓸 수밖에 없다"고 답했다[61]. 비료를 덜 쓰면 수확량이 줄어든다. 수확량이 줄면 식량 가격이 오른다. 악순환이었다.

아프리카는 더 심각했다. 케냐, 에티오피아, 나이지리아는 질소 비료의 70% 이상을 러시아와 우크라이나에서 수입했다. 전쟁으로 공급이 끊기자, 2022년 이들 나라의 비료 수입량은 전년 대비 40~50% 급감했다. 아프리카개발은행(AfDB)은 2022년 아프리카의 식량 생산이 비료 부족으로 20% 감소할 것이라고 경고했다[62].

결국 우리는 하버-보슈 공정이라는 하나의 기술에 너무나 깊이 의존하고 있다. 그 기술이 멈추면 40억 명의 생명줄이 끊어진다. 팬데믹이든, 전쟁이든, 기후 재난이든 어떤 이유로든 이 공급망이 흔들리면, 그 파장은 전 지구적이고 즉각적이다.

나머지 40억 명도 안전하지 않다. 비료 부족으로 식량 가격이 오르면 가난한 사람부터 굶주린다. 2020~2022년의 위기에서 보았듯이, 비료 시스템의 작은 균열도 수억 명의 삶을 위협할 수 있다.

우리는 하버와 보슈가 만든 시스템 위에 서 있다. 그 시스템은 80억 명을 먹여 살리는 기적이지만, 동시에 40억 명의 생명을 인질로 잡은 취약한 구조이기도 하다.

하버-보슈 공정의 성공은 환경 문제도 야기했다. 인류가 산업적으로 고정하는 질소량은 연간 1억 2,000만 톤으로, 자연계에서 뇌우와 생물학적 고정으로 생산되는 질소량 1억 5,000만 톤에 육박한다[63]. 인간 활동이 지구 질소 순환에 결정적 영향을 미치게 된 것이다.

농경지에 뿌려진 질소 비료의 30~50%는 식물이 흡수하지 못하고 지하수로 스며들거나 강으로 유출된다[64]. 이렇게 흘러간 질소는 하천과 바다에서 부영양화(富營養化)를 일으키고, 영양이 과다해진 물에서 플랑크톤과 조류가 급격히 증가한다. 그 결과, 물속 산소가 고갈되면서 생물이 생존할 수 없는 데드존(dead zone)이 형성된다.

미국 멕시코만의 데드존은 매년 여름 한반도 크기만큼 확장된다. 미시시피강을 통해 유입되는 질소가 플랑크톤 대발생을 유발하고, 이들이 죽으면서 산소를 소모해 바닥층이 무산소 상태가 되는 것이다. 발트해, 흑해, 중국 연안 등 전 세계 400여 곳에서 비슷한 현상이

2017년 8월 멕시코만에 나타난 데드존. ©serc.caleton.edu

관찰된다[65].

질소 비료를 뿌린 토양에서는 아산화질소(N_2O)가 배출된다. 토양 미생물이 질산염을 분해하는 과정에서 발생하는 아산화질소는 이산화탄소보다 298배 강력한 온실가스이며, 성층권에서 오존을 파괴하는 작용도 한다[66]. 현재 인위적인 아산화질소 배출량의 약 70%가 농업에서 비롯된다. 전 세계 농경지에서 배출되는 아산화질소는 연간 약 430만 톤(N_2O 기준)이다[67]. 이 숫자가 다른 온실가스의 양에 비할 때는 작은 축에 속하지만, 온실 효과 측면에서는 전혀 그렇지 않다. 아산화질소 1톤이 지구를 데우는 효과는 이산화탄소 298톤과 같다. 따라서 농경지에서 나오는 430만 톤의 아산화질소는, 온실 효과로 환산하면 이산화탄소 12억 8,000만 톤을 한꺼번에 배출하는 것과 동일하다. 전 세계 온실가스 배출량의 약 3%에 해당한다[68].

이는 부작용이라기보다는 인간의 기술적 개입이 자연의 임계치를 넘어섰기 때문에 발생한 구조적 결과물이다.

탄소 중립과 식량 안보의 딜레마

현재 인류는 하버-보슈 공정을 둘러싼 근본적 딜레마에 직면해 있다. 80억 인구를 먹여 살리려면 질소 비료가 필수적이지만, 그 생산 과정에서 필요로 하는 화석 연료의 대규모 연소, 그리고 이산화탄소의 대량 배출은 지구 기후 변화를 가속화한다.

국제에너지기구(IEA)의 분석에 따르면, 2050년 탄소 중립을 달성하려면 하버-보슈 공정에서 탈탄소화가 필수적이다[69]. 하지만 현재까지 제시된 대안들은 모두 한계가 있다. 재생 에너지를 이용한 수소 생산은 기존 방식보다 3~4배 비싸고, 직접 질소 고정을 위한 전기화학적 방법은 아직은 연구 단계에 머물고 있다[70]. 기술은 멀고, 위기는 가깝다. 바로 이 지점에서 치명적인 질문이 고개를 든다.

"탄소 중립이라는 대의를 위해 40억 명을 굶주림으로 내몰 수는 없지 않은가?"

이것은 단순히 기후 행동을 방해하려는 회의론자들의 냉소적인 딴지가 아니다. 하버-보슈 공정이 없었다면 맬서스의 두려운 예언은 현실이 됐을 것이다. 이는 식량 안보와 기후 위기라는, 양립 불가능해 보이는 두 난제 사이에서 인류가 마주한 서늘하고도 묵직한 현실 인식이다. 앞서 살펴보았듯 우리 몸의 절반이 하버-보슈 공정에서 비롯됐다면, 이 공정을 멈추거나 축소한다는 것은 곧 인류 절반의 생존 기반을 흔든다는 것과 동의어이기 때문이다. '먹고사는 문제' 앞에서 '지구의 미래'를 논하는 것은 때로 공허하거나, 심지어 사치처럼 들리기도 한다. 개발 도상국들이 서구의 급진적인 탄소 감축 요구를 "사다리 걷어차기"라고 비판하는 이유도 바로 여기에 있다.

하지만 이 윤리적 딜레마를 핑계 삼아 변화를 거부하는 것 또한 치명적인 오류이자 잘못된 이분법이다. "굶어 죽지 않으려면 계속해서 화석 연료를 태워야 한다"는 주장은, 역으로 "계속해서 화석 연료를 태우면 기후 붕괴로 인해 결국 다 같이 굶어 죽게 된다"는 미래의 파국을 애써 외면하는 논리에 불과하다. 지금 당장의 허기를 면하기 위해 우리 삶의 터전인 지구 그 자체를 불태울 수는 없는 노릇이기 때문이다.

결국 우리에게 주어진 선택지는 '암모니아 생산을 멈추는 것(기아)'도, '지금 방식을 고수하는 것(기후 파국)'도 아니다. 제3의 길, 즉 '생산량은 유지하되 생산 방식만을 근본적으로 혁신하는 것'이어야 한다. 그 해법으로 2020년대 들어 과학계와 산업계가 주목하고 있는 것이 바로 '녹색 암모니아(Green Ammonia)'다. 핵심은 발상의 전환이다. 수소를 얻기 위해 땅속의 메탄(천연가스)을 캐내고 태우는 대신, 하늘의 태양과 바람으로부터 얻은 전력을 이용해 물을 수소와 산소로 쪼개자는 것이다.

$$2H_2O + \text{재생 에너지(풍력 또는 태양 에너지)} \xrightarrow{\text{전기 분해}} 2H_2 + O_2$$

재생 에너지를 이용해 물을 전기적으로 분해하면, 위와 같이 수소가 만들어진다. 이렇게 만들어진 수소를 하버-보슈 공정에 사용하자는 것이 이 기술의 핵심이다.

2021년 사우디아라비아 네옴(NEOM) 프로젝트는 연간 120만 톤 규모의 녹색 암모니아 생산 계획을 발표했다. 4GW 규모의 태양광·풍력 발전으로 물을 전기 분해하여 수소를 생산하고, 이를 암모니아로 전환한다는 것이다[71].

그러나 현실은 녹록지 않다. 현재 녹색 암모니아 생산 비용은 기존 방식의 2.5~3배다. 암모니아 1톤당 생산 비용이 회색 암모니아(천연가스 기반)는 30~400달러인 반면, 녹색 암모니아는 750~1,000달러에 달한다[72].

전 세계 암모니아 연간 생산량이 1억 8,500만 톤임을 감안하면, 전면 전환에는 연간 900억~1,100억 달러의 추가 비용이 든다. 더 근본적인 문제는 규모다. 전 세계 암모니아 생산에 필요한 수소를 재생 에너지로 생산하려면 약 3,600TWh의 전력이 필요하다. 이는 2023년 전 세계 재생 에너지 발전량(1만 500TWh)의 34%에 해당한다[73].

암모니아만을 위해 전 세계 재생 에너지의 3분의 1을 사용하자는 꼴인데, 이게 가능할 리가 없다. 2024년 덴마크 톱소(Topsoe)사는 고체 산화물 전해조(Solid oxide electrolyzer cell, SOEC) 기술*로 효율을 83%까지 높였다고 발표했다[74]. 기존 양성자 교환막 전기 분해(PEM, Proton exchange membrane electrolysis)의 60~70% 효율에 비해 큰 진전이다[75]. 하지만 이것도 상용화까지는 앞으로 최소 5~7년이 더 필요하다.

---

*　700℃ 이상의 고온에서 작동하는 차세대 수소 생산 기술. 높은 열에너지가 전기 분해를 돕기 때문에, 적은 양의 전기로도 많은 수소를 만들어 낼 수 있는 고효율 방식이다.

여기서 잠깐, '5~7년'이라는 숫자의 의미를 짚어 보자. 과학 기술, 혹은 엔지니어링 업계에는 암묵적인 관행이 있다. 가령 실험실에서 성공한 기술의 상용화 시점을 물으면, 대개 "5~7년"이라고 답할 때가 많다. 이것은 사실 정밀한 계산의 결과가 아니다. "될지 안 될지 모르겠다"는 뜻의 정중한 표현이다.

왜 '5~7년'인가? 너무 짧으면 거짓말처럼 들리고, 언젠가 성공하겠지만 기간이 너무 길면 투자자가 관심을 끊는다. 5~7년은 "가능성은 있지만 아직 장담할 수 없다"는 메시지를 전하기에 딱 좋은 숫자다. 그리고 실제로 5~7년 후에 안 되면? 그때는 다시 "앞으로 5~7년"이라고 말하면 된다[76].

SOEC 기술이 넘어야 할 산은 명확하다. 실험실 효율과 산업 규모 효율의 간극, 700~900°C 고온에서의 장기 내구성, 스케일업 과정의 예측 불가능성, 그리고 경제성. 역사적으로 이런 문제들을 모두 해결하는 데는 보통 발표된 일정의 2~3배가 걸렸다[77].

1950년대 사람들은 21세기가 되면 핵융합 발전소가 상용화될 것이라 믿었다. 그때도 "20~30년 후면 실현 가능하다"고 했다. 70년이 지난 2025년, 우리는 여전히 "20~30년 후면 가능하다"는 말을 듣고 있다. 기술 전망이란 대체로 그런 것이다.

녹색 암모니아가 불가능하다는 말이 아니다. 언젠가는 될 것이다. 다만 그것이 2030년인지, 2040년인지, 2050년인지는 아무도 모른다. 그리고 그 "언젠가"가 오기 전까지, 하버-보슈 공정은 계속 천연가스를 태우며 이산화탄소를 뿜어낼 것이다.

한편 일본은 색다른 접근을 시도하고 있다. 2023년 도쿄대학교 연구팀은 철-코발트 촉매를 이용해 상온·상압에서 질소를 직접 암모니아로 전환하는 데 성공했다[78]. 에너지 소비가 기존 하버-보슈 공정의 40%에 불과하다. 하지만 이것도 전환율이 고작 0.8%에 그쳐 실용화는 요원하다.

이러한 상황에서 가장 현실적 해법은 바로 단계적 전환에 있다. 국제에너지기구(IEA, International Energy Agency)는 2030년까지 녹색 암모니아 비중을 5%, 2040년 20%, 2050년 50%까지 점진적으로 확대하는 시나리오를 제시하고 있다[79]. 이는 당장 완벽한 해결책은 아닐지라도, 기약 없는 차세대 기술만을 기다리며 방관하는 것보다는 훨씬 실효성 있는 접근이다.

물론 현실의 벽은 여전히 높다. 2024년 기준, 전 세계 암모니아 생산량은 1억 9,200만 톤으로 역대 최고치를 기록했다[80]. 코로나19 팬데믹으로 2020년 일시적으로 주춤했던 생산량이 2021년부터 다시 급증한 것이다. 이 막대한 물량 중 녹색 암모니아는 겨우 8만 톤, 즉 0.04%에 불과하다. 국가별로 보면 중국이 전체 생산의 31%(5,950만 톤)로 1위를 차지했고, 인도 11%(2,110만 톤), 러시아 8%(1,540만 톤)가 뒤를 이었다[81]. 한국 또한 연간 80만 톤을 생산하지만 200만 톤을 수입하는 순수입국으로서 이 거대한 공급망의 한 축을 담당하고 있다[82].

그나마 다행인 것은 비료 사용 효율이 개선되고 있다는 점이다. 1960년대 질소 비료 이용 효율은 30~40%에 불과했다. 다시 말해, 밭에 뿌린 비료의 60~70%가 식물에 흡수되지 못한 채 하천으로 유실되거나, 온실가스 아산화질소(N_2O)가 되어 허공으로 사라졌다는 뜻이다. 그러나 2020년대 들어 정밀 농업 기술로 이용 효율이 55~60%까지 올랐다[83]. 아직 갈 길이 멀지만, 같은 식량을 생산하면서도 비료 사용량을 줄일 여지가 있다는 뜻이다.

만일 하버-보슈 공정이 없었더라면?

하버-보슈 공정을 둘러싼 이야기는 인간 문명의 근본적 모순을 보여 준다. 우리는 더 많은 사람을 먹여 살리기 위해 지구의 기후를 불안정하게 만들고 있다. 생명을 구하려는 시도가 결국 생명을 위협하는 역설적 상황에 놓인 것이다.

하버-보슈 공정이 만들어 낸 현재의 기후 위기를 더 깊이 이해하기 위해서는 한 가지 흥미로운 사고 실험을 해 볼 필요가 있다. 만약 하버가 1909년 질소 고정에 실패했다면? 20세기의 인구 폭발이 없었다면 지구는 어떤 모습이었을까?

하버-보슈 공정이 없었다면 윌리엄 크룩스가 1898년에 예언한 대로 1930년대에 전 세계적인 기근이 닥쳤을 것이다. 칠레 초석 매장량 고갈로 질소 비료 공급이 끊어지면서, 세계 인구는 20억 명 수준에서 정체되거나 오히려 감소했을 가능성이 높다.

바츨라프 스밀의 계산에 따르면, 현재 세계 인구 80억 명 중 38억 명이 하버-보슈 공정 덕분에 생존하고 있다. 이들이 없었다면 세계 인구는 여전히 40억 명 내외에 머물렀을 것이다.

인구가 절반에 그쳤다면 화석 연료 소비도 크게 줄었을 것이다. 20세기 후반의 급속한 산업화와 도시화가 없었다면, 현재 대기 중 이산화탄소 농도는 350~380ppm 수준에 머물렀을 가능성이 높다. 이는 현재 423ppm보다 10~15% 낮은 수치다.

이 시나리오가 반드시 장밋빛 미래만을 약속하는 것도 아니다. 인구 규모의 축소는 곧 기술 발전의 지연을 의미하기 때문이다. 재생 에너지 기술 개발이 늦어지면서 인류는 오히려 탄소 집약적인 석탄과 석유에 훨씬 더 오랫동안 의존했을 가능성이 크다. 또한 화학 비료 없이 부족한 식량을 보충하기 위해 더 많은 삼림을 농지로 개간했을 것이며, 그 과정에서 아마존이나 동남아시아의 열대 우림 파괴는 지금보다 훨씬 더 가속화됐을 수 있다.

자원 전쟁의 양상도 달라졌을 것이다. 천연 질소원인 구아노(새똥)와 칠레 초석을 구하기 위한 국가 간 경쟁도 치열했을 것이다. 19세기 말 칠레, 볼리비아, 페루는 태평양 전쟁(1879~1883)을 치렀는데 그 이유는 구아노를 차지하기 위해서였다. 새똥 때문에 전쟁이 일어난 것이다. 하버-보슈 공정이 없었다면, 석유를 둘러싼 분쟁처럼 인류는 지금도 질소를 차지하기 위해 전쟁을 벌이고 있을지 모른다.

결국 이 사고 실험이 보여 주는 것은 하버-보슈 공정의 지독한 양면성이다. 이 기술이 없었다면 기후 변화는 덜 심각했을 수도 있지만, 수십억 명이 기아로 고통받았을 것이다. 기술 발전도 지연돼 결국 더 비효율적인 에너지 시스템에 의존했을 수도 있다. 따라서 우리의 과제는 하버-보슈 공정의 혜택(식량 안보)을 유지하면서 그 부작용(기후 변화)을 최소화하는 것이다. 이는 단순히 과거로 돌아가는 것이 아니라, 더 나은 기술을 개발하는 것을 통해서만 가능하다.

대가속의 시대

"The best lack all conviction,
while the worst are full of passionate intensity."

"가장 좋은 이들은 신념이 없지만,
가장 나쁜 이들은 열정적인 강렬함으로
가득 차 있다."

— 윌리엄 버틀러 예이츠(William Butler Yeats),
〈The Second Coming〉(1919년)

제2차 세계 대전 이후 인류가 쏟아낸 성장을 향한 열망은 20세기 찬란한 문명을 일궈 낸 거대한 동력이었다. 그러나 그 뜨거웠던 열망의 이면에는 이산화탄소 배출 급증이라는 뼈아픈 대가가 뒤따랐다. 찰스 킬링의 기록은 환경에 대한 철학 없이 질주한 기술 성취가 결국 지구 시스템을 어떻게 변화시켰는지 보여 주는 결정적인 증거물이다.

1909년 프리츠 하버가 칼스루에대학교의 실험실에서 질소를 고정한 순간, 그는 단순히 비료를 발명한 게 아니었다. 그는 인구가 15억 명에서 80억 명으로 폭발할 수 있는 생화학적 토대를 쌓아 올린 것이었다. 그리고 그로부터 정확히 49년 후인 1958년 3월 29일, 찰스 킬링이 하와이 마우나로아 산 정상에서 대기 중 이산화탄소를 측정하기 시작했을 때[1], 그는 하버가 열어젖힌 판도라의 상자에서 무엇이 쏟아져 나왔는지를 비로소 기록하기 시작했다.

두 사건 사이의 반세기는 인류사의 가장 극적인 전환기였다. 1909

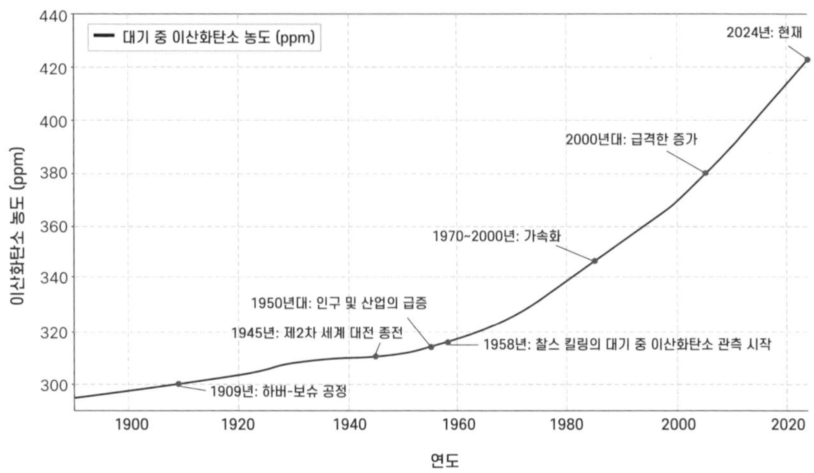

제2차 세계 대전이 끝나고 1950년대에 인류의 산업화와 인구 증가가 폭발하는 '대전환(Great Acceleration)' 시기를 맞이하며, 이산화탄소 농도 그래프는 마치 고삐가 풀린 듯 가파르게 치솟는다. 1958년 찰스 킬링이 측정을 시작한 이래 이 상승세는 더욱 가속화됐다. 오늘날 우리가 직면한 기후 위기의 현실을 그래프의 붉은 점들과 파란 선이 명확히 증언하고 있다.

년 당시 17억 명에 불과했던 세계 인구와 31세였던 평균 수명은, 킬링이 측정을 시작한 1958년에 이르러 각각 29억 명과 48세로 비약적인 성장을 이뤘다. 하지만 이것은 앞으로 닥쳐올 진짜 폭발의 서막에 불과했다.

킬링의 첫 측정값 313ppm은 단순한 숫자가 아니었다. 그것은 하버-보슈 공정으로 가능해진 인구 폭발, 그 인구를 먹이고 입히고 이동시키기 위한 화석 연료의 대량 연소, 그리고 그 모든 것이 대기에 남긴 흔적의 총합이었다[2].

이제부터 우리가 추적할 것은 313ppm에서 423ppm(2024년)에 이르는 가파른 여정이다. 이것은 단순한 이산화탄소 농도 증가에 관한 보고서가 아니다. 인류 문명이 지구 시스템 자체를 근본적으로 뒤바꿔 놓은, 이른바 '대가속(Great Acceleration)' 시대의 가장 정직하고도 뼈아픈 기록이다.

방사능과 함께 시작된 인류세

킬링이 마우나로아에서 측정을 시작한 1958년은, 공교롭게도 인류가 대기권을 가장 격렬하게 오염시키고 있던 시기와 정확히 일치했다. 1945년 트리니티 핵 실험을 시작으로 1996년 포괄적 핵 실험 금지 조약(Comprehensive Nuclear Test Ban Treaty, CTBT) 발효까지, 인류는 51년간 총 2,056차례의 핵 실험을 실시했다. 그중 대기권 내에서 이뤄진 실험만 528회에 달했으며[3], 특히 1950년대 후반부터 1960년대 초반은 그 광기의 절정기였다. 1961년 10월 30일, 소련이 폭발시킨 수소 폭탄 '차르 봄바(Tsar Bomba)'는 히로시마에 떨어진 원자 폭탄의 약 3,300배에 달하는 위력을 지닌, 인류 역사상 가장 강력한 크기의 인공 폭발이었다[4].

이런 대기 핵 실험들은 엄청난 양의 방사성 동위 원소를 성층권으로 뿜어냈다. 그 중에서도 결정적인 변화는 방사성 탄소-14(^{14}C)의 급증이었다. 핵폭발에서 나오는 중성자가 대기 중의 질소-14(^{14}N)와 충돌해 이를 ^{14}C로 변환시키는 과정이었다.

$$^{14}\text{N}(\text{질소-14}) + \text{n}(\text{중성자}) \rightarrow {}^{14}\text{C}(\text{탄소-14}) + \text{p}(\text{양성자})$$

본래 원자 번호 7번인 질소 원자는 양성자 7개와 중성자 7개로 이뤄져 있다. 이것이 질소-14(^{14}N)다. 그런데 핵폭발에서 방출된 중성자가 질소 원자핵을 때리게 되면, 질소는 중성자 하나를 받아들이는 대신 양성자 하나를 내뱉는다. 이 과정에서 원자 번호가 7에서 6으로 줄어들어 질소는 원자 번호 6번인 탄소로 바뀌게 되고, 중성자는 하나 더 많은 상태가 된다. 그 결과, 양성자 6개와 중성자 8개를 가진 탄소-14(^{14}C)가 생성된다.

이로 인해 대기 중 탄소-12(^{12}C) 대비 탄소-14(^{14}C)의 비율은 1950

1954년 3월 1일, 비키니 환초에서 이뤄진 미국의 핵 실험. ©The National WWII Museum

년 이전의 자연 상태보다 거의 두 배 가까이 치솟았다[5]. 이 '인공 방사성 탄소'는 지구 탄소 순환계에 침투하여 나무와 동물을 거쳐 마침내 인간의 몸속까지 파고들었다. 실제로 1960년대에 태어난 사람들의 치아 법랑질에서는 지금도 핵 실험 시대의 방사성 탄소가 선명하게 검출된다.

이러한 기록은 킬링 곡선과 더불어 1950년대가 진정한 '인류세(Anthropocene)'의 시작점임을 보여 주는 강력한 증거가 됐다. 지질학자들은 지층에 쌓인 이 방사성 동위 원소의 분포를 통해, 20세기 중반부터 지구가 새로운 지질 시대에 들어섰다고 규정했다[6].

폐허를 복구한 기술 혁명의 시대

1945년 8월 15일, 제2차 세계 대전이 끝났을 때 전 세계는 말 그대로 폐허가 됐다. 유럽의 주요 도시들은 폭격으로 초토화됐고, 일본의 산업 기반 시설은 완전히 무너졌다. 하지만 이 참혹한 파괴는 역설적으로 인류 역사상 가장 강력한 경제 성장의 동력이 됐다. 복구는 단순한 재건이 아니었다. 그것은 완전히 새로운 산업 문명의 창조였다. 전쟁 중 개발된 기술들—레이더, 제트 엔진, 핵 기술, 컴퓨터의 원형, 플라스틱 화학—이 재건 경제로 쏟아져 나왔다.

브레턴우즈 체제(1944)는 달러를 기축 통화로 만들었고, 마셜 플랜(1948~1951)은 유럽 재건에 130억 달러(현재 가치로 약 1,400억 달러)를 쏟아부었다. 이 자금은 단순히 건물을 다시 짓는 데만 사용된 것이 아니라, 완전히 새로운 방식의 생산, 새로운 방식의 소비, 새로운 에너지 시스템을 구축하는 데 사용됐다.

1950년부터 1970년대 초까지의 기간은 서구에서는 '황금시대', 프랑스에서는 '영광의 30년(Les Trente Glorieuses)'으로 불렸다. 이 시기 동안 세계 경제는 전례 없는 성장을 기록했으며, 이는 에너지 소비의 폭발적 증가와 직결돼 있었다. 1950년 세계 1차 에너지 소비는 약 2,860Mtoe(Million tonnes of oil equivalent)*에 불과했지만, 1973년에는 5,670Mtoe로 거의 두 배가 됐다[7].

자동차가 바꾼 세상

1950년대의 가장 상징적인 변화는 자동차의 대중화였다. 전 세계 자동차 등록 대수는 1950년 5,000만 대에서 1970년 1억 9,400만 대로 급증했다[8]. 이는 단순한 교통수단의 증가가 아니라 인류의 생활 방식, 도시 구조, 에너지 소비 패턴을 근본적으로 바꾸는 혁명이었다.

미국의 교외 확산(suburbanization)이 그 대표적인 예다. 1950년 미국 인구의 23%만이 교외에 살았지만, 1970년에는 37%가 교외 거주자가 됐다. 이는 연방고속도로법(Federal-Aid Highway Act, 1956)으로 4만 1,000마일(6만 6,000킬로미터)의 고속도로망이 건설된 것과 맞물린 현상이었다[9].

이 바퀴 위의 혁명이 대기 중에 남긴 흔적 역시 킬링의 측정기에

---

*   'Mtoe'는 100만 톤의 석유를 태웠을 때 얻을 수 있는 에너지량을 뜻한다.

1973년 5월, 브루클린-배터리 터널 맨해튼 방면 진입로. 석유 파동 전, 도시를 내달리는 내연 기관의 물결. ©National Archives

고스란히 기록되고 있었다. 내연 기관에서 연소되는 휘발유는 다음과 같은 화학 반응을 일으킨다.

$$C_8H_{18}(\text{옥탄, 휘발유의 주성분}) + \frac{25}{2}O_2(\text{산소}) \rightarrow$$

$$8CO_2(\text{이산화탄소}) + 9H_2O(\text{물}) + \text{열에너지}$$

액체로 된 휘발유(C_8H_{18}, 분자량 약 114) 분자 1개가 타오를 때마다 무려 8개의 이산화탄소 분자(분자량 약 44)가 뿜어져 나온다. **휘발유 1킬로그램을 태우면, 약 3.1킬로그램의 이산화탄소가 배출되는 셈이다.** 무게만 따져도 3배, 부피 차이는 그보다 훨씬 더 크다. 기체라서 날아가면 다시 모을 수도 없다.

하늘로 향한 욕망

1958년 킬링이 마우나로아에서 첫 측정을 하던 그해, 하늘 위에서도 거대한 혁명이 일어나고 있었다. 그해 10월 4일, 영국해외항공공사 (British Overseas Airways Corporation, BOAC)의 상업용 제트 여객기 '드 해빌 랜드 코멧 4 (de Havilland Comet 4)'가 런던에서 뉴욕까지 대서양을 횡단 하는 서비스를 시작했다[10].

제트 엔진의 추진력을 얻기 위해 항공유(케로신, $C_{12}H_{23}$)는 $2,000°C$ 라는 초고온에서 연소된다.

주요 연소 반응과 이산화탄소 배출량

연료/공정	화학 반응식	1kg 연소 과정에서 배출되는 이산화탄소 ($kg\ CO_2$/ kg 연료)	비고
휘발유	$C_8H_{18} + 12.5O_2 \rightarrow 8CO_2 + 9H_2O$	3.09	자동차 연료
항공유	$C_{12}H_{23} + 17.75O_2 \rightarrow 12CO_2 + 11.5H_2O$	3.15	제트 엔진 연료
석탄	$C + O_2 \rightarrow CO_2$	2.42	화력 발전소
천연가스 (메탄)	$CH_4 + 2O_2 \rightarrow CO_2 + 2H_2O$	2.75	가정용/발전용
디젤	$C_{12}H_{23} + 17.75O_2 \rightarrow 12CO_2 + 11.5H_2O$	3.17	트럭, 선박
프로판	$C_3H_8 + 5O_2 \rightarrow 3CO_2 + 4H_2O$	3.00	가정용 가스
수소 생산	$CH_4 + 2H_2O \rightarrow CO_2 + 4H_2$	5.50	메탄 개질법 기준

주목할 점은 대부분의 공정에서 투입 원료보다 2~3배 많은 이산화탄소가 배출된다는 것이다. 이는 화학 연료가 연소 반응 중에서 대기 중의 산소와 결합하기 때문이며, 일단 이렇게 생성/방 출된 이산화탄소를 다시 회수하는 것이 왜 그토록 어려운지를 보여 준다.

$$4C_{12}H_{23}(\text{케로신}) + 71O_2 \rightarrow 48CO_2 + 46H_2O + \text{열에너지}$$

항공유 1킬로그램이 연소될 때마다 약 3.15킬로그램의 이산화탄소가 생성되는데, 문제는 배출되는 위치다. 이 이산화탄소는 엔진 꼬리를 통해 대류권 상부나 성층권 하부(8~12킬로미터 고도)로 직접 방출된다[11]. 공기가 희박한 고고도 대기에 뿌려진 탄소의 흔적은 지상에서보다 훨씬 더 집요하게 지구를 달구기 시작했다.

이러한 환경적 대가에도 불구하고 하늘길은 멈추지 않고 팽창했다. 세계 항공 여객 수는 1950년 3,100만 명에서 1970년 3억 8,300만 명으로 12배 증가했다[12]. 1960년대 보잉 707과 맥도넬 더글러스 DC-8 같은 대형 제트 여객기가 도입되면서 항공 여행이 대중화되기 시작했다. 고고도에서 직접 뿜어내는 막대한 이산화탄소 양과 그 파급력을 고려할 때, 제트기는 인류가 만들어 낸 운송 기관 중 그야말로 최악에 가깝다.

플라스틱 혁명

1950년대와 1960년대에 일어난 가장 혁명적인 변화 중 하나는 합성 고분자, 즉 플라스틱의 대중화였다. 글로벌 화학 기업 듀폰(DuPont)의 광고 슬로건인 '화학을 통한 더 나은 삶(Better Living Through Chemistry)'은 당시를 관통하는 시대정신이 됐다. 폴리에틸렌, 폴리스타이렌, PVC, 나일론 등 신소재들이 가정용품 시장을 빠르게 석권했다. 1955년 《라이프(Life)》지는 '일회용 생활(Throwaway Living)'이라는 제목의 기사

Throwaway Living

DISPOSABLE ITEMS CUT DOWN HOUSEHOLD CHORES

The objects flying through the air in this picture would take 40 hours to clean—except that no housewife need bother. They are all meant to be thrown away after use. Many are new; others, such as paper plates and towels, have been around a long time but are now being made more attractive.

At the bottom of the picture, to the left of a New York City Department of Sanitation trash can, are some throwaway vases and flowers, popcorn that pops in its own pan. Moving clockwise around the photograph come assorted frozen food containers, a checkered paper napkin, a disposable diaper (seriously suggested as one reason for a rise in the U.S. birth rate) and, behind it, a baby's bib. At top are throwaway water wings, foil pans, paper tablecloth, guest towels and a sectional plate. At right is an all-purpose bucket and, scattered throughout the picture, paper cups for beer and highballs. In the basket are throwaway draperies, ash trays, garbage bags, hot pads, mats and a feeding dish for dogs. At the base of the basket are two items for hunters to throw away: disposable goose and duck decoys.

CONTINUED

1955년 8월 1일 《라이프》지. '일회용 제품이 가사 노동을 줄인다'는 문구와 함께 가족이 일회용 제품들을 공중에 던지는 모습을 게재했다. 플라스틱 일회용 문화가 '진보'와 '편리함'의 상징으로 선전되던 시대였다. 70년이 지난 지금, 그 편리함의 대가가 무엇이었는지 우리는 알고 있다. © 《LIFE》/Google Magazine

에서 플라스틱 접시와 컵을 공중에 던지는 가족 사진을 실었다[13].
1950년 세계 플라스틱 생산량은 150만 톤에 불과했지만, 1970년에
는 3,000만 톤으로 20배나 증가했다[14]. 이는 인류 역사상 전례가 없
는 가장 빠른 신소재 보급이었다.

대표적인 플라스틱 중 하나인 폴리에틸렌의 생성 과정을 살펴보
면, 다음과 같은 중합 반응*을 거친다.

$$nCH_2=CH_2(\text{에틸렌}) \rightarrow (\text{-}CH_2\text{-}CH_2\text{-})_n(\text{폴리에틸렌}) + \text{열에너지}$$

여러 개(n)의 에틸렌($CH_2=CH_2$) 단량체**가 연쇄적으로 결합하여 긴
사슬 분자를 형성하는 과정이다. 하지만 이 에틸렌의 원료는 석유에
서 추출한 나프타를 열분해한 것이다. 플라스틱 1톤을 생산하기 위
해서는 약 2톤의 석유가 필요하고, 이 과정에서 약 3.5톤의 이산화탄
소가 배출된다[15]. 우리가 공중에 던지며 환호했던 일회용품들은 사
실 석유를 고도로 농축한 덩어리이자, 대기 중으로 흩어진 탄소의
또 다른 이름이었던 셈이다.

---

*   분자량이 작은 단위 분자(단량체)들이 화학 결합을 통해 사슬처럼 이어져, 분자량
     이 큰 고분자 물질을 형성하는 반응.

**   고분자 화합물을 구성하는 기본 단위가 되는 작은 분자로서, 본문에서는 결합하
     기 전 상태의 작은 단위 분자 에틸렌(C_2H_4)이 이에 해당한다.

1960년대 녹색 혁명은 하버-보슈 공정만으로 이뤄진 것이 아니었다. 그것은 거대한 석유 화학 공업의 산물이었다. 질소 비료와 함께 농약과 제초제의 대량 생산이 이 혁명의 핵심이었다.

1939년 스위스 가이기(Geigy)사의 파울 뮐러(Paul Müller, 1899~1965)가 살충 효과를 발견한 DDT(Dichlorodiphenyltrichloroethane)는 전후 인류가 자연을 상대로 승리를 선언하며 대대적으로 확산시킨, 석유 화학의 상징과도 같은 화학 물질이었다. 그러나 기적에 가까운 이 약품이 보급되는 과정 뒤에도 거대한 탄소의 그림자가 드리워져 있었다. DDT 1톤을 생산할 때마다 약 3.2톤의 이산화탄소가 배출됐는데, 이는 원료인 염화벤젠의 합성 과정에서 고온의 염소화 반응을 거치

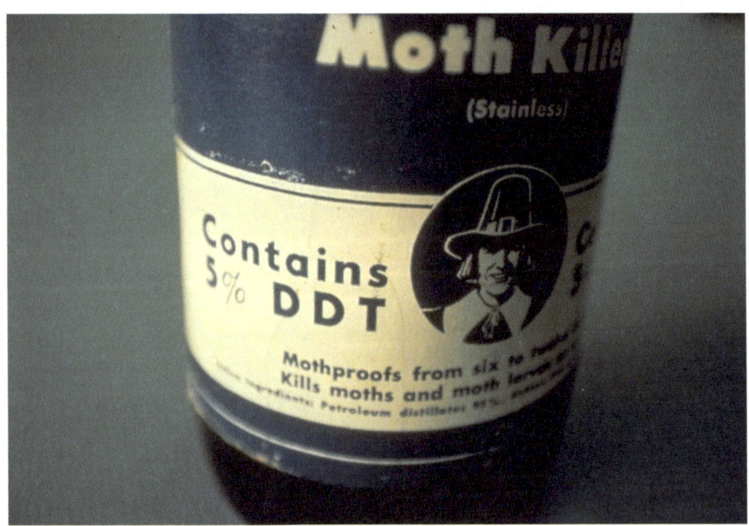

해충제에 함유된 DDT. ©USDA Forest Service

주요 산업 공정의 이산화탄소 배출량

산업 공정	1kg 생산당 배출되는 이산화탄소량	주요 배출원
플라스틱 생산	3.5 kg	나프타 열분해
DDT 생산	3.2 kg	염소화 반응
암모니아 합성	1.9 kg	수소 생산 과정
시멘트 생산	0.9 kg	석회석 분해
철강 생산	2.1 kg	코크스 연소
반도체 제조	1.5 ~ 2.0 kg(칩 1개당)	고온 공정 전력

20세기 중반 이후 인류 문명의 모든 영역에서 화석 연료 연소가 급속히 확산됐다.

며 막대한 에너지를 소모했기 때문이다.

1960년대 중반에 이르러 전 세계 DDT 생산량은 연간 18만 톤에 달했고, 1959년 미국에서만 8만 톤이 사용됐다[16]. 1962년 미국의 해양생물학자 레이첼 카슨(Rachel Carson, 1907~1964)의 《침묵의 봄(Silent Spring)》이 출간되기 전까지, 이런 화학 농약의 환경 영향은 거의 고려되지 않았다. 하지만 농업 생산성 향상이라는 명목하에 석유 화학 기반의 농업 시스템이 급속히 확산되고 있었다.

그 중심에는 제초제 2,4-D(2,4-dichlorophenoxyacetic acid)도 있었다. 1946년 상용화된 후 전 세계적으로 퍼져 나간 이 제초제는 1970년까지 연간 15만 톤씩 생산되며 대중적인 농자재가 됐다. 그러나 잡초를 없애기 위해 고안된 이 기술은 곧 인류사의 어두운 페이지로 기록된다. 베트남 전쟁 당시 정글을 고사시키기 위해 뿌려진 '고엽제(Agent Orange)'의 주성분으로 쓰이며 그 파괴적인 악명을 전 세계에 떨쳤다[17].

이산화탄소 농도와 인류 경제의 동행

킬링의 측정이 시작된 지 5년이 지난 1963년, 데이터는 놀라운 패턴을 보여 주기 시작했다(제1장 참조). 매년 5월에 최고값을 기록하고 9~10월에 최저값을 기록하는 톱니 모양의 주기적 변동 위에, 매년 약 0.7~1.0ppm씩 꾸준히 상승하는 장기 추세가 겹쳐져 나타난 것이다. 톱니 패턴은 북반구 식물들의 계절적 호흡을 반영한 것이었다. 북반구의 봄과 여름 동안 식물의 광합성을 통해 이산화탄소 농도가 하락하고, 가을과 겨울 동안 식물들의 호흡과 낙엽 분해로 이산화탄소 농도가 상승한다.

그러나 정작 우려스러운 대목은 이 자연의 호흡 위에 나타나는 연간 상승 추세였고, 그 기울기가 점점 더 가팔라지고 있다는 점이었다. 킬링 곡선의 가속화는 놀라울 정도로 경제 성장률과 궤를 같이 했다. 이는 결코 우연이 아니었다. 경제 성장과 화석 연료 소비, 그리고 이산화탄소 배출 사이의 강력한 상관관계를 보여 주는 결정적 증거였다.

만약 인류가 지난 60년간의 역사를 단 하나의 이미지로 압축해야 한다면, 그것은 바로 그래프(b)가 돼야 할 것이다. 이것은 20세기 후반 호모 사피엔스가 지구와 맺은 '거래 명세서'이자, 우리 문명의 가장 내밀한 고백서다.

그래프(a)를 살펴보자. 미국 해양대기청(NOAA)이 기록한 대기 중 이산화탄소(파란색 선)와 세계은행(World Bank)이 집계한 인류의 총생산(붉은색 점선)은 마치 거울에 비친 듯 완벽한 쌍둥이처럼 움직인다. '상관계수 r=0.99'는 통계학적으로 두 변수가 거의 완벽히 쌍둥이처럼

'거대한 가속'의 쌍둥이 곡선: 이산화탄소 농도 증가와 세계 경제 지표 비교 (1958~2020)

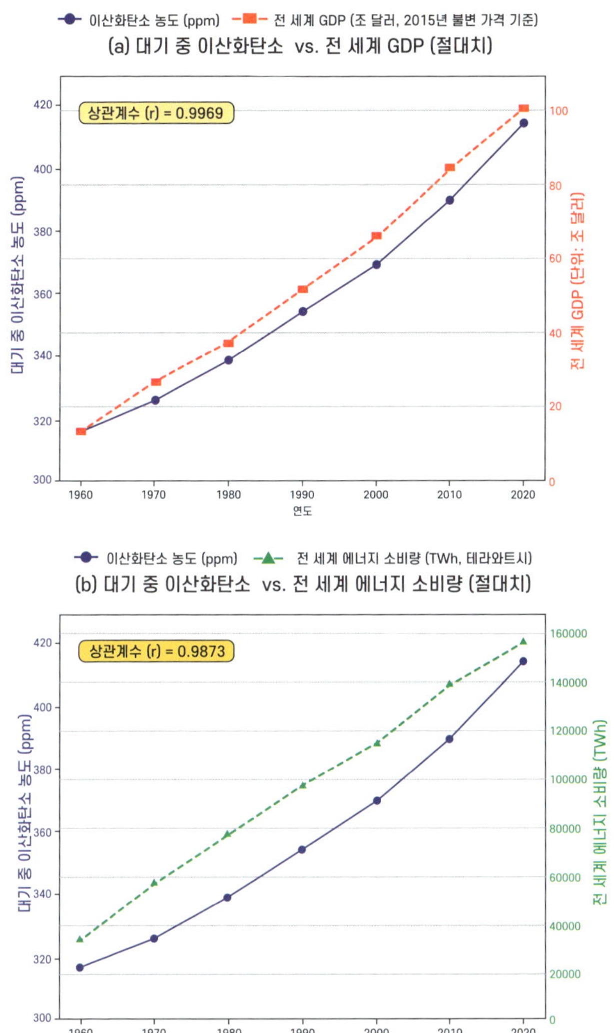

(a)는 대기 중 이산화탄소 농도(파란색 선)와 세계 총GDP(붉은색 점선)의 60년간의 궤적을 보여 준다. (b)는 이산화탄소 농도(파란색 선)가 세계 총에너지 소비량(녹색 점선)과 어떻게 완벽하게 맞물려 상승했는지 보여준다. [데이터 출처: 이산화탄소 농도는 미국 해양대기청(NOAA), 세계 GDP는 세계은행(World Bank), 세계 에너지 소비는 'Our World in Data'를 기반으로 그래프화.]

움직인다는 뜻이다. 물론 상관관계가 곧 인과 관계를 증명하는 것은 아니다. 예컨대, 여름철 아이스크림 판매량과 익사 사고 수가 비슷한 패턴으로 함께 늘어난다고 해서, 아이스크림이 익사의 원인일 수는 없다. 그저 '폭염'이라는 공통의 변수가 작용했을 뿐이다.

하지만 여기 보이는 붉은 선(GDP)과 파란 선(이산화탄소)의 관계는 본질적으로 다르다. 이 둘 사이에는 명확하고도 피할 수 없는 물리적 메커니즘(Physical Mechanism)이 존재한다. **"경제 성장(GDP)은 필연적으로 에너지 수요를 불렀고, 그 에너지는 화석 연료를 태워 충당했으며, 그 연소의 결과물로 이산화탄소가 배출됐다."**

이 견고한 인과 관계의 사슬이 지난 60년간(1958~2020) 단 한 번도 끊어지지 않고 작동했기에, 이 구간에서 r=0.99라는 숫자는 단순히 '강한 상관관계가 존재한다' 이상의 의미를 지닌다. 이는 '화석 연료 의존적 경제 성장'이라는 우리 문명의 시스템이 얼마나 지독하게 효율적으로 작동했는지를 증명하는 지표이자, 우리가 창조한 부(富)가 실은 대기를 태운 대가였음을 보여 주는 명백한 영수증이다.

그래프(b)가 바로 그 '어떻게'에 대한 대답, '화석 연료 소비량'에 대한 내용이다. 인류의 경제라는 거대한 엔진을 무엇으로 움직였는가? 'Our World in Data'가 집계한 에너지 소비량(녹색 점선)이 그 연료다. 이산화탄소 농도와 에너지 소비량의 상관계수(r=0.99) 역시 완벽에 가깝다. 이는 우리 문명이 석탄, 석유, 가스라는 에너지를 태울 때마다, 지구의 대기가 그 청구서를 꼬박꼬박 이산화탄소 농도로 발행해 왔음을 의미한다.

결국 이 두 개의 그래프가 들려주는 이야기는 하나로 수렴한다. 1960년 이래 인류는 '성장'이라는 이름의 거대한 불을 피웠고, 그 불을 지피기 위해 '에너지'라는 땔감을 끊임없이 집어넣었으며, 그 결과 '이산화탄소'라는 연기가 하늘을 뒤덮게 됐다. 이 세 가지는 각각 분리된 현상이 아니라, '거대한 가속(The Great Acceleration)'이라는 한가지 사실의 세 가지 다른 얼굴일 뿐이다.

디지털 혁명의 숨겨진 에너지 비용

20세기 중반은 석유와 천연가스의 시대가 본격적으로 시작된 시기였다. 1950년 세계 1차 에너지 구성을 보면, 석탄이 여전히 62%를 차지했고, 석유는 27%, 천연가스는 9%에 불과했다. 하지만 1973년에는 석유가 46%로 1위를 차지하고, 석탄은 28%로 하락했다[18].

특히 석유는 '검은 황금'이라고 불릴 만했다. 원유 1배럴(159리터)에서 휘발유, 등유, 경유, 중유, 아스팔트뿐만 아니라 수백 가지의 석유화학 제품을 만들 수 있었다. 1950년 세계 석유 생산량은 하루 1,000만 배럴이었지만, 1970년에는 4,600만 배럴로 4.6배 증가했다[19].

1970년대부터 시작된 컴퓨터 혁명은 겉보기에는 '깨끗한' 기술처럼 보였지만, 실제로는 막대한 에너지 소비를 동반했다. 1971년 인텔이 최초의 상업용 마이크로프로세서 4004를 출시한 이후, 반도체 산업은 기하급수적으로 성장했다.

반도체 제조는 극도로 에너지 집약적인 공정이다. 실리콘 웨이퍼를 1,400°C의 고온에서 처리하고, 수백 번의 화학 증착과 식각 과정을 거쳐야 한다. 300밀리미터 웨이퍼 1장을 생산하는 데 약 1,400~1,900kWh의 전력이 소모된다[20]. 이는 한국 4인 가구가 4~5

300밀리미터 웨이퍼 1장을 만드는 데 한국 4인 가정 4~5개월 치의 전력량이 필요하다.
©Getty Images

개월간 사용하는 전력량이다.

1980년대 개인용 컴퓨터의 보급과 함께 이런 에너지 소비는 급증했다. 1981년 IBM PC가 출시됐을 때 전 세계 컴퓨터는 약 200만 대였지만, 1990년에는 1억 대를 넘어섰다[21]. 각 컴퓨터는 24시간 가동되는 것은 아니었지만, 제조 과정에서 소비되는 에너지는 막대했다.

1990년대에는 인터넷의 확산과 함께 데이터 센터가 등장했다. 1995년 전 세계 데이터 센터는 500여 개에 불과했지만, 2010년에는 50만 개를 넘어섰다[22]. 구글, 아마존, 마이크로소프트 같은 거대 기술 기업들의 데이터 센터들은 소도시만한 전력을 소비하기 시작했다.

냉전 종식과 소비 자본주의의 전 지구적 확산

1989년 베를린 장벽 붕괴와 1991년 소비에트 연방 해체로 냉전이 끝나면서, 자본주의 시장 경제는 전 지구적으로 확산됐다. 구소련과 동구권 국가들의 경제 붕괴로 1990년대 초반 이산화탄소 배출량은 일시적으로 감소했다. 구소련의 이산화탄소 배출량은 1988년 39억 톤에서 1998년 15억 톤으로 60% 이상 감소했다[23].

이 감소는 경제 붕괴로 인한 일시적 현상에 불과했다. 당시에 중국과 인도 등 개발 도상국에서는 급속한 공업화가 진행되고 있었다. 특히 1978년 시작된 중국의 개혁·개방 정책이 본격적인 효과를 나타내기 시작한 것이 1990년대였다.

2000년대에 들어서면서 킬링 곡선의 상승률은 더욱 가팔라졌다. 2000년 369ppm이었던 이산화탄소 농도는 2010년 389ppm으로 10년간 20ppm 증가했다. 이는 킬링이 측정을 시작한 이래 가장 빠른 증가율이었다.

이 가속화의 배경에는 중국을 중심으로 한 개발 도상국들의 급속한 경제 성장과 석탄 소비 급증이 있었다. 석탄은 화석 연료 중 탄소 함량이 가장 높아 단위 에너지당 이산화탄소 배출량이 가장 많다. 일반적으로 다음과 같은 반응에 따라 석탄 1톤당 약 2.42톤의 이산화탄소가 배출된다[24].

$$C + O_2 \rightarrow CO_2 + 열에너지 \text{ (발열 반응, } \Delta H = -394kJ/mol)$$

중국의 석탄 소비는 2000년부터 2010년까지 급격히 증가했다. 중

중국 북동부의 대표적인 중공업 기지인 랴오닝성 잉커우시의 항구 지역인 바위취안 도로를 달리는 트럭. 멀리 회색 하늘을 배경으로 연기를 내뿜는 두 개의 높은 굴뚝이 보인다. ©Getty Images

국은 2000년에 전 세계 석탄 소비의 28%를 차지했지만, 2010년에는 48%로 증가하여 거의 절반에 달했다[25]. 석탄 화력 발전소는 천연가스 발전소에 비해 단위 전력당 이산화탄소 배출량이 2.3배나 높다[26].

한편, 2008년 미국에서 시작된 셰일 가스(shale gas) 혁명은 겉보기엔 '청정' 에너지처럼 포장됐지만, 실제로는 또 다른 환경 문제를 야기했다. 수압파쇄법(hydraulic fracturing, fracking)을 통해 셰일층에서 천연가스를 추출하는 이 기술은 대량의 물과 화학 물질을 사용한다. 수평 시추와 수압 파쇄법을 통해 셰일 가스 우물 하나를 개발하는 데는 평균 1,500만~2,000만 리터의 물이 소모된다. 이는 올림픽 규격 수영장 8~10개를 가득 채울 수 있는 양이다. 도시 인구 1만 명이 일주일 가량 사용할 수 있는 물이 한 번의 시추에 사라지는 셈이다.

또한 셰일 가스의 추출 과정에서 발생하는 메탄 배출이 심각한 환경 문제로 대두됐다. 천연가스의 주성분인 메탄(CH_4)은 이산화탄소보다 온실 효과가 20년 기준으로 84배, 100년 기준으로 28배나 강하다[27]. 미국 환경보호청(Environmental Protection Agency, EPA)의 2020년 추정에 따르면, 미국 석유·가스 산업에서 연간 1,300만 톤의 메탄이 누출되고 있다[28].

대가속의 미래

1958년 찰스 킬링이 측정을 시작한 이래, '킬링 곡선'은 단 한 번도 상승을 멈춘 적이 없다. 그것은 계절의 숨결(톱니)을 품고 있지만, 궁극적으로는 우리 문명의 가장 정직한 가속도를 기록한 증언이다.

우리가 추적한 '대가속(Great Acceleration)'의 심장은 명백히 화석 연료였다. 제2차 세계 대전 이후 인류는 폐허 속에서 '황금시대'라 불리는 경이로운 소비의 시대를 열었다.

그 동력은 노골적이었다. 우리는 휘발유(C_8H_{18})를 태우며 대륙을 고속도로로 덮었고, 항공유($C_{12}H_{23}$)를 연소시키며 하늘길을 열었다. 석유에서 뽑아낸 에틸렌으로 플라스틱 혁명을 일으켰고, 심지어 인류를 구원한 '녹색 혁명'조차 막대한 양의 화석 연료 사용에 기반한 것이었다.

‘깨끗해’ 보였던 디지털 혁명조차 예외는 아니었다. 반도체 칩 하나를 만드는 데 막대한 전력이 필요했고, 인터넷은 도시 하나를 가동할 만한 전력을 집어삼키는 데이터 센터를 낳았다.

지난 60년간 인류의 경제 성장(GDP)과 총에너지 소비량은 대기 중 이산화탄소 농도와 거의 완벽한(r=0.99) 쌍둥이처럼 움직였다. 이것은 통계적 우연이 아니다. ‘우리가 부(富)를 창조하는 방식이 곧 대기를 변화시키는 방식이었음’을 증명하는 물리적 계약서다. 성장은 거대한 불이었고, 에너지는 땔감이었으며, 이산화탄소는 그 연기였다.

프리츠 하버가 인구 폭발의 생화학적 기반을 열었다면, ‘대가속’은 그 인구를 부양하기 위한 화석 연료 문명의 완성판이었다. 이 질주는 멈출 줄 몰랐다. 냉전이 끝나고 소련의 산업이 붕괴하며 배출이 잠시 주춤했을 때도, 그 빈자리는 곧 중국의 폭발적인 석탄이 채웠다. 석탄의 대안으로 여겨진 셰일 가스 혁명조차, 메탄이라는 또 다른 강력한 온실가스를 누출시켰다.

11장에서 우리가 ‘질소의 딜레마’를 보았다면, 이 장에서 우리는 ‘탄소의 가속도’를 목격했다. 킬링 곡선은 이 시스템이 어떻게 작동하는지 적나라하게 보여 준다. 이제 이 궤도를 바꾸는 것, 그것이 우리 세대 인류에게 남겨진 책임이다.

13장

메탄 vs 이산화탄소

"Nature and Nature's laws lay hid in night;
God said, 'Let Newton be!'
and all was light."

"자연과 자연의 법칙은 어둠 속에 묻혀 있었으나,
신이 '뉴턴이 있으라!' 하시니
만물은 빛이 됐다."

— 알렉산더 포프(Alexander Pope), 뉴턴의 묘비명

런던 중앙, 템스강 북쪽 강변에 자리한 웨스트민스터 사원(Westminster Abbey)은 1066년부터 영국 왕실의 대관식이 거행돼 온 영국의 상징이다. 일반 참배객과 관광객에게는 보통 오전 9시 30분부터 오후 3시 30분까지 개방되는데, 정문을 통과해 길고 넓은 중앙 복도를 지나 성가대 자리 방향으로 가다 보면, 곧 사원의 중심축에 도달하게 된다. 이곳에 영국의 과학과 지성이 잠들어 있다.

수많은 위인의 기념비들 중에서도 관광객의 눈길을 사로잡는 것 중 하나가 바로 아이작 뉴턴(Isaac Newton, 1727년 안장)의 묘비다. 18세기 조각가 마이클 리즈브랙(Michael Rysbrack, 1694~1770)이 제작한 이 거대한 흰색 대리석 묘비 위에는 뉴턴의 친구이자 시인이었던 알렉산더 포프(Alexander Pope, 1688~1744)가 쓴 추모사가 새겨져 있다.

"자연과 자연의 법칙은 어둠 속에 묻혀 있었으나, 신이 '뉴턴이 있으라!' 하시니 만물은 빛이 됐다."

이 문구는 뉴턴이 빛과 운동의 법칙을 해독하며 세상에 지성의 빛을 가져왔음을 찬양하는 내용이다.

뉴턴의 시대가 끝난 지 불과 한 세기 반 뒤, 또 다른 종류의 '자연의 숨겨진 위대한 법칙'이 런던의 지하 실험실에서 발견됐다.

런던 왕립연구소의 발견

1859년 5월 9일, 런던 왕립연구소(Royal Institution of Great Britain)의 지하 실험실. 39세의 아일랜드 출신 물리학자 존 틴들(John Tyndall, 1820~1893)이 실험대 앞에 섰다. 그가 파고들고자 했던 질문은 지극히 근원적인 물리학적 호기심이었다.

'우리가 숨 쉬는 투명한 공기는 빛처럼 열도 그대로 통과시키는가, 아니면 열을 흡수하는 성질이 있는가?'

보이지 않는 진실을 확인하기 위해, 틴들은 당대 가장 정밀한 온도 측정 장비였던 '서모파일[thermopile, 열전퇴(熱電堆)]'*을 꺼내 들었다[1].

틴들의 실험대 위에는 길이 약 120센티미터의 놋쇠 관이 수평으로 놓여 있었다. 관의 한쪽 끝에는 끓는 물을 담은 구리 상자가 적외선을 내뿜는 열원 역할을 하고, 반대편 끝에는 마케도니오 멜로니(Macedonio Melloni, 1798~1854)가 개발한 최첨단 전자기 서모파일이 설치되어 관을 통과해 나온 열을 기다리고 있었다.

기대와 달리 처음 9일간은 뚜렷한 측정 결과가 나오지 않았다. 하

---

* 여러 개의 온도 센서(서모커플)를 직렬로 연결하여 감도를 높인 장치.

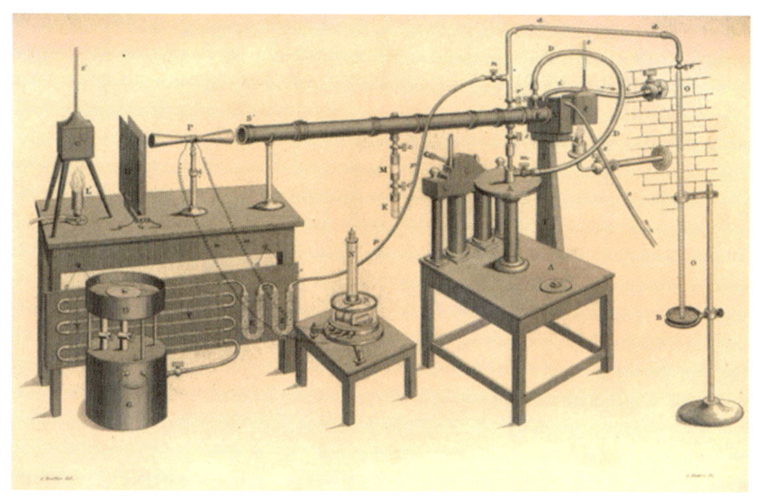

틴들의 실험 장치. 틴들이 조립한 최초의 비율 분광 광도계는 1859년부터 왕립 연구소에서 가스와 증기에 의한 방사선 흡수를 연구하는 데 사용됐다.
©Internet Group Environmental Chemistry

지만 틴들은 포기하지 않았다. 장비의 감도를 더욱 정밀하게 조절하며 끈질기게 매달렸다. 마침내 5월 18일, 실험의 모든 변수가 완벽한 통제하에 들어오며 결정적인 순간이 찾아왔다. 먼저 틴들이 관 속에 질소(N_2)와 산소(O_2)를 채웠을 때, 열은 아무런 저항도 받지 않은 채 고스란히 센서에 도달했다. 그러나 이산화탄소를 주입하는 순간, 상황은 극적으로 반전됐다. 온도계의 바늘이 즉각적이고도 뚜렷하게 아래로 떨어진 것이다. 투명한 기체가 마치 보이지 않는 손이라도 가진 것처럼, 관을 지나가던 열을 붙잡아 가로챈 셈이었다.

이 역사적인 발견은 그해 6월 10일, 영국 왕립연구소에서 세상에 공개됐다[2]. 그날 틴들이 조심스럽게 내놓은 발표는 단순한 실험 보고를 넘어, 훗날 '기후 과학'이라는 거대한 학문의 서막을 알리는 위대한 예언이었다.

"대기는 태양열의 입장은 허용하지만 그 출구는 막는다. 그 결과 지구 표면에 열이 축적되는 경향이 필연적으로 발생한다."

실험실의 작은 바늘을 미세하게 떨게 했던 이 현상이 160년 뒤 캐나다 리턴의 기온을 $49.6°C$까지 치솟게 할 줄은, 그리고 이것이 훗날 메탄(CH_4)과 이산화탄소가 벌일 치열한 '지구 쟁탈전'의 예고편에 해당하는 줄은 당시에는 아무도 알 수 없었다. 그저 물리학의 법칙 하나가 조용히 그 모습을 드러낸 순간이었다.

적외선을 향한 분자의 구애

2021년 6월 29일, 캐나다 브리티시컬럼비아주 리턴에서 온도계가 $49.6°C$를 가리켰을 때, 대기 속 미시 세계에서는 두 분자가 벌이는 치열한 경쟁이 절정에 달해 있었다. 그 주인공은 탄소 하나에 수소 네 개가 달린 정사면체 모양의 분자인 메탄(CH_4), 그리고 탄소를 가운데 두고 산소 두 개가 일직선으로 늘어선 이산화탄소(CO_2)였다. 틴들이 1859년에 발견했던 현상의 비밀은 바로 이 두 분자의 기하학적 구조에 숨어 있었다.

겉보기에는 단순해 보이는 이 분자들이 지구의 운명을 좌우하는 이유를 이해하려면, 미시 세계의 눈으로 들여다봐야 한다. 상상해 보자. 당신이 적외선 현미경으로 대기를 들여다본다면, 마치 거대한 댄스홀을 보는 듯할 것이다. 수많은 질소(N_2)와 산소(O_2) 분자들이 아무런 반응 없이 무심하게 지나가는 가운데, 메탄과 이산화탄소 분자들이 지구에서 우주로 향하는 적외선을 붙잡아 몸을 흔들어 대는 모습 말이다.

메탄 분자 이야기부터 시작해 보자. 탁구공 하나를 가운데 두고 그 주위에 골프공 네 개를 대칭적으로 3차원 배치한다고 상상해 보자. 그렇게 만들어지는 입체적인 형태가 바로 정사면체다. 1874년 판트호프(Jacobus Henricus van't Hoff, 1852~1911)가 탄소의 정사면체 구조를 제안했을 때, 이 기하학적 형태가 150년 후 지구 온난화의 핵심 플레이어가 될 것이라고는 누구도 상상하지 못했다[3].

메탄은 중앙의 탄소를 중심으로 네 개의 수소가 각 꼭짓점에서 완

메탄의 분자 구조와 진동 운동의 네 가지 형태

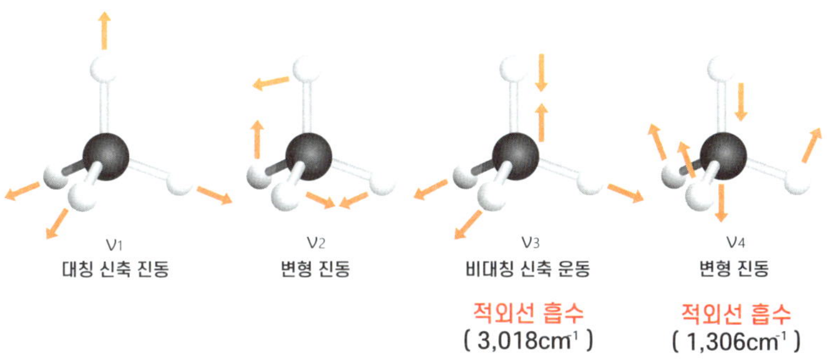

메탄(CH_4) 분자는 중앙의 탄소(C) 원자(검은색)와 네 개의 수소(H) 원자(흰색)가 정사면체 구조를 이루고 있다. 이 분자는 결합 길이와 각도가 변하는 네 가지 주요 방식의 진동 운동을 한다. v1은 대칭 신축 진동(Symmetric Stretch), v2는 변형 진동(Deformation)이다. 특히 주목할 것은 v3(비대칭 신축 운동)과 v4(변형 진동)이다. 이 두 가지 진동 모드는 분자의 전기적 균형(쌍극자 모멘트)을 변화시켜 적외선 에너지를 강하게 흡수한다. cm^{-1}(역센티미터, Inverse centimeters 또는 wavenumbers)는 파수를 나타내는 단위로, 파장이 짧을수록 숫자가 커지며 이는 더 높은 에너지에 해당한다. 즉, $3,018cm^{-1}$ 진동은 $1,306cm^{-1}$ 진동보다 더 높은 에너지를 흡수한다는 의미다.

벽하게 균형을 이루고 있다. 마치 이집트의 피라미드처럼 견고하고 안정적인 모습이지만, 이 아름다운 대칭성 뒤에는 무서운 반전이 숨어 있다. 바로 이 구조가 메탄을 '적외선 사냥꾼'으로 만드는 비밀 병기이기 때문이다.

메탄 분자는 가만히 정지해 있는 조각상이 아니라, 끊임없이 춤을 추듯 진동하는 악기다.* 과학자들은 이 춤사위를 네 가지로 구분하는데, 흥미롭게도 모든 춤이 지구를 위협하는 건 아니다. 네 개의 수소가 동시에 숨을 쉬듯 퍼졌다 모이는 춤(v1, 대칭 신축 진동)이나, 제자리에서 몸을 비트는 춤(v2, 변형 진동)은 너무나 규칙적이고 대칭적이어서 분자 내부의 전기적 흐름을 바꾸지 않는다. 덕분에 지구의 열기(적외선)는 이들을 거들떠보지도 않고 우주로 빠져나간다.

문제는 그다음, 메탄이 갑자기 균형을 깨뜨리는 '위험한 춤'을 추기 시작할 때다. 한쪽 팔은 길게 뻗으면서 반대쪽은 웅크리는 비대칭적인 동작(v3, 비대칭 신축 진동), 혹은 강풍에 뒤집힌 우산처럼 한쪽으로 쏠리는 동작(v4, 변형 진동)이 일어나는 순간, 분자 내부에는 찰나의 '전기적 불균형(쌍극자 모멘트의 변화)'이 발생한다. 바로 이 순간이 메탄이 돌변하는 때다. 균형이 깨진 그 틈을 다 지구를 탈출하려던 적외선을 순식간에 낚아챈다. 특히 주목할 점은 메탄의 입체적인 정사면체 구조 덕분에, 이 위험한 춤이 3차원 공간의 X, Y, Z 모든 축으로 자유자재로 일어날 수 있다는 사실이다. 수소는 네 개지만 우리가 사는 공간이 3차원이기에, 메탄은 사방팔방 어디서 날아오는 적

*　　메탄의 진동 운동 형태는 QR코드를 통해 확인할 수 있다.

외선이라도 놓치지 않고 흡수하는 입체적인 덫이 된다. 기하학적으로 가장 완벽한 대칭을 가진 분자가, 역설적으로 그 대칭을 깨뜨리는 순간 가장 강력한 온실가스가 되는 이 아이러니. 이것이 바로 메탄이 이산화탄소보다 분자 하나당 훨씬 더 강력한 열을 가두는 비결이다.

반면 이산화탄소는 메탄과는 완전히 다른 전략을 취한다. 탄소를 중심에 두고 양옆에 산소가 나란히 선 O=C=O의 일직선 구조. 이것은 단순함의 극치를 보여 준다. 하지만 이 단순함 뒤에 숨은 것은 효율성이다. 직선형 분자인 이산화탄소는 단 세 가지 방법으로만 진동한다. 다음 페이지의 그림을 위에서부터 차례대로 따라가 보자.

첫 번째, **숨쉬기**(맨 위, v1): 양쪽 끝의 붉은 산소 원자가 동시에 바깥쪽으로 멀어졌다가 다시 안쪽으로 모여드는 동작이다. 마치 가슴을 펴고 숨을 쉬는 듯한 '대칭 신축(Symmetric stretch)'이다. 이 동작은 완벽한 좌우 대칭을 유지하기 때문에, 분자 내부의 전기적 흐름(쌍극자 모멘트)에 아무런 변화를 주지 않는다. 따라서 이 상태에서는 지구의 열을 전혀 건드리지 않는다.

두 번째, **위험한 줄다리기** (가운데, v3): 여기가 핵심이다. 그림의 중간 부분을 보자. 한쪽 산소가 탄소 쪽으로 당겨질 때, 반대쪽 산소는 밖으로 밀려난다. 팽팽하던 줄다리기 균형이 무너지는 순간이다. 이것이 바로 '비대칭 신축(Antisymmetric stretch)'이다. 분자가 좌우로 비대칭하게 요동치면서 전기적 불균형이 발생하고, 바로 이 순간 지구를 탈출하려던 적외선(2,349cm⁻¹)을 낚아챈다.

세 번째, **허리 꺾기** (맨 아래, Bend): 마지막으로 분자 전체가 위아래로, 혹은 앞뒤로 꺾이는 '굽힘(Bend)' 동작이다. 일직선이었던 분자가

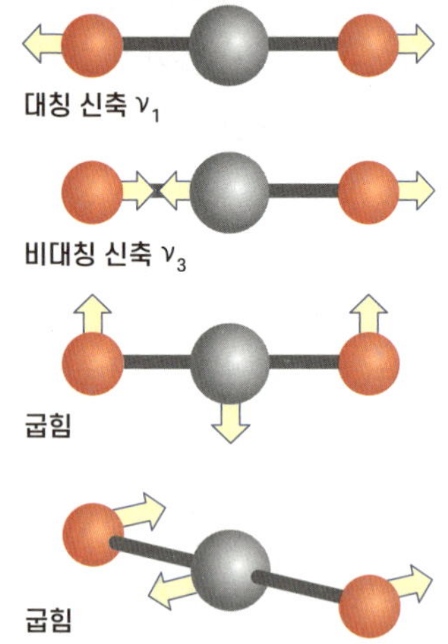

이산화탄소(CO_2) 분자는 중앙의 탄소(C) 원자와 양 끝의 산소(O) 원자가 선형(Linear) 구조를 이루고 있다.

적외선 흡수 (2,349cm^{-1})

적외선 흡수 (667cm^{-1})

'〈' 모양으로 구부러지면서 역시 대칭이 깨진다. 이 춤(667cm^{-1}) 또한 지구의 열복사 에너지와 강력하게 공명한다.

이산화탄소를 온실가스의 주범으로 만든 것은, 저 역동적인 움직임들이다. 단순해 보이는 직선이 비대칭적으로 늘어나거나(v3) 구부러지는(Bend) 찰나의 순간, 이산화탄소는 지구의 열을 가두는 거대한 담요로 돌변한다.

결국 두 분자의 기하학적 구조는 '열 흡수 효율'에서 결정적인 차이를 만든다. 탄소-수소 결합이 3차원 공간에서 입체적으로 춤추는 메탄은 적외선과 만나면 극도로 효율적인 에너지 흡수 반응을 일으

---

[*] 진동 운동의 네 가지 형태는 QR코드를 통해서 확인할 수 있다.

킨다. 반면 단순한 직선형인 이산화탄소는 그 효율이 상대적으로 떨어질 수밖에 없다. 과학자들의 계산에 따르면, 순수하게 분자 1 대 1의 대결로 봤을 때 메탄은 이산화탄소보다 무려 120배 이상 강력한 온실 효과를 낸다. 분자의 구조가 그 분자의 운명을, 그리고 파괴력을 결정한 것이다.

보이지 않는 에너지를 훔치는 방법

틴들의 발견 이후 온실가스 연구는 한 세기 넘게 더디게 진행됐다. 1950년대까지만 해도 메탄은 단순한 천연가스 성분 정도로만 여겨졌다. 그러나 1970년대 들어 분광학 기술이 발달하면서 상황이 바뀌기 시작했다. 1976년 하버드대학교의 마이클 맥엘로이(Michael McElroy, 1939~)는 대기 중 메탄 농도를 정밀 측정할 수 있는 기체 크로마토그래피[**] 기법을 개발했다[4]. 측정 결과 대기 중 메탄 농도가 예상보다 훨씬 높았고, 더 놀라운 것은 이 농도가 매년 증가하고 있다는 사실이었다.

1980년대, 캘리포니아대학교 어바인 캠퍼스의 랠프 시서론(Ralph Cicerone, 1943~2016)은 메탄의 온실 효과가 이산화탄소보다 분자당 20배 이상 강력하다는 것을 증명했다[5]. 이는 과학계에 파장을 불러 왔다. 농도는 낮지만 더 강력한 온실가스가 존재한다는 것이 밝혀진

[**]   혼합물의 이동 속도 차이를 이용해 분리하는 기술.

순간이었다.

1990년대 들어 위성 기술이 발달하면서 메탄과 이산화탄소의 전 지구적 분포를 실시간으로 관측할 수 있게 됐다. 1995년 발사된 유럽우주국(European Space Agency, ESA)의 ERS-2 위성은 최초로 우주에서 지구의 메탄 농도를 측정했다[6]. 이를 통해 메탄이 배출되는 주요 지역들이 처음으로 확인됐다. 시베리아 습지, 아마존 강 유역, 중국 동부 농업 지대였다.

틴들이 1859년에 왕립연구소에서 발견한 현상의 물리학적 메커니즘은 이렇다. 우선 적외선의 정체부터 알아야 한다. 적외선은 우리 눈에 보이지 않을 뿐, 본질적으로는 가시광선과 똑같은 **'빛(전자기파)'의 일종**이다. 다만 열에너지를 싣고 나르는 데 특화된 빛이라 할 수 있다. 지구 표면이 태양열을 받아 따뜻해지면, 지구는 이 에너지를 다시 적외선이라는 '보이지 않는 빛'에 실어 우주로 내보낸다. 마치 뜨겁게 달궈진 난로가 눈에 보이지 않는 열기를 뿜어내는 것과 같은 이치다[7].

문제는 메탄과 이산화탄소 같은 분자들이 이 적외선의 특정 파장을 '좋아한다'는 점이다. 분자가 진동하는 속도와 적외선의 파장이 딱 맞아떨어지면, 분자는 그 빛 에너지를 흡수해서 더욱 격렬하게 진동하기 시작한다. 마치 그네를 탈 때 적절한 타이밍에 힘을 가하면 더 높이 올라가는 것과 같은 원리다.

메탄 분자는 C-H 결합이 늘었다 줄었다 하는 진동 주파수가 적외선의 특정 파장과 완벽히 일치한다. 이산화탄소는 한쪽 산소가 멀어질 때 다른 쪽 산소가 가까워지는 '시소 운동' 같은 진동이 또 다른 적외선 파장과 딱 맞는다.

이렇게 흡수된 진동 에너지는 **주변 공기 분자들과 부딪히며 순식간에 열로 변해** 대기를 덥힌다. 마치 전자레인지에서 음식 분자들이 전파 에너지를 흡수해 뜨거워지는 것처럼, 대기 중의 메탄과 이산화탄소 분자들이 지구의 적외선을 가로채서 대기를 덥히는 것이다.

강력함 vs 지속성

2021년 세계 각국에서 모인 234명의 기후 과학자가 7년간의 연구 끝에 보고서를 내놓았다. 기후 변화에 관한 정부간 협의체(Intergovernmental Panel on Climate Change, IPCC)의 6차 평가 보고서였다. 1988년 설립된 이 유엔 산하 기구는 전 세계 과학자들이 기후 변화에 관한 최신 연구 결과를 종합해 정책 결정자들에게 과학적 근거를 제공하는 역할을 한다.

이 보고서에서 발표된 수치는 우리를 전율케 한다. 메탄의 20년 기준 지구 온난화 지수(GWP20)가 무려 82에 달한다는 것이다[8]. 여러분이 지금 대기에 메탄 1톤을 방출했다고 가정해 보자. 이는 향후 20년간 이산화탄소 82톤을 방출하는 것과 똑같은 온난화 효과를 낸다는 의미다.

단 1킬로그램의 메탄이 20년간 미치는 영향력(82킬로그램의 이산화탄소 배출량에 해당)을 실생활에 대입해 보면 그 위력을 더욱 실감할 수 있다. 현대자동차의 중형 세단, 쏘나타 2.0 가솔린 모델(공인 연비 약 12.5km/L)로 서울에서 부산까지 편도(약 400킬로미터)를 주행할 때 발생하는 이산화탄소가 약 74킬로그램인 점을 감안하면[9], 메탄 1킬로그

온실가스	20년 GWP	100년 GWP	500년 GWP	대기 수명
이산화탄소	1	1	1	수백~수천 년
메탄(화석 연료)	82~84	29~30	~8	12년
메탄(생물 기원)	82~84	27~28	~8	12년
아산화질소(N_2O)	273	273	273	109년

[출처: IPCC AR6 Working Group I Report, Table 7.15; 참조: https://ghginstitute.org/ipcc-ar6-methane-gwp-tables/]

램의 온난화 영향이 자동차 한 대가 한반도를 가로질러 달리는 것보다 더 파괴적이라는 셈이다.

다행이라면 시간이 지나면서 상황이 바뀐다는 점이다. 100년 기준으로 보면, 메탄의 영향력은 이산화탄소 대비 28~30배 정도로 줄어든다. 500년이라는 긴 시간으로 보면 약 8배까지 떨어진다[10]. 반면 기준점인 이산화탄소는 어떤 시간대에서든 항상 1이라는 고정된 영향력을 유지한다.

같은 메탄 1톤을 놓고도, 20년으로 보면 82배, 100년으로 보면 30배, 500년으로 보면 8배다. 시간 척도에 따라 메탄의 '위험도'가 완전히 달라지는 것이다. 그렇다면 정책을 만들 때와 기업의 배출량을 계산할 때, 우리는 어느 시간 기준을 사용해야 할까? 20년일까, 100년일까?

단기적으로 보자. 파리 협정이 목표로 하는 2030년, 2040년까지 지구 온도 상승을 1.5℃로 제한하려면, 지금 당장 온난화 속도를 늦춰야 한다. 메탄은 강력하지만 수명이 짧다는 특성 때문에, 메탄 배출을 줄이면 10~20년 안에 효과가 나타난다. 마치 급한 불을 끄는 소화기와 같다.

반면 장기적으로 보면 100년 기준이 중요해진다. 이산화탄소는 일단 배출되면 우리 손자, 증손자 세대까지 영향을 미친다. 2020년에 배출한 이산화탄소의 22%는 사실상 영구히 대기에 남는다[11]. 따라서 이산화탄소 저감은 장기적 기후 안정성을 위한 필수 과제다. 건물의 기초를 튼튼히 다지는 것과 같다.

결국 우리에게는 두 가지 전략이 모두 필요하다. 메탄 저감으로 당장의 온난화 속도를 늦추고, 이산화탄소 저감으로 장기적 안정성도 확보해야 한다.

메탄이 압도적인 단거리 스프린터라면, 이산화탄소는 수천 년을 버티는 마라톤 선수다. 다행히 메탄에게는 치명적인 약점이 있다. 바로 대기에 오래 머물지 못한다는 것이다. 메탄은 대기 중에 있는 '청소부' 역할을 하는 다른 분자들과 만나면 쉽게 분해된다.

대기 중에는 하이드록실 라디칼(Hydroxyl Radical, ·OH) 분자*가 존재한다. 이 분자는 마치 대기의 청소부처럼 메탄을 비롯한 여러 오염물질을 분해한다. 햇빛이 대기 중 오존과 수증기를 쪼개면서 ·OH, 즉 하이드록실 라디칼이 생성되는데, 이 라디칼 분자는 극도로 반응성이 높아서 메탄을 만나면 즉시 화학 반응한다.

---

*   화학에서 점(·)은 짝을 짓지 못한 전자인 '홀전자'를 의미한다. 이렇게 홀전자를 가진 분자를 '라디칼(Radical)'이라고 부르는데, 짝을 찾기 위해 다른 물질과 결합하려는 성질이 매우 강해 활발하게 화학 반응을 일으킨다.

$$CH_4\text{(메탄)} + \cdot OH\text{(하이드록실 라디칼)} \rightarrow \cdot CH_3\text{(메틸 라디칼)} + H_2O\text{(물)}$$

이렇게 시작된 화학 반응은 여러 단계를 거쳐 결국은 메탄을 이산화탄소와 물로 분해한다. 이 과정의 속도를 측정해 보면, 대기 중 메탄 분자의 평균 수명은 약 12년이다. 더 정확히 말하면, 메탄이 절반으로 줄어드는 데 걸리는 시간인 '대기 중 반감기'가 약 9~10년이고, 완전히 사라지는 데는 수십 년이 걸린다[12].

반면 이산화탄소는 전혀 다른 생존 전략을 취한다. 이산화탄소를 분해할 수 있는 자연적 메커니즘은 훨씬 느리다. 그래서 개별 분자가 내뿜는 온실 효과는 메탄보다 약할지 몰라도, 일단 대기에 방출되면 수백 년에서 수천 년까지 끈질기게 머물며 지구의 열기를 가둔다. 이산화탄소 배출량의 절반은 37년 안에 바다나 식물에 흡수되지만, 나머지 22%는 사실상 영구히 남는다[13]. 우리가 오늘 내뿜은 탄소의 일부는 우리 세대는 물론, 수천 년 후의 후손들이 숨 쉬는 공기 속에도 여전히 박혀 있을 것이라는 뜻이다.

농도의 역설: 적은 양, 큰 영향

2024년 현재, 대기 중 메탄 농도는 약 1.9ppm(100만분의 1.9)이다. 이는 같은 해 측정된 이산화탄소 농도(423ppm)와 비교하면 220분의 1 수준에 불과하다[14]. 수영장을 한번 상상해 보자. 수영장 물 1톤(1,000,000그램)이 지구 대기 전체라고 가정했을 때, 이산화탄소는 물속에 약 423그램 정도 섞여 있는 셈이고, 메탄은 고작 1.9그램만이 포함되어

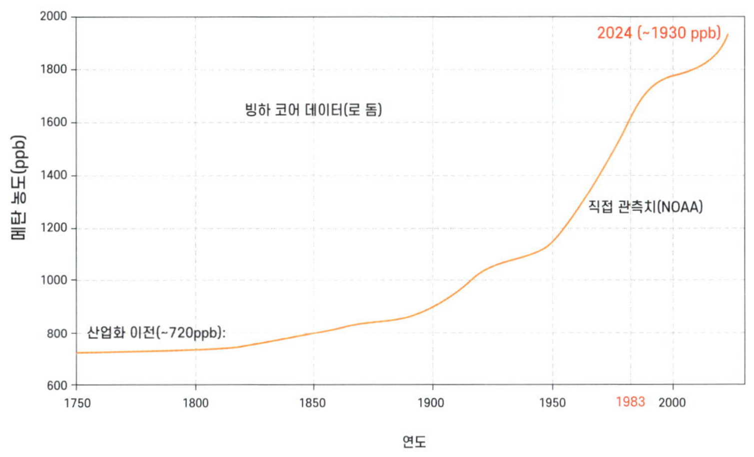

산업 혁명 이후 대기 중 메탄 농도가 기하급수적으로 상승하는 경향을 보여 준다. 산업화 이전 약 720ppb에 불과했던 메탄 농도는 2024년 현재 1,900ppb를 상회하며 2.5배 이상 급증했다. 1750년부터 1983년까지의 데이터는 남극 로 돔(Law Dome) 등의 빙하 코어(Ice Core) 분석 결과를, 1983년 이후는 미국 해양대기청(NOAA)의 정밀 대기 관측 데이터를 결합하여 재구성한 것이다.
[출처: NOAA Global Monitoring Laboratory 및 Our World in Data; https://ourworldindata.org/grapher/long-run-methane-concentration]

산업 혁명 이후 온실가스 농도 변화

연도	이산화탄소(ppm)	메탄(ppb)
1750(산업 혁명 이전)	280	730
2024	423	1,930
증가율	약 1.5배	약 2.6배

[출처: NOAA Global Monitoring Laboratory 참조: https://gml.noaa.gov/ccgg/trends/]

있는 꼴이다.

하지만 이 미미해 보이는 1.9ppm의 메탄이 기후 시스템에 미치는 영향은 결코 작지 않다. 산업 혁명 이후 메탄 농도는 2.6배 이상 폭증했는데, 이는 이산화탄소 농도 증가율 1.5배를 크게 웃도는 수치다[15]. 작은 고추가 더 맵다는 속담처럼, 메탄은 적은 양으로도 대기를 뜨겁게 달구는 강력한 화력을 내뿜고 있다.

2021년 전 세계 메탄 배출량은 약 570Mt(메가톤)에 달했다[16]. 이를 무게로 비교하면 이산화탄소 배출량 3만 7,600Mt톤의 1.5%에 불과하지만, 온실 효과로는 이산화탄소 대비 20% 이상을 차지한다. 주목할 점은 이 막대한 배출량 중 60%가 인간 활동에서, 40%가 자연에서 발생한다는 사실이다.

소가 만드는 기후 변화

"젖소 한 마리가 내뿜는 온실가스 양이 자동차가 내뿜는 온실가스보다 많다."

2011년 현대자동차는 자사의 신형 하이브리드 모델이 젖소보다 친환경적이라는 도발적인 비교 광고를 냈다가 거센 비판 속에 급히 철회했다. 소의 하루 총탄소 배출량과 자동차의 '1킬로미터 주행 시' 탄소 배출량을 단순 비교한 것이 화근이었다. 축산업계의 거센 반발로 광고는 해프닝으로 끝났지만, 이 사건은 대중에게 중요한 사실 하나를 각인시켰다. 바로 소가 기후 변화의 주요 원인 제공자라는 사실이다.

축산업이 기후 변화의 주범으로 지목된 것은 어제오늘의 일이 아니다. 2006년 유엔 식량농업기구(Food and Agriculture Organization of the United Nations, FAO)가 발표한 보고서《가축의 긴 그림자(Livestock's Long Shadow)》는 다음과 같은 결론을 내놓았다: **전 세계 온실가스 배출의 18%가 축산업에서 나온다.**[17] 이는 당시 비행기, 선박, 자동차 등 전 세계 모든 교통수단의 배출량을 합친 것(13%)보다 높은 수치였다

여기서 흔한 오해 하나를 바로잡고 넘어가자. 흔히 소가 '방귀'로 메탄을 배출한다고 생각하지만, 실제로는 90~95%가 트림을 통해 배출된다. 소의 위 네 개 중 첫 번째 위인 루멘(rumen)에서 미생물이 풀을 분해할 때 메탄이 생성되는데, 이 가스는 주로 식도를 타고 올라와 트림으로 나온다. 소 한 마리가 하루에 뱉어 내는 메탄은 약 300~500리터에 달한다. 이를 온실 효과로 환산하면 중형차가 하루 20~30킬로미터를 주행하는 것과 맞먹는다. 전 세계 10억 마리 소가 매일 이런 양을 배출한다고 한번 생각해 보라.

과학계는 기술적 해법을 모색해 왔다. 2020년대 들어 해조류(Asparagopsis taxiformis)를 사료에 단 2%만 섞어도 메탄 배출을 80% 이상 줄일 수 있다는 연구 결과가 나왔고[18], 네덜란드는 2023년부터 관련 기술에 연간 5억 유로를 투자하고 있다.

그러나 이런 기술적 해법만으로는 충분하지 않다는 목소리가 커지면서, 더 급진적인 주장들이 나오기 시작했다. 2021년 11월, 제26차 유엔 기후 변화 협약 당사국 총회(COP26)에서는 아일랜드 대표단이 "소의 트림도 기후 변화의 주범"이라고 지적하자, 축산 강국인 아르헨티나와 브라질이 강력히 반발하는 설전이 벌어졌다.

단순한 논쟁으로 끝날 줄 알았던 이 문제는 2023년 6월, 아일랜

소는 방귀가 아니라 트림으로 메탄을 배출한다. ©Getty Images

드 농무부의 내부 문건이 언론에 유출되면서 폭발했다. 정부가 기후 협약 목표 달성을 위해 향후 3년간 소 20만 마리를 도살하는 계획을 검토하고 있다는 내용이었다. 연간 6만 5,000마리씩 3년간 도살하여 전체 젖소의 10%를 줄인다는 것이었다. 전체 젖소의 10%를 인위적으로 없애겠다는 이 계획에 전 세계가 충격에 빠졌다. 농민들은 거세게 저항했다. 결국 아일랜드 정부는 "확정된 정책이 아닌 단순한 모델링일 뿐"이라며 진화에 나섰지만, 이는 축산업계가 직면한 현실을 적나라하게 보여 준 사건이었다

논란과 별개로 과학적 데이터는 냉정하다. 인간 활동으로 인한 메탄 배출의 40%는 농업에서 나오며, 그 중심에는 10억 마리 소의 트

축산업 메탄의 경제적 파급 효과

연도	전 세계 쇠고기 시장	대체육 시장	메탄 저감 기술 투자
2020	2,950억 달러	43억 달러	2억 달러
2022	3,200억 달러	74억 달러	7억 달러
2025(예상)	3,600억 달러	120억 달러	15억 달러
연평균 증가율	4.2%	22.4%	49.5%

[출처: FAO (축산업 데이터), Good Food Institute[19]]

림이 있다. 이 불편한 진실은 이제 환경 이슈를 넘어 거대한 경제적 파장을 일으키고 있다.

2022년 기준, 전 세계 쇠고기 시장은 약 3,200억 달러(약 420조 원) 규모로 추정된다. 같은 해 한국의 국가 예산(약 608조 원)의 70%에 달할 정도로 큰 이 거대한 시장에 지각 변동이 감지된다. 네덜란드는 세계 최초로 농가별 메탄 배출 쿼터를 도입하고 초과 시 탄소세를 부과하기 시작했다. 규제는 투자를 부른다. 네덜란드 낙농업계는 즉각 메탄 저감 사료 개발에 막대한 자금을 쏟아부었다.

위 표를 보자. 가장 주목할 점은 성장률의 차이다. 전통적인 쇠고기 시장이 연 4.2% 성장하는 동안, 대체육 시장은 22.4%, 메탄 저감 기술은 무려 49.5%씩 성장하고 있다. 이는 시장이 이미 변화의 바람을 감지하고 있음을 의미한다.

비욘드 미트(Beyond Meat), 임파서블 푸드(Impossible Foods) 같은 식물성 고기 회사들은 '메탄 제로 단백질'을 마케팅 슬로건으로 내세우며 막대한 초기 투자를 유치했다. 비록 현재(2023년 기준) 이들 선두 기업들이 높은 가격, 맛에 대한 이견, 그리고 생산 비용 문제로 인해 단기적인 성장 둔화와 기업 가치 하락을 겪고는 있지만, 2023년 전 세계 대체육 시장 규모는 74억 달러로, 2020년 대비 72% 증가하는 등 시장 잠재력에 대한 거대한 투자는 여전히 이어지고 있는 상황이다[20]. 흥미로운 것은 기존 육류 대기업들의 변신이다. 타이슨 푸드(Tyson Foods) 같은 전통적인 육가공업체들도 대체육 라인에 막대한 투자를 하고 있다. 마치 20세기 초 마차 제조업체들이 자동차 산업으로 전환했던 것처럼 말이다.

국경에서 탄소를 재는 시대

네덜란드의 축산업 규제는 사실 더 큰 지각 변동의 전조에 불과했다. 기후 변화 대응이 개별 국가 차원을 넘어 글로벌 무역 질서 자체를 뒤흔들기 시작한 것이다.

가장 강력한 신호는 유럽에서 왔다. 2026년 시행을 앞둔 유럽 연합의 탄소국경조정제도(Carbon Border Adjustment Mechanism, CBAM)는 메탄 배출까지 고려하는 방향으로 확대되고 있다. 이는 전 세계 무역 규칙을 근본적으로 바꿀 수 있는 정책이다[21].

구체적인 상황을 그려 보자. 러시아가 유럽으로 천연가스를 수출하려 한다. 과거에는 가격과 품질만 맞으면 그만이었다. 하지만 이제는 가스를 생산하고 운송하는 과정에서 '얼마나 많은 메탄을 흘렸는지'가 가격표에 반영된다. 누출된 메탄의 양만큼 값비싼 '탄소 통행세'를 물어야 한다.

계산기를 두드려 보면 이 규제가 얼마나 무서운지 알 수 있다. 메탄 1톤의 온실 효과는 20년 기준으로 이산화탄소 82톤과 맞먹는다. 즉, 천연가스 생산 과정에서 **가스가 단 1%만 누출돼도, 그 가스를 태울 때 나오는 이산화탄소보다 더 많은 온실가스를 배출하는 셈**이 된다. 단 1%의 누출이 가스의 친환경성을 완전히 상쇄해 버리는 것이다

이 지점에서 새로운 난제가 등장한다. "보이지 않는 기체를 누가, 어떻게 검증할 것인가?" 지구 반대편 가스전에서 일어나는 메탄 누출을 어떻게 국경에서 적발할 수 있을까? 소의 트림인지, 논에서 올라오는 가스인지, 아니면 파이프라인에서 샌 가스인지 그 출처를 어떻게 식별할 것인가?

이런 절박한 요구는 곧바로 또 다른 거대한 시장을 형성했다. 2023년 기준, 메탄 모니터링 장비 시장은 이미 23억 달러 규모로 성장했으며, 연평균 18%라는 가파른 성장세를 기록하고 있다. 바야흐로 정확한 측정이 돈이 되고, 경쟁력이 되는 시대가 열린 것이다. 물론 이 까다로운 기체를 완벽하게 잡아내기 위해서는 아직 더 정교한 과학 기술의 도움이 절실하다.

메탄을 추적하는 과학자들

국경을 넘나드는 탄소에 가격을 매기려면 반드시 선행돼야 할 조건이 있다. 그 탄소가 어느 땅에서, 어떻게, 얼마나 배출됐는지 정확히 파악하는 일이다. 이를 위해 과학자들은 마치 과학 수사대처럼 미세한 단서들을 포착해 배출원을 추적하는 다양한 기술을 발전시켜 왔다.

2019년 독일 마인츠대학교(Universität Mainz) 연구팀은 대기 측정 기술에 중요한 진전을 이뤘다. 마이크로파 분광법을 이용해 대기 중의 메탄과 이산화탄소의 농도를 실시간으로 정밀하게 분리해 내는 데 성공한 것이다[22].

이 기술의 핵심은 두 분자가 가진 고유의 '주파수 지문'을 구별하는 데 있다. 메탄은 9.6THz(테라헤르츠), 이산화탄소는 9.4THz 영역에서 마이크로파를 흡수한다. 연구팀은 이 미세한 차이를 포착해 10억 분의 1 단위(ppb)까지 농도를 정확히 측정해 냈다.

이 정밀 측정 덕분에 도심 속 온실가스의 숨겨진 패턴도 드러났다. 연구 결과, 새벽 시간대 도시의 메탄 농도는 평균보다 30%나 치솟았지만, 이산화탄소는 10% 증가에 그쳤다. 이는 메탄의 발생원이 이산화탄소보다 훨씬 국지적이고 일시적임을 시사한다. 또한 바람이 매립지나 하수 처리장 쪽에서 불어올 때 메탄 농도가 급증하는 현상도 확인됐다. 이제 바람의 방향만 읽으면 냄새를 쫓듯 배출원을 역추적할 수 있는 길이 열린 것이다.

하지만 지상 측정만으로는 광범위한 지역을 감시하는 데 한계가 있다. 더 넓은 시야를 확보하기 위해 과학자들은 우주로 눈을 돌렸다. 2021년 유럽우주국은 센티넬-5P(Sentinel-5P) 위성 데이터를 분석해 전 지구 메탄 배출 지도를 공개했다.

우주에서 본 지표면의 메탄 분포는 가히 드라마틱했다. 미국 텍사스 페름 분지(Permian Basin), 중국 타림 분지(Tarim Basin), 알제리 하시 메시우드 가스전(Hassi Messaoud gas field) 등 주요 에너지 생산지 위로 거대한 메탄 기둥이 솟아오르고 있었다. 특히 투르크메니스탄의 '지옥의 문'이라 불리는 다르바자 가스 분화구(Darvaza gas crater)에서는 시간당

투르크메니스탄 다르바자에 위치한 가스 분화구. ©Getty Images

1~3톤, 연간 1만~2만 톤에 달하는 메탄이 뿜어져 나오고 있음이 확인됐다[23].

위성 관측의 가장 큰 장점은 은폐된 배출원까지 찾아낼 수 있다는 것이다. 일례로 베네수엘라 마라카이보 호수(Lake Maracaibo) 주변에서는 2020년 이후 원유 채굴과 관련된 메탄 배출이 급증한 것이 포착됐다. 이는 경제 제재로 인한 시설 노후화와 관리 부실이 심각한 메탄 누출로 이어지고 있음을 우주에서 증명한 사례다.

관측 데이터가 '현재'를 보여 준다면, 시뮬레이션은 '미래'를 예측한다. 지구 온도가 올라가면 이 분자들은 어떻게 변할까? 2022년 MIT 연구팀은 슈퍼컴퓨터를 이용해 온도 변화에 따른 분자들의 행동 변화를 시뮬레이션했다[24].

온도가 상승하자 메탄 분자의 진동은 더욱 현란해졌다. 원래 하나였던 진동 패턴이 여러 갈래로 나뉘었는데, 이는 마치 하나의 종소리가 여러 음정으로 쪼개지는 것과 비슷했다. 이렇게 진동의 폭이 넓어지면 메탄이 흡수할 수 있는 적외선 파장의 범위도 덩달아 넓어진다. 반면 이산화탄소의 진동 패턴은 온도 변화에 상대적으로 둔감했다. 이는 지구 온난화가 가속화될수록 메탄의 온실 효과 효율이 지금보다 더 커질 수 있음을 암시하는 불안한 신호다.

위성과 슈퍼컴퓨터로도 풀 수 없는 마지막 숙제는 '출처의 구별'이다. 대기 중의 메탄이 소의 트림에서 나온 것인지, 아니면 가스전 파이프에서 샌 것인지 어떻게 알 수 있을까? 해답은 '동위 원소'에 있다. 이것은 분자의 주민등록증과 같다. 미생물 발효 등 생물학적 과정으로 만들어진 메탄은 가벼운 탄소-12(^{12}C)를 선호하는 반면, 화석 연료에서 유래한 메탄은 상대적으로 무거운 탄소-13(^{13}C)의 비율이 높다[25·26]. 과학자들은 대기 중 메탄을 포집해 이 비율을 분석함으로써 기원을 추적한다.

미국 해양대기청(NOAA)의 추적 결과에 따르면, 2007년부터 2014년까지의 메탄 농도 급증은 주로 아시아의 습지 확대와 축산업 등 생물학적 요인이 주도했다[27]. 하지만 2014년 이후의 양상은 다르다. 1980년대 이후 가장 가파르게 상승하고 있는 최근의 메탄 증가는, 기존의 생물학적 배출량 증가에 셰일 가스 개발 등 화석 연료 산업의 영향이 더해진 합작품으로 분석된다[28].

3,018과 667의 비밀

이처럼 다양한 측정 기술들이 발전할 수 있었던 것은 각 분자가 고유한 '목소리'를 가지고 있기 때문이다. 마치 사람마다 목소리가 다른 것처럼, 메탄과 이산화탄소는 서로 다른 진동 주파수로 '말'을 한다. 과학자들은 이 분자의 목소리를 측정할 때 파수(wavenumber, cm⁻¹) 단위를 사용한다. 이는 1센티미터 안에 파동이 몇 번 반복되는지를 나타내는 척도로, 음악에서의 헤르츠(Hz)와 같은 역할을 한다. 어떤 분자는 소프라노처럼 높은 음으로, 어떤 분자는 베이스처럼 낮은 음으로 진동한다.

여기 메탄과 이산화탄소라는 두 주인공의 악보가 있다. 먼저 메탄(CH_4)을 보자. 탄소와 수소의 결합이 팽팽하게 당겨질 때, 메탄은 $3{,}018\,cm^{-1}$(파장 약 3.3μm)라는 날카로운 고음을 낸다. 반면 이산화탄소(CO_2)는 조금 다르다. 분자가 좌우로 요동칠 때 $2{,}349\,cm^{-1}$(4.3μm)의

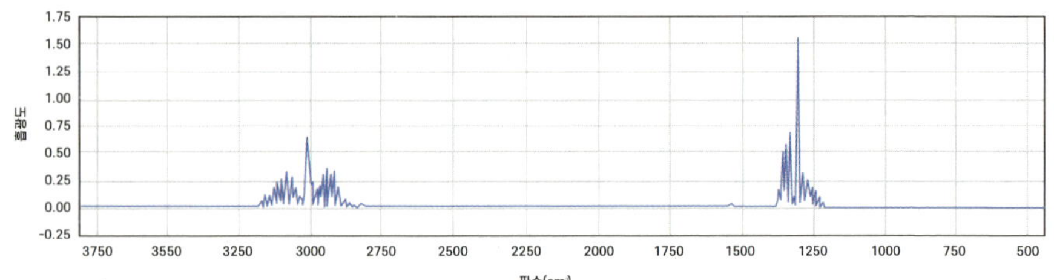

봉우리처럼 올라온 부분이 흡수하는 영역의 빛의 진동수다. 특히 3,000cm⁻¹ 근처(파장으로는 약 3.3μm)에서 C-H 결합의 신축 진동(stretching vibration)으로 인한 강한 흡수 봉우리를 확인할 수 있다.
[출처: https://webbook.nist.gov/cgi/cbook.cgi?ID=C74828&Type=IR-SPEC&Index=1]

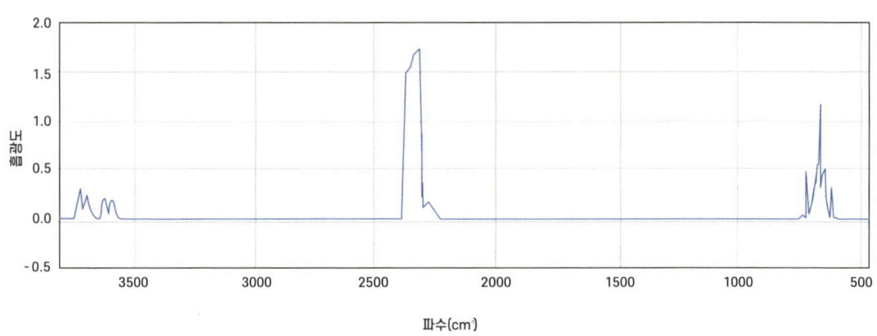

이산화탄소의 적외선 영역 흡수 스펙트럼. 약 2,350cm⁻¹(4.3μm)와 667 cm⁻¹(15μm) 근처에서 나타나는 강력한 흡수 봉우리가 지구 온난화에 기여하는 주된 원인이 된다.
[출처: https://webbook.nist.gov/cgi/cbook.cgi?ID=C124389&Type=IR-SPEC&Index=1]

소리를 내고, 위아래로 꺾일 때는 $667cm^{-1}$ (15μm)라는 묵직한 저음을 낸다[29]. 그래프에서 산봉우리처럼 솟아오른 저 지점들이 바로 각 분자가 "나는 여기에 있다"라고 외치는 고유한 주파수이자, 그들만의 신분증이다. 참고로 파수(cm⁻¹)는 진동의 횟수(에너지)와 비례하며, 파장(μm)과는 반비례한다. 따라서 $3,018cm^{-1}$처럼 파수가 높은 진동은 에너지가 높아 '고음'에, $667cm^{-1}$처럼 파수가 낮은 진동은 에너지가 낮아 '저음'에 비유할 수 있다.

그런데 이 진동 주파수들이 하필이면 지구가 내뿜는 복사 파장대와 겹친다는 건, 지구-대기 시스템 입장에서는 그야말로 '치명적인 우연'이 아닐 수 없다.

상상해 보자. 태양열로 뜨겁게 달궈진 지구가 열을 식히기 위해 우주를 향해 에너지를 내뿜는다. 지구라는 행성이 방출하는 이 적외선 에너지는 마치 라디오 방송처럼 특정 주파수 대역에 집중되어 있는데, 그 범위가 $667cm^{-1}$에서 $1,250cm^{-1}$ 사이다[30]. 그런데 이산화탄소가 몸을 굽히며 내는 저음인 $667cm^{-1}$가, 지구가 내보내는 에너지

지구 복사 스펙트럼과 온실가스 흡수 밴드 비교

온실가스	주요 흡수 파수 (cm⁻¹)	해당 파장 (μm)	지구 복사와의 겹침 정도
이산화탄소	667, 2349	15.0, 4.3	매우 높음
메탄	1306, 3018	7.7, 3.3	높음
수증기	1595, 3652	6.3, 2.7	매우 높음
아산화질소	1285, 2224	7.8, 4.5	높음

[출처: HITRAN 분자 분광 데이터베이스[31]]

대역의 핵심 구간에 정확히 위치하고 있다. 마치 누군가 악의적으로 라디오 주파수를 가로채듯, 이산화탄소 분자는 지구가 우주로 버리려던 열을 가장 잘 흡수할 수 있는 주파수에 정밀하게 튜닝되어 있었던 것이다. 메탄 역시 마찬가지다. 메탄의 진동은 햇빛의 영역과 지구 복사열의 영역 양쪽에서 에너지를 가로채는 덫을 놓고 있다[32].

　이것이 바로 온실 효과의 본질이다. 거창한 음모가 있는 것이 아니다. 그저 양자 역학에 따른 분자의 진동수와, 열역학이 결정한 지구의 온도가 우연히, 그러나 필연적으로 맞아떨어졌을 뿐이다. 하필이면 지구가 가장 많이 내놓는 바로 그 파장의 열을, 이 두 분자가 가장 좋아한다는 이 우연의 일치가 오늘날의 기후 위기를 만들었다. 그리고 이런 분자들의 고유한 특성을 이해했기 때문에, 앞서 소개한 마이크로파 분광학, 위성 관측, 동위 원소 추적 등의 기술이 가능해진 것이다.

자연이 던진 예상치 못한 실험들

첨단 측정 기술들이 가장 빛을 발하는 지점은 예상치 못한 자연 현상들을 확인했을 때다. 마치 자연이 스스로 거대한 실험을 설계한 것처럼 극한 상황에서 메탄과 이산화탄소의 진짜 모습이 드러났다.

　2019년부터 2020년까지 이어진 호주 대형 산불은 우리에게 기체들의 생리에 대한 새로운 통찰을 안겨 줬다. 10억 마리의 동물이 희생되고 1,870만 헥타르의 숲이 잿더미가 된 이 참사에서, 과학자들은 기이한 현상을 목격했다. 평소라면 급증해야 할 메탄 농도가 화재 현장에서 오히려 15%나 감소한 것이다[33].

처음에는 의외의 결과라고 생각했다. 산불이 나면 모든 온실가스가 증가할 것이라고 예상했기 때문이다. 하지만 그 원리는 명쾌했다. $1,000°C$가 넘는 산불의 맹렬한 열기가 메탄을 태워 버린 것이다.

$$CH_4 + 2O_2 \rightarrow CO_2 + 2H_2O + \text{열에너지}$$

이 화학 반응은 메탄이 이산화탄소보다 화학적으로 불안정하다는 것을 보여 주는 생생한 증거였다. 고온의 화염 속에서 메탄의 탄소-수소 결합은 맥없이 끊어져, 더 안정적인 이산화탄소로 변해 버렸다. 하지만 자연의 실험은 여기서 끝나지 않았다. 불이 꺼지고 6개월

연간 이산화탄소 배출량 변화율 vs 메탄 농도 증가량

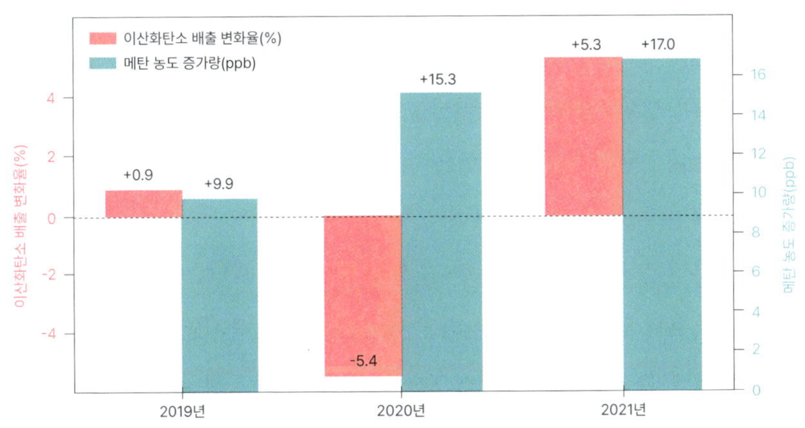

이산화탄소와 메탄의 엇갈린 변화. 왼쪽 Y축과 붉은 색 막대는 이산화탄소의 연간 배출량의 변화율(%)을, 오른쪽 Y축과 녹색 막대는 메탄의 대기 중 농도가 그해에 얼마나 증가했는지(ppb)를 보여 준다.

뒤 반전이 일어났다. 검게 그을린 토양에서 혐기성 세균들이 폭발적으로 번식하면서, 이번에는 메탄 배출량이 평소보다 40%나 폭증했다. 기후 변화로 인한 산불이 다시 메탄을 내뿜고, 그것이 또다시 온난화를 부추기는 악순환, 즉 '양의 되먹임(Positive Feedback)' 고리를 확인한 첫 번째 사례였다.

2020년, 코로나19 팬데믹은 의도치 않게 지구적 규모의 통제 실험을 제공했다. 봉쇄 조치로 공장과 자동차가 멈추자 이산화탄소 배출량은 전년 대비 5.4% 급감했다. 하늘은 맑아졌고, 4월의 일일 배출량은 2006년 수준으로 되돌아갔다. 그런데 놀랍게도 메탄은 딴판이었다. 오히려 2007년 이후 가장 가파른 증가세(15.1ppb)를 기록하며 사상 최고치를 경신했다[34].

이 기묘한 엇박자의 원인은 앞서 살펴본 '동위 원소 추적 기술' 덕분에 밝혀졌다. 이산화탄소는 산업 활동과 직결되어 있어 공장이 멈추자 바로 줄어들었지만, 메탄의 주요 배출원인 농업과 폐기물 처리는 봉쇄의 영향을 받지 않았던 것이다. 오히려 집에 머무는 시간이 길어지며 생활 쓰레기는 늘어났고, 석유 수요 급감으로 가스 플레어링(Gas Flaring, 남는 가스를 태워 없애는 작업)이 줄어들자 태워지지 않은 생(Raw) 메탄이 공기 중으로 그대로 누출됐다.

이 사건은 우리에게 중요한 교훈을 남겼다. 메탄과 이산화탄소는 마치 시소의 양 끝처럼 서로 다른 메커니즘으로 움직인다는 사실 말이다. 하나를 줄인다고 해서 다른 하나가 저절로 해결되지 않으며, 때로는 상반된 움직임을 보일 수도 있다는 것을 우리는 뼈아프게 배웠다.

지구 온난화를 향한 두 분자의 댄스 파티

캐나다 리턴의 49.6°C 폭염, 호주를 집어삼킨 산불, 그리고 팬데믹의 역설까지. 이 모든 사건의 배후에는 눈에 보이지 않는 두 분자의 치열한 경쟁이 자리 잡고 있다. 1859년 틴들이 실험실에서 목격했던 그 작은 바늘의 떨림이, 160여 년이 지난 지금 전 지구적인 기후 재난으로 현실화된 것이다.

메탄은 '짧고 굵은 스프린터'다. 대기에 방출되는 순간부터 12년 동안은 이산화탄소보다 80배 이상 강력한 온실 효과를 발휘하며 폭발적으로 열을 가둔다. 하지만 다행히도 자연의 청소부들에 의해 비교적 빨리 사라진다. 반면 이산화탄소는 '끈질긴 마라톤 선수'다. 순간의 위력은 약할지 몰라도, 한번 대기에 들어오면 수백 년, 수천 년간 머물며 지구를 서서히, 그러나 확실하게 데운다.

결국 우리에게 필요한 것은 '시간'에 대한 전략이다. 메탄을 잡는 것은 당장의 급한 불을 꺼서 기후 재앙의 속도를 늦추는 '시간 벌기' 전략이고, 이산화탄소를 줄이는 것은 먼 미래의 기후 안정성을 담보하는 '기초 다지기' 전략이다. 우리에게는 두 가지 모두 절실하다.

3,018과 667. 두 숫자로 표현되는 진동 주파수가 만들어 내는 지구의 드라마는 지금도 계속되고 있다. 무대 위에서 춤추는 주인공은 메탄과 이산화탄소 분자들이지만, 그 춤의 빠르기와 결말을 결정할 연출가는 바로 우리 인간이다. 분자 수준에서 시작된 이 이야기는 결국 인류 문명의 존망을 결정할 선택의 문제로 귀결된다. 틴들이 그 여름에 발견했던 진실은, 이제 우리 모두가 풀어야 할 생존의 과제가 됐다.

이산화탄소 분자의 양자 화학

"O Freunde, nicht diese Töne!
Sondern laßt uns angenehmere
anstimmen, und freudenvollere."

"오 친구들이여, 이런 소리가 아니라네!
더욱 즐겁고 환희에 찬 노래를 부르세."

— 베토벤(Ludwig van Beethoven),
교향곡 제9번 〈합창(Choral)〉 중 4악장(1824년)

1824년 5월 7일, 비엔나의 케른트너토르 극장(Theater am Kärntnertor). 베토벤의 교향곡 9번 〈합창〉이 세상에 처음 울려 퍼지던 날, 관객들은 수백 년간 이어져 온 교향악의 견고한 패러다임이 깨지는 역사적 순간을 목도했다. 4악장이 시작되고 얼마 지나지 않아, 한 남성 바리톤 가수가 벌떡 일어나 오케스트라를 향해 호통치듯 노래하기 시작했다.

"오 친구들이여, 이런 소리가 아니라네! 더욱 즐겁고 환희에 찬 노래를 부르세(O Freunde, nicht diese Töne! Sondern laßt uns angenehmere anstimmen, und freudenvollere).**"**[*]

이 장면은 교향곡은 오직 악기로만 완성돼야 한다는 수백 년 된 금기를 깨뜨린 전대미문의 파격이었다.

---

[*] 베토벤 교향곡 9번 〈합창〉은 QR코드를 통해 확인할 수 있다.

바리톤의 이 선언은 곧 뒤이을 장엄한 폭발의 도화선에 불과했다. 그의 독창이 끝나기가 무섭게 뒤에 서 있던 수백 명의 합창단이 화답하듯 일제히 목소리를 높였고, 그 유명한 베토벤의 '환희의 송가'가 비로소 모습을 드러냈다.

당시 베토벤은 소리를 전혀 들을 수 없는 정적 속에 갇혀 있었다. 외부의 모든 소음이 차단된 고립된 상태에서, 그는 기존의 관습적인 소리들을 거부하고 오직 자신의 내면에서만 울려 퍼지는 단 하나의 명확한 선율, 즉 '환희'의 주파수를 선택해 세상에 내놓았다.

흥미롭게도 지구 대기에는 베토벤처럼 기존의 흐름을 거부하고 특정한 주파수에만 집요하게 반응하는 지휘자가 살고 있다. 바로 이산화탄소 분자다. 이 까다로운 지휘자는 우주와 지구 사이를 오가는 수많은 빛의 연주에는 철저히 침묵한다. 태양이 보내는 가시광선이 아무리 화려하게 쏟아져도, 산소나 질소 같은 다른 연주자들이 바쁘게 움직여도 이산화탄소는 꿈쩍하지 않는다. 마치 베토벤의 바리톤처럼 "이런 소리가 아니라네!"라며 흘려보낼 뿐이다.

그러나 지표면이 데워져 눈에 보이지 않는 '적외선'이라는 열의 파장을 내뿜는 순간, 이산화탄소 분자는 태도를 180도 바꾼다. 마치 베토벤이 정적을 뚫고 그토록 원했던 '환희의 송가'가 울려 퍼지듯, 특정한 주파수의 적외선이 날아오면 기다렸다는 듯 격렬하게 진동하며 춤을 추기 시작한다. 이산화탄소는 세상에서 가장 정교하게 조율된 악기처럼, 지구가 우주로 돌려보내려던 '열의 선율'만을 정확히 포착해 제 몸 안으로 빨아들인다.

문제는 그다음이다. 이 분자는 흡수한 열의 에너지를 홀로 간직하지 않는다. 콘서트홀의 음향이 객석 구석구석으로 반사되듯, 흡수한 열을 다시 사방으로 내뿜는다. 빛과 분자가 만들어 내는 이 정교한 양자 교향악은, 역설적으로 지표면을 점점 더 뜨겁게 달구는 '열의 덫'이 되고 만다.

1859년 존 틴들이 런던 왕립연구소에서 이 놀라운 비밀을 처음 발견했을 때, 그는 자신이 지구의 운명을 좌우할 현상을 목격하고 있다는 사실을 온전히 알지 못했다.

태양에서 날아온 빛의 입자들

이야기는 태양에서부터 시작된다. 1억 5,000만 킬로미터 밖, 이글거리는 태양 표면에서 매 순간 상상할 수 없는 양의 에너지가 방출된다. 이 거대한 에너지는 과연 어떤 모습을 하고 우주 공간을 가로질러 지구까지 당도하는 것일까?

19세기 물리학자들은 빛을 마치 연못에 돌을 던졌을 때 퍼져 나가는 물결처럼 파동으로만 생각했었다. 하지만 토머스 영의 이중 슬릿 실험으로 파동성이 명확히 입증된 이후에도, 빛의 본질에 대한 의문은 여전히 남아 있었다.

1905년 스위스 연방 특허청 직원이었던 26세의 특허 심사관 알베르트 아인슈타인(Albert Einstein, 1879~1955)은 세상을 놀라게 할 주장을 내놓았다. 빛은 파동이면서 동시에 입자라는 것이다. 그는 이 빛의 알갱이를 '광양자(光量子, light quantum)' 또는 '광자(photon)'라고 불렀다(오늘날 우리가 쓰는 '광자(photon)'라는 용어는 1926년 화학자 길버트 루이스가 만든 말이지만, 그 개념의 아버지는 명백히 아인슈타인이다)[1]. 이는 실로 혁명적인 발상이었다.

아인슈타인은 빛을 물총에서 쏟아져 나오는 물방울처럼, 에너지 덩어리인 '광자'들의 흐름으로 보았다.

처음에는 아무도 믿지 않았다. 심지어 양자 이론의 창시자인 막스 플랑크(Max Planck, 1858~1947)조차 이 생각을 받아들이기 어려워했다.

당시 물리학계에는 기존 파동 이론으로는 도저히 풀 수 없는 수수께끼가 하나 있었다. 바로 금속 표면에 빛을 쪼이면 전자가 튀어나오는 '광전 효과'였다. 이상한 점은 빛의 세기와 전자의 탈출 여부가 무관하다는 사실이었다. 빛을 아무리 강하게 쪼여도, 빛의 진동수가 낮으면 전자는 꿈쩍하지도 않았다. 반대로 아주 약한 빛이라도 진동수가 높으면 전자는 즉각 튀어나왔다.

아인슈타인은 이 미스터리를 '입자 대 입자의 충돌'로 명쾌하게 설명했다. 금속 안의 전자는 원자핵의 인력에 의해 단단히 묶여 있다. 이를 '일함수(work function)' 또는 '구속 에너지(binding energy)'라고 한다. 이 전자를 떼어 내려면 묶인 사슬을 끊을 만큼 강력한 '한 방'이 필요하다. 빛이 파동이라면 약한 빛이라도 계속 때리다 보면 에너지가 축적되어 언젠가 전자가 튀어나와야 한다. 하지만 빛은 파동이면서 입자다. 아인슈타인은 광자라는 알갱이가 전자와 1대 1로 충돌하여 자신의 에너지를 전달한다고 봤다. 이때 광자 하나의 에너지가 전자의 구속 에너지를 깨뜨릴 만큼 충분히 강하지 않다면(진동수가 낮다면), 아무리 수억 개의 광자가 쏟아진다 해도 전자는 결코 튀어나오지 않는다. 즉, 전자를 탈출시키는 것은 빛의 개수가 아니라, 광자 하나하나가 가진 '에너지의 질(진동수)'이었던 것이다.

당시 학계는 여전히 반신반의했다. 논문 발표 2년 뒤, 시카고대학교의 로버트 밀리컨(Robert Millikan, 1868~1953)은 아인슈타인의 주장을 실험으로 반박하겠다고 나섰다. 그는 극도로 정밀한 실험 장치를 고안해 10년간 다양한 금속과 빛을 연구했다. 하지만 1916년 발표된 결과는 아이러니했다. 모든 측정값이 아인슈타인의 예측과 정확히 일치했다. 반박하려던 실험이 오히려 가장 확실한 증거가 됐다. 여기에 1923년 워싱턴대학교의 아서 콤프턴(Arthur Compton, 1892~1962)이 결정타를 날렸다. 그는 X선이 전자와 충돌할 때 마치 당구공끼리 부딪히는 것처럼 운동량을 주고받는다는 사실을 입증했다. 이제 빛이 파동이면서 입자라는 사실은 거부할 수 없는 물리학의 기본 원리가 됐다.

자, 다시 태양 이야기로 돌아가자. 지금 이 순간 태양에서 지구로 날아오고 있는 것이 바로 이 광자들이다. 초당 수천 경(10^{16}) 개의 광자가 우리 손바닥만 한 면적을 통과하고 있다[2]. 이들은 빛의 속도로 8분 19초 동안 우주를 가로질러 지구에 도착한다. 중요한 점은 모든 광자의 에너지가 똑같지 않다는 것이다. 아인슈타인이 발견한 관계식은 다음과 같다.

$$E = h\nu$$

E는 광자 하나의 에너지, h(하)는 플랑크 상수(6.626×10^{-34} J·s), ν(뉴)는 빛의 진동수다. 이 식의 의미는 명확하다. 진동수가 높을수록(파장이 짧을수록) 광자는 더 큰 에너지를 가진다. 태양에서 오는 가시광선 광자 하나의 에너지는 대략 $3\sim4 \times 10^{-19}$줄(Joule, J)에 불과하다[3]. 터무니없이 작아 보이는 숫자지만, 초당 수천 경 개가 쏟아져 내린다면 이야기가 달라진다. 우리가 느끼는 태양의 따스함은 바로 이 무수한 광자들이 우리 피부의 분자들과 충돌하며 전달한 에너지의 총

태양이 따스하게 느껴지는 이유는 무수한 광자들이 전달한 에너지 때문이다. ©Getty Images

합이다.

여기서 흥미로운 순환이 일어난다. 태양 광자를 흡수해 따뜻해진 지구 표면은 다시 우주를 향해 광자를 내보낸다. 단, 들어올 때와는 다르다. 지구는 태양보다 훨씬 차갑기 때문에, 에너지가 훨씬 낮은 (진동수가 작은) **적외선 광자**를 방출한다. 이 적외선 광자의 에너지는 가시광선의 수십 분의 1 수준이며, 파장은 8~15마이크로미터(μm) 정도다. 우리 눈에는 보이지 않지만, 이 적외선 광자들은 분명히 존재하며 지구의 열을 우주로 실어 나른다. 그리고 바로 이 적외선 광자들이 대기 중의 이산화탄소 분자와 충돌하는 그 순간, 지구 온난화라는 거대한 드라마가 시작된다.

분자는 왜 특정한 에너지만 받아들이는가?

상상해 보자. 당신 앞에 피아노가 놓여 있다. 건반을 누르면 아름다운 소리가 나지만, 여기에는 엄격한 규칙이 있다. 정확히 440Hz의 '라' 음을 내려면 특정한 건반을 눌러야 하고, 그 바로 옆 건반을 누르면 494Hz의 '시' 음이 나온다. 중요한 건 그 사이다. 440Hz와 494Hz 사이에 있는 467Hz 같은 소리는 피아노로 낼 수 없다. 건반과 건반 사이에는 '소리'가 존재하지 않기 때문이다. 즉, 피아노의 음계는 연속적이지 않고 불연속적이다. 분자의 세계도 이와 똑같다.

이산화탄소 분자가 광자를 흡수하는 과정은 마치 피아노 연주와 같다. 아무 에너지나 흡수하는 게 아니라, 분자가 가진 특정 에너지 '계단'의 높이와 광자의 에너지가 정확히 일치할 때만 반응이 일어난다. 물리학자들은 이를 '에너지 준위의 양자화(Quantization)'라고 부른다.

이 개념의 단초는 1913년 닐스 보어(Niels Bohr, 1885~1962)가 제공했다. 그는 원자 안의 전자가 아무 에너지를 갖는 게 아니라, 오직 특정한 에너지 준위에만 존재할 수 있다는 사실을 발견했다[4]. 마치 건물의 층수와 같다. 1층, 2층, 3층은 있지만 1.5층이나 2.7층은 존재할 수 없는 것처럼 말이다. 분자의 진동 역시 원자와 똑같은 건축 법칙을 따른다. 이산화탄소 분자가 진동할 때 그 에너지는 연속적으로 변하는 것이 아니라, 오직 다음과 같은 특정한 값(level)들만 가질 수 있다.

$$E_n = h\nu \left(n + \frac{1}{2} \right)$$

여기서 n은 0, 1, 2, 3⋯ 같은 정수, h는 플랑크 상수(6.626 × 10⁻³⁴ J·s),

v는 분자의 고유 진동수다. n=0일 때를 가장 낮은 층의 가장 안정적인 '바닥 상태(ground state)', n=1, 2, 3…으로 올라갈수록 에너지가 높아진 '들뜬 상태(excited state)'라고 부른다.

재미있는 점은 n=0인 바닥 상태에서도 에너지가 0이 아니라는 것이다($E_0 = \frac{1}{2}hv$). 양자 역학의 세계에서는 분자가 절대 멈추지 않고 최소한의 떨림을 유지하기 때문이다.

자, 이제 이산화탄소 분자가 빛을 흡수한다는 것은 무슨 의미일까? 그것은 아래층(n=0)에서 위층(n=1)으로 점프한다는 뜻이다. 이때 필요한 에너지는 정확히 두 층의 높이 차이 만큼이다.

필요한 에너지 = (1번층 에너지) − (0번층 에너지)

$$E = E_1 - E_0 = \frac{3}{2}hv - \frac{1}{2}hv = hv$$

수식을 정리하면 복잡했던 군더더기가 사라지고 깔끔하게 hv만 남는다. 즉, 분자는 자신의 진동수(v)에 플랑크 상수(h)를 곱한 만큼의 에너지를 가진 광자(빛)만 골라서 받아들인다. 이는 마치 정해진 금액의 동전만 인식하는 자동판매기와 같다. 500원짜리 투입구에 100원이나 50원짜리 동전을 넣으면 기계가 뱉는 것과 같은 이치다.

실제 수치를 대입해 보자. 이산화탄소의 '비대칭 신축 진동'의 경우, 약 7.0×10^{13} Hz($2{,}349 cm^{-1}$에 해당)의 진동수를 갖는다[5]. 이를 에너지로 환산하면 다음과 같다.

$$E = hv = (6.626 \times 10^{-34} \text{ J·s}) \times (7.0 \times 10^{13} \text{ Hz}) \approx 4.6 \times 10^{-20} \text{ J}$$

(여기서 '≈' 기호는 유효숫자에 맞춰 반올림했다는 의미다.)

에너지 계단의 차이에 해당하는 4.6×10^{-20}J 만큼의 에너지를 가진 광자만이 이산화탄소 분자를 바닥 상태에서 첫 번째 들뜬 상태로 쳐서 올릴 수 있다. 이보다 에너지가 아주 조금이라도 크거나 작으면, 광자는 분자를 건드리지 못하고 그대로 통과해 버린다. 이것이 바로 이산화탄소가 투명한 유리창처럼 가시광선은 통과시키면서, 특정 파장의 적외선만 귀신같이 잡아내는 물리적 이유다. 분자의 에너지가 양자화되어 있다는 그 근본적인 자연의 규칙 때문이다.

그런데 우리는 앞 장에서 이산화탄소 분자가 추는 세 가지 춤, 즉 '숨쉬기', '위험한 줄다리기', '허리 꺾기'를 알아봤다. 그중에서 지구 온난화의 주범은 위험한 줄다리기($2,349 \mathrm{cm}^{-1}$)와 허리 꺾기($667 \mathrm{cm}^{-1}$)였다.[6] 이제 여기서 더 깊은 질문을 던져야 한다. 도대체 왜 하필 2,349이고 667일까? 왜 2,350이나 660은 안 되는 걸까?

그 이유는 양자 역학의 세계에서는 '대충'이나 '비슷하게'가 결코 통하지 않기 때문이다. 이산화탄소 분자가 평온한 바닥 상태에서 '허리 꺾기'라는 격렬한 들뜬 상태로 점프하려면, 정확히 $667 \mathrm{cm}^{-1}$에 해당하는 에너지만이 필요하다. 에너지가 1이라도 모자라거나 남으면, 분자는 그 춤을 출 수 없다. 이 엄격한 '양자 규칙' 때문에 이산화탄소는 우주로 나가는 수많은 적외선 광자 중에서 자신의 '가격표'와 정확히 액수가 맞는 광자들만 골라 잡아먹는 것이다.

광자를 잡아먹는 순간: 양자 도약

이제 가장 극적인 순간이 찾아온다. 지구에서 우주를 향해 튀어 나가던 적외선 광자 하나가 이산화탄소 분자와 충돌한다. 광자의 에너지가 정확히 4.6×10^{-20}J(2,349cm^{-1}에 해당)이라면, 놀라운 일이 벌어진다. 이 광자가 그 자리에서 사라지고, 대신 이산화탄소 분자가 갑자기 더 격렬하게 진동하기 시작한다.

양자 역학에서는 이것을 '양자 도약(quantum jump)'이라고 부른다[7]. 분자가 바닥 상태(n=0)에서 첫 번째 들뜬 상태(n=1)로 순간적으로 점프한다. 중간 단계는 없다. 마치 계단을 한 칸씩 오르는 것처럼, 분자는 특정 수치의 에너지 준위에서 다른 수치의 에너지 준위로 점프한다. 연속적, 점진적인 상승이 아닌, 찰나를 통한 다른 상태로의 전이(transition), 도약이다. 이 과정은 믿을 수 없을 만큼 빠르게 일어난다. 광자가 흡수되는 데 걸리는 시간은 약 10^{-15}초, 즉 1,000조 분의 1초다[8]. 우리가 눈을 한 번 깜빡이는 사이에 이런 일이 10^{14}회 일어난다.

이렇게 흡수된 에너지는 분자의 진동 에너지로 전환된다. 이제 이산화탄소 분자는 들뜬 상태에 있다. 그러나 이 상태는 오래 지속되지 않는다. 들뜬 상태의 이산화탄소 분자는 불안정하다. 마치 높이 올라간 그네가 다시 내려오려는 것처럼, 분자도 바닥 상태로 돌아가려 한다. 이때 분자가 에너지를 털어 내는 방법에는 두 가지가 있다.

첫 번째는 다시 광자를 내보내는 것이다. 분자가 들뜬 상태에서 바닥 상태로 돌아가면서, 정확히 흡수했던 것과 같은 에너지의 광자를 방출한다. 이것을 '자발 방출(spontaneous emission)'이라고 부른다[9]. 하지만 여기엔 특이점이 있다. 이 광자는 무작위 방향으로 날아간다. 위쪽으로 갈 수도 있고, 아래쪽으로 갈 수도 있고, 옆으로 갈 수도 있다. 원래 우주로 향하던 광자가 이산화탄소에 흡수됐다가 다시 방출될 때, 절반 정도는 다시 지구 쪽으로 향한다. 이것이 온실 효과의 핵심이다. 우주로 빠져나가려던 열에너지가 절반은 다시 지구로 돌아온다는 것이다.

두 번째 방법은 더 흥미롭다. 들뜬 이산화탄소 분자가 주변의 다른 분자(질소나 산소)와 충돌하면서, 진동 에너지를 운동 에너지로 전환한다. 이것을 '충돌 소멸(collisional quenching)'이라고 부른다[10]. 대기 하층부에서는 분자들이 상대적으로 빽빽하게 몰려 있어서, 이산화탄소 분자가 광자를 다시 방출하기도 전에 다른 분자와 충돌한다. 평균 충돌 시간이 약 10^{-9}초인데, 이는 자발 방출 시간(10^{-3}초)보다 훨씬 짧다[11]. 결과적으로, 흡수된 적외선 에너지의 대부분은 대기를 직접 가열하는 데 쓰인다. 주변 공기 분자들이 더 빠르게 움직이기 시작한다. 우리가 '온도가 올라간다'고 말하는 것은 바로 이 분자들의 평균 운동 에너지가 증가하는 것을 의미한다.

이야기는 여기서 끝나지 않는다. 가열된 공기 분자들이 다시 이산화탄소 분자와 충돌하면, 앞서의 반대 과정이 일어난다. 즉 바닥 상태의 이산화탄소 분자가 충돌을 통해 또다시 들뜬 상태로 올라간다. 그리고 이 들뜬 분자가 다시 광자를 방출한다. 이렇게 복잡한 흡수-방출-충돌의 사슬이 끊임없이 반복되면서, 대기는 일종의 열 저장고 역할을 한다. 태양에서 온 에너지를 지구에 가둬 두는 것이다.

우주 어디서나 같은 법칙

2022년 8월, NASA는 제임스 웹 우주 망원경이 700광년 떨어진 외계 행성 'WASP-39b'의 대기에서 이산화탄소의 명확한 증거를 포착했다고 발표했다[12]. 도대체 700광년이나 떨어진 곳에 있는, 눈에 보이지도 않는 기체 분자의 정체를 어떻게 확신할 수 있었을까? 답은 물리 법칙의 '보편성'에 있다. 이산화탄소 분자의 양자 도약 현상은 지구에서나 700광년 밖에서나 완벽히 동일하게 작동하기 때문이다.

원리는 이렇다. 행성이 자신의 항성(별, 태양) 앞을 지나가는 순간, 별빛의 일부가 행성의 대기층을 통과하여 지구로 날아온다. 이때 대기 속에 숨어 있던 이산화탄소 분자들은 앞서 우리가 살펴본 대로, 자신에게 허락된 특정 파장의 빛만을 골라 흡수해 버린다. 지구의 관측 장비에는 바로 그 파장의 빛만 쏙 빠져나간, 일종의 '이가 빠진' 별빛이 도달하게 된다.

분석 결과는 명쾌했다. 관측된 빛의 스펙트럼을 분석해 보니, 정확히 4.3 마이크로미터(2,349cm^{-1}) 부근에서 빛이 뚜렷하게 줄어든 것이 확인됐다[13]. 이는 지구의 실험실에 있는 이산화탄소가 보여 주는 흡수 패턴과 한 치의 오차도 없이 일치하는 것이었다. 700광년 떨어진 외계 행성의 이산화탄소 분자도 지구의 이산화탄소와 똑같은 에너지 준위를 가지고 있고, 똑같은 광자만 흡수하기 때문에 그렇다. 우주의 법칙은 보편적이다.

플랑크 상수 h는 우주 어디서나 같다. 광속 c도 같다. 양자 역학의 법칙도 어디나 같고, 열역학 법칙도 어디나 똑같다. 서울에서 측정한 이산화탄소의 흡수 스펙트럼과 뉴욕에서 측정한 것이 같고, 안드로메다 은하에서 측정한 것도 같을 것이다. 양자 도약의 에너지는 우주 어디서나 동일하다.

이것은 철학적으로도 의미를 가진다. 우주는 무작위로 돌아가는 혼돈이 아니다. 모든 곳에서 같은 규칙이 적용되는 정교하고 질서 있는 시스템이다. 분자 하나가 만들어 내는 미세한 진동이 은하 저 편에서도 똑같은 방식으로 일어난다는 사실은 우리에게 다음과 같은 확신을 준다. 실험실의 좁은 관 속에서 측정한 이산화탄소의 특성이 우리 대기는 물론, 수백 광년 떨어진 외계 행성에서도 동일한 궤적으로 반복된다. 이 광활한 일관성은 우리가 세운 기후 모델 속의 물리 법칙이 단순한 가정이 아니라는 사실이다. 오히려 그것은 이 행성의 운명을 지배하며 한 치의 오차 없이 작동하는, 거대하고도 준엄한 진리임을 방증한다.

시공간을 초월한 필연의 무대

양자 역학이 우리에게 보여 주는 또 하나의 심오한 사실이 있다. 바로 미시 세계에서 일어나는 사건들은 '시간의 방향을 타지 않는다'는 점이다. 이해를 돕기 위해 머릿속으로 짧은 영화를 한 편 찍어 보자. 주인공은 이산화탄소 분자다.

카메라가 돌아가고, 바닥 상태에 있던 분자가 날아오는 적외선 광자를 낚아채 에너지를 흡수하는 장면을 촬영했다. 이제 이 영상을 거꾸로 돌려보자. 화면 속에서는 에너지를 머금은 분자가 가지고 있던 광자를 뱉어 내며 다시 원래의 상태로 돌아간다. 우리의 현실 감각으로는 시간을 되돌린다는 것은 말도 안 되는 일이다. 식탁에서 떨어진 유리잔이 산산조각 나는 것은 자연스럽지만, 바닥의 파편들이 스스로 날아올라 다시 매끈한 유리잔으로 붙는 일은 결코 일어나지 않기 때문이다. 이것이 우리가 사는 거시 세계를 지배하는 '열역학 제2법칙(엔트로피 증가의 법칙)'이다. 시간은 항상 무질서해지는 방향으로만 흐른다.

하지만 카메라 렌즈를 분자 하나하나의 세계, 즉 양자 역학의 세계로 줌인하면 이야기가 완전히 달라진다. 여기서는 '당구공의 논리'가 통한다. 당구대 위에서 흰 공이 빨간 공을 때리는 장면을 상상해 보자. 이 영상을 거꾸로 돌리면, 빨간 공이 와서 흰 공을 때리는 것처럼 보이게 된다. 이것이 이상한가? 전혀 그렇지 않다. 물리학적으로 두 장면 모두 완벽하게 가능하다. 양자 역학의 세계는 이 당구공과 같다.

슈뢰딩거 방정식(Schrödinger equation)*을 비롯한 미시 세계의 법칙들은 시간(t)을 거꾸로 흐르게($-t$) 해도 완벽하게 성립한다. 이것을 과학에서는 '시간 대칭성(Time Symmetry)' 또는 '미시적 가역성(Microscopic Reversibility)'이라고 부른다. 분자 입장에서는 광자를 흡수하는 것이나 방출하는 것이나 순서만 다를 뿐 본질적으로 '완전히 똑같은 하나의 과정'이라는 뜻이다.

이 대칭성이 기후 문제에서 중요한 이유는 여기에 '자연의 엄격한 공정함'이 숨어 있기 때문이다. 시간 대칭성은 이렇게 말한다.

"나가는 문이 열려 있다면, 들어오는 문도 반드시 열려 있어야 한다."

---

* 양자 역학의 가장 기본이 되는 방정식이다. 야구공이 날아가는 궤적을 뉴턴의 법칙으로 계산하듯, 전자나 분자의 움직임은 슈뢰딩거 방정식으로 예측한다. 다만 미시 세계의 입자는 정확한 위치 대신 '어디에 존재할 확률이 높은지'를 나타내는 파동 함수(Wave Function)로 표현된다는 점이 다르다. 현대 물리학과 화학의 거의 모든 계산이 이 식에서 출발한다.

즉, 이산화탄소 분자가 들뜬 상태에서 빛을 내뿜으며 안정을 찾을 수 있다면(방출), 역으로 빛을 받아들여 들뜨게 되는 길(흡수) 또한 우주적으로 영원히, 활짝 열려 있어야 한다. 자연에는 '출구만 있고 입구는 없는' 일방 통행로는 존재하지 않기 때문이다. 그렇기 때문에 이산화탄소 분자가 적외선을 흡수하는 현상은 우연이나 선택이 아니다. '거부할 수 없는 우주의 필연'이다.

우주의 법칙이 양방향으로 통하도록 설계되어 있는 한, 이산화탄소는 자신에게 다가오는 적외선을 모른 척할 수 없다. 열린 문으로 들어오는 손님을 막을 수 없듯, 분자는 다가오는 에너지를 무조건 받아들여야만 하는 운명을 타고난 것이다. 만약 어딘가 또 다른 우주가 있다면, 그곳에서도 플랑크 상수와 광속이 같다면, 이산화탄소 분자는 언제나 똑같은 방식으로 적외선을 흡수할 것이다. 이것은 우리 우주만의 특수한 현상이 아니다.

분자가 선택하는 문명의 미래

이제 우리는 이산화탄소 분자 하나가 어떻게 작동하는지 정확히 이해했다. 그렇다면 현재 대기 중에 있는 무수한 이산화탄소 분자들이 집단적으로 만들어 내는 효과는 어떤 식일까?

현재 대기 중에는 약 3조 2,000억 톤의 이산화탄소가 들어 있다. 이를 분자 개수로 환산하면 약 4.38×10^{40}(4경 4,000조)개다[14]. 지구상의 모래알 전체 개수는 약 7.5×10^{18}개다[15]. 지구상의 모든 모래알 하나하나마다 다시 5.8×10^{21}개의 이산화탄소 분자가 들어 있다고 상상해 보라. 그 모든 모래알 속 분자를 합쳐야만 나오는 천문학적인 숫자다. 그런데 매 순간 이 엄청난 수의 분자들이 각각 초당 수십 조 번씩 진동하면서 지구 대기로 나오는 적외선을 흡수하고 재방출한다. 마치 전 세계 모든 모래알이 동시에 악기를 연주하는 것처럼, 보이지 않는 거대한 교향곡이 연주되고 있다.

한편 2022년 기준으로 인류는 매년 약 370억 톤의 이산화탄소를 추가로 배출하고 있다[16]. 5.0×10^{38}개의 이산화탄소 분자를 대기에 더하고 있다는 말이다. 현재 추세가 계속된다면 2050년경 대기 중 이산화탄소 농도는 500ppm을 넘어설 것으로 예측된다[17]. 기후 모델들은 이때까지 지구 평균 온도가 1.5~2.0℃ 상승할 것으로 예측한다. 단순한 평균 온도가 올라가는 게 아니다. 극지방은 더 큰 온도 상승을, 열대 지방은 상대적으로 작은 변화를 겪을 것이다. 그리고 **이 모든 변화의 근본 원인은 바로 이산화탄소 분자의 양자 도약에서 비롯한다.**

작은 이산화탄소 분자의 진동이 어떻게 지구 전체의 기후 시스템에, 그리고 인류 문명에 영향을 미치는지 생각해 보면 경이롭다. 분자 수준에서 일어나는 양자 역학적 현상이 대기-해양-육지를 아우르는 거대한 시스템의 변화를 이끌어 낸다. 틴들이 1859년에 실험실에서 발견한 이산화탄소의 적외선 흡수 현상이 실제 대기에서도 일어나고 있음을 확인하는 데는 오랜 시간이 걸렸다. 1896년 아레니우스는 최초로 이산화탄소 농도 증가가 지구 온도 상승을 일으킬 수 있다고 계산했다. 하지만 그의 예측이 실제로 관측되기 시작한 것은 20세기 중반 이후의 일이다. 오늘날 우리는 인공위성을 이용해 대기 전체의 이산화탄소 농도를 정밀하게 측정할 수 있다. 적외선 분광법을 이용해서 지구 대기에서 나오는 적외선 스펙트럼을 분석하면, 이산화탄소의 특징적인 흡수 밴드[*]가 선명하게 나타난다. 1970년대와 현재의 스펙트럼을 비교해 보면, 이산화탄소 흡수 밴드가 점점 깊어지고 있음을 확인할 수 있다. 이는 대기 중 이산화탄소 농도가 증가하고 있다는 직접적 증거다.

우리는 이제 이산화탄소 분자가 어떻게 지구를 덥히는지 정확히 안다. 태양에서 날아온 가시광선 광자들은 대기를 통과해 지구를 데운다. 따뜻해진 지구는 적외선 광자를 우주로 방출한다. 하지만 이 광자들이 대기를 빠져나가기 전에 이산화탄소 분자와 충돌한다. 이산화탄소 분자는 특정 에너지($2{,}349\,cm^{-1}$와 $667\,cm^{-1}$)의 광자만을 선택적으로 흡수한다. 이는 분자의 에너지 준위가 양자화돼 있기 때문이다.

흡수된 광자의 에너지는 분자를 들뜬 상태로 만들고, 이 에너지는 충돌을 통해 주변 공기를 가열하거나, 무작위 방향으로 광자를 다시 방출한다. 이 과정이 반복되면서 우주로 빠져나가야 할 열에너지의 상당 부분이 대기에 갇힌다. 이것이 온실 효과다.

중요한 사실은 이 모든 과정이 양자 역학의 기본 원리에서 필연적으로 도출되는 현상이란 점이다. 플랑크 상수, 에너지 양자화, 선택 규칙. 이 모든 것이 우주의 근본 법칙이다. 2,349와 667, 두 숫자로 표현되는 진동 주파수가 만들어 낸 지구적 드라마가 여전히 진행 중

---

[*] 지구에서 우주로 나가는 적외선을 '빛의 무지개'라고 상상해 보자. 이산화탄소 분자는 이 무지개 중에서 자신이 좋아하는 특정 구간(예: $15\,\mu m$ 파장 근처)을 통째로 가로채 먹어 치운다. 그래서 인공위성이 우주에서 지구를 내려다보면, 찬란해야 할 적외선 무지개 중간에 마치 검은색 테이프를 붙여 놓은 것처럼 굵고 넓은 띠 모양의 빈자리가 보인다. 이산화탄소가 빛을 흡수해 생긴 이 거대한 그림자 띠를 '흡수 밴드'라고 부른다.

이다. 무대 위의 주인공은 이산화탄소 분자들이지만, 연출자는 바로 우리 인간이다. 하지만 이제 우리는 알고 있다, 이것이 단순한 화학 반응이 아니라 양자 역학의 필연적 결과라는 것을. 그리고 이 법칙은 우주 어디서나, 언제나 같은 방식으로 작동한다는 것을 말이다.

틴들이 1859년에 발견한 진실은 이제 우리 모두의 과제가 됐다. 분자 수준에서 시작된 이야기가 결국 인류 문명의 운명을 결정하는 선택의 문제로 귀결된다.

15장

지구 복사 균형의 붕괴

*"What experience and history teach is this
— that people and governments never have
learned anything from history or acted on
principles deduced from it."*

"경험과 역사가 가르쳐주는 것은 이것이다.
정부와 사람들은 역사로부터 아무것도
배우지 않았으며, 그로부터 도출한
그 어떤 원칙에 따라 행동하지도
않았다는 것이다."

— 헤겔(G. W. F. Hegel), 《역사철학강의》(1837년)

우주에서 본 지구의 에너지 균형

1972년 12월 7일, 아폴로 17호가 촬영한 '블루 마블(Blue Marble)'[1] 사진을 기억하는가? 깊고 푸른 바다, 소용돌이치는 하얀 구름, 그리고 갈색과 녹색이 뒤섞인 대륙들이 어우러진 그 완벽한 구체. 하지만 그 아름다운 모습 뒤에는 우리가 눈으로 볼 수 없는, 그러나 지구의 운명을 좌우하는 거대한 에너지의 흐름이 펼쳐지고 있었다.

매 순간 지구는 태양으로부터 약 17만 3,000테라와트(TW, 10^{12} W)[*]의 에너지를 받는다[2]. 이는 인류가 사용하는 모든 에너지의 1만 배에 해당하는 양이다. 2022년 전 세계가 1년간 소비한 에너지가 약 580엑사줄(EJ, 10^{18}J)이었는데, 태양은 그 30배에 가까운 에너지를 단 하루

---

[*] 1와트(W)는 1초당 1줄(J)의 에너지가 전달되는 것을 의미한다.

아폴로 17호에서 촬영한 지구. ©NASA

만에 지구로 보내는 셈이다.

　동시에 지구는 이와 거의 같은 양의 에너지를 우주로 방출해야 한다. 만약 들어오는 에너지가 나가는 에너지보다 많다면? 지구는 점점 뜨거워질 것이다. 그 반대라면 얼어붙는다. 45억 년 동안 지구는 이 절묘한 균형을 유지해 왔다. 하지만 지금, 그 균형이 무너지고 있다. 그 원인은 바로 이산화탄소에 있다.

태양의 선물과 지구의 응답

지구의 에너지 균형을 이해하려면 겨울철 가정집의 난방비를 생각하면 쉽다. 보일러를 틀어 열을 공급받는 동시에, 창문과 벽을 통해서는 끊임없이 열이 빠져나간다. 만약 들어오는 열보다 나가는 열이 많다면 집은 추워지고, 반대라면 더워진다. 지구도 마찬가지다.

태양이 지구에게 보내는 에너지를 좀 더 구체적으로 살펴보자. 태양에서 지구까지의 거리는 약 1억 5,000만 킬로미터다. 이 먼 거리를 여행해 온 햇빛이 지구 대기권 밖에 도달할 때의 세기는 단위 면적당 1,361와트다. 과학자들은 이를 '태양 상수(solar constant)'라고 부른다[3]. 1,361와트라는 숫자가 체감되지 않는다면, 우리 주변의 가전제품과 비교해 보자. 보통 가정용 전자레인지의 출력이 1,000와트 내외다. 즉, 지구 대기권 밖에서는 사방 1미터(1m×1m) 공간마다 전자레인지 한 대 분량의 에너지가 매초 쉼 없이 쏟아지고 있다.

태양 에너지의 지구 도달 및 분산 원리

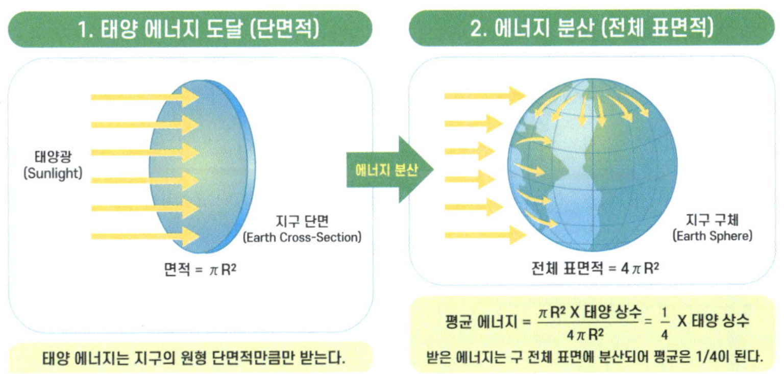

하지만 이 막대한 에너지를 지구가 온전히 다 받는 것은 아니다. 지구는 평평한 판이 아니라 둥근 구체다. 햇빛을 정면으로 받는 면적은 지구의 단면적(πR^2)이지만, 실제 지구 표면적은 단면적의 4배($4\pi R^2$)다. 따라서 '지구 표면 전체'가 받는 평균 에너지는 1,361와트의 4분의 1인 340와트가 된다.

자연의 거대한 거울: 알베도 효과

여기서 흥미로운 일이 벌어진다. 지구는 받은 선물을 모두 간직하지 않는다. 마치 그 완벽한 구슬(Blue Marble)이 빛의 일부를 반짝이며 튕겨내듯, 지구는 햇빛의 일부를 다시 우주로 되돌려 보낸다.

구름을 생각해 보자. 비행기를 타고 구름 위로 올라가 본 사람이라면 구름이 얼마나 하얗고 밝은 지 알 것이다. 눈부시게 하얀 구름은 마치 거대한 거울처럼 햇빛을 반사한다. 마찬가지로 빙하와 눈으로 덮인 땅, 사막의 밝은 모래들도 햇빛을 반사한다. 과학자들은 이렇게 표면이 빛을 반사하는 정도를 '알베도(Albedo)'라고 부른다. 이는 라틴어로 '희다'는 뜻에서 유래한 말이다[4]. 가령 갓 내린 눈은 알베도가 80~90%에 달한다. 즉, 햇빛의 대부분을 다시 우주로 되돌려 보낸다는 뜻이다. 이를 구체적인 예로 들면, 서울 면적(605제곱킬로미터)만한 빙하가 녹으면 반사되던 태양 에너지가 흡수로 바뀌면서, 그 지역의 에너지 흡수량이 50~80W/m²나 급증한다. 이는 서울시 전체에 60와트짜리 전구 약 6억 개를 동시에 켜 놓은 것과 맞먹는 엄청난 열기가 땅에 추가로 더해지는 셈이다.

갓 내린 눈은 알베도가 80~90%에 달하고, 짙푸른 바다는 알베도가 7% 미만이다.
©Getty Images

반면 짙푸른 바다는 알베도가 7% 미만이다. 즉 바닷물은 태양 에너지의 93% 이상을 그대로 흡수한다. 이 차이가 얼마나 극적인지 실제 사례로 보자. 2012년 북극 해빙이 역대 최소치를 기록했을 때, 평소 얼음으로 뒤덮여 있어야 할 거대한 면적(약 350만 제곱킬로미터)이 검푸른 바다로 바뀌었다. 이로 인해 지구가 추가로 흡수한 태양 에너지는 약 0.2W/m²에 달했는데, 이를 지구 전체로 환산하면 전 세계 원자력 발전소가 매초 생산하는 에너지의 250배에 이르는 양이었다.

이런 모든 요소를 종합하면 지구 전체의 평균 알베도는 약 30% 정도가 된다[5]. 결국 지구가 실제로 흡수하는 태양 에너지는 340와트의 70%인 약 240와트에 해당한다. 이 240와트가 바로 지구를 따뜻하게 만드는 에너지의 정체다.

슈테판-볼츠만 법칙

그렇다면 지구는 이 240와트를 어떻게 처리할까? 이 질문에 답하기 위해서는 19세기 물리학자들이 발견한 핵심 법칙을 살펴봐야 한다. 1879년 오스트리아의 물리학자 요제프 슈테판(Josef Stefan, 1835~1893)은 모든 따뜻한 물체가 열복사를 방출한다는 사실을 발견했다. 그리고 그의 제자 루트비히 볼츠만(Ludwig Boltzmann, 1844~1906)이 이를 이론적으로 증명했다[6]. 이들이 발견한 법칙은 다음과 같이 간결하다.

$$E = \sigma T^4$$

여기서 E는 단위 면적당 방출되는 에너지, σ(시그마)는 슈테판–볼츠만 상수(5.67×10^{-8} W/m²K⁴), T는 절대 온도다. 이 방정식에서 중요한 점은 방출되는 에너지가 해당 물체 온도의 4제곱에 비례한다는 사실이다. 이것이 무슨 뜻인지 쉬운 예로 설명해 보자. 만약 어떤 물체의 온도가 2배가 된다면, 그 물체가 방출하는 열에너지는 2^4, 즉 16배가 된다. 온도가 조금만 올라가도 열 방출량은 급격히 증가한다는 뜻이다.

이 법칙을 지구에 적용해 보자. 만약 대기가 없다면, 지구가 흡수한 240W/m²와 균형을 이루기 위해 내보내야 하는 온도는 영하 18℃ (절대 온도 255K)여야 한다. 하지만 실제 지구의 평균 온도는 영상 15℃ (288K)다. 이 33도의 차이를 만드는 주인공이 바로 '온실 효과'다. 15℃의 지표면은 실제로는 약 390W/m²의 에너지를 방출하는데, 대기가 이 에너지의 상당 부분을 붙잡는다. 마치 정밀하게 조율된 오케스트라처럼, 들어오는 에너지와 나가는 에너지가 완벽한 화음을 이루며 생명체가 살기 적당한 15℃를 유지하고 있다.

보이지 않는 담요

여기서 문제가 발생한다. 지표면에서 뿜어져 나오는 적외선이 우주로 나가는 길목에 불청객이 있기 때문이다. 바로 대기 중의 이산화탄소다. 겨울철 난방을 하는 가정집을 다시 떠올려보자. 데워진 공기는 위로 올라가는데, 천장이 막혀 있다면 따뜻한 공기는 밖으로 빠져나가지 못하고 다시 아래로 내려와 집 안을 덥힌다. 대기 중의 이산화탄소는 정확히 이 '천장' 역할을 한다. 지표면에서 올라오는 열복사(적외선)를 막아 다시 땅으로 되돌려 보내는 것이다.

14장에서 살펴봤듯이, 이산화탄소 분자는 $2{,}349\,\text{cm}^{-1}$와 $667\,\text{cm}^{-1}$의 고유한 진동 주파수를 가진다[7]. 공교롭게도 이는 지구가 방출하는 적외선의 특정 파장대와 정확히 일치한다. 마치 라디오 주파수를 맞춘 것처럼, 이산화탄소 분자들은 이 파장의 적외선을 선택적으로 흡수한다. 현재 대기 중 이산화탄소 농도는 423ppm(2024년 평균, 같은 해 최고 수치는 426.9ppm이다)에 달한다[8]. 이는 산업 혁명 이전 280ppm에서 50% 이상 폭증한 수치다. 이 변화가 얼마나 극적인지 체감하고 싶다면, 대기를 지구를 감싸고 있는 '열의 담요'라고 상상하면 된다. 인류는 지금 지난 수만 년간 유지되어 온 쾌적하고 얇은 담요를 걷어차고, 숨이 막힐 정도로 두꺼운 담요를 겹겹이 껴입고 있는 셈이다.

3.7와트, 작은 숫자의 거대한 의미

과학자들이 수십 년에 걸쳐 계산한 결과에 따르면, 산업 혁명 이전(280ppm) 대비 대기 중 이산화탄소 농도가 두 배(560ppm)로 늘어날 경우, '복사 강제력(Radiative Forcing)'은 $3.7\,\text{W/m}^2$가 된다[9]. 여기서 '복사 강제력'이란 지구가 흡수하는 태양 에너지와 방출하는 복사 에너지 사이의 차이를 말한다. 쉽게 말해, 온실가스가 늘어나면서 지구 시스템에 '강제로 추가로 가해지는 에너지'를 단위 면적당 와트(W/m^2)로 수치화한 것이다.

단위 면적당 고작 3.7와트? 언뜻 들어서는 대수롭지 않게 느껴진다. 하지만 이 작은 숫자를 지구 전체의 규모로 확대하면, 이야기가 완전히 달라진다.

지구 표면적은 약 5억 1,000만 제곱킬로미터다. 3.7와트에 이 면적을 곱하면 무려 1.9×10^{15}와트, 즉 1,900테라와트(TW)라는 천문학적 수치가 나온다. 이는 현재 인류가 연간 사용하는 모든 에너지를 환산한 수치(2022년 기준 약 18TW)의 100배가 넘는 양이다. 더 구체적으로 비교해 보자. 이 1,900테라와트는 이산화탄소 농도가 2배에 달할 때 지구 시스템에 매 초(秒)당 추가로 가해지는 에너지 양을 의미한다. 그리고 이는 히로시마에 투하된 원자폭탄 30개가 매초 폭발할 때마다 나오는 에너지와 맞먹는다. 이 가공할 에너지가 단발성으로 끝나는 것이 아니라, 매초, 매분, 매시간 쉼 없이 지구 시스템에 계속 누적된다. 물론 대기 중 이산화탄소 농도가 560ppm에 도달했을 때의 시나리오다.

이를 일상의 눈높이로 가져와 보자. $3.7 W/m^2$는 우리 손바닥만 한 면적(약 100제곱센티미터)마다 크리스마스트리 장식용 초소형 LED 전구(0.04와트)를 하나씩 켜 놓은 것과 같다. 이를 지구 전체로 환산하면 약 5경(5×10^{16}) 개의 전구가 지구 전역에서 동시에 빛을 내며 열을 뿜어내고 있는 셈이다.

배수구는 좁은데 수도꼭지에서는 물이 폭포수처럼 쏟아지는 욕조를 상상해 보라. 넘쳐흐르는 물이 집 안을 집어삼키는 것은 이제 시간 문제일 뿐이다. 인류는 지금 지구라는 욕조의 수도꼭지를 감당할 수 없을 만큼 열어젖히고 있다.

이러한 에너지 불균형은 이론적 가설에 그치지 않는다. 실제 관측 데이터가 이 에너지 불균형을 뒷받침한다. 미국 NASA의 세레스(Clouds and Earth's Radiant Energy System, CERES) 관측 장비가 지난 20년간 측정한 결과에 따르면, 지구의 에너지 불균형은 2000년대 초 $0.5W/m^2$에서 최근 $1.0W/m^2$로 거의 두 배가 됐다[10]. 이는 들어오는 에너지가 나가는 에너지보다 단위 면적(m^2)당 약 1와트 더 많다는 의미다. 작은 숫자 같지만, 지구 전체로 확대하면 초당 500테라와트 이상의 에너지가 축적되고 있다는 계산이 나온다.

500테라와트(500TW)라는 에너지는 2022년 기준으로 전 세계 인류가 사용한 총에너지(약 18TW)의 27배가 넘는 양이다. 이를 좀 더 극적인 비유로 환산하면, 2022년 현재 지구가 매초 축적하는 에너지 500테라와트는 히로시마에 투척된 원자 폭탄 8개가 매초마다 터질 때 방출하는 에너지와 맞먹는다. 다만 이 에너지는 핵폭발처럼 한순간에 폭발적으로 소실되는 것이 아니다. 대신 지구 전체 표면과 바다에 걸쳐 끊임없이, 그리고 서서히 축적된다. 마치 욕조의 물이 조금씩 차오르듯, 이 거대한 에너지가 지구를 지속적으로 데우고 있는 것이다.

더 정확한 측정을 위해 과학자들은 해양 열 함량 변화도 관측하고 있다. 전 세계 바다에 설치된 3,000여 개의 아르고(Argo) 부이가 수심 2,000미터까지의 해수 온도를 실시간으로 측정한다[11]. 이 데이터에 따르면, 해양은 1993년 이후 매년 평균 0.33와트/m^2의 초과 에너지를 축적해 왔다. 1993년부터 2020년 사이 해양이 흡수한 총열에너지는 약 270제타줄(ZJ, 10^{21}줄)에 달한다[12]. 이 중 약 160제타줄은 상부

700미터에 흡수되어 표층 해수 온도를 높이고 태풍 에너지를 강화하는 원인이 됐다. 700미터에서 2,000미터 사이의 중층부에도 약 90제타줄이, 그리고 2,000미터 이하 심해에도 약 20제타줄이 축적됐다. 육지도 마찬가지다. 영구 동토층의 온도 측정, 지하수 온도 변화, 심지어 지각의 온도 변화까지 모든 것이 지구가 에너지를 축적하고 있음을 보여 준다. 지구 시스템 전체가 거대한 축열기처럼 작동하고 있는 것이다.

증폭기가 켜지는 순간: 되먹임의 악순환

이 불균형은 단순히 이산화탄소라는 담요를 덮는 것에서 그치지 않는다. 지구 시스템 자체가 이 변화에 반응하여 온난화를 스스로 증폭시키기 시작한다. 과학자들은 이를 '양의 되먹임(Positive Feedback)'이라고 부른다. 여기서 '양(Positive)'은 좋다는 뜻이 아니라, 변화가 같은 방향으로 증폭된다는 의미, 즉 '더하기'라는 의미다.

가장 시각적이고도 치명적인 변화는 얼음에서 시작된다. 새하얀 눈은 햇빛의 80~90%를 반사한다. 하지만 짙푸른 바닷물은 반대로 93% 이상을 흡수한다. 이 단순한 사실이 지구 기후 시스템에서는 거대한 악순환의 출발점이 된다. 북극의 상황을 예로 들어보자. 여름철 북극해의 해빙 면적은 1979년 관측 시작 이후 10년마다 13%씩 감소하고 있다[13]. 2012년에는 역대 최소치인 340만 제곱킬로미터까지 줄어들었는데, 이는 1980년대 평균(약 700만 제곱킬로미터) 면적의 절반 수준이다. 얼음이 녹으면 하얀 얼음 대신 검은 바닷물이 드러나

극지방의 해빙이 녹으며 짙은 바다가 드러날수록 지구 온난화는 증폭된다. ©Getty Images

고, 검은 바닷물은 태양 에너지를 훨씬 많이 흡수한다. 바닷물이 따뜻해지면 주변 얼음이 더 빨리 녹고, 더 많은 검은 바닷물이 드러난다. 또 그것은 더 많은 태양 에너지를 흡수한다. 이런 악순환이 계속되는 것이다. 악화의 양화다.

과학자들은 이를 '얼음-알베도 되먹임(Ice-Albedo Feedback)'이라고 부른다. NASA의 관측에 따르면, 이로 인한 추가 강제력은 약 0.36W/m²에 달하며, 이는 이산화탄소에 의한 복사 강제력의 약 17%에 해당하는 추가 온난화 요인이다[14]. 이 과정은 놀랍게도 지구 전체의 자전축에도 영향을 미친다. 그린란드와 남극의 거대한 빙상이 녹으면서 질량 분포가 변하고 있다. 이로 인해 지구의 자전축이 미세하게 이동하고 있다[15]. 마치 팽이의 무게 중심이 바뀌면서 회전축이 흔들리는 것과 같다.

그러나 가장 강력한 온난화의 증폭기는 눈에 보이지 않는 수증기(H_2O)다. 온도가 1℃ 상승할 때마다 대기가 머금을 수 있는 수증기량은 약 7%씩 증가한다[16]. 문제는 수증기 역시 강력한 온실가스라는 점이다. 실제로 수증기는 지구 온실 효과의 60% 이상을 담당한다. 이산화탄소보다도 훨씬 강력하다. 다만 수증기는 대기 중에 며칠 밖에 머물지 않기 때문에 직접적인 온실가스로 분류되지 않을 뿐이다. 그런데 이산화탄소 증가로 온도가 올라가면 증폭이 시작된다. 온도가 상승하면 대기가 머금는 수증기의 양이 증가하고, 이 수증기 증가는 추가적인 대기 온난화를 가져온다. 온도가 또 상승하면, 이것이 또 더 많은 수증기를 대기 중에 불러오는, 악순환의 네버엔딩 스토리가 시작된다. 과학자들의 계산에 따르면, 이 수증기 되먹임은 이산화탄소의 직접적인 온실 효과를 무려 2배 가까이 증폭시킨다[17].

육지도 예외는 아니다. 이산화탄소 농도 증가는 초기에는 '이산화탄소 비료 효과'로 식물 성장을 촉진하는 듯 보인다[18]. 그러나 온난화로 인해 대기 온도가 30℃ 이상을 초과하면 광합성 효율이 급격히 떨어지고, 오히려 식물의 호흡량이 증가한다. 더 큰 문제는 땅속 미생물들의 활동이 활발해지면서 유기물을 더 빨리 분해하는 상황이 벌어져, 토양이 이산화탄소를 뿜어내는 이른바 '토양 호흡'이 증가한다는 점이다. 토양 온도가 1℃ 오를 때마다 토양 호흡량은 5~20%

토양 온도가 1도 상승할 때마다 토양 호흡량은 5~20% 증가하고, 이산화탄소 역시 추가로 방출된다. ©Getty Images

증가할 수 있다[19]. 현재 토양은 연간 약 60기가톤(Gt)의 탄소를 대기로 방출하는데, 이는 인간의 화석 연료 배출량과 맞먹는 수준이다. 만약 토양이 탄소 저장고에서 탄소 방출원으로 바뀌어 버린다면? 기후 변화는 걷잡을 수 없이 가속화될 것이다. 전 지구 토양에는 약 2,500기가톤의 탄소가 저장돼 있는데, 이는 대기 중 탄소량(약 880기가톤)의 3배에 달하는 양이다. 온도 상승으로 토양 호흡이 10%만 증가해도 연간 6기가톤의 추가 이산화탄소가 방출되는데, 이는 현재 인류 화석 연료 배출량의 약 15%에 해당한다.

심지어 대기가 열을 방출하는 통로 자체도 좁아지고 있다. 대기에는 '복사 창(Atmospheric Window)'이라는 신비한 구간이 있다. 8~12마이크로미터(μm) 파장대인데, 온실가스들의 흡수가 상대적으로 적어 지구의 열복사가 우주로 직접 빠져나갈 수 있는 일종의 '환기구' 역할을 한다[20]. 그런데 이산화탄소 농도가 증가하면서 '압력 확장(Pressure Broadening)' 효과로 인해 이 창의 일부가 지금 서서히 닫히고 있는 상황이다. 산업 혁명 이전에는 $40W/m^2$의 열에너지가 지구 바깥으로 빠져나가던 것이 현재는 $38W/m^2$로 줄어들었다. 만약 이산화탄소 농도가 560ppm에 도달하면, 약 $36W/m^2$ 수준으로 더 줄어들 것이다. 작아 보이지만, $2~4W/m^2$의 차이는 지구 전체로 누적되면 엄청난 에너지다. 지구가 열을 식힐 수 있는 통로마저 점점 줄어들고 있는 설상가상의 상황. 이처럼 얼음, 수증기, 토양, 대기 창이 모두 온난화를 더욱 가속하는 방향으로 작동하고 있다.

기후의 이중성: 구름과 미세먼지

이 상황에서 지구 시스템을 더욱 복잡하게 만드는 '와일드카드'들이 또 있다. 가장 예측하기 어려운 요소는 구름이다. 구름은 이중적이다. 낮에는 햇빛을 반사하는 '선글라스'지만, 밤에는 열을 가두는 '담요' 역할을 한다. 일반적으로 낮은 고도의 두터운 구름(층운)은 지구를 식히지만, 높은 고도의 얇은 구름(권운)은 지구를 데운다[21]. 현재까지는 구름의 순 효과는 약 $-20W/m^2$로, 강력한 '냉각' 효과를 나타내고 있다. 이는 모든 온실가스의 온난화 효과를 상쇄하고도 남을 만큼 큰 냉각 효과다. 만약 구름이 없다면 지구는 현재보다 20℃ 이상 더 뜨거웠을 것이다.

하지만 온난화가 진행되면서 이 구름의 성질과 분포가 점차 변하고 있다. 최근 위성 관측에 따르면, 지구를 식히던 저층운은 2~3% 감소한 반면, 지구를 덥히는 고층운은 1~2% 증가했다[22]. 이로 인해 약 +0.3에서 +0.5W/m²의 추가적인 온난화가 발생하고 있다. 특히 아열대 지역의 층적운이 줄어들고 있으며, 이는 강력한 양의 되먹임을 일으킬 수 있다.

또 다른 복잡한 요소는 에어로졸(Aerosol), 즉 미세먼지다. 이 입자들은 크게 두 가지 방식으로 기후에 영향을 미친다. 첫째는 직접적 효과다. 밝은 색깔의 에어로졸(황산염, 질산염 등)은 햇빛을 우주로 다시 반사시킨다. 마치 하늘에 떠 있는 작은 거울들과 같다. 이는 지구를 시원하게 만드는 효과가 있다. 둘째는 간접 효과다. 에어로졸은 구름 응결핵 역할을 한다. 수증기가 에어로졸 주변에서 응결되어 물방울이 된다. 에어로졸이 많아지면 구름 속 물방울의 개수는 늘어나는 대신 크기는 작아지는데, 이렇게 형성된 구름은 더 밝은 빛을 내며 대기에 오래 머물며 반사 효율을 극대화한다[23].

여기서 기막힌 역설이 발생한다. 화력 발전소와 공장, 자동차 배기가스에서 배출되는 인간 활동발 에어로졸 대부분이 역설적으로 강력한 냉각 효과를 내고 있기 때문이다. 화력 발전소와 공장에서 나오는 황 화합물, 자동차 배기가스의 질소 화합물들이 대표적이다. 만약 이 오염 물질들이 없었다면 현재 지구 온도는 지금보다 0.5~1.0℃ 더 높았을 것으로 추정된다[24]. 기후 변화에 관한 정부

미세먼지에 갇힌 서울. 역설적이게도 이 미세먼지가 지구 냉각 효과에 도움이 된다.
©Getty Images

간 협의체(IPCC) 보고서에 따르면, 이 에어로졸의 총냉각 효과는 약 -1.1W/m^2(-1.7에서 -0.4W/m² 범위)로 추정된다[25]. 이는 이산화탄소 온난화 효과(+2.1W/m²)의 상당 부분을 상쇄한다. 즉, **대기 오염 물질이 온난화의 본질을 "가리고" 있는 셈**이다.

이 현상은 인류에게 심각한 딜레마를 안겨 준다. 대기 오염을 줄이려는 노력이 단기적으로는 온난화를 가속화할 수도 있다는 사실 때문이다. 실제로 2020년 국제해사기구(International Maritime Organization, IMO)의 선박 연료 황 함량 규제가 강화되자, 해양 에어로졸이 줄면서 약 0.05W/m²의 추가 온난화가 발생했다[26]. 실제로 중국과 유럽의 대기질 개선 정책으로 황 배출이 줄어들면서, 일부 지역에서는 온난화가 빨라지고 있다는 최근 연구 결과도 있다[27].

불균형의 물리적 결과: 바다, 관성, 그리고 편중

그렇다면 이렇게 축적되고 증폭된 에너지는 구체적으로 어떤 물리적 결과를 낳고 있을까? 가장 거대한 결과는 바다에서 나타난다. 앞서 보았듯 바다는 추가 에너지의 93%를 흡수하는 거대한 '열 저장고'다. 바다가 이렇게 많은 열을 흡수할 수 있는 이유는 물의 특별한 성질 때문이다. 물은 비열이 매우 크다. 비열이란 1그램의 물질을 1℃ 올리는 데 필요한 에너지를 뜻한다. 물의 비열은 약 4.18J/g·℃로, 이는 공기(1.0J/g·℃)의 4배가 넘는다. 즉, 같은 양의 열을 받아도 물은 공기보다 온도 변화가 4배나 적다. 더욱 중요한 것은 바다의 엄청난 질량이다. 지구 바다의 총질량은 약 1.37×10^{21} 킬로그램이다. 이는 대기 질량의 270배에 달한다. **거대한 질량과 큰 비열이 결합하면 바다는 마치 지구의 열 저장고 역할을 하게 된다.**

하지만 바다의 열 흡수는 일시적으로 시간을 벌어 줄 뿐, 축적된 열은 결국 두 가지 방식으로 되돌아온다. 첫째는 '열팽창'이다. 액체는 온도가 오르면 부피가 커지는데, 현재 해수면 상승 요인의 약 42%가 바로 이 열팽창에 기인한다[28]. 나머지 58%가 빙하가 녹아 유입된 물 때문임을 감안하면, 바다가 스스로 부풀어 오르는 위력 또한 무시할 수 없는 수준이다. 1993~2020년 사이 열팽창으로 인한 해수면 상승은 매년 약 1.4밀리미터로, 총 38밀리미터 상승했다. 둘째는 '해양 순환의 교란'이다. 앞서 현재 대서양 열염 순환(AMOC)라는 거대한 컨베이어 벨트가 적도의 열을 유럽으로 전달하는 역할을 하고 있다는 사실을 이야기했다. 그런데 현재 그린란드 빙상이 녹으면서 대량의 '민물'이 북대서양에 유입되고 있다. 민물은 짜고 차가운 물보다 가벼워 가라앉지 않기 때문에, 이 순환 시스템의 엔진을 멈추게 한다. 최근 연구에 따르면, AMOC는 20세기 중반 이후 이미 15% 약화됐으며, 최악의 경우 멈출 수도 있다는 경고가 나오고 있다[29].

더욱이 이 시스템은 거대한 '관성'을 갖고 있다. 기후 시스템은 거대한 유조선과 같아서, 방향타를 돌려도 한참 뒤에야 방향이 바뀐다.

현재 에너지 불균형이 가장 큰 지역 중 한 곳인 그린란드. ©Getty Images

대기 온도는 몇 년 내에 반응하지만, 바다는 수백 년에서 수천 년에 걸쳐 반응한다. 이는 설령 오늘 당장 모든 배출을 멈춘다 해도, 이미 시스템에 축적된 에너지와 관성 때문에 온난화는 수십 년간 계속될 것임을 의미한다. IPCC는 인류가 지금 당장 이산화탄소 배출을 중단하더라도 0.3~0.5℃의 온도 상승이 불가피하다고 추정한다[30].

이 모든 변화는 지구 전체에 균일하게 나타나지 않는다. 특히 북극 지역의 온난화가 다른 지역보다 2~3배 빠르게 진행되는데, 이를 '북극 증폭(Arctic Amplification)'이라고 한다[31]. 위성 데이터에 따르면, 현재 에너지 불균형이 가장 큰 지역은 북극해와 그린란드 주변으로, 이곳은 전 지구 평균의 20~30배에 달하는 단위 면적당 연간 20~30와트의 추가 에너지가 축적되고 있다.

마지막으로, 이는 비단 이산화탄소만의 문제도 아니다. 2019년 기준, 이산화탄소가 복사 강제력의 76%를 차지하며 압도적인 비중을 보이고 있지만, 메탄이 18%, 아산화질소(N_2O)가 6%, 기타 할로카본류가 나머지를 차지하며 지구를 압박하고 있다. 인류는 지금 이산화탄소라는 거대한 주범과 그 조력자들이 공조하여 만들어 낸 '거대한 관성의 덫'에 갇혀 있는 셈이다.

돌이킬 수 없는 변화의 시작

축적된 에너지는 결국 시스템의 일부를 무너뜨리기 시작했다. 해수면 상승, 극한 기상 현상의 증가, 생태계 변화 등이 그 결과다. **문제는 이런 변화들 중 상당수가 우리 세대의 시간 감각 안에서 완전히 비가역**

적이라는 점이다. 한번 데미지를 입으면 어떻게 해도 되돌릴 수 없다. 즉 회복이 안 된다는 얘기다.

예를 들어, 그린란드 빙상은 이미 되돌릴 수 없는 융해 과정에 진입했을 가능성이 높다. 최근 연구에 따르면, 그린란드는 매년 평균 280기가톤의 얼음을 잃고 있으며[32], 이는 1980년대의 6배 수준이다. 그런데 이걸 수습하는 게 불가능하다. 그 어떤 슈퍼히어로로도 못한다. 서남극 빙상도 마찬가지다. 특히 스웨이츠 빙하(Thwaites Glacier)는 '운명의 날 빙하(Doomsday Glacier)'라고 불릴 만큼 위험한 상황에 처해 있다. 이 빙하가 완전히 붕괴되면 전 세계 해수면이 60센티미터 이상 상승할 것으로 예측된다. 2021년 연구에 따르면, 스웨이츠 빙하 하부에서 따뜻한 해류가 유입되는 속도가 가속화되고 있으며[33], 빙하

스웨이츠 빙하. ©NASA

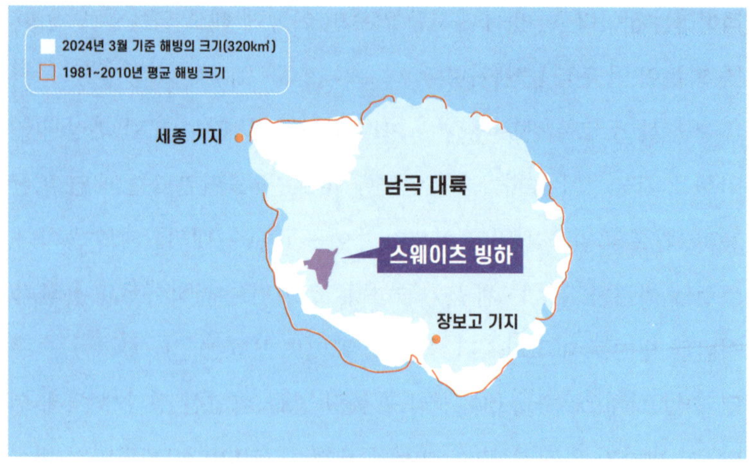

남극 세종 기지와 장보고 기지 사이에 위치한 스웨이츠 빙하.

접지선(빙하가 해저에서 떨어지는 지점)이 연간 1.2킬로미터씩 후퇴하고 있다. 이는 1990년대(연간 0.6킬로미터)의 2배 속도다.

새로운 평형을 향한 전무후무한 여정

지구는 새로운 에너지 평형을 찾아가고 있다. 하지만 이 여정은 인간 관점에서는 전혀 고맙지 않은, 아니 차라리 재앙과 같은 형태로 진행되고 있다. 현재 지구가 경험하고 있는 에너지 불균형은 물리학적으로 측정 가능하고 정량화할 수 있는 현상이다. 이는 추상적인 모델이나 예측이 아니라, 위성과 해양 부이, 기상 관측소에서 실시간으로 측정되는 현실이다. 분자 수준에서 시작된 이산화탄소의 적외선 흡수가 행성 전체의 에너지 균형을 변화시킨 과정은, 작은 변화가 복잡한 시스템 전체에 미치는 영향을 보여 주는 사례다.

우리는 지금 이 거대한 실험의 한가운데 서 있다. 1972년 아폴로 17호가 촬영한 '블루 마블'은 평화롭고 아름다운 지구의 모습을 보여 줬다. 하지만 이 아름다운 행성 내부에서는 보이지 않는 에너지 불균형이 이미 진행되고 있었다. 그리고 50년이 지난 지금, 그 전쟁의 결과가 서서히 모습을 드러내고 있다.

16장

비가역적 탄소:
닫혀 버린 귀환의 문

"*There is no document of civilization
which is not at the same time a document
of barbarism.*"

"야만의 기록이 아닌 문명의 기록은 없다."

― 발터 벤야민(Walter Benjamin),《역사 개념에 대하여》(1940년)

현재 인류가 누리는 풍요는 땅속 깊이 잠들어 있던 탄소를 대기 중으로 거침없이 끄집어낸 결과물이다. 그리고 이 화려한 문명의 이면에는 지구 시스템에 대한 돌이킬 수 없는 '야만적 행위'가 자리하고 있다. 한번 쏟아진 물을 다시 담을 수 없듯이 문명의 부산물로 배출된 이산화탄소를 다시 자연으로 되돌리는 것은 열역학적으로 거의 불가능에 가깝다. 이는 단순한 환경 오염의 차원을 넘어, 비가역성(Irreversibility)이라는 우주의 절대 법칙과 맞서는 문제이기 때문이다.

아침 식사를 준비하다 실수로 달걀을 바닥에 떨어뜨린다고 상상해 보자. 달걀 껍질이 산산조각 나고 노른자와 흰자가 바닥에 흩어진다. 우리는 본능적으로 안다. 이 깨진 달걀이 완전한 달걀로 다시 되돌아갈 수 없다는 것을[1]. 아무리 정교한 기술을 동원하고, 아무리 많은 에너지를 투입하더라도, 원래의 온전한 달걀로 복원하는 것은 불가능하다.

이것이 바로 **열역학 제2법칙**이 우리에게 알려 주는 우주의 섭리다.

시간은 한 방향으로만 흐르고, 무질서(엔트로피)는 증가한다. 질서에서 무질서로, 집중된 에너지에서 분산된 에너지로 향하는 것이 자연의 방향성이다.

1824년 겨울, 파리의 젊은 공학자 사디 카르노(Sadi Carnot, 1796~1832)는 센 강변을 거닐었다. 증기선이 굉음을 내며 지나갔다. 석탄을 태워 물을 끓이고, 그 증기로 피스톤을 밀어 배를 움직인다. 카르노는 질문했다.

"이 과정에서 얼마나 많은 에너지가 낭비될까?"

사디 카르노. ©Wikipedia

계산 끝에 그가 발견한 것은 하나의 진실이었다. 세상에 '완벽한 기계'란 존재하지 않는다. 연료가 지닌 물질 에너지를 100% 유용한 일로 바꿀 수 있는 기관은 존재하지 않으며, 그 과정에서 반드시 일부는 무용하게 버려질 수 밖에 없다[2]. 이것이 열역학 제2법칙의 출발이었다.

사디는 증기 기관의 효율을 계산하려던 자신의 연구가 200년 후 기후 변화의 본질을 설명하는 열쇠가 될 줄은 예상치 못했을 것이다. 우리가 화석 연료를 태워 대기 중에 방출한 이산화탄소는 바닥에 내동댕이쳐진 깨진 달걀과 같다. 한번 흩어진 이산화탄소를 다시 포집하여 되돌리려면, 그것을 배출하며 얻었던 것보다 훨씬 막대한 대가를 치러야 한다. 결국 기후 위기는 기술의 문제가 아니라, 우리가 우주의 질서를 거스른 시간의 누적된 기록인 셈이다.

이산화탄소라는 열역학적 함정

우리는 이미 앞선 장들에서 화학 반응 과정 중 에너지가 어떻게 흐르는지를 살펴보았다. 과학계에서는 이 에너지의 흐름을 '엔탈피(enthalpy)'라는 용어로 정의한다. 어떤 물질이 만들어질 때 발생하는 에너지 변화, 즉 '표준 생성 엔탈피'는 그 물질의 안정성을 가늠하는 중요한 척도가 된다. 이산화탄소의 표준 생성 엔탈피는 무려 $-393.5kJ/mol$이다[3]. 이 숫자가 의미하는 바는 명확하다. 이산화탄소는 탄소 화합물 가운데 가장 안정된 물질 중 하나라는 것이다. 마치 깊은 골짜기 밑바닥에 굴러떨어진 공처럼, 이산화탄소는 에너지적으로 매우 '편안하고 낮은' 상태에 있다.

이 화학적 안정성이 무엇을 의미하는지, 산 정상에서 거대한 바위를 밀어 골짜기로 떨어뜨리는 상황에 비유해 보자. 당신이 밀어 버린 바위는 굴러떨어지면서 엄청난 소음과 함께 골짜기 바닥에 멈춰 선다. 이제 그 바위를 다시 산 정상으로 올리려면 어떻게 해야 할까? 당연히 처음에 바위를 밀어 떨어뜨릴 때와는 비교할 수 없을 정도의 막대한 에너지를 쏟아부어야 한다. 이산화탄소의 상태가 바로 이와 같다. 석탄이나 석유를 태우는 것은 산 정상에서 바위를 밀어 떨어뜨리는 것처럼 쉽다. 하지만 그렇게 만들어진 이산화탄소를 다시 석탄, 석유 등의 유용한 화합물로 바꾸는 일은 바위를 다시 산 정상으로 올리는 것만큼이나 어렵다.

2024년 현재, 대기 중 이산화탄소 농도가 423ppm에 도달했다는 소식은 단순히 숫자의 증가 그 이상을 의미한다[4]. 이는 열역학적 관점에서 볼 때 이산화탄소가 매우 희석된 상태로 존재함을 뜻한다. ppm은 100만분의 1을 뜻한다. 423ppm이라는 것은 대기 중 100만 개의 분자 중 423개만이 이산화탄소라는 뜻이다. 소방차의 물탱크(약 2.5톤)에 설탕 1킬로그램 한 봉지를 털어 넣고 녹여 버린 것과 비슷한 상태다. 이 희석된 상태에서 이산화탄소만을 골라 농축하는 것은 우주의 본능인 엔트로피(무질서도)를 정면으로 거스르는 작업이다. 마치 바닷물에 흩어진 설탕 한 숟가락을 다시 모으려는 시도와 같다. 물리학적으로 불가능한 일은 아니다. 하지만 바닷물을 모두 증발시켜서 설탕을 추출하는 데 필요한 에너지가 얼마일지 상상해 보라. 원래 설탕이 가진 에너지보다도 수천 배 더 많은 에너지가 필요할 것이다.

대기에서 이산화탄소를 포집하는 데 필요한 열역학적 최소 에너지는 이론적으로 20kJ/mol에 불과하다[5]. 한편, 포집된 이산화탄소를 메탄올 같은 유용한 화합물로 변환하는 데는 676kJ/mol의 열역학적 최소 에너지가 필요하다. 변환 과정이 포집보다 30배 이상 더 많은 에너지를 요구한다는 뜻이다.

그렇다면 실제 기술은 어떨까? 공기 중에서 이산화탄소를 직접 포집하는 기술(Direct Air Capture, DAC)은 위의 이론적 최소값보다 20배 이상 더 많은 에너지를 소모한다[6]. 즉, 실제로는 1몰의 이산화탄소를 포집하는데 400kJ 이상의 에너지가 필요하다는 계산이 나온다.

구체적인 예를 들어보자. 2020년대 스위스의 클라임웍스(Climeworks)나 캐나다의 카본 엔지니어링(Carbon Engineering) 같은 회사들이 거대한 팬을 돌려 공기 중의 이산화탄소를 포집하기 시작했다[7]. 물리학 법칙에 따른 이론적 최소 에너지는 이산화탄소 1톤당 140~210kWh면 충

클라임웍스의 직접 공기 포집 장치. ©Climeworks

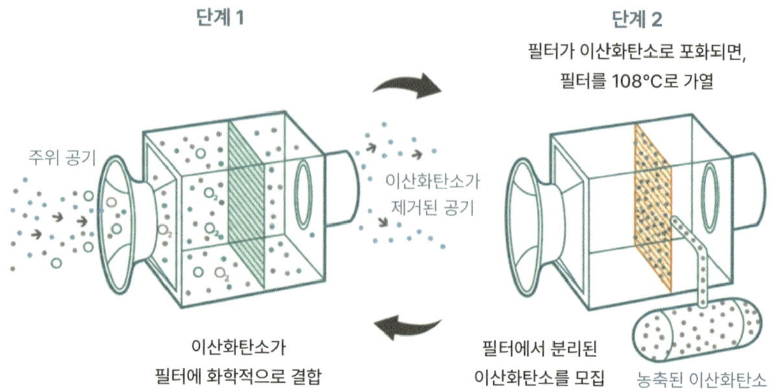

고체 흡착제 기반의 2단계 포집 기술로, 1단계에서는 팬을 이용해 주변 공기를 흡입하고, 장치 내의 특수 필터를 이용해 이산화탄소를 흡수한다. 2단계에서는 농축된 이산화탄소를 필터에서 분리하여 회수한다.

[출처: Beuttler, C.; Charles, L.; Wurzbacher, J. The Role of Direct Air Capture in Mitigation of Anthropogenic Greenhouse Gas Emissions. *Front. Clim*, 2019, *1*, 10, doi:10.3389/fclim.2019.00010]

분하다. 하지만 실제 공정은 전혀 다른 이야기를 하고 있다. 흡착제에 붙은 이산화탄소를 분리하고 흡착제를 재생하는 과정에서 발생하는 막대한 열과 전력 손실 탓에, 실제로는 이산화탄소 1톤을 포집하는 데 1,500~2,500kWh의 에너지가 투입된다[8]. 이는 이론치의 6~18%에 불과한 에너지 효율이다. 이 숫자를 실생활에 대입해 보면, 단 1톤의 이산화탄소를 포집할 때 사용되는 에너지량은 일반 가정이 5~8개월간 사용하는 전력량(월평균 300kWh 기준)과 맞먹는다.

현재 인류의 연간 이산화탄소 배출량은 약 400억 톤이다[9]. 만약 이 양을 모두 현재의 DAC 기술로 처리한다고 가정하면, 연간 6만

~10만 TWh의 전력이 필요하다. 이는 현재 전 세계 연간 전력 생산량인 약 2만 8,000TWh의 2~4배에 달하는 어마어마한 양이다. 즉 지금 우리가 배출하고 있는 이산화탄소를 잡아들이기 위해, 현재 인류가 사용하는 모든 에너지의 2~4배를 더 쏟아부어야 한다는 모순적인 결론에 도달한다.

자연의 탄소 제거 시스템들과 그 한계

◆ 바다의 한계: 산성화의 딜레마

대기 중 이산화탄소의 약 30퍼센트는 바다가 흡수한다[10]. 하지만 바다도 한계가 있다. 이산화탄소가 바닷물에 녹으면 다음과 같은 화학 반응이 일어난다.

$$CO_2 + H_2O \,(\text{물}) \rightleftarrows H_2CO_3(\text{탄산}) \rightleftarrows H^+(\text{수소 이온}) + HCO_3^-(\text{중탄산 이온})$$

이 반응에 따라 수소 이온(H^+)이 늘어나고, 바닷물의 pH가 낮아진다. 산업 혁명 이후 바다의 pH는 8.2에서 8.1로 떨어졌다. 0.1이라는 숫자가 작아 보일 수 있지만, pH는 작은 변화가 큰 차이를 의미하는 척도다. 생명체 입장에서 이 변화는 결코 사소하지 않다. 사람의 혈액 pH의 경우, 약 7.4 정도로 일정하게 유지되는데, 여기서 0.4 정도만 벗어나도 생명이 위태로워진다. 구체적으로 pH 8.2일 때의 바닷물 속 수소 이온(H^+) 농도는 리터당 $10^{-8.2}$ mol(약 6.31×10^{-9} mol/L)이다. 이것이 pH 8.1로 떨어지면 농도는 $10^{-8.1}$ mol(약 7.94×10^{-9} mol/L)이 된다.

수소 이온 농도가 약 26% 증가했다는 말이다. 즉 바다가 26% 더 산성화된 것이다.

이러한 변화는 조개, 산호처럼 탄산칼슘($CaCO_3$)으로 껍질이나 골격을 만드는 생물들에게 치명적이다. 바닷물이 산성화되면 이들이 필요로 하는 탄산 이온(CO_3^{2-})의 농도가 감소하기 때문이다[11]. 2100년에 예상되는 pH 7.8 수준에서는 굴 유생의 성장률이 25% 감소하고[12], 산호의 석회화 속도(골격을 만드는 속도)는 15~30% 느려진다. 더 큰 문제는 이것이 바다의 탄소 흡수 능력을 떨어뜨린다는 점이다. 실제 데이터가 이를 보여 준다. 1960년대에는 인간 배출량의 약 25%를 바다가 흡수했지만, 2010년대에는 그 비율이 23%로 떨어졌다[13]. 이는 이산화탄소 흡수원으로서의 바다의 완충 능력(buffering capacity)이 서서히 한계에 다다르고 있음을 시사한다.

◆ 식물의 한계: 광합성의 포화점

식물들도 이산화탄소를 흡수한다. 대기 중 이산화탄소 농도가 높아지면 일부 식물들은 더 빨리 자라는데, 이를 '이산화탄소 비료 효과'라고 부른다[14]. 그런데 여기에도 분명한 한계가 있다. 비료를 적당히 주면 식물이 잘 자라지만, 너무 많이 주면 오히려 해가 되는 것과 같다. 이산화탄소 농도가 일정 수준을 넘어서면 식물의 광합성 효율은 포화 상태에 도달한다.

$$6CO_2 + 6H_2O + 광에너지 \rightarrow C_6H_{12}O_6(포도당) + 6O_2(산소)$$

이 광합성 반응이 원활하게 일어나려면, 이산화탄소뿐만 아니라

빛과 물, 반응을 수행하는 식물의 생장에 필요한 질소나 인 같은 영양소도 함께 충분히 공급돼야 한다. 따라서 다른 조건이 충족되지 않은 채 이산화탄소 농도만 높아진다고 해서 광합성량이 무한정 늘어나는 것은 아니다. 여기서 지구 식물의 대부분을 차지하는 'C3 식물'을 주목해 보자. 'C3 식물'이란 광합성을 할 때 처음 만들어지는 물질이 3탄소 화합물인 식물들을 말한다. 쌀과 밀 같은 주요 작물을 포함해 지구 식물의 대부분(약 85%)이 여기에 속한다. 이 'C3식물'은 대기 중 이산화탄소의 농도가 800ppm을 넘어서면 더 이상의 광합성 증가 효과가 나타나지 않는다[15]. 즉 포화 상태에 이른다는 것이다.

게다가 기온이 상승하면 식물의 호흡량도 함께 증가한다. 식물의 호흡량은 온도가 10℃ 오를 때마다 약 2~3배씩 증가하지만, 광합성 효율은 그만큼 따라가지 못한다. 결국 고온 환경에서는 식물이 흡수하는 탄소량보다 배출하는 탄소량이 더 많아져 순 탄소 흡수량이 감소하게 된다[16]. 실제 **2003년 유럽 폭염 동안, 유럽의 육상 생태계는 일시적으로 탄소 흡수원에서 순 탄소 배출원으로 전환됐다**[17].

◆ 시한폭탄 영구 동토층

시베리아와 알래스카의 광활한 툰드라 지대에는 거대한 탄소 저장고인 영구 동토층(permafrost)이 있다. 수만 년 동안 얼어 있던 이 땅속에는 전 지구 토양 탄소의 거의 절반에 해당하는 약 1,700기가톤의 탄소가 갇혀 있다[18]. 이는 현재 대기 중 탄소량의 두 배를 웃도는 엄청난 규모다. 문제는 지구가 뜨거워지면서 이 거대한 '탄소 감옥'의 문이 열리기 시작했다는 점이다. 동토층이 녹으면 그 속에 박제돼 있던 유기물들이 분해되며 이산화탄소와 메탄을 방출한다. 특히

메탄은 이산화탄소보다 수십 배나 강력한 온실가스다. 이는 '온난화
→ 동토층 융해 → 온실가스 방출 → 더 심한 온난화'라는 양의 되먹
임 고리를 만든다[19].

2019년 여름, 알래스카대학교 연구팀은 페어뱅크스 인근 동토층
에서 충격적인 광경을 목격했다[20]. 땅을 2미터 깊이로 파내려 가자
수만 년 동안 얼어 있던 매머드 시대의 풀뿌리가 고스란히 모습을
드러냈는데, 이 풀뿌리들이 현재 열기로 땅속에서 이미 녹아내리고
있었다. 알래스카대학교의 다른 연구에서는 일부 지역의 영구 동토

그린란드 인근 캐나다 허드슨만의 영구 동토층이 녹아 형성된 열카르스트 호수. ©Wikipedia

층이 예상보다 70년 일찍 녹기 시작했다는 결과도 나왔다[21]. 특히 우려되는 대목은 '급격한 융해(abrupt thaw)' 현상이다. 일반적인 융해는 수십 년에 걸쳐 서서히 진행되지만, 급격한 융해는 열카르스트 호수(thermokarst lake) 형성을 통해 수년 내에 전격적으로 발생한다. 동토층이 녹으면서 무너진 자리에 물이 고여 형성된 열카르스트 호수는 주변 동토의 융해를 더욱 가속하는 촉매제가 된다. 이 과정에서 땅은 마치 지뢰밭이 터지듯 갑자기 붕괴하고, 땅속 깊은 곳에 숨겨져 있던 유기물층이 순식간에 지표면으로 쏟아져 나온다. 수만 년 동안 얼음 속에 온전히 보존되어 있던 다량의 유기물이 미생물의 먹이로 노출되고, 그 분해 과정에서 다량의 메탄과 이산화탄소가 폭발적으로 발생하게 된다. 결국 **이렇게 급격히 녹는 지역은 일반 융해 지역보다 2~3배 많은 탄소를 방출한다.**

◆ 아마존의 역설: 지구의 허파가 숨을 멈출 때

지구의 허파라고 불리며 인류의 숨통을 틔워 주던 아마존 열대 우림마저 통제 불능의 위기에 처했다. 최근 연구에 따르면, 거대한 탄소 흡수원이었던 아마존 일부 지역이 이미 탄소를 내뿜는 배출원으로 전락하기 시작했다[22]. 기후 변화가 불러온 가뭄과 산불, 그리고 무분별한 벌채가 복합적으로 작용하며 빚어낸 비극이다[23]. 브라질 국립우주연구소(Instituto Nacional de Pesquisas Espaciais, INPE)의 2010~2018년 데이터를 보면 상황이 더욱 극명하게 나타난다. 아마존 서부 지역은 여전히 탄소를 흡수하거나 중립을 유지하며 제 역할을 다하고 있지만, 동남부 지역은 이미 연간 약 0.48기가톤(Gt)의 탄소를 뱉어 내는 거대한 배출지로 변모했다[24]. 이는 생태계의 균형이 이미 무너지고 있음을 시사하는 위험 신호다.

더욱 심각한 것은 아마존이 되돌릴 수 없는 '티핑 포인트(tipping point)'에 위험할 정도로 근접했다는 점이다. 과학자들은 아마존 전체 면적의 15~20%가 파괴될 경우 생태계 전반이 붕괴할 수 있다고 경고하는데, 현재 파괴율은 이미 그 임계치에 육박한 17%에 달한다[25]. 아마존 티핑 포인트의 메커니즘은 다음과 같다. 삼림이 파괴되면 나무가 물을 증발시키는 증발산량이 급격히 줄어든다. 이로 인해 지역 강수량이 20~30%가량 감소하고[26], 건조 스트레스가 증가해 더 많은 나무가 고사한다. 결국 생태계는 스스로 건조해지는 악순환에 빠지며 사바나 지역으로 전환되기 시작한다.

◆ 바위의 느린 도움: 화학적 풍화 작용

자연계가 대기 중 탄소를 스스로 제거하는 가장 강력하면서도 근본적인 방법은 역설적이게도 가장 느린 과정인 '화학적 풍화 작용'이다[27]. 비가 내리면 대기 중 이산화탄소가 빗물에 녹아 약한 산성을 띤다. 이 산성 빗물이 규산염 암석과 만나면 매우 느린 화학 반응이 일어난다.

$$CaSiO_3{\scriptsize(규산칼슘)} + 2CO_2 + 3H_2O \rightarrow$$

$$Ca^{2+}{\scriptsize(칼슘\ 이온)} + 2HCO_3^- + H_4SiO_4{\scriptsize(규산)}$$

이 반응의 핵심은 대기 중의 이산화탄소를 붙잡아 최종적으로 탄산염 미네랄($CaCO_3$, 석회암의 주성분) 형태로 바다 밑바닥에 영원히 가두어 버린다는 점이다. 이 과정은 매우 강력하지만, 문제는 속도다. 이

주상절리 현무암 위로 쏟아져 내리는 아이슬란드의 알데야르포스(Aldeyjarfoss) 폭포. 물과 침식은 규산염 풍화 과정의 핵심적인 두 요인이다. ©Getty Images

순환 과정이 완료되려면 수십만 년에서 수백만 년이 걸린다[28]. 자연적인 규산염 풍화로 제거되는 이산화탄소의 양은 연간 약 11억 톤(탄소 환산 약 3억 톤)에 불과하다. 반면 인간의 배출량은 연간 400억 톤에 달한다. 즉, 자연 풍화는 인간 배출량의 2.7%밖에 처리하지 못한다. 속도를 비교하면 그 차이는 더 극명하다. 인류가 대기 중 이산화탄소 농도를 50ppm 올리는 데는 약 30년이 걸렸지만, 자연 풍화가 같은 양을 줄이는 데는 약 35만 년이 필요하다. 속도 차이가 1만 2,000배에 달한다. 인류의 시간 척도(尺度)로 보면 이런 화학 반응은 사실상 일어나지 않는 것과 다름없다. 우리가 파괴하는 속도에 비해 지구의 치유는 너무나도 아득하고 느리다.

기후 시스템의 임계 전이와 비가역성

◆ 티핑 포인트: 균형을 잃는 순간

기후 시스템에서 일어나는 임계 전이(critical transition)는 마치 외줄타기 곡예사가 찰나의 순간에 균형을 잃는 상황과 같다[29]. 일단 한쪽으로 무게 중심이 쏠리면, 다시 줄 위로 돌아와 안정을 찾는 것은 사실상 불가능에 가깝다. 물리학에서 이런 현상을 분기점(bifurcation)이라고 부른다. 이는 시스템이 유지해 온 기존의 안정 상태를 벗어나, 완전히 다른 상태로 급격히 재편되는 결정적인 지점을 의미한다. 이 현상은 언덕 꼭대기에 아슬아슬하게 놓인 공에 비유할 수 있다. 아주 작은 충격만으로도 공은 골짜기 아래로 굴러떨어지며, 일단 구르기 시작한 공을 원래의 정점으로 되돌리는 데는 처음보다 수만 배의 힘이 든다. IPCC 제6차 평가 보고서는 티핑 포인트(tipping point)를 "시스템이 종종 급작스럽거나 비가역적으로 재편되는 임계값"으로 정의한다[30].

이러한 변화가 치명적인 이유는 '불균형한 증폭'에 있다. 아주 미세한 교란조차 시스템 내부의 자기 강화 피드백(Self-strengthening feedback)을 건드려 걷잡을 수 없는 거대한 변화를 촉발하기 때문이다. 결국 티핑 포인트를 넘어선 기후 시스템은 인간의 시간 척도로는 도저히 되돌릴 수 없는 새로운 상태로 고착되며, 인류가 통제할 수 없는 영역으로 영영 넘어가 버리게 된다.

◆ 히스테리시스: 기억하는 시스템

물리학에서 '히스테리시스(hysteresis)'는 시스템의 상태가 현재 조건 뿐만 아니라 과거의 이력에도 의존하는 현상을 말한다. 자석의 예를 들어 보자. 철 조각을 자석에 붙였다가 떼어 내도, 그 철 조각은 일정 시간 동안 약간의 자성을 유지한다. 이전 경험이 현재 상태에 영향을 미치는 것이다. 기후 시스템에서도 이와 같은 현상이 나타난다[31]. 대기 중 이산화탄소 농도를 당장 과거 수준으로 줄인다고 해서, 지구가 즉시 이전 기후로 돌아가는 것이 아니다. 빙하가 한번 녹기 시작하면, 이산화탄소를 줄여도 계속 녹을 수 있다. 사막화가 시작되면 강수량이 늘어도 쉽게 회복되지 않는다. 기후 시스템은 마치 상처를 기억하듯 '자신이 지나온 길을 기억'하기 때문이다.

히스테리시스의 구체적인 예상 사례를 보자. 그린란드 빙상의 경우, 융해가 시작되는 임계점은 산업화 이전 대비 지구 온도가 약 1.5~2.0℃ 상승했을 때로 추정된다. 인류는 이미 지구 온도를 약 1.3~1.5℃까지 올려놓았기에, 사실상 임계점의 턱밑에 와 있는 셈이다. 여기서 핵심은 한번 임계점을 넘어 빙상이 모두 녹아 버린다면, 대기 중 탄소를 줄여 온도를 현재 수준(+1.3~1.5℃)으로 되돌린다 해도 빙하가 다시 생기지 않는다는 점이다. 이미 열을 흡수하기 시작한 바다와 땅의 영향으로, 빙상을 다시 형성하기 위해선 지구 온도를 현재보다 훨씬 낮은 (산업화 이전 대비) 0.5℃ 이하로 냉각시켜야만 한다. 즉, 현재 우리가 살고 있는 온도는 이미 존재하는 빙하를 간신히 유지할 수 있는 온도일 뿐, 사라진 빙하를 되살릴 수 있는 온도가 아니다. 녹기 시작하는 온도(1.5℃)와 다시 얼기 시작하는 온도(0.5℃) 사이에는 약 1.0~1.5℃의 간극이 존재하는데, 이 거대한 온도 차이를 극복해야 하는 것이 바로 '히스테리시스 폭'이다.

해양의 열염 순환(AMOC)도 마찬가지다. 붕괴 임계점은 1.5~4.0℃ 사이로 불확실하지만, 일단 한번 멈춰 서면 자연적인 힘만으로는 이를 되돌리는 데 수천 년 이상의 시간이 소요될 수 있다[32]. 이것이 바로 기후 변화의 가장 어려운 측면 중 하나다. 기후 시스템은 한번 물길이 바뀐 강물처럼 좀처럼 원래의 길로 돌아오지 않는다.

최신 연구에 따르면, 그린란드와 서남극 빙상의 붕괴, 영구 동토층의 융해, 산호초의 대량 폐사, 그리고 열염 순환의 약화라는 다섯 개의 주요 티핑 시스템이 이미 위험권에 진입했다. 더욱 걱정되는 점은 지구 온난화가 1.5℃를 초과하는 순간 이 모든 티핑 포인트들이 연쇄적으로 촉발될 수 있다는 사실이다.

우리는 지금 1.3~1.5℃라는 아슬아슬한 경계 위에 서 있다. 이 수준에서도 티핑의 위험은 결코 무시할 수 없으며, 만약 2℃를 초과하게 된다면 인류는 기후 시스템이 완전히 재편되는 '매우 높은 위험 구역'에 영원히 갇히게 될 것이다[33].

◆ 연쇄 반응의 공포

가장 우려되는 시나리오는 하나의 티핑 포인트가 또 다른 티핑 포인트를 연쇄적으로 건드리는 '기후 도미노' 현상이다. 마치 도열한 도미노 하나가 쓰러지며 전체를 무너뜨리듯, 특정 임계점을 넘어서는 순간 추가적인 티핑 요소들이 잇따라 촉발된다. 이러한 연쇄 반응은 결국 인간과 자연 시스템이 도저히 감당할 수 없는 거대한 물리적 변화를 일으키며, 지구의 일부 지역을 생명이 거주하기 부적합한 불모지로 몰아넣을 수 있다[34].

정량 모델에 기반한 연쇄 반응 시나리오는 우선 북극에서 그 첫번째 도미노가 시작된다. 제일 먼저 북극 해빙이 감소하면서 알베도(태양빛 반사율)가 낮아지고, 0.3W/m²의 추가적인 가열이 발생한다[35]. 이것이 그린란드 빙상의 융해를 가속하고, 그로 인해 흘러나온 민물은 대서양 열염 순환을 15~20% 추가로 약화시킨다. 약화된 열염 순환은 남미의 몬순 패턴을 변화시켜 강수량을 15% 줄이고, 이는 아마존의 가뭄을 증가시킨다. 결국 아마존 생태계가 붕괴하면서 약 900억 톤의 이산화탄소가 방출되고, 이 모든 과정이 합쳐져 지구 온도를 0.5~1.0℃ 추가로 상승시킨다[36]. 인간이 더 이상 탄소를 배출하지 않더라도, 지구가 스스로 열을 올리는 '폭주하는 기후'의 서막이 오르는 것이다.

시간의 비대칭성: 파괴는 빠르고 복구는 느리다

탄소 순환에서 가장 중요한 개념 중 하나는 '시간의 비대칭성'이다[37]. 석탄을 태우는 데는 몇 시간이면 되지만, 그 석탄이 만들어지는 데는 수천만 년이 걸렸다. 거대한 나무를 자르는 것은 몇 분이면 되지만, 그 나무가 자라는 데는 수십 년이 걸린다. 이 비대칭성이 바로 현재 기후 변화의 핵심이다. 우리는 지질학적 시간의 규모로 저장된 탄소를 지금 인간의 시간 규모로 방출하고 있다.

이 비대칭성을 가장 극명하게 보여 주는 것이 바로 이산화탄소의 대기 중 체류 시간이다. 한번 대기 중에 방출된 이산화탄소는 얼마나 오래 머물까? 이 질문에 대한 답은 생각보다 훨씬 복잡하다. 개별 이산화탄소 분자가 대기 중에 머무는 시간은 평균 4년 정도에 불과하지만, 이는 문제의 본질이 아니다[38]. 중요한 것은 인간이 배출한 '과잉 탄소'가 자연 시스템에 의해 완전히 상쇄되어 원래의 농도로 돌아가기까지 걸리는 시간이다. 시카고대학교의 데이비드 아처(David Archer) 교수의 연구에 따르면, 우리가 방출한 탄소의 운명이 여러 단계의 시간 층위에서 결정된다고 설명한다. 우선 약 20%는 식물이나 표층 해수에 의해 몇 년 내에 비교적 빨리 흡수된다. 하지만 이어지는 약 40%는 바다 깊은 곳으로 서서히 스며들며 20년에서 200년에 걸쳐 제거된다. 문제는 나머지 40%다. 이 물량은 최소 200년에서 길게는 2만 년이라는 영겁의 세월 동안 대기에 남아 지구를 뜨겁게 달군다[39]. 석탄을 태워 에너지를 얻는 것은 찰나에 불과하지만, 그 결과로 생겨난 탄소라는 유령은 수천 년 동안 인류의 뒤를 쫓는다. 이것이 바로 이산화탄소가 드리운 긴 그림자의 실체다.

이처럼 사라지지 않는 '긴 그림자' 때문에 이산화탄소는 짧은 수명을 가진 다른 온실가스와 달리 치명적인 '누적성'을 갖는다[40]. 메탄은 몇 년 후면 분해되지만, 이산화탄소는 일단 방출되면 일부는 수천 년 동안 그대로 남는다. 이는 마치 배수구가 작은 욕조에 물을 채우는 것과 같다. 수도꼭지를 틀어 물을 넣는 것(배출)은 쉽지만, 배수구(자연 제거)는 상대적으로 작다. 그래서 물(이산화탄소)이 계속 쌓인다. 실제로 1850년 이후 인류가 배출한 이산화탄소의 총량은 약 1조 6,000억 톤에 달하며, 그중 상당 부분이 아직도 대기 중에 머물며 지구를 압박하고 있다. 과학자들은 이 절박한 상황을 '탄소 예산(carbon budget)'이라는 개념으로 경고한다[41]. 지구 온난화의 마지노선인 1.5도를 지키기 위해, 인류에게 남은 배출 허용량이 마치 통장 잔고처럼 한정돼 있다는 서글픈 선언이다.

열역학 관점에서의 현실적 전망

열역학 법칙들은 인류가 할 수 있는 것과 할 수 없는 것 사이의 경계를 명확히 그어 준다. 본질적으로 탄소 제거 기술(Carbon direct removal, CDR)은 무질서하게 흩어진 탄소를 다시 붙잡아야 한다는 점에서 열역학 제2법칙에 정면으로 도전하는 일이며, 그 대가로 막대한 에너지를 요구한다[42]. 현재 논의되는 CDR은 크게 두 가지 범주로 나뉜다.

하나는 흡착제를 반복 사용하는 '순환식 직접 포집 방법(DAC)'이다. 이 방식은 흡착제를 재생하는 데 많은 에너지가 필요하며($1,500{\sim}2,500kWh/tCO_2$), 현재 비용도 톤당 600~1,000달러로 매우 높다[43]. 다른 하나는 광물과 이산화탄소를 직접 반응시키는 '일회성 광물화' 방식이다. 이 방식은 반응 자체의 에너지 요구는 톤당 500~800kWh로 비교적 낮지만, 엄청나게 많은 양의 광물을 이산화탄소와 반응시킬 목적으로 대량으로 채굴하고 운송해야 하기 때문에, 추가적인 비용과 에너지가 들어간다.

현실적으로 할 수 있는 기술이라는 게 고작 이 정도 수준이다. 물론 많은 대안 기술들을 과학자들이 연구하고 있지만, 실용화까지는 갈 길이 멀다. 결국 이 두 가지 범주의 기술을 두고 우리는 극단적 시각 사이에서 균형점을 찾아야 한다. 'CDR이 만능 해결책이니 배출을 걱정하지 않아도 된다'는 낙관론과, CDR 연구 자체가 감축 노력을 방해하니 생각조차 말아야 한다'는 비관론이다. 그리고 현실은 그 사이에 있다. 대규모 CDR은 막대한 비용과 에너지, 재료를 필요로 한다[44].

기후 변화를 '완화(mitigation)'하는 방법은 크게 두 가지로 나눌 수 있다. 열역학적 관점에서 비유하자면, 하나는 방의 온도를 높이는 난방기를 끄는 것, 즉 배출 자체를 사전에 '예방'하는 것이고, 다른 하나는 이미 더워진 방의 열기를 밖으로 빼내는 것, 즉 이미 배출된 탄소를 사후에 '제거'하는 것이다. 이 둘의 에너지 효율성을 비교하면 답은 명확하다. 이산화탄소 배출 1톤을 사전에 '예방'하는 완화 조치의 예상 비용은 톤당 20~50달러 수준이다[45]. 하지만 이미 배출된 1톤을 DAC로 '제거'하는 비용은 톤당 600~1,000달러에 달한다. 결국 과학의 눈으로 볼 때, **예방이 제거보다 12배에서 50배 더 효율적인 셈이다.**

물론 우주에 완전한 비가역성만 존재하는 것은 아니다. 그 사이에는 '제한된 가역성'의 영역이 존재하며[46], 인간의 시간 척도 안에서도 의미 있는 회복이 가능한 경우들도 있다. 가벼운 상처가 적절한 치료를 통해 흉터 없이 낫는 것과 같은 이치다. 그러나 이 회복의 전제조건은 언제나 '시간'이다. 더 늦기 전에, 더 빨리 행동할수록 우리에게는 더 많은 선택지가 남게 될 것이다.

물리 법칙 경계 안에서의 선택

시간의 화살은 엔트로피 증가의 방향과 궤를 같이 한다. 우리가 화석 연료를 태우기 시작한 순간부터 이 화살표는 기후 변화의 방향을 가리키고 있었다. 하지만 물리 법칙이 방향을 정했다고 해서 속도까지 정해진 것은 아니다. 온실가스 배출을 줄이고, 재생 에너지로 전환하며, 에너지 효율을 높이는 것은 모두 엔트로피 증가 속도를 늦추려는 숭고한 저항이다.

열역학 제2법칙은 우리에게 냉혹한 현실을 일깨워 준다. 한번 방출된 이산화탄소를 제거하는 것은 처음부터 방출하지 않는 것보다도 훨씬 어렵다. 깨진 달걀을 되돌릴 수 없듯이, 일부 기후 변화는 되돌릴 수 없다. 하지만 동시에 제한된 가역성의 영역도 존재한다. 모든 변화가 완전히 되돌릴 수 없는 것은 아니며, 인간의 시간 척도에서 의미 있는 회복이 가능한 경우들도 있다. 핵심은 빨리 행동할수록 더 많은 선택지를 고를 수 있다는 점이다.

마우나로아에서 기록되는 이산화탄소 농도는 매일 우리가 내린 선택의 성적표다. 423ppm(2024년 기준 평균)이라는 숫자는 과거의 결과이자 미래를 위한 출발점이다. 열역학이 정한 경계 안에서, 우리는 여전히 킬링 곡선의 미래를 바꿀 수 있다. 깨진 달걀은 다시 온전한 달걀이 될 수 없다. 하지만 우리는 더 이상 달걀을 깨뜨리지 않을 수는 있다. 물리학은 한계를 정하지만, 그 한계 안에서 우리는 여전히 선택할 수 있다. 그리고 그 선택을 위해 허락된 모래시계 속 모래는 지금 이 순간에도 빠르게 줄어들고 있다.

인류 멸망의 질병원 이산화탄소

"Death of Mother Earth.
Never a Rebirth."

"어머니 지구의 죽음.
 결코 부활은 없으리라."

— 메탈리카(Metallica), 〈Blackened〉(1988년)

곡 전체를 관통하는 무자비한 다운피킹(Downpicking)[*]과 더블 베이스 드럼의 시끄러운 불협화음은, 헤비메탈의 문법을 넘어 인간 활동으로 인해 붕괴하는 지구 시스템의 비명, 그 자체로 들린다. 이는 마치 조율을 잃은 악기들처럼 우리 몸의 생체 질서가 무너져 내리는 불길한 전조와도 같다. 1988년 헤비메탈 밴드 메탈리카가 던진 이 격렬한 경고는 21세기의 오늘, 타들어 가는 대기와 산성화된 바다, 그리고 열병에 신음하는 우리의 신체 위에서 '검게 물든(Blackened)' 현실로 선명하게 재현되고 있다. 행성의 건강이 곧 인간의 안녕이라는 오래된 공생의 화음이 깨져 나가고, 그 빈자리를 파괴적인 소음이 채우기 시작한 것과 같다.

---

* 기타 연주 시 피크를 쥔 손으로 위에서 아래 방향으로만 내리치는 주법.

행성의 열병이 시작되다

◆ 2003년 여름, 유럽이 타올랐다

2003년 8월 12일 새벽, 파리의 응급실에는 하룻밤 사이 수백 명의 환자로 가득 찼다[1]. 대부분 노인들이었고, 모두 탈수와 열사병에 시달리고 있었다. 이미 새벽 6시에 밖의 온도는 32℃를 넘어서고 있었다. 그날 낮 기온은 결국 40℃에 육박하며, 1873년 기상 관측 이래 최고 기록을 갈아치웠다[2].

런던에서는 뜨겁게 달궈진 지하철 선로가 휘어지기 시작했다. 기관사들이 열차 속도를 줄여야 했고, 일부 구간은 운행이 중단됐다. 스위스와 프랑스 국경의 몽블랑 주변에서는 천 년 넘게 얼어 있던 영구 동토층이 속절없이 녹기 시작했다. 산사태가 연쇄적으로 발생했고, 산악 가이드들은 등반객들을 다급히 대피시켜야 했다.

2주간 이어진 이 열파(Heat Wave)는 유럽 전체를 마비시켰다. 프랑스에서만 1만 5,000명이 목숨을 잃었고, 유럽 전체로는 7만 명이 넘는 사망자가 발생했다[3]. 파리의 요양원들은 넘쳐나는 시신을 감당하지 못해 냉동 창고를 임대했고, 급기야 프랑스 정부는 파리 외곽의 랭지스(Rungis) 도매 시장 냉동고를 임시 영안실로 개조하는 충격적인 결정을 내려야 했다.

당시 기상학자들은 이런 극한 기상 현상이 500년에 한 번 일어날까 말까 한 사건이라고 분석했지만, 이는 완전한 오판이었다. 그후 20년 동안 비슷하거나 더 심한 열파가 2018년, 2019년, 2021년, 2022년 연거푸 유럽을 강타했다. 500년에 한 번 일어날 법하다던 희귀한 사건이, 최근 유럽에서는 불과 2~3년 간격으로 발생하며 기상학의 확률 통계를 무력화하고 있다.

◆ 부풀어 오르는 바다

지구 복사 균형의 붕괴가 초래한 열병은 대기에만 머물지 않는다. 바다는 인류가 배출한 과잉 에너지의 93%를 묵묵히 받아내며, 그 심연 속에서 가장 위협적인 징후를 길러내고 있다. 15장에서 살펴본 것처럼 해수면 상승은 열로 부풀어 오르는 '열팽창'(42%)과 육지의 얼음이 녹아 유입되는 '빙하 융해'(58%)라는 두 축으로 작동한다[4]. 하지만 정작 우리를 공포로 몰아넣는 것은 수치 그 자체가 아니라, 통제를 벗어나기 시작한 '가속화'와 '불균등성'이다.

위성 관측이 시작된 1993년부터 초기 20년간 해수면은 연평균 3.3밀리미터씩 차올랐다. 그러나 최근 10년(2014~2023) 사이 그 속도는 연간 4.8밀리미터로 급격히 가팔라졌다[5]. 이는 단순히 상승률이 45% 늘어났다는 수치의 유희가 아니다. 지구 해양의 총면적은 약 3억 6,100만 제곱킬로미터다. 이 거대한 표면이 4.8밀리미터씩 높아진다는 것은, 매년 약 1,700조 리터에 달하는 막대한 물이 바다에 추가되고 있음을 의미한다. 무려 전 세계 모든 강물이 1년 동안 쏟아내는 총유량의 약 42배에 달하는 물량이 매년 바다에 채워지고 있는 셈이다. 엎친 데 덮친 격으로 이 재앙은 공평하지도 않다. 해류 패턴의 변화로 인해 태평양 서부는 세계 평균보다 3배, 미국 동부 해안은 2배나 빠르게 수위가 높아지며 특정 지역을 먼저 정조준하고 있다.

이 절박한 물리적 수치를 눈 앞의 생생한 장면으로 치환하여 전 세계에 충격을 던진 인물이 있다. 2009년, 몰디브의 모하메드 나시드(Mohamed Nasheed) 대통령은 각료 13명과 함께 스쿠버 장비를 착용

2009년 10월 17일, 몰디브의 모하메드 나시드 대통령은 기리푸시섬 인근 바닷속에서 각료 회의를 열고, 세계 각국에 이산화탄소 배출량 감축을 촉구하는 결의안에 서명했다. 몰디브는 온난화로 인한 해수면 상승으로 국가가 사라질 위기에 처해 있다. ©연합뉴스

한 채 바닷속으로 뛰어들었다. 수중에서 열린 이 기이한 각료 회의에서 그는 세계를 향해 선언문을 치켜들었다. "우리나라가 잠기기 전에 세계가 행동해 달라"는 그의 호소는 단순한 수사가 아닌 절박한 비명이었다. 최고 해발 고도가 고작 2.4미터인 몰디브에게 해수면 1미터 상승은 국토 80%의 소멸을 뜻하며[6], 이는 환경 문제를 넘어 국가 존립을 건 사투이기 때문이다.

그런데 이 비극의 그림자는 몰디브나 투발루, 키리바시 같은 섬나라들에만 머물지 않는다. 위협은 거대 해안 도시들도 함께 정조준하고 있다. 방글라데시의 다카, 인도의 뭄바이, 베트남의 호치민에서 미국의 뉴욕과 마이애미에 이르기까지, 인류의 10%인 약 8억 명이 해발 10미터 이내 저지대에 터를 잡고 살고 있다[7]. 해수면이 단 1미터만 더 올라가도, 이 거대 도시들은 뿌리째 흔들리며 인류 역사상

유례없는 대이주의 행렬을 시작하게 될 것이다.

◆ 되돌릴 수 없는 임계점들

지구 시스템의 변화는 톱니바퀴처럼 서로 맞물려 돌아간다. 온도가 상승하면 해수면이 올라간다. 해수면이 올라가면 연안 생태계가 파괴된다. 생태계가 파괴되면 탄소 저장 능력이 떨어진다. 탄소 저장 능력이 떨어지면 온난화가 더욱 가속화된다. 이런 연쇄 반응의 고리에서 가장 위험한 것은 '되돌릴 수 없는 지점'들이다. 한번 선을 넘어서면 인류의 어떤 노력으로도 변화의 속도를 늦추거나 되돌릴 수 없는 지점 말이다.

소위 '티핑 포인트(Tipping Point)'다. 이 개념을 이해하기 위해 의자를 뒤로 기울이는 상황을 상상해 보자. 의자를 조금씩 뒤로 젖히면 처음에는 앞으로 다시 돌아올 수 있다. 하지만 어느 순간 중심을 넘어서면 의자는 통제 불가능하게 뒤로 넘어간다. 그 순간이 바로 티핑 포인트다. 지구 시스템에서도 이런 지점들이 존재한다. 온도가 특정 수준을 넘으면 자연 시스템이 스스로 붕괴를 가속화하기 시작한다.

2022년 《사이언스(Science)》에 발표된 연구에 따르면, 현재 과학자들이 확인한 이런 지점들이 15개에 달한다[8]. 그중 9개가 이미 위험 수준에 근접했거나 넘어선 것으로 추정된다. 이 연구는 엑서터 대학교(University of Exeter)의 데이비드 암스트롱 맥케이(David Armstrong McKay) 박사를 비롯해 포츠담 기후영향연구소, 스톡홀름 회복력 센터 등 전 세계 주요 연구 기관의 과학자들로 구성된 국제 협력팀에 의해 진행됐다. 그들은 200개 이상의 선행 연구를 종합 분석하여

지구 시스템의 15개 주요 티핑 포인트

티핑 포인트	온도 상승*	현재 위험도	넘어섰을 때의 결과
빙권(氷圈)			
그린란드 빙상 붕괴	+1.5℃	가능성 높음	해수면 7미터 상승
남극 서쪽 빙상 붕괴	+1.5℃	가능성 높음	해수면 3미터 상승
남극 동쪽 빙상 붕괴	+3.0℃	진행 가능	해수면 5미터 상승
북극 여름 바다 얼음 소실	+2.0℃	진행 가능	알베도 감소, 온난화 가속
히말라야·알프스 빙하 소실	+2.0℃	이미 진행 중	수자원 위기
해양 순환			
대서양 열염 순환 둔화	+1.5℃	가능성 높음	유럽 한랭화, 강수 패턴 변화
생물권			
아마존 열대 우림 사막화	+3.5℃	진행 가능	탄소 흡수원 → 배출원 전환
시베리아·캐나다 침엽수림 쇠퇴	+4.0℃	진행 가능	탄소 배출 증가
열대 산호초 대량 백화	+1.5℃	이미 진행 중	해양 생태계 붕괴
동토층			
시베리아·알래스카 동토의 급속 융해	+1.5℃	가능성 높음	메탄 대량 방출
북극권 동토의 점진적 융해	+4.0℃	진행 가능	이산화탄소, 메탄 지속 방출
계절풍 시스템			
서아프리카 계절풍 강화	+3.0℃	진행 가능	사헬 지역 강수 변화
인도 계절풍 변화	+3.0℃	진행 가능	아시아 농업 위기
기타			
적도 부근 산호초 소실	+1.5℃	이미 진행 중	해양 생물 다양성 급감
아프리카 사헬 지역 식생 변화	+2.8℃	진행 가능	사막화 가속

[출처: Armstrong McKay et al. (2022), Science][9]

---

* 산업 혁명 이전(1850년) 대비 지구 평균 온도 상승 수치. 2024년 기준 현재 우리는 평균 +1.48℃ 지점에 있다.

각 티핑 포인트의 임계 온도와 현재 상태를 표와 같이 평가했다.[9]

현재 가장 긴급한 경고등이 켜진 곳은 그린란드 빙상이다. 그린란드 빙상은 전체 면적이 170만 제곱킬로미터로 한반도의 약 8배에 달한다. 이 빙상이 모두 녹으면 지구 해수면은 무려 7미터나 상승한다. 연구팀의 분석에 따르면, 이 빙상의 붕괴는 지구 온도가 산업화 이전 대비 1.5℃ 상승하는 지점에서 시작될 가능성이 높다. 문제는 우리가 이미 그 절벽 끝에 서 있다는 사실이다. 장기적인 기후 평균치는 산업화 이전보다 약 1.2℃ 상승한 상태일 뿐 아니라, 최근 연간 단기 관측치에 따르면 임계점의 턱밑인 1.48℃에 도달한 것으로 기록되기도 했다. 설상가상으로 그린란드 빙상은 이미 매년 2,500억 톤 이상의 얼음을 잃고 있다. 위성 측정 데이터는 이 속도가 1990년대에 비해 7배나 빨라졌음을 보여 준다[10].

남극 서쪽 빙상도 상황은 비슷하다. 이 빙상이 붕괴하면 해수면이 3미터 올라간다[11]. 임계 온도는 역시 1.5℃다. 2023년 영국 남극조사국(British Antarctic Survey)의 연구팀은 남극 서쪽의 스웨이츠 빙하(Thwaites Glacier)를 조사했다[12]. 이 빙하는 '운명의 날 빙하'라고 불린다. 그 이유는 이 빙하가 남극 서쪽 빙상 전체를 지탱하는 '마개' 역할을 하기 때문이다. 연구팀은 수중 로봇을 빙하 밑으로 보내 직접 관찰했다. 그 결과가 충격적이었다. 따뜻한 바닷물이 빙하 밑으로 침투하여 빙하를 아래에서부터 녹이고 있었다. 이 속도가 지속되면 스웨이츠 빙하는 앞으로 수십 년 내에 붕괴할 수 있다.

대서양 열염 순환의 약화도 심각한 수준이다. 이는 적도의 따뜻한 물을 북대서양으로 운반하는 거대한 해류 시스템이다. 영화 〈투모로우(The Day After Tomorrow)〉에서 이 순환이 멈춰 지구가 급속 냉각되는

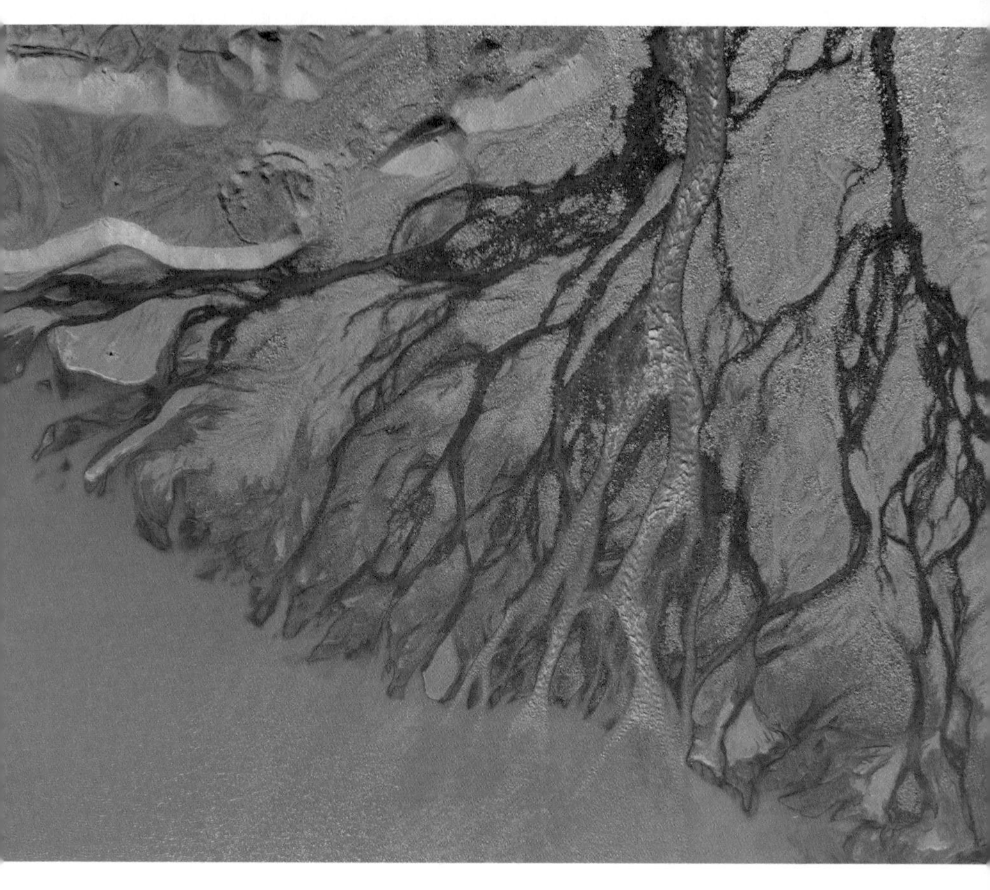

2024년 7월 11일 그린란드 캉게를루수아크 인근에서 촬영한 항공 사진. 이순구아타 세르미아 (Isunnguata Sermia) 빙하로부터 녹아내린 물줄기가 바다로 흘러가고 있다.
©Getty Images

시나리오가 등장했다. 물론 영화에는 과장된 내용이 있지만, 기본 메커니즘은 과학적으로 타당하다. 이 순환이 약화되면 유럽은 더 추워지고, 열대 지역은 더 더워진다. 강수 패턴이 완전히 바뀌고, 전 세계 농업이 타격을 받는다.

2023년 7월 6일, 지구 연평균 온도는 17.23℃를 기록했다[13]. 관측 사상 최고치였다. 이는 산업 혁명 이전보다 1.48℃ 높은 온도다. 앞서 소개한 맥케이 팀의 2022년 분석은 더욱 긴급한 경고에 해당한다. 15개 주요 티핑 포인트 중 5개가 이미 '가능성 높음(likely)' 단계에 진입했다는 것이다. 그린란드 빙상 붕괴(임계 온도: 1.5℃), 남극 서쪽 빙상 붕괴(1.5℃), 대서양 열염 순환 약화(1.5℃), 산호초 대량 백화(이미 진행 중), 아한대(시베리아·알래스카) 영구 동토층의 갑작스런 융해(1.5℃). 그리고 2024년 현재, 우리는 1.48℃ 상승 지점에 있다. 이 말은, 즉 우리가 이미 임계점의 문턱에 서 있다는 것을 의미한다. 의자를 뒤로 기울였는데, 이미 중심을 넘어서는 순간 직전에 있는 것과 같다.

◆ 지구는 얼마나 뜨거워질 것인가?

그렇다면 이 위태로운 균형이 무너지는 순간, 지구의 열기는 과연 어디까지 치솟게 될까? 이산화탄소가 촉발한 온실 효과와 복사 평형의 붕괴는, 결국 지구의 온도를 몇 도까지 끌어올리게 될 것인가? 이 핵심적 질문에 답하기 위해 과학자들이 개발한 개념이 바로 '기후 민감도(Climate Sensitivity)'다. 이는 대기 중 이산화탄소 농도가 산업 혁명 이전의 두 배가 됐을 때, 평형 상태에서 지구 평균 온도가 얼마나 상승하는지를 나타내는 수치다.

1979년 이 질문에 답하기 위한 역사적인 프로젝트가 시작됐다.

MIT의 기상학과 교수 줄 차니(Jule Charney, 1917~1981)는 미국 과학아카데미로부터 특별한 임무를 받았다. 대기 중 이산화탄소가 두 배로 증가했을 때 지구 온도가 얼마나 올라갈지 계산해 달라는 것이었다.

컴퓨터가 지금처럼 발달하지 않았던 시절, 차니가 이끄는 연구팀은 손으로 복잡한 수식을 풀어야 했다. 차니는 현대 수치 기상 예보의 선구자 중 한 명이었다. 그는 1940년대 프린스턴 고등연구소에서 존 폰 노이만(John von Neumann, 1903~1957)과 함께 최초의 컴퓨터 기상 예측 모델을 개발했던 과학자다. 팀에는 당대 최고의 기후학자들이 포함돼 있었다. '현대 해양학의 아버지'로 불리는 우즈홀 해양연구소의 헨리 스토멜(Henry Stommel, 1920~1992)과 기후 모델링의 기초를 닦은 UCLA의 아키오 아라카와(Akio Arakawa, 1927~2021) 같은 거장들이었다. 이들이 6개월간의 집중적인 연구 끝에 내린 결론은 이산화탄소 농도가 두 배로 증가하면 지구 평균 온도가 1.5~4.5℃ 상승할 것이라는 예측이었다[14].

차니 보고서가 발표된 1979년 이후, 수천 명의 과학자들이 더 정교한 기후 모델을 개발했다. 슈퍼컴퓨터가 등장했고, 위성 관측이 시작됐으며, 해양과 빙하에 대한 이해가 깊어졌다. 하지만 기후 민감도의 범위는 여전히 1.5~4.5℃ 안에 있다. 이때 '두 배'의 이산화탄소 농도는 미래 기후 변화를 예측하기 위한 중요한 과학적 기준점이다. 산업 혁명 이전 대기 중 이산화탄소 농도는 약 280ppm이었다. 이 수치를 '기준 농도'로 삼고, 이의 두 배인 560ppm에 도달했을 때의 지구 온도가 얼마나 오를지를 계산하는 것이다. 현재 이산화탄소 농도는 423ppm을 넘어섰고, 만약 현재 추세로 계속 증가한다면 2080년경에는 560ppm, 즉 산업 혁명 이전의 두 배에 도달할 것이다.

　기후 변화에 관한 정부간 협의체(IPCC)의 최신 보고서에 따르면, 이 기후 민감도는 2.5~4.0℃ 범위에 있을 가능성이 높다[15]. 이는 이산화탄소 농도가 산업 혁명 이전의 두 배인 560ppm에 이르는 시점에, 지구가 최소 2.5℃에서 최대 4.0℃까지 뜨거워질 수 있다는 '잠재적 위험'을 경고한다.

　언뜻 보기엔 '겨우' 1.5도 차이(2.5도와 4.0도 사이)가 대수롭지 않게 느껴질 수도 있다. 하지만 이 1.5도라는 작은 숫자의 불확실성 안에는 인류 문명의 존립을 뒤흔들 파괴적인 시나리오들이 숨어 있다. 560ppm은 이미 그 자체로 재앙적인 이산화탄소 농도 수치다. 설령 인류가 과감하고 즉각적인 배출 저감 노력을 통해 지구 온도를 2.5℃ 상승 이내로 억제한다 하더라도, 해수면은 현재보다 훨씬 더 가파르게 오르고, 극한 기상 현상은 현재보다 훨씬 빈번하고 강력해질 것이다.

　세계은행의 2012년 보고서 《4도 더 뜨거운 세계로 가는 길(Turn Down the Heat: Why a 4℃ Warmer World Must be Avoided)》은 2.5℃와 4.0℃ 시나리오의 차이를 구체적으로 비교했다[16]. 2.5℃ 시나리오에서는 산호초의 70%가 사라지지만, 4.0℃에서는 99%가 사라진다. 2.5℃에서는 극한 폭염이 현재보다 2배 빈번해지지만, 4.0℃에서는 10배 빈번해진다. 2.5℃에서는 해수면이 0.5미터 상승하지만, 4.0℃에서는 1.5미터 이상 상승한다.

　지난 마지막 빙하 시대와 현재의 지구 평균 온도 차이가 고작 6℃ 정도라는 점을 상기해 보자. 당시 지구는 완전히 다른 행성이었다. 캐나다와 북유럽은 2킬로미터 두께의 얼음에 덮여 있었다. 해수면은 현재보다 120미터 낮았다. 베링 해협이 육지로 연결돼 있었고, 영국과 유럽이 붙어 있었다. 기후 민감도 범위의 1.5℃ 차이는 빙하 시대 전체 온도 변화의 무려 4분의 1에 해당하는 거대한 변화를 의미한다.

이처럼 미미한 온도 차이가 가져올 변화가 추상적인 통계에 그친다면 그나마 다행일 것이다. 하지만 이 열기는 이미 국가들을 무너뜨리고, 수백만 명을 난민으로 만들며, 문명의 기반 시설을 파괴하고 있다. 행성 규모의 변화가 어떻게 인간 사회를 직접 타격하는지 살펴보자.

위협 증폭기: 시스템이 붕괴할 때

지구의 열병은 추상적인 숫자나 먼 미래의 문제가 아니다. 그것은 지금 이 순간 인간 사회의 가장 취약한 고리들을 하나씩 끊어 내고 있다. 가뭄은 농민을 도시로 내몰고, 폭염은 노동자를 쓰러뜨리며, 해수면 상승은 국가의 존립을 위협한다. 기후 변화는 단순한 환경 문제가 아니다. 그것은 사회 시스템 전체를 뒤흔드는 '위협 증폭기(Threat Multiplier)'이며, 기존의 불평등과 취약성을 극대화시켜 예측 불가능한 연쇄 붕괴를 촉발한다.

◆ 가뭄이 전쟁을 부른다: 시리아의 교훈

2007년 여름, 시리아 북동부 하사케(Al-Hasakah)주 주민들은 극심한 절망에 빠졌다. 할아버지 대부터 삼대에 걸쳐 일궈온 밀밭이 말라 죽어 가고 있었다. 비가 전혀 오지 않았다. 우물도 바닥을 드러냈다. 지난 40년간 이런 가뭄은 처음이었다. 시리아 북동부는 원래 '비옥한 초승달(Fertile Crescent)' 지대의 일부로, 수천 년간 중동의 곡창 지대 역할을 해 왔다. 이 지역에서 인류 최초의 농업 혁명이 일어났다. 기원전 1만 년경, 이곳에서 인간은 처음으로 야생 밀을 재배하기 시작했다. 메소포타미아 문명이 꽃피운 곳이기도 하다. 하지만 2007년부터 4년간 지속된 가뭄은 이 지역을 사막으로 바꿔 놓았다.

가뭄의 규모는 상상을 초월했다. 시리아 전체 농지의 60%가 피해를 입었다. 85만 마리의 가축이 죽었다[17]. 36만 명의 농민들이 생계를 잃었다. 2011년 미국《미국 국립과학원회보(Proceedings of the National Academy of Sciences)》에 발표된 연구는 이 가뭄이 1900년 이후 관측된

시리아의 가뭄은 계속되고 있다. UN 식량농업기구에 따르면, 2025년 시리아는 40년 만에 가장 심각한 가뭄을 또다시 맞이했다. 시리아 살라미야(Salameya) 지역의 농부 압둘라 알 데르지(Abdulla Al Derzi)가 가족의 생계를 꾸릴 수 있는 겨울 작물 심기를 희망하며 자신의 메마른 땅을 살펴보고 있다. ©FAO/Bayan Ksiebi

것 중 가장 심각한 것이었다고 보고했다. 연구팀은 시리아 북동부의 강수량 데이터를 분석했다. 1931년부터 2008년까지 77년간의 기록을 검토한 결과, 2007~2010년 가뭄 기간 동안의 강수량 감소는 통계적으로 극히 이례적이었다.

하지만 진짜 재앙은 그다음에 시작됐다. 농사를 포기한 농민들은 가족을 이끌고 도시로 향했다. 2011년까지 150만 명의 농촌 주민들이 도시로 몰려들었다[18]. 이는 당시 시리아 전체 인구의 7%에 해당하는 규모였다. 이들이 몰린 곳은 다마스쿠스, 알레포 같은 대도시 주변의 빈민가였다. 문제는 이 도시들이 이미 2003년 이라크 전쟁 이후 120만 명의 이라크 난민들로 포화 상태였다는 점이다. 거기에 150만 명이 더 추가된 것이다.

도시 인프라는 이를 감당할 수 없었다. 다마스쿠스 외곽의 빈민가는 하룻밤 사이에 텐트촌으로 변했다. 학교는 정원의 3배를 수용해야 했다. 병원은 환자를 받을 수 없었다. 실업률이 치솟았다. 젊은이들 사이에서 좌절감이 확산됐다. 사회적 긴장이 고조됐다. 2011년 3월 15일, 시리아 남부 다라(Daraa)에서 첫 반정부 시위가 시작됐다. 다라는 가뭄 피해가 가장 심했던 지역 중 하나였다. 시위는 전국으로 번졌고, 10년 넘게 이어진 시리아 내전이 시작됐다.

이 내전으로 50만 명 이상이 사망했고, 1,200만 명 이상의 난민이 발생했다[19]. 시리아의 주요 도시들은 폐허로 변했다. 물론 기후 변화만이 전쟁의 유일한 원인은 아니다. 바샤르 알아사드(Bashar al-Assad) 정권의 정책 실패는 농민들을 가뭄 앞에서 더욱 무력하게 만들었다. 2008년 시리아 정부는 디젤 연료에 대한 보조금을 대폭 삭감했다. 농민들은 관개용 펌프를 돌릴 수 없게 됐다. 밀 가격은 통제됐지만 생산 비용은 급증했다. 농민들은 빚더미에 앉았다. 설상가상으로 정부는 이들에게 최소한의 구호 프로그램조차 제공하지 않았다.

UC산타바바라의 기후학자 콜린 켈리(Colin P. Kelley) 연구팀은 2015년《미국 국립과학원회보》에 발표한 논문을 통해, 기후 변화가 시리아 가뭄의 발생 확률을 2~3배 높였다고 분석했다. 그들은 이것이 사회 경제적 취약성과 결합해 내전을 촉발한 주요 요인이 됐다고 지적했다[20]. 연구팀이 기후 모델을 이용해 인위적인 온실가스 배출이 없었을 경우를 시뮬레이션한 결과, 인간 활동에 의한 기후 변화가 이 지역의 가뭄 위험을 명확히 증가시켰다는 증거를 확인했다.

즉 기후 변화가 분쟁의 직접적 원인은 아니지만, 기존의 사회·정치적 취약성을 악화시켜 위기를 고조시키는 '위협 증폭기(threat multiplier)'로 작용한 셈이다. 이는 이른바 '기후-안보 연결 고리(Climate-Security Nexus)'를 보여 주는 전형적인 사례라고 할 수 있다.

비단 시리아만의 문제가 아니다. 2023년 유엔 안전보장이사회 보고서에 따르면, 전 세계적으로 기후 변화로 인한 자원 부족과 사회 불안정 사이의 인과 관계가 점점 더 뚜렷해지고 있다. 아프리카 사하라 사막 남단에 펼쳐진 사헬(Sahel) 지역에서는 가뭄과 사막화가 목축민과 농민 간의 유혈 충돌을 부추기고 있으며, 동아프리카의 물 부족 사태는 케냐, 에티오피아, 소말리아 사이의 긴장을 고조시키고 있다. 남아시아에서는 히말라야 빙하의 융해로 인한 물 부족이 인도, 파키스탄, 방글라데시 간의 잠재적 분쟁 요인이 되고 있다.

◆ 자연의 가격표

2005년 8월 29일, 허리케인 카트리나(Hurricane Katrina)가 뉴올리언스에 상륙했을 때 전 세계는 미국의 대표적 관광 도시가 하루아침에 물에 잠겨 버린 것을 목격했다. 도시의 80%가 침수됐다. 1,800명 이상이 목숨을 잃었고, 1,250억 달러에 달하는 막대한 재산 피해가 발생했다[21]. 그런데 진짜 문제는 따로 있었다.

과학자들은 뉴올리언스를 지켜 줬어야 할 자연 방패, 즉 루이지애나주 연안 습지가 거의 사라져 있었다는 것을 발견했다. 미국 지질조사국(United States Geological Survey, USGS)이 2017년에 발표한 상세한 분석 보고서에 따르면, 1932년 항공 사진과 2016년 위성 사진을 비교한 결과 84년 동안 루이지애나 해안 습지의 약 4,900제곱킬로미터가 소실된 사실이 드러났다[22]. 이는 델라웨어주 전체 면적보다 넓은 크기다.

원인은 명백히 인간의 개발 탓이었다. 1930년대부터 건설된 석유 채굴용 운하와 미시시피강의 홍수 방지용 제방이 결정적이었다. 원래 강은 주기적으로 범람하며 토사를 퇴적시켜 델타 지역의 지반을 형성해 왔다. 하지만 제방이 들어서면서 토사의 공급이 차단됐고, 퇴적물은 그대로 바다로 쓸려 나갔다. 토양 공급이 끊기자 습지가 침식됐다. 여기에 운하를 통해 유입된 바닷물이 담수 습지의 염수화를 초래했고, 식생이 파괴되면서 지반 침하는 더욱 가속화됐다.

만약 습지가 온전히 보존돼 있었다면 카트리나의 피해는 훨씬 적었을 것이다. 습지는 자연의 스펀지처럼 작동한다. 폭풍 해일이 밀려올 때 습지의 식물들이 물의 속도를 늦추고, 흙이 물을 흡수한다. 연구에 따르면, 연안 습지의 폭이 1킬로미터 늘어날 때마다 폭풍 해일의 높이를 약 15센티미터 낮추는 효과가 있다고 알려져 있다[23]. 사라진 습지 4,900제곱킬로미터가 있었다면 뉴올리언스를 덮친 해일의 높이가 수 미터 낮았을 것이라는 계산이다. 이는 도시의 제방이 버

2005년 8월 29일, 허리케인 카트리나가 상륙해 물에 잠긴 뉴올리언스.ⒸWikipedia

틸 수 있는 수준이었을 것이다. 카트리나 이후, 미국 정부는 루이지애나 해안 복원 프로그램에 500억 달러를 투입하기로 결정했다. 하지만 습지를 복원하는 것은 파괴하는 것보다 훨씬 어렵고 비용이 많이 든다. 자연이 수천 년에 걸쳐 만든 것을 인간이 수십 년 안에 되살리기는 쉽지 않다.

이 사건은 자연이 인간에게 공짜로 제공하는 서비스들이 얼마나 소중한지를 일깨워 준 대표적 사례가 됐다. 1997년 생태 경제학자 로버트 코스탄자(Robert Costanza)가 이끈 국제 연구팀은 '생태계 서비스'의 경제적 가치를 처음으로 산출해 냈다[24]. '생태계 서비스(Ecosystem Services)'란 산림의 탄소 저장, 바다의 기후 조절, 곤충의 수분 매개(pollination), 습지의 홍수 방지처럼 자연이 인간에게 무료로 제공하는 각종 혜택들을 총칭한다.

코스탄자 연구팀은 17개 주요 생태계(해양, 산림, 습지, 초원 등)와 17가지 생태계 서비스(기후 조절, 수질 정화, 수분 매개, 홍수 조절 등)를 분류하고, 각각의 경제적 가치를 추정했다. 그 합산액은 무려 연간 33조 달러에 달했다. 이는 당시(1997년) 전 세계 GDP의 거의 두 배에 해당하는 액수였다. 2024년 현재 가치로 환산하면 약 60조 달러가 넘는다.

구체적으로 어떤 서비스들이 포함되는가? 예를 들어, 꿀벌과 나비 같은 수분 매개자들(pollinators)이 제공하는 서비스의 연간 가치는 전 세계적으로 2,350억 달러에 달한다[25]. 만약 이들이 사라진다면 인간이 직접 수분을 해야 하는데, 그 비용은 상상을 초월한다. 중국 쓰촨(四川)성의 일부 지역에서는 이미 꿀벌이 사라져 농민들이 직접 붓을 들고 사과나무 꽃에 일일이 인공 수분을 하고 있다. 한 나무당 수백 개의 꽃을 일일이 손으로 수분시키는 데 드는 노동력과 비용은 실로 엄청나다.

산림은 매년 약 2.6기가톤의 이산화탄소를 흡수한다[26]. 만약 이 탄소를 인공적으로 포집하려면 돈이 얼마나 들까? 현재 가장 최신 기술 기준으로 이산화탄소 1톤을 포집하는 데 약 100~600달러가 든다. 2.6기가톤이면 최소 2,600억 달러에서 최대 1조 5,600억 달러에 이른다. 산림이 이 막대한 서비스를 무료로 제공하고 있는 것이다. 습지는 매년 수질을 정화하고 홍수를 조절한다. 미국에서 습지가 제공하는 홍수 조절 서비스의 가치는 연간 약 380억 달러로 추정된다. 산호초는 파도를 감쇄하여 해안을 보호하는데, 이 서비스의 가치는 연간 약 100억 달러다. 맹그로브 숲도 비슷한 역할을 하며 연간 약 650억 달러의 가치를 제공한다.

하지만 이런 자연의 가치는 GDP에 반영되지 않는다. 산림을 베어 목재를 팔면 GDP는 증가한 것으로 나타난다. 하지만 그 산림이 제공하던 탄소 흡수, 수질 정화, 생물 다양성 유지 서비스가 사라지는 것은 GDP 감소로 잡히지 않는다.

결국 엄밀히 말해, 현대 경제학은 거대한 '분식 회계(Accounting Fraud)' 위에 세워졌다. 이익(성장)만 기록하고, 비용(파괴)은 장부 밖으로 누락시켜 은폐하는 구조이기 때문이다. 숲이 탄소를 흡수하고 습지가 홍수를 막아 주는 수조 달러어치의 노동을, 우리는 장부에 '0원'이라 적고 '공짜'라 불러왔다. 세상에 공짜 점심은 없다던 경제학자들이, 정작 자연에게는 수세기 동안 뻔뻔하게 무임승차를 해 온 것이다.

이제 자연이 밀린 청구서를 내밀기 시작하자, 우리는 그것을 '기후 재난'이라 부르며 당황하고 있다. 착각해서는 안 된다. 재난이 온 것이 아니고, 연체된 독촉장이 날아온 것이다. '자연 자본'을 소비하면서도 그것을 마냥 '성장'으로만 치부해 왔던 이중장부를 이제는 폐기해야 할 때가 됐다.

◆ 계급화되는 기후 위기

기후 변화의 피해는 결코 평등하지 않다. 2024년 미국 환경보호청(Environmental Protection Agency, EPA)의 보고서는 소득과 인종에 따른 기후 위기 노출의 불평등을 상세히 분석했다. 미국 내에서 저소득층과 유색 인종 커뮤니티는 고소득층 백인 커뮤니티에 비해 극한 기온에 노출될 확률이 40% 더 높았다[27]. 이들이 거주하는 지역은 '도시 열섬 효과(Urban Heat Island Effect)'가 더 심하기 때문이다.

'도시 열섬 효과'란 도심 지역이 주변 교외 지역보다 온도가 높은 현상을 말한다. 콘크리트와 아스팔트가 열을 흡수하고, 나무가 적어 그늘이 없으며, 건물들이 바람을 막는다. 저소득 지역은 역사적으로 나무가 적고 녹지 공간이 부족하게 계획됐다. 2020년 포틀랜드주립대학교의 연구에 따르면, 미국 108개 도시를 분석한 결과 저소득 지역의 여름철 평균 온도가 고소득 지역보다 평균 2.4℃ 더 높았다[28].

에어컨 접근성도 불평등하다. 미국 센서스 데이터에 따르면, 연 소득 2만 달러 미만 가구의 13%는 에어컨이 없다. 반면 연 소득 15만 달러 이상 가구는 거의 100% 에어컨을 보유하고 있다. 에어컨이 있어도 전기료를 감당할 수 없어 사용을 제한하는 경우도 많다. 2021년 텍사스 대정전 사태 때 가장 많은 사망자가 나온 곳은 저소득층 거주 지역이었다.

직업적 노출도 계급에 따라 다르다. 건설 노동자, 농업 노동자, 배달 노동자, 쓰레기 수거 노동자들은 하루 종일 야외에서 일한다. 이들은 폭염 경보가 발령돼도 일을 멈출 수 없다. 임금이 시간당으로 책정돼 있어 쉬면 소득이 줄어든다. 2023년 플로리다에서 건설 현장의 한 노동자가 열사병으로 사망했을 때, 그의 동료들은 "우리는 날씨와 관계없이 일해야 한다"라고 말했다.

전 지구적으로 보면 불평등은 더욱 극명하다. 기후 변화를 일으킨 온실가스의 대부분은 선진국에서 배출했지만, 그 피해는 개발 도상국이 더 많이 입는다. 세계불평등연구소(World Inequality Lab)의 2023년 보고서에 따르면, 전 세계 상위 10% 부유층이 전체 온실가스 48%를 배출했다[29]. 반면 하위 50% 인구는 12%만 내보냈다. 하지만 기후 변화로 인한 식량 위기, 물 부족, 자연재해 피해는 주로 하위 50%가 겪는다. 방글라데시는 전 세계 온실가스 배출량의 0.5%도 안 되지만, 해수면 상승과 사이클론으로 가장 큰 피해를 입는 국가 중 하나다. 아프리카 사헬 지역은 거의 배출하지 않지만 가뭄으로 고통받는다. 태평양 섬나라들은 거의 배출이 없지만 국가 존립이 위협받는다. 이것이 기후 정의(Climate Justice) 운동이 제기하는 핵심 문제다.

도시가 물에 잠기고, 국가가 전쟁에 휩싸이는 이 모든 재난이 아직도 먼 나라 이야기처럼 느껴진다면, 이제 현미경을 들고 우리 자신의 몸 안을 들여다볼 차례다. 거기서 우리는 훨씬 더 섬뜩한 진실과 마주하게 될 것이다. 426.9ppm(2024년 연중 최고 기록)의 대기가 우리 세포를 직접 공격하여 DNA 메틸화 패턴을 교란시키고, 텔로미어를 단축시키며, 미토콘드리아를 손상시키는 생화학적 폭력을 말이다.

빨리 병들어 오래 사는 세대

21세기 인류는 역사상 가장 오래 살고 있는 세대다. 1950년 전 세계 평균 기대 수명은 46세였다. 즉 당시 태어난 아기의 절반은 46세 이전에 사망했다는 뜻이다. 2024년 현재, 그 숫자는 이제 73세를 넘어섰다. 27년이 더 늘어난 셈이다. 항생제가 패혈증을 치료했고, 백신이 천연두를 지구상에서 사실상 지워 버렸으며, 의료 기술은 멈춘 심장을 다시 뛰게 만들었다.

그런데 이 승리의 이면을 들여다보면, 이상한 일이 벌어지고 있다는 것을 확인할 수 있다. 우리는 더 오래 살게 됐지만, 동시에 더 일찍 병들고 있다.

◆ 젊은 세대의 조기 발병

2023년 9월, 영국의 의학 학술지 《BMJ 종양학(BMJ Oncology)》에 한 편의 논문이 발표됐다. 연구진은 전 세계 204개국에서 30년간 (1990~2019년) 축적된 암 발생 데이터를 분석했다[30]. 29종류의 암, 수백만 건의 사례를 추적한 대규모 역학 연구였다. 결과는 다음과 같았다. 50세 미만 조기 발병 암이 1990년 대비 79.1% 증가했다[31]. 거의 80%에 육박하는 수치다. 이로 인한 사망자 수 또한 27.7% 증가했다.

처음에 연구자들은 진단 기술의 발전 때문이 아닐까 의심했다. 더 정밀한 검사 기술 덕분에 예전에는 발견하지 못했던 암을 이제는 찾아낼 수 있게 된 것이 아닐까? 또는 검진율이 높아져서 더 많이 발견되는 것은 아닐까? 그런데 통계 모델에서 연령 구조를 보정하고, 검진율 증가를 감안하고, 소득 수준을 통제해도 증가세는 사라지지 않았다. 이는 착시가 아니라 진짜 암 발병 자체가 실재적으로 증가하고 있다는 명백한 증거였다.

더 흥미로운 패턴이 있었다. 이 증가세가 모든 세대에 걸쳐 골고루 나타난 것이 아니었다. 가장 급격한 증가를 보인 세대는 1990년 이후 출생한 이들이었다. 마치 어느 시점을 기점으로 무언가가 바뀐 것처럼 보였다.

2023년 발표된 미국암학회(ACS)의 보고서는 이러한 추세를 적나라하게 보여 줬다[32]. 연구진이 지난 20여 년간의 대장암 환자 데이터를 추적한 결과, 환자군의 인구학적 구성이 근본적으로 변하고 있음이 확인됐다. 1995년만 해도 전체 대장암 환자 중 55세 미만은 11%에 불과했다. 그러나 2019년 데이터에서 그 비중은 20%로, 두 배 가까이 급증해 있었다. 이제 진료실을 찾는 대장암 환자 5명 중 1명은 50대 중반도 채 되지 않은 젊은 층이라는 뜻이다. 이러한 '환자 연령의 하향 평준화'에 위기감을 느낀 미국 예방서비스태스크포스(US Preventive Services Task Force, USPSTF)는 결국 대장암 검진 시작 연령을 기존 50세에서 45세로 5년이나 앞당기는 이례적인 결정을 내렸다[33]. 특정 질병의 검진 권고 나이를 국가 차원에서 낮춘다는 것은, 그만큼 젊은 층의 위험도가 임계점을 넘었다는 강력한 경고다.

◆ 전 지구적 동조화

이것이 미국만의 유별난 현상일까? 연구진은 시야를 전 세계로 넓혔다. 영국의 국가암등록부(UK National Cancer Registry) 통계와 한국의 국립암센터 자료, 스웨덴과 중국의 데이터까지 모두 겹쳐보았다[34]. 국경과 인종, 식습관이 다른 여러 개 국가에서, 마치 약속이라도 한 듯 1990년 이후 출생한 세대의 암 발병 그래프가 동시에 가파르게 치솟고 있었다. 젊은 세대가 부모 세대보다 더 빨리 병들고 있는 것이다.

이 '지구적 동조화(Global Synchronization)'가 의미하는 바는 명백하다. 인류의 유전자가 집단적으로 변이하기에 30년은 너무나 짧은 시간이다. 유전자가 범인이 아니라면, 남은 가능성은 결국 하나뿐이다. 이 모든 세대가 공유하고 있는 '환경' 자체가 변해 버린 것이다.

도대체 1990년대 이후 서울과 런던, 뉴욕과 상하이에서 태어난 아이들에게 공통적으로 무슨 일이 벌어진 것일까? 가공식품이나 미세먼지만으로는 이 전 지구적인 타이밍의 일치를 완벽히 설명하기 어렵다. 국가별로 산업화 시기와 식문화 변화의 속도가 제각기 다르기 때문이다.

많은 과학적 증거들이 하나의 거대한 변화를 가리키고 있다. 인류세(Anthropocene)의 결정적 분기점이자, 모든 지표가 수직 상승하기 시작한 시기, 과학자들이 '대가속(The Great Acceleration)'이라 부르는 때다[35]. 1950년대 후반에서 1960년대 중반을 기점으로 수많은 환경적 변화가 폭발적으로 일어났다. 그중에서도 다른 변수들을 통제했을 때 여전히 강력한 상관관계를 보이며 생물학적 노화를 설명할 수 있는 유력한 용의자는 바로 '열(Heat)'이었다[36].

세계적인 의학 저널 《란셋(The Lancet)》이 매년 발표하는 기후 변화 건강 보고서(Lancet Countdown)는 이 지점을 정확히 지적한다[37]. 보고서는 전 세계적인 기온 상승이 신장 질환, 심혈관 질환, 그리고 만성적인 전신 염증의 위험을 급격히 높이고 있다고 경고한다. 우리가 막

전 지구적으로 1990년대 이후 태어난 아이들의 암 발병률이 높아졌다. 과학자들은 유력한 '용의자'로 '열'을 지목하고 있다. ©Getty Images

연히 '날씨가 더워졌다'고 느끼는 그 현상이, 실은 세포 수준에서는 매일매일 견뎌야 하는 가혹한 생화학적 고문이 되고 있다는 것이다.

젊은 세대가 부모 세대보다 더 빨리 늙고 병드는 미스터리. 그 인과 관계를 보다 명확히 밝히기 위해서는 겉으로 드러난 질병 통계 너머를 봐야 한다. 암은 결과의 하나일 뿐, 그 이전에 우리 몸속에서 조용히, 하지만 빠르게 돌아가고 있는 '진짜 시계'를 확인해야 할 때다.

◆ 세포 속 시계

암 발생 통계는 표면으로 드러난 결과에 불과하다. 연구자들은 원인에 더 가까이 다가가고 싶었다. 그래서 더 근본적인 질문을 던졌다. 혹시 젊은 세대 전체가 생물학적으로 더 빠르게 노화하고 있는 것은 아닐까?

이 질문에 답하려면 먼저 '노화'를 측정할 수 있어야 했다. 우리가 일상적으로 사용하는 나이는 '달력 나이(chronological age)'다. 태어난 날부터 지금까지 지나간 시간. 이것은 누구에게나 똑같은 속도로 흐른다. 하지만 실제 생물학적으로는 나이가 다를 수 있다. 즉, 같은 40세라도 어떤 사람의 세포와 조직은 30세처럼 건강할 수 있고, 어떤 사람의 것은 50세처럼 손상돼 있을 수 있다. 문제는 이 '생물학적 나이(biological age)'를 어떻게 객관적으로 측정하느냐는 것이었다.

2013년 UCLA의 생물 통계학자 스티브 호바스(Steve Horvath) 교수가 돌파구를 열었다. 그는 8,000여 개의 인간 조직 샘플을 분석하면서 한 가지 패턴을 발견했다. 우리 DNA의 특정 위치에서 일어나는 '메틸화(methylation)'라는 화학적 변형이 나이에 따라 매우 규칙적으로 변한다는 것이었다. DNA 메틸화는 DNA 염기 서열을 바꾸지 않으면서 유전자 발현을 조절하는 '후성유전학적(epigenetic)' 메커 니즘이다[38]. DNA의 시토신(C) 염기 앞에 메틸기(-CH₃)가 붙으면 그 유전자가 '꺼지고', 반대로 떨어지면 유전자가 '켜진다'. 이를 통해 같은 DNA를 가진 세포들이 간세포, 뇌세포, 피부세포 등 서로 다 른 기능을 수행할 수 있다.

호바스 교수가 발견한 것은 다음과 같다. 나이가 들면서 이 메틸 화 패턴이 체계적으로 변한다. 어떤 유전자들은 점점 더 메틸화되 고, 어떤 유전자들은 점점 메틸화가 풀린다. 그리고 이 변화 패턴이 사람마다 조금씩 다르긴 해도, 평균적으로는 놀라울 정도로 일관되 게 나타난다. 호바스는 353개의 특정 CpG 부위—DNA에서 시토신 (C) 바로 다음에 구아닌(G)이 오는 특정 위치—를 선정했다. 이 위치 들의 메틸화 정도를 측정하면, 그 사람의 생물학적 나이를 ±3.6년 오차 범위 내에서 추정할 수 있었다[39]. 마치 나무의 나이테를 세듯 이, DNA 메틸화 패턴을 읽으면 세포의 진짜 나이를 알 수 있게 된 것이다. 이것이 '호바스 시계(Horvath Clock)' 또는 '후성유전학적 시계 (epigenetic clock)'로 불리는 도구다. 그리고 이 시계는 달력과 다르게 돌 아갈 수 있다. 40세인 어떤 사람의 DNA 메틸화 패턴이 43세를 가리 킬 수도 있고, 어떤 사람은 37세를 가리킬 수도 있다.

◆ 1965년이라는 경계선

2024년 4월 미국암연구학회(American Association for Cancer Research, AACR) 연례 학술 대회장. 수천 명의 연구자들이 모인 대형 홀에 한 장 의 그래프가 스크린에 떴다. 워싱턴대학교 의과대학의 루이이 티안 (Ruiyi Tian) 연구팀이 영국 바이오뱅크(UK Biobank)에 등록된 14만 8,724

명의 혈액 샘플을 분석한 대규모 역학 연구 결과였다[40]. 연구팀은 혈액 속의 알부민, 포도당 등 9가지 핵심 생체표지자(biomarkers)를 분석해 참여자들의 '생물학적 나이'를 정밀 산출해 그래프를 그렸다. 가로축은 출생 연도, 세로축은 '생물학적 나이와 달력 나이의 차이'였다.

1950년 이전 출생자들의 데이터는 대체로 안정적이었다. 그들의 생물학적 나이는 달력 나이와 큰 차이가 없었다. 그런데 1950년대를 지나며 상황이 달라지기 시작했다. 1955~1959년생부터 격차가 서서히 벌어졌고, 1960년대, 1970년대로 갈수록 그 가속도는 더 가팔라졌다. 구체적인 수치를 보면, 1955~1959년생은 이전 세대보다 가속 노화 위험이 6% 높았고, 1960~1964년생은 11%, 1965~1974년생은 17%로 증가했다. 이는 같은 40세라 하더라도, 최근 세대일수록 세포 나이가 과거 세대보다 점진적으로 더 늙어 있다는 것을 의미한다.

연구자들은 먼저 우리의 달라진 '생활 습관'을 일차적 요인으로 의심했다. 1950년대 이후 세대는 어릴 때부터 더 많은 가공식품을 먹었을 수 있다. 대기 오염에 더 많이 노출됐을 수 있고, 운동을 덜 했을 수도 있다. 만약 이러한 생활 습관이 가속 노화의 주범이라면, 통계적으로 이 변수들의 영향력을 제거했을 때 세대 간의 격차도 함께 사라져야 한다. 다시 말해, 똑같은 환경에서 동일하게 생활했다고 가정하면 1950년생과 1980년생의 노화 속도는 같아야 한다는 뜻이다.

연구진은 이를 검증하기 위해 소득 수준, 교육 수준, 흡연 여부, 음주량, BMI, 운동 빈도 등 원인이 될 만한 것들을 모조리 통계 모델에 넣어 보정했다. 하지만 그 모든 '생활 습관의 변수'를 제거했는데도 세대 간 가속 노화의 격차는 사라지지 않았다[41]. 이는 단순히 우리가 먹고 마시는 습관의 문제를 넘어선, 무언가 더 근본적인 환경 변화가 1950년대 이후 지속적으로 작용하고 있음을 시사한다.

그런데 티안 연구팀의 발견과 거의 비슷한 시기, 지구 반대편에서도 비슷한 패턴이 포착되고 있었다. 뉴질랜드 더니든(Dunedin)이라는 작은 도시에서 1972~1973년에 태어난 1,037명의 아이들을 평생 추적하는 역사적인 코호트 연구가 진행 중이었다. 듀크대학교의 다니엘 벨스키(Daniel Belsky) 연구팀은 이 '더니든 코호트'의 참가자들이 태어난 순간부터 건강 검진, 심리 검사, 사회적 환경까지 모든 것을 기록했다. 그리고 그들이 26세, 32세, 38세, 45세가 될 때마다 혈액을 채취해 DNA 메틸화 시계를 측정했다[42].

같은 해에 태어난 또래들임에도 불구하고, 생물학적 노화 속도는 사람마다 천차만별이었다. 어떤 사람은 1년에 0.4년씩 늙는 '슬로우 에이저(slow ager)'였고, 어떤 사람은 1년에 1.2년씩 늙는 '패스트 에이저(fast ager)'였다. 그런데 흥미로운 것은 1972~1973년생 전체의 평균값이었다. 이들이 45세가 됐을 때, 평균적인 생물학적 나이 가속도는 이미 2년을 넘어서고 있었다.

자, 이제 이 두 연구를 한 번 겹쳐 보자. 티안 연구팀은 영국 바이오뱅크의 거대한 인구 집단을 가로질러, 출생 연도에 따른 '세대 간' 노화 속도 변화를 추적했다. 반면 벨스키 연구팀은 뉴질랜드의 작은 도시에서 한 세대 내부의 '개인 간' 노화 속도 차이를 정밀하게 측정했다. 연구 방법론도, 지역도, 규모도 완전히 달랐다. 하지만 두 연구가 공통적으로 가리키는 지점이 있었다. **1950년대 이후 태어난 세대는 그 이전 세대보다 점진적으로, 그리고 가속적으로 더 빠르게 늙고 있다는 것이다.**

◆ 증언대에 선 두 개의 독립적 증거

먼저 티안 연구팀의 데이터로 막대그래프를 그려보자. 1950년 이전 출생자는 가속 노화 위험도가 '0%'로 바닥에 머문다. 안정적이다. 하지만 1950년대 중반부터 막대의 키가 조금씩 커지기 시작하더니, 1965~1974년생 구간에 이르자 위험도가 17%까지 치솟는다. 우리[*]는 이 막대들의 정점을 이어 '추세선(붉은 점선)'을 그렸다. 매 10년마다 위험 증가율이 약 10~11%로, 거의 선형 관계를 보인다. 티안 팀의 실제 데이터는 1974년생까지만 존재하지만, 이 추세선을 1990년까지 조심스럽게 연장해 보면, 1980년대생은 약 28%, 1990년대생은 약 38%의 위험도로 예측된다. 더 먼 미래로 외삽(外揷)할 수는 있으나, 이는 데이터 범위 밖의 과도한 추정이므로 적절하지 않다.

그런데 여기서 한 가지 난관에 부딪힌다. '위험도 17% 증가'라는 수치가 도대체 우리 몸의 시간으로는 '몇 년'에 해당하는 걸까? 이 추상적인 퍼센트(%)를 우리가 체감할 수 있는 시간(년)으로 번역해 줄 '통역사'가 필요하다.

여기서 등장하는 것이 바로 예일대학교의 레빈(Morgan Levine) 박사가 규명한 법칙이다. "생물학적 노화가 1년 진행될 때마다 질병 위험은 약 9% 증가한다[44]." 우리는 이 법칙을 역으로 적용해, 왼쪽의 위험도(%)를 오른쪽의 '생물학적 나이(년)'로 환산해 보았다. 계산기를

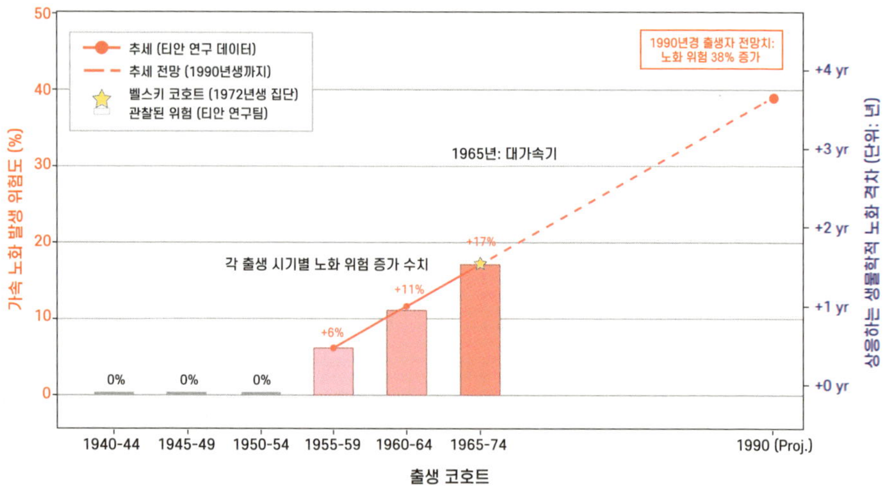

① X축: 출생 연도(1940~1990)

② 왼쪽 Y축(붉은색): 티안(Tian et al., 2024)의 대규모 코호트 연구에서 관측된 '가속 노화 발생 위험도'를 나타낸다. 1950년 이전 출생자는 가속 노화 위험성이 0%로 추산된 반면, 1955~1959년생은 6%, 1960~1964년생은 11%, 1965~1974년생은 17%로 지속적으로 증가했다(붉은 실선 및 막대 구간)[43]. 티안 연구팀의 실제 데이터는 1974년생까지만 존재하므로, 그 이후(1975~1990년생)는 점선으로 표시된 추정 구간이다. 관측된 6개 데이터 포인트의 선형 추세(매 10년당 약 10~11% 위험도 증가)를 연장하면, 1980년대생은 약 28%, 1990년대생은 약 38%의 가속 노화 위험에 직면할 것으로 예측된다.

③ 오른쪽 Y축(푸른색): 레빈(Levine et al., 2018)이 규명한 "생물학적 노화 1년 증가 시 질병 위험 약 9% 증가" 법칙을 적용하여, 왼쪽의 위험도(%)를 '생물학적 나이(년)'로 환산한 값이다. 이 기준에 따르면 1965~1974년생의 +17% 위험도는 생체 시계가 약 2년, 1980년대생의 추정 +28% 위험도는 약 3년, 1990년대생의 추정 +38%는 약 4년 더 빨리 돌아갔음을 의미한다.

④ 별표(노란색): 벨스키(Belsky et al., 2022)가 더니든 코호트(1972~1973년생)에서 정밀 측정한 실제 노화 가속 수치(약 2년)다. 이 독립적인 실측 데이터 포인트가 티안의 추세선(1965~1974년생 구간의 1.9년 환산값)과 거의 정확히 일치한다는 사실은, 서로 다른 방법론을 쓴 연구들이 1950년대 대가속 이후의 지속적 노화 가속화라는 하나의 진실을 가리키고 있음을 증명한다.

두드려 보니, 티안이 보고한 17%의 위험 증가는 생체 시계가 약 2년 더 빨리 돌아갔음을 의미했다. 추세선을 연장한 1980년대생의 추정 28% 위험도는 약 3년, 1990년대생의 추정 38%는 약 4년의 노화 격차로 해석된다.

이제 마지막으로, 결정적인 '증거 조각'을 끼워 넣어 볼 차례다. 바로 벨스키 연구팀이 지구 반대편 뉴질랜드에서 실측한 1972년생들의 데이터다. 그들이 측정한 노화 가속 수치는 약 2년이었다.

과연 이 점은 어디에 찍힐까? 놀랍게도 1972년의 위치에 찍힌 단 하나의 황금색 별표(벨스키 데이터)는, 우리가 레빈의 법칙으로 환산해 둔 티안의 붉은 추세선(1.8년) 위에 **거짓말처럼 정확히 포개진다.** 유럽과 오세아니아에서 서로 다른 방법론(빅 데이터와 코호트 추적)으로 수행된 독립적인 두 연구가, '1965년'이라는 분기점을 지나며 하나의 궤적 위에서 완벽하게 만난 것이다.

이것이 의미하는 바는 명백하다. 티안 연구팀이 발견한 '세대 간 노화 가속화' 패턴은 통계적 허상이 아니다. 벨스키 연구팀의 정밀한 코호트 데이터가 그것이 실재함을 증명한다. 반대로 벨스키 연구팀이 측정한 1972~1973년생의 가속 노화도 그 세대만의 특이 현상이 아니다. 티안 연구팀의 거시적 추세선이 그것이 거대한 역사적 흐름의 일부임을 보여 준다.

서로 다른 대륙에서, 서로 다른 방법론으로 수행된 독립적인 두 연구가 하나의 궤적 위에서 만났다. 1950년대 이후의 인류는, 그 이전의 인류와는 완전히 다른 '시간의 기울기' 위에서 살아가고 있다. 도대체 1950년대 이후 지구에는 무슨 일이 있었던 것일까?

◆ 대가속: 지구 시스템의 분기점

이 시점의 미스터리를 풀기 위해 우리는 생물학이 아닌 지구 시스템 과학(Earth System Science) 분야의 논문을 열어 봐야 한다. 2015년 호주 국립대학교의 윌 스테판(Will Steffen)을 비롯한 국제 연구팀은《인류세 리뷰(The Anthropocene Review)》에 기념비적인 논문을 발표했다. 그들은 지난 수백 년간의 지구 변화를 추적한 24개의 그래프를 제시했는데, 놀랍게도 모든 그래프가 약속이나 한 듯 동시에 꺾여 치솟는 시점이 있었다. 연구팀은 이 폭발적 변화의 시기를 '대가속(The Great Acceleration)'이라고 공식적으로 정의했다[45].

그 폭발적 변화의 방아쇠는 1950년대에 당겨졌다. 지난 65년 사이 인구는 3배 가까이, 경제 규모(GDP)는 10배 넘게 불어났다. 산업의 혈관을 도는 에너지 소비는 6배, 자동차는 20배나 급증했다. 하지만 진짜 충격적인 변화는 물질의 영역이다. 대지를 뒤덮은 비료 사용량은 50배, 그리고 썩지 않는 플라스틱 생산량은 무려 190배라는 천문학적인 폭증을 기록했다[46].

그리고 무엇보다 중요한 지표 하나. 대기 중 이산화탄소 농도는 1950년 310ppm에서 시작하여 1960년대 중반 320ppm을 거쳐 2024년 426.9ppm까지 치솟았다. 이를 포함해 과학자들이 추적한 총 24개의 지구 시스템 지표들이 놀랍게도 거의 동일한 시기에 동일한 궤적으로 상승하기 시작했다. 마치 거대한 오케스트라가 1950년대라는 박자에 맞춰 일제히 연주를 시작한 것처럼. 그리고 바로 그 시점부터 인류의 DNA 메틸화 시계도 빨라지기 시작했다. 이것이 그저 우연일까?

◆ 320ppm, 그 후의 이상 기온 세상

1950년대, 태평양 한가운데에 위치한 하와이의 마우나로아 산 정상. 1958년 찰스 킬링이 설치한 관측소가 처음으로 기록한 숫자는 313ppm이었다. 그로부터 불과 7년 뒤인 1965년, 이 수치는 320ppm을 넘어섰다. 이것은 단순한 7ppm 증가가 아니었다. 증가 속도 자체가 빨라지기 시작한 신호였다.

1880년 산업 혁명이 본격화되기 전, 대기 중 이산화탄소 농도는 약 280ppm이었다. 수만 년 동안 270~280ppm 사이에서 안정적으로 유지되던 숫자였다. 그런데 1950년대를 기점으로 이 숫자의 상승 속도가 가속화되기 시작했다. 그리고 이 대기 화학의 변화는 다른 변화를 일으켰다.

이제 연도별 이산화탄소 농도, 온도 상승, 극한 고온 일수를 함께 정리해 보자. 여러 기후 데이터베이스(NOAA, NASA, Berkeley Earth 등)의 측정값들을 결합하면, 세 가지가 어떻게 연동돼 움직이는지 한눈에 볼 수 있다[47].

1880~2024 연도별 이산화탄소 농도, 온도 상승, 극한 고온 일수

연도	이산화탄소 농도	산업화 이전 대비 온도 상승	극한 고온 일수 (전 지구 평균)[48]
1880	290ppm	0°C	-
1950	310ppm	+0.1°C	7.5일
1965	320ppm	+0.2°C	8.2일
1980	338ppm	+0.3°C	9.7일
2000	369ppm	+0.6°C	12.3일
2024	426.9ppm	+1.2°C	18.5일

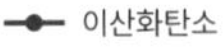

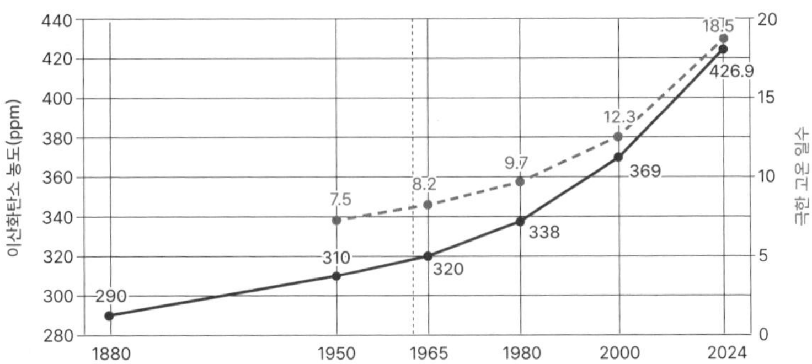

그래프는 1950년대 이후부터의 대기 중 이산화탄소 농도의 증가와 극한 고온 발생 빈도의 증가가 동시에 가속화되는 강력한 동기화 현상을 보여 준다. 두 곡선의 놀라운 일치는 인간 활동에 의한 대기 성분 변화가 지구의 기후 시스템, 특히 극한 기상 현상의 빈도에 직접적이고 강력한 영향을 미치고 있음을 시사한다. 산업화 이전 대비 급격히 상승한 수치들은 현재 우리가 직면한 기후 위기의 심각성을 가감없이 드러낸다. [데이터 출처: NOAA, NASA/GISS, IPCC]

기온 상승이 전반적으로 증가하는 것만 문제가 되는 게 아니다. 더 심각한 것은 생존을 위협하는 극한 고온 일수가 급격히 늘어나고 있다는 점이다. 전 지구적 통계 모델링에 따르면, 1950년에 태어나 30세까지 자란 사람은 인생에서 평균 225일(7.5일×30년) 정도 극한 고온을 경험했다. 1990년대에 태어난 사람은 30세까지 평균 420일을 경험한다[49]. 불과 한 세대 만에 고온 노출 일수가 1.9배가 넘게 늘어난 셈이다.

그림 2의 그래프를 자세히 들여다보자. 푸른색 실선(이산화탄소)과 붉은색 점선(극한 고온 빈도)은 마치 서로를 모방하듯 놀라운 싱크로율

로 움직인다. 특히 1950년대를 기점으로 두 곡선의 기울기가 동시에 가팔라지기 시작하며, 1960년대 중반을 지나며 그 가속도가 더욱 뚜렷해지는 형세에 주목해야 한다. 그리고 이 그래프가 보여 주는 '대가속'의 공포는 단지 뜨거워진 날씨에만 국한되지 않는다. 대기의 리듬이 빨라진 바로 그 순간, 인류의 생체 리듬에도 기이한 변화가 감지되기 시작했기 때문이다.

◆ 상관관계 vs 인과 관계

이제 조각들을 맞춰 보자. 한쪽에는 앞서 우리가 상세히 검토했던 '생물학적 노화 가속화' 데이터가 있다. 호바스, 벨스키, 레빈의 연구들은 입을 모아 1960년대 중반 이후 태어난 세대의 생체 시계가 더 빨리 돌아가고 있음을 증언한다.

다른 한쪽에는 '기후 변화 데이터'를 놓아 보자. NOAA의 관측에 따르면, 1950년 연간 7.5일에 불과했던 전 지구 극한 고온 일수는 2024년 18.5일로 2.5배 폭증했다. NASA의 기온 기록 역시 마찬가지다[50]. 흥미롭게도 이 기후 그래프의 기울기가 급격히 가팔라지는 시점 또한 1960년대 중반이다.

생물학자는 혈액과 DNA를 보았고, 기후학자는 온도계와 위성을 보았다. 서로 다른 대상을 연구했지만, 그들이 찾아낸 **'변곡점'은 정확히 같은 시기를 가리킨다.**

물론 두 사건이 시간적으로 일치한다고 해서 곧장 인과 관계가 있다는 것은 아니다. 혹시 제3의 다른 요인이 동시에 작용하는 것은 아닐까? 통계학에서는 "상관관계가 인과 관계를 증명하는 것은 아니다"라는 유명한 격언이 있다. 가령 "아이스크림 판매량과 익사 사고 건수는 강한 양의 상관관계가 있다"고 해서, 아이스크림을 먹는 행위가 익사를 유발하는 것은 아니다. 그저 '여름'이라는 공통된 제3의 요인에 의해 두 수치가 함께 움직이는 '허구적 상관관계'일 뿐이다.

　논리적으로 보면, 이 차이는 더욱 명확해진다. 상관관계는 대칭적(symmetric)이다. A와 B가 함께 변하면, "A가 B와 상관있다"와 "B가 A와 상관있다"는 말은 본질적으로 같은 진술이다. 그림의 왼쪽 벤다이어그램이 이를 잘 보여 준다. 두 개의 원 A와 B가 넓은 영역에서 겹쳐 있다(교집합, A∩B). 이는 단순히 두 현상이 시공간적으로 자주 공존한다는 '상태'를 의미할 뿐, 누가 누구에게 영향을 주는지 말해 주지 않는다.

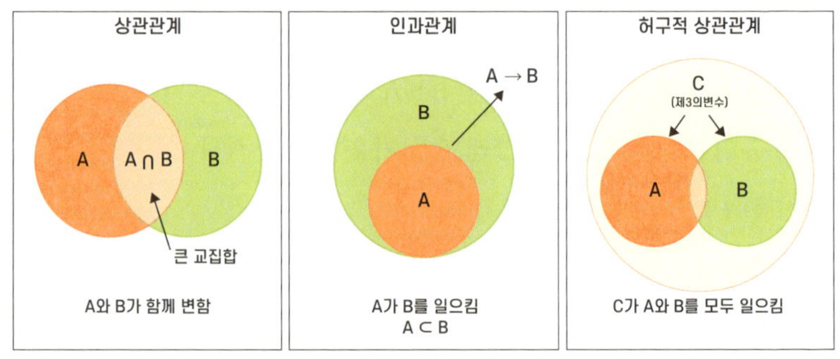

상관관계, 인과 관계, 그리고 허구적 상관관계를 보여 주는 벤다이어그램들

(왼쪽) 상관관계: 두 원 A와 B가 크게 겹친다(A∩B).
(가운데) 인과 관계: 도식에서는 원인 A가 결과 B를 일으키는 비대칭적 방향성(A→B)을 강조하기 위해 포함 관계(A⊂B)로 묘사됐다. 다만, 실제 기후나 생물학적 인과 관계는 결정론적 포함 관계라기보다, A가 발생했을 때 B가 뒤따를 확률을 유의미하게 높이는 확률적 연결에 가깝다.
(오른쪽) 허구적 상관관계: A, B 두 원이 겹치지만, 제3의 원 C가 둘을 모두 포함한다.
결론적으로 상관관계는 대칭적 교집합이지만, 인과 관계는 비대칭적 포함 관계다. 허구적 상관관계는 제3의 변수가 둘을 모두 일으킬 때 나타난다.

반면 인과 관계는 비대칭적(asymmetric)이다. "원인 A가 결과 B를 일으킨다"와 "B가 A를 일으킨다"는 완전히 다른 층위의 진술이다. 여기에는 시간의 선후와 영향력의 방향성이 존재한다. 가운데 다이어그램은 이러한 방향성(A→B)을 강조하기 위해, 원인 A가 결과 B 안에 완전히 포함된 형태(A⊂B)로 묘사하고 있다. 다만 이 그림을 해석할 때 주의가 필요하다. 현실 세계, 특히 복잡한 기후나 생물학의 영역에서 인과 관계는 이 도식처럼 A가 발생하면 B가 '반드시' 일어나는 결정론적인 관계는 아니다.

현대 과학에서 인과 관계는 'A라면 반드시 B가 일어난다'는 단순한 결정론이 아니다. **핵심은 A가 존재할 때 B가 발생할 확률이 통계적으로 유의미하게 증가하는가를 묻는 확률적 게임에 가깝다.** 모든 흡연자가 폐암에 걸리는 것은 아니지만, 흡연이 폐암의 명백한 원인으로 받아들여지는 이유가 여기에 있다.

인과 관계란 단순한 겹침이 아니라, 한 사건이 다른 사건의 발생 가능성을 실질적으로 끌어올리는 역동적인 '영향력의 흐름'이다. 따라서 우리는 벤다이어그램의 오른쪽과 같은 상황을 항상 경계해야 한다. A와 B의 교집합이 커서 마치 인과 관계처럼 보이지만, 실제로는 보이지 않는 제3의 거대한 변수 C(앞서 예시의 여름 날씨)가 A와 B를 동시에 일으키고 있는 '허구적 상관관계'의 함정 말이다. 기후 과학은 바로 이 함정을 피해, 진짜 원인과 결과를 가려내는 치열한 검증의 과정이다.

◆ 유주얼 서스펙트(Usual Suspects)

이제 다시 사건의 본질로 돌아와 냉정한 질문을 던져 보자. 앞서 우리가 확인했듯, 기온 상승 그래프와 노화 가속화 그래프가 마치 쌍둥이처럼 움직인다는 사실, 즉 모종의 '상관관계'가 곧장 범인을 지목하는 '인과 관계'가 되는 것은 아니다. 1965년 이후 태어난 세대가 더 빠르게 늙는 이유가 '열(Heat)' 때문이라고 특정하기 전에, 우리는 통계학이 경계하는 가장 위험한 함정, 바로 '허구적 상관관계(Spurious Correlation)'의 가능성을 철저히 알아봐야 한다.

혹시 우리가 놓치고 있는, 보이지 않는 '제3의 변수'가 이 모든 현상의 진짜 배후는 아닐까? 실제로 우리 주변에는 범인으로 의심받기에 충분한 유력한 용의자들, 이른바 '유주얼 서스펙트(Usual Suspects)'가 차고 넘친다. 숨을 쉴 때마다 폐를 공격하는 미세먼지는 어떤가? 1960년대 이후 전 세계적으로 산업화가 가속화되며 대기 오염이 심화된 것은 부인할 수 없는 사실이다. 환경 호르몬은 또 어떤가? 플라스틱의 발명과 함께 쏟아져 나온 내분비 교란 물질들은 우리 일상 깊숙이 침투해 있다. 식탁을 점령한 초가공식품과 패스트푸드, 그리고 디지털로 초연결된 사회가 쉴 새 없이 쏟아내는 만성 스트레스까지. 이 모든 요인이 건강에 치명적이고, 문제의 시기와 교묘하게 겹친다는 점은 분명하다. 그렇다면 생물학적 노화 가속화가 열이 아닌, 이들 중 누군가의 소행일 수도 있지 않을까?

그러나 진정한 인과 관계가 성립하기 위해서는 두 가지 철칙이 지켜져야 한다. 원인이 결과보다 먼저 존재해야 한다는 '시간의 선후 관계(Temporal Precedence)', 그리고 다른 변수들로는 설명되지 않는 그 요인만의 '고유한 영향력(Independent Effect)'이 검증돼야 한다.

《네 개의 서명(The Sign of Four)》(1890)에서 셜록 홈스(Sherlock Holmes)는 이렇게 말했다. "불가능한 것들을 모두 제거하고 나면, 아무리 믿기 어려워도 남은 것이 진실이다." 이제 과학자들은 바로 이 방법, 즉 '소거법(Method of Elimination)'을 사용하여 용의자들을 하나씩 검증대 위에 세웠다.

◆ 알리바이가 깨진 용의자들

첫 번째 용의자로 'PM2.5(지름 2.5㎛ 이하) 미세먼지'를 심문실로 불러들였다. 미세먼지가 염증을 유발해 폐와 혈관을 손상시키고 노화를 촉진한다는 가설은 의학적으로 매우 타당해 보인다. 하지만 형사가 이 용의자의 행적을 지구적 차원에서 추적하자, 결정적인 허점이 드러났다. 바로 '지역적 시차(Regional Time Lag)'라는 틈이었다.

범행 시각을 따져 보자. 선진국의 대기 오염은 언제 정점이었나? 런던의 살인적인 스모그는 1950년대였고, 미국 LA의 스모그 역시 1960~1970년대에 최고조에 달했다가 강력한 환경 규제로 인해 점차 개선됐다. 실제로 영국 대기질 변화를 끈질기게 추적한 연구에 따르면, 1970년대 이후 미세먼지 농도는 지속적인 감소 추세를 보인다[51]. 반면 중국이나 인도는 정반대의 행보를 보였다. 이들 국가의 대기 오염은 1990년대 후반 이후에야 산업화와 함께 급격히 악화되기 시작했다[52].

따라서 만약 미세먼지가 이 사건의 진범이라면, 서구권의 1970~1980년대생은 노화 속도가 부모 세대보다 둔화돼야 마땅하다. 그들이 자라난 환경의 공기는 분명 더 깨끗했기 때문이다. 반대로 아시아권은 1990년대생부터 갑자기 노화가 빨라져야 한다.

그러나 우리가 확보한 데이터는 전혀 다른 사실을 증언한다. 2024년 미국암연구학회(AACR)에 발표된 연구 결과는 충격적이었다. 전 지구적으로 1965년 이후 출생한 '모든' 세대에서, 런던과 베이징, 뉴욕과 서울을 가리지 않고 동시다발적으로 노화 가속화가 관측된 것이다[53]. 범행은 동시에 일어났는데, 용의자는 서로 다른 시간에 현장에 있었다. 미세먼지는 국지적인 악화 요인은 될 수 있어도, 전 지구적인 동시 노화를 이끄는 주범으로 지목하기에는 부족하다.

다음으로 지목된 용의자는 '환경 호르몬'과 '초가공식품'이다. 플라스틱의 범람과 햄버거로 대표되는 인스턴트 식품의 확산은 현대인의 대사를 교란시키는 유력한 용의자임에 틀림없다. 하지만 이들 역시 '전 지구적 동조화'라는 현상을 설명하기엔 치명적인 모순이 있다.

초가공식품의 확산 경로를 추적해 보자. 미국에서 햄버거가 일상이 된 것은 1970년대 맥도널드의 전성기 시절이다. 하지만 한국이나 중국의 식탁이 서구식으로 바뀐 것은 그보다 10~20년 뒤의 일이다[54]. 만약 초가공식품이 주범이라면, 노화 가속화 현상 또한 이 10년의 시차를 두고 파도타기처럼 나타나야 했다. 하지만 데이터는 전지구적인 동시 변화를 가리킨다.

더 결정적인 모순은 환경 호르몬에서 발견된다. 1990년대 이후 전 세계적으로 BPA나 프탈레이트 같은 유해 물질에 대한 강력한 규제가 시작됐다. 실제로 유럽과 북미의 젊은 세대 혈액 속에서는 이전 세대보다 특정 환경 호르몬 농도가 감소하는 긍정적인 신호가 잡히기도 한다[55].

만약 환경 호르몬이 주동자라면, 규제가 강화된 1990년대생의 노화 속도는 이전 세대보다 오히려 조금이라도 늦춰졌어야 옳다. 하지만 현실은 정반대다. 1990년대생의 노화 곡선은 그 어느 세대보다 가파른 수직 상승세를 그리고 있다[56]. 환경 호르몬은 규제의 수갑이 채워진 상태였는데, 그와 무관하게 누군가의 범행 결과는 더욱 잔혹하게 나타났다. 그렇다면 이들은 진범이 아니다.

마지막으로 '만성 스트레스'가 용의선상에 올랐다. "치열한 경쟁 사회가 우리를 빨리 늙게 만든다"라는 가설은 직관적이고 설득력 있게 들린다. 하지만 데이터를 대입해 보면 이 가설 역시 삐걱거리기 시작한다.

살인적인 노동 시간과 입시 경쟁에 시달리는 한국과 일본에서 노화가 빠르다면 스트레스를 원인으로 지목할 수 있다. 그렇다면 '워라밸'이 보장되고 촘촘한 사회 안전망을 갖춘 서구의 복지 국가들은 어떨까? 연구 결과는 예상을 빗나갔다. 사회적 스트레스 지수가 현저히 낮은 이들 국가의 젊은 세대에게서도 생물학적 노화 가속화는 동일하게 관측됐다[57]. 사회적 환경이 천차만별인 국가들에서 똑같은 생물학적 현상이 나타났다는 것은, 스트레스라는 심리적 요인만으로는 설명되지 않는, 국경을 초월한 거대한 요인이 있다는 것을 시사한다.

◆ 소거법의 남은 생존자: 열(Heat)이 남긴 세 가지 지문

모든 유력 용의자들이 알리바이 입증으로 수사망을 빠져나갔다. 이제 심문실에 남은 용의자는 단 하나, '대기 조성의 변화와 그로 인한 열(Heat)'뿐이다. 그리고 과학 수사팀은 이 용의자가 진범임을 확신하게 만드는 세 가지 결정적인 지문을 찾아냈다.

첫 번째 지문은 명확한 '시간적 일치(Temporal Alignment)'다. 앞선 용의자들이 지역별로, 국가별로 들쑥날쑥한 알리바이를 댈 때, 오직

'이산화탄소와 열'만이 전 지구적으로 동일한 시점에 변화를 보였다. 대기 중 이산화탄소는 국경을 모른다. 뉴욕에서 배출된 가스는 2주면 지구 반대편까지 섞여, 지구 전체의 농도를 균일하게 끌어올린다.

그 결과 전 지구의 평균 기온과 극한 고온 빈도는 1960년대 중반을 기점으로 약속이나 한 듯 동시에 상승 추세로 돌아섰다. 앞서 확인한 인류세의 대가속이 시작된 것이다. 그리고 정확히 그 시점부터 마치 신호탄을 쏘아 올린 것처럼 인류의 생체 시계도 가속되기 시작했다. 앞서 우리가 확인한 그래프의 궤적처럼 두 데이터는 한 몸처럼 움직인다. 역사에서 이토록 거대하고 정교한 우연의 일치는 없다.

두 번째 지문은 '용량-반응 관계(Dose-Response Relationship)'다. 독성학의 아버지 파라셀수스(Paracelsus, 1493~1541)는 "용량이 독을 만든다"고 했다. 이것이 진짜 인과 관계라면 원인의 노출량이 많을수록 결과의 크기도 비례해서 커져야 한다.

2023년 연구팀이 기온과 생물학적 노화의 관계를 정밀 분석한 결과는 이 법칙을 완벽히 증명했다. 연구진이 거주 지역의 기온 노출량과 주민들의 DNA 메틸화 나이를 대조한 결과, 더 높은 기온에 장기간 노출된 집단일수록 생물학적 노화 가속화 정도가 유의미하게 높았다[58]. 소득 수준, 식습관, 운동량 등 가능한 모든 변수를 통제(Control)해도 결과는 변하지 않았다. 기온이 높을수록 노화가 빨라진다는, 부정할 수 없는 수학적 비례 관계가 확인된 것이다.

세 번째 지문은 가장 엄격한 검증을 통과한 '소거법의 생존자(Survivor of Elimination)'라는 사실이다. 마지막으로 연구진은 통계학의 가장 날카로운 칼을 꺼내 들었다. '다변량 회귀 분석(Multivariate Regression Analysis)'을 통해 가상의 실험을 감행한 것이다. 이것은 마치 정밀한 여과 장치와 같다. 데이터에서 '흡연'이라는 변수를 걸러내고, '비만'을 제거하고, '소득 격차'와 '대기 오염'이라는 변수까지 낱낱이 발라내 보았다. 만약 열이 주된 원인이 아니라면, 이 독한 변수들을 제거했을 때 열과 노화의 연결고리도 함께 끊어져야 마땅하다.

하지만 연구진이 1965년 이후 출생자들의 데이터에서 개인적, 사회적 요인을 모두 통계적으로 제거했음에도 불구하고, 가속 노화의 상승 추세는 끈질기게 살아남았다[59]. 이 사라지지 않는 '잔여 위험(Residual Risk)'은 도대체 무엇을 의미하는가? 우리가 알고 있는 모든 개인적 요인을 다 설명하고도 남는, 거대한 환경적 요인이 여전히 우리 세포를 늙게 만들고 있다는 뜻이다. 그리고 이 텅 빈 남겨진 공간에 **'기온 상승'이라는 변수를 대입했을 때, 비로소 설명되지 않던 수수**

2022년 6월 8일, 스페인 세비야 중심가의 교차로에서 39도의 폭염을 나타내고 있는 디지털 광고판. ©Getty Images

께끼의 오차 범위가 완벽하게 채워졌다[60].

◆ 증언대에 선 두 개의 결정적 증거

이제 우리는 전체 퍼즐의 마지막 조각들을 맞춰 볼 차례다. 앞서 우리가 치밀하게 분석했던 그림 1의 생물학적 노화 그래프와, 그림 2의 기후 변화 그래프를 나란히 책상 위에 펼쳐 놓아 보자.

서로 다른 목적, 서로 다른 데이터를 가지고 그려진 두 개의 도표다. 하지만 이 둘을 포개어 보는 순간, 등골이 서늘해지는 기시감을 느끼게 된다.

먼저 1900년대 초중반을 보자. 두 그래프 모두 비교적 평온한 수평선을 그린다. 그림 2에서 대기 중 이산화탄소 농도는 300~310ppm 수준에서 완만하게 상승하는 형태였고, 극한 고온 발생 빈도 역시 연간 5~7일의 자연적 수준에 머물렀다. 마치 약속이나 한 듯, 그림 1의 인류 생물학적 노화 격차 또한 이 시기에는 '0'에 가까운 평형 상태를 유지했다. 그러나 1950년대라는 시간의 문턱을 넘어서는 순간, 두 그래프는 동시에 요동치기 시작한다.

'대가속(Great Acceleration)'이 시작된 1950년대부터 그림 2의 화석 연료 소비 급증으로 이산화탄소 농도와 극한 고온 빈도가 완만하지만 지속적인 상승 곡선을 그리기 시작했다. 그리고 놀랍게도 바로 그 시점부터 그림 1에 나타난 인류의 생물학적 노화 속도 또한 붉은 추세선을 그리며 함께 치솟기 시작한다. 1960년대 중반을 거치며 두 그래프 모두 가속도가 더욱 뚜렷해진다. 따로 떨어져 있던 두 개의 그래프가, 마치 하나의 거대한 오케스트라처럼 같은 박자에 맞춰 움직이고 있는 것이다.

대기 중 이산화탄소가 증가하면서(그림 2의 푸른색 실선) 지구는 더 많은 에너지를 가두기 시작했다. 그 에너지는 극한 고온 일수의 폭발적 증가(그림 2 붉은색 점선)로 나타났다. 그리고 그 열기는 다시 우리 세포 속 미토콘드리아를 과열시키며 노화를 가속화했다(그림 1).

서로 무관해 보였던 데이터들이 사실은 하나의 거대한 인과 사슬로 연결돼 있었던 것이다. 그리고 그 사슬의 시작점은 1950년대, 인류가 '대가속'의 문턱을 넘어서고 대기 중 이산화탄소가 임계적 증가 국면에 진입하며, 인류의 몸이 비명을 지르기 시작한 바로 그 시기다.

이제 결론은 명확하다. 두 그림 사이의 완벽한 시간적 일치(Synchronization), 뚜렷한 용량-반응 관계, 그리고 소거법을 통한 검증이 하나로 합쳐지는 순간, 이것은 더 이상 단순한 '상관관계'의 영역이 아니다. 이것은 통계적으로 입증된 '인과적 개연성(Causal Probability)'이다.

우리가 앞서 정의했던 인과 관계의 철칙을 상기해 보자. 통계적 분석 결과, 열이라는 조건이 주어졌을 때 노화가 가속될 확률은, 열이 배제됐을 때보다 유의미하게 높게 나타났다. 다른 모든 용의자가 배제된 상황에서, 그림 1과 그림 2가 보여 주는 이 소름 돋는 일치는 1965년의 대기 변화가 2024년의 세포를 늙게 만든 유력한 주범임을 강력하게 지목하고 있다.

통계적 심문은 끝났다. 하지만 과학의 법정에서 '최종 유죄'를 선고하기 위해서는, 통계 수치를 넘어선 마지막 '스모킹 건(Smoking Gun)'이 제출돼야 한다.

범인이 '구체적으로 어떤 흉기를 써서, 어떤 생화학적 경로를 통해' 우리 몸의 견고한 방어막을 뚫고 세포를 망가뜨렸는지, 그 범행 수법(Mechanism)을 현장에서 입증해야 한다. 이제 현미경을 들고, 뜨거워진 공기를 들이마신 세포 안에서 벌어지는 긴박한 '비상사태'의 현장으로 들어가 보자.

◆ 세포라는 공장의 '비상사태'

통계가 범인을 지목했다면, 이제는 '범행 수법'을 밝혀낼 차례다. 도대체 열은 우리 몸속 깊은 곳, 세포 안에서 무슨 짓을 벌이는 걸까? 단순히 땀을 좀 흘리고 불쾌해지는 수준이 아니다. 최근 분자 생물학이 밝혀낸 현장은 훨씬 더 긴박하다. 35°C 이상의 고온 환경에 노출되면, 우리 몸의 30조 개 세포들은 즉시 '전시 비상사태'를 선포한다. 그리고 이 비상사태가 선포되는 순간, 세포의 운명은 '성장과 재생'에서 '생존과 방어'로 급격히 전환된다.

열기가 세포막을 뚫고 들어오면, 가장 먼저 단백질들이 마치 뜨거운 불판 위의 오징어처럼 구조가 비틀리기 시작한다. 이때 세포핵은 즉시 사이렌을 울리며 '열충격단백질(HSP70)'이라는 긴급 복구팀을 대거 생산한다[61]. 평소보다 무려 4배나 급증하는 이 단백질들은 망가진 구조를 찾아가 다시 원래 모양으로 펴는 훌륭한 소방수 역할을 수행한다.

하지만 세상에 공짜는 없다. 이 소방수들을 고용하는 비용은 엄청나게 비싸다. 세포가 생명 활동을 영위하기 위해 사용하는 에너지 화폐, 바로 'ATP(아데노신 삼인산)' 분자가 급격히 소모된다. 평소라면 이 ATP 분자는 DNA의 작은 오류를 수선하고, 새로운 세포를 만들고, 면역력을 유지하는 데 쓰여야 한다. 하지만 열 스트레스 상황에서는 가용할 수 있는 ATP 분자의 막대한 양이 '긴급 복구팀'을 만

35℃ 이상의 고온 환경에 노출되면, 우리 몸의 세포들은 즉시 '전시 비상사태'를 선포한다.
©Getty Images

드는 데 전용된다. 연구에 따르면, 열 노출 1시간 만에 세포 내 ATP 농도는 23%나 급감한다[62]. 에너지 화폐가 바닥나는 것이다. 결국 세포는 평소에 하던 'DNA 유지 보수' 업무를 중단할 수밖에 없다. 매일 쌓이는 미세한 손상들이 수리되지 못하고 방치되기 시작한다.

설상가상으로 ATP를 합성해 내는 발전소인 미토콘드리아 자체도 과열된다. 무리하게 돌아가는 공장 굴뚝에서 매연이 뿜어져 나오듯, 과열된 미토콘드리아는 전자 전달계가 불안정해지면서 '활성 산소 (ROS)'라는 독성 물질을 뿜어낸다[63]. 평소보다 3배 가까이 폭증한 이 활성 산소는 세포 내부를 제멋대로 돌아다니며 가장 소중한 자산인 DNA를 직접 공격하고 상처를 입힌다.

만약 이 사이렌이 한 번 울리고 그치는 일회성 경보라면, 우리 몸은 곧 평화를 되찾을 것이다. 비상사태가 해제되고, 복구팀이 투입되어 도시를 재건할 테니까. 하지만 기록적인 폭염이 매년 여름마다 반복되는 세상에서 우리 몸은 '경보 해제' 신호를 듣지 못한다. 세포들은 영구적인 전시 체제에 갇혀 버린다. 이것이 바로 '만성 염증 (Chronic Inflammation)'의 시작이다.

염증이 '끝나지 않는다'는 것은 재앙이다. 계속해서 염증성 사이토카인이 분비되고, 면역 세포들은 24시간 내내 활성 상태로 대기한다. 이 만성적인 염증 물질들은 혈액을 타고 전신을 순환하면서 멀리 떨어진 조직들까지 무차별적으로 공격하기 시작한다. 혈관 내피 세포를 손상시켜 동맥 경화를 촉진하고, 인슐린 저항성을 유발해 당뇨병 위험을 높이며, 뇌의 미세아교세포(microglia)를 자극해 신경 염증을 일으킨다.

가장 심각한 결과는 암이다. 만성 염증 환경은 암세포가 탄생하고 자라기에 더할 나위 없이 완벽한 조건을 제공한다. 염증 신호는 세포들에게 "상처가 났으니 빨리 분열해서 메우라"며 끊임없이 세포 증식을 자극한다. 반면 에너지가 고갈된 탓에 오류가 난 유전자를 고치는 DNA 복구 시스템은 억제되어 있다. 결정적으로 손상된 세포가 스스로 죽어 없어져야 하는 '세포 자살(apoptosis)' 메커니즘마저 약화된다. 고장 난 세포가 제거되지 않고 계속 분열하면, 그것이 곧 암이 된다. 젊은 세대의 조기 발병 암이 79%나 급증한 미스터리의 해답이 바로 이 병리학적 사슬에 있다. 그들의 세포는 태어날 때부터 더운 환경 속에서 염증이라는 비료를 먹고 자란 셈이다.

이 모든 혼란의 결과는 결국 우리 몸의 설계도인 DNA에 지울 수 없는 기록을 남긴다. 이것이 바로 '후생유전학적 각인(Epigenetic

Imprinting)'이다. 계속되는 비상사태 속에서 세포는 생존을 위해 유전자 스위치를 조작(메틸화)하고, 열이 사라진 뒤에도 이 바뀐 스위치는 원상 복구되지 않은 채 굳어 버린다.

결국 우리가 말하는 '생물학적 노화 가속화'란, 단순히 피부에 주름이 좀 더 빨리 생긴다는 뜻이 아니다. 그것은 세포 내 ATP 분자가 고갈됐고, 수리 시스템은 파업했으며, 온몸에 염증이라는 독이 퍼져 있다는 뜻이다. 1990년대생이 부모 세대보다 '생물학적으로 4년 더 늙었다'는 말은, 그들이 40세에 이미 44세의 망가진 혈관과 44세의 손상된 DNA를 가지고 있다는 냉혹한 진단이다. **질병은 달력 나이가 아니라, 바로 이 망가진 세포의 나이를 보고 찾아온다.** 이것이 바로 1965년의 이산화탄소가 2024년의 병실로 보낸, 피할 수 없는 청구서의 실체다.

426.9ppm의 세계에서 산다는 것

2024년 5월, 하와이 마우나로아 관측소의 계기판이 가리킨 숫자, 426.9ppm. 이 숫자를 어떻게 이해해야 할까? 단순히 산업 혁명 이전보다 50% 정도 늘었다는 추상적인 통계로 넘길 일이 아니다. 이것은 우리 머리 위 대기권에 갇혀 있는 물리적 실체이며, 우리 피부에 와닿는 에너지의 총량이다.

15장에서 우리는 이산화탄소 농도가 산업 혁명 이전(280ppm)의 두 배인 560ppm에 도달할 때의 복사 강제력이 3.7W/m²임을 확인했다. 그렇다면 현재 426.9ppm에서는 얼마나 될까? 복잡한 수식은 잠시 접어 두고 그 결과값만 확인해 보면, 현재 지구 표면 1제곱미터당 2.26와트(W/m²)의 추가 에너지가 매 순간 축적되고 있다[64].

"고작 면적당 2와트?"라고 반문할지도 모른다. 꼬마전구 하나 켤까 말까 한 에너지처럼 보이기 때문이다. 하지만 이 미미해 보이는 에너지가 지구 전체 면적에 365일 24시간 내내 쉬지 않고 쌓인다면 이야기는 달라진다. NASA의 제임스 핸슨(James Hansen) 박사는 2012년 TED 강연에서 이 에너지의 총량을 다음과 같이 구체화했다[65].

"지구 전체로 합산하면 그 에너지는 엄청납니다. 매일 40만 개의 히로시마 원자 폭탄이 폭발하는 것과 맞먹는 에너지입니다. 365일 내내, 매일 말입니다."

초 단위로 환산하자면, 똑딱하는 매 1초마다 지금 어딘가에서 원자 폭탄 4~5개가 터지고 있는 셈이다. 먼 미래가 아니라 지금 현재 그렇다는 이야기다. 그리고 이 막대한 에너지는 대부분(93%) 바다로 흡수되고, 나머지는 빙하를 녹이거나 대기를 데운다. 그 결과 인류가 맞이한 성적표는 처참하기만 하다. 장기적인 기후 평균 기온은 이미 산업 혁명 이전 대비 1.2℃ 상승하며 지구의 기초 체온을 바꿔 놓았다. 최근에는 임계점인 1.5℃에 육박하는 1.48℃라는 사상 초유의 연간 기록까지 나타나고 있다.

평균의 함정: 1도가 오르면 재난은 몇 배가 될까?

평균 기온 1도 혹은 1.2도 상승이 별것 아닌 것처럼 느껴질 수 있다. '오늘 30도나 31도나 그게 그거 아닌가?' 하지만 통계학의 '정규 분포’ 이론을 대입해 보면 상황은 전혀 다르다.

기온과 같은 자연 현상은 대부분 평균을 중심으로 종 모양의 그래프(정규 분포)를 그리는데, 그래프의 중심(평균)이 오른쪽으로 아주 조금만 이동해도, 양쪽 끝에 있는 ‘극한값(Extreme Events)’의 빈도는 기하급수적으로 폭증한다. 통계적으로 계산해 보면, 평균 기온이 $1°C$ 오를 때 $35°C$ 이상의 폭염 발생 빈도는 약 2배로 늘어나지만, $2°C$가 오르면 그 빈도는 4배 이상 급증한다.

이것은 단순한 이론이 아니다. 실제 관측 데이터가 이를 증명한다. 지구 평균 기온이 약 $0.9°C$ 오르는 동안, 실제로 관측된 극한 고온 일수는 2.5배(7.5일 → 18.5일) 증가했다. 수학적 계산과 현실의 재난이 정확히 일치하는 것이다.

이 변화를 한 사람의 인생에 대입해 보자. 1950년에 태어난 사람은 30세가 될 때까지 평생 약 225일 정도의 극한 고온을 겪었다. 반면 1990년에 태어난 사람은 같은 나이까지 약 420일을 겪었다. 거의 1.9배다. 2010년생, 2020년생이 겪어야 할 미래는 굳이 계산기를 두드리지 않아도 명백하다.

질병원의 누적 효과

이 누적된 열 노출의 기록은 우리 몸속 세포에 고스란히 새겨진다. 앞서 살펴보았듯, 반복된 열 스트레스는 DNA 메틸화 패턴을 바꿔 생체 시계를 빠르게 돌린다. 연구들에 따르면, **최근 세대일수록 누적 열 노출이 많고, 동시에 생물학적 노화가 가속화돼 있다는 사실이 확인**된다.

이 '가속화된 노화'는 건강에 어떤 영향을 미칠까? 레빈(Levine) 박사의 대규모 역학 연구에 따르면, 생물학적 나이가 1년 늙을 때마다 암 발생 위험은 약 9%, 심혈관 질환 위험은 약 11%씩 기하급수적으로 증가한다.

이 위험은 단순히 더해지는 것이 아니다. 해가 거듭될수록 '기하급수적(Geometric)'으로 폭증한다. 우리가 앞서 확인한 1990년대생의 '4년 가속 노화'가 치명적인 이유가 바로 여기에 있다. 이 '4년'은 단순한 시간의 차이가 아니다. '왜 젊은 층의 암 발병률이 79%나 폭증했는가?'라는 미스터리를 푸는 결정적 단서다. **생물학적으로 4년이 늙었다는 것은, 레빈의 계산에 따르면 세포 차원에서 이미 질병 방어벽이 38% 가까이 무너져 있다는 뜻**과 같기 때문이다. 티안이 발견한 '위험도의 증가'와 레빈이 경고한 '나이의 가속'이 정확히 하나의 지점을 가리키고 있는 것이다.

물론 암 발병에는 환경 호르몬이나 식습관 같은 다른 요인들도 작용한다. 하지만 젊은 세대의 몸속에서 '가속 노화'라는 생물학적 엔진이 굉음을 내며 과열되고 있다는 사실이야말로 이 모든 현상의 기저에 자리 잡은 가장 강력한 원동력임은 부인할 수 없다.

계급화되는 노화

이 생물학적 청구서는 모두에게 공평하게 발부되지 않는다. 2024년 한국의 7개 주요 도시에서 수행된 대규모 연구가 이 불평등의 규모를 정량화했다. 2011~2022년 건강 보험 빅 데이터를 분석한 결과,

폭염 시 열 관련 질환으로 응급실에 입원할 상대 위험도(relative risk)가 집단마다 크게 달랐다. 장애인은 5.075배(95% 신뢰 구간: 4.476-5.674), 노인은 4.457배(3.748-5.166), 저소득층은 3.909배(3.004-4.813), 야외 노동자는 4.052배(2.940-5.164)였다[66]. 같은 폭염에 노출돼도, 장애인은 비장애인보다 5배 이상 높은 건강 위험에 직면한다는 것이다.

직업별로 보면 격차는 더 명확했다. 2017년 한국 근로 조건 조사(Korean Working Conditions Survey)를 분석한 연구는 고온에 노출되는 야외 노동자 4,915명의 특성을 추적했다[67]. 그들 대부분은 남성이고, 고령이며, 저학력 일용직 노동자였다. 주로 농림어업과 건설업에 종사했다. 그리고 그들 중 40~50%가 근골격계 통증과 전반적 피로를 호소했다. 고온 노출이 증가할수록 청력 문제, 피부 문제, 요통, 상하지 근육통, 두통, 시력 저하, 부상, 우울증, 전반적 피로의 위험이 모두 증가했다[68].

브라질에서는 더 큰 규모의 연구가 이뤄졌다. 2020년 연구진은 브라질 1,814개 도시의 입원 기록을 분석했다. 기온이 5°C 오를 때마다 열 관련 입원 위험이 소득 수준에 따라 달랐다. 저소득 도시에서는 허혈성 심장 질환 입원이 5.6% 증가한 반면(p=0.060), 고소득 도시에서는 0.5% 증가에 그쳤다(p=0.717). 천식은 저소득 도시에서 3.7% 증가(p=0.031)했고, 고소득 도시에서는 오히려 6.4% 감소(-6.4%, p=0.041)했다. 폐렴은 저소득 도시에서 8.0% 증가했고, 고소득 도시에선 3.8% 증가했다. 신장 질환은 저소득 도시 9.6% 증가, 고소득 도시 4.9% 증가했다. 정신 건강 질환은 저소득 도시 17.2% 증가, 고소득 도시에서는 5.5% 증가했다. 같은 5°C 상승이 저소득층에게는 2~3배 더 큰 건강 피해를 일으킨다[69]. 열 노출은 누적된 불평등의 표현

고온에 따른 생물학적 노화 속도는 직업군에 따라 다르다. 한여름 더위에 그대로 노출되는 배달 노동자는 훨씬 더 빠르다. ©Getty Images

이며, 생물학적 노화는 계급화되고 있다.

소득이 열 노출을 결정하고, 열 노출이 건강 피해를 일으키며, 건강 피해는 다시 경제적 능력을 약화시킨다. 악순환이다. 그리고 기후 변화는 이 악순환을 가속화하고 있다[70].

만성 질병의 조기 도래

조기 발병 암만이 문제가 아니었다. 전통적으로 '노인병'으로 분류되던 질병들이 점점 더 젊은 나이에 나타나기 시작했다. 전 세계 주요 건강 데이터베이스(WHO, GBD Study 등)의 수치들을 모아 비교해 보면, 충격적인 패턴이 드러난다. 2형 당뇨는 1990년 50세 미만 유병률이 1.8%였는데, 2019년에는 3.9%로 117% 증가했다[71]. 고혈압은 4.2%에서 8.1%로 93% 증가. 심혈관 질환은 2.1%에서 4.3%로 105% 증가. 자가 면역 질환은 3.5%에서 6.8%로 94% 증가. 신부전은 0.3%에서 0.7%로 133% 증가했다.

이 질병들의 공통점은 무엇인가? 모두 만성 염증과 깊은 관련이 있다. 2형 당뇨는 만성 염증이 인슐린 저항성을 유발한다. 염증성 사이토카인이 인슐린 수용체의 신호 전달을 방해한다. 고혈압은 만성 염증이 혈관 내피를 손상시키고 혈관 확장 기능을 저하시킨다. 심혈

조기 발병 만성 질환 급증 (1990년 vs 2019년)

지난 30년간 젊은 층에서 신부전(+133%), 2형 당뇨(+117%), 심혈관 질환(+105%) 등 주요 만성 질환이 폭발적으로 증가했다. 이는 환경적 열 스트레스로 인한 가속 노화가 대사 및 면역 시스템의 붕괴 시점을 앞당기고 있음을 강력히 시사한다.
[데이터 출처: WHO 및 Global Burden of Disease (GBD) 2019 Study]

관 질환은 만성 염증이 동맥 경화를 촉진한다. 염증 세포가 혈관벽에 지방을 쌓고, 플라크를 형성하며, 결국 플라크가 터지면 심근 경색이나 뇌졸중이 일어난다. 자가 면역 질환은 만성 염증 상태에서 면역 시스템이 과민해지고, 자기와 비자기를 구분하는 능력이 약화된다. 그리고 만성 염증의 가장 강력한 환경적 촉발 요인 중 하나가 반복적 열 스트레스라는 것이 이제 밝혀지고 있다.

이산화탄소: 21세기 인류의 새로운 질병원(Pathogen)

이제 전체 그림이 선명해진다. 이산화탄소 농도 426.9ppm(원인) → 히로시마 원자 폭탄 40만 개급 에너지의 매일 축적(물리학) → 연간 극한 고온 일수 2.5배 증가(통계학) → 세포 내 에너지 고갈 및 만성 염증(생물학) → DNA 메틸화 변형 및 노화 가속(후생유전학) → 젊은 암 환자 및 만성 질환자 폭증(역학).

이 거대한 도미노는 가설이 아니다. 물리학, 통계학, 분자생물학, 역학이 각각 독립적으로 검증하고 입증해 낸, 426.9ppm 세계의 측정된 생물학적 대가다.

이 냉정한 인과 관계의 사슬 끝에서, 우리는 이산화탄소를 바라보는 시선을 다른 차원으로 확장해야 할 시점에 서 있다. 지금까지 우리는 이 기체를 단순히 북극의 빙하를 녹이고 해수면을 높이는, 저 멀리 바깥세상의 '물리적 위협'으로만 인식해 왔다. 하지만 426.9ppm의 대기 속에서 이산화탄소의 정의는 행성 기상학을 넘어 인간 생물학의 영역으로 넓어져야 한다.

의학 교과서는 질병원(pathogen)을 세 가지로 분류한다. 바이러스, 세균, 그리고 기생충이다. 하지만 2024년 우리는 네 번째 범주를 추가해야 한다. **대기 중 이산화탄소.** 이것은 은유가 아니라 과학적 사실이다. 코로나19 바이러스는 ACE2 수용체를 통해 세포에 침투한다. 이산화탄소는 적외선 복사를 통해 대기를 가열하고, 열 스트레스를 통해 미토콘드리아를 공격한다. 결핵균은 폐를 파괴한다. 이산화탄소는 DNA 메틸화 패턴을 영구적으로 변형시킨다. 말라리아 기생충은 적혈구를 감염시킨다. 이산화탄소는 30조 개의 세포 전체를 동시에 공격한다.

차이점이 있다면 이것이다. 백신으로 막을 수 없고, 항생제로 치료할 수 없으며, 격리로 차단할 수 없다. 국경으로도 막을 수 없다. 426.9ppm의 대기를 호흡하는 순간, 당신은 이미 감염됐다. 이것은 전 지구적 만성 감염이다. 유일한 치료법은 대기 화학을 바꾸는 것이다. 북극곰을 위해서가 아니다. 당신의 세포를 위해서다.

이 장을 통해 확인했듯, 이산화탄소는 열(Heat)이라는 매개체를 통해 행성의 시간뿐만 아니라, 우리 유전자에 새겨진 시간까지 훔치는 '생물학적 노화의 배후 질병원'이다. 우리가 무심코 낭비한 전기가 만들어 낸 탄소는 대기 중에 머물며 지구를 달구고, 그 열기는 다시 부메랑이 되어 우리 몸속 미토콘드리아의 엔진을 과열시킨다. 과부하가 걸린 기계가 금방 망가지듯, 과잉 에너지가 유발한 열은 우리 생체 시계의 태엽을 억지로 빨리 감아 버리고 있는 셈이다.

그러므로 에너지를 아끼고 탄소를 줄이는 행위는 더 이상 단순한 도덕적 캠페인이나 지구를 위한 희생이 아니다. 그것은 거칠게 가속하기 시작한 나의 노화 시계를 다시 '정상 속도'로 되돌려 놓으려는 노력이다. 또한 내 몸의 무너지는 질서를 지탱하고, 더 이상의 악화를 방지하기 위한 가장 지능적이고 이기적인 생존 전략이다.

북극곰이 아니라 인류가 멸종할 수 있다

수십 년 동안 우리는 기후 변화를 북극곰의 문제로, 빙하의 문제로, 먼 섬나라의 문제로, 우리 손주 세대의 문제로 생각해 왔다. 단순히 환경의 문제였고, 윤리적 문제였고, 미래의 문제였다. 그러나 이것은 지금 당장, 당신의 혈관과 세포 안에서 벌어지고 있는 '급성 병리학'의 문제다. 1950년대, 대가속이 시작되고 대기 중 이산화탄소 농도가 310ppm을 넘어서며 가속 증가 국면에 진입한 그 시기부터, 인간의 생물학적 시계가 빨라지기 시작했다. 2024년 426.9ppm. 우리는 그 결과를 측정하고 있다. 50세 미만 조기 발병 암은 79.1% 증가했다. 1950년대 이후 출생자 생물학적 나이는 점진적으로 가속되고 있다. 1970년대생 약 2년, 1990년대생 약 4년으로 추정된다. 만성 질병 유병률은 90~117% 증가했다. 소득에 따른 건강 격차는 확대되고 있다. 이것은 1950년대 이후 변화한 대기 화학이 인간 DNA를 이미 재프로그래밍하고 있다는 증거다.

가장 두려운 질문이 아직 남았다. "그래서 앞으로는 어떻게 되는 것인가?" 우리는 여전히 매년 37.4기가톤의 이산화탄소를 배출하고 있고[72], 대기 중 농도는 매년 2.5ppm씩 꼬박꼬박 증가하고 있다. 이 속도라면 2030년에는 440ppm을 넘고, 2050년이면 500ppm에 육박하게 된다.

그렇다면 우리 아이들의 시계는 얼마나 빠르게 돌아갈까? 티안 연구팀의 데이터(1940~1974년생)에서 확인된 가속 노화의 추세선을 미래로 조심스럽게 연장해 보면 결과는 충격적이다. 만약 현재 추세가 계속 지속된다면, 2010년에 태어난 아이가 40세가 됐을 때 세포 나이는 약 45세(추정 5년 가속)를 가리킬 수 있다. 단지 늦게 태어났다는 이유만으로, 부모 세대보다 6~7년이나 더 빨리 늙고 병드는 운명을 짊어지게 되는 셈이다. 이것은 단순한 노화가 아니다. 우리 다음 세대의 '건강 수명' 중 가장 빛나야 할 7년이, 대기 중의 열기에 의해 증발해 버린다는 뜻이다.

물론 이것은 우리가 지금처럼 계속 배출한다는 가정 하의 예측일 뿐, 결정된 미래는 아니다. 하지만 분명한 것은, 1950년대 310ppm 선을 넘으며 시작된 대가속이 426.9ppm에 이르러 이미 위태로운 수준에 도달했다는 사실이다.

하지만 이것은 시작일 뿐이다

현재 우리는 지구 평균 온도 상승 1.2°C라는 위태로운 지점에 서 있다. 파리 협정이 저지선으로 정한 1.5°C는 이미 눈앞에 다가왔고, 2°C도 멀지 않았다. 그런데 만약 우리가 지금 이 상황에서 아무것도 바꾸지 않는다면? 만약 화석 연료 소비가 계속되고, 삼림 파괴가 멈추지 않으며, 메탄 배출이 증가한다면? 지구 온도는 3°C, 4°C까지 상승할 것이다.

4°C가 오르면 세상은 어떻게 변할까? 2050년, 2100년의 인류는

어떤 지구에서 살게 될까? 티핑 포인트들이 도미노처럼 무너지기 시작하면, 그러니까 그린란드 빙상이 완전히 녹아 해수면이 7미터 상승하고, 아마존이 사막으로 변하고, 시베리아 영구 동토층에서 메탄이 폭발적으로 분출되면, 그때 인류 문명은 어떤 모습일까? 이것은 더 이상 과학적 호기심의 문제가 아니다. 생존의 문제다. 다음 장에서 우리는 그 미래로 들어간다. 최악의 시나리오가 현실이 됐을 때, 2050년에서 2100년 사이 인류가 마주할 세계를 들여다볼 것이다. 그것은 경고이자 동시에 선택의 문제다.

문명의 분기점이 다가오고 있다.

426.9ppm:
문명의
마지막 분기점

"Now I am become Death,
the destroyer of worlds."

"나는 이제 죽음이요,
세계의 파괴자가 됐다."

—J. 로버트 오펜하이머(J. Robert Oppenheimer),
1945년 7월 16일 트리니티 핵 실험 직후,
《바가바드 기타(Bhagavad Gita)》제11장 32절 인용

2089년 8월, 열역학이 지배하는 세계

2089년 8월, 파키스탄(Pakistan)의 라호르(Lahore) 지방. 이반 데니소비치 슈호프[*]는 42세의 남성이다[1]. 그는 한때 이 도시의 전기 기술자였다. 2078년 전력망이 최종적으로 붕괴하기 전까지 말이다. 지금 그는 물 배급소를 오가는 운반책으로 살아간다. 가족은 없다.

오전 5시 30분, 이반은 눈을 떴다. 그보다는 의식이 돌아왔다고 표현하는 편이 정확했다. 지난 8시간 동안 그는 수면과 실신 사이 어딘가에서 부유했다. 열기는 밤에도 물러가지 않고 콘크리트 벽에 스며

---

[*] 편집자 주: 알렉산드르 솔제니친의 소설 《이반 데니소비치의 하루》에서 차용한 이름이다. 소련의 노동 수용소 '굴라크'를 배경으로 한 원작의 주인공을 인용함으로써, 기후 위기로 인해 전 지구적 수용소가 돼 버린 디스토피아적 미래를 상징적으로 묘사한다.

들어 벙커 전체를 서서히 가열되는 가마로 만들었다. 온도계는 여전히 섭씨 46도를 가리키고 있었다. 전기가 끊긴 지 사흘째. 공기 중에는 먼지와 땀, 그리고 죽음의 냄새가 희미하게 배어 있었다.

이반은 상체를 일으켰다. 현기증이 일었다. 오늘의 목표는 단순하고도 절대적이었다. 2.5킬로미터 밖 물 배급소까지 걸어가서, 줄을 서고, 5리터의 물을 배급받아, 살아서 돌아오는 것. 어제는 성공했고, 그저께도 성공했다. 오늘도 성공해야 한다. 이 반복되는 행위는 생존을 위한 투쟁이라기보다 일종의 종교적 제의에 가까웠다. 5리터의 물은 그에게 신이자 우주였다.

그는 어젯밤 자신의 소변을 정수해 겨우 적신 낡은 천 조각을 집어 들었다. 머리에 두르며 천의 차가움이 아니라 무게를 느꼈다. 그것은 생명의 무게였다. 열역학의 법칙은 타협을 모른다. 주변 온도가 체온을 넘어서고 습도가 포화 상태에 이르면, 땀은 증발하지 않는다. 증발하지 않는 땀은 체온을 식히지 못하고, 인간이라는 단백질 덩어리는 내부에서부터 익어 간다[2]. 이 젖은 천 한 조각이 그 물리적 필연성을 잠시 유예시키는 유일한 방벽이었다.

계단을 올랐다. 손잡이는 쇳덩어리다. 화상을 입을 만큼 뜨거웠다. 심호흡을 했다. 폐 속으로 들어오는 공기는 산소가 아니라 끓는 물 같았다. 문을 열었다. 바깥세상은 붉은색 필터를 낀 것처럼 탁했다. 섭씨 42도의 대기는 점성을 가진 액체처럼 폐포 깊숙이 밀려 들어왔다. 기침이 터져 나왔다. 기관지 깊은 곳에서 끓어오르는, 3년 묵은 마른 기침이었다. 거리는 황량했다. 무너진 건물의 잔해 사이로 아지랑이가 피어올랐다. 길가에는 어제 쓰러진 노인의 시체가 널브러져 있었다. 아무도 치우지 않았다. 섭씨 40도가 넘는 열기 속에서 시체를 수습하는 행위는 수분과 칼로리를 치명적으로 소모하기 때문이다. 이반은 시선을 돌렸다. 죽음을 응시하는 것조차 에너지를 낭비하는 일이었다. 동정심은 사치였고, 무관심은 생존 기술이었다.

그는 걷기 시작했다. 뛰어서는 안 된다. 심박수가 분당 120회를 넘으면 체온 조절 중추가 마비될 위험이 있다. 그는 철저히 계산된 느림으로, 마치 관절 하나하나를 의식하듯 발을 옮겼다. 그의 생존은 존엄이나 희망의 문제가 아니었다. 그것은 단지 5리터의 물과 자신의 체온을 교환하는, 우주에서 가장 냉혹하고 정직한 거래였다. 저 멀리 배급소 앞에 늘어선 줄이 보였다. 이미 수백 명의 사람들이 흙먼지를 뒤집어쓴 채 웅크리고 있었다. 그들의 눈에는 초점이 없었다. 그저 기다릴 뿐이었다. 이반이 겪고 있는 이 지옥은 천재지변이 아니었다. 그것은 정확히 200년 전, 인류가 '성장'이라는 이름으로 선택했던 경로의 예정된 종착지였다[3].

문명은 시간의 방향을 거스른다

이반이 마주한 지옥은 단순히 정치적 실패의 결과가 아니다. 그것은 우리가 자연의 시간을 거스른 대가, 즉 피할 수 없는 '열역학적 필연'이다. 우리는 현재 해결이 불가능하도록 설계된 문명 속에 갇혀 있다. 이 불가능성의 구조를 파헤치기 위해서는 19세기 물리학의 세계로 돌아가야 봐야 한다.

자연이 수천만 년에 걸쳐 땅속에 묻어 둔 것을 인류는 불과 수백년 만에 하늘로 쏟아 냈다. 이것은 단순한 자원 약탈이 아니다. 물리적인 시간의 방향 그 자체를 뒤집어 버린 사건이었다.

생각해 보자. 뜨거운 커피는 저절로 식지만, 식어 버린 커피가 끓어오르는 일은 절대 일어나지 않는다. 왜 그럴까? 19세기 물리학자 루돌프 클라우지우스(Rudolf Clausius, 1822~1888)가 발견한 열역학 제2법칙이 그 답을 준다. 우주의 모든 것은 엔트로피, 즉 '무질서도'가 증가하는 방향으로만 흐른다. 질서에서 무질서로, 집중에서 확산으로, 뜨거움에서 차가움으로 이동하는 것. 이것이 바로 거스를 수 없는 '시간의 화살'이다[4].

3억 6000만 년 전 석탄기, 지구는 거대한 양치류 숲으로 뒤덮여 있었다. 나무들은 광합성을 통해 대기 중의 이산화탄소를 부지런히 빨아들였다. 흥미로운 점은 당시에는 식물의 단단한 성분인 리그닌을 분해할 미생물이 아직 없었다는 것이다. 덕분에 죽은 식물들은 썩어도 분해되지 않고 늪지대에 그대로 쌓였다. 장장 6000만 년에 걸쳐 퇴적물이 쌓이고, 엄청난 압력과 열이 가해지자, 이 식물들은 검은 돌, 바로 석탄으로 변했다[5]. 자연은 수천만 년의 시간을 들여 대기 중에 흩어져 있던 무질서(이산화탄소 기체)를 땅속의 질서(고체 석탄)로 꾹꾹 눌러 담았다. 지구라는 작은 행성 안에서 엔트로피를 감소시키는, 기적 같은 '봉인'이 일어난 것이다.

1769년 제임스 와트가 증기 기관을 완성하면서 인류는 그 봉인을 열어 버렸다. 석탄을 태우는 화학 반응은 단순하다. 탄소가 산소와 만나 에너지를 쏟아 내며 다시 이산화탄소가 된다. 즉 땅속의 질서(석탄)가 대기 중의 무질서(이산화탄소 기체+열)로 변하며 엔트로피가 급증한다. 이는 열역학적으로 매우 자연스러운 흐름이다.

문제는 '속도'에 있었다. 자연이 수천만 년에 걸쳐 땅속에 묻은 것을, 인류는 고작 200년 만에 다시 하늘로 쏟아부었다. 그 속도 차이는 무려 3,500배에 달한다. 이는 단순히 빠른 게 아니라, 시간이 흐르는 속도를 폭력적으로 역행시킨 '시간 전쟁'에 가까웠다.

그 결과, 산업 혁명 이전 280ppm이었던 대기 중 이산화탄소 농도는 2024년 현재 426.9ppm까지 치솟았다. 증가분 147ppm, 약 1조 1,000억 톤의 탄소가 땅속에서 대기로 귀환했다[6]. 이 탄소들은 원래 대기에 있었던 것이지만, 수억 년 전 식물들이 힘들게 잡아 뒀던 것들이다. 그러나 그것이 너무나 짧은 순간에 한꺼번에 풀려났고, 지구 시스템은 이 충격적인 속도를 감당하지 못하고 있다. 426.9라는 숫자는 우리가 이 시간 전쟁에서 패배하고 있다는 증거다.

더 심각한 문제는 이제 '순환'이 끝났다는 점이다. 과거 로마 제국이 멸망했을 때는 숲이 되돌아왔다. 그러나 지금은 현대의 산업 문명이 끝장난다고 해서 이산화탄소가 다시 땅으로 돌아가지는 않는다. 우리는 이제 '순환의 세계'를 떠나 '일방통행의 세계'로 진입했다.

기원후 476년 서로마 제국이 무너진 후, 역설적이게도 파괴됐던 숲은 다시 울창해졌다. 5세기부터 10세기 사이 유럽 곳곳에서 숲이 살아나면서 대기 중 이산화탄소 농도가 오히려 감소했다는 사실이 남극 빙하 코어 분석을 통해 밝혀졌다[7]. 나무가 내뿜는 이산화탄소는 새로운 나무가 자라면서 다시 흡수할 수 있었다. 500년의 시간이 걸렸지만, 회복이 가능한 가역의 시대였다.

1850년 이후는 질적으로 완전히 다른 시대가 됐다. 인류는 더 이상 나무만을 태우지 않았다. 땅속 깊은 곳, 수억 년 전 지질 시대에 묻힌 화석 연료를 깨웠다. 로마가 태운 것은 지표면의 탄소(Fast Carbon)였지만, 산업 혁명은 지하 깊은 곳의 탄소(Slow Carbon)를 깨웠다. 순환의 고리 그 자체가 다른 것이다. 석탄이 이산화탄소가 됐지만, 그 이산화탄소가 다시 석탄이 되려면 수천만 년이 걸린다. 이것은 순환이라기보다는 단절이다.

열역학이 왜 이것을 되돌릴 수 없는지 증명한다. 석탄 1톤을 태우면 약 3.67톤의 이산화탄소와 8,000kWh의 에너지가 나온다[8]. 반대로 이산화탄소를 다시 석탄으로 되돌리려면 최소한 같은 양의 에너지를 투입해야 한다. 에너지 손실까지 고려하면 2~3배가 필요하니, 이는 밑 빠진 독에 물 붓기, 즉 완벽한 마이너스 섬(minus sum) 게임이다.

자연이 스스로 치유하는 속도 또한 너무 느리다. 식물이 나무가 되는 데는 수십 년, 바위가 풍화돼 탄소를 고정하는 데는 수백만 년, 퇴적물이 다시 석탄이 되는 데는 수천만 년이 걸린다[9]. 우리가 200년 만에 저지른 일을 자연이 다시 수습하려면 수백만 년, 인간 기준으로는 영겁의 시간이 필요하다.

와트의 증기 기관은 단순한 기술 발명품이 아니었다. 그것은 돌아올 수 없는 '비가역성의 시대'를 여는 문이었다. 로마가 무너진 뒤 숲이 돌아왔듯이, 산업 문명이 무너지면 이산화탄소가 줄어들 것이라 기대할 수 있을까? 안타깝게도 그렇지 않다. 426.9ppm의 이산화탄소는 수천 년 동안 대기에 머물 것이다. 이것이 우리가 마주한 냉혹한 비가역의 현실이다.

그리고 이 되돌릴 수 없는 물리 법칙이 가리키는 종착지, 바로 그곳에 우리가 서두에서 목격했던 사내, '이반 데니소비치 슈호프'가 서 있다.

할인된 미래의 대가

2089년 라호르의 이반이 경험하는 지옥은 추상적인 미래가 아니다. 그것은 426.9ppm이라는 현재의 숫자가 예고하는 구체적 실재다. 우리는 지금 미래를 담보로 현재를 구입하고 있다. 이 거래의 본질을 이해하려면, 지금 지구가 어디에 서 있는지를 제대로 직시해야 한다.

현재 지구 평균 기온은 산업 혁명 이전보다 $1.2\degree C$ 높다[10]. 섭씨 1.2도는 겨울 외투 하나 벗을 정도의 차이처럼 들린다. 하지만 이 미미해 보이는 온도 상승이 지구 시스템에 주입하는 에너지는 실로 막대하다. 전 세계 인류가 하루 종일 소비하는 에너지의 약 27배를 매일 바다에 쏟아붓는 것과 같은 열량이다[11]. 그러니 빙하가 녹고, 해류가 느려지고, 제트 기류가 요동치는 현상이 기이하지 않다. 물리적 필연이다.

지금 우리 앞에는 두 갈래 길이 놓여 있다. 첫 번째는 통제된 고통의 길이다. 2050년까지 탄소 중립을 달성하여 2100년에는 이산화탄소 농도를 450ppm에서 안정시킨다. 물론 이 길을 택하더라도 고통은 피할 수 없다. 기온은 2도가 오르고 해수면은 50센티미터 상승하며, 약 10억 명이 삶의 터전을 잃게 될 것이다. 하지만 적어도 문명의 뼈대는 유지될 것이다. 도서관이 남고, 대학이 남고, 법정이 남는다.

문제는 시간이다. 이 경로를 위한 '탄소 예산'은 500기가톤(Gt)이다. 2023년 현재, 인류의 연간 배출량은 37기가톤에 달한다. 그 당시를 기준으로 우리에게는 단 13.5년의 시한만이 남아 있다. 2037년이면 지구 기온 1.5도 상승을 막을 수 있는 안전지대의 창문이 닫힌다[12]. 이것은 단순한 마감 시한 그 이상이다. 이 시점이 지나는 순간, 우리가 배출하는 모든 탄소는 지구의 회복 탄력성을 영구적으로 파괴하는 빚이 될 것이다. 되돌아올 수 있는 다리가 끊기고, 기후는 통제 불가능한 가속 구간으로 진입한다. 불행히도 이 계산은 물리적 관성과 피드백 루프를 과소평가한 수치였다. 이 글을 탈고하는 **2026년 1월,《네이처》는 2024년 지구 기온이 이미 산업화 이전 대비 1.55도 상승했다고 보고했다. 이론상 2037년에 닫혀야 했을 창문은 실제로는 10년 이상 앞당겨져 이미 닫혀 버린 것이다.**

두 번째는 무제한 파국의 길이다. 현재 추세대로 질주하여 2100년 700ppm에 도달하는 시나리오다. 기온이 4도 오르면, 해수면은 2미터 이상 상승하고, 육지의 30%가 생존 불가능 지대로 변모한다. 그 결과 최대 30억 명이 목숨을 잃을지도 모른다[13]. 그런데 불행히도 2024년의 데이터는 우리가 이 두 번째 길로 전력 질주하고 있음을 보여 준다. 교토, 코펜하겐, 파리, 글래스고. 수많은 약속이 있었지만 배출량은 사상 최고치를 경신했다[14]. 우리는 브레이크를 밟는 척하면서 동시에 가속 페달을 밟고 있는 상황이다.

왜 우리는 멈추지 못하는가?

이토록 명백한 파국 앞에서도 인류가 멈칫거리는 이유, 그 기이한 현상에 대한 답은 예일대학교 경제학자 윌리엄 노드하우스(William

윌리엄 노드하우스.ⓒLinday Nobel Laureate meetings

Nordhaus)의 'DICE 모델'*에 있다. 노드하우스가 노벨상을 거머쥐었을 때, 그의 모델은 단순한 학설을 넘어 인류가 기후 위기에 대응하는 '표준 공식'이 됐다. 세계 각국 정부는 이 모델을 계산기 삼아 탄소의 가격을 매겼고 감축 속도를 조절했다. 우리가 오늘 SUV를 타고 스테이크를 썰면서도 죄책감을 유예할 수 있었던 경제적 명분 자체가 바로 이 계산기 위에서 설계됐다고 할 수 있다.

이 표준 공식은 아주 비정한 답변을 내놓는다. "인류에게 경제적

---

* DICE(Dynamic Integrated Climate-Economy)는 윌리엄 노드하우스가 개발한 기후-경제 통합 평가 모델이다. 기후 변화로 인한 '피해 비용'과 탄소 감축에 드는 '경제적 비용'을 비교해 총비용이 최소화되는 지점을 찾는다. 그러나 미래의 가치를 현재 시점으로 환산하는 '할인율'을 적용함으로써, 미래 세대가 겪을 실존적 위협보다 현재 세대의 경제적 손실을 더 무겁게 취급한다는 비판을 받는다.

으로 가장 '최적(optimal)'인 지구 온도 상승폭은 3.5°C다[15]." 잠깐, 여기서 오해하지 말아야 한다. 이 '최적'이라는 말은 3.5도까지 오를 수밖에 없다는 비관적 '예측'이 아니다. 3.5도까지는 온도가 오르게 내버려 두는 것이 당장 인류에게 돈이 덜 든다는 경제적 '권장 수치'를 말하는 것이다. 도대체 3.5도라는 파국이 어떻게 '최적'이 될 수 있단 말인가?

비밀은 '할인율(discount rate)'이라는 마법에 있다. 경제학의 눈으로 볼 때, '지금의 100원'과 '100년 뒤의 100원'은 그 가치가 다르다. 미래의 가치를 현재 기준으로 환산하면 그 크기는 쪼그라든다. 이것이 '할인'이다. 노드하우스는 미래의 기후 재앙 피해액에 높은 할인율을 적용했다. 그러자 50년, 100년 뒤 후손들이 겪을 끔찍한 재난 비용이 '그저 사소한 푼돈'으로 둔갑했다. 반면 지금 당장 공장을 멈추고 탄소를 줄이는 비용은 '현재의 비싼 돈'으로 계산했다. 결국 그의 계산기 위에서는 미래의 파국을 막기 위해 지금 당장 지갑을 여는 것은 '현재 세대에게는 손해 보는 장사'가 되고 만다. 돈은 우리가 내는데, 혜택은 미래의 누군가가 가져가기 때문이다.

그래서 당장은 성장을 즐기고, 대응은 최대한 미루는 것이 '경제적으로 최적'이라는 결론이 도출되는 것이다. 심지어 그는 경제 성장이 영원할 것이라고 전제하며, 미래 세대가 우리보다 훨씬 더 부유할 테니, 기후 피해를 복구할 능력도 우리보다는 더 클 것이라고 쉽게 가정해 버렸다. 그저 우리 편한 대로, 믿고 싶은 대로 그렇게 말이다.

이 수학적으로 세련된 도구를 인간의 생명에 적용하면 결과는 끔찍하다. 결국 2089년 태어날 아이의 생명 따위는 현재의 GDP 1% 하락보다 더 낮은 경제적 가치로 평가된다. 우리가 앞서 목격한

2089년 라호르에서 이반이 겪을 46도의 지옥은, 2024년 서울의 주식 시장 하락보다 가치 없는 것으로 '할인'된다.

노드하우스는 이것을 '최적화'라고 불렀다. 하지만 정확한 이름은 '세대 간 약탈의 수학적 정당화'에 불과하다. 우리는 미래 세대의 생존권을 담보로 대출을 받았다. 그리고 그 돈으로 SUV를 샀고, 에어컨을 틀었고, 스테이크를 먹었다. 계약서의 작은 글씨에는 이렇게 적혀 있었다.

"이 대출의 상환은 당신의 손자가 담당합니다. 상환 방식은 그의 생명줄입니다."

이성의 낙관은 거짓이다: 기후 죄수의 딜레마

그렇다면 여기서 근본적인 의문이 생긴다. 인류가 스스로를 '이성적 존재'라 자부하며 합리적으로 행동해 왔다면, 도대체 왜 이런 참담한 결과에 도달했을까?

1992년부터 2024년까지의 역사는 이 질문에 대한 거대한 실험장이었다. 그리고 결과는 '집단적 합리성의 실패'를 적나라하게 보여준다. 우리의 발목을 잡은 것은 단순한 탐욕뿐만이 아니었다. 우리가 믿어 의심치 않았던 국가 간의 '게임 이론', 그 차가운 논리가 우리를 파국으로 몰아넣었다.

인류는 32년간 다음과 같은 실험을 했다.

질문: 인류는 집단적으로 합리적인 선택을 할 수 있는가?

대답: 32년 후 대기 중 이산화탄소 농도의 68% 급증.

결론: 인류 공통의 집단적 합리성은 작동하지 않았다.

서구 근대 문명은 '이성에 대한 낙관' 위에 세워졌다. 1784년 임마누엘 칸트(Immanuel Kant, 1724~1804)는 계몽을 "미성숙으로부터의 탈출"이라 정의하며 이성의 힘을 믿었다[16]. 1637년 르네 데카르트(René Descartes, 1596~1650)는 "나는 생각한다, 고로 존재한다"며 이성을 확실성의 토대로 삼았고[17], 1776년 애덤 스미스(Adam Smith, 1723~1790)는 개인의 합리적 이기심이 모여 '보이지 않는 손'에 의해 사회 전체의 선을 이룬다고 주장했다[18]. 19세기 존 스튜어트 밀(John Stuart Mill, 1806~1873)은 이성적 토론을 통해 진리에 도달할 수 있다고 믿었다[19]. 20세기 위르겐 하버마스(Jürgen Habermas, 1929~)는 의사소통적 합리성에 기초한 토론과 합의, 그리고 그를 통한 인류의 진보를 확신했다[20].

이들의 논리는 간명하다. "인간은 이성적 존재다. 정보가 주어지고, 토론이 가능하면, 개인은 합리적으로 판단한다. 그리고 그 합리적 판단들이 모인 집단 역시 합리적 결론에 도달할 것이다." 이것이 서구 근대 문명을 지탱해 온 믿음이었다.

현실은 달랐다. 1992년 6월 3일, 브라질 리우데자네이루. 유엔 환경 개발 회의에 세계 178개국 정상이 모였다. 과학자들은 명확하게 경고했다. 대기 중 이산화탄소가 계속 증가하면 기후 시스템이 붕괴할 것이라고 말했다. 모두가 이해했고, 동의했다. 각국 정상이 기후 변화에 관한 유엔 기본 협약에 서명했다. 그러나 그로부터 32년이 지난 2024년, 이산화탄소 배출량은 1992년 220억 톤에서 370억 톤으로 오히려 68% 폭증했다[21]. 이 기간 동안 기후 변화 협약 당사국 총회는 28회 열렸다. 교토 의정서, 코펜하겐 회의, 파리 협정을 거치며 수만 페이지의 합의문이 작성됐다. 과학자들은 더 많은 데이터를 축적했고, 기후 변화는 가설이 아니라 관측 가능한 현실이 됐다. 그럼에도 배출량은 매년 사상 최고치를 경신했다. 회의는 늘어나고, 지식은 축적되고, 합의는 반복됐지만, 배출은 멈추지 않았다. 오히려 가속했다. 도대체 무엇이 잘못된 것일까?

그 답은 1950년 수학자 존 내쉬가 증명한 '죄수의 딜레마'에 숨어 있다. 내쉬는 개별적으로는 가장 합리적인 선택이, 집단적으로는 최악의 결과를 초래할 수 있음을 수학적으로 입증했다[22]. 기후 협약은 이 죄수 딜레마의 전형이다. 각국은 '감축(비용 지불)' 또는 '배출(무임승

게임 이론의 보수 행렬(Payoff Matrix)에 근거한 기후 죄수의 딜레마 패널

		국가 B의 선택	
		감축(협력)	배출(배신)
국가 A의 선택	감축(협력)	(생존, 생존) 최선의 결과	(경제적 손실+파국, 경제적 이득+생존) A: 호구 / B: 무임승차
	배출(배신)	(경제적 이득+생존, 경제적 손실+파국) A: 무임승차 / B: 호구	(공멸, 공멸) 내쉬 균형(Nash Equilibrium) 파국적 결과

국가 A와 국가 B가 있다. 둘 다 감축하면 '생존, 생존'이다. 하지만 나만 배출하고 상대는 감축하면 나는 '경제적 이득+생존'을 얻는다(무임승차). 반대로 나만 감축하면 '경제적 손실+파국'을 맞는다. 결국 둘 다 '합리적으로' 배출을 선택하면, 결과는 '공멸, 공멸'인 내쉬 균형(Nash Equilibrium)에 도달한다.

차)’ 중 하나를 선택해야 한다. 타국이 감축하든 안 하든, 자국 입장에서는 배출을 선택하는 것이 항상 ‘더 유리한(합리적인)’ 전략이다. 따라서 모든 국가가 이 합리적 논리를 따르면, 내쉬 균형(Nash Equilibrium)은 배출-배출이다. 결과는 누구도 원치 않았던 ‘공멸’이다[23].

이것은 도덕의 결여가 아니라 구조적인 필연이다. 각국 지도자들이 악인이기 때문이 아니다. 그들은 그저 자국의 이익을 위해 합리적으로 행동했을 뿐이다. 미국은 중국의 배출을 지적했고, 중국은 미국의 역사적 책임을 따졌으며, 유럽은 경쟁력 상실을 우려했고, 개발도상국은 생존을 외쳤다. 모두 옳았고, 바로 그것이 문제였다.

더 깊은 원인은 우리 뇌의 생물학적 한계에 있다. 1992년 영국 인류학자 로빈 던바(Robin Dunbar, 1947~)는 인간의 뇌가 약 150명 규모의 사회관계를 유지하도록 진화했다는 사실을 밝혀냈다[24]. 우리 조상들은 10만 년 동안 작은 부족 단위로 살았다. 협력은 얼굴을 아는 사람들, 혈연과 호혜성이 작동하는 범위 내에서만 가능했다. 눈앞의 위협에는 즉각 반응했지만, 먼 미래의 추상적 위협은 무시하도록 진화했다.

그런데 2026년 우리 인류에게 요구되는 것은 어떠한가? 80억 명이 협력하여 국경 없는 대기를 함께 관리해야 하는 과제 앞에 서 있다. 내일의 카드값은 걱정되지만 50년 후의 멸종은 피부와 와닿지 않는다. 보이는 사자와 보이지 않는 이산화탄소는 뇌에게는 전혀 다른 종류의 위협이기 때문이다[25].

칸트는 틀렸다. 이성의 공적 사용이 진보로 이어지지 않았다. 데카르트는 틀렸다. 생각하는 개인이 모여도 생각하는 집단이 되지 않았다. 애덤 스미스는 틀렸다. 보이지 않는 손은 기후를 조절하지 못했다. 하버마스는 틀렸다. 의사소통적 합리성으로 합의에 도달해도 실행되지 않았다.

이것은 계몽의 실패가 아니다. 계몽의 전제 자체가 틀렸던 것이다. 인간은 개별적으로는 합리적일 수 있다. 하지만 80억 명이 집단적으로 합리적일 수는 없다. 우리는 그렇게 설계되지 않았다. 426.9ppm이라는 숫자는 이 '집단적 합리성'의 불가능성을 입증하는 증거다. 우리는 위험을 알았지만 멈추지 못했다. 합의했지만 이행하지 않았다.

이것은 일종의 서글픈 선언이다. **"구조적으로, 집단적 합리성은 불가능하다."**

생명의 붕괴는 조용히 온다

이성의 합리성이 작동을 멈춘 그 지점에서, 생태계의 비명 없는 붕괴가 시작된다. 대멸종은 때로 요란한 폭발이 아니라 조용한 질식으로 다가온다. 6600만 년 전 지구를 강타한 소행성이 물리적 충격으로 공룡을 멸종시켰다면, 이번에는 인류라는 종이 소행성을 대신해 지구 생태계를 서서히 질식시키고 있다. 이산화탄소 농도 700ppm, 기온 4도 상승. 이 숫자들이 생물권에 가하는 충격은 '적응'이라는 한계치를 넘어선, 생태 시스템 자체의 붕괴를 의미한다.

이 붕괴의 핵심 원인은 단순히 탄소의 양(quantity)이 많아서가 아니다. 문제는 그 **양이 늘어나는 속도, 질(quality)에 있다.** 자연은 거대한 순환 시스템이다. 식물과 바다가 이산화탄소를 흡수하고, 동물과 미생물이 다시 배출하며, 바위가 풍화되어 탄소를 가둔다. 하지만 현재 이 순환 시스템이 감당할 수 있는 처리 속도에는 명백한 한계가 있다[26].

2024년 인류는 연간 370억 톤의 이산화탄소를 쏟아 내고 있다. 자연 생태계가 안간힘을 써서 그중 절반가량인 약 180억 톤을 흡수해 주지만 역부족이다. 결국 매년 190억 톤가량의 탄소가 처리되지 못한 채 대기에 고스란히 쌓인다. 농도로 환산하면 연간 2.4ppm의 속도다. 우리는 지금 배수구가 감당할 수 있는 용량보다 두 배나 더 세게 수도꼭지를 틀어 놓고 있다.

과거 농업 혁명 이후 1만 년 동안 인류가 숲을 없애고, 농사를 지었을 때도 속도는 연 0.002~0.02ppm 수준이었다[27]. 그것은 자연의 용서 범위 안이었다. 하지만 산업 혁명 이후 200년은 다르다. 우리는 불과 200년 만에 농도를 147ppm이나 끌어올렸다. 자연의 흡수 능력을 두 배 이상 초과한 이 속도 앞에서는 회복도 재생도 불가능하다.

이 속도가 얼마나 치명적인지 과거와 비교해 보자. 빙하기가 끝나고 기온이 5도 올랐을 때 생태계는 적응했다. 하지만 그때는 1만 년이 걸렸다. 1만 년 동안 생태계는 천천히 북상했고 종들은 이주했다. 하지만 2100년의 4℃ 상승은 그보다 80배나 빠르다[28]. 숲은 달려서 이주할 수 없고, 산호초는 순식간에 끓는 물에 갇힌다. 도시와 농업 시스템을 현재 기후에 맞춰 건설한 80억 인류에게, 100배나 빠른 변화는 100배 큰 재앙이 아니라 다른 층위의 파국이다. 우리는 자연의 용서 속도를 넘어섰다. 이것이 비가역성의 물리적 근거다.

바다부터 보자. 수온이 2도만 올라도 산호초의 99%가 하얗게 백화되어 죽는다[29]. 산호는 동물도 식물도 아닌, 조류(Algae)와 공생하는

백화된 산호초. ©Getty Images

독특한 생명체다. 수온이 올라가면 조류가 떠나고 산호는 아사한다. 4도 상승의 세계에서 산호초는 더 이상 살아 있는 생태계가 아니라 박물관의 화석 표본이 된다. 동시에 바다는 대기의 이산화탄소를 흡수하며 산성화된다. pH가 0.3만 낮아져도 물고기의 후각 시스템이 교란된다[30]. 청어와 연어 같은 물고기들은 냄새로 포식자를 피하고 짝을 찾으며 산란지로 돌아간다. 산성화된 바다에서 그들은 길을 잃는다. 치어 생존율은 절반 이하로 떨어진다[31]. 먹이 사슬의 중간이 무너지면 정상 포식자인 참치, 상어, 범고래도 굶주린다. 산호초 붕괴는 단순히 풍경의 상실이 아니다. 해양 생물 종의 25%가 서식지를 잃고, 5억 명이 의존하던 단백질 공급원이 증발한다는 뜻이다[32]. 바다 생태계 전체가 도미노처럼 무너진다.

육지의 얼음도 사라진다. 그린란드와 남극 빙상이 녹으며 매년 수천억 톤의 담수가 바다로 쏟아진다. 히말라야와 안데스의 빙하는 70% 이상 소실되어 수억 명이 의존하던 계절적 물 공급원이 고갈된다[33]. 영구 동토층이 해빙되면서 수천 년간 얼어 있던 메탄과 이산화탄소가 대기로 분출된다. 인간이 배출을 멈춰도 자연 자체가 이제 온실가스를 토해 낸다[34].

육지에서는 곤충이 사라진다. 지난 반세기 동안 곤충 생물량의 75%가 이미 감소했다[35]. '4도가 올라간 세계'에서는 곤충 종의 절반이 멸종한다. 곤충 없는 세계는 지속 가능한가? 결코 그렇지 않다. 곤충의 소멸은 곧 수분의 중단이며, 이는 식물 생식의 종말이자 식량 생산 시스템의 붕괴를 의미한다.

아마존은 티핑 포인트를 넘는다. 지구의 허파라 불렸던 거대한 숲이 건조화와 화재의 악순환 속에서 사바나 초원으로 변한다. 그리고 수천 년간 저장했던 탄소를 대기로 토해 낸다[36]. 흡수원이 배출원으로 전환되는 순간, 양의 되먹임 고리는 통제 불가능해진다.

우리는 지금 6600만 년 전 공룡을 멸종시킨 소행성 충돌 이후, 가장 빠르고 거대한 대멸종을 목격하고 있다. 차이가 있다면, 그때의 원인은 우연히 날아든 10킬로미터 크기의 돌덩이였다면, 이번의 원인은 단 하나의 생물 종, 호모 사피엔스의 욕망이다[37]. 우리는 스스로에게 멸종의 소행성이 됐다.

생존 가능성으로 다시 그려지는 지도

4도 상승한 지구에서 국경은 의미가 없다. 지도는 정치가 아니라 열역학에 의해 다시 그려진다. 2100년의 세계 지도(560쪽)를 펼쳐보자. 국가의 이름은 희미해지고, 대신 붉은색, 노란색, 초록색의 세 가지 색깔만이 대륙을 뒤덮는다. 이것은 영토가 아니라 생존 가능성을 나타내는 지도다.

적도를 중심으로 한 붉은색 영역(Red Zone)은 연중 습구 온도가 35°C를 초과하여 인간이 생존할 수 없는 곳이다. 노란색 영역(Yellow Zone)은 극심한 폭염과 가뭄으로 문명 유지가 위태로운 고위험 지대다. 오직 극지방에 가까운 초록색 영역(Green Zone)만이 현재와 유사한 거주 환경을 제공한다.

붉은색 구역은 거주가 불가능한 지역이다. 습구 온도 35도를 상시 초과하는 곳이다. 인간의 체온 조절 시스템이 물리적으로 작동을 멈추는 온도다[38]. 사하라 이남 아프리카, 중동 전역, 인도 평원, 동남아

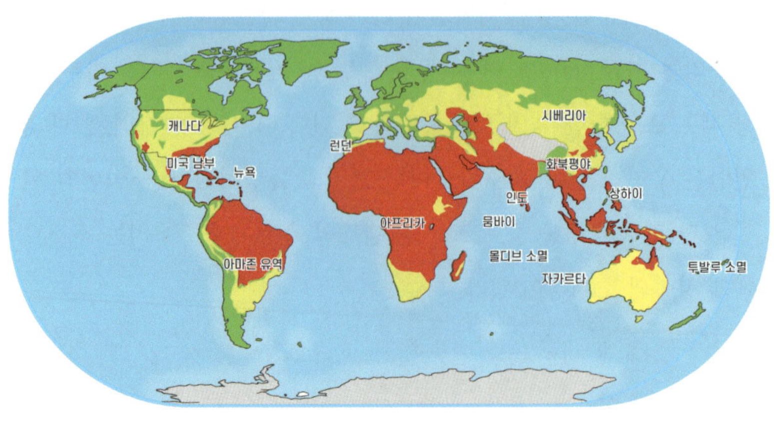

■ 붉은색 영역(Red Zone): 습구온도 35℃ 상시 초과 (거주 불가능)
■ 노란색 영역(Yellow Zone): 극심한 폭염/가뭄 (고위험)
■ 초록색 영역(Green Zone): 현재와 유사한 기후 (생존 가능)

시아 저지대, 아마존 분지가 여기에 속한다. 지구 육지의 30%, 현재 35억 명이 거주하는 이 광활한 땅이 여름마다 가스실로 변한다[39]. 바로 2089년 8월, 라호르의 이반이 5리터의 물을 찾아 헤매던 그 거리다. 인간이 살 수 없도록 설계된 행성의 표면, 이곳에서 고향은 곧 무덤과 다름없다.

노란색 구역은 문명 유지가 위태로운 고위험 지대다. 중국 화북평야, 미국 남부, 지중해, 한반도 대부분이 여기에 포함된다. 1년 내내 죽음의 땅은 아니지만 여름마다 치명적 폭염이 반복된다. 야외 노동은 불가능하고, 전력망이 붕괴하면 도시 기능이 마비된다. 육지의 20%, 25억 명이 매년 여름 생사를 걸고 주사위를 던진다.

오직 극지방에 가까운 초록색 영역만이 현재와 유사한 거주 환경을 제공한다. 북극권으로 밀려난 이 희망의 땅은 캐나다 북부, 시베리아, 스칸디나비아, 파타고니아 남단뿐이다. 한때 얼음과 동토였던 이곳만이 농사가 가능하고 숨 쉴 수 있는 기후를 유지하게 될 것이다. 하지만 이런 곳은 육지의 15%에 불과하다. 수용 가능한 인구는 기껏해야 20억 명 수준이다. 나머지 60억을 위한 공간은 지구상에 존재하지 않는다.

해안선은 육지 안쪽으로 깊숙이 후퇴한다. 해수면 2미터 상승으로 몰디브와 투발루는 지도에서 지워지고, 방글라데시 국토의 60%가 바다 밑으로 사라진다[40]. 상하이, 뉴욕, 뭄바이, 자카르타, 런던 같은 문명의 중심지들이 현대의 아틀란티스가 되어 수장된다. 10억 명의 터전이 소금물에 잠긴다[41]. 지리의 혁명은 정치의 종말을 의미한다. 민주주의도, 독재도 습구 온도 35도 앞에서는 무력하다. 법과 조약과 헌법은 열역학을 무시한다. 그리고 열역학은 그 법들을 조용히 심판한다.

20억 명의 엑소더스

이제 이주는 선택이 아닌 물리적 필연이다. 그리고 이 필연은 당연히 정치적 폭력과 충돌한다. 2050년부터 2100년 사이, 역사상 유례없는 대이주가 시작될 것이다. 침수 지역 10억 명, 열대 지역 7억 명, 가뭄 지역 3억 명. 최대 20억 명의 기후 난민이 생존을 찾아 북상한다[42]. 이것은 이주가 아니라 엑소더스(Exodus)다.

그들의 목적지는 명확하다. 캐나다, 러시아, 북유럽 등 살 수 있는 마지막 땅, 초록색 구역이다. 하지만 들어가는 문은 굳게 닫혀 있다. 캐나다와 EU는 의사, 엔지니어, 과학자 등 '유용한 인재' 각 1억 명만을 선별적으로 받아들인다. 러시아는 시베리아 개발 노동력으로 2억 명을 수용한다. 나머지 15억 명은 국경의 자동화 포탑 앞에서, 그리고 끓어오르는 지중해의 점액질 같은 수평선 위에서 거부당한다. 살 권리는 태어난 위도에 의해 결정되고, 적도 근처에서 태어났다는 이유만으로 사형이 선고된다. 그 사형 집행관은 바로 탈수와 열사병이다.

물은 석유보다 귀해진다. 나일강 상류, 에티오피아가 생존을 위해 댐을 막는다. 나일강 하류에 위치한 이집트와 수단의 강물이 40% 줄어드는 위기를 맞는다. 물이 없으면 죽는 상황에서 협상은 무의미하다. 2050년대 이집트 공군의 댐 폭격으로 나일강 전쟁이 발발한

에티오피아가 나일강 상류에 건설한 그랜드 에티오피아 르네상스 댐(Grand Ethiopian Renaissance Dam, GERD). 에티오피아는 국가 전력 공급 및 경제 성장을 위한 필수 시설로 보고 있고, 이집트는 나일강 수량 감소로 인한 국가적 생존 위기를 우려해 강력히 반대해 왔다. 수단은 댐의 안전성에 우려를 표하면서도 홍수를 조절하고 안정적인 농업 용수를 확보하며 에티오피아로부터 저렴한 전기를 수입할 수 있다는 입장을 내비치고 있다. ⒸAran Center Washinton DC

다[43]. 인더스강(Indus River)의 비극은 더 치명적이다. 히말라야 빙하는 70% 소실되고, 강물은 말라간다. 핵 보유국인 인도와 파키스탄이 서로를 겨냥한다. 2063년의 국지전은 전 세계를 핵전쟁의 공포로 몰아넣는다[44].

물의 전쟁은 인류의 마지막 전쟁이 될지도 모른다. 뒤이어 닥친 식량 붕괴는 도시를 불태운다. 2068년 여름, 이집트 빵값이 5배 폭등하고, 파키스탄에서는 밀 공급이 중단되자 배고픈 군중이 거리로 쏟아져 나온다. 계엄령이 발령되고 군경이 발포하며, 수만 명이 사망하는데, 아스팔트 위의 핏물은 겨우 빵 한 조각의 대가에 불과하다. 질병 또한 국경을 넘는다. 북위 45도까지 북상한 말라리아 모기와 난민촌의 콜레라는 의료 시스템을 붕괴시키고, 2075년에는 치명적인 전염병으로 8,000만 명이 사망한다[45]. 이것은 전쟁이 아니다. 생물권의 수용력을 초과한 종에 대한 자연의 자기 조절 과정이다. 자연은 판단하지 않고, 그저 평형을 회복할 뿐이다.

30억 명의 소멸

역사상 가장 거대한 학살의 범인은 독재자가 아니다. 바로 우리 문명의 구조 그 자체다. 2100년 세계 인구는 67억 명으로 예측되는데, 이는 정점 대비 30억 명까지 소멸한다는 뜻이다. 이 거대한 인구 증발의 원인은 무엇인가? 총탄이나 폭탄, 독재자나 학살(genocide) 때문이 아니다. 그들은 '구조적 폭력'에 의해 조용히, 그러나 처참하게 제거될 것이다[46].

시선을 2078년 여름, 방콕 병원 응급실로 돌려보자[47]. 복도까지 침상이 가득 찬 이곳 환자의 70%는 열사병, 열탈진, 열경련 같은 열 관련 질환이다[48]. 하지만 급성 질환보다 더 끔찍한 것은 소리 없이 찾아오는 만성적 파괴다. 만성 신장병 환자가 2020년 대비 5배 폭증하는데[49], 대부분 농민, 건설 노동자, 배달원 같은 야외 노동자들이다.

섭씨 40도를 넘나드는 야외에서 하루 8시간, 10~20년 동안 일하며 물을 마셔도 채워지지 않는 만성 탈수에 시달린 결과다. 신장은 서서히 말라비틀어진다. 40대 가장이 평생 투석을 받아야 한다. 기후 변화는 그들의 장기를 안에서부터 갉아먹는다. 심혈관 질환 역시 3배 증가한다[50]. 고온은 혈액을 농축시킨다. 끈적해진 혈액은 혈전을 형성하고, 이는 심근 경색과 뇌졸중이라는 뇌관을 터뜨린다. 2075년 방콕의 여름 3개월 동안, 65세 이상 사망률은 평소의 4배로 치솟는다.

밤에도 식지 않는 열대야는 육체뿐 아니라 정신 건강마저 파괴한다. 만성 수면 부족은 인지 기능을 떨어뜨리고 공격성을 부추기는데, 실제로 2080년 여름 고온으로 불타는 도시의 폭력 범죄율은 2020년 대비 2배로 급증하게 된다[51].

이것이 4도 상승한 세계의 일상이다. 낮에는 지하로 숨고, 밤에만 활동하며, 비싼 물과 식량을 사기 위해 노동하고, 일찍 늙고, 일찍 병들어 죽는 삶. 이들은 '호모 사케르(Homo Sacer)[*], 즉 법의 보호를 받

지 못하는 벌거벗은 생명이다[52]. 15억 명의 난민뿐 아니라 도시 빈민도 그렇게 서서히 말라죽는다. 30억 명은 누군가에게 죽임을 당한 게 아니다. 그저 살 수 없는 조건 속에 방치됐을 뿐이다. 하지만 그 결과는 동일하다. 시체가 쌓인다. 조용히, 통계적으로, 그리고 구조적으로.

새로운 권력의 북상

기후 변화는 단순히 지구의 온도만 바꾸는 것이 아니다. 그것은 누가 '인간'이고, 누가 '인간이 아닌지'를 결정하는 경계선마저 다시 긋는다. 2100년의 세계에서 국경은 더 이상 의미가 없다. 대신 인류는 철저한 생존 확률에 따라 다섯 개의 계급으로 재편될 것이다[53].

첫 번째 계급은 기후 귀족이라 불릴 5억 명이다. 북위 45도 이상 안전지대에 거주하는 이들은 캐나다, 북유럽, 시베리아의 풍부한 에너지와 물과 식량을 독점한다. 돔으로 덮인 쾌적한 도시에서 과거의 풍요를 유지하며 산다.

두 번째 계급은 요새 시민이라 불릴 15억 명이다. 거대한 방조제로 둘러싸인 요새 도시에 거주하는 이들은 침수를 막기 위해 천문학적인 유지 비용을 지불하며 철저히 통제된 인공 환경 속에서 생존한다.

세 번째 계급은 산간 생존자라 불릴 30억 명이다. 저지대가 침수되거나 불모지가 되자 고지대로 밀려난 이들은 자급자족하며 근근이 생존하지만, 의료나 교육 같은 문명의 혜택은 거의 받지 못한다.

네 번째 계급은 난민이라 불릴 15억 명이다. 국경을 넘지 못하고 수용소를 떠돌거나 무너진 도시의 슬럼에서 살아가는 이들은 법적 지위조차 없는 존재다. 문명으로부터 완전히 방치된 '호모 사케르'다.

마지막 다섯 번째 계급은 이미 이 세계를 떠난 30억 명이다. 2050년부터 2100년까지 기후 재난으로 누적된 사망자들이다[54].

이 극단적 불평등 속에서 민주주의는 질식할 수밖에 없다. 자원이 부족해지면 공동체는 필연적으로 분배 갈등에 휩싸인다. 빵 한 조각을 나누는 문제가 생존 문제가 될 때, 대중은 토론보다 강력한 통제를 원하게 된다.

그 결과 2100년, 전 세계에 민주주의 국가는 15개만 남게 된다. 80개국은 권위주의 체제로 전환하고, 45개국은 정부가 붕괴하여 무정부 상태에 빠진다[55]. 시민들은 투표소에서 자유를 반납하고 안전을 약속하는 독재자를 선택한다. 역사는 기원후 476년 서로마 제국 멸망 후 암흑 시대를 반복하려 한다. 아니, 상황은 그때보다 훨씬 더 심각하다. 당시에는 로마가 무너져도 동방에는 문명이 남아 있었지만, 이번 붕괴는 전 지구적이기 때문이다.

해수면 상승으로 주요 항구가 침수되면서 무역이 68%나 급감하고, 고립된 도시들은 쇠퇴의 길을 걷는다. 생존에 직결된 기술 이외의 학문이 사장되면서 문자 해독률마저 곤두박질친다[56]. 기술은 퇴보하고 법치는 무너진다. 바야흐로 문명은 스마트폰을 손에 쥔 채, 완벽한 야만의 시대로 회귀하는 것이다.

문명 시스템과 인간의 이중 함정

"구조적으로, 집단적 합리성은 불가능하다."

이 서글픈 선언은 끝이 아니라 시작이다. 우리가 합리적 선택을 내리지 못하는 이유는 단순히 근시안적이거나 어리석기 때문이 아니다. 더 근본적인 원인은, 우리가 만들어 낸 문명 시스템 자체가 태생적으로 성장을 멈출 수 없도록 설계돼 있다는 데 있다.

우리는 멈출 수 없다. 멈추면 시스템이 죽고, 달리면 지구가 죽는다. 이것은 선택이 아니라 외통수다[57]. 이 외통수의 본질에는 '발전은 곧 버려짐을 의미한다'는 비정한 열역학적 진실이 자리하고 있다. 문명의 모든 질서는 필연적으로 자연에 더 큰 무질서를 강요한다. 즉, 발전과 지속 가능은 그 자체가 열역학적으로 모순 어법이다.

엔트로피는 '변환'을 뜻하는 그리스어, 트로페(tropē)에서 따온 말이다. 이 개념에 따르면, 고립계에서 엔트로피는 결코 감소하는 일이 없다. 오직 증가하거나 일정하게 유지될 뿐이다[58]. 그것은 무엇을 의미할까? 질서는 저절로 무질서가 되지만, 그 반대는 일어나지 않는다는 뜻이다. 방 안에서 향수병을 열면 향기가 퍼지지만, 시간이 지난다고 해서 향기가 다시 병 속으로 모이지는 않는다. 이것이 엔트로피 증가의 법칙이며, 시간이 한 방향으로만 흐르는 이유다.

문명은 질서를 창조한다. 도시를 건설하고, 기술을 발명하고, 정보를 축적하고, 예술을 만든다. 겉보기에는 엔트로피를 감소시키는 것처럼 보인다. 하지만 여기에는 반드시 대가가 따른다. 석탄 1톤을 연소하면 고도로 압축된 고체 탄소가 이산화탄소 기체와 열로 흩어진다. 질서가 무질서로 변하는 것이다. 그 과정에서 우리가 사용 가능한 에너지로 얻는 것은 투입된 것의 30~40%에 불과하다. 나머지 60~70%는 쓸모없는 열과 이산화탄소로 대기에 버려진다. 우리는 30%의 질서를 얻기 위해 70%의 무질서를 만들고 있는 셈이다.

물리학자 루트비히 볼츠만(Ludwig Boltzmann, 1844~1906)은 이를 통계 역학으로 증명했다. 엔트로피는 미시 상태의 개수와 관련된다. 질서 정연한 상태는 하나지만, 무질서한 상태는 무수히 많다. 확률적으로 무질서가 압도적으로 유리하다[59]. 문명의 모든 질서는 자연에 더 큰 무질서를 강요한다. 이것은 선택이 아니라 물리적 필연이다.

1867년 마르크스는 자본 순환의 핵심을 간파했다. 화폐를 투입하여 상품을 생산하고, 더 많은 화폐를 획득한다. 핵심은 획득한 화폐가 투입한 화폐보다 커야 한다는 것이다[60]. 이것이 바로 '성장'이다. 자본주의는 성장을 멈출 수 없다. 성장이 멈추면 공황이 닥치기 때문이다.

문제는 성장이 필연적으로 에너지 소비 증가를 요구한다는 점이다. 1992년부터 2024년까지 세계 GDP는 3배 증가했고, 에너지 소비는 2.5배 증가했으며, 이산화탄소 배출은 1.68배 증가했다[61]. 성장, 에너지, 이산화탄소는 한 몸처럼 움직인다. '지속 가능한 발전'이라는 구호를 냉정히 살펴보자. 발전은 성장을 의미하고, 성장은 에너지 증가를 요구한다. 반면 지속 가능은 안정을 의미하고, 안정은 에너지 감소를 요구한다. 발전은 엔트로피 증가를 의미하고, 지속 가능은 엔트로피 안정을 의미한다. 둘은 열역학적으로 양립할 수 없다. 자본주의는 본질적으로 엔트로피 증가 엔진이다.

멈출 수가 없다. 멈추는 순간, 시스템이 붕괴한다. 그러나 멈추지 않으면 이산화탄소가 대기에 누적된다. 외통수다. 프랑스 철학자 조

르주 바타유(Georges Bataille, 1897~1962)는 이렇게 통찰했다. "생명은 잉여 에너지를 소비해야만 한다. 소비하지 않으면 폭발한다[62]." 인류 문명도 마찬가지다. 성장은 멈출 수 없지만, 성장은 에너지를 요구하고, 에너지는 이산화탄소를 남긴다.

우리는 엔트로피의 파도 위에 올라타 있다. 열역학 제2법칙이 말하듯, 이 파도는 거슬러 올라갈 수 없다. 이산화탄소는 오염물이 아니다. 문명이 질서를 누린 대가로 우주가 청구한 '엔트로피 계산서'다. 2024년의 청구액은 평균 423ppm, 연체 이자는 연 2.4ppm이며, 이 빚은 복리로 쌓이고 있다.

이 거대한 구조적 문제 위에 인간의 생물학적 한계가 겹쳐진다. 앞서 언급했던 '보이는 사자와 보이지 않는 이산화탄소'의 딜레마는 단순한 비유가 아니다. 그것은 우리 뇌에 각인된 생물학적 명령이다. 왜 우리는 명백한 파국 앞에서도 멈칫거리는 것일까? 진화 심리학은 우리의 뇌 속에 세 가지 치명적인 버그가 심어져 있다고 설명한다.

첫째는 시간 선호의 비극이다. 인간의 뇌는 10만 년 전 아프리카 사바나에서 진화했다. 눈앞의 사자, 즉각적 위협에는 아드레날린을 뿜으며 반응하지만 서서히 다가오는 가뭄, 미래의 추상적 위협은 무시하도록 설계됐다. 당장 손에 쥔 달콤함을 선택하는 마시멜로 실험의 네 살 아이처럼, 인류는 2089년 생존보다 2024년 경제 성장을 선택했다. 우리는 추상적 미래 위협에 대해 행동하도록 진화하지 않았[63].

둘째는 구조적 단기주의다. 정치인은 4년 뒤 선거를 걱정하고, CEO는 다음 분기 주가를 방어하며, 개인은 이번 달 카드값을 걱정한다. 50년, 100년 단위로 움직이는 기후의 시간표를 감당할 정치·경제 시스템이 우리에게는 없다.

셋째는 인지 부조화다. 우리는 위기의 심각성을 알면서도 에어컨을 틀고 고기를 먹고 비행기를 탄다. 이 불편한 진실을 견디기 위해 "기술이 해결해 줄 거야", "나 하나 줄인다고 뭐가 달라져"라는 합리화 뒤로 숨는다. 이 집단적 기만이 426.9ppm을 만들었다.

문제는 이 성장이 공짜가 아니라는 점이다. 더 많은 공장, 기계, 운송, 소비는 필연적으로 더 많은 에너지를 요구한다. 지난 200년 동안 그 에너지는 화석 연료였다. 성장과 공급의 신화가 이산화탄소 농도를 280ppm(1850년)에서 426.9ppm(2024년)으로 끌어올렸다. 우리는 300만 년 전, 인류가 존재하지도 않았던 뜨거운 지질 시대 플라이오세(Pliocene)의 기후를 현세에 소환했다[64].

불을 훔친 대가

우리가 신에게서 훔친 불이 이제 우리 자신을 태우고 있다. 그리스 신화의 프로메테우스(Prometheus)는 인간에게 불을 훔쳐다 준 죄로 바위에 묶여 매일 독수리에게 간을 쪼아 먹히는 형벌을 받았다. 21세기, 이 신화는 소름 끼치는 현실로 변주된다. 우리가 훔친 불, 즉 화석 연료는 이제 숲을 태우고, 도시를 집어삼키며, 문명을 잿더미로 돌리고 있다. 프로메테우스가 겪었던 영원한 고통을 이제 인류가 짊어지게 된 것이다.

냉정히 말해 우리는 선택의 기로에 서 있지 않다. 우리는 이미 선

화석 연료라는 '프로메테우스의 불'로 문명을 세운 인간은 이제 자연이 건넨 비가역적 청구서를
받게 됐다. 선택지는 없다.©Getty Images

택했고, 그 결과를 목도하고 있다. 아무것도 하지 않는 것, 관성대로
사는 것 또한 하나의 적극적 선택이었음을 2089년 라호르의 이반이
온몸으로 증명하게 될 것이다.

우리는 300만 년 전의 뜨거운 기후를 현세에 소환했다. 그렇다면
남은 것은 절망뿐일까? 여기서 우리는 마지막 질문을 던져야 한다.
"파국이 예정돼 있다면, 지금의 노력은 무의미한가?"

그렇지 않다. 우리가 직면한 위기가 개인의 도덕성 문제가 아니라
거대한 구조의 문제라는 사실을 직시하자. 이것이 단순한 의지의 문

제가 아니라 우리 시스템의 문제라면 시스템을 바꿔야 한다.

물론 완벽한 해결은 불가능하다. 426.9ppm을 산업 혁명 이전인 280ppm으로 되돌릴 수는 없다. 우리는 이미 시간 전쟁에서 패배했고, 비가역의 세계로 들어섰기 때문이다. 하지만 여기서 멈출 것인지, 파국을 향해 더 나아갈 것인지는 여전히 우리의 선택에 달려 있다.

선택의 차이는 결정적이다. 450ppm과 700ppm, 기온 상승폭 $2^{\circ}C$와 $4^{\circ}C$는 큰 차이의 시나리오를 만든다. 그 차이는 10억 명의 난민으로 끝날 것인지, 아니면 30억 명의 난민이 발생할 것인지를 가르는 거대한 간극이다. 이것은 막연한 희망이 아니라, 냉혹한 수학이다.

따라서 우리에게 아직 미약한 가능성이 남아 있다면, 그것은 '더 많이'가 아니라 '더 적게'를 선택하는 용기에서 비롯될 것이다. 무한 성장의 신화를 폐기하고, 소비의 쾌락을 절제하며, 국경을 넘는 책임을 인정하는 것. 그것만이 2100년의 인류가 뜨거운 벙커에 갇혀 5리터의 물을 구걸하지 않고, 인간으로서 존엄하게 생존할 수 있는 유일한 길이다.

철학자 세네카(Lucius Annaeus Seneca, 기원전 4~기원후 65)는 다음과 같은 통찰을 남겼다. "운명이 허락하지 않는 것을 바꾸려 하지 마라. 하지만 바꿀 수 있는 것은 반드시 바꿔라. 둘을 구별하는 지혜를 가져라[65]."

우리는 이미 배출해 버린 1조 1,000억 톤의 이산화탄소를 없던 일로 되돌릴 수 없다. 시간은 한 방향으로만 흐르고, 엔트로피는 증가하기만 하기 때문이다. 이것은 운명이 허락하지 않는 영역이다. 하지만 앞으로 얼마를 더 배출할지는 여전히 우리 손에 달려 있다. 이것은 우리가 바꿀 수 있는 영역이다.

숫자는 계속 올라간다, 428, 429, 430…. 우리는 이 상승을 완전히 멈출 수는 없다. 그러나 그 숫자가 450에서 안정될지, 아니면 700까지 치솟아 모든 것을 태워 버릴지는 아직 결정되지 않았다. 그 좁은 틈새에 수억 명의 생존이 걸려 있다.

426.9. 우리는 이 숫자를 있는 그대로 받아들여야 한다. 과거는 바꿀 수 없지만, 미래는 아직 쓰이지 않았다. 비록 시간 전쟁에서 패배하고 비가역의 길로 들어섰지만, 그 길이 얼마나 깊은 나락으로 이어질지는 여전히 우리가 결정한다.

어쩔 수 없는 운명을 탓하며 주저앉을 것인가, 아니면 바꿀 수 있는 미래를 위해 행동할 것인가. 그 부조리를 직시하고 끝내 바위를 밀어 올리는 행위 자체에서 의미를 찾는 것, 그것이 바로 우리 인간의 존엄이다[66].

19장

기술은 인류를
구원하지 못한다

"The first principle is that you must not fool yourself
—and you are the easiest person to fool."

"첫 번째 원칙은 자기 자신을
속이지 말아야 한다는 것이다.
그리고 자신이야말로
가장 속이기 쉬운 사람이다."

—리처드 파인만(Richard Feynman),

〈Cargo Cult Science〉(1974년 칼텍 졸업식 연설)[1]

지금까지 우리는 장대한 시간의 지도를 그렸다. 석탄기의 고대 숲에서 산업 혁명의 증기 기관까지, 자연이 수억 년에 걸쳐 봉인한 탄소를 인류가 어떻게 200년 만에 풀어냈는지를 추적했다. 그리고 그 여정의 끝을 목격했다. 그것은 시간 전쟁에서의 패배였고, 자연 순환의 종말이었으며, 집단적 합리성의 뼈아픈 실패였다.

이제 우리는 질문의 방향을 돌려야 한다. '무엇이 잘못됐는가?'를 넘어, 그렇다면 이제 '무엇을 할 것인가?'를 물을 차례다.

세계는 답으로 넘쳐 난다. 새로운 시멘트 제조 기술, 수소로 만드는 철, 대기에서 탄소를 포집하는 기계, 효소로 플라스틱을 분해하는 방법까지. 과학자들은 실험실에서, 엔지니어들은 현장에서, 기업들은 공장에서 치열하게 해결책을 찾고 있다. 진정성 있고 절박한 노력들이다. 그리고 많은 경우, 과학적으로 충분히 가능한 이야기들이다.

안타깝지만 실행 가능성(Feasibility)과 현실(Reality) 사이에는 거대한 간극이 존재한다. 이 간극을 직시하지 못하면, 우리는 막연한 기술 낙관주의와 자본이 만들어 낸 환상 사이에서 길을 잃는다. "혁신이 우리를 구할 것"이라는 달콤한 믿음과 "모든 것은 이미 늦었다"는 냉소적인 절망 사이를 표류할 뿐이다. 단언하건대 둘 다 틀렸다. 진실은 그 양극단 사이 어딘가에 있다. 그 진실은 감상적인 희망이 아니라, 냉정한 화학 반응식과 엄정한 열역학 법칙, 그리고 냉혹한 경제적 현실 속에 숨어 있다.

실험실의 기적만으로는 세상을 바꿀 수 없다

전 세계의 과학자들은 지금 인류를 구하기 위해 소리 없는 전쟁을 치르고 있다. MIT의 화학자들은 시멘트 제조 과정에서 이산화탄소 배출을 획기적으로 줄이는 전기화학적 방법을 개발했고, 스웨덴의 엔지니어들은 수소환원제철 기술로 첫 상업적 철강을 생산해 냈다. 스위스의 한 기업은 대기에서 직접 탄소를 포집하는 거대 플랜트를 가동하기 시작했으며, 프랑스의 생명 공학자들은 수백 년이 걸리던 플라스틱 분해를 단 몇 시간으로 단축하는 효소를 발견했다. 이들의 성과는 분명 실재하며, 그들이 그리는 청사진은 희망적이다.

그러나 실험실의 성공과 산업적 전환 사이에는 스케일(Scale)이라는 거대한 장벽, 이른바 '죽음의 계곡(Valley of Death)'이 가로놓여 있다. 비커(beaker) 안에서 일어나는 기적을 큰 공장 단위로 옮기는 과정에서, 수많은 혁신 기술들이 비용과 난이도의 절벽 아래로 추락한다. 시험 공장(Pilot Plant)에서 연간 수천 톤을 생산하는 것과 전 세계가 필요로 하는 수십억 톤의 수요를 감당하는 것은 차원이 다른 문제이기 때문이다. 이론적으로 가능한 것과 경제적으로 실현 가능한 것 사이에는, 비용과 시간이라는 냉혹한 현실이 버티고 있다. 그리고 무엇보다 열역학 제2법칙은 그 누구와도 협상하지 않는다.

우리는 시멘트를 만들 때 석회석이 왜 필연적으로 이산화탄소를 내뿜을 수밖에 없는지, 그 화학 반응을 우회하는 것이 왜 그토록 에너지를 많이 소모하는지 들여다봐야 한다. 수소로 철을 만드는 공정이 과학적으로는 완벽해 보임에도 경제적으로는 왜 아직 취약한지, 대기 중 탄소를 포집하는 기술이 열역학적으로 어떤 한계를 가지며, 왜 배출을 줄이는 것보다 훨씬 더 많은 에너지를 요구하는지 이해해야 한다.

자본은 늘 이러한 본질적인 구별을 의도적으로 흐려 왔다. 기업들은 '탄소 중립 달성'을 선언하면서도 뒤로는 탄소 배출권 거래로 회계 장부를 조작하고, '친환경 제품'을 광고하면서도 전체 생산 과정의 배출량은 은밀히 감춘다. '혁신적 기술'이라는 장밋빛 약속 뒤에 숨겨진 상용화의 지난한 시간과 천문학적 비용은 굳이 언급하지 않는다. 바로 이 간극에서 '그린워싱(Greenwashing)'이 독버섯처럼 번성한다.

그래서 우리는 겉으로 드러난 현상을 넘어 보다 구체적인 원리의 세계로 들어가려 한다. 화학 반응을 더 깊이 다루고, 열역학 법칙을 정면으로 논하며, 비용과 규모의 문제를 회피하지 않고 정직하게 직시할 것이다. 어떤 기술이 실제로 효과가 있는지, 어떤 기술이 아직 실험실 단계에 머물러 있는지, 그리고 어떤 약속이 물리 법칙의 벽에 막혀 있는지를 명확히 구분할 것이다.

즉 기술의 화려한 청사진 너머에 존재하는 가능성과 한계의 '전체적인 맥락'을 냉정하게 직시해 볼 것이다. 물론 현실의 민낯을 마주하는 이 과정이 다소 무겁고 버겁게 느껴질 수도 있다. 한번 엎질러진 물은 다시 담을 수 없고 깨진 달걀은 되돌릴 수 없다는 엔트로피의 법칙, 에너지 보존의 엄격한 제약, 그리고 규모 확대에 따르는 기하급수적인 난이도는 우리를 주눅 들게 한다. 하지만 이 무게를 견뎌 내야만 우리는 '진짜 가능성'을 찾아낼 수 있다.

세상에 완벽한 해결책은 없다. 하지만 분명 더 나은 길과 더 나쁜 길은 존재한다. 그 차이를 아는 것, 무엇이 희망이고 무엇이 환상인지 구별하는 것, 그리고 과학적 성과와 마케팅 수사를 냉철하게 분리해 내는 것. 이것이야말로 지금 우리에게 가장 필요한 능력이다.

자, 이제 깊이 들어가 보려 한다. 분자의 세계로, 열역학의 법칙 속으로, 산업 공정의 현실 안으로.

2023년 두바이의 약속들

2023년 12월 두바이 엑스포 센터. 제28차 유엔 기후 변화 협약 당사국 총회(COP28) 전시장은 미래의 쇼룸이었다. 각국 정상들과 기업 CEO들, 그리고 수천 명의 과학자와 투자자들이 거대한 홀을 가득 메웠다. 천장에서 내려온 스크린마다 희망의 메시지가 흘러나왔다. "탄소 중립 시멘트", "그린 수소 혁명", "플라스틱 완전 재활용", "대기에서 이산화탄소 직접 포집". 기술이 지구를 구할 것처럼 보였다.

한 부스 앞에는 사람들이 길게 줄을 서 있었다. MIT 출신 엔지니어들이 설립한 서블라임 시스템스(Sublime Systems)였다. 대형 모니터에서는 실험실 영상이 재생되고 있었다. 펄펄 끓는 1,450°C의 가마 대

2023년 12월 두바이에서 열린 제28차 유엔 기후 변화 협약 당사국 총회. ©Getty Images

신, 상온의 투명한 전기분해조 안에서 석회석이 천천히 분해되고 있었다. 연기는 없었고, 대신 전극 사이로 투명한 기포만 조용히 피어오르고 있었다. 프레젠테이션을 하던 엔지니어가 자신 있게 말했다.

"우리는 시멘트 제조 과정에서 이산화탄소를 전혀 배출하지 않습니다."

관객석 앞줄에는 빌 게이츠의 브레이크스루 에너지 벤처스(Breakthrough Energy Ventures, BEV) 투자팀이 앉아 있었다. 몇 주 전, 그들은 이 회사에 막대한 자금 투자를 결정했다. 스크린 구석에는 투자 라운드 정보가 작은 글씨로 떠 있었다.

"Series B, $40M, Led by Lowercarbon Capital, 2023. 01(2023년 1월, 로어카본 캐피털 주도로 4,000만 달러의 시리즈 B 투자 유치)"[2]

여기에는 BEV도 주요 투자자로 참여했다.

바로 옆 부스에서는 스웨덴의 하이브리트(HYBRIT, Hydrogen Breakthrough Ironmaking Technology) 프로젝트가 수소환원제철 기술을 선보이고 있었다. 3D 애니메이션으로 공정을 보여 주는 화면에서, 석탄 대신 수소 가스가 철광석으로 흘러 들어갔다. 반응기 배출구에서는 매연과 이산화탄소 대신 하얀 수증기만 피어오르고 있었다. 대표가 마이크를 잡았다.

"우리는 2026년부터 화석 연료 없이 철을 만들 것입니다."[3]

전시장은 미래를 선점하려는 뜨거운 열기로 가득했다. 투자자들의 환호와 쉴 새 없이 터지는 언론의 플래시 세례 속에서, "기술만이 답이다", "혁신이 지구를 구한다", "탄소 중립은 이미 현실이 되고 있다" 등 확신에 찬 선언들이 회의장 곳곳에 울려 퍼졌다. 그 압도적인 분위기 속에서, 인류는 마치 기후 위기라는 거대한 난제를 풀어낼 만능 열쇠를 마침내 손에 쥔 것처럼 보였다.

그로부터 2년이 지난 2025년 말, 현실의 공기는 그때와 사뭇 다르다. 서블라임 시스템스는 매사추세츠 소머빌(Somerville)에서 연간 250톤 규모의 시험 공장을 운영하고 있다. 2024년 12월 미국 에너지부(DOE)와 최대 8,700만 달러 규모의 계약을 완료했지만, 2025년 6월 트럼프 행정부가 청정에너지 프로젝트 지원금을 대거 취소하면서 이 지원금도 철회됐다[4]. 홀리요크(Holyoke)에 건설 중인 첫 상업 플랜트(연 3만 톤)는 2026년 가동 목표를 유지하고 있지만, 연방 지원 없이 민간 자금만으로 진행해야 하는 상황이다.

철강 분야도 상황은 비슷하다. 하이브리트 프로젝트는 스웨덴의 룰레오(Luleå) 시험 공장에서 5,000톤의 수소환원철 생산에 성공하며 기술적 가능성을 증명했다. 이들은 2026년까지 화석 연료를 쓰지 않는 상업용 철강을 내놓겠다는 야심 찬 목표를 향해 달리고 있다. 하지만 이 기술을 세계 무대로 확장하려는 시도는 냉혹한 경제적 현실에 부딪혔다. 하이브리트 프로젝트를 이끄는 주축 기업인 SSAB는 미국 미시시피주의 상업 공장 건설 계획을 2025년 1월 전면 백지화했다[5]. 핵심 에너지원인 그린 수소를 공급하기로 했던 협력사의 재정난과 비용 문제, 즉 '어려운 시장 환경'이 발목을 잡았다.

물론 기술 혁신은 지금 이 순간에도 분명히 일어나고 있다. 전 세계 실험실에서는 매주 새로운 과학적 돌파구들이 쏟아져 나온다. 하지만 실험실이라는 통제된 환경과 거친 현실의 세계 사이에는 건너기 어려운 깊은 계곡이 가로놓여 있다. 그리고 여기에 우리에게 얼마 남지 않은 시간, 그리고 전 지구적 차원에서 요구되는 압도적인 규모의 문제까지 대입하면, 희망 섞인 이야기는 완전히 다른 차원의 난제로 돌변한다.

산업의 탈탄소화: 시멘트에서 철강까지

◆ 전기화학이 여는 친환경 시멘트

시멘트 산업은 보이지 않는 거인이다. 우리가 걷는 보도, 사는 아파트, 건너는 다리 등 현대 문명의 골격은 시멘트로 만들어진다. 그리고 이 거인은 전 세계 이산화탄소의 8%를 배출한다[6]. 연간 42억 톤의 시멘트가 생산되며, 그 과정에서 약 38억 톤의 이산화탄소가 배출된다. 만약 시멘트 산업이 한 국가라면, 중국과 미국에 이어 세계 3위 배출국이 될 것이다.

전통적인 시멘트 제조 방식은 인류의 도시를 쌓아 올린 일등 공신이지만, 그 이면에는 혹독한 환경적 대가가 숨어 있다. 문제의 핵심은 '열(Heat)'이다. 첫째는 '화학적 숙명'이다. 고열을 견디지 못한 석회석이 분해되는 과정 자체에서 시멘트 1톤당 약 0.5톤의 이산화탄소가 터져 나온다. 둘째는 '에너지의 대가'다. 1,450°C라는 초고온을 만들기 위해 화석 연료를 태우는 과정에서 다시 0.4톤이 추가된다. 결국 시멘트 1톤을 얻기 위해 우리는 0.9톤, 즉 거의 제품 무게만큼의 이산화탄소를 대기 중으로 뿜어낸다[7]. 심지어 이 수치에는 거대한 광산에서 석회석을 캐내고 운반하는 과정의 탄소 발자국은 포함되지도 않았다.

이 오래된 난제를 해결하기 위해 2020년 MIT의 재료공학과에서는 다른 길을 모색하고 있었다. 리아 엘리스(Leah Ellis)와 옛밍 치앙(Yet-Ming Chiang) 교수 연구팀이었다. 그들의 아이디어는 간단했다. 열 대신 전기를 쓰자는 것이었다.

전기분해조에 석회석을 포함한 용액을 넣고 전기를 흘려보낸다. 그러면 한쪽에서는 이산화탄소 가스가 모이고, 다른 쪽에서는 시멘트 원료가 만들어진다. 중요한 점은 이산화탄소만을 손쉽게 포집할 수 있다는 점이다. 이렇게 모은 고순도 이산화탄소는 경제적 가치를 지닌 산업 자원이 된다. 밖으로 방출하지도 않으면서, 그 자체로 돈을 받고 팔 수 있다. 더구나 이 공정에 투입하는 전기를 재생 에너지로 충당한다면, 이론적으로 탄소 배출은 완벽한 제로가 된다.

실험은 성공적이었다. 2020년 학술지《미국 국립과학원 회보(PNAS)》에 발표된 논문에서 연구팀은 전기화학적 방법으로 시멘트의 주성분을 합성하는 데 성공했다고 보고했다[8].

2021년 엘리스와 그녀의 동료들은 서블라임 시스템스라는 회사를 설립했다. 2023년 4월, 연구팀은 빌 게이츠 앞에서 전기화학 공정으로 합성한 시멘트 원료를 선보였다. 비커에 담긴 소량의 하얀 분말은 이론적 가능성을 증명하는 것처럼 보였다. 불과 몇 주 후, 빌 게이츠가 이끄는 BEV는 이 기술에 투자하기로 결정했다[9].

보스턴의 '원 보스턴 워프(One Boston Wharf)' 빌딩. 탄소 배출 제로를 지향하는 오피스 빌딩으로, 서블라임 시스템스의 저탄소 시멘트가 세계 최초로 상업 적용됐다. 다만 공법과 공급량의 한계로 인해 건물 전체가 아닌 로비와 공용 공간 등 일부 구간에 상징적으로 타설됐다. ©WSDEVELOPMENT

◆ 재생 에너지의 '그린 수소'가 바꾸는 제철의 미래

시멘트 산업에서 전기화학의 혁명이 태동하던 무렵, 철강 산업 역시 근본적인 변화를 꾀하고 있었다. 빌딩, 다리, 자동차, 선박, 철도. 철강은 현대 문명의 뼈대다. 철이 없으면 인류 문명은 산업 혁명 이전으로 돌아가야 한다. 그리고 이 철강 산업은 시멘트 못지않게 많은 이산화탄소를 배출한다. 전 세계 이산화탄소 배출의 약 7~9%가 철강 산업에서 나온다[10]. 2023년 한 해 동안 생산된 전 세계 철강은 19억 톤이었고, 그 과정에서 약 26억 톤에 달하는 이산화탄소가 배출됐다.

전통적인 제철 방식은 석탄을 가공해 만든 코크스를 환원제로 사용한다. 코크스가 타면서 일산화탄소를 만들고, 이것이 철광석에서 산소를 떼어내는 방식이다. 이 과정에서 철은 순수한 금속 상태로 남지만, 부산물인 이산화탄소가 필연적으로 배출된다. 철 1톤을 만드는 데 무려 1.8톤의 이산화탄소가 배출된다[11].

수소환원제철은 이 오래된 방정식의 변수를 바꾼다. 코크스 대신 수소를 환원제로 사용하는 것이다. 앞서 살펴본 시멘트의 전기화학 공정과 맥락을 같이한다. 화석 연료를 태우는 대신, 태양광이나 풍력 같은 재생 에너지로 물을 전기 분해해 만든 '그린 수소'를 투입하는 것이다. 수소는 산화철의 산소와 결합해 이산화탄소가 아닌 맑은 '물(H_2O)'을 배출한다. 이렇게 배출된 물은 다시 재생 에너지를 통해 분해되어 그린 수소 생산에 쓰이는 순환 고리를 만들어 낸다.

스웨덴 북부의 작은 도시, 룰레오에서 시작된 움직임은 이것이 먼 미래의 이야기가 아님을 증명한다. 2016년 철강사 SSAB, 광산 기업 LKAB, 전력 회사 바텐팔(Vattenfall)은 화석 연료 없는 철강 생산을 목

룰레오의 하이브리트 시험 공장. ©SAAB

표로 하이브리트 프로젝트를 출범했다.

이들의 행보는 거침없었다. 2018년에 시험 공장을 짓고 2020년 첫 수소 환원 실험에 성공하더니, 2021년 8월에는 세계 최초로 수소 환원 공법으로 만든 철강을 볼보 그룹에 시험 납품했다[12]. 2024년까지 시험 공장에서 생산한 양만 5,000톤에 달한다.

서블라임의 전기화학 시멘트와 하이브리트의 수소 철강. 두 기술은 하나의 철학을 공유한다. 화석 연료 연소라는 19세기 방식과 결별하고, 전기와 수소라는 21세기 에너지원으로 전환하겠다는 것이다. 하지만 기술적 성공이 곧 상업적 성공을 의미하지는 않는다. 이 혁신적인 기술들이 현실의 높은 벽을 어떻게 넘을 것인가는 또 다른 차원의 문제다.

산업 공정의 탈탄소화가 '더 이상 내뿜지 않는' 기술이라면, 이미 배출된 이산화탄소를 제거하는 기술은 기후 위기 대응의 또 다른 축이다. 여기에는 크게 두 가지 접근이 있다. 하나는 첨단 재료 공학을 이용해 이산화탄소만 핀셋으로 집어내듯 포집하는 것이고, 다른 하나는 식물의 광합성 원리를 활용하는 것이다.

◆ MOF: 분자 체로 이산화탄소를 걸러내다

최근 재료 공학의 최전선에서 인류가 고안한 가장 정교한 '분자 덫', 금속-유기 골격체(Metal-Organic Framework, MOF)가 기후 위기의 해결사로 떠오르고 있다.

이름에서 알 수 있듯 MOF는 이름 그대로 금속과 유기물이 결합해 만든 뼈대 구조물이다. 현미경으로 들여다본 이 물질의 내부는 마치 기하학적으로 완벽하게 정렬된 거대한 정글짐과 같다. 금속 이온이 정글짐의 교차점(노드)이 되고, 유기 분자가 그 사이를 잇는 막대(링커)가 되어 3차원의 거대한 격자 구조를 이루는 것이다.

이 구조의 진짜 비밀은 '채워진 것'이 아니라 '비어 있는 것'에 있다. 뼈대만 남은 이 구조 안에는 나노미터 크기의 빈방들이 규칙적으로 배열되어 있는데, 바로 이것들이 기체 분자를 선택적으로 가두는 '분자 스펀지'로 작동한다.

MOF가 흥미로운 이유는 단순히 구멍이 많아서가 아니라, 인간이 이 구멍의 크기와 성질을 자유자재로 조절할 수 있다는 점에 있다. 마치 건축가가 설계도에 따라 철근과 콘크리트를 배치하듯, 화학자들

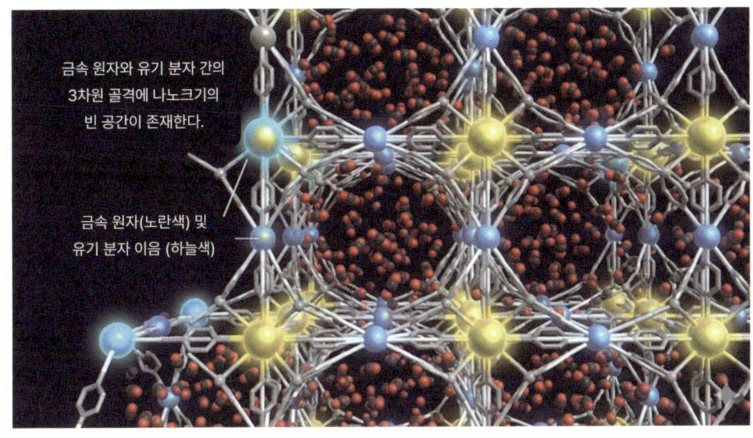

MOF는 금속 이온과 유기 분자가 결합하여 형성된 3차원 격자 구조다. 마치 정글짐처럼 규칙적으로 배열된 이 구조 내부에는 나노미터 크기의 빈 공간이 존재하여, 이는 이산화탄소 같은 기체 분자를 선택적으로 가두는 '분자 스펀지' 역할을 한다.

은 금속과 유기물을 레고 블록처럼 조립해 원하는 표적 물질에 딱 맞는 '맞춤형 공간'을 창조할 수 있게 된 것이다. 바야흐로 우연한 발견에 의존하던 화학이 정밀한 설계의 영역으로 진입하는 순간이었다.

그러나 아무리 정교하게 설계된 도구라 해도 공기 중에서 이산화탄소만을 낚아채는 일은 여전히 까다롭다. 가장 큰 문제는 '크기'였다. 대기를 구성하는 질소나 산소 분자는 우리가 잡아야 할 이산화탄소와 크기가 놀라울 정도로 비슷하다. 단순히 구멍 크기로만 물질을 거르는 '체(sieve)' 방식으로는, 눈을 가리고 모래사장에서 특정 모래알 하나를 골라내는 것만큼이나 어려운 일이다.

과학자들은 물리적 크기가 아닌 분자의 '성격'을 이용하기로 전략을 바꿨다. 다행히 이산화탄소는 질소나 산소와 달리 '사중극자 모멘트*라는 독특한 전하 분포 성질을 지니고 있다.

연구진은 MOF의 빈방 내벽이 이 성질과 자석처럼 딱 달라붙도록 설계하기 시작했다. 그 결과 MOF는 수많은 기체 분자 중에서도 이산화탄소만 콕 집어내 결합하는 능력을 갖추게 됐다.

고무적인 성과에도 불구하고 실험실 바깥의 진짜 세상에 적용하기엔 여전히 현실의 벽은 높았다. 가장 큰 적은 바로 '물(습기)'이었다. 초기 실험실 모델들은 비가 오거나 습한 날이면 수증기가 먼저 달라붙어 버리거나, 심지어 뼈대 구조가 녹아내리기도 했다. 비가 오면 녹아 버리는 덫으로는 사냥을 할 수 없는 노릇이었다.

한계에 부딪힌 과학자들은 다시 '설계'에서 답을 찾았다. 최근 개발된 혁신적인 MOF들은 내부에 일종의 '분자 우비'를 입히는 방식으로 진화했다. 구멍 내벽을 물을 싫어하는 소수성(hydrophobic) 물질로 코팅하자, 극성이 강한 물 분자는 표면에서 튕겨 나가고 표적인 이산화탄소만이 내부로 침투할 수 있게 된 것이다.

덕분에 이 새로운 소재들은 뜨겁고 축축한 화력 발전소 굴뚝과 같은 가혹한 환경에서도 끄떡없이 작동하며, 수십만 번을 재사용해도 성능이 유지되는 놀라운 내구성을 증명했다[13]. 실험실의 호기심을 넘어 거친 산업 현장에서 실제로 사용할 수 있는 '실전 근육'을 갖추게 된 셈이다.

이 이론의 현실화는 여전히 계속되고 있다. 캐나다 기업 스반테 (Svante)는 현재 연간 1,000톤 규모의 이산화탄소를 처리하는 시험 공

---

* 분자 전체는 전기적으로는 중성이지만, 분자 안에서 전하가 고르게 퍼져 있지 않고 플러스(+)와 마이너스(-)가 특정 위치에 쏠려 있는 상태를 뜻한다.

장을 가동 중이다[14]. 기존 방식이 탄소를 분리하기 위해 고열을 필요로 했던 것과 달리, 최신 MOF 공정은 상대적으로 낮은 온도에서도 작동하여 에너지 효율을 획기적으로 높일 수 있었다.

우리는 지금 눈에 보이지 않는 나노 세계의 건축물이 지구 전체의 기후를 조절하는 거대한 솔루션으로 진화하는 과정을 목격하고 있다. 분자 하나하나를 정교하게 배열하는 인간의 능력이, 대기 전체를 정화하는 기술로 꽃피우는 순간이다.

이러한 성과를 인정하듯, 노벨위원회는 2025년 UC 버클리의 오마르 야기(Omar Yaghi) 교수와 멜버른대학교의 리처드 롭슨(Richard Robson) 교수, 교토대학교의 기타가와 스스무(Susumu Kitagawa, 北川進) 교수에게 노벨 화학상을 수여했다[15]. '유기-금속 골격체(MOF)와 망상

2025년 노벨 화학상을 공동 수상한 기타가와 스스무 교수. ©Getty Images

화학(Reticular Chemistry)'이라는 신소재 학문 분야를 개척한 공로였다. 1995년 야기 교수가 처음으로 안정적인 MOF를 합성해 냈을 때만 해도 학계의 흥미로운 실험에 불과했던 기술이, 30년 만에 인류의 생존을 위한 핵심 열쇠로 인정받은 것이다.

◆ DAC: 대기를 청소하는 기계

미시 세계에서 MOF와 같은 신소재가 분자와 씨름하는 동안, 거시 세계에서는 대규모 직접공기포집(Direct Air Capture, DAC) 같은 시설이 등장했다. 2021년 9월, 아이슬란드 레이캬비크에서 차로 30분 거리 정도 떨어진 헬리셰이디 지열 발전소 옆에 기묘한 건물이 들어섰다. 거대한 컨테이너들이 쌓여 있고, 지붕에는 수십 개의 거대한 팬이 돌아가고 있었다. 오르카(Orca), 범고래라는 이름이 붙은 세계 최초의 상업용 직접공기포집 공장이었다[16].

스위스 회사 클라임웍스(Climeworks)가 10년 연구 끝에 만든 이 공장의 작동 방식은 의외로 단순하다. 거대한 팬이 공기를 빨아들이면 공기는 특수 필터를 통과한다. 핵심은 필터에 코팅된 아민(Amine) 화합물이다. 이산화탄소 분자가 아민과 만나면 화학적으로 반응해 필터에 달라붙는다. 반면에 공기 중의 다른 분자들(질소, 산소, 아르곤)은 아민과 반응하지 않고 그냥 통과한다[17].

필터가 이산화탄소로 포화되면 공장은 '숨 고르기'에 들어간다. 팬을 멈추고 필터함을 밀폐한 뒤, 온도를 80~100°C로 높인다. 열에너지가 가해지면 아민과 이산화탄소의 결합이 끊어지면서 순도 높은 이산화탄소가 방출된다. 비워진 필터는 다시 공기를 빨아들일 준비를 마친다.

2024년 클라임웍스가 이산화탄소 포집 능력을 확대해 설치한 매머드. ©Getty Images

그렇다면 포집된 이산화탄소는 어디로 갈까? 아이슬란드의 독특한 지질 구조가 답이다. 포집한 가스를 물에 녹여 탄산수 형태로 지하 1,000미터 현무암층에 주입한다. 그러면 현무암 속의 칼슘, 마그네슘 성분이 이산화탄소와 반응해서 탄산염 광물이 된다. 즉 기체가 단단한 돌(석회석)로 변하는 것이다. 한번 돌이 되면 다시 대기로 나올 걱정 없이 수만 년간 안전하게 격리된다. 사실상 영구 저장이다[18].

오르카의 연간 포집 능력은 4,000톤이었다. 클라임웍스는 이를 확대해 2024년 매머드(Mammoth)라는 더 큰 시설을 건설했다. 이름에 걸맞게 연간 포집 능력은 3만 6,000톤, 오르카의 9배다[19].

◆ 바이오매스: 나무를 태우다

첨단 재료와 거대한 기계 장치 너머, 자연의 오래된 지혜를 빌려오는 시도도 있다. 무대는 미국 서부 오리건주의 울창한 숲이다. 2023년 한 스타트업이 흥미로운 프로젝트를 시작했다. 참 인더스티리얼(Charm Industrial)이라는 회사다.

이론적 근거는 탄탄하다. 나무는 자라면서 대기 중 이산화탄소를 흡수하고, 광합성을 통해 탄소를 몸체에 저장한다. 하지만 나무가 죽거나 베어지면 미생물에 의해 분해되면서, 저장했던 탄소를 다시 대기 중으로 내놓게 된다. 참 인더스트리얼은 이 자연적인 순환 고리를 끊어 탄소를 땅속에 영원히 묶어 두기로 했다.

방법은 '열분해'다. 농업 폐기물이나 산림 부산물을 모아 산소가 없는 상태에서 400~600°C로 가열한다. 이는 태우는 것이 아니라 찌는 것에 가깝다. 이렇게 하면 고체 탄소와 끈적한 바이오 오일이 생성된다. 그리고 이 오일을 지하 깊은 곳, 폐유정 같은 공간에 주입해 영구 저장하는 것이다[20]. 화석 연료를 캐내어 태운 것이 기후 위기의 시작이었다면, 이들은 정반대로 식물을 기름으로 만들어 다시 지하에 묻는 셈이다. 이를 바이오 에너지 탄소 포집 및 저장(bioenergy with carbon capture and storage, BECCS)이라고 한다[21].

숫자를 보자. 나무 1톤(건조 중량)에는 약 500킬로그램의 탄소가 들어 있다. 이산화탄소로 환산하면 1.8톤이다. 이를 열분해하면 약 300~400킬로그램의 바이오 오일이 나온다. 효율은 60~80%에 이른다[22].

2023년 참 인더스트리얼은 캘리포니아의 한 농장에서 이 아이디어를 실현했다. 옥수수 줄기와 볏짚 같은 농업 폐기물 1,000톤을 모았다. 이동식 열분해 장치로 현장에서 바이오 오일 600톤을 생산했다. 이를 텍사스의 폐유정으로 옮겨 주입했다. 약 1,100톤의 이산화탄소를 영구 격리한 것이다[23].

나노미터 크기의 구멍으로 기체를 낚아채는 MOF, 거대한 팬을 돌려 대기를 정화하는 DAC, 그리고 식물의 탄소를 기름으로 바꿔 땅에 묻는 BECCS. 이 세 가지 기술은 도구도, 규모도, 원리도 모두 다르다. 하지만 이들이 겨누는 목표는 단 하나, 이미 엎질러진 물처럼 대기에 퍼져 버린 이산화탄소를 다시 거둬들이는 것이다.

효소의 마법: 카르비오(Carbios)의 돌파구

탄소를 포집하는 것만큼이나 중요한 것이 탄소 배출을 줄이는 것이다. 그리고 그 핵심에 플라스틱 문제가 있다. 연간 4억 톤의 플라스틱이 생산되고, 이 중 36%는 포장재로 한 번 쓰고 버려진다[24]. 만약 플라스틱을 완전히 재활용할 수 있다면? 순환 경제의 꿈이 실현될 수 있다면?

2019년 4월, 프랑스 중부 도시 클레르몽페랑(Clermont-Ferrand). 이곳에 위치한 화학 회사 카르비오의 연구소에서 역사적인 순간이 펼쳐졌다. 연구진은 투명한 플라스틱 병을 효소가 든 용액에 넣었다. 그로부터 10시간 후, 병은 흔적도 없이 사라졌고 오직 액체만 남았다. 그 액체의 정체는 테레프탈산과 에틸렌 글리콜. 바로 페트병(폴리에틸렌 테레프탈레이트, PET)의 기초 원료들이었다.

기존의 일반적인 재활용은 플라스틱을 녹여서 다시 성형하는 물리적 방식이다. 하지만 이 과정에서 열을 가할 때마다 분자 사슬이 짧아지고, 여러 불순물이 섞이며 필연적으로 품질이 떨어진다. 재활용 플라스틱으로 만든 옷의 감촉이 거칠거나, 재생 병의 투명도가 탁한 이유다. 결국 몇 번 재활용하고 나면 더 이상 쓸 수 없는 폐기물이 된다. 이를 가치가 떨어지는 재활용이라 하여 '다운사이클링(Down Cycling)'이라고 한다[25].

반면 카르비오의 방법은 근본적으로 달랐다. 효소를 이용해 페트(PET)의 긴 고분자 사슬을 기초 화학 결합 단위로 완전히 분해하는 것이다. 마치 긴 사슬의 연결 고리만 골라 톡톡 끊어 내는 가위처럼 작용한다. 원료 분자로 완벽하게 되돌아가기 때문에 품질 저하 없는 무한 재활용이 가능하다.

이 혁신의 비밀은 효소에 있었다. 2012년 일본 교토공예섬유대학교(京都工芸繊維大学) 연구팀이 플라스틱 재활용 공장의 흙더미에서 특이한 세균을 발견했다. 이데오넬라 사카이엔시스(Ideonella sakaiensis)라는 이름이 붙은 이 세균은 놀랍게도 페트를 먹고 살았다. 연구팀은 그 세균이 분비하는 효소, 페테이스(PETase)가 페트를 분해한다는 사실을 밝혀냈다[26].

카르비오는 자연 상태의 효소를 그대로 쓰지 않고 개량했다. 유전자 조작으로 활성을 기존보다 10배나 높였고, 높은 온도에서도 견디게끔 온도 안정성도 개선했다. 2020년 《네이처》에 발표된 논문에서 연구팀은 72°C에서도 안정적으로 작동하는 개량 효소를 보고했다. 여기서 왜 72°C가 중요한가? 페트의 유리전이온도[*]가 약 70°C이기 때문이다. 이 온도를 넘어서면 페트 내부의 고분자 사슬이 느슨하게 풀리며 부드러워진다. 이렇게 되면 효소가 사슬 사이로 접근하기 쉬워져서 분해 속도가 100배나 빨라진다[27].

2021년 카르비오는 실제로 이 효소를 이용해 재활용 페트병을 만들었다. 네슬레, 펩시, 로레알 같은 글로벌 기업들이 투자자로 참여했다. 이들은 시제품을 내놓으며 "100% Recycled, 100% Recyclable"이라는 슬로건을 내걸었다[28]. 2026년 현재, 첫 상업용 플랜트를 착공 중이며, 연간 처리 능력은 5만 톤이다[29].

---

[*]　딱딱하고 깨지기 쉬운 유리 같은 상태에서 유연하고 부드러운 고무 같은 상태로 성질이 변하는 경계 온도를 말한다. 고체가 액체로 변하는 '녹는점'과는 다르며, 이 온도를 넘어서면 분자 사슬의 움직임이 활발해져 물질이 물렁물렁해진다.

기술의 한계: 규모, 시간, 그리고 경제성

지금까지 살펴본 기술들은 모두 과학적으로 타당하다. 실험실에서 작동한다. 일부는 시험 공장 규모로 검증됐다. 하지만 이 기술들이 실제로 기후 위기를 해결할 수 있을까? 여기서 우리는 현실의 높은 장벽을 마주하게 된다.

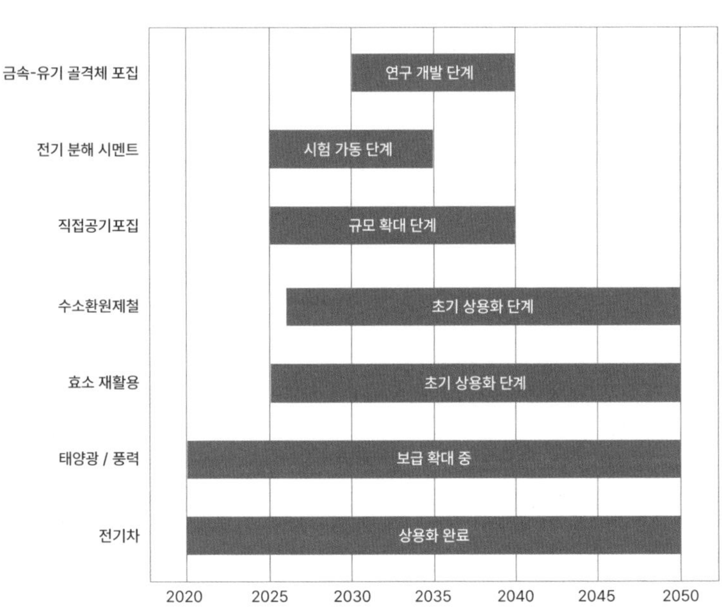

주요 탈탄소 기술의 성숙도와 상용화 전망. 유망 기술들의 실험실 검증과 대규모 상용화 사이에는 10~20년의 간극이 존재한다. 기후 목표 달성을 위해 필요한 시간과 기술 성숙 속도 사이의 불일치. 이것이 우리가 넘어야 할 가장 큰 산이다.

◆ 규모의 문제

첫 번째 장벽은 압도적인 '규모'의 차이다. 서블라임의 실험실 반응기는 하루에 1킬로그램의 시멘트를 만든다. 반면 상업용 시멘트 공장은 하루 1만 톤을 쏟아낸다. 그 격차는 무려 1,000만 배다. 하이브리트는 2021년 수소환원제철로 100톤을 생산했다. 전 세계 연간 생산량 19억 톤의 0.000005%다. 한국의 포스코만 해도 연간 약 4,000만 톤을 생산한다[30]. 하이브리트가 1년간 생산한 100톤은 포스코의 단 5시간 생산량에 불과하다.

대기 중 이산화탄소를 잡겠다는 계획도 규모의 벽에 부딪힌다. 최근 스반테 같은 기업이 저렴한 아연을 사용해 MOF 소재의 대량 생산과 소재 저렴화의 길을 열었지만, 우리가 맞서야 할 이산화탄소의 절대적인 '양'은 여전히 압도적이다. 현재 가동 중인 세계 최대의 직접공기포집(DAC) 시설인 아이슬란드의 '매머드'조차 연간 포집 능력은 약 3만 6,000톤에 불과하다. 2023년 기준, 인류가 배출한 이산화탄소 총량은 약 374억 톤이다[31]. 단순 계산으로도 지금 우리가 배출하는 양을 상쇄하기 위해서는 매머드 같은 거대 시설이 전 세계에 100만 개 이상 필요하다는 결론이 나온다. MOF라는 혁신적인 소재가 등장했음에도, 기후 위기 대응이 여전히 '다윗과 골리앗의 싸움'일 수밖에 없는 이유다[32].

플라스틱은 어떤가? 전 세계 페트 원료 생산량은 연간 3,000만 톤이다. 카르비오의 첫 상업용 플랜트 처리 능력은 5만 톤으로, 전체 생산량의 0.17% 수준이다. 심지어 페트는 전체 플라스틱 생산량의 약 7.5%에 불과하다[33].

화학 공학에는 '규모의 저주'라는 말이 있다. 작은 비커에서 완벽하게 작동하던 반응이 큰 반응기에서는 예상치 못한 문제를 일으키곤 한다. 100밀리리터 비커에서는 열이 균일하게 분포한다. 하지만 1만 리터 반응기에서는 중심부가 뜨겁고 가장자리는 차갑다. 물질 전달 속도도 달라지고, 불순물은 예상치 못한 곳에 축적된다. 비커에서는 문제없던 촉매가 대형 반응기에서는 금방 비활성화되는 일이 다반사다[34].

◆ 시간의 문제

두 번째 장벽은 '시간'이다. 이산화탄소 농도가 426.9ppm에서 450ppm에 도달할 때까지 얼마나 걸릴까? 2026년 현재 증가 속도(연간 2.4ppm)로 계산하면 약 10년밖에 남지 않았다[35]. 450ppm을 넘어서면 1.5°C 목표는 거의 불가능해지며, 기후 시스템은 돌이킬 수 없는 위험 구간으로 진입한다[36].

우리에게 남은 시간은 10년인데, 기술의 시계는 너무 느리다. 10년 안에 서블라임의 시멘트가 전 세계로 확산될 수 있을까? 수소환원 제철소가 10년 안에 한국, 중국, 인도의 용광로를 대체할 수 있을까? 직접공기포집 시설 수백만 개가 건설될 수 있을까?

2025년 현재, MOF를 기반으로 본격 가동되는 상업용 이산화탄소 포집 시설은 전 세계에 단 한 곳도 없다. 연구는 빠르게 진행되고 있지만, 이제 막 실증 단계에 진입했을 뿐, 이 신소재가 전 세계 산업 현장에 보급돼 유의미한 변화를 만들기까지는 앞으로도 10~15년의 기간이 더 필요하다.

국제에너지기구(IEA)의 2024년 전망에 따르면, 2030년까지 전 세계 철강 생산의 약 5%만이 수소 환원 방식으로 전환될 것이다[37]. 나머지 95%는 여전히 석탄을 땐다는 얘기다. 완전한 전환은 2050년 이후에나 기대할 수 있다.

◆ 경제성의 문제

세 번째 장벽은 '돈'이다. 기존 시멘트는 톤당 100달러 선이다. 반면 서블라임의 시멘트 예상 가격은 톤당 300~500달러다[38]. 건설 회사가 이 가격 차이를 받아들일 수 있을까? 건설업계의 이윤율은 고작 5~10%에 불과하다. 시멘트 원가가 3배 오르면 프로젝트 자체가 불가능해진다.

수소환원제철의 핵심은 그린 수소다. 2025년 말, 그린 수소 가격은 킬로그램당 5~8달러다. 화석 연료로 만든 수소(킬로그램당 1~2달러)보다 3~4배나 비싸다. 철 1톤을 만드는 데 수소 50킬로그램이 필요한데, 그린 수소 값만 250~400달러가 든다[39]. 이는 기존 공법의 총 비용(석탄 코크스 포함 약 150달러)을 훌쩍 뛰어넘는다[40]. 주요 에너지 기관들의 2024년 분석에 따르면, 2030년까지 그린 수소 가격이 3~5달러로 떨어질 것이라 전망하지만[41], 여전히 격차는 크다.

직접공기포집(DAC) 비용은 더 천문학적이다. 클라임웍스는 기업들에게 이산화탄소 톤당 600~1,000달러에 탄소 상쇄 서비스를 판매한다[42]. 전 세계 배출량 370억 톤을 모두 포집하려면 연간 약 30조 달러가 필요하다. 2023년 전 세계 GDP는 약 105조 달러다[43]. 인류가 벌어들인 돈의 30%를 직접공기포집(DAC)에 쏟아부어야 한다는 얘기다.

제도적 압박은 어떨까? 유럽 연합의 탄소국경조정제도(Carbon Border Adjustment Mechanism, CBAM)가 2026년부터 본격 시행되지만, 현재 탄소 배출권 가격은 톤당 80유로(약 11만 원) 수준이다[44]. 전문가들은 1.5°C 목표 달성을 위해서는 탄소 가격이 톤당 200~1,000달러까지 올라야 한다고 지적한다[45]. 지금보다 최소 몇 배에서 많게는 10배 이상 가격이 뛰지 않는 한, 기업들이 굳이 자발적으로 비싼 기술을 도입할 리 만무하다.

◆ 복잡성의 문제

규모와 시간, 돈의 문제를 넘더라도, 마지막에는 기술적 장벽이 기다리고 있다. 바로 '엔트로피'로 대변되는 혼합물의 복잡성이다. 열역학적으로 이미 뒤섞여 버린 물질들을 다시 순수한 상태로 분리하려면 막대한 에너지가 필요하다. 실험실에서는 순수하게 정제된 시료를 사용하지만, 현실의 쓰레기장은 온갖 물질이 뒤섞인 카오스 상태다. 이론적으로 완벽한 재활용 기술이라도 현실의 혼합물을 만나면 무용지물이 되기 십상이다. 이 난관이 가장 극명하게 드러나는 곳이 바로 '분류'가 필요한 플라스틱이다.

플라스틱 재활용의 가장 근본적인 문제는 기술이 아니라 분류에 있다. 2024년《ACS 지속 가능 화학 및 공정(ACS Sustainable Chemistry & Engineering)》에 발표된 논문은 화학적 재활용의 최대 장벽으로 "복잡한 사전 분류 공정"을 꼽았다[46]."

같은 페트(PET)라도 용도에 따라 분자 사슬의 길이가 다르다. 음료수병과 섬유용 PET는 평균 분자량이 다르다[47]. 이들이 뒤섞인 상태로 재활용하면 효소의 분해 속도가 달라져 생성되는 단량체*의 순도

---

*   단량체(Monomer)는 플라스틱과 같은 고분자를 만드는 기본 단위 물질로, 레고 블

플라스틱 재활용의 가장 근본적인 문제는 기술이 아니라 분류에 있다. ©Getty Images

가 떨어진다.

더 큰 문제는 첨가제다. 플라스틱 제품을 만들 때는 순수한 고분자만 쓰지 않는다. 가소제, 안정제, 난연제, 자외선 차단제, 산화방지제, 색소 등 수십 종류의 화학 물질을 첨가한다. 이들 첨가제는 플라스틱 전체 무게의 5~30%를 차지한다[48].

록을 쌓는 것처럼 단량체 수천 개가 사슬처럼 연결되어 플라스틱을 형성한다.

예를 들어 보자. 흔히 쓰이는 폴리스티렌(PS, 스티로폼)에는 난연제 HBCDD(Hexabromocyclododecane)라는 물질이 첨가된다. 이것이 재활용 공정에 들어가면 촉매를 오염시키고, 최종 제품에 독성 물질이 잔류한다. 2025년《네이처 커뮤니케이션스》에 발표된 연구에 따르면, 분리막 기반 나노 정제 기술을 사용하면 제거율 90% 이상을 달성할 수 있다[49]. 하지만 이 기술도 사전에 폴리스티렌만 분류된 상태여야만 작동한다.

PP(폴리프로필렌)와 PE(폴리에틸렌)는 육안으로는 구별이 불가능하지만, 녹는점이 다르다. 밀도도 다르고 화학적 안정성도 다르다. 이들이 섞이면 재활용 제품의 기계적 성질이 크게 떨어진다[50].

2023년《네이처》에 발표된 연구는 이 문제에 새로운 접근을 시도했다. 콜로라도주립대학교(Colorado State University)의 첸(Eugene Chen) 연구팀은 '범용 동적 가교제'라는 분자를 개발했다[51]. 이 분자를 혼합 플라스틱에 첨가하면, 서로 섞이지 않던 폴리머들이 결합해서 새로운 다중블록 공중합체*를 형성한다. 분류 없이 혼합 플라스틱을 새로운 물질로 재활용할 수 있다는 것이다.

그러나 이 기술도 한계가 있다. 첨가제로 오염된 플라스틱, 다층 복합재, 열경화성 플라스틱에는 적용할 수 없다. 그리고 대규모 상업화까지는 여전히 갈 길이 멀다.

---

*　　다중블록 공중합체(Multi-block Copolymer)는 성질이 다른 두 종류 이상의 플라스틱 사슬(블록)을 화학적으로 교차 연결하여 하나의 긴 사슬로 만드는 물질이다. 물과 기름처럼 서로 섞이지 않는 플라스틱들을 마치 기차 칸을 잇듯(AAA블록-BBB블록-AAA블록…) 강제로 결합시켜, 각 재료의 장점을 모두 갖춘 새로운 고기능성 소재를 만들어 낸다.

최근 AI 기반 자동 분류 기술이 발전하고 있지만, 검은색 플라스틱은 판별하지 못하고, 다층 복합재 같은 경우엔 층을 분리할 수 없어 재활용이 불가능하다. 결국 전 세계 재활용 시설 대부분은 여전히 수작업에 의존하고 있으며, 이는 기술만으로 해결할 수 없는 현실의 복잡성을 보여 준다.

◆ 하드 투 어베이트(Hard-to-Abate): 기술적으로 대체 불가능한 영역들

규모의 문제 못지않게 심각한 것은 기술적으로 탈탄소화가 극도로 어려운 영역, 즉 '하드 투 어베이트(Hard-to-Abate)' 산업들이라는 점이다. 대표적인 것이 항공과 해운이다.

런던 히드로 공항에서 뉴욕 JFK 공항까지 비행기로 가려면 약 200톤의 항공유가 필요하다. 이를 현재의 리튬 이온 배터리로 대체하려면, 배터리 무게만 8,000톤이 필요하다. 항공기 자체 무게의 40배에 달하는 배터리를 싣고 하늘을 날 수는 없다.

이는 '에너지 밀도'의 문제 때문이다. 항공유는 1킬로그램당 43MJ의 에너지를 저장할 수 있지만, 리튬 이온 배터리는 1킬로그램당 1MJ 정도에 불과하다[52]. 항공유의 40분의 1 수준이다. 단거리 항공편은 전기화가 가능하지만, 장거리 국제선은 여전히 큰 도전이다.

해운업도 마찬가지다. 대형 컨테이너선이 태평양을 건너는 데 필요한 에너지를 배터리로 저장하려면 배 전체를 배터리로 만들어야 할 판이다. 그래서 해운업계는 암모니아나 수소 같은 대체 연료에 주목하고 있다. 하지만 이런 연료들을 대량 생산하려면 막대한 재생에너지가 필요하다는 모순에 빠진다.

항공과 해운이 전체 탄소 배출에서 차지하는 비중은 약 8%다[53]. 적어 보이지만, 이것이 바로 대체하기 가장 어려운 부분이라는 점이 문제다. 전력 생산, 산업, 육상 교통, 건물 등 다른 모든 탄소 배출 부문에서 80~90%의 배출량을 줄인다 해도, 나머지 10~20%가 발목을 잡을 수 있다.

무한 성장의 불가능성

기술적 한계를 넘어, 더 근본적인 질문이 있다. 왜 우리는 이토록 많은 이산화탄소를 배출하는가? 왜 플라스틱을 연간 4억 톤이나 만드는가? 왜 시멘트와 철강 생산은 계속 늘어나는가?

답은 간단하다. 성장 때문이다. 자본주의 경제는 성장을 전제로 한다. GDP는 매년 커져야 한다. 기업은 매출을 늘려야 한다. 투자자는 수익률을 기대한다. 성장이 멈추면 불황이다. 주가가 폭락하고, 실업이 늘고, 정치가 불안해진다.

하지만 지구는 유한하다. 자원도, 대기의 이산화탄소 흡수 능력도, 생태계의 회복력도 유한하다. 무한 성장과 유한 행성. 이 둘은 양립할 수 없다.

이는 단순한 산수가 아니라 과학의 법칙이다. 열역학 제2법칙과 엔탈피의 개념을 빌려 경제 활동을 다시 보자. 우리는 질서 정연하게 농축된 고에너지 자원(석탄, 석유, 광물)을 채굴한다. 이를 이용해서 제품(자동차, 스마트폰, 건물)을 만들고 문명을 영위한다. 그 과정에서 자원의 에너지를 뽑아 쓰고, 그 에너지가 다 빠져나간 찌꺼기(이산화탄소,

폐기물, 열)가 배출된다.

석탄을 예로 들어보자. 식물들이 태양 에너지를 이용해 대기의 이산화탄소를 고정했고, 땅속 깊은 곳에서 3억 년간의 지질학적 압력이 누적된 돌덩이로 변했다. 즉, 석탄은 낮은 엔트로피 상태로 고밀도의 에너지를 품고 있는 탄소 덩어리인 셈이다.

이를 태우면 화학 결합 속에 갇혀 있던 막대한 에너지가 열과 빛으로 쏟아져 나온다. 그러고 남는 것은 이산화탄소뿐이다. 에너지를 모두 잃어버리고 바닥으로 떨어진 상태, 즉 화학적으로 매우 안정한 상태의 가스다.

문제는 그다음이다. 굴뚝을 빠져나온 이산화탄소는 대기 중으로 널리 흩어진다. 이것이 바로 엔트로피의 증가다. 농축되어 있던 탄소가 전 지구 대기로 희석되어 무질서하게 퍼져 나가는 것이다.

반대로 생각해 보자. 이 이산화탄소를 다시 석탄(탄소)으로 되돌리려면 어떻게 해야 할까?

두 가지 거대한 장벽을 넘어야 한다. 첫째, 연소할 때 방출했던 막대한 에너지를 다시 억지로 집어넣어야 한다(엔탈피의 장벽). 둘째, 대기 중에 0.04% 농도로 흩어져 버린 분자들을 일일이 다시 모아야 한다(엔트로피의 페널티). 자연의 흐름을 거슬러 흩어진 것을 모으고, 안정한 것에 에너지를 주입하는 일. 당연히 엄청난 대가가 따른다.

그렇다면 차라리 석탄을 덜 태우는 게 훨씬 낫지 않을까?

재생 에너지로 전환하면 이런 열역학적 악순환을 피할 수 있다. 태양광 패널은 햇빛을 직접 전기로 바꾼다. 풍력은 바람의 운동 에너지를 직접 전기로 바꾼다. 수력은 물의 위치 에너지를 직접 전기로 바꾼다. 중간에 화석 연료를 태워서 엔트로피를 급증시키는 단계

재생 에너지를 사용하면 열역학적 악순환은 피할 수 있지만, 자연이 발행하는 청구서를 피할 수는 없다. ⓒGetty Images

가 없다. 질서에서 질서로 직접 전환하는 것이다.

그러나 열역학 제2법칙은 여기서도 공짜 점심을 허락하지 않는다. 재생 에너지에는 '간헐성'이라는 치명적인 아킬레스건이 있다. 자연은 변덕스럽다. 해는 지고, 바람은 멈춘다. 인간이 전기를 필요로 하는 시간과 자연이 에너지를 주는 시간의 '불일치'는 또 다른 형태의 무질서다.

더 큰 문제는 '전력망의 교란'이다. 거대한 전력망은 60Hz라는 일정한 심박수로 뛰어야 하는 정교한 시스템이다. 하지만 구름이 지나가거나 바람의 방향이 바뀔 때마다 재생 에너지는 전력망에 불규칙한 충격을 가한다. 이 들쑥날쑥한 에너지를 다스리기 위해선 거대한 에너지 저장 장치(Energy Storage System, ESS)가 필요하고, 전력망을 보강해야 한다. 결국 이를 위해 다시 리튬을 캐고, 희토류를 채굴하고, 시멘트를 부어야 한다. 열역학이 발행하는 청구서는 사라지지 않는다. 다만 형태를 바꿀 뿐이다.

물론 화석 연료를 태우는 것보다는 낫다. 하지만 재생 에너지 역시 '무결점의 에너지'가 아니다. 우리가 감당해야 할 열역학의 청구서는 '매연'에서 '불안정성'과 '광물 채굴'로 형태를 바꿨을 뿐이다.

자본의 모순과 변증법

자본주의는 늘 양적 성장을 추구한다. 더 많은 생산, 더 많은 소비, 더 많은 이윤. 그것이 자본의 본질이다. 그러나 엥겔스가 지적했듯이, 이러한 양적 팽창은 결국엔 질적 변화를 수반한다.

대기 중 이산화탄소 280ppm은 안정적 기후를 의미했다. 1만 년간 인류 문명이 번성한 조건이었다. 하지만 2024년 현재의 426.9ppm이라는 수치는 기후 위기를 의미한다. 극한 폭염, 메가가뭄, 슈퍼 태풍. 지구 온난화의 기후 변화가 양적 팽창에서 질적 도약으로 전환되는 순간이다.

이러한 새로운 상태(phase)는 다시금 모순을 강화한다. 기후 재해로 농업 생산성이 떨어지고, 식량 가격이 오르고, 난민이 발생하고, 정치적 불안정이 커진다. 자본주의 시스템 자체가 흔들린다.

자본은 이 모순을 기술로 해결하려 한다. 직접공기포집으로 이산화탄소를 포집하고, 바이오 에너지 탄소 포집 및 저장 기술로 바이오매스에서 나온 탄소를 저장하고, 탄소 포집 기술로 공장 배기가스를 격리한다. 하지만 동시에 새로운 유전을 개발하고, 석탄 화력 발전소를 짓고, 플라스틱 생산을 늘린다. 한쪽에서는 엔트로피 페널티를 감수하며 구멍을 막지만, 다른 쪽에서는 더 큰 엔트로피 증가로 구멍을 넓히는 격이다. 생산이 낳은 문제를 생산으로 해결하려는 시도다. 이는 모순 구조를 해결하는 것이 아니라 뒤로 미루고 그 부담을 다음 세대로 전가하는 데 불과하다. 본질적인 해결책이 될 수 없다.

자본이 지구의 한계를 벗어나려는 시도들은 엔트로피를 폭증시킨다. 일론 머스크의 스페이스X는 지금까지 총 1만여 기의 인터넷 통신용 스타링크 위성을 쏘아 올렸다. 이를 위해서 수백 차례의 로켓 발사가 필요했다. 2025년에는 거의 2~3일에 한 번꼴로 로켓을 쏘아 올리며 지구 궤도를 인공물로 가득 채웠다. 천문학자들은 스타링크 때문에 지상 망원경을 이용한 천체 관측이 어려워지고 있다고 할 정도다.

중력을 거슬러 위성 궤도에 올라가거나 지구 탈출 속도를 확보하려면 어마어마한 에너지가 필요하다. 위성 발사에 쓰이는 대형 로켓을 단 한 번 발사하는 데에만 수백 톤의 이산화탄소가 배출되며, 이때 소모되는 에너지는 약 1.7기가와트시(GWh)에 달한다. 한국의 4인 가구 기준으로 약 15만 가구가 하루 종일 사용하는 전력량과 맞먹는다. 쉽게 말해, 세종시나 서울 광진구 전체 시민이 하루 동안 쓸 전기를 로켓 하나가 몇 분 만에 허공에서 태워 날려 버리는 셈이다. 머스크는 화성 식민지까지 꿈꾸며 인류의 미래를 개척하고 있다지만, 위성으로 인터넷을 하고 화성에 인류가 정착한다 해도 그 과정에서 쌓인 거대한 '열역학의 청구서'는 결국 지구와 인류가 결제해야 한다.

AI 데이터 센터, 비트코인 채굴, 메타버스 서버들도 마찬가지다. 가상 세계를 확장하는 데에도 실물 세계의 전력이 필요하다. 디지털 유토피아를 꿈꾸지만, 그 서버들은 석탄과 천연가스로 유지된다.

우주로, 가상 공간으로, 디지털 세계로. 자본은 끊임없이 새로운 '프론티어'를 찾는다. 하지만 열역학은 속지 않는다. 로켓 연료를 태우든, 데이터 센터를 돌리든, 결국 지구의 화석 연료를 태우고 이산화탄소를 배출한다. 새로운 영토를 정복하는 것처럼 보이지만, 실은 같은 행성에서 더 빠르게 엔트로피를 증가시킬 뿐이다.

열역학 제2법칙은 우주적 진리다. 엔트로피는 증가한다. 우리가 할 수 있는 것은 엔트로피 증가 속도를 늦추는 것뿐이다. 근본적 해결은 성장 모델 자체를 바꾸는 것이다.

환상을 넘어 현실로

기술 혁신은 분명 필요하고 중요하다. 앞서 살펴본 이산화탄소 감축 기술들은 저마다의 가능성을 품고 있다. 언젠가는 상용화될 것이고, 규모가 커질 것이고, 비용이 낮아질 것이다.

하지만 결론부터 말하자면, 그것만으로는 부족하다. 우리에게는 시간이 너무 부족하다. 10년 안에 이 기술들이 전 세계로 확산되어 의미 있는 규모에 도달하기란, 냉정하게 말해 불가능에 가깝다. 그렇다면 무엇을 해야 하는가?

첫째, 배출 자체를 줄여야 한다. 2023년 기준 전 세계 이산화탄소 배출을 부문별로 보면 전력 생산(42%), 교통(24%), 산업(19%), 건물(6%)이 전체의 91%를 차지한다[54]. 복잡하게 생각할 필요는 없다. 이 네 가지 부문에 화력을 집중하면 탄소 감축의 대부분을 달성할 수 있다.

가장 시급한 전력 부문에서는 석탄 화력을 가능한 한 빠르게 단계적으로 퇴출해야 한다. 물론 재생 에너지의 치명적 약점인 '간헐성' 문제는 실재한다. 하지만 전 지구적 관점에서 본다면 에너지 저장장치(ESS), 스마트 그리드*, 적극적인 수요 관리, 그리고 국가 간 전력망 연계를 통해 이를 완화할 수 있다는 것이 정설이다.

문제는 '일반론'이 모든 국가에 적용되지 않는다는 점이다. 개별 국가가 처한 현실은 이보다 훨씬 복잡하다. 2024년 현재, 글로벌 평균 재생 에너지 발전 비용은 kWh당 3~5센트로 석탄(6~8센트)보다 이미 낮다[55]. 경제성만으로 보면 전환하지 않을 이유가 없다. 하지만 지리적 조건이 발목을 잡는다. 태양광·풍력 적합지가 풍부한 중국·미국·호주와 달리, 국토가 좁고 산악이 많은 한국이나 일본은 재생 에너지 확대에 물리적 제약이 크다. 유럽 국가들은 국경을 넘어 전력망을 연결해 날씨에 따른 변동성을 서로 보완하지만, 한국은 섬나라와 다름없기 때문에 이러한 선택지가 없다. 따라서 재생 에너지로의 전환은 각국의 지리적·기술적·경제적 조건을 고려해 원자력, 수력,

---

*　지능형 전력망(Smart Grid)은 기존 전력망(Grid)에 정보통신기술(ICT)을 접목하여, 전력 공급자와 소비자가 실시간으로 정보를 양방향 교환함으로써 에너지 효율을 최적화하는 차세대 전력망이다.

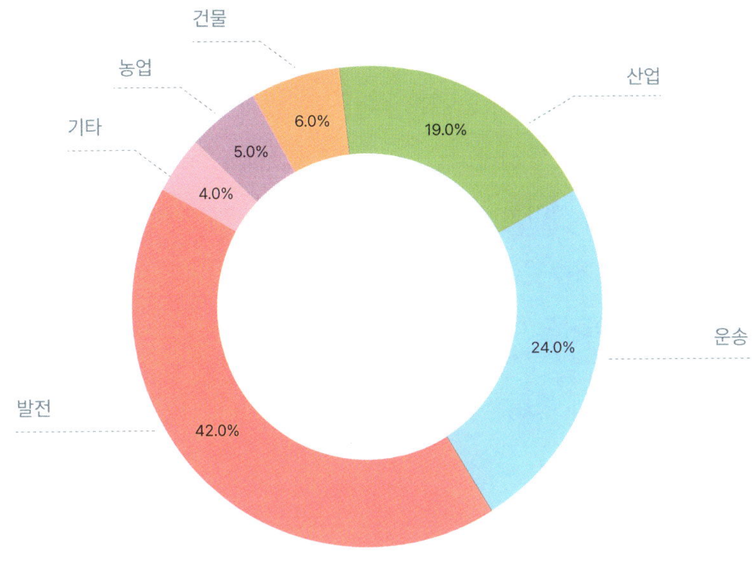

전 세계 이산화탄소 배출의 91%가 네 가지 부문(전력, 교통, 산업, 건물)에 집중돼 있다. 이들 부문에 대한 집중적 감축 노력이 가장 효과적이다.
[출처: IPCC 2023]

LNG 등 현실 가능한 조합으로 설계돼야 한다. 완벽한 해결책은 없다. 하지만 무엇이든 화석 연료를 태우는 것보다는 낫다.

둘째, 시스템을 바꿔야 한다. 기후 위기는 개인의 도덕성 문제라기보다 구조적인 문제다. 2017년 CDP 보고서에 따르면, 전 세계 이산화탄소 배출의 71%는 100개 기업에서 나온다[56]. 탄소 가격제로 이산화탄소 배출에 비용을 부과하고, 화석 연료 보조금 7조 달러를 폐지해[57] 그 돈을 재생 에너지에 투자해야 한다. 전문가들은 탄소 가격을 톤당 200~1,000달러 수준 정도로 올려야 시장이 움직일 것이라고 경고한다[58].

셋째, 현실을 직시해야 한다. 우리는 '1.5°C 저지선'을 지킬 수 없다. 현재 각국이 제출한 국가 감축 목표(Nationally Determined Contribution, NDC)를 모두 달성한다 하더라도 2100년까지 2.5~2.8°C가 상승할 것으로 예측된다[59]. 이마저도 모든 약속이 지켜진다는 낙관적인 시나리오일 때의 이야기다. 실제로는 많은 국가들이 약속을 이행하지 못하고 있다. 아무런 추가 조치 없이 현재 상태가 지속된다면 3~4°C 상승이 현실화되고, 최악의 경우 4°C를 넘어설 수도 있다[60].

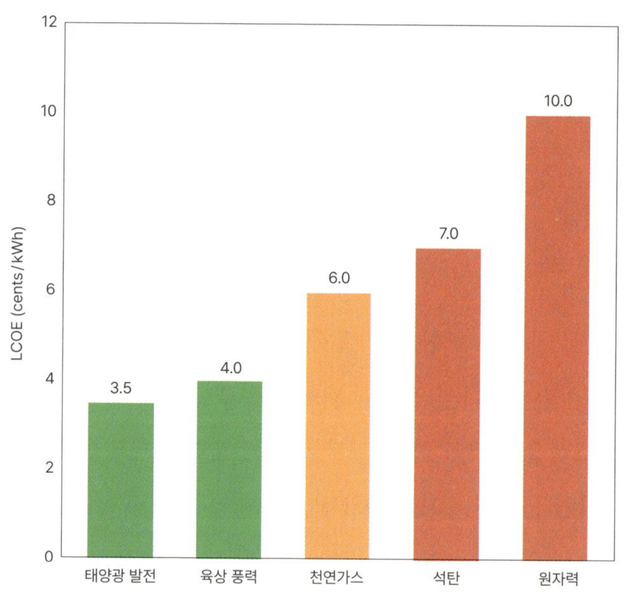

주요 에너지원별 균등화 발전 비용(LCOE) 비교. 2024년 기준 글로벌 평균 발전 비용. 재생 에너지가 화석 연료보다 경제적으로 우위에 섰다. 단, 국가별·지역별 편차가 크며, 간헐성 보완을 위한 ESS 비용은 별도다. [출처: IRENA 2024]

기억해야 할 것은 2˚C의 세상과 4˚C의 세상은 완전히 다른 행성이라는 사실이다. 우리에게 완벽한 승리는 없겠지만, 그래도 덜 참혹한 패배는 가능하다. 그 온도 차이는 수억 명의 삶과 죽음을 가르는 기준이 될 것이다.

기술은 도구다. 강력하고 필요한 도구임에 틀림없다. 하지만 기술이 지구를 구할 것이라는 환상, 과학자가 버튼 누르듯이 문제를 해결해 줄 것이라는 착각에서 깨어나야 한다. 진짜 해법은 명확하고 단순하며, 그래서 가장 어렵다. 덜 만들고, 덜 쓰고, 덜 버리는 것이다.

426.9ppm. 지금 이 순간에도 숫자는 계속 올라가고 있다. 파국의 지점까지 우리에게 시간이 얼마 남지 않았다.

20장

약속과
현실 사이의 간극

"Halls of justice painted green,
Money talking.
…

Pulling your strings,
Justice is done.
Seeking no truth,
Winning is all."

"정의의 전당은 녹색으로 칠해졌고,
오직 돈만이 말을 한다.
…

너를 조종함으로,
정의는 집행된다.
진실 따윈 구하지 않는다.
이기는 것만이 전부일 뿐."

— 메탈리카, 〈...And Justice for All〉(1988년)

2022년 11월, 이집트 남시나이주의 샤름 엘 셰이크(Sharm El Sheikh)에서 열린 COP27 기후 정상 회의장. 120개국 정상들이 모인 이 엄숙한 자리에서, 우간다 출신의 청년 기후 정의 활동가 바네사 나카테(Vanessa Nakate)는 회의장의 모순을 정면으로 겨눴다[1].

"여러분이 앉아 있는 이 회의장을 후원한 코카콜라는 작년에 플라스틱 오염 1위 기업으로 선정됐습니다. 여러분 중 절반이 넷제로를 약속했지만, 실제로는 화석 연료 투자를 늘리고 있습니다."

나카테의 발언은 21세기 기후 대응의 가장 근본적인 모순, 즉 '약속'과 '현실' 사이의 거대한 간극을 상징적으로 보여 준다. 2018년 기후 변화에 관한 정부 간 협의체, IPCC는 지구 온난화를 1.5 ℃ 이내로 막기 위해 2050년까지 탄소 중립(net-zero)이 필수적이라고 강조했다[2]. 이에 맞춰 2021년 글래스고 기후 정상 회의(COP26)를 전후로 130여 개국이 탄소 중립을 선언했다[3]. 하지만 중국(2060년)과 인도(2070년) 등 주요 배출국의 목표 시점은 나날이 지연되고 있다. 국제 사회의 화려한 약속이 현실의 높은 장벽 앞에서 무너지고 있는 것이다.

약속과 현실 간의 이 거대한 간극은 단순한 실수나 지연의 결과가 아니다. 그것은 두 개의 거대한 힘에 의해 체계적으로 만들어지고 또 유지된다. 하나는 감축의 고통을 피하려는 '기업들의 계산된 기만'이고, 다른 하나는 당장의 생존 문제 앞에서 번번이 좌절하는 '정치의 구조적 딜레마'다. 이 장은 바로 이 두 개의 거대한 간극이 어떻게 작동하는지, 그리고 절망적으로 보이는 이 틈을 메우기 위한 싸움이 어디에서 벌어지고 있는지에 대한 탐사다.

첫 번째 간극: 기업의 그린워싱

약속과 현실의 간극은 기업이 쓴 '녹색 가면'에서 드러난다. 막대한 비용이 드는 탄소 감축 대신, '친환경'이라는 이미지만 손쉽게 사들이는 눈속임, 이른바 '그린워싱(Greenwashing)'이다. 2023년 9월, 애플은 신형 워치를 선보이며 '애플 최초의 100% 탄소 중립 제품'이라고 대대적으로 홍보했다. '어머니 대자연(Mother Nature)도 자랑스러워 할 것'이라는 감성적인 문구를 내걸었고,[*] 시장은 환호로 화답했다. 하지만 당시 전문가들의 평가는 냉정했다. 독일의 환경 단체 뉴클라이밋 연구소(NewClimate Institute)는 애플의 주장이 "과도한 부풀리기"에

---

[*] QR코드를 통해 애플의 '어머니 대자연' 캠페인을 볼 수 있다. 옥타비아 스펜서가 '어머니 대자연'으로 출연하고, 애플 임원진들이 자신들의 탄소 중립 노력을 '대자연'에게 보고하고 인정받는 내용이다. 

불과하다고 비판했다[4].

애플이 주장한 탄소 중립의 이면에는 꼼수가 숨어 있었다. 제품 생산과 유통 과정에서 발생하는 탄소를 완전히 제거한 것이 아니라, 줄이기 힘든 배출량을 '숲 조성'으로 상쇄했기 때문이다. 이때 등장하는 것이 '탄소 크레딧(carbon credit)'이라는 개념이다. 이는 이산화탄소 1톤을 감축하거나 흡수했을 때 발급되는 일종의 '배출권 증서'다. 예를 들어, 아프리카에 나무 1만 그루를 심어 향후 20년간 1,000톤의 이산화탄소를 흡수할 것으로 예상되면, 1,000개의 크레딧이 발급된다.

애플 워치 시리즈 9 제품 환경 보고서 첫 페이지. "Carbon neutral"이라는 문구가 눈에 띈다. ©Apple

좋은 개념처럼 들리지만 허점이 있다. 실제 배출은 지금 당장 일어나지만, 흡수는 불확실한 미래의 일이라는 것이다. 애플은 실제로 배출을 줄이는 고통스러운 혁신 대신, 회계 장부상의 뺄셈을 통해 '탄소 중립'이라는 면죄부를 샀다.

원래는 제품 생산 과정에서 이산화탄소 배출량을 줄여야만 제대로 된 탄소 중립이라고 할 수 있다. 그렇게 하려면 어떻게 해야 할까? 부품 제조 공장을 100% 재생 에너지로 전환해야 한다. 수십억 달러의 투자가 필요하다. 운송 과정의 탄소를 줄이려면 항공 화물 대신 느린 선박 운송을 택해야 한다. 출시가 몇 달 늦어진다. 알루미늄 케이스 대신 재활용 소재를 사용하면 품질 관리가 어렵고 불량률이 올라간다. 이 모든 것이 비용 상승과 경쟁력 약화로 이어진다.

반면에 탄소 크레딧 구매는 클릭 몇 번이면 끝이다. 아마존 숲 보호 프로젝트에서 크레딧 1만 개를 톤당 10달러에 산다. 고작 10만 달러. 공장 재생 에너지 전환에 들어갈 수십억 달러의 1%도 안 되는 돈이다. 기업은 이 적은 비용을 지불하고는 당당히 "탄소 중립 달성"이라고 선포한다. 투자자들은 박수를 치고, 환경 보호를 의식하는 소비자들은 지갑을 연다. 탄소 배출을 줄이는 고통스러운 혁신 대신, 회계적인 뺄셈을 통해 '친환경' 라벨을 획득한 것이다. 글로벌 거대 기업조차 그럴듯한 탄소 중립 성적표를 얻기 위해 '완벽한 감축'이 아닌 '손쉬운 상쇄'의 유혹에 굴복한 것이다.

애플의 사례는 기업들의 기만 전술이 얼마나 진화했는지 보여 주는 전형이다. 바야흐로 '그린워싱 2.0'의 등장이다. 1990년대의 그린 워싱이 단순히 제품 포장지에 숲이나 나무 그림을 그려 넣는 1차원적인 '이미지 세탁'이었다면, 2.0 버전은 훨씬 더 정교하고 지능적이다. 이제 기업들은 그림 대신 복잡한 회계 기법과 난해한 법률 해석을 무기로 삼는다.

가장 흔한 수법은 '범위의 게임'이다. 기업의 온실가스(Greenhouse Gas, GHG) 배출 측정 시, 국제 표준인 'GHG 프로토콜'은 기업의 배출을 세 가지 범위(Scope)로 구분한다[5].

'스코프 1(Scope 1)'은 직접 배출이다. 공장 굴뚝에서 나오는 연기나 회사 소유 차량의 배기가스처럼 기업이 직접 소유하고 통제하는 곳에서 발생하는 탄소를 뜻한다. '스코프 2'는 간접 배출이다. 기업이 공장을 돌리기 위해 외부에서 사 온 전기나 열을 만드는 과정에서 발생한 배출량이다.

진짜 뇌관은 '스코프 3'에 있다. 이는 원료 생산부터 운송, 소비자의 사용, 폐기에 이르는 가치 사슬 전체의 배출량을 의미하는데, 대부분의 기업에서 전체 배출량의 70~90% 정도의 압도적인 비중을 차지한다. 하지만 범위가 방대해 계산과 통제가 어렵다는 핑계로 방치되기 일쑤다.

기업들은 바로 이 허점을 파고든다. 배출량의 본체이자 감축이 가장 어려운 '스코프 3'(공급망, 제품 사용/폐기)는 교묘하게 셈에서 제외한다. 그리고 비교적 관리가 쉬운 '스코프 1'(직접 배출)과 '스코프 2'(사무실 전기 사용 등)만을 대상으로 "탄소 중립 달성!"을 외친다. 이는 수면 위로 드러난 빙산의 일각만 보여 주며 "빙산이 작다"고 우기거나, 방 한구석만 닦고는 "청소 끝!"이라고 외치는 것과 다를 바 없다.

'시간의 조작' 또한 강력한 기만술이다. "2050년 넷제로"라는 목표 자체가 현재 CEO들의 임기가 끝나고 한참 뒤의 일이다. 책임질 사람이 없는 약속인 셈이다. "2040년대에 대폭 감축하겠다"는 계획은,

"오늘까지는 마음껏 먹고 내일부터 다이어트하겠다"고 매일 밤 다짐하는 것과 무엇이 다른가?

마지막은 '언어의 마술'이다. 석탄보다 상대적으로 깨끗하다는 이유만으로 천연가스는 "청정에너지"라는 이름을 얻었다. 이는 "니코틴 함량이 적은 담배"가 건강에 좋다는 말과 같다. '재생 가능 에너지'로 분류되는 바이오 연료는 또 어떤가? 원료인 야자유를 생산하기 위해 인도네시아의 열대 우림이 불타고 있다[6]. 숲을 태운 탄소까지 계산하면, 바이오디젤이 일반 디젤보다 더 많은 온실가스를 배출하는 모순이 발생한다. 최근 유럽 연합이 규제에 나섰지만, 이런 식의 거대 플랜테이션 농장은 여전히 숲을 잠식하는 중이다.

기업들이 회계와 언어의 마술로도 도저히 가릴 수 없는 잔여 배출량은, 마지막 도피처인 '탄소 상쇄 시장'이라는 거대한 환상 속으로 사라진다. 숲 보호 프로젝트가 대표적이다. 기업들은 숲을 보호하는 프로젝트나 이를 운영하는 기업·단체가 발행한 '탄소 크레딧'을 구매한다. 그 숲이 미래에 흡수할 것으로 기대되는 탄소를 일종의 회계 항목처럼 사들여, '현재'의 배출량과 상쇄했다고 주장하는 것이다. 숲을 직접 지키는 것이 아니라, 그 숲이 앞으로 흡수할 탄소를 미리 계산해서 장부에 올리는 셈이다.

하지만 자연은 이 정교한 거래마저 비웃는다. 2021년 여름, 미국 오리건주의 부트레그 스프링(Bootleg Spring) 일대에서 발생한 초대형 산불 '부트레그 파이어(Bootleg Fire)'가 그 증거다[7]. 이 산불은 석유 회사 BP(British Petroleum)를 비롯한 글로벌 대기업들이 탄소 배출권을 구매해 보호하던 숲을 잿더미로 만들었다. 기업들은 이 숲이 100년간 탄소를 가둬둘 것이라 믿고 '상쇄' 장부에 기입했지만, 그 약속은 단

며칠 만에 연기가 되어 대기 중으로 흩어졌다. 구매한 '크레딧'이 공중으로 증발해 버린 상황에서 이미 배출한 탄소는 수백 년간 대기에 남는 촌극이 빚어진 것이다.

개발 도상국에서 벌어지는 '나무 심기' 사업의 진실 또한 불편하기 짝이 없다. 아프리카 케냐 등지에서 진행된 일부 '탄소 상쇄 프로젝트'에 대한 탐사 보도들은 그 이면을 폭로한다[8]. 개발 도상국의 농부들은 대개 극도로 빈곤한 상태다. 안정적으로 현금을 벌 기회가 거의 없다. 그래서 유럽의 탄소 크레딧 회사가 빈곤한 농부들에게 헥타르당 연간 수십 달러를 제안하면, 당장 현금이 급한 농부들은 이를 거절하기 힘들다.

농부들이 사인한 계약서에는 독소 조항들이 숨어있기 일쑤다. "20년간 농사 금지", "가뭄이나 병충해로 나무가 죽어도 농부 책임", "계약 위반 시 수년치 보상금 환수" 같은 조건들이다. 문맹률이 높은 농촌 지역에서 복잡한 법률 용어로 작성된 계약서를 제대로 이해하고 서명하는 농부는 드물다. 당장 현금이 절박한 상황에서 20년 후의 위험은 고려 대상이 아니다.

더 큰 문제는 일부 회사들이 탄소 흡수 실적을 빨리 올리기 위해 토종 생태계와 무관하게 빨리 자라는 외래종 유칼립투스 등을 심는다는 것이다[9]. 이 나무들은 토지의 물을 과도하게 흡수해 주변 농지를 황폐화시킬 위험이 있다. 결국 생계 수단을 잃은 농부는 자신의 땅을 버리고 도시 빈민으로 전락한다. '지구'를 살린다는 돈이 현지의 '삶'을 파괴하는 역설이다.

이 시장이 얼마나 망가졌는지는 2023년 《가디언(The Guardian)》의 탐사 보도가 증명한다. 세계 최대 탄소 크레딧 인증 기관 베라(Verra)

가 인증한 열대 우림 프로젝트의 90% 이상이, 실제 감축 효과가 없는 '유령 크레딧(phantom credits)'일 가능성이 높다는 것이다[10].

《가디언》과 독일 주간지《디 차이트(Die Zeit)》의 공동 조사 결과는 충격적이었다. 베라가 인증한 29개 REDD+* 프로젝트를 분석한 결과, 크레딧의 94%가 과장됐거나 실재하지 않는 것으로 드러났다. 예컨대, 페루의 한 프로젝트는 인간이 접근하기 어려운 오지에 있어 애초에 벌목 위험이 없던 숲을 대상으로 "우리가 지켰다"며 크레딧을 팔았다. 원래 파괴될 일이 없던 숲을 구했다고 속여 부당한 이익을 챙긴 셈이다[11].

더 어처구니없는 사례도 있다. 캄보디아의 한 프로젝트는 실제로는 존재하지도 않는 '계획된 벌목'을 막았다며 크레딧을 판매했다. 콜롬비아의 다른 프로젝트는 이미 국립 공원으로 지정되어 법적으로 보호받고 있던 숲을 "우리가 지켰다"고 주장했다. 심지어 드론 촬영 결과, 숲이 이미 상당 부분 사라진 지역에서도 크레딧이 계속 발급되고 있었다.

이 모든 기만과 부실한 시장이 만들어 낸 최종 결과는 '왜곡된 탄소 가격'이다. 공장에서 탄소 1톤을 실제로 없애는 기술에는 100달러가 넘게 들지만, 서류상으로만 존재하는 아마존의 '유령 크레딧'은 단돈 10달러면 살 수 있다. 기업은 당연히 가장 값싼 옵션을 택한다. 2020년 마이크로소프트는 2030년까지 '카본 네거티브(carbon negative)', 즉 자신들이 배출하는 것보다 더 많은 이산화탄소를 제거하

---

*   Reducing Emissions from Deforestation and forest Degradation. 산림 파괴 및 황폐화 방지를 통한 온실가스 감축을 의미한다.

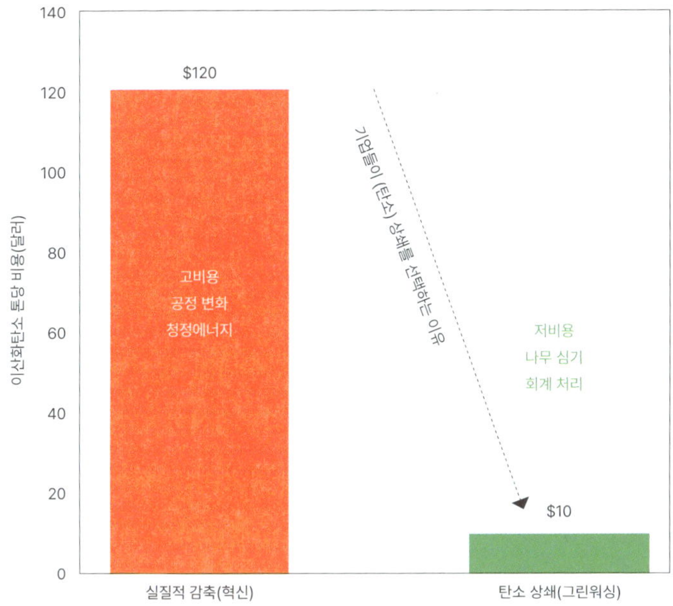

기업 경영자에게 기후 대응은 결국 비용의 문제다. 공정을 뜯어고치고 재생 에너지를 도입하는 '실질적 감축'에는 톤당 100달러 이상의 고비용이 든다. 반면 숲 조성 프로젝트 등의 명목으로 발행된 '탄소 크레딧'은 톤당 10달러 수준의 헐값이다. 혁신보다 '서류상의 면죄부'가 10배 이상 저렴한 이 기울어진 경제 구조가 기업들을 그린워싱의 유혹으로 끊임없이 밀어 넣고 있다.

겠다고 약속했지만, 2021년 실제 배출량은 22%나 증가했다[12]. 대신 그들은 1,200만 달러어치의 값싼 탄소 크레딧을 구매해 '상쇄'했다고 발표했다. 실제 감축에 투입했어야 할 수십억 달러 대신, 푼돈으로 '넷제로' 이미지를 산 것이다.

한국의 상황도 다르지 않다. 배출권 가격은 2024년 기준 톤당 6~9 달러로, 70~87달러인 유럽의 10분의 1 수준이다[13]. 이는 한국 기업이 유럽 기업보다 10분의 1 비용으로 마음껏 오염시킬 수 있는 '오염 특권'을 누리고 있다는 의미다. 혁신보다는 면죄부 가격이 10배 이상 저렴한 이 기울어진 운동장이 기업들을 끊임없이 그린워싱의 유혹으로 떠밀고 있다.

두 번째 간극: 정치의 구조적 딜레마

기업이 '탐욕'으로 약속과 현실의 간극을 만든다면, 정치는 '딜레마'로 인해 그 간극을 방치한다. 시장의 실패를 바로잡아야 할 정부조차, 선의로 추진한 정책이 냉혹한 현실의 벽에 부딪혀 좌초되곤 한다.

2018년 11월 프랑스 전역을 뒤덮은 '노란 조끼 시위(Gilets Jaunes)'가 그 대표적인 사례다. 마크롱 정부는 기후 변화 대응이라는 명분으로 연료세를 인상했다[14]. 대중교통이라는 대안이 있는 파리 시민들에게는 감내할 만한 수준이었다. 하지만 파리에서 200킬로미터 떨어진 시골 마을에서 저임금으로 일하며 매일 낡은 디젤차로 출퇴근해야 했던 싱글맘에게 연료비 인상은 당장의 생계를 위협하는 칼날이었다.

당시 SNS에서 폭발적으로 공유된 "마크롱은 '세상의 종말(fin du monde)'을 걱정하지만, 우리는 '매달 말(fin du mois)'을 걱정한다"는 문구는 이 딜레마를 명확히 보여 주는 말이었다. 결국 마크롱 정부는 30만 시위대의 분노 앞에서 연료세 인상을 철회했다. 기후 정책이 사회적 약자들의 정의와 공정성 문제를 해결하지 못할 때, 어떤 파국을 맞는지 보여 준 쓰라린 교훈이었다.

2018년 12월 프랑스 파리에서 벌어진 노란 조끼 시위. ©Wikipedia

반면 캐나다는 이 교훈을 영리하게 학습했다. 탄소세를 도입하되, 거둬들인 세금을 '기후 행동 인센티브(Climate Action Incentive)'라는 이름으로 모든 국민에게 현금으로 되돌려준다[15]. 덕분에 탄소 배출이 적은 저소득층은 낸 세금보다 더 많은 환급금을 받아 오히려 순수혜를 입는 구조가 설계됐다.

또 다른 딜레마는 '환경'과 '환경' 간의 충돌에서 발생한다. 2021년 제주 한경면에서 벌어진 풍력 발전소 건설 갈등이 그렇다. 주민들의 고통은 구체적이었다. "밤마다 '웅웅'거리는 저주파 소음 때문에 귀마개를 해도 잠을 못 잔다", "거대한 터빈의 그림자가 하루 종일 집을 깜빡거리며 지나가 어지럽다"는 호소가 이어졌다[16]. 환경 영향 평가에서는 소음이 '기준치 이내'라고 했지만, 세계보건기구(World Health Organization, WHO)는 이미 풍력 터빈 소음이 심각한 수면 장애와 장기적 건강 악화를 유발할 수 있다고 경고한 바 있다[17]. '지구' 환경을 지키려는 '녹색' 에너지가 '지역' 주민의 환경권과 건강권을 파괴하는 모순이 발생한 것이다.

이러한 딜레마가 해결되지 못하고 약속과 현실의 간극이 방치되는 데는 정치 시스템의 구조적 한계가 있다. 먼저 '시간의 불일치'다. 기후 변화는 수십 년에 걸친 장기 과제지만, 선거는 4~5년마다 돌아온다. 정치인은 당장의 비용(세금 인상)을 부담할 현재 유권자를 두려워할 뿐, 미래 혜택을 누릴 미래 세대의 표는 의식하지 않는다.

둘째, '이익 집중의 법칙'이다. 기후 정책으로 막대한 비용을 부담해야 할 소수(화석 연료 업계)는 조직화되어 강력한 로비를 펼친다. 반면 혜택을 보는 불특정 다수(일반 시민)는 분산돼 있어 조직된 목소리를 내기 어렵다.

셋째, '무임승차 문제'다. 기후 변화는 전 지구적 문제다. 다른 나라가 노력하지 않는데 우리만 막대한 비용을 치러야 하느냐는 의구심이 언제나 국제 협력의 발목을 잡는다.

간극을 메우는 힘: 시민 사회의 반격

기업이 기만하고 정치가 마비된 이 거대한 간극을 메우는 힘은, 예상치 못한 곳에서 터져 나오고 있다. 조직화된 시민들이 정부와 기업을 상대로 '책임'을 묻기 시작한 것이다.

그 시작은 법정이었다. 2015년 6월 24일, 네덜란드 헤이그 지방 법원은 '우르헨다 재단(Urgenda Foundation)'과 886명의 시민들이 정부를 상대로 낸 소송에서 역사적인 판결을 내렸다[18]. 법원은 "정부가 기후 변화에 충분히 대응하지 않는 것은 국민의 인권을 침해하는 행위"라며, 2020년까지 온실가스 배출량을 1990년 대비 최소 25% 줄이라고 명령했다. 정부는 "사법부가 입법부의 영역을 침범했다"며 항소했지만, 2019년 대법원에서 최종 패소했고, 결국 석탄 발전소를 조기 폐쇄하는 정책을 이행해야 했다.

이 '우르헨다(Urgenda) 판결'은 전 세계 기후 소송의 둑을 터뜨렸다. 미국에서는 21명의 청소년이 "정부가 화석 연료를 지원해 안전한 기후에 대한 헌법적 권리를 침해했다"며 2015년부터 연방 정부를 상대로 싸움을 벌였다. 이른바 '율리아나 소송(Juliana v. United States)'이다. 법정 공방은 10년간 이어졌지만, 2024년 항소심에서 원고의 청구가 기각되면서 사실상 좌초될 위기에 처했다[19].

2023년 3월 헌법 재판소 앞에서 청소년기후행동 관계자들이 기후 위기 헌법 소원 청구 3년을 맞이해 헌법 재판소의 기본권 침해 판결을 촉구하는 기자회견을 하고 있다. ⓒ연합뉴스

그러나 독일에서는 2021년 헌법 재판소가 "현재 기후법이 미래 세대의 기본권을 침해한다"며 정부에 더 강한 감축 목표를 요구하는 판결을 내렸다[20]. 한국에서도 2020년 '청소년기후행동'이 "정부의 감축 목표가 불충분하여 청소년의 생명권과 행복추구권을 침해한다"며 헌법 소원을 제기했다. 이에 대해 2024년 8월, 헌법 재판소는 2031년 이후의 감축 목표를 세우지 않은 국가의 조치가 미래 세대의 기본권을 침해한다는 '일부 헌법 불합치' 판결을 내렸다[21]. 이 결정은 아시아 최초로 정부 정책에 관한 헌법 불합치 판결이라는 측면에서 작지만 큰 의미를 가진 승리가 됐다.

최근 소송의 칼날은 정부를 넘어 기업의 심장을 직접 겨누고 있다. 2021년 네덜란드 법원은 석유업계의 공룡 기업 '셸(Shell)'에게 2030

년까지 탄소 배출량을 45% 줄이라고 명령했다. 기업의 기후 책임을 법적으로 인정한 첫 판결이었다[22]. 미국 뉴욕시와 캘리포니아주 역시 해수면 상승과 산불 피해의 책임을 물어 엑손모빌(Exxon Mobil) 등 거대 석유 회사들을 상대로 손해 배상 소송을 제기했다[23].

시민들의 반격은 법정뿐만 아니라 그들이 가진 '돈'을 통해서도 이뤄지고 있다. 네덜란드의 연금 수급자들은 자신의 연금이 화석 연료 회사에 투자되고 있다는 사실을 알고 시민 단체를 조직하여, 2년간의 캠페인 끝에 네덜란드 최대 연기금 ABP의 150억 유로 규모 화석 연료 투자 철회를 이끌어 냈다[24].

2021년 소규모 헤지 펀드 '엔진 No.1(Engine No.1)'은 단 0.02%의 지분만으로 거내 기업 엑손모빌 이사회 12석 중 4분의 1에 달하는 3석을 환경 전문가로 교체하는 데 성공했다[25]. 이들은 '기후 대응 실패는 곧 재무적 실패'라는 냉철한 논리로 블랙록 같은 거대 기관 투자자들의 지지를 얻어 냈다. 2023년까지 40조 달러 이상의 자산이 화석 연료 투자 철회를 선언했다[26].

변화는 기업의 심장부에서도 일어나고 있다. 2019년 아마존 직원 8,000명이 회사의 소극적인 기후 정책을 비판하며 공개서한을 발표했다[27]. 구글과 마이크로소프트 직원들은 기후 변화를 부정하는 사람들과의 계약 중단을 요구하며 시위를 벌이기도 했다. 이런 내부의 압력은 아마존이 2040년 넷제로를 약속하는 '기후 서약(Climate Pledge)'을 발표하고, 구글이 '24시간 무탄소 전력(24/7 carbon-free energy)'을 선언하는 등 실제 정책 변화로 이어졌다.

2024년 현재, 넷제로 약속과 현실 사이의 간극은 여전히 거대하다. 기업들의 그린워싱은 더욱 정교해졌고, 탄소 크레딧 시장의 허점은 여전히 막대하다. 정부는 노란 조끼 시위와 제주 풍력 갈등에서 드러난 '세상의 종말'과 '매달 말'의 딜레마 앞에서 좌초하곤 한다. 하지만 이 간극을 메우려는 싸움 역시 치열하다.

변화의 가장 큰 동력은 투명성이다. 과거 기업들은 '친환경' 이미지만으로 충분했다. 하지만 이제는 구체적인 숫자를 요구받는다. 유럽 연합의 '기업 지속 가능성 보고 지침(Corporate Sustainability Reporting Directive , CSRD)'은 5만 개 이상의 기업에게 스코프(Scope) 1, 2, 3 배출량 전체를 공개하도록 강제한다[28]. 숨길 곳이 사라지고 있다.

법원의 칼날도 날카로워지고 있다. 2021년 네덜란드 법원의 셸 판결 이후, 기업을 상대로 한 기후 소송이 급증했다. 2024년까지 전 세계에서 2,500건 이상의 기후 소송이 진행 중이며, 그중 4분의 1이 기업을 피고로 한다. "우리는 최선을 다하고 있다"는 식의 변명은 더 이상 통하지 않는다. 법원은 구체적인 감축 계획과 실행을 요구한다.

투자자들의 압력은 더욱 직접적이다. 2023년까지 40조 달러 이상의 자산이 화석 연료 투자 철회를 선언했다. 이는 단순한 윤리적 선택이 아니다. 블랙록의 CEO 래리 핑크(Larry Fink)가 2020년 투자자 서한에서 밝혔듯이 "기후 리스크는 곧 투자 리스크"다[29]. 탄소 집약적 기업의 주가는 하락하고, 녹색 전환에 실패한 기업은 자본 조달에 어려움을 겪는다. 시장의 논리가 기후 행동을 강제하기 시작한 것이다.

기업 내부에서도 균열이 일어나고 있다. 2019년 아마존 직원 8,000명의 공개서한, 구글과 마이크로소프트 직원들의 시위는 '내부 고발자'가 아닌 '내부 개혁자'의 등장을 알렸다. 젊은 인재들은 더 이상 그린워싱 기업에서 일하길 원치 않는다. 인재 확보 경쟁이 기후 정책 변화를 이끄는 새로운 압력이 되고 있다.

정치 영역에서도 새로운 시도들이 나타나고 있다. 캐나다의 탄소세 환급 제도는 '매달 말'을 걱정하는 시민들에게 실질적 혜택을 제공하며 기후 정책의 사회적 수용성을 높였다. 독일 루르(Ruhr) 지역은 독일 최대의 석탄 산업 중심지였으나, 1970년대부터 50년에 걸친 점진적 탈석탄 전환을 통해 '공정한 전환(just transition)'의 모범 사례가 됐다[30].

물론 여전히 갈 길은 멀다. 많은 기업의 넷제로 약속은 여전히 회계 기법에 의존하고, 탄소 크레딧 시장의 90% 이상이 유령 크레딧일 가능성이 높다. 정부들은 선거 주기와 이익 집단의 압력 앞에서 장기적 기후 정책을 일관되게 추진하는 데 여전히 어려움을 겪는다. 하지만 10년 전과 비교하면 변화는 분명하다.

그린워싱이 정교해진 만큼, 이를 감시하는 시민 사회의 눈도 예리해졌다. 법원은 기업과 정부에게 구체적 책임을 묻기 시작했다. 투자자들은 기후 리스크를 재무제표에서 읽어 낸다. 그리고 무엇보다 기후 위기 세대로 불리는 젊은이들이 조직화되고 목소리를 높이고 있다.

완벽한 해결책이란 없다. 하지만 불완전한 개혁이라도 의미 있는 전진이다. 기업의 약속을 현실로 바꾸고, 정치의 딜레마를 극복하는 싸움은 계속되고 있다.

그런데 여기서 한 가지 불편한 질문이 남는다. 우리가 '해결책'이라 믿어 온 것들은 정말 해결책일까? 태양광 패널, 전기차, 수소 혁명, 나아가 디지털 혁명. 이 모든 '녹색 기술'이 우리를 구원할 것이라 믿었다. 하지만 그 화려한 약속 뒤에 또 다른 환경 파괴가 숨어 있다면?

기업의 그린워싱을 벗겨 냈지만, 이제 우리는 '녹색 기술' 자체의 가면도 들춰봐야 한다. 다음 장에서는 바로 그 불편한 진실로 들어간다.

21장

녹색 가면의 역설

"He would be young,
and the picture would be old…
The portrait would bear the burden of his shame:
that was all."

"자신은 젊음을 유지할 것이고,
늙어가는 것은 저 그림일 것이다…
초상화가 그의 수치심이라는 짐을
대신 짊어질 것이다.
그것으로 충분했다."

— 오스카 와일드(Oscar Wilde), 《도리언 그레이의 초상》 8장 중

도리언 그레이는 영원한 아름다움을 유지하기 위해, 자신의 탐욕과 세월의 흔적을 다락방에 숨겨 둔 초상화에 떠넘겼다. 그가 영원히 젊고 매혹적인 미소를 짓는 동안, 캔버스 속의 얼굴은 그를 대신해 추악하게 늙고 썩어 들어갔다.

2025년 인류는 마치 도리언 그레이와 같은 위험한 거래를 시작했는지도 모른다. 우리는 '녹색 기술'이라는 매끈하고 아름다운 가면을 쓰고 있다. 하지만 그 가면 뒤, 우리의 시선이 닿지 않는 지구의 어딘가에서는 우리가 외면한 환경 파괴라는 초상화가 조용히 흉측하게 썩어 가고 있다.

앞서 우리는 2050년 '넷제로(Net Zero)'라는 인류의 거대한 약속이 현실의 벽 앞에서 어떻게 흔들리고 있는지 목격했다. 기업들은 '그린워싱'이라는 가면 뒤에 숨어 실질적인 감축을 외면한 채 '유령 크레딧'이라는 환상을 거래한다. 정치권은 '노란 조끼' 시위나 제주도의 갈등 사례처럼, 당장의 생존 문제와 정의의 딜레마에 갇혀 미래를 위한 과감한 결단을 주저하고 있다.

이 거대한 간극을 메우기 위해 시민 사회가 법정과 시장에서 고군 분투하고 있지만, 인류가 이 위기에서 탈출하기 위해 마지막으로 기대를 거는 수단은 결국 '기술'이다. '녹색 기술'이라는 새로운 혁명이 우리를 구원하리라는 믿음은 견고하다. 전기차, 태양광 패널, 풍력 터빈은 '친환경'이라는 후광을 입고 구세주처럼 등장했다.

하지만 호모 사피엔스의 역사를 되짚어 보면, 인류는 거대한 전환의 순간마다 예기치 못한 대가를 치러 왔다. 1만 년 전 농업 혁명은 풍요를 가져왔으나 계급 사회와 전쟁이라는 짐을 지웠고, 200년 전 산업 혁명은 삶의 질을 비약적으로 높였지만 환경 파괴의 씨앗을 뿌렸다.

그렇다면 우리가 앞 장의 딜레마를 해결할 유일한 해법이라 믿는 녹색 혁명, 그 첨단 과학 기술 역시 우리가 예상치 못한 거대한 역설을 품고 있는 것은 아닐까? 이번 장에서는 '녹색 가면' 뒤에 숨겨진, 우리를 구원할 과학 기술의 또 다른 얼굴을 들여다본다.

첫 번째 역설: 지구를 구하는 기술이 오히려 뜨겁게 한다

2025년 가을, 서울 강남의 테슬라 전시장. 그곳에 놓인 전기차는 '배출 가스 제로'라는 완벽한 친환경 이미지를 뽐낸다. 도로 위를 달리며 매연을 내뿜지 않는다는 점에서 이 차는 분명 깨끗하다. 하지만 그 이면에는 복잡한 진실이 숨어 있다. 이 차가 중국 상하이의 거대한 공장에서 만들어지는 동안, 이미 상당량의 이산화탄소가 대기로 방출됐기 때문이다.

21세기 인류가 '친환경 기술'이라는 이름으로 추진하는 혁신 뒤에 숨겨진 탄소 발자국을 직시하지 못하는 것. 이것이 현대 환경 운동이 마주한 첫 번째 역설이다.

배터리 용량과 생산지의 전력 사정에 따라 다르지만, 테슬라 모델 3 한 대가 공장 문을 나서는 순간 이미 약 10~17.5톤의 이산화탄소가 배출된 상태다[1]. 핵심 부품인 75킬로와트시(kWh) 리튬 이온 배터리 팩 하나를 제조하는 데만 11.25~15톤의 이산화탄소가 발생한다[2]. 즉, 전기차는 상당한 '탄소 부채'를 안고 도로에 나오는 셈이다. 이는 차가 첫 시동을 걸기도 전에 이미 대기 중 이산화탄소 농도 상승에 기여했음을 의미한다(원료 채굴부터 제조, 사용, 폐기에 이르는 전 과정을 분석하는 '전 주기 평가'*를 통해 확인할 수 있다).

물론 사용 단계에 들어서면 이야기는 달라진다. 충전 전력의 탄소 집약도에 따라 연간 배출량은 0~4.2톤 수준이다. 재생 에너지로 충전한다면 0톤, 석탄 화력 전기로 충전한다면 연간 4.2톤이 발생한다. 이를 종합하면 10년간 총 배출량은 17.5~59.5톤 범위에 머문다. 같은 기간 내연 기관차가 평균 95톤을 배출하는 것과 비교하면, 전력원에 따라 20~82%의 감축 효과가 있다.

태양광 패널과 풍력 터빈 역시 초기 탄소 부채는 크지만, 운영 단계에서 화석 연료를 대체하며 이산화탄소 농도 상승을 억제한다. 5kW급 태양광 패널 시스템은 제조 시 2.5~3.5톤의 이산화탄소를

---

* 전 주기 평가(Life Cycle Assessment, LCA)는 제품이나 서비스가 원료 채굴부터 제조, 사용, 폐기에 이르는 전 생애 주기 동안 환경에 미치는 영향을 정량적으로 분석하는 방법이다.

기술/제품	제조 단계 이산화탄소(톤)	사용 단계 이산화탄소(톤/년)	10년 총 배출 (톤)	내연 기관 대비 절감율
테슬라 모델 3	17.5*	0~4.2	17.5~59.5	20~82%
태양광 패널 (5kW)	2.5~3.5	-2.5	-22.5~-21.5	순감축
풍력 터빈 (2MW)	280~450	-5,200	-51,800	순감축

*배터리 제조(11.25~15톤) 포함.

배출하지만[3], 운영을 시작하면 연간 2.5톤의 화석 연료 대체 효과를 내어 2~4년 후부터 탄소 중립(Net Benefit) 구간에 진입한다. 2MW급 풍력 터빈은 제조 시 280~450톤을 배출하지만[4], 연간 5,200톤의 화석 연료를 대체해 10년 운영 시 총 5만 1,800톤의 탄소 절감 효과를 거둔다.

문제는 '시간'이다. 대기 중 이산화탄소 농도는 1958년 킬링이 측정을 시작한 313ppm에서 2024년 423ppm까지 가파르게 상승했다[5]. 친환경 기술의 제조 과정에서 뿜어져 나온 이산화탄소는 이 상승 곡선에 즉시 반영돼 온난화를 부채질한다. 반면 그 기술이 가져올 배출 절감 효과는 수년에서 수십 년에 걸쳐 서서히 나타난다. 테슬라 모델 3 제조 시 배출된 17.5톤의 이산화탄소는 즉각적으로 기후에 영향을 미치지만, 내연 기관차 대비 절약되는 효과는 운행 기간 전체에 걸쳐 천천히 회수된다[6]. 만약 이 차가 석탄 발전 비중이 높은 중국에서 운행된다면, 초기 탄소 부채를 갚는 데만 15~20년이 걸릴 수도 있다.

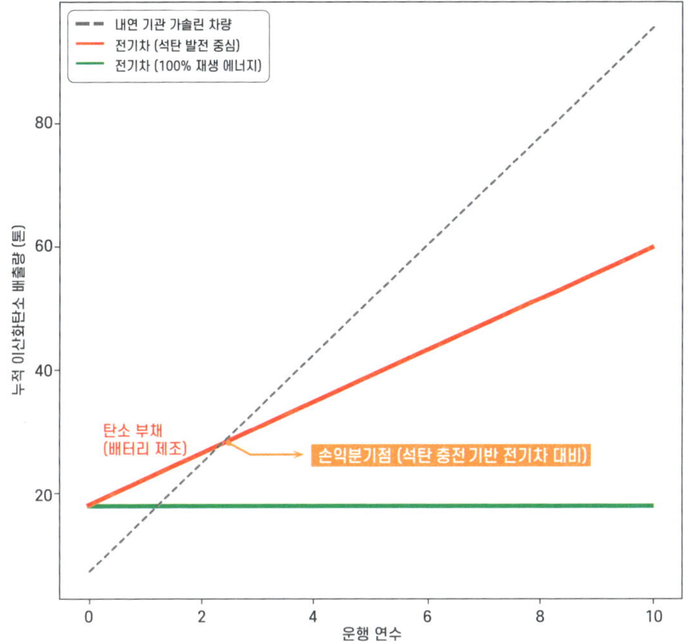

전기차(EV)가 내연 기관차(ICE)보다 초기 배출량(Carbon Debt)은 높지만, 주행 거리가 늘어날수록 누적 배출량에서 역전하는 '손익분기점(Breakeven Point)'이 존재한다. 재생 에너지(초록선)로 충전할 때 그 효과가 극대화된다.

두 번째 역설: 선진국의 청정은 후진국의 오염으로 완성된다

친환경 기술의 숨겨진 탄소 발자국은 원료 채굴 단계에서부터 시작된다. 이는 '탄소 식민주의(Carbon Colonialism)'라 불리는 새로운 형태의 불평등을 야기한다. 선진국들은 자국의 탄소 배출을 줄였다고 자부하지만, 실상은 탄소 집약적 제조업과 오염 산업을 개발 도상국으로 떠넘긴 결과일 뿐이다.

리튬 1톤을 추출하는 과정에서 5.3톤의 이산화탄소가 배출된다[7]. 칠레 아타카마 사막에서는 리튬이 함유된 염수를 거대한 증발지에서 1~2년간 태양에 노출시켜 농축한다. 이 과정에서 대형 펌프가 24시간 가동되고, 정제 공정에서도 막대한 에너지가 소모된다. 리튬 채굴로 인한 지하수 고갈은 지역 생태계의 탄소 저장 능력을 훼손하며, 아타카마 사막의 상징인 플라밍고 서식지를 파괴하고 있다[8].

중국 신장 위구르 자치구는 전 세계 태양광급 폴리실리콘(Solar-grade silicon)의 45%를 생산한다[9]. 이곳에서 발생하는 연간 12.5메가톤(Mt)의 이산화탄소는 중국의 배출량으로 잡히지만, 그 혜택은 전 세계의 '친환경' 에너지 전환으로 돌아간다. 더 심각한 것은 이 지역에서 지속적으로 제기되는 강제 노동 의혹이다.

콩고민주공화국 콜웨지 광산에서는 수만 명의 아동이 맨손으로 코발트를 캔다[10]. 전 세계 코발트의 70%가 이곳에서 생산된다. 우리가 사용하는 배터리의 매끄러운 '친환경' 이미지 뒤에는 이러한 처참한 인권 유린이 가려져 있다.

원료 채굴 단계의 환경 파괴와 인권 침해는 선진국 소비자의 눈에 띄지 않는다. 하지만 이것이 전부가 아니다. 완성된 전기차가 실제로 기후 변화를 억제할지, 아니면 가속화할지는 또 다른 변수, 즉 '어디서 충전하느냐'에 달려 있다.

전기차의 기후 영향은 해당 국가의 전력 믹스(Power Mix)에 의해 결정된다. 같은 테슬라 모델 3라 해도 베이징에서는 기후 변화 가속 요인이 되고, 서울에서는 효과가 제한적이며, 오슬로에서는 강력한 억제 수단이 된다.

중국의 경우, 전력 생산의 59.8%를 석탄 발전이 차지한다[11]. 분석에 따르면, 석탄 전력으로 충전된 전기차는 제조 단계의 탄소 부채까지 고려할 때, 동급 내연 기관차보다 오히려 30% 더 많은 이산화탄소를 배출할 수 있다. 베이징에서 테슬라를 타는 행위는 현재의 전력망 아래에서는 대기 중 이산화탄소 농도를 더 빠르게 높이는 결과를 초래할 수 있다는 뜻이다.

중국 베이징에 위치한 테슬라 매장과 전기 충전소. 같은 테슬라 모델 3라도 베이징에서 사용하면 기후 변화 가속 요인이 될 수 있다. ©Getty Images

반면 노르웨이에서는 정반대의 결과가 나온다. 노르웨이는 전력의 98%를 수력 발전으로 생산하여 발전 부문의 이산화탄소 배출이 거의 없다[12]. 이곳에서 테슬라 모델 3가 100킬로미터를 달릴 때 배출되는 이산화탄소는 0에 수렴한다. 10년간 총배출량은 제조 단계의 17.5톤에 불과하다. 내연 기관차(95톤) 대비 82%의 감축 효과를 내며 기후 변화 억제에 크게 기여한다[13].

그렇다면 한국은 어떨까? 2023년 한국의 전력 생산 비중은 석탄 31.4%, 원자력 31.8%, LNG 26.1%, 재생 에너지 9.2%다[14]. 전력 1kWh를 생산할 때 평균 420그램의 이산화탄소가 배출된다[15]. 테슬라 모델 3가 100킬로미터 주행에 약 15kWh를 소모하므로, 한국에서는 100킬로미터당 6.3킬로그램의 이산화탄소를 배출하는 셈이다. 같은 거리를 주행하는 현대 쏘나타 가솔린 모델(연비 약 12km/L)은 19.4킬로그램의 이산화탄소를 배출한다. 따라서 현재 한국에서 전기차는 동급 내연 기관차 대비 약 67% 적은 배출량을 기록한다.

한국에서 전기차가 진정한 친환경 수단으로 거듭나는 시점은 언제일까? 정부의 제10차 전력수급기본계획에 따르면, 2030년까지 재생 에너지 비중을 21.5%로, 2050년에는 60~70%까지 확대할 계획이다[16]. 재생 에너지 비중이 50%를 넘어서는 2045년 무렵이 되면, 전기차의 전 주기 탄소 배출량은 내연 기관차와 비교할 수 없을 만큼 현저히 낮아질 것이다.

세 번째 역설: 디지털 혁신이 에너지 대식가를 만든다

20세기 후반 '거대한 가속'을 이끈 엔진이 공장, 자동차, 비행기 같은 '강철'이었다면, 21세기의 엔진은 '실리콘'으로 만들어졌다. 우리는 이 새로운 디지털 문명이 깨끗하고 효율적일 것이라 믿었지만, 현실은 기대와 달랐다.

인류는 지금 물리적 세계를 넘어, 보이지 않는 '디지털 에너지 블랙홀'을 창조하고 있다. 그 중심에는 인공 지능(AI)과 데이터 센터가 있다. 2019년 초기 거대 언어 모델(Large language model, LLM)인 GPT-3를 '훈련'시키는 데 소모된 전력은 약 1,287메가와트시(MWh)에 달했다[17·18]. 이는 미국 120가구가 1년 내내 사용하는 전력량과 맞먹는다. 우리는 지성을 창조하는 대가로 막대한 에너지를 일시에 태워 버린 것이다. 심지어 이것은 불과 몇 년 전 구형 모델의 이야기다.

AI와 우리의 디지털 일상을 지탱하는 데이터 센터는 구름처럼 가볍다는 '클라우드(Cloud)'라는 이름 뒤에 숨어 있다. 하지만 그 실체는 영국 전체 전력 소비량(약 300TWh)과 맞먹는 전기를 삼키는 거대한 '지상의 공장'이다. 2022년 전 세계 데이터 센터의 전력 소비는 240~340TWh로 추정된다[19]. 우리가 넷플릭스를 보고, 유튜브를 시청하고, 이메일을 보내는 '가상'의 행위는 수천 킬로미터 떨어진 서버를 뜨겁게 달구는 지극히 '물리적'인 행위다.

국제에너지기구(IEA)는 2024년 보고서에서 AI의 본격적인 확산으로 인해, 불과 2년 뒤인 2026년까지 데이터 센터 전력 수요가 최대 1,050TWh까지 폭증할 것으로 예측했다[20]. 이는 인구 1억 2,000만 명의 경제 대국 일본이 1년 동안 사용하는 전력량(약 900TWh)을 웃도는 규모다.

IT 강국인 한국도 이 블랙홀의 중력권에 있다. 한국 데이터 센터의 전력 소비량은 지난 5년(2018~2023) 사이 5.8TWh에서 11.2TWh로 2배 가까이 증가했다[21]. 20세기의 굴뚝이 검은 연기를 내뿜었다면, 21세기의 데이터 센터는 보이지 않는 열기와 전력 소비라는 '투명한 배기가스'를 배출한다. 문명의 엔진은 형태만 바뀌었을 뿐, 지구의 자원을 태우는 탐욕의 본질은 더욱 은밀하고 거대해졌다.

이러한 현실은 구체적인 숫자로 확인된다. 2024년 7월, 구글은 기후 변화 대응 보고서를 통해 2023년 온실가스 배출량이 2019년 대비 48% 증가했다고 밝혔다[22]. 2007년부터 "탄소 중립(Carbon Neutral)"을 표방해 온 구글의 정책과 정면으로 배치되는 결과였다. 주원인은 바로 AI 서비스의 확산이었다.

네덜란드 흐로닝언주 북부 에임스하벤에 위치한 구글의 대규모 데이터 센터 전경.
©Getty Images

ChatGPT와 같은 생성형 AI에 질문을 던지면 기존 구글 검색보다 약 10배 많은 전력을 소모한다. GPT-4모델과 한 번 문답을 주고받는 데 2.9Wh가 든다[23]. 사용자가 10억 명으로 늘어난다면 필요 전력은 1,000TWh까지 치솟을 수 있으며, 이는 2023년 전 세계 재생 에너지 발전량(약 9,500TWh)의 10%를 상회하는 규모다.

데이터 센터의 효율 지표인 PUE(Power Usage Effectiveness)의 2023년 세계 평균은 약 1.55다[24]. 전력의 64.5%만이 실제 연산에 쓰이고, 나머지 35.5%는 냉각과 전력 변환 과정에서 사라진다는 뜻이다. 구글이나 마이크로소프트 같은 기업의 최신 하이퍼스케일(Hyperscale) 데이터 센터는 이 손실을 10~20% 수준까지 낮췄지만, 센터의 규모 자체가 급격히 커지면서 총전력 소비량은 오히려 폭증하고 있다. NVIDIA의 H100 GPU 하나가 내뿜는 열은 700W다[25]. GPU가 작업을 하면 전자레인지 한 대를 계속 돌리는 것과 같다. 마이크로소프트의 시애틀 데이터 센터는 열을 식히기 위해 하루 500만 갤런의 물을 소비하는데[26], 이는 중소 도시 하나의 일일 용수 사용량과 맞먹는다.

네 번째 역설: 21세기 최대의 에너지 사기, 가상 화폐

2009년 1월 3일, '사토시 나카모토'라는 익명의 인물이 비트코인 네트워크를 가동했다. 그가 첫 번째 블록에 새긴 메시지는 그날 《타임스(The Times)》의 헤드라인이었다. "The Times 03/Jan/2009 Chancellor on brink of second bailout for banks(타임스 2009년 1월 3일 은행 구제 금융에 또다시 세금을 쏟아붓기 직전의 재무장관)"

2008년 금융 위기 직후, 월가의 탐욕이 세계 경제를 무너뜨렸음에도 은행 경영진들이 구제 금융으로 보너스를 챙기는 현실을 비판한 것이다. 사토시의 메시지는 명확했다. 중앙은행이나 정부 같은 중개자 없이 수학과 암호학만으로 신뢰를 구축하겠다는 선언이었다.

기존 금융 시스템은 신뢰에 기반한다. 친구에게 10만 원을 보낼 때, 우리는 은행이 장부를 조작하지 않고, 보안을 유지하며, 정부가 계좌를 함부로 동결하지 않을 것이라 믿어야 한다. 비트코인은 이 '신뢰의 비용'을 기술로 해결하려 했다. 중앙 서버 대신 전 세계 수만 대의 컴퓨터가 동일한 거래 장부를 나눠 갖는 것이다.

하지만 분산된 장부에 누가 새로운 거래를 기록할 것인가 하는 문제가 남는다. 비트코인은 10분마다 단 한 대의 컴퓨터에만 기록 권한을 부여하는 방식을 택했다. 그리고 이 기록 권한을 얻으려는 참여자에게 보상으로 비트코인을 지급하기로 했다. 이것이 사토시 설계의 핵심이다. 10분마다 전 세계 컴퓨터 중 누군가가 복잡한 퍼즐을 풀면, 그에게 최근 거래 내역을 기록할 권한과 함께 신규 발행된 비트코인 3.125개(2026년 1월 기준 약 4억 원)를 준다.

치명적인 문제는 바로 여기서 발생한다. 4억 원이라는 보상을 얻기 위해 전 세계 수백만 대의 컴퓨터가 경쟁에 뛰어든다. 이들이 푸는 퍼즐은 고도의 지능이 필요한 수학 문제가 아니다. 무작위 숫자를 대입해 우연히 정답을 맞히는 단순 반복 작업이다. 마치 자물쇠 비밀번호를 0000부터 9999까지 하나씩 돌려보는 것과 같다. 승부는 오직 연산 속도와 전력 투입량에 달렸다.

평균 151경 번(151 뒤에 0이 18개)의 시도 끝에 한 대가 정답을 찾는다. 그 순간, 나머지 모든 컴퓨터가 수행한 계산은 무용지물이 되어 폐기된다. 당첨된 컴퓨터는 보상을 챙기고, 나머지 수백만 대는 다시 다음 10분의 경쟁을 위해 전기를 태운다. 이것이 '채굴(Mining)'의 실체다.

이 경쟁이 치열해질수록 난이도는 자동으로 올라가고, 더 많은 장비와 전력이 투입된다. 초기엔 노트북으로도 가능했던 채굴이 이제는 전용 채굴기 수천 대를 갖춘 공장형 시설에서만 가능해졌다. 이 과정에서 수행되는 연산의 99.9999%는 중복이고 낭비다. 오직 정답을 찾은 단 한 번의 연산만이 시스템 유지에 기여한다.

2024년 서울의 한 카페에서 당신이 5,500원짜리 커피를 비트코인으로 결제한다고 가정해 보자. 스마트폰을 떠난 거래 신호는 전 세계 네트워크로 퍼진다. 그 순간 텍사스의 창고, 카자흐스탄의 폐공장, 아이슬란드의 컨테이너에서 수백만 대의 '채굴기'가 막대한 열기를 뿜어내며 돌아간다. 10분 후 거래가 확정된다.

비트코인 시스템이 이 하나의 거래를 처리하고 장부에 기록하기 위해 소모하는 총전력을 거래 건수로 나누면, 커피 한 잔에 약 850kWh가 들어간다[27]. 한국 일반 가정이 약 100일간(2,400시간) 사용하는 막대한 전력량이다. 냉장고를 30개월, 세탁기를 2,000번이나 돌릴 수 있는 에너지가 커피 한 잔 값을 치르는 데 쓰였다. 반면 비자(VISA) 카드로 결제했다면 1.49와트시(Wh)면 충분하다[28]. 전구 하나를 1분 정도 밝히는 수준이다. 비트코인은 기존 결제망보다 50만 배 많은 에너지를 낭비한다.

2024년 비트코인 네트워크의 연간 전력 소비량은 121테라와트시(TWh)에 이른다[29·30]. 이는 인구 4,600만 명의 아르헨티나 전체 전력 소비량(약 140TWh)에 육박하며, 한국 연간 발전량(553TWh)의 약 22%

시스템	거래 1건당 에너지 (kWh)	연간 총 에너지 (TWh)	연간 이산화탄소 배출 (Mt)
비트코인	850	121	65.4
VISA 카드	0.00149	0.7	0.35
은행 송금*	0.0015	263	130

* 은행 송금의 수치는 전 세계 은행의 서버, ATM, 지점 등 전체 인프라를 포함한 값.

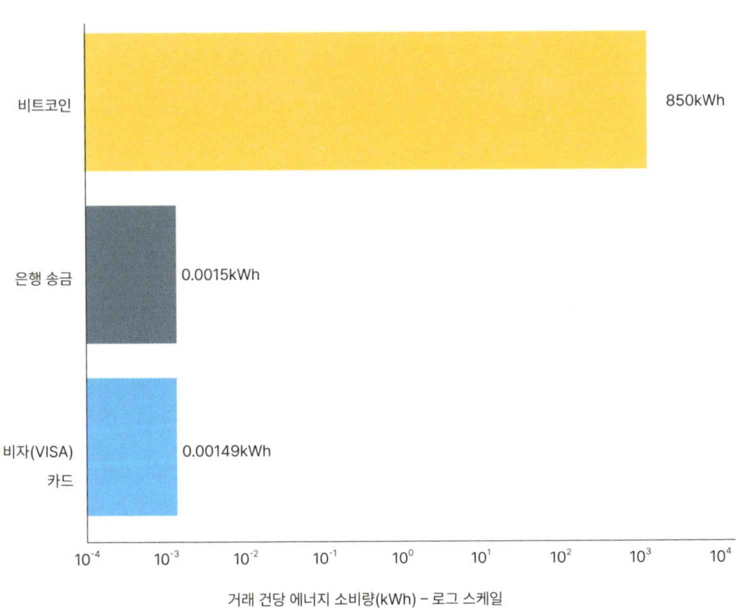

비트코인의 에너지 비효율성이 얼마나 압도적인지 보여 주기 위해 로그 스케일(Log Scale)을 적용했다. VISA 카드나 은행 송금에 비해 막대 길이가 기하급수적으로 길다.

에 해당한다. 서울, 부산, 인천의 전력 소비를 합친 것보다 많다.

이 막대한 에너지로 인류는 무엇을 얻는가? 2024년 기준, 비트코인 거래의 95%는 투기 목적이다. 실물 경제 기여도는 극히 낮다. 아르헨티나는 121TWh로 4,600만 명의 삶을 지탱하지만, 비트코인은 같은 에너지로 소수의 투기적 이익을 창출할 뿐이다.

비트코인 지지자들은 채굴에 재생 에너지가 활용된다고 항변한다. 하지만 2024년 기준, 채굴의 지역별 분포는 미국 38%, 카자흐스탄 18%, 러시아 11% 순이다. 카자흐스탄의 채굴장들은 석탄 화력 발전소 인근에 자리 잡고 있다. 전 세계 채굴 전력 중 재생 에너지 비중은 26%에 불과하며, 나머지 74%는 화석 연료에 의존한다. 그 결과 비트코인은 연간 6,540만 톤의 이산화탄소를 배출한다[31]. 이는 그리스 전체 배출량과 맞먹는다. 매년 2.4ppm씩 상승하는 대기 중 이산화탄소 농도에 비트코인도 명백히 일조하고 있다.

더 안타까운 사실은 이 낭비가 기술적으로 불가피한 것이 아니라는 점이다. 2022년 9월, 암호 화폐 시총 2위 이더리움은 '작업증명(PoW)' 방식을 버리고 '지분증명(PoS)'으로 전환했다. 무의미한 연산 경쟁 대신, 암호 화폐 보유량(지분)에 비례해 기록 권한을 주는 방식이다. 그 결과 이더리움의 에너지 소비는 99.95% 감소했다[32]. 연간 112TWh에서 0.0026TWh로, 국가 단위 소비량이 마을 단위로 줄어든 것이다.

그럼에도 비트코인은 요지부동이다. 수백억 달러 규모의 채굴 장비에 투자한 채굴업자들의 저항, 에너지를 태워야만 희소성이 증명된다는 원리주의자들의 이념, 기득권을 유지하려는 초기 투자자들의 이해관계가 얽혀 있기 때문이다. 비트코인 상위 1% 지갑이 전체

튀르키예 이스탄불의 비트코인 거래소. ©Getty Images

의 27%를, 상위 10%가 82%를 보유하고 있는 극심한 불평등 구조는[33] 변화를 더욱 어렵게 만든다.

중국은 2021년 비트코인 채굴을 전면 금지하며 전 세계 네트워크 전력 소비를 20% 줄이는 효과를 입증했다[34]. 유럽 연합 또한 작업증명 방식 암호 화폐에 대한 환경 규제를 검토 중이다[35]. 비트코인으로 막대한 부를 쌓은 실리콘 밸리의 투자자는 태양광 패널이 설치된 저택에 살지만, 기후 변화로 해수면이 상승해 침수 피해를 입는 방글라데시 농부는 비트코인을 본 적도 없다. 비트코인은 기후 불평등을 심화시키는 가장 극단적인 사례다.

비트코인이 태운 121TWh는 한국 1,200만 가구에 1년간 전기를 공급하거나, 4,000만 내의 전기차를 충전할 수 있는 양이다. 우리는 이 에너지를 투기적 자산에 낭비하고, 지구를 더 뜨겁게 만들었다. 암호 화폐의 혁신성은 중앙은행 디지털 화폐(CBDC)나 지분증명 방식으로도 충분히 구현 가능하다. 1.5°C 저지선이 위태로운 지금, 연간 6,500만 톤의 탄소를 내뿜는 비트코인은 사회 전체에 막대한 비용을 떠넘기면서도, 이를 기술 혁신으로 포장한 21세기 최대의 사기극으로 불려 마땅하다.

다섯 번째 역설: 물만 배출한다는 착각의 함정

2018년 평창 동계 올림픽에서 현대자동차의 수소 전기차 넥쏘(NEXO)가 화려하게 등장했다. 배기구에서 떨어지는 투명한 물방울과 함께 "달리는 공기 청정기"라는 슬로건은 대중을 사로잡았다. 배출되는

종류	원료 및 생산 방식	이산화탄소 배출 특성
그레이(Grey) 수소	**- 천연가스 개질 (수증기 메탄 개질, SMR 공정)** - 현재 전 세계 생산의 90% 이상	**높은 탄소 배출** - 수소 1킬로그램 생산 시, 약 **10킬로그램**의 이산화탄소가 그대로 대기 중으로 방출 - 현재 가장 저렴하지만, 기후 변화의 주범
블루(Blue) 수소	**- 천연가스 개질 + 탄소 포집 (CCS)** - SMR 공정에 이산화탄소 포집 장치 추가	**낮은 탄소 배출** - 발생한 이산화탄소를 포집하여 지하에 저장함 - 그레이 수소보다 배출량이 적으나, 포집율(약 85~95%) 한계로 완전한 '0'은 아님
그린(Green) 수소	**- 재생 에너지 + 물 전기 분해** - 태양광, 풍력 전력 활용	**탄소 배출 "0"** - 생산 과정에서 이산화탄소가 전혀 발생하지 않음 - 기후 위기를 해결할 가장 이상적인 청정에너지원
브라운/블랙 (Brown/ Black) 수소	**- 석탄 가스화** - 갈탄, 무연탄 등 사용	**최악의 탄소 배출** - 수소 1킬로그램 생산 시, 약 **20킬로그램** 이상의 이산화탄소가 쏟아져 나옴 - 가장 반환경적인 방식

것이 오직 물뿐이라는 사실은 경이로웠다. 그러나 그 깨끗한 물방울 뒤에는 불편한 진실이 있다.

2024년 현재, 한국은 약 3만 5,000대의 수소차가 운행 중인 세계 1위 수소차 보유국이다[36]. 전 세계 수소차의 45%가 한국에 있다. 정부는 2030년까지 이를 85만 대로 늘리겠다고 발표했고[37], 막대한 보조금과 인프라 투자를 이어 가고 있다. 이는 삼성의 반도체처럼 수소차로 세계 시장을 선점하려는 현대자동차와 정부의 야심이 투영된 결과다. 하지만 이 계획에는 근본적인 결함이 있다.

수소는 우주에서 가장 흔하지만, 지구상에서 순수 가스 형태로는 존재하지 않는다. 대부분 물(H_2O)이나 메탄(CH_4) 속에 묶여 있다. 이 결합을 끊어 수소를 얻으려면 에너지가 필요하다. 현재 생산되는 수소의 95%는 천연가스를 고온·고압으로 분해해 얻는 '그레이 수소(Grey Hydrogen)'다[38].

이 과정에서 수소 1킬로그램을 얻을 때마다 이산화탄소 10킬로그램이 발생한다[39]. 넥쏘가 100킬로미터를 주행하는 데 수소 1킬로그램이 필요하므로, 주행 거리 100킬로미터당 10킬로그램의 이산화탄소를 배출하는 셈이다. 같은 거리의 쏘나타 가솔린 모델(19.4킬로그램)보다는 수치상 적게 배출하는 것처럼 보인다. 하지만 수소 원료인 천연가스를 채굴하고 개질하는 과정에서 발생하는 메탄 누출의 온실 효과까지 고려하면, 실제로는 내연 기관차와 별반 다르지 않다는 비판도 있다. 전기차(6.3킬로그램)와 비교하면 격차는 더 벌어진다[40]. 배기구에서는 물이 나오지만, 그 수소를 만드는 공장 굴뚝에서는 이산화탄소가 뿜어져 나온다.

재생 에너지로 물을 전기 분해해 만드는 '그린 수소'가 대안으로 거론되지만, 현실의 벽은 높다. 2024년 기준, 그린 수소 생산량은 전체의 0.1%에 불과하다[41]. 그레이 수소보다 4~6배 비싼 생산 비용 탓이다[42].

더 큰 문제는 물리적 효율성이다. 전기로 물을 분해해 수소를 만들고, 이를 압축·운송한 뒤 다시 전기로 바꾸는 과정은 에너지 손실이 너무 크다. 전기차는 전기를 바로 배터리에 담아 쓰지만, 수소차는 복잡한 변환 과정을 거치며 에너지의 70% 이상을 잃어버린다[43]. 이는 기술로 극복하기 어려운 열역학의 한계다.

독일은 일찌감치 수소 승용차의 한계를 깨닫고 전략을 수정했다. 2023년 독일 정부는 "승용차 부문에서 수소는 전기차의 대안이 될 수 없다"고 못 박았다[44]. 수소 충전소는 줄어들고 있으며, 2023년 독일 내 수소차 판매량은 700대에 그쳤다(전기차는 52만 대)[45]. 대신 독일은 수소를 철강, 화학, 선박 등 전동화가 어려운 산업 분야의 탈탄소화 수단으로 집중 육성하고 있다[46].

2023년 전 세계 전기차 판매는 1,400만 대를 기록한 반면, 수소차 시장은 1만 5,000대 수준에 머물렀다[47]. 도요타를 비롯한 글로벌 제조사들도 수소 승용차 비중을 줄이는 추세다. 유독 한국만이 수소 승용차에 막대한 세금을 쏟아부으며 고립된 길을 걷고 있다. 물론 이러한 가혹한 실효성 판단이 지난 수십 년간 불모지에서 세계 최고 수준의 기술을 일궈 낸 엔지니어들의 땀과 노력을 부정하는 것은 결코 아니다.

다만 한국이 확보한 이 압도적인 기술력과 제조 역량을 이제는 인류가 진정으로 필요로 하는 더 거대하고 유효한 전장으로 전환하기 위해 잠시 숨을 골라야 한다는 것이다. 수소는 중요하다. 단지 그 용도가 승용차가 아닐 뿐이다. 철광석을 녹이는 제철소, 거대한 화학 공정, 그리고 배터리가 감당할 수 없는 대형 선박과 트럭이야말로 수소의 진짜 무대다. 한국이 효율 낮은 승용차에 집착하는 동안 정작 수소가 필요한 산업 현장은 여전히 화석 연료에 신음하고 있다. 이제는 '친환경'이라는 상징적 이미지에서 벗어나, 수소가 가장 강력한 힘을 발휘할 수 있는 현실의 무대로 시선을 돌려야 할 때다.

여섯 번째 역설: 친환경의 시간 딜레마

기후 변화에는 '티핑 포인트(Tipping Point)'가 존재한다. 그린란드 빙상의 붕괴나 아마존 열대 우림의 사막화처럼, 한 번 선을 넘으면 되돌릴 수 없는 임계점이다. 현재 대기 중 이산화탄소 농도 423ppm은 이미 위험 수위다. IPCC는 1.5°C 저지선을 지키려면 2030년까지 배출량을 45% 줄여야 한다고 경고한다[48]. *

여기서 딜레마가 발생한다. 전기차나 재생 에너지 설비의 대량 보급은 초기 제조 단계에서 막대한 탄소를 배출한다. 즉, 단기적으로는 이산화탄소 배출을 늘려 티핑 포인트를 앞당길 위험이 있으면서도, 장기적으로는 배출을 억제해야 하는 모순적인 상황이다. 이것이 우리가 마주한 마지막 역설, '시간의 딜레마'다.

녹색 기술이 가야 할 본질

가장 시급한 과제는 '전력망의 청정화'다. 석탄 발전이 주력인 상황에서 전기차 보급은 기후 변화를 가속화할 뿐이다. 한국의 경우, 재생 에너지 비중이 50%를 넘어서는 2045년경이 돼야 전기차가 온전한 친환경 효과를 낼 것으로 보인다[49].

또한 '순환 경제(Circular Economy)' 구축이 필수적이다. 리튬 재활용

률을 현재의 5% 미만에서[50] 90% 이상으로 끌어올려야만 광산 개발로 인한 환경 파괴를 막을 수 있다.

호모 사피엔스는 자기기만에 능하다. 우리는 기술이 모든 것을 해결해 주리라 믿고 싶어 한다. 하지만 '제번스의 역설(Jevons paradox)'[*]이 경고하듯, 기술 발전으로 효율이 높아지면 우리는 자원을 아끼는 대신 소비를 더 늘리는 경향이 있다. AI의 성능과 연산 효율이 비약적으로 개선되면서, 역설적으로 전력 소비가 폭증한 것이 그 증거다. 결국 전기차는 석유 의존도를 낮추는 '차선책'이자 '과도기적 도구'일 뿐, 완벽한 해결책은 아니다.

진정한 변화는 기술 하나가 아니라 시스템 전체의 전환에서 온다. 전 주기 평가를 통해 기술의 진짜 환경 비용을 계산하고, 비트코인 같은 낭비적 구조를 규제하며, 무엇보다 무한한 소비를 부추기는 문화를 성찰해야 한다. 423ppm이라는 숫자 앞에서, 녹색 가면을 벗고 불편한 진실을 마주하는 것. 그것이 과학자로서 제안하는 기후 행동의 첫걸음이다.

---

[*] 19세기 경제학자 윌리엄 스탠리 제번스(William Stanley Jevons, 1835~1882)가 관찰한 현상으로, "기술 발전이나 정책으로 특정 자원의 사용 효율이 높아질수록 그 자원의 총소비량이 오히려 증가할 수 있다"는 현상을 가리킨다. 증기 기관의 효율 향상이 영국의 석탄 소비를 급증시킨 사례가 대표적이다.

22장

각국의 선택과
한국의 길

*"If Hitler invaded Hell,
I would make at least a favourable reference
to the Devil in the House of Commons."*

"만약 히틀러가 지옥을 침공한다면,
나는 하원에서 악마를 지지하는
연설이라도 기꺼이 하겠네."

— 윈스턴 처칠(Sir Winston Churchill),
1941년 6월 21일 독일의 소련 침공 전날 밤,
첩보를 듣고 비서와 나눈 대화 중에서

1941년 6월 22일 새벽 3시 15분, 동유럽의 나치 독일 점령지와 소련의 국경을 따라 3,000킬로미터에 이르는 전선에서 일제히 포문이 열렸다. 아돌프 히틀러(Adolf Hitler, 1889~1945)의 '바르바로사 작전(Operation Barbarossa)'이 시작된 것이다. 300만 명의 독일군과 3,600대의 전차, 7,000문의 대포가 소련으로 밀고 들어갔다. 인류 역사상 최대 규모의 침공이었다[1].

그날 오후 런던 다우닝가 10번지, 윈스턴 처칠(Winston Churchill, 1874~1965)은 창밖을 내다보며 깊은 생각에 잠겨 있었다. 66세의 이 노회한 정치가는 평생 한 가지 원칙을 지켜왔다. 바로 공산주의에 대한 적대였다. 1917년 볼셰비키 혁명 직후부터 그는 블라디미르 레닌(Vladimir Lenin, 1870~1924)의 소련을 '전염병'이라 불렀고, 영국군을 보내 백군을 지원했으며, 의회에서 수십 번 공산주의의 위협을 경고했다. 반공은 그의 신념이자 정체성이었다.

그런데 지금 바로 그 소련이 나치에게 공격받고 있었다. 참모들이 모여들어 어떻게 할 것인지 물었다. 처칠은 주저 없이 소련을 돕겠다고 답했다. 참모들이 놀라 반문했지만, 처칠의 마음은 이미 확고했다. 그는 독일의 소련 침공 하루 전인 지난밤, 비서 존 콜빌에게 자신의 결심을 이미 이렇게 밝힌 바 있었다.

"만약 히틀러가 지옥을 침공한다면, 나는 하원에서 악마를 지지하는 연설이라도 기꺼이 하겠네[2]."

그는 자신의 말을 지켰다. 그날 밤 9시 처칠은 BBC 라디오 방송에서 다음과 같이 선언했다.

"지난 25년간 나만큼 공산주의에 일관되게 반대해 온 사람은 없습니다. 나는 공산주의에 대해 한 말을 철회하지 않을 것입니다. 하지만 이 모든 것은 지금 펼쳐지는 광경 앞에서 빛을 잃습니다. 러시아의 위험은 우리의 위험이며, 러시아의 대의는 우리의 대의입니다. 우리는 러시아와 러시아 국민에게 우리가 줄 수 있는 모든 도움을 줄 것입니다."

불가능해 보이던 동맹이 탄생하는 순간이었다. 자본주의 영국, 공산주의 소련, 그리고 곧 미국까지 합류했다. 연합국(Allied Powers)이 형성됐다. 그들은 서로를 싫어했고 전쟁이 끝나면 다시 적이 될 것을 알았다. 하지만 그보다 더 큰 적, 나치 독일 앞에서 그들은 손을 잡았다. 그 선택이 세계를 구했다.

1941년과 2025년, 불가능한 동맹이 필요하다

2024년 5월, 하와이 마우나로아 산 정상에서 적외선 분광계가 조용히 숫자를 기록했다. 426.9ppm. 이 수치는 지금 인류 역사상 가장 빠른 상승을 하고 있으며 추후에도 멈출 일이 없을 것이다[3].

우리는 지금 전쟁 중이다. 다만 총알이 보이지 않을 뿐이다. 적은 대기를 떠도는 이산화탄소 분자다. 80만 년 만에 최고치를 기록한 그 숫자가 우리의 적이다. 그런데 지금 우리는 무기를 두고 싸우고 있다.

원자력은 위험하다는 주장, 재생 에너지만이 답이라는 확신, 액화 천연가스(LNG)도 화석 연료라는 지적, 수소는 너무 비싸다는 우려. 모두 일리 있는 말이다. 원자력은 위험 요소가 있고, 재생 에너지는 날씨에 민감하며, 천연가스는 완벽하지 않고, 수소는 비싸다.

하지만 1941년 처칠처럼 우리는 질문해야 한다. 지금 우리 앞의 진짜 적은 누구인가? 426.9ppm, 그 숫자가 우리의 적이다. 그 앞에서 원자력이 불편하다고, 재생 에너지가 불안정하다고, 천연가스가 불완전하다고 거부할 여유가 있는가? 처칠은 평생의 적인 공산주의와 손잡았다. 우리도 불완전한 에너지원들과 손잡아야 한다. 완벽한 동맹이 아니어도 괜찮다. 전쟁에서 이기는 것이 먼저다.

그렇다면 세계는 어떻게 싸우고 있는가? 각국의 전장을 둘러보자.

첫 번째 전장: 중국 신장 – 태양 아래 석탄이 타오르다

2024년 여름, 중국 신장 위구르 자치구의 고비 사막 한가운데. 구글 어스로 그 좌표를 찾아보면 끝없이 펼쳐진 태양광 패널의 바다가 보인다. 사막 위로 수백 제곱킬로미터에 걸쳐 검푸른 패널들이 깔려

고비 사막에 설치한 태양광 패널. ©Getty Images

있다. 이곳은 세계 최대 태양광 발전 단지다. 설비 용량만 85기가와트(GW)로 한국 전체 태양광 설비보다 크다. 바람도 분다. 풍력 터빈이 45기가와트 돌아간다. 합치면 130기가와트로 한국 전체 발전 설비의 절반에 해당하는 재생 에너지가 이 사막 한가운데서 생산된다[4].

2023년 한 해 동안만 중국은 태양광 패널을 216기가와트 이상 설치했다. 풍력도 76기가와트가 추가됐다. 2023년 전 세계가 새로 설치한 태양광과 풍력을 모두 합쳐 봐야 500기가와트 수준인데, 그중 절반 이상을 중국 혼자 설치했다[5]. 중국의 성장세는 다른 모든 나라를 합친 것보다 빠르다. 이 속도라면 중국은 2030년까지 재생 에너지 설비를 1,200기가와트까지 늘릴 것이다.

하지만 이 와중에 2023년 중국의 석탄 발전량은 오히려 약 6%나 증가했다. 신규 석탄 발전소가 연간 50기가와트씩 승인되고 있다[6]. 어떻게 이런 일이 가능한가?

답은 간단하다. 재생 에너지는 '추가'일 뿐 '대체'가 아니기 때문이다. 중국의 전력 수요는 폭발적으로 늘어나고 있다. 2023년 전력 소비는 전년 대비 6.7% 증가했다. 새로 지어지는 공장, 데이터 센터, 전기차 충전소, 에어컨을 켠 아파트들이 전기를 먹어 치운다. 태양광을 200기가와트나 깔았지만 수요가 그보다 더 빨리 늘어난다.

그리고 어김없이 밤이 온다. 사막의 태양광 패널은 낮에만 작동한다. 저녁 6시가 되면 출력이 급격히 떨어지고, 밤 8시가 되면 거의 제로다. 그럼 그때 누가 전기를 공급하는가? 석탄 화력 발전소다. 24시간 쉬지 않고 돌아가는 공장들, 밤새 켜진 가로등, 저녁 식사를 준비하는 수억 가정의 전기밥솥을 재생 에너지로는 감당할 수 없다. 중국 정부는 이 문제를 알고 배터리 저장 장치를 세계에서 가장 많이 설치하고 있지만 아직 턱없이 부족하다.

2023년 중국 전력 믹스를 보면 석탄이 여전히 60%다. 5,700테라와트시(TWh)로 엄청난 숫자다. 재생 에너지가 빠르게 늘고 있지만 나머지 약 70%는 여전히 화석 연료와 원자력이다[7]. 전기 1킬로와트시(kWh)를 만들 때마다 배출되는 이산화탄소의 양은 여전히 압도적이다.

중국이 연간 배출하는 이산화탄소는 126억 톤으로 전 세계 배출량의 35%를 차지한다. 이 수치는 압도적인 세계 1위다. 2위인 미국(약 45억 톤)의 두 배가 넘으며, 유럽 연합 27개국과 인도, 러시아의 배출량을 모두 합친 것과 맞먹는다. 인류 역사상 단일 국가가 이토록 막대한 온실가스를 뿜어낸 적은 없었다. 중국은 말 그대로 '세계의 굴뚝'이자 기후 위기의 가장 큰 진원지다.

그렇다면 중국은 실패하고 있는가? 기후 대응이라는 인류 보편의 관점에서는 실패일지 몰라도, 국가 전략적 관점에서는 승리하고 있다. 중국은 기후 대응이 아니라 '에너지 패권'이라는 완전히 다른 목표의 게임을 하고 있기 때문이다. 그들이 장악한 숫자를 보자. 전 세계 태양광 패널 생산의 80% 이상, 배터리 제조의 70% 이상, 전기차 판매의 60%가 중국의 손에 있다. 20세기의 권력이 유전을 가진 자에게 있었다면, 21세기의 권력은 패널과 배터리를 만드는 자에게 있다.

중국은 지금 자국의 값싼 석탄 전기로 공장을 돌려 전 세계 녹색 산업의 공급망을 독점하고 있다. 이것은 단순한 환경 정책이 아니라, 치밀한 제국주의적 산업 전략이다. 하지만 중국의 의도가 무엇이든, 그들의 현실은 우리에게 중요한 과학적 사실을 시사한다. 바로 재생 에너지의 양적 확대만으로는 충분하지 않다는 것이다. 중국이 에너지 패권을 위해 재생 에너지를 저토록 무섭게 늘렸음에도 불구하고, 기저 부하(Base load)를 해결하지 못하자 결국 태양광 패널 뒤에서 여전히 석탄 굴뚝이 연기를 뿜어낼 수밖에 없었다. 이것이 중국이 보여 주는 '물리적 현실'이다.

두 번째 전장: 독일 – 이상을 굴복시킨 현실

21세기 초, 독일은 인류 역사상 유례없는 거대한 실험을 감행했다. 이른바 '에너지 전환(Energiewende)'이다. 화석 연료와 원자력이라는 기존 문명의 두 기둥을 동시에 버리고, 오직 태양과 바람만으로 국가를 운영하겠다는 야심 찬 선언이었다. 2000년 재생에너지법(EEG) 제정을 신호탄으로 독일 정부는 막대한 보조금을 쏟아부었고, 라인강변의 고성들 사이로 태양광 패널이, 북해의 거친 파도 위로 풍력 터빈이 숲을 이루기 시작했다[8].

이 거대한 실험이 급진적인 전환점을 맞은 것은 2011년이었다. 사실 독일 내에서는 1980년대부터 녹색당을 중심으로 반원전 정서가 뿌리 깊게 자리 잡고 있었다. 체르노빌(Chernobyl)의 공포를 기억하는 독일인들에게 원자력은 늘 불안한 동거 대상이었다. 그런 상황에서 2011년 3월 11일, 후쿠시마 원전 사고가 터졌다. 일본 동북부를 덮친 쓰나미와 폭발 장면은 독일 사회의 잠재된 공포에 불을 붙였다.

그날 저녁 독일 전역의 텔레비전에서 후쿠시마 원전 폭발 장면이 반복 재생됐다. 앙겔라 메르켈(Angela Dorothea Merkel) 총리는 결단을 내렸다. 3개월 후 그녀는 "독일은 2022년까지 모든 원전을 폐쇄한다[9]"

고 발표했다. 당시 독일에는 원전 17기가 돌아가고 있었고, 전체 전력의 25%를 공급했다. 메르켈은 물리학 박사 출신으로 과학을 이해하는 사람이었다. 하지만 정치는 과학과 달랐다. 후쿠시마 이후 독일 국민의 80%가 탈원전을 지지했다.

메르켈은 민심을 따랐다. 2011년부터 2023년까지 독일은 원전 가동을 하나씩 중지했다. 2023년 4월 15일 자정 마지막 3기가 멈췄다. 독일에서 원자력 시대가 끝났다. 원전을 대체할 전원이 필요했다. 재생 에너지가 빠르게 늘어났지만 충분하지 않았다. 독일은 천연가스로 눈을 돌렸다. 천연가스는 석탄보다 이산화탄소를 절반만 배출했고 출력 조절도 수월했다. 재생 에너지가 모자랄 때 재빨리 켜고 남을 때 끌 수 있었다.

문제는 그 가스가 어디서 오느냐였다. 러시아였다. 2021년 독일이 수입하는 천연가스의 55%가 러시아산이었다. 파이프라인이 독일과 러시아를 연결했다. 노르트스트림 1(Nord Stream 1), 그리고 2022년 완공 예정이던 노르트스트림 2(Nord Stream 2). 독일 경제는 러시아 가스에 깊숙이 의존하고 있었다[10].

2022년 2월 24일, 러시아가 우크라이나를 침공했다. 독일은 딜레마에 빠졌다. 우크라이나를 지원해야 하지만 러시아 가스 없이는 겨울을 날 수 없었다. 공장이 멈추고 가정의 난방이 끊길 것이었다.

여기서 우리는 1800년 전 중국의 역사에서 뼈아픈 교훈을 발견하게 된다. 208년 중국 양쯔강 적벽에서 조조(曹操, 155~220)가 대군을 이끌고 남하했다. 당시 조조는 북방을 통일하고 막강한 세력을 구축한 상태였다. 강 건너 손권(孫權, 182~252)과 유비(劉備, 161~223)는 각각의 세력이 훨씬 작았다. 혼자서는 절대 이길 수 없었다. 손권의 진영

2011년 11월 8일 노르스트림 개통식에 참석한 앙겔라 메르켈 독일 총리와 드미트리 메드베데프 러시아 대통령. ©Getty Images

에서는 항복론과 주전론이 팽팽히 맞섰다. 유비 진영도 마찬가지였다. 하지만 두 세력은 결국 동맹을 맺었다. 평소 경쟁 상대였고, 전쟁이 끝나면 다시 경쟁할 관계였지만, 조조라는 더 큰 위협 앞에서 손을 잡을 수밖에 없었다. 결국 두 세력은 연합했고, 적벽대전(赤壁大戰)에서 동남풍을 이용한 화공으로 조조군을 격파했다. 역사의 분기점이었다[11].

기후 위기라는 '조조' 앞에서, 탄소를 배출하지 않는 '재생 에너지'와 '원자력'은 손권과 유비처럼 서로 손을 잡아야 했다. 그런데 2011년 독일은 이와는 정반대의 선택을 해 버렸다. 재생 에너지라는 하나의 동맹만 믿고 원자력이라는 강력한 우군을 버린 것이다. 그 결과 독일은 무방비 상태에서 예상치 못한 적, 러시아를 마주해야 했다. 2022년 9월 26일, 노르트스트림 파이프라인이 폭발했다. 사고인지 사건인지는 여전히 논란이지만 결과는 명확했다. 러시아의 가스 공급이 완전히 끊긴 것이다.

독일의 천연가스 가격이 10배 폭등하면서 공장들이 비명을 질렀다. 화학, 철강, 유리 공장이 조업을 중단했다. 에너지 비용을 감당할 수 없었다. 독일 정부는 긴급 조치를 내렸다. 석탄 화력 발전소를 다시 가동했다. 폐쇄 예정이었던 갈탄 발전소까지 재가동했다. 갈탄은 가장 더러운 석탄이다. 이산화탄소 배출량이 어마어마하지만 선택의 여지가 없었다. 물론 이는 일시적인 조치였고, 2023년 이후 독일의 석탄 발전량은 다시 감소세로 돌아섰다[12]. 하지만 중요한 사실은, 에너지 위기라는 절체절명의 순간에 독일이 안보를 위해 가장 먼저 꺼내 든 카드가 결국 '가장 더러운 에너지'인 석탄이었다는 점이다. 이 취약성이 2010년대까지 유럽의 엔진이었던 독일을 '유럽의 병자'로 전락시켰다.

독일 가정의 전기 요금을 보자. 2023년 하반기 기준 킬로와트시(kWh)당 약 40유로센트로 한국 돈으로 약 590원이다. 한국의 4배이며 유럽에서 가장 비싸다[13]. 산업용 전기는 더 심각하다. 독일 제조업체들이 해외로 이전하기 시작했다. 에너지 비용을 감당할 수 없기 때문이다. BASF 같은 화학 대기업이 중국과 미국에 새 공장을 짓기 시작했다. 독일 공장은 축소됐다. 2010년대까지 전 유럽을 먹여 살리던 독일이 이제는 "유럽의 병자"라 불리게 됐다.

재생 에너지 비중이 52%까지 올라갔는데 왜 전기 요금은 폭등했을까? 태양과 바람은 공짜지만 거기 딸려 있는 패널과 터빈은 절대 공짜가 아니기 때문이다. 배터리 저장 장치, 새로운 송전선, 백업 발전소, 이 모든 것에 돈이 든다. 그 청구서는 결국 국민에게 돌아간다. 전기 요금에 포함돼 있다.

2024년 여름 어느 화창한 날 오후 2시, 독일 전역에서 태양광이 최대로 돌아가고 풍력도 잘 돌아갔다. 재생 에너지 출력이 전체 수요를 초과했다. 전기 가격이 마이너스가 됐다. 발전사들이 돈을 주고 전기를 팔았다. 그날 독일은 이웃 나라로 전기를 쏟아부었다. 하지만 그날 저녁 7시, 해가 지고 바람이 잦아들자 재생 에너지 출력이 급감했다. 가스 발전소가 급히 가동됐다. 하지만 러시아산 가스가 없다. 비싼 LNG를 다른 곳에서 수입해서 태운다. 전기 가격이 치솟았다. 2024년 겨울, 독일은 프랑스에서 전기를 수입했다. 프랑스의 원자력 발전소가 만든 전기다. 독일이 버린 그 원자력이다[14].

독일이 우리에게 주는 교훈은 뚜렷하다. 첫째, 원자력을 급격히 폐쇄하면 그 빈자리를 화석 연료가 채우게 된다. 재생 에너지가 아무리 빨리 늘어나도 원자력을 따라잡지 못한다. 둘째, 에너지 안보를 간과하면 결과는 치명적이다. 러시아 가스에 의존한 것이 독일의 아킬레스건이었다. 셋째, 재생 에너지 확대는 막대한 비용을 동반하며 그 비용은 국민이 지불한다.

세 번째 전장: 프랑스 - 원자력이 만든 승리

독일이 탈원전이라는 이상을 좇다 혹독한 대가를 치르는 동안, 라인강 서쪽의 프랑스는 생존을 위해 정반대의 길을 걸었다. 그 선택의 기원은 1973년으로 거슬러 올라간다.

1973년 10월 6일 중동에서 전쟁이 터졌다. 이집트와 시리아가 이스라엘을 공격했다. 욤 키푸르 전쟁(Yom Kippur War)이었다. 전쟁은 20일 만에 끝났지만 그 여파는 세계를 뒤흔들었다. 아랍 산유국들이 석유 수출을 금지했다. 이스라엘을 지원한 서방 국가들에 대한 보복이었다. 석유 가격이 4배 올랐다. 주유소 앞에 긴 줄이 늘어섰고, 공장들이 멈췄으며, 세계 경제가 휘청거렸다[15].

프랑스도 타격을 받았다. 에너지의 75%를 수입 석유에 의존하던 나라였다. 프랑스 정부는 에너지 자립이 필요하다는 것을 깨달았다. 1974년 프랑스 총리 피에르 메스메르(Pierre Messmer, 1916~2007)가 국가 전력 계획을 발표했다. '메스메르 플랜(Messmer Plan)'이라 불리는 이 계획의 핵심은 원자력 발전소를 대규모로 건설하는 것이었다. 많은 사람들이 불가능하다고, 너무 위험하다고, 비용도 엄청날 것이라고 의심했지만, 프랑스는 "우리에겐 석유는 없지만 아이디어는 있다"라며 밀어붙였다[16].

프랑스의 전략은 독특했다. 여러 종류의 원전을 짓는 대신 단 세 가지 표준 설계만 사용하기로 했다. 900메가와트급, 1,300메가와트급, 1,450메가와트급으로 모두 같은 원리로 작동하는 가압경수로(Pressurized Water Reactor, PWR)였다. 이 결정이 모든 것을 바꿨다. 같은 설계로 반복해서 짓다 보니 익숙해졌다. 건설 기간이 짧아지고 비용이 줄었다. 첫 원전을 지을 때는 시행착오가 많았지만, 열 번째를 지을 때는 훨씬 수월했다. 운영도 마찬가지였다. 부품이 표준화돼 재고 관리가 쉬웠고, 한 발전소의 경험을 다른 모든 발전소에 그대로 적용

에너지 주권의 현장. 1970년대 메스메르 계획에 따라 건설된 프랑스 원자력 발전소 제어실.
©Sfen

할 수 있었다. 1977년부터 2000년까지 23년 동안 프랑스는 무려 56기의 원전을 완공했다. 평균 1년에 2.4기씩 지은 셈이다[17].

지금 프랑스를 보자. 56기의 원전이 여전히 돌아간다. 2023년 프랑스 전력의 약 65%가 원자력에서 나왔다. 320테라와트시라는 엄청난 양이다. 수력이 11%를 더하고 재생 에너지(풍력과 태양광)가 14%, 천연가스가 7%를 차지한다. 석탄은 거의 사라져 1% 미만만 남았다[18].

프랑스에서 전기 1킬로와트시를 만들 때 배출되는 이산화탄소는 약 60그램이다. 독일(약 350~400그램)의 6분의 1, 중국(550그램)의 10분의 1로 유럽에서 가장 깨끗한 전기에 속한다. 전기 요금은 킬로와트시당 약 22유로센트로 한국 돈으로 약 320원이며 독일의 절반 수준이다. 유럽에서 가장 저렴한 전기다.

프랑스는 전기 수출국이다. 2023년 한 해 동안 50테라와트시를 이웃 나라로 팔았다. 독일, 영국, 이탈리아, 스페인이 프랑스 전기를 샀다. 특히 독일이 큰손님이다. 탈원전을 선언한 그 독일이 원자력으로 만든 프랑스 전기를 수입한다.

프랑스도 문제가 없지는 않았다. 2022년 여름, 프랑스 전역이 기록적인 폭염에 시달렸다. 론강과 센강의 수온이 올라갔다. 문제는 원전 냉각이었다. 원자력 발전소는 엄청난 열을 만들고 그 열을 식히려면 차가운 물이 필요하다. 보통 강물을 끌어다 쓰는데 강물이 너무 뜨거우면 냉각 효율이 떨어진다. 더 심각한 것은 뜨거워진 냉각수를 다시 강으로 배출하면 강물 온도가 더 올라가 물고기가 죽고 생태계가 망가진다는 사실이다. 프랑스 정부는 어쩔 수 없이 일부 원전의 출력을 줄였다[19].

설상가상으로 정기 점검 중이던 원전 몇 기에서 부식이 발견됐다. 안전 문제였다. 즉각 가동을 중단하고 정밀 검사에 들어갔다. 2022년 한때 56기 중 32기가 멈춰 있었다. 프랑스는 그해 처음으로 전기 수입국이 됐다. 독일과 스페인에서 전기를 샀다[20].

하지만 프랑스는 포기하지 않았다. 2023년 원전들이 정상화됐고, 가동률이 회복됐으며, 전기 수출도 재개됐다. 2022년 2월 에마뉘엘 마크롱 대통령은 새로운 원전을 짓겠다고 발표했다. 6기의 차세대 원전(EPR2)을 건설한다는 계획으로 2035년까지 첫 번째 원전 가동을 목표로 한다. 추가로 8기를 더 지을 수도 있다고 했다. 동시에 재생 에너지도 확대한다. 해상 풍력 40기가와트를 2050년까지 설치할 계

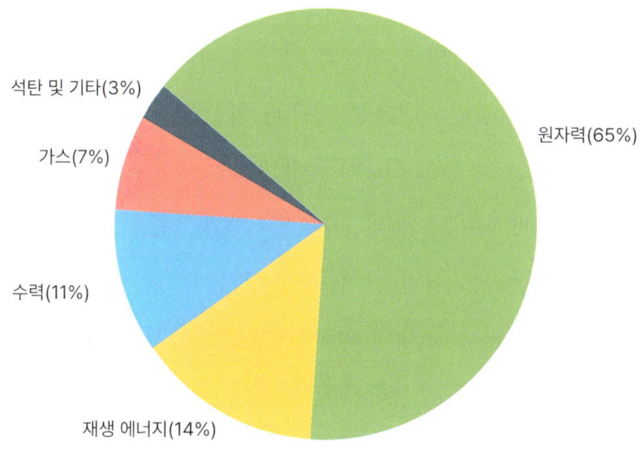

프랑스는 전체 전력의 약 65%를 원자력이 담당하며 확고한 기저 부하를 구축하고 있다. 재생 에너지(풍력+태양광 14%, 수력 11%)가 이를 보조하는 형태이며, 석탄 비중은 1% 미만으로 거의 사라졌다. 이 덕분에 프랑스는 킬로와트시당 탄소 배출량이 약 60그램에 불과한 전기를 생산한다.

획이다. 원자력과 재생 에너지 둘 다 가져간다는 전략이다[21].

프랑스가 주는 교훈은 이것이다. 첫째, 장기 전략의 힘이다. 1974년의 결정이 50년 후인 지금까지 작동한다. 정권이 바뀌어도 원전 정책은 흔들리지 않았다. 좌파든 우파든 프랑스의 에너지 독립이라는 큰 그림에는 동의했다. 둘째, 표준화다. 56기의 원전이 모두 비슷한 설계여서 비용을 줄이고 안전성을 높였다. 셋째, 원자력은 저탄소와 저렴한 전기를 동시에 달성할 수 있다. 독일은 재생 에너지 비중이 52%인데도 전기 요금이 비싸고 탄소 배출이 많다. 프랑스는 원자력 비중이 65%로 깨끗하고 싼 전기를 만든다.

네 번째 전장: 캘리포니아 – 햇살의 주에도 밤은 찾아온다

유럽이 국가 단위의 거대한 체스판 위에서 에너지 전략을 겨뤘다면, 대서양 건너 미국 캘리포니아는 기술과 혁신을 무기로 독자적인 실험에 나섰다. 햇살의 주(Sunshine State) 캘리포니아. 미국에서 가장 인구가 많은 주(3,900만 명)이고 경제 규모로는 세계 5위로 독일보다 크다. 미국 내에서 가장 진보적인 정책을 시행하는 지역이다. 1970년대부터 캘리포니아는 환경 규제의 선구자였다. 자동차 배기가스 기준을 연방 정부보다 먼저 더 엄격하게 만들었다. 다른 주들이 불가능하다고 할 때 캘리포니아는 해야 한다고 주장했다.

2002년 캘리포니아는 재생 에너지 의무 비율을 법으로 정했다. 전력 회사들은 일정 비율 이상을 재생 에너지로 공급해야 했고, 그 비율은 점점 올라갔다. 2018년 제리 브라운(Jerry Brown) 주지사가 더 큰 목표를 선언했다. 2045년까지 100% 청정에너지. 2020년 개빈 뉴섬(Gavin Newsom) 주지사가 한 발 더 나아갔다. 2035년부터 내연 기관 신차 판매 금지. 실제로 상당한 진전이 있었다[22].

캘리포니아에는 태양이 넘쳐난다. 남부의 모하비 사막, 콜로라도 사막은 세계에서 일조량이 가장 많은 곳 중 하나다. 1년 내내 햇빛이 쏟아진다. 2024년 현재, 캘리포니아의 태양광 설비는 40기가와트가 넘는다. 바람도 분다. 풍력이 약 8기가와트다. 여기에 수력, 지열을 더하면 재생 에너지 설비만 60기가와트가 넘는다[23].

2023년 캘리포니아의 전력 믹스를 보자. 재생 에너지가 50% 이상을 차지한다. 태양광이 주도하고 풍력, 수력, 지열이 뒤따른다. 천연가스가 약 40%, 원자력이 약 8%다. 석탄은 제로다. 2024년 4월 어느

'넥서스 프로젝트(Project Nexus) 현장. 머세드 캘리포니아대학교(UC Merced)의 시범 프로그램으로, 캘리포니아 터락(Turlock) 지역 관개 수로를 태양광 패널로 덮어 발전과 물 증발 억제라는 두 가지 목적을 달성하고 있다.©Getty Images

화창한 토요일 오후 2시, 캘리포니아 전역에서 재생 에너지만으로 전체 수요를 감당했다. 잠시 동안이었지만 순간적으로 100%를 달성했다[24].

저녁 6시가 되자 문제가 시작됐다. 태양광 출력이 급격히 떨어졌고 8시가 되자 거의 제로가 됐다. 하지만 전력 수요는 오히려 늘어났다. 사람들이 퇴근해서 집에 돌아와 에어컨을 켜고 저녁을 준비하고 TV를 켰다. 태양광이 사라진 자리를 누가 메웠나? 천연가스 발전소다. 급히 출력을 끌어올렸다. 30분 만에 10기가와트를 더 투입했다.

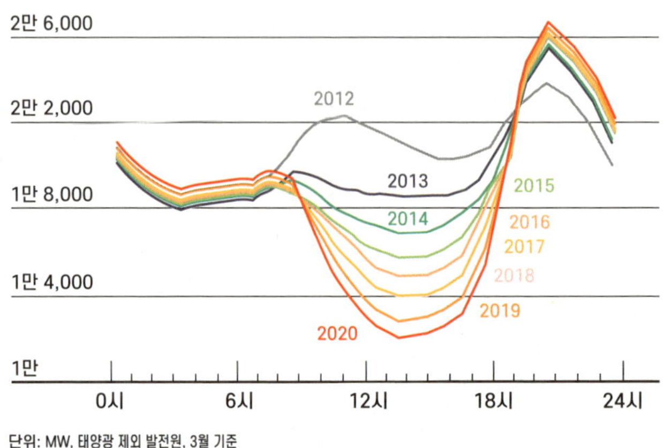

그래프는 하루 동안 캘리포니아 전력망의 순부하량(Net Load, 전체 전력 수요에서 태양광 및 풍력 발전량을 뺀 값) 변화를 나타낸다. 특히 그래프의 여러 색 선은 2012년(가장 위의 완만한 선)에서 2020년(가장 아래의 깊은 선)으로 시간이 흐를수록, 태양광 보급 확대로 인해 낮 시간대 순부하량이 급격히 줄어들며 오리 곡선의 굴곡이 해마다 심화되는 추이를 뚜렷하게 보여 준다. 낮 시간대(오전 10시~오후 4시경)에는 태양광 발전량이 급증하면서 순부하량이 큰 폭으로 감소하여 깊게 파인 '오리의 배' 모양을 형성한다. 그래프의 여러 색 선은 연도별 추이를 나타내며, 해가 거듭될수록 태양광 보급 확대로 인해 배 부분이 더 깊어지는 것을 확인할 수 있다. 반면 해가 지는 저녁 시간대(오후 4시~8시경, 오리의 목)에는 태양광 발전이 중단되는 동시에 퇴근 후 가정의 전력 수요가 몰리면서 순부하량이 폭발적으로 증가하는 '저녁 급경사(Evening Ramp)'가 나타난다. 마치 오리의 긴 목처럼 가파르게 치솟는 이 구간은 짧은 시간 내에 대규모의 대체 발전원(주로 가스 발전)을 투입해야 하는 전력망 운영상의 가장 큰 난제를 의미한다.

[출처: 미국 에너지국]

이 현상에는 이름이 있다. 바로 '오리 곡선(Duck Curve)'이다. 그래프를 그려 보면 영락없는 오리 모양이 나온다. 낮 12시부터 오후 3시까지 태양광이 폭발하면서 기존 전력망의 순수요가 급감한다(오리의 배). 그러다 저녁 6시부터 9시 사이에 급격히 치솟는다(오리의 목). 이 가파른 상승이 문제다[25]. 마치 롤러코스터처럼 급변하는 수요를 맞추기 위해, 전력 운영자는 짧은 시간 안에 수많은 천연가스 발전소를 동시에 가동해야 하는 엄청난 압박을 받는다. 천연가스 발전소는 빠르게 출력을 조절할 수 있지만 한계가 있다. 너무 급격한 변화는 시스템에 무리를 준다. 더 심각한 것은 비용이다. 천연가스 발전소를 하루에 몇 시간만 돌리면 경제성이 떨어진다. 하지만 없으면 또 안 된다.

캘리포니아는 이 문제를 알고 배터리를 대규모로 도입했다. 2024년 현재 배터리 저장 용량이 10기가와트(GW)를 넘어섰다. 세계에서 가장 많다. 낮에 태양광으로 만든 전기를 배터리에 저장하고 저녁에 방전해서 쓴다. 이론적으로는 완벽하다. 하지만 숫자를 보자. 10기가와트(GW)의 배터리 출력은 캘리포니아 전체 저녁 피크 수요(약 30~40GW)를 감당하기엔 턱없이 부족하다[26].

저녁 6시부터 9시까지 3시간을 버티려면 배터리가 지금보다 몇 배는 더 필요하다. 비용은 천문학적이다. 2024년 여름, 캘리포니아는 기록적인 폭염에 시달렸다. 낮 최고 온도가 45°C를 넘었다. 모든 가정이 에어컨을 최대로 틀었고, 저녁에도 온도가 내려가지 않아 밤새 에어컨이 돌아갔다. 배터리는 몇 시간을 못 버텼다. 결국 천연가스 발전소를 최대로 돌렸고, 그래도 모자라서 정전 경보가 내려졌다[27].

캘리포니아가 재생 에너지 60%를 달성했다고 자랑하지만, 그 이면에는 다른 이야기가 있다. 캘리포니아는 전기를 이웃 주에서 대량으로 수입한다. 2023년 수입량이 전체 수요의 약 30%나 된다. 그 전기는 어디서 오는가? 애리조나에서 온다. 천연가스 발전소가 많다. 네바다에서도 온다. 태양광도 있지만 천연가스도 많다. 오리건과 워싱턴에서도 온다. 주로 수력이다[28]. 즉 캘리포니아의 높은 재생 에너지 비율은 다른 주의 화석 연료에 부분적으로 의존한다. 캘리포니아 안에서는 깨끗해 보이지만 배출은 다른 곳에서 일어난다.

공정하게 말하면 캘리포니아도 이웃 주에 전기를 수출한다. 특히 낮에 태양광이 넘칠 때는 싼값에 팔아넘긴다. 주고받는 관계다. 하지만 핵심은 캘리포니아가 혼자서는 100% 재생 에너지를 달성할 수 없다는 것이다. 광역 전력망의 도움이 필수적이다.

캘리포니아가 주는 교훈은, 지리적 조건과 배터리의 한계, 그리고 협력의 중요성이다. 캘리포니아는 사막이 있고 햇빛이 많아서 태양광이 가능하다. 하지만 모든 곳이 캘리포니아와 같지 않다. 배터리는 아직 완전한 해법이 아니다. 기술이 발전하고 있지만 대규모 저장에는 한계가 있으며 비용도 여전히 높다. 또한 캘리포니아는 독립된 전력망이 아니라 서부 전력망의 일부다. 이웃 주와 전기를 주고받는다. 이 연결이 없다면 불가능했을 것이다.

다섯 번째 전장: 북유럽 – 협력이 만든 기적

혼자서는 도저히 이겨낼 수 없는 거대한 파도 앞에서, 서로의 손을 맞잡아 불가능을 가능으로 바꾼 역사적 순간이 있다. 에너지 전환의 현장에서도 이와 같은 '연합 작전'은 필수적이다.

1944년 6월 6일의 D-Day는 역사상 가장 큰 상륙 작전이었다. 미국, 영국, 캐나다, 프랑스 자유군이 함께 노르망디 해안에 상륙했다. 아이젠하워(Dwight D. Eisenhower, 1890~1969) 장군은 결정을 내려야 했다. 기상 조건은 최악이었다. 폭풍이 몰아쳤고 파도가 거셌다. 완벽한 조건을 기다리면 독일군이 방어를 더 강화할 것이고, 보름달이 지나면 조수 간만의 차 때문에 불리해진다. 한 달을 더 기다려야 했다. 하지만 아이젠하워는 불완전한 조건에서 강행했다. 왜냐하면 각국이 힘을 합친 '연합군'이라는 카드가 있었기 때문이다. 날씨는 나빴지만, 연합군은 서로의 부족한 점을 메워 주며 거대한 파도를 넘었다[29].

이처럼 불완전한 조건들을 서로의 장점으로 상쇄하는 전략은, 오늘날 북유럽 국가들이 에너지 문제를 해결하는 방식과 놀랍도록 닮았다. 노르웨이는 축복받은 나라다. 빙하가 녹아 흐르는 강, 깎아지른 피오르, 폭포가 쏟아지는 계곡에 물이 넘쳐난다. 1,700개의 수력발전소가 있고, 총설비 용량은 33기가와트다. 인구는 550만 명밖에 안 되어 1인당 발전 용량이 세계에서 가장 높다.

2023년 노르웨이 전력의 약 88%가 수력이고, 약 10%는 풍력이다. 화석 연료는 거의 없다. 전기 1킬로와트시당 이산화탄소 배출량은 5그램 내외로 제로에 가깝다. 노르웨이는 전기가 남아돈다. 영국, 독일, 덴마크, 네덜란드에 수출한다. 해저 케이블로 연결돼 있다[30]. 하지만 아이러니가 있다. 노르웨이는 세계적인 석유 및 천연가스 수출국이다. 자국에서는 깨끗한 전기를 쓰면서 다른 나라에는 화석 연료를 판다.

스웨덴은 다른 전략을 택했다. 수력도 있고 원자력도 있다. 2023

노르웨이 아스킴(Askim)시 소재 솔베르그포스(Solbergfoss) 수력 발전소. 아스킴에 위치한 수력 발전소 세 곳 중 하나다. ©Getty Images

년 스웨덴 전력 믹스는 원자력 30%, 수력 40%, 풍력 20%, 기타 10%다. 전기 1킬로와트시당 이산화탄소 약 15그램으로 유럽에서 노르웨이 다음으로 깨끗하다[31].

흥미로운 역사가 있다. 1980년 스웨덴은 국민 투표를 했다. 원전을 폐쇄할 것인지를 물었고, 과반수가 찬성했다. 정부는 2010년까지 모든 원전을 없애기로 했다. 하지만 시간이 지나면서 생각이 바뀌었다. 원전 없이 전력 수요를 감당할 수 없다는 게 명확해졌다. 2010년 의회는 원전 폐쇄 결정을 뒤집었고, 2024년 현재 스웨덴은 6기의 원전을 운영하며 새로운 원전 건설을 계획하고 있다[32].

덴마크는 인구 590만 명의 작은 나라다. 하지만 풍력에서는 거인이다. 1991년 덴마크는 세계 최초로 상업용 해상 풍력 단지를 건설했다. 빈데뷔(Vindeby) 풍력 단지였다. 작았지만 덴마크의 미래를 결정짓는 첫걸음이었다. 그로부터 30년 후 덴마크는 전력의 50% 이상을 풍력에서 얻는다. 육상 풍력과 해상 풍력을 합쳐서다. 바람이 잘 불 때는 100%를 넘는다. 남는 전기는 이웃 나라로 수출한다. 하지만 바람이 불지 않으면 수입해야 한다. 노르웨이에서, 스웨덴에서, 독일에서[33].

북유럽의 비밀은 통합 전력 시장이다. 노르풀(Nord Pool)이라 불린다. 노르웨이, 스웨덴, 덴마크, 핀란드가 참여하고 발트 3국도 연결되어 있다. 실시간으로 전력을 사고판다[34]. 덴마크에서 바람이 많이 불면 전기 가격이 떨어진다. 남는 전기를 노르웨이로 수출한다. 노르

덴마크는 변동성이 큰 풍력 발전의 단점을 인접 국가와의 협력을 통해 해결했다.
©Getty Images

웨이는 그 시간 동안 수력 발전소의 수문을 닫는다. 물을 저장한다. 나중에 쓰기 위해서다. 바람이 잦아들면 노르웨이가 수문을 연다. 덴마크로 전기를 보낸다. 가격은 올라가고 노르웨이는 돈을 번다.

각국의 특성이 완벽하게 보완된다. 노르웨이는 수력(저장 가능, 유연), 스웨덴은 원자력(안정적 기저 부하)과 수력, 덴마크는 풍력(변동적), 핀란드는 원자력과 바이오매스다. 혼자서는 불가능했을 일들이 함께하니 가능해진다. 여기서 얻는 교훈은, '지리적 행운'을 인정하고 '협력의 힘'을 믿으라는 것이다. 노르웨이는 빙하가 있어서 수력이 가능하고, 덴마크는 바람이 세다. 모든 나라가 이런 조건을 가진 건 아니다. 덴마크가 혼자였다면 풍력 50%는 불가능했을 것이다. 하지만 노르웨이와 스웨덴이 연결돼 있으니 가능하다.

여섯 번째 전장: 일본 - 후쿠시마 이후, 갈림길에 선 섬나라

2011년 3월 11일 오후 2시 46분, 도쿄에서 북동쪽으로 370킬로미터 떨어진 태평양 해저에서 지각판이 움직였다. 규모 9.0의 지진이었다. 일본 역사상 가장 강력한 지진이었다. 건물이 흔들리고 사람들이 책상 밑으로 숨었다. 3분간 흔들림이 계속됐다. 그리고 40분 후 쓰나미가 왔다. 높이 약 15미터의 물벽이 후쿠시마 해안을 덮쳤다. 마을이 순식간에 사라졌고, 1만 8,000명이 목숨을 잃었다[35].

후쿠시마 제1원자력 발전소도 쓰나미에 휩쓸렸다. 6기의 원전 중 3기가 가동 중이었고, 지진으로 자동 정지했다. 여기까지는 예상했던 자연 재앙이었고, 설계대로 적절히 대응했다. 이 원자로는 리히터

규모 9.0의 충격에도 끄떡없었다[36]. 그런데 문제는 그다음이었다. 원자로 자체는 멈췄지만 핵연료는 여전히 뜨거웠기에 냉각이 필수였다. 냉각 펌프는 전기로 작동한다. 외부 전원이 끊기고 비상 디젤 발전기가 켜졌다. 여기까지도 설계대로였다. 하지만 쓰나미가 발전기를 휩쓸었다.

당시 원전의 방파제는 5.7미터 높이의 해일을 가정해 설계됐으나, 실제 닥친 쓰나미는 14미터가 넘었다. 지하실에 있던 발전기가 침수됐고 전기가 완전히 끊겼다. 이 사고의 결과는 핵폭발이 아니었다. 냉각 기능 상실로 인한 수소 가스 폭발이었다. 전기가 끊기자 냉각수가 끓어올라 수위가 내려갔고, 노출된 핵 연료봉이 녹아내리며(멜트다운)

2023년 8월 22일, 일본 교도통신이 헬기에서 촬영한 후쿠시마 제1원자력 발전소의 모습.
©Getty Images

지르코늄 피복재와 물이 반응해 대량의 수소 가스를 만들어 냈다. 이렇게 건물 안에 차오른 수소가 스파크와 만나 폭발한 것이다[37].

즉 지진 그 자체보다는 예상치 못한 거대 해일로 인한 침수와 그에 따른 전력 상실이 사고의 본질이었다. 만약 발전기가 침수되지 않았다면 사고는 일어나지 않았을 것이다.

사고 이전 일본은 원자력에 크게 의존했다. 54기의 원전이 돌아가 전체 전력의 30%를 공급했다. 정부는 2030년까지 원전 비중을 50%로 늘릴 계획이었다. 일본은 에너지 자원이 없는 나라다. 석유, 석탄, 천연가스 모두 수입한다. 원전을 제외하면 에너지 자급률이 6%밖에 안 됐다. 원자력은 에너지 안보의 핵심이었다. 그런데 후쿠시마 사고 후 모든 것이 바뀌었다[38].

2012년 5월 일본의 모든 원전이 멈췄다. 54기 전부. 일본 역사상 처음 있는 일이었다. 정기 점검 후 재가동 승인이 나지 않았다. 국민 여론이 악화됐기 때문이다. 전기가 부족했다. 여름철 냉방 수요를 감당할 수 없었다. 정부는 절전을 호소했고, 공장들이 조업을 줄였으며, 가정에서는 에어컨 사용을 자제했다. 더 큰 문제는 천연가스(LNG) 수입이었다. 원전을 대체하려면 LNG를 태워야 했다.

수입량이 급증했고, 2010년 대비 연간 추가 비용이 3조 6,000억 엔에 달했다. 약 36조 원이다. 전기 요금이 폭등했다. 2013년까지 25% 올랐다. 가정도 기업도 부담이 컸고, 제조업체들이 비명을 질렀다. 일본의 무역 수지가 악화됐다. 2011년 이후 3년 연속 적자였다. 에너지 수입 때문이었다[39].

일본 정부는 새로운 원전 안전 기준을 만들었다. 2013년 7월 세계에서 가장 엄격한 기준이라고 했다. 쓰나미 대비 방벽 높이, 비상 전원 다중화, 냉각수 공급 다양화 등을 요구했다. 원전 운영사들은 막대한 비용을 투입해 안전 설비를 보강했다. 1기당 수천억 엔씩 들어 갔다. 재가동 신청이 들어왔다. 54기 중 상당수는 폐로(폐쇄) 결정이 났다. 너무 낡았거나 안전 개선 비용이 너무 컸다.

2015년 8월 센다이 1호기가 처음으로 재가동했다. 후쿠시마 사고 이후 4년 5개월 만이었다. 이후 하나씩 추가됐지만 속도는 매우 느렸다. 2024년 현재, 일본은 10여 기의 원전을 가동하고 있고, 7기가 재가동 심사 중이다[40]. 2023년 일본 전력 믹스를 보면 LNG 32%, 석탄 32%, 재생 에너지 22%, 원자력 8% 정도다. 전기 요금은 여전히 비싸다. 후쿠시마 이전보다 30% 이상 높다[41].

2024년 일본 정부는 새로운 에너지 기본 계획을 발표했다. 2030년 목표는 원자력 20~22%, 재생 에너지 36~38%, 화석 연료 41%다. 원전을 더 재가동하고 차세대 원자로도 개발한다. 동시에 재생 에너지도 확대한다. 해상 풍력 목표를 2040년까지 30기가와트 이상으로 잡았다. 암모니아를 석탄과 섞어 태우는 기술도 개발 중이다[42].

일본이 주는 교훈은, 급격한 탈원전의 대가가 크다는 점과 에너지 안보가 생존의 문제라는 점이다. 화석 연료 수입 급증, 전기 요금 폭등, 무역 수지 악화, 탄소 배출 증가로 모든 것이 악화됐다. 일본은 섬나라이고 자원이 없다. 모든 에너지를 수입한다. 원자력은 그나마 우라늄을 한 번 장전하면 1년 이상 쓸 수 있다.

왜 협력과 맞춤형 전략이 필요한가?

지금까지 여섯 개 국가와 지역을 살펴봤다. 성공도 있고 실패도 있었다. 하지만 한 가지는 분명하다. 어떤 나라도 완벽하지 않다는 것. 중국은 재생 에너지를 폭발적으로 늘렸지만 석탄도 여전히 태운다. 독일은 이상은 높았지만 실패했다. 프랑스는 성공했지만 2022년 위기를 겪었다. 캘리포니아는 인상적이지만 혼자서는 불가능하다. 북유럽은 축복받았지만 복제 불가능하다. 일본은 여전히 갈팡질팡한다. 완벽한 모델은 없다. 모든 나라가 각자의 조건에서 최선을 다하고 있을 뿐이다.

노르웨이가 수력 88%를 달성한 건 빙하와 피오르 덕분이다. 캘리포니아가 태양광을 많이 깐 건 사막이 있기 때문이다. 덴마크의 풍력은 바람 덕분이다. 반대로 일본과 한국은 지리적으로 불리하다. 좁은 땅, 많은 인구, 약한 바람, 적은 강수량으로 재생 에너지 잠재력이 제한적이다. "왜 우리는 노르웨이처럼 못 하나?"라는 질문은 의미가 없다. 우리는 노르웨이가 아니고 우리에게 빙하가 없다. 각 나라는 자기 조건에 맞는 전략을 찾아야 한다.

남의 성공을 부러워할 게 아니라 남의 실패에서 배워야 한다. 덴마크가 풍력 50% 이상을 달성한 비밀은 무엇인가? 노르풀(Nord Pool)이다. 노르웨이, 스웨덴과 전력망이 연결돼 있다. 바람이 없을 때 수입하고 바람이 많을 때 수출한다. 만약 덴마크가 섬이었다면 불가능했을 것이다. 바람이 멈추는 순간 정전이다. 캘리포니아도 마찬가지다. 인접 주와 연결돼 있어서 60% 재생 에너지가 가능하다. 만약 독립된 섬이었다면 훨씬 어려웠을 것이다.

독일은 대륙 국가다. 프랑스, 폴란드, 체코, 덴마크와 연결돼 있다. 위기 때 이웃에서 전기를 살 수 있다. 2024년 겨울, 독일은 프랑스 원전 전기를 수입했다. 반면 일본과 한국은 섬이다. 전력망이 대륙과 연결되어 있지 않다. 일본은 홋카이도, 혼슈, 규슈가 주파수가 다르다(50Hz와 60Hz). 자국 내 전력망조차 하나로 통일하지 못했다. 한국은 완전한 섬 전력망이다. 북한과 단절됐고, 일본과 해저 케이블로 연결되지 않았으며, 중국, 러시아와도 연결이 없다. 모든 것을 혼자 해결해야 한다. 이 때문에 재생 에너지 확대가 더 어렵다. 변동성을 완충할 이웃이 없다.

독일 GDP에서 제조업이 차지하는 비중은 20%다. 미국은 11%다. 서비스업 중심 경제다. 한국은 27%를 넘는다. OECD 국가 중 가장 높다[43]. 반도체, 철강, 석유 화학, 자동차, 조선, 디스플레이 등 모두 제조업이다. 제조업은 24시간 돌아간다. 반도체 공장은 단 1초도 멈출 수 없다. 순간 정전이 발생하면 웨이퍼 전체가 버려진다. 수백억 원의 손실이 난다. 철강 용광로는 한번 끄면 재가동이 불가능하다. 식으면서 굳어 버린다. 폭파해서 다시 지어야 한다. 이런 산업에 재생 에너지의 변동성을 감당하라고 요구하는 것은 불가능하다. 안정적인 전력이 필수다.

서비스업 중심 경제라면 다르다. 사무실, 상점, 가정은 몇 시간 정전을 견딜 수 있다. 불편하지만 치명적이지는 않다. 그래서 캘리포니아는 재생 에너지 비중을 높일 수 있다. 하지만 제조업 중심 경제에서는 훨씬 어렵다. 기저 부하가 필수다. 24시간 안정적인 전원이 있어야 한다.

1941년 처칠은 평생의 적인 공산주의와 손잡았다. 완벽한 동맹은 아니었다. 하지만 나치라는 더 큰 적 앞에서 선택의 여지가 없었다.

2024년 우리도 같은 상황이다. 426.9ppm이라는 적 앞에서 원자력이 불편한가? 체르노빌과 후쿠시마처럼 될까 봐 무섭고 방사성 폐기물 문제도 있다. 하지만 원자력은 대규모, 안정적, 저탄소 전원이다. 전기 1킬로와트시당 12그램 내외의 이산화탄소만 배출한다. 석탄(820그램)의 68분의 1이다. 재생 에너지가 불안정한가? 맞다. 태양은 밤에 사라지고 바람은 변덕스럽다. 하지만 재생 에너지는 깨끗하고 국내 생산이 가능하다. 에너지 안보에 기여한다. 천연가스가 불완전한가? 맞다. 여전히 화석 연료다. 하지만 석탄보다 탄소 배출이 50% 적다. 그리고 출력 조절이 빠르다. 재생 에너지의 변동성을 백업하기에 최적이다.

완벽한 에너지원은 없다. 하지만 조합은 가능하다. 원자력으로 기저 부하를 깔고, 재생 에너지를 최대한 확대하고, 천연가스로 유연성을 확보하는 것. 이것이 현재 기술로 가능한 최선이다. 이념적 순수함을 고집하는 순간 우리는 진다. 독일이 그랬다. "원전은 절대 안 돼"라고 고집하다가 석탄을 더 태웠다. 탄소 배출이 늘었고, 전기 요금이 폭등했다. 반대로 "재생 에너지는 쓸모없어"라고 무시하면 에너지 안보를 잃는다. 영원히 화석 연료 수입에 의존해야 한다.

처칠은 "만약 히틀러가 지옥을 침공한다면 하원에서 악마를 위해 연설할 것"이라고 했다. 공산주의는 그가 평생 싸워 온 적이었다. 하지만 나치라는 더 큰 적 앞에서 손을 잡았다. 그 선택이 세계를 구했다.

2025년 우리도 같은 선택을 해야 한다. 426.9ppm, 이것이 우리의 적이다. 그 앞에서 원자력이 불편하다고, 재생 에너지가 불안정하다고, 천연가스가 불완전하다고 거부할 여유가 없다. 처칠처럼 우리도 말해야 한다. "만약 426.9ppm을 낮추는 데 원자력이 필요하다면 우리는 원자력과 손잡을 것이다. 재생 에너지가 필요하다면 그 변동성을 감수할 것이다. 천연가스가 필요하다면 과도기적 해법으로 받아들일 것이다." 완벽한 동맹은 없다. 하지만 전쟁에서 이기는 것이 먼저다.

각국의 실험이 보여 주는 것은 분명하다. 한 가지 에너지원만으로는 탄소 중립과 안정적인 전력 공급이 불가능하다는 것. 지리적 조건이 다르면 전략도 달라야 한다는 것. 협력이 필수라는 것이다.

한국, 가장 어려운 전장

일본은 그나마 원전 재가동이라는 선택지라도 있었다. 하지만 한국이 처한 상황은 일본보다 훨씬 더 가혹하고, 외려 벼랑 끝에 가깝다.

서울 강남역 한복판에 서 보자. 사방으로 고층 빌딩이 솟아 있다. 지하철 출구에서 사람들이 쏟아져 나온다. 도로는 차로 가득하다. 밤이 돼도 불빛은 꺼지지 않는다. 24시간 편의점, 밤새 돌아가는 공장, 새벽까지 켜진 아파트 불빛이 있다. 한국 국토 면적은 약 10만 제곱킬로미터다. 인구는 5,170만 명. 인구 밀도는 도시 국가를 제외하면 세계에서 세 번째로 높다[44].

노르웨이와 비교해 보자. 노르웨이 면적은 한국의 3.8배다. 인구는 550만 명으로 한국의 10분의 1이다. 인구 밀도는 한국의 37분의 1이다. 1인당 국토 면적을 계산하면 더 극명하다. 노르웨이 국민 1인당 국토 면적은 축구장 10개 넓이다. 한국 국민은 축구장 3분의 1도 안 된다.

재생 에너지는 본질적으로 '땅따먹기'다. 태양광 패널을 깔려면 넓은 평지가 있어야 하고, 풍력 터빈을 세우려면 바람 길을 방해하지 않는 넓은 공간이 필요하다. 한국에는 그런 땅이 없다. 국토의 64%가 산이다[45]. 평야는 16%에 불과하고, 나머지는 도시와 도로다. 태양광 패널을 깔 수 있는 땅을 찾으면 농지를 전용하거나 산을 깎아야 한다. 2020년대 초반 한국에서 태양광 붐이 일었다. 정부가 재생 에너지 보조금을 주자 산 곳곳에 태양광 패널이 올라갔다. 나무를 베고 경사면을 깎았다. 숲이 사라졌다. 주민들이 반발했다. 산사태 위험도 제기됐고, 실제로 폭우 때 패널이 쓸려 내려간 사례도 있었다.

2024년 현재, 한국 태양광 설비는 약 28기가와트다. 숫자만 보면 독일의 3분의 1 수준이다. 하지만 문제가 있다. 이용률이다. 태양광의 이용률*은 평균 15%에 불과하다[46]. 즉 28기가와트 설비가 실제로 1년 내내 만드는 전기는 1기가와트급 원전 4~5기 수준에 불과하다.

풍력은 어떨까? 한국의 평균 풍속은 4~5m/s다. 경제성 있는 풍력 발전에는 최소 7m/s 이상 필요하다. 육상 풍력은 거의 불가능하다. 서해안과 제주도는 바람이 강한 편이다. 하지만 여기도 문제가 있다. 첫째, 어업권 충돌이다. 서해는 어민들이 생계를 잇는 곳이다. 해상 풍력 터빈을 세우면 어민들이 반대한다. 보상 문제로 마찰이 생긴다. 둘째, 수심이다. 서해는 얕아 고정식 터빈을 세울 수 있다. 하지만 동

---

*   이용률=실제 연간 발전량÷(설비 용량×연간 시간). 전력 설비의 이용률은 연간 실제 발전량을 해당 설비가 1년 동안 100% 출력으로 가동됐을 때의 이론적 발전량으로 나눈 비율이다. 참고로 한국의 풍력 발전 이용률은 약 25% 내외이며, 원자력 발전은 약 80~90% 수준이다.

해는 깊다. 부유식 터빈을 띄워야 하는데 비용이 두 배 이상 든다. 셋째, 태풍이다. 한반도는 태풍 경로에 있다. 여름철마다 태풍이 온다. 터빈이 버틸 수 있도록 설계해야 하고 비용이 더 든다[47].

2024년 한국 풍력 설비는 약 2기가와트다. 독일의 30분의 1도 안 된다. 정부는 2030년까지 해상 풍력 14기가와트를 목표로 한다. 하지만 어업권 문제, 주민 반대, 환경 영향 평가 등 넘어야 할 산이 많아 실현 가능성은 요원하다.

노르웨이는 전력의 약 88%를 수력 발전에 의존한다. 그렇다면 한국도 수력을 늘릴 수는 없을까. 한국에도 소양강댐, 충주댐처럼 규모가 큰 댐들이 존재한다. 그러나 대부분의 대형 댐은 1960~1980년대에 건설됐고, 그 이후 추가적인 댐 건설은 거의 이뤄지지 않았다. 더 지을 만한 입지가 남아 있지 않기 때문이다. 수력 발전에 적합한 주요 하천에는 이미 댐이 들어서 있다. 새로운 댐을 건설하려면 마을이 수몰되고, 생태계 파괴가 불가피하다. 이로 인해 사회적 수용성은 극히 낮다. 현재 한국의 수력 발전은 전체 전력의 1% 남짓에 불과하지만 더 늘리는 것은 사실상 불가능하다[48].

2023년 기준, 한국 GDP에서 제조업이 차지하는 비중은 27%가 넘는다. OECD 국가 중 최고 수준이다. 삼성전자 평택 반도체 공장을 생각해 보자. 365일 24시간 돌아간다. 단 1초도 멈출 수 없다. 전력이 0.1초만 끊겨도 웨이퍼 전체가 버려진다. 수백억 원의 손실이 난다. 포스코 광양제철소의 용광로는 1,500도로 철광석을 녹인다. 전기가 끊겨 공정을 유지할 수 없게 되면 용광로 안의 쇳물이 굳어 재가동이 불가능하다. 이렇게 되면 고로를 폭파해서라도 다시 지어야 하고 수천억 원이 날아간다[49]. 여수 석유 화학 단지는 연속 공정이다. 원유를 분해해서 에틸렌, 프로필렌, 벤젠을 만든다. 각 단계가 다음 단계로 이어진다. 한 곳이 멈추면 전체가 멈춘다.

재생 에너지의 변동성을 생각해 보자. 구름이 끼면 태양광 출력은 순식간에 절반 가까이 떨어진다. 바람이 잦아들면 풍력은 멈춘다. 제조업은 이런 변동성을 견딜 수 없다. 서비스업 중심의 경제는 사정이 다르다. 사무실의 컴퓨터가 몇 분 꺼지면 불편할 수는 있어도 치명적이진 않다.

그러나 제조업에서는 이야기가 달라진다. 전력 공급이 흔들리는 순간, 생산 공정 전체가 중단되고 막대한 손실로 이어질 수 있다. 그래서 한국에는 안정적인 기저 부하 전원이 필수다. 하루 24시간, 계절과 날씨에 상관없이 흔들림 없이 전기를 공급할 수 있는 전원 말이다.

덴마크는 바람이 없을 때 노르웨이에서 전기를 사 온다. 독일은 전력 위기 상황에서 프랑스의 원자력 전력을 활용한다. 캘리포니아 역시 애리조나와 네바다 등 인접 주에서 전력을 수입하며 전력망을 안정시킨다. 이들 국가는 전력망을 통해 실시간으로 에너지를 주고받을 수 있다. 한국은 다르다. 실시간으로 전력을 교환할 수 있는 이웃이 없다. 전력 수급과 계통 안정 문제를 오롯이 혼자 해결해야 한다[50].

전력망에서 주파수는 60Hz로 유지돼야 한다. 허용 오차는 ± 0.2Hz 안팎이다. 이 범위를 벗어나면 기기 오작동이 발생하고, 공장은 멈춘다. 화력 발전소와 원자력 발전소는 거대한 터빈이 회전하며 전기를 만든다. 이 회전 질량이 관성으로 작용해, 갑작스럽게 부하가 늘어나도 주파수를 안정시키는 완충 역할을 한다. 반면 태양광과 풍력은 인버터를 통해 전기를 변환하는 방식으로 계통에 연결된다. 관성이 없다. 재생 에너지 비중이 높아질수록 주파수 관리가 어려워진다.

제주도는 재생 에너지가 전력망에 어떤 부담을 주는지 보여 주는 사례다. 제주도는 섬이라는 특성상 전력망 규모가 작고 풍력 비중이 높다. 그런데 제주도는 연간 100회 가까이 풍력 발전을 강제로 멈춘다. 이를 출력 제어(Curtailment)라고 부른다[51]. 전력망이 변동성을 감당 못 하기 때문이다. 2023년 제주도에서 출력 제어로 버려진 전기가 상당하다. 바람이 잘 불어도 그 전기를 쓸 수가 없다. 전력망 용량이 감당할 수 없어서다. 한국 본토로 확대하면 더 큰 문제가 생긴다. 2024년 현재, 재생 에너지 비중이 10% 미만인데도 관리가 쉽지 않다. 정부 목표는 2030년까지 21.6%로 끌어올리는 것이다. 과연 가능할까. 유럽은 가능하다. 국가 긴 전력망이 언결되어 있어서 서로 보완해 줄 수 있다. 그러나 한국은 혼자 버텨야 한다[52].

석탄은 전량 수입에 의존하는데, 연간 1억 톤 이상을 주로 호주와 인도네시아 등에서 들여온다. 액화 천연가스(LNG) 역시 100% 수입에 의존한다. 연간 수입량은 약 4,400만 톤으로, 세계 3위 수준이다. 주요 수입국은 카타르, 호주, 미국이다. 석유의 수입 의존도는 약 99.8%에 이르며, 사우디아라비아, 아랍에미리트(UAE), 쿠웨이트 등 중동 국가 비중이 크다. 원자력 발전의 연료인 우라늄도 전량 수입한다. 주된 공급국은 캐나다와 호주, 니제르 등이다[53].

2023년 한국의 에너지 수입액은 약 200조 원에 육박했다. 만약 중동에서 전쟁이 나고, 호르무즈 해협이 막히고, 러시아가 가스 수출을 중단하면, 한국 경제는 심각한 타격을 받는다. 2022년 러시아-우크라이나 전쟁이 발발하면서 경험한 일이다. LNG 가격이 폭등했고, 석탄 가격도 올랐다. 전기 요금 인상이 불가피했지만 정치적으로 어려운 일이었다. 결국 한국전력공사가 적자를 떠안았다. 2021부터 2023년까지, 3년간 한전 적자는 43조 원을 넘었다. 에너지 안보는 한국에게 생존의 문제다. 모든 에너지를 수입에 의존하고, 전력망이 고립된 사실상 섬나라인데, 여기에 제조업 중심 경제까지 겹치니 취약성이 극대화된다[54].

한국: "What is to be done?"

그렇다면 한국이라는 고립계(Isolated System)에서 도출할 수 있는 최적해는 무엇일까. 각국이 서로 다른 길을 선택한 이유는 단순하다. 처한 조건, 즉 초기 조건(Initial Condition)과 경계 조건(Boundary Condition)이 다르기 때문이다. 땅의 넓이, 인구 밀도, 기후, 자원 부존, 산업 구조, 이웃 국가와의 관계. 이 모든 변수가 에너지 전략을 결정한다. 한국의 조건은 이미 살펴봤다. 좁은 땅, 높은 인구 밀도, 약한 바람, 포화된 수력, 고립된 전력망, 100% 에너지 수입 의존, 그리고 24시간 안정 전력을 요구하는 제조업 중심 경제. 이 데이터들은 한국에 독일식 재생 에너지 모델을 대입하면 오류(Error) 혹은 실패(Fail)가 발생함을 가리킨다. 노르웨이식 수력 의존도, 캘리포니아식 전력망 연계도 불가능하다.

그렇다면 남은 것은 무엇인가? 주어진 물리적, 경제적, 지리적 제약 안에서 탄소 배출을 최대한 줄이면서도 전력 공급의 안정성과 경제성을 동시에 확보하는 '공학적 최적화(Optimization)'가 그것이다. 이는 완벽한 해법이 아니다. 하지만 현재 기술 수준과 사회적 비용을 수식에 넣고 돌렸을 때, 산출되는 가장 효율적인 조합이다. 한국이 고려해야 할 에너지 믹스는 다음의 세 기둥으로 구성될 때 가장 안정적이다.

◆ 첫 번째 기둥: 원자력 - 안정적 기저 부하

우리는 앞서 프랑스의 사례를 살펴봤다. 프랑스는 전력의 약 65%를 원자력으로 생산하며, 유럽에서 가장 탄소 배출이 적고, 전기 요금이 낮은 국가 중 하나다. 프랑스 전력의 탄소 배출량은 1킬로와트시당 약 60그램으로, 독일의 약 6분의 1 수준이다.

한국은 이미 높은 수준의 원자력 기술을 보유한 나라다. 한국형 원전 APR1400은 상업성과 안전성을 인정받아 아랍에미리트(UAE)에 수출됐다. 40년이 넘는 원전 운영 경험을 축적했다. 2025년 현재, 26기의 원전이 가동 중이다. 2023년 기준, 한국 전력의 약 30%는 원자력에서 생산됐다. 만약 이 전력을 석탄으로 대체한다면, 연간 1억 톤 이상의 이산화탄소가 추가로 배출될 것이다[55·56].

흔히 수소나 꿈의 에너지라 불리는 핵융합을 대안으로 기대하지만, 냉정히 말해 아직은 시기상조다. 수소는 에너지를 담는 그릇일 뿐, 스스로 에너지를 내는 원천이 아니다. 수소를 만들려면 결국 또 다른 전기 에너지가 필요하다. 핵융합은 빨라야 2050년 이후에나 상용화를 기대할 수 있다. 당장 우리 눈앞에 닥친 426.9ppm의 위기를 막기엔 너무 먼 미래의 기술이다. 지금 당장 탄소를 줄일 수 있는 대규모 에너지원은 원자력이 유일하다[*].

---

[*]　원자력과 핵융합의 차이: 원자력 발전은 우라늄 같은 무거운 원자핵을 억지로

고리 원자력 발전소 1, 2, 3, 4 호기. ©Wikipedia

원자력이 갖는 강점은 크게 세 가지다. 부지 효율성, 안정성, 그리고 저탄소성이다.

먼저 부지 효율성. 출력 1기가와트(GW)급 원자력 발전소는 약 0.5제곱킬로미터의 부지만 있으면 운영이 가능하다. 반면 같은 양의 전력을 실제로 생산하려면 태양광은 40제곱킬로미터 이상의 면적이 필요하다. 토지 이용 측면에서 두 발전원 사이에는 압도적인 차이가 존재한다[57].

'쪼개서(핵분열)' 발생하는 열에너지를 이용한다. 반면 핵융합은 수소 같은 가벼운 원자핵들을 '합쳐서' 에너지를 만드는 기술로, 방사성 폐기물 위험이 적고 효율이 월등히 높지만 1억 도 이상의 초고온을 제어해야 하는 기술적 난제가 남아 있다.

특히 국토가 좁고 산지가 많은 한국에서 '에너지의 밀도'는 생존의 문제다. 동일한 양의 전기를 1년 동안 생산한다고 가정할 때, 태양광은 원자력보다 압도적으로 넓은 땅을 필요로 한다[58·59]. 원전은 24시간 돌아가지만(이용률 90%), 태양광은 해가 떠 있을 때만 발전하기(이용률 15%) 때문이다. 이 차이를 보정하여 계산하면, 태양광은 원자력보다 무려 132배나 더 넓은 부지를 차지해야만 같은 양의 전기를 만들어 낼 수 있다[60]. 이를 서울의 지형에 대입해 보면 그 차이가 피부로 와닿는다. 원자력으로는 여의도 면적의 5분의 1만 있어도 가능한 전력량을, 태양광으로 얻으려면 여의도 면적의 27배, 즉 분당 신도시 4개를 합친 땅을 전부 패널로 뒤덮어야 한다[61]. 숲을 밀어내고 산을 깎지 않는 이상, 한국 땅에서 이 정도 규모를 감당하는 것은 애초에 불가능에 가까운 도전이다.

두 번째는 안정성이다. 원자력은 날씨와 계절에 관계없이 하루 24시간, 일정한 출력으로 전기를 생산할 수 있다. 전력 공급의 미세한 흔들림에도 취약한 제조업이 요구하는 조건에 가장 잘 부합하는 전원이다.

마지막으로 저탄소성이다. 원자력은 발전 과정뿐 아니라 건설과 폐로까지 포함한 전 생애 주기를 기준으로 해도, 전력 1킬로와트시당 탄소 배출량이 약 12그램에 불과하다. 이는 석탄 발전(약 820그램)의 68분의 1, 천연가스 발전(약 490그램)의 41분의 1 수준이다[62].

물론 넘어야 할 과제가 많다. 우리는 방사성 폐기물 처분장을 건설해야 할지도 아직 결정하지 못했다. 고준위 폐기물은 수만 년간 관리해야 한다. 또한 원자력 관리 주체에 대한 국민 신뢰도 결코 호의적이지 않다. 우리 사회는 후쿠시마 사고의 공포를 공유하고 있다.

그러나 과학자로서 한 가지 사실을 덧붙이자면, 현재까지의 국제적 과학 연구 결과에 따르면, 방사능 오염이 전 세계 해양 생태계에 미친 영향은 사고 원전 인근 연안을 제외하면 매우 미미한 수준에 불과하다[63].

2011년 사고 직후 우려와 달리, 태평양 전역에 대한 장기 모니터링 연구에서 방사성 세슘-137(^{137}Cs)과 스트론튬-90(^{90}Sr)의 농도는 사고 원전에서 멀어질수록 급격히 감소했으며, 북미 서부 해안에서 측정된 수치는 자연 배경 방사선 수준과 구별이 어려웠다[64]. 해양 생물에 대한 포괄적 조사에서도 사고 인근 20킬로미터 반경을 제외한 지역의 어류에서는 식품 안전 기준을 초과하는 방사능이 거의 검출되지 않았다. 10년 이상의 장기 추적 연구 결과, 태평양 생태계의 생물 다양성과 개체군 구조는 사고 이전 수준을 회복했으며, 오히려 방사능보다는 쓰나미로 인한 물리적인 파괴가 더 큰 영향을 미쳤다[65].

따라서 우리 사회가 가진 공포의 상당 부분은 과학적 사실보다 과장된 이미지에 기인한다. 원자력 발전소는 핵무기가 아니며, 후쿠시마 사고 또한 원자로가 스스로 폭발한 것이 아니라 예상을 뛰어넘는 거대 해일이 발전기를 침수시켜 냉각 기능을 마비시킨 결과에 비롯했다. 즉 지진과 해일이라는 외부의 물리적 타격이 없었다면 발생하지 않았을 통제 가능한 사고였다는 것이다.

여기서 하나 더. '통제 가능하다'는 표현은 오만이 아니라, 리스크를 수학적 확률 범위 안으로 가둘 수 있다는 과학적 해석을 의미한다. 후쿠시마 사고가 정말 인간이 어찌할 수 없는 불가항력의 재앙이었을까? 데이터는 정반대의 이야기를 한다. 당시 후쿠시마 원전보다 진앙지에 더 가까웠던 오나가와(女川) 원전은 동일한 지진과 해일을 맞고도 안전하게 정지했고, 심지어 지역 주민들의 대피소로 쓰이기까지 했다.

같은 쓰나미를 맞았음에도 결과가 극단적으로 갈린 이유는 단 하나, '숫자' 때문이었다. 후쿠시마 원전이 최근 100년의 데이터에 의존해 5.7미터의 방벽을 쌓을 때, 오나가와 원전의 건설 주역이었던 엔지니어 히라이 야노스케(平井弥之助, 1902~1986)는 1100년 전인 869년 조간(貞観) 지진의 지질학적 기록을 분석했다. 그리고 그는 경영진의 반대에도 불구하고 해발 14.8미터 높이의 부지 조성을 관철시켰다.

실제로 2011년 오나가와에 들이닥친 쓰나미의 높이는 약 13미터였다. 후쿠시마는 침수됐지만, 14.8미터 위에 있던 오나가와는 안전했다. 즉, 원전 사고는 신의 영역이 아니라, 데이터의 모집단을 어떻게 설정하고 안전 마진(Safety Margin)을 얼마나 확보하느냐에 달린 철저한 수학과 공학의 영역이다. 올바른 변수를 대입하면 사고는 충분히 '통제 가능'하다.

다시 말해, 후쿠시마 원전 사고는 원자력이라는 에너지 그 자체의 결함이 아니라, 쓰나미 높이라는 입력 변수(Input Variable)를 잘못 대입한 설계 오류였다. 오류가 확인된 변수를 수정하여 수식에 다시 대입하면, 결과값은 '사고'에서 '안전'으로 바뀐다. 이것이 과학 기술이 작동하는 방식이다. 비행기 추락 사고가 났다고 해서 항공 역학 자체를 부정하지 않고, 사고 원인을 분석해 재발 방지 시스템을 만드는 것과 같은 이치다.

사고에 대한 우려만큼이나 해결하기 어려운 숙제로 꼽히는 것이 바로 사용 후 핵연료, 즉 폐기물 문제다. 하지만 이 또한 불가능한 영역이 아니다. 핀란드는 지하 500미터에 온칼로(Onkalo)라는 영구 처분장을 만들었다. 이곳의 기반암은 18억 년 동안 지질학적 변동이 없었다. 핵연료 독성이 사라지는 데 걸리는 10만 년은 18억 년이라는 지질학적 시간의 고작 0.005%에 불과하다. 18억 년을 하루(24시간)로 치면 10만 년은 고작 4초에 불과하다. 지질학적 조건을 다 떠나 단순히 수학적으로만 계산해, 지난 24시간 동안 전혀 꿈쩍없던 땅이 앞으로의 4초 동안 갈라질 확률은 수학적으로 0에 수렴한다.

소형원전모듈(Small Modular Reactor, SMR)은 기존 대형 원전의 경직성 한계를 극복할 수 있는 유일한 대안이라는 점에서 포기할 수 없는 카드다. SMR은 '소형'이라는 특성상 부피 대비 표면적이 넓어, 전력 공급 없이 자연 대류만으로도 열을 식힐 수 있는 열역학적 강점을 지닌다. 또한 현장 건설이 아닌 공장에서 정밀하게 제조하는 '모듈' 방식이기 때문에 시공 오차를 최소화하고 균일한 품질을 보장한다. 무엇보다 기존 원전의 아킬레스건인 '전동 펌프'를 없앴다는 점이 핵심이다. 정전 시 멈출 수밖에 없는 기계 펌프 대신, 뜨거운 물이 위로 오르고 찬물이 내려가는 자연 원리를 이용하기에 전기가 끊겨도 스스로 열을 식힐 수 있다.

한국이 SMR 개발에 투자하며 2028년 상용화를 서두르는 이유는, 그것이 장밋빛 미래를 약속하는 '꿈의 기술'이라서가 아니다. 이 척박한 물리적 조건하에서 우리가 수식에 대입할 수 있는 몇 안 되는 '변수'이기 때문이다. 물론 갈 길은 멀다. 기술적 난관과 규제 장벽은 여전히 높고, 2028년 상용화 목표가 지나치게 낙관적이라는 비판 또한 타당하다. 하지만 탄소 중립이라는 복잡한 방정식을 풀기 위해, SMR이 수학적으로 유효한(Mathematically Valid) 옵션임은 부정할 수 없다[66·67].

◆ 두 번째 기둥: 재생 에너지 - 최대한 확대, 단 물리적 한계

재생 에너지의 장점은 명확하다. 깨끗하고 무한하며 국내 생산이 가능하다. 에너지 안보에 기여한다. 한국은 재생 에너지를 늘려야 한다. 하지만 독일처럼 50% 이상을 목표로 삼는 것은 비현실적이다. 독일은 대륙 국가이고 이웃과 연결돼 있다. 한국은 섬이다.

현실적으로 한국이 달성 가능한 재생 에너지 잠재력을 따져 보자. 태양광은 30~40기가와트까지 확대 가능하다. 지붕, 주차장 캐노피, 저수지 수상을 활용하면 농지나 산림을 훼손하지 않고도 가능하다. 해상 풍력은 15~20기가와트가 목표가 될 수 있다. 서해 중심으로 어업권 문제를 해결하고 주민과 이익을 공유하면 가능하다. 합치면 약 50~65기가와트다. 하지만 이것은 설비 용량이다. 실제 발전량으로 환산하면 훨씬 적다. 한국 전체 전력 수요의 약 15~20% 수준이 될 것으로 예상한다[68].

독일(52%)이나 캘리포니아(50% 상회)의 높은 수치를 한국에 기계적으로 대입할 수 없는 결정적 이유는 '전력망의 연결 유무'에 있다. 대륙 전력망에 연결된 그들은 전력이 부족하면 수입하고, 남으면 수출하며 유연하게 대처할 수 있지만, 전력망이 고립된 한국은 재생 에너지의 모든 불규칙한 변동성을 외부의 도움 없이 오롯이 내부에서 감당해야 한다. 이 때문에 한국에서 재생 에너지는 저장 장치가 필수다. 바로 에너지 저장 장치(ESS)다. 태양광은 낮에만 전기를 만들지만, 우리는 밤에도 전기가 필요하다. 남는 전기를 담아둘 거대한 배터리가 없으면 태양광 패널은 무용지물이다.

그런데 이 ESS가 문제다. 첫째, 비용이 천문학적이다. 현재 한국 배터리 저장 용량은 전체 수요를 5분도 못 버틴다. 저녁 피크 3시간을 버티려면 200기가와트시가 필요하고 비용은 수십조 원에서 100조 원까지 예상된다[69·70]. 둘째, 안전성이다. 리튬 이온 배터리는 열폭주 화재 위험이 있다. 2017~2018년 연쇄 화재 사고가 ESS 확대에 찬물을 끼얹었다[71].

◆ 세 번째 기둥: LNG - 유연성과 과도기 백업

액화 천연가스(LNG)는 불완전하다. 화석 연료다. 하지만 석탄보다 탄소 배출이 50% 적다. 석탄이 전기 1킬로와트시당 820그램의 이산화탄소를 배출하는 데 비해, LNG는 490그램으로 훨씬 적다. 그리고 출력 조절이 빠르다. 30분 안에 0%에서 100%로 올릴 수 있다. 재생 에너지의 변동성을 백업하기에 최적이다. 한국은 이미 세계 3위 LNG 수입국이다. 인프라가 있다[72]. 인천, 평택, 통영, 삼척에 LNG 터미널이 있고 가스 발전소가 전국에 있다. 기존 설비를 활용할 수 있다.

LNG는 장기적으로는 줄여야 한다. 하지만 단기-중기적으로는 필수다. 석탄을 급격히 퇴출하려면 무언가로 대체해야 한다. 재생 에너지만으로는 불가능하다. 원자력은 건설에 10년 걸린다. 그 사이 LNG가 다리 역할을 한다. 석탄 화력을 LNG 복합 화력으로 전환하면 같은 전력량을 만들면서 탄소 배출을 절반으로 줄일 수 있다.

◆ 세 기둥 비율 - 사실과 원칙만 제시할 수 있다

세 기둥의 비율을 어떻게 가져갈 것인가? 나는 구체적 숫자를 제안할 수 있는 사람이 아니다. 그것은 정책 결정자의 몫이다. 다만 과학자로서 데이터가 가리키는 방향을 제시할 뿐이다.

우선 원자력을 40~50% 수준까지 유지한다. 이는 프랑스 모델이다. 원자력은 안정적인 기저 부하를 제공한다. 그다음, 재생 에너지를 20~25%까지 확대한다. 이는 우리나라에서 할 수 있는 현실적인 최대치에 해당한다. 이것은 누군가에게는 만족스럽지 않은 수치일 것이다. 하지만 이것은 희망 사항이 아니라 물리학과 지리학이 우리에게 허용하는 임계치(Threshold)다. 더 올리려면 배터리 비용이 감당 불가능해지고 전력망 붕괴 위험이 커지게 된다. 마지막으로 LNG를 25~30% 수준으로 유지한다. 재생 에너지 확대 과정에서 발생하는 변동성에 대응하기 위한 과도기적 백업 전원이자, 전력 시스템의 유연성을 확보하기 위한 선택이다.

석탄은 단계적으로 감축해 최종적으로 전력 믹스에서 완전히 퇴

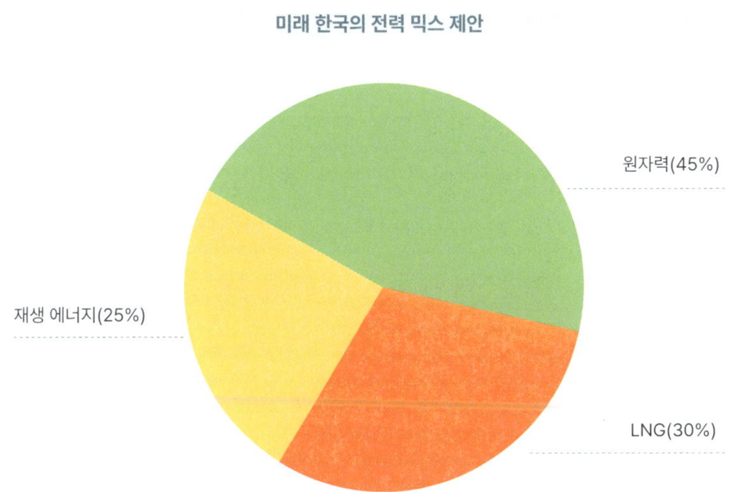

원자력(45%)으로 제조업이 요구하는 안정성을 확보하고, 지리적 한계를 고려하여 재생 에너지(25%)를 현실적 최대치로 설정하며, LNG(30%)로 변동성에 대응하는 유연성을 갖춘다. 이 시나리오의 핵심은 가장 오염도가 높은 석탄을 완전히 퇴출하기 위한 에너지 믹스 로드맵이다.

출한다. 석탄은 주요 발전원 가운데 탄소 배출과 환경 부담이 가장 큰 '더러운' 에너지원이기 때문이다[73].

그렇다면 이런 전력 믹스 전환은 어떤 효과를 가져올까? 2023년 기준, 한국의 전력 믹스에서는 석탄과 LNG를 합쳐 60%를 넘었고, 그 결과 전력 1킬로와트시당 탄소 배출량은 약 420그램 수준이었다. 이를 원자력 45%, 재생 에너지 25%, LNG 30%, 석탄 0%의 구조로 전환할 경우, 전력 부문의 평균 탄소 배출량은 킬로와트시당 약 150그램 수준으로 낮아진다. 현재 대비 60% 이상 감축되는 셈이다.

이 수치는 프랑스(약 60그램)에는 미치지 못하지만, 독일(약 350그램)보다는 훨씬 낮다. 동시에 전력 공급의 안정성을 유지하면서도 전기 요금 급등을 피할 수 있다. 원자력 비중이 높을수록 평균 발전 단가가 낮아지는 구조이기 때문이다[74].

◆ 선택하지 않는 것도 선택이다

하지만 만약 원전을 더 이상 늘릴 수 없다면? 이는 한국 사회가 직면할 수 있는, 매우 비관적이지만, 보다 현실적인 시나리오에 가깝다. 신규 원전 건설은 사회적 합의가 필요하며, 부지 선정 과정에서의 갈등은 상상을 초월한다. 또한 사용 후 핵연료 처리장 문제가 해결되지 않는 한 원전 확대는 강력한 반대에 부딪힐 것이다.

대안은 무엇인가? 부족분은 필연적으로 LNG 발전 확대와 전기 요금의 대폭 인상으로 메워야 할 것이다. 재생 에너지 확대는 물리적 한계가 뚜렷하므로 기저 부하를 담당할 현실적 대안은 오직 LNG 뿐이다. 그러나 LNG는 전량 수입에 의존하며 가격 변동성도 크다. 이는 곧 전기 요금 인상 압박으로 이어질 수밖에 없다.

또한 산업 구조의 재편도 불가피할 수 있다. 에너지 비용 상승을 감당하기 어려운 전력 다소비 업종(철강, 석유 화학 등)은 경쟁력을 잃거나 해외로 이전해야 할지도 모른다. 이는 일자리 감소와 경제 성장 둔화라는 고통을 수반한다. 즉, 원전을 선택하지 않는다면 우리는 더 비싼 전기 요금을 내고, 산업 경쟁력 약화를 감수하는 '비용'을 치러야 한다. 이것이 우리가 처한 냉혹한 현실이다. 공짜 점심은 없다. 어떤 선택을 하든 그 대가를 치러야 한다.

한국이 넘어야 할 산들

◆ 기술적 과제

어렵게 대응 전략을 마련한다 손치더라도, 여전히 넘어야 할 기술적 과제들이 남아 있다. 지금부터 언급할 내용은 학계와 산업계에 이미 널리 알려진 변수들이지만, 아직 명쾌한 해법을 찾지 못한 난제들이다.

우선 재생 에너지 확대와 짝을 이루는 배터리 저장 장치의 규모를 대폭 늘려야 한다. 현재 약 6GWh 수준인 에너지저장장치(ESS)를 최소 20GWh 이상으로 확대해야 한다는 것이 중론이다[75]. 이를 위해서는 무엇보다 비용 효율성(Cost-Efficiency)을 높이는 것이 관건이다. 현재 킬로와트시당 수십만 원에 이르는 구축 비용은 경제성을 확보하기에 아직 부담이 크다.

안전성 문제도 해결해야 한다. 2017~2018년 국내에서 ESS 화재가 연속적으로 발생하며 문제가 드러났다. 리튬 이온 배터리의 열

폭주(Thermal Runaway) 특성에서 비롯된 사고였다. 재생 에너지 확대를 위해서는 비용뿐 아니라 화학적·공학적 안전성 측면에서도 한 단계 진전된 배터리 기술이 필요하다[76·77].

전력망 운영 방식 역시 근본적으로 바뀌어야 한다. 재생 에너지 비중이 높아질수록 전력 공급과 수요의 변동성이 커지고, 계통 관리도 복잡해진다. 이를 감당하려면 스마트 그리드를 전국 단위로 구축해야 한다.

수요 반응(Demand Response) 제도도 필수적이다. 전력이 남을 때는 가격을 낮춰 소비를 유도하고, 부족할 때는 가격을 높여 수요를 억제하는 시장 메커니즘이다. 여기에 분산된 소규모 발전원과 배터리를 하나의 발전소처럼 통합 제어하는 가상 발전소(VPP, Virtual Power Plant) 역시 중요한 역할을 맡게 된다[78].

◆ 경제적 과제

전기 요금도 현실화해야 한다. 2024년 현재, 한국 전기 요금은 원가 이하다. 한전이 그 적자를 전부 떠안고 있다. 2021년부터 2023년까지 누적 적자가 43조 원을 넘었다. 이는 재무적으로 지속 불가능한 구조다. 전기 요금을 점진적으로 인상하고 비용 구조를 정상화시켜야 한다. 하지만 급격한 인상은 국민 부담이 크다. 차등 요금제가 필요하다. 취약 계층과 기본 생활용 전기는 낮은 요금과 보조금으로 보호하고, 다소비 산업과 사치성 소비에는 징벌적이거나 합리적인 고요금을 부과하는 것이다[79].

재생 에너지 확대 비용도 마련해야 한다. 해상 풍력 14기가와트를 건설하려면 수십조 원이 든다. 태양광 확대에도 수십조 원이다. 배터리 저장 장치 추가에 또 수십조 원이 필요하다. 합치면 100조 원이 넘을 수 있다. 이 돈을 어디서 구할 것인가. 정부 재정, 민간 투자, 탄소 배출권 수익, 전기 요금 전가 등 가용 가능한 모든 재무적 옵션을 조합해야 한다. 15~20년에 걸쳐 투자한다면 연간 수조 원이다. 부담스럽지만 불가능한 숫자는 아니다[80].

◆ 사회적 과제

원자력 안전성에 대한 국민 신뢰를 회복해야 한다. 후쿠시마 사고 이후 원전에 대한 두려움이 크다. 투명한 정보 공개, 무엇보다 데이터에 기반한 팩트 체크가 너무나 필요하다. 과학적이고 정확한 사실 파악이 필수다. 원전의 안전 기록, 방사선 측정 데이터, 사고 시 대응 계획을 가공 없이 공개할 수 있어야 한다. 독립적인 규제 기관이 필요하다. 원전 운영사와 분리된 규제 위원회가 엄격하게 감독하는 시스템이 될 수 있어야 한다. 지역 주민과의 소통도 중요하다. 원전 주변 지역에 이익을 공유하고 안전 점검에 주민이 참여할 수 있게 해야 한다[81].

재생 에너지 님비(NIMBY, Not In My BackYard) 현상도 극복해야 한다. 산지 태양광은 산림 훼손 문제로 반대가 크다. 해상 풍력은 어민들이 어장을 잃는다며 반대한다. 풍력 터빈 소음 문제도 있다. 송전탑 건설도 주민 반대에 부딪힌다. 이것을 극복하려면 주민 참여가 필수다. 재생 에너지 사업에 지역 주민이 투자하고 이익을 나눠 가지는 구조가 필요하다. 독일의 에너지 협동조합 모델을 참고할 수 있다. 마을 주민들이 공동으로 태양광이나 풍력 발전소를 소유하고 수익을 배당받는다[82].

◆ **정치적 과제**

한국 에너지 정책의 최대 문제는 정치적 일관성 부재다. 2017년 문재인 정부는 탈원전 정책을 선언했다. 신규 원전 건설 중단, 노후 원전 수명 연장 불허, 원전 비중을 점진적으로 줄이고 재생 에너지로 전환한다는 계획이었다. 5년 후 2022년 윤석열 정부는 정반대 정책을 폈다. 원전 회귀를 선언했다. 신규 원전 건설 재개, 계속 운전 승인, 원전 비중 확대가 목표였다[83].

5년마다 정책이 180도 요동친다. 산업계 입장에서는 예측 불가능성이 너무 커서 장기 투자가 불가능하다. 원전 건설에는 10년이 걸린다. 정권이 바뀔 때마다 정책이 바뀌면 누가 투자하겠는가? 프랑스를 보자. 1974년 메스메르 플랜 이후 50년간 정책이 일관됐다. 좌파 정부든 우파 정부든 원전 정책은 유지됐다. 그래서 성공했다. 한국도 초당적 합의가 필요하다. 에너지 정책은 정치 싸움의 도구가 아니다. 국가 생존의 문제다. 20~30년 장기 로드맵을 만들고 정권이 바뀌어도 유지되도록 법제화해야 한다[84·85].

생존이 걸린 사회적 합의

여기까지가 큰 그림이다. 원자력 40~50%, 재생 에너지 20~25%, LNG 25~30%, 석탄 0%라는 전략의 골격은 물리적 현실과 경제적 제약이 허용하는 범위 안에서 도출된 것이다.

그러나 전략의 골격과 실제 실행 사이에는 여전히 넘어야 할 산이 많다. 원전을 어디에 지을 것인가, 해상 풍력 단지와 어업권의 충돌은 어떻게 조정할 것인가, 석탄 발전소 노동자들의 일자리는 어떻게 전환하고 보장할 것인가, 43조 원에 이르는 한국전력공사의 누적 적자는 누가 어떤 방식으로 부담할 것인가.

이러한 질문들은 기술이나 수치만으로 답할 수 있는 문제가 아니다. 사회적 합의와 정치적 선택, 그리고 장기적인 제도 설계가 필요한 영역이다. 이 글의 역할은 해답을 단정하는 데 있지 않다. 어떤 선택지가 물리적으로 가능하며, 어떤 선택이 현실의 제약을 넘어설 수 없는지를 분명히 짚는 데 있다. 이제부터의 과제들은 전력 공학자, 에너지 경제학자와 정책 입안자, 사회학자, 그리고 무엇보다 국민이 함께 감당해야 한다.

다만 한 가지는 분명하다. 한국은 선택의 여지가 넓은 나라가 아니다. 물리적 조건과 산업 구조, 에너지 안보라는 제약 속에서 가능한 해법을 냉정하게 골라야 하는 상황에 놓여 있다.

2026년, 우리 앞에는 426.9ppm이라는 거대한 적이 있다. 이 앞에서 우리는 가용한 모든 수단을 동원해 '불완전한 동맹'을 맺어야 한다. 원자력은 여전히 불안하지만 필요하고, 재생 에너지는 불안정하지만 확대해야 하며, LNG는 불완전하지만 당분간 의존할 수밖에 없다. 이것은 애국심의 문제가 아니라 산수의 문제이고, 이념의 문제가 아니라 물리 법칙의 문제다.

선택은 정치와 사회의 몫이지만, 물리 법칙은 타협하지 않는다. 426.9ppm이라는 수치는 우리의 사정을 봐주지 않기 때문이다.

426.9ppm,
호모 카르보가 선택한 패배

매년 연말, 유엔 기후 변화 협약 당사국 총회(COP)의 결과를 다룬 《가디언》이나《뉴욕 타임스》, BBC의 심층 보도를 갈무리하여 읽기 시작한 것은 2015년 파리 협정 때부터였다. 당시 195개국이 서명한 협약문에는 "산업화 이전 대비 1.5°C 이내"라는 명확한 숫자가 이정표처럼 박혀 있었다. 열역학과 화학을 가르치는 대학교수로서 나는 이 장밋빛 목표가 물리적으로 달성 가능한지 확인하기 위해 책상 앞에 앉아 펜을 들었다.

늘 그렇듯 숫자는 거짓말을 하지 않는 법이다. 2015년 당시 대기 중 이산화탄소 농도는 이미 400ppm을 넘어섰고[1], 인류는 매년 약 360억 톤의 탄소를 쏟아 내고 있었다[2]. 다행히 바다와 숲이 그 절반을 흡수해 준다고 가정하더라도, 매년 180억 톤(18기가 톤)의 쓰레기가 대기라는 거대한 '고립계'에 차곡차곡 쌓이는 셈이었다. 2018년 인천에서 열린 기후 변화에 관한 정부 간 패널(IPCC) 총회에서 1.5°C 특별 보고서가 채택됐을 때, 제시된 인류의 탄소 예산 잔여량(배출 허용량)은 약 420기가톤이었다[3]. 나는 아주 단순한 나눗셈을 해 보았다. 420을 연간 배출량 36으로 나누니 11.6 이라는 숫자가 떨어졌다. 기껏해야 11년, 즉 데드라인은 2030년 무렵이었다.

그날 새벽, 계산기 앞에서 내가 확인한 것은 시한부 판정이었다. 그리고 그때의 계산이 여전히 유효하다면, 이 글을 쓰고 있는 2025년 현재 1.5도라는 저지선에 충돌하기까지 우리에게 남은 시간은 이제 단 3~4년여뿐이다.[*]

파리 협정으로부터 1년 후인 2016년, 마라케시(Marrakesh)에서 들려온 소식은 '긴급한 행동'이라는 수사만 화려할 뿐 구속력 있는 약속은 비어 있었다. 2017년 독일 본(Bonn)에서는 세계 2위 배출국인 미국이 게임의 판을 깨고 나갔고, 2018년 카토비체(Katowice)와 2019년 마드리드는 본질적인 감축보다는 복잡한 규칙집 마련과 결렬된 협상 테이블로 시간을 허비했다. 잠시 희망의 신기루가 보인 것은 2021년 글래스고였다. 석탄 화력의 '단계적 퇴출(Phase-out)'이라는 단어가 초안에 등장했을 때, 나는 인류가 비로소 정직해졌다고 믿고 싶었다. 그러나 최종 합의문에서 그 단어는 '단계적 감축(Phase-down)'으로 슬그머니 꼬리를 내렸다. 퇴출과 감축. 단 한 단어 차이였지만, 그것은 열역학적으로 '정지'와 '가속 유지'라는 전혀 다른 벡터 값을 의미했다. 2022년 샤름엘셰이크(Sharm el-Sheikh)에서 합의된 '손실과 피해' 기금 역시 마찬가지였다. 누가, 얼마나 낼 것인가라는 핵심 숫자가 빠진 합의는 부도 수표나 다름없었다.

---

[*]   지구는 인간을 기다려주지 않았다. 2026년 1월 《네이처》는 2024년 지구 기온이 이미 산업화 이전 대비 1.55도 상승했다고 보고했다.

그리고 2023년 12월, 나는 두바이 COP28의 최종 합의문을 읽었다. 화석 연료의 '퇴출'이라는 명징한 단어는 끝내 문턱을 넘지 못했고, 그 자리에는 '전환(Transitioning away from)'이라는 타협적이고 모호한 표현이 대신 들어앉았다[4]. 나중에 확인해 보니 회의장에는 2,456명의 화석 연료 업계 로비스트가 등록돼 있었다[5]. 이것은 대부분의 국가 대표단보다 많은 숫자였다. 몰디브 대표단은 5명, 투발루는 6명이었다. 이들의 국가는 해수면 상승으로 몇십 년 내 수몰될 운명이지만, 회의장 복도에서 실질적 영향력을 행사한 것은 엑손모빌(ExxonMobil)과 사우디 아람코(Aramco)였다.

지난 10년 동안 내가 스크랩해 온 수천 페이지의 외신 기사와 합의서들 속에는 '지속 가능', '녹색', '혁신' 같은 단어들이 형광색 낙서처럼 넘쳐났다. 하지만 정작 내가 주목하는 단 하나의 숫자, 전 지구적 탄소 배출량은 2015년 360억 톤에서 2023년 374억 톤으로 오히려 늘어났다[6]. 회의는 매년 더 크고 화려하게 열렸지만, 배출의 가속도는 단 한 번도 줄어든 적이 없다. 바이러스가 전 세계를 멈춰 세웠던 2020년의 일시적 하락을 제외한다면, 우리는 단 한 순간도 스스로의 의지로 배출의 브레이크를 밟지 못했다. 인류는 지난 9년 동안 매년 수만 명이 모여 '어떻게 하면 현상을 유지하면서 행동하는 척할 것인가'를 논의해 온 셈이다. 이것이 내가 10년의 기록을 통해 목격한, 화려한 외교 수사 뒤에 숨겨진 기만의 실체다.

나는 30년 넘게 화학을 공부했다. 강의실 안에서 화학은 언제나 명쾌한 논리와 수학적 확실성으로 가득 차 있다. 칠판 위에는 분필 가루가 날리고, 나는 그 하얀 가루들로 자연의 법칙을 적어 내려간다. 강의 중에 내가 가장 힘주어 가르치는 것은 '열역학'이다. "고립계에서 엔트로피는 항상 증가하며, 무질서도는 결코 스스로 감소하지 않는다"라는 그 명료한 문장을 말이다. 학생들은 고개를 끄덕이고, 법칙을 암기하고, 수식으로 대답해야 한다.

나는 수업이 끝나면 연구실로 돌아와 습관적으로 커피 머신의 버튼을 누른다. 고백하건대, 나나 학생 중 누구도 그 법칙이 교과서를 찢고 나와 우리의 숨통을 조일 것이라고는 생각하지 않았다. 2024년 5월, 426.9ppm이라는 숫자를 목도했을 때, 나는 30년간 내가 배워온 학문이 현실 세계에 내리는 파산 선고를 들었다.

지난 10년간 나는 침묵했다. 데이터를 모으고 관찰하고, 내 세부 연구에나 최선을 다하는 것이 과학자로서 내 역할이라 생각했다. 하지만 '426.9'라는 숫자를 보는 순간, 더 이상 침묵할 수 없음을 알았다. 마지막 장은 그 10년간의 기록이자 고백이다. 우리가 스스로에게 했던 거짓말, 아니 정확히는 우리가 믿고 싶어 했던 달콤한 기만들에 대한 분석이다. 그리고 그 기만이 왜 작동했는지, 왜 우리는 그토록 쉽게 속았는지에 대한 이야기다.

개인의 발자국이라는 환상

2000년대 초반, 메이저 석유 회사 BP는 'Carbon Footprint Calculator'라는 웹사이트를 공개했다[7]. 개인이 일상생활에서 배출하는 탄소를 계산해 주는 이 도구는 폭발적 인기를 끌었다. 출퇴근 거리, 난방 방식, 연간 비행 횟수 등 평균적인 도시 거주자의 일상을 몇 가지 항목에 대입하면, 곧바로 '연 8.2톤'이라는 구체적인 수치가 산출됐다. 그리고 화면 하단에는 '나무를 심어 상쇄하세요'라는 버튼이 깜박였다.

이 계산기가 교묘했던 이유는, 배출의 책임을 개인에게 오롯이 떠넘기면서도, 우리가 그 프레임 안에 스스로 걸어 들어가게 만들었기 때문이다. BP는 당시 연간 약 4억 톤의 이산화탄소를 배출하고 있었다. 하지만 이 압도적인 숫자는 은폐되고, 우리의 시선은 고작 내 차의 배기량이나 내 냉장고의 에너지 효율 같은 사소한 항목들에 매몰됐다.

그런데 이것은 일방적인 사기라기보다 정교한 공모 관계였다. 기업은 시스템의 변화를 회피할 명분을 얻었고, 소비자는 SUV를 타면서도 텀블러를 들고 다니면 배출을 상쇄할 수 있다는 심리적 안도감을 얻었다. 우리는 서로에게 필요한 이야기를 해 줬다. 기업은 "당신이 노력하면 됩니다"라고 속삭였고, 우리는 "그래, 나는 노력하고 있어"라고 답했다.

나무 심기 캠페인도 이 공모의 연장선에 있었다. 2020년 세계 경제 포럼(다보스 포럼)에서 '1조 그루 나무 심기' 프로젝트가 발표되자, 언론은 이를 희망이라 불렀고 정치인들은 앞다투어 지지를 선언했다. 하지만 과학자의 눈으로 계산기를 두드려 보면 이것이 얼마나 터무니없는 숫자의 장난인지 금세 드러난다.

30년생 참나무 한 그루가 평생 흡수하는 이산화탄소는 약 1톤이다. 1조 그루를 심으면 1조 톤을 흡수할 수 있다는 단순 계산이 나온다. 문제는 인류가 2024년 기준으로 매년 374억 톤을 배출한다는 점이다. 1조 그루가 다 자라야 고작 인류가 27년간 배출하는 양을 상쇄할 뿐이다. 게다가 1조 그루를 심으려면 미국 본토 면적에 맞먹는 900만 제곱킬로미터의 땅이 필요한데[8], 지구상에 숲으로 전환 가능한 땅은 기껏해야 그 5분의 1 수준이다[9]. 물리적으로 불가능한 프로젝트다. 그런데도 우리가 이 캠페인에 열광한 이유는 단순하다. 나무를 심는 행위는 눈에 보이고 직관적인 보람을 주지만, 석탄 화력 발전소를 폐쇄하라는 요구는 내 전기 요금 고지서를 위협하기 때문이다. 우리는 효과는 미미하지만 기분은 좋아지는 길을 택했다.

이제 이 지점에서 내가 고백해야 할 것이 있다. 나 역시 이 거대한 공모의 일원이다. 나는 대학에서 에너지 변환과 이차 전지를 연구하는 과학자다. 내 연구실에서는 더 큰 용량의 오래가는 에너지 시스템을 개발하기 위해 밤낮으로 실험을 거듭한다. 나는 내 기술이 세상을 구하는 데 일조할 것이라 믿어 의심치 않아 왔고, 지금도 여전히 그렇게 믿고 있다. 그리고 그 신념을 실천하기 위해 나 스스로, 그리고 주변에 전기차(EV) 구매를 독려했다. 파란색 번호판을 단 내 차가 도로를 달릴 때면, 나는 내연 기관차를 모는 옆 차선의 운전자보다 도덕적 우위를 점한 듯한 우쭐함을 느끼곤 했다. 아침에는 '공정무역' 인증 마크가 붙은 커피를 마시며 제3세계 농민을 돕고 있다는 얄팍한 만족감에 젖기도 했다. 하지만 내가 실험실에서 다루는 데이터들은 내 직업적 신념이 얼마나 단편적인 오해인지를 끊임없이 속삭이고 있었다.

우선 전기차의 친환경성을 제대로 보려면 전 주기 평가(LCA)라는 냉정한 잣대가 필요하다. 내가 타는 차의 배터리 팩 하나를 만들기 위해 지구 반대편 칠레 아타카마 사막에서는 리튬 1톤당 200만 리터의 지하수가 증발한다[10]. 핵심 소재인 양극재를 합성하기 위해서는 니켈과 코발트를 섭씨 800도가 넘는 가마에서 구워 내야 하는데, 이 가마를 돌리는 전기의 대부분은 석탄 화력 발전소에서 온다. 복잡한 계산을 거칠 것 없이 결론만 말하자면, 내 전기차는 공장에서 출고되는 순간 이미 동급 내연 기관차보다 최대 30~40% 더 많은 탄소를 빚진 상태로 태어난다[11]. 배터리 제조 과정이 그만큼 에너지 집약적이기 때문이다. 물론 주행 중에는 배기가스를 뿜지 않는다. 하지만 내 차를 충전하는 전기는 어디서 오는가? 한국의 전력망(Grid)은 여전히 화석 연료 의존도가 60%를 넘는다[12]. 결국 나는 도로 위에서 뿜어야 할 자동차 매연을, 내가 보지 못하는 당진이나 삼척의 화력 발전소 굴뚝으로 옮겨 놓았을 뿐이다.

전기차는 그 자체로 친환경적인 물건이 아니다. 전기를 공급하는 에너지망이 깨끗해야 비로소 친환경이 될 수 있는 '조건부' 기기다. 하지만 나를 포함한 소비자들은 이 불편한 진실을 굳이 들춰 보려 하지 않는다. 조용한 모터 소리와 매끄러운 가속감, 그리고 '친환경'이라는 딱지가 주는 심리적 면죄부가 더 달콤하기 때문이다.

대기업들이 앞다퉈 선언하는 'RE100(재생 에너지 100% 사용)'이나 내가 마시는 공정 무역 커피도 본질은 비슷하다. 기업이 재생 에너지 인증서(REC)를 구매하면, 실제로는 석탄 발전소에서 생산한 전기를 쓰면서도 회계 장부상으로는 '탄소 배출 제로'가 된다. 물리적 현실은 그대로인데 장부상의 숫자만 세탁되는 셈이다. 공정 무역 커피 역시 제3세계 농민에게 웃돈을 얹어 줄지언정, 그 커피가 비행기를 타고 내 손에 오기까지 배출되는 탄소의 총량은 줄어들지 않는다. 우리는 이것을 '가치 소비'라 부르며 뿌듯해 하지만, 심리학에서는 이를 '도덕적 허가(Moral Licensing)'라고 부른다[13]. 텀블러를 쓰고 공정 무역 커피를 마셨다는 그 작은 도덕적 성취감이, 퇴근길에 SUV를 몰고 에어컨을 빵빵하게 트는 행위에 대한 죄책감을 씻어 주는 것이다.

결국 '개인의 발자국'이라는 담론은 교묘한 책임 전가이자, 우리 모두가 동참한 달콤한 마취제였다. 우리가 텀블러를 고르는 재미에 빠져 있는 동안, 정작 발자국을 찍어 내는 거대한 공장의 컨베이어 벨트는 멈추지 않았다. 아니, 우리의 방조 속에서 더 빠르게 돌아가고 있었다. 내가 연구실에서 배터리 효율을 1% 올리려 애쓰는 동안, 지구의 온도는 돌이킬 수 없는 임계점을 향해 질주하고 있었던 것이다.

녹색 성장, 제2종 영구 기관의 미신

개인 차원에서 벌어지는 '텀블러와 전기차'의 역설이 미시적인 자기기만이라면, 국가와 문명 차원에서 벌어지는 거시적인 사기극은 '녹색 성장(Green Growth)'이라는 모순된 이름으로 포장된다.

우리는 흔히 기술이 발전하고 효율이 높아지면, 경제를 성장시키면서도 탄소 배출은 줄이는 '탈동조화(Decoupling)'가 가능하다고 믿는다. 2012년 독일이 선언했던 '에너지 전환(Energiewende)'이 바로 그 꿈이었다. 원전을 끄고 재생 에너지 비중을 높여 '깨끗한 성장'을 하겠다는 약속이었다. 하지만 2022년 러시아가 가스 밸브를 잠그자, 그 우아한 꿈은 단 며칠 만에 악몽으로 변했다. 독일은 급한 불을 끄기 위해 폐쇄했던 갈탄 화력 발전소를 다시 돌렸고, 10년간 공들여 줄인 탄소 감축분은 검은 연기와 함께 허공으로 사라졌다. 경제학자들은 이를 두고 효율이 좋아지면 오히려 소비가 늘어난다는 '제본스 패러독스(Jevons Paradox)'를 인용하며 정책 실패라 비판했다[14]. 하지만 과학자인 내 눈에 그것은 단순한 정책 실패가 아니었다. "에너지를 넣지 않으면 질서를 유지(성장)할 수는 없다"는 물리학의 원리가 경제학의 낭만적 가설을 무너뜨린, 예견된 '물리적 회귀'였다.

나는 강의실에서 학생들에게 늘 강조한다. "우주의 법칙에 '공짜 점심'이란 없다." 이것이 열역학 제2법칙의 본질이다. 성장(Growth)이란 무엇인가? 물리학적으로 정의하면, 무질서한 자연 상태의 원자들을 모아 빌딩을 짓고, 자동차를 만들고, 데이터를 정리하는 행위, 즉 '국소적인 질서(Low Entropy)'를 구축하는 과정이다. 하지만 열역학 제2법칙은 엄격하다. 고립계에서 엔트로피(무질서도)는 항상 증가한다. 우리가 도시라는 좁은 공간에 질서(문명)를 세우려면, 반드시 그 대가로 시스템 외부(대기권)에 그보다 더 큰 무질서(열과 쓰레기, 이산화탄소)를 배설해야 한다[15]. 이것은 우주의 등가 교환 법칙이다.

그런데 '녹색 성장'론자들은 이 법칙을 속일 수 있다고 주장한다. 그들은 "태양광과 풍력 같은 깨끗한 에너지원을 쓰면, 오염을 배설하지 않고도 질서를 계속 쌓아 올릴 수 있다"라고 말한다. 미안하지만, 이것은 '제2종 영구 기관'을 만들겠다는 소리와 다를 바 없다. 이것은 물리학 수업을 한 번도 들어보지 못한 경제학자들의 순진한 희망 사항이거나, 알면서도 모른 척하는 거대한 위증이다. 열역학의 법정에서 '공짜 점심'은 결코 허용되지 않기 때문이다.

전 주기 평가(LCA) 관점에서 태양광 패널을 해부해 보자. 순도 99.9999%의 폴리실리콘 결정을 얻기 위해 규소석을 1,500도 이상의 고로에서 녹여야 한다. 이 과정은 엔트로피를 낮추는 고도의 질서화 작업이며, 여기에는 막대한 에너지가 투입된다. 현재 전 세계 태양광 패널의 80%를 생산하는 중국은 이 에너지를 위해 값싼 석탄을 태운다. 결국 태양광 패널이라는 '질서'를 얻기 위해, 우리는 중국의 하늘에 막대한 '무질서(CO_2)'를 뿜어낸 것이다. 풍력 터빈도 다르지 않다. 그 거대한 강철 기둥과 콘크리트 지지대를 만들기 위해 용광로는 쉴 새 없이 돌아가야 한다.

재생 에너지가 화석 연료보다 낫다는 것을 부정하는 게 아니다. 내 말의 핵심은, "어떤 에너지원이든 '성장'을 추구하는 한, 총체적인 엔트로피 증가는 피할 수 없다"라는 것이다. 효율을 높여서 배출을 줄인다고? 효율이 높아지면 잉여 에너지가 생기고, 인류는 그 잉여 에너지로 또 다른 소비처(데이터 센터, AI, 우주 여행)를 만들어 낸다. 엔트로피는 쉴 틈을 주지 않는다.

'탈동조화'라는 말은 경제학자들이 만든 가장 아름다운 거짓말이다. 그들은 GDP 그래프와 탄소 배출량 그래프가 서로 헤어질 수 있다고 믿는다. 하지만 열역학적 관점에서 경제 활동(GDP)과 에너지 소비(Entropy)는 실과 바늘이 아니라, '그림자와 물체'의 관계다. 빛이 강해지면 그림자는 짙어진다. 선진국들이 "우리는 성장하면서 배출을 줄였다"고 자랑하는 것은, 단지 자신들의 공장(그림자)을 중국과 인도로 옮겨 놓았기 때문이다. 이것은 '분리'가 아니라 '누출(Leakage)'이다. 지구 대기권이라는 닫힌 플라스크 안에서는, 굴뚝이 런던에 있든 뭄바이에 있든 엔트로피 총량은 똑같이 증가한다.

지구를 거대한 '태양광 충전 배터리'라고 상상해 보자. 이 배터리는 햇빛을 받아 숲을 키우고, 물을 정화하고, 대기 중의 탄소를 흡수하며 1년 동안 스스로를 천천히 충전한다. 이것이 지구가 가진 회복력의 총량이다.

지금 인류는 이 배터리가 1년, 즉 12개월 동안 충전해야 할 에너지를 불과 7개월 만에 탕진하고 있다. 수치로 환산하면, 우리는 매년 지구 1.7개분의 에너지를 당겨 쓰고 있는 셈이다[16]. 과학자의 눈으로 볼 때, 충전 속도보다 방전 속도가 1.7배 빠른 시스템의 결말은 명확하다. 단순한 '방전'이 아니라 배터리 수명 자체가 깎여 나가는 '영구적 붕괴(Permanent Degradation)'다.

그런데도 우리는 '배터리 껍데기에 녹색 페인트 칠을 했으니, 엑셀을 더 밟아도 된다'고 믿는다. 이것은 과학이 아니다. 부적을 붙이고 고속도로를 질주하는 미신일 뿐이다

엔트로피는 타협하지 않는다. 뜨거운 커피가 식어 가듯, 질서는 무질서로 향한다. 이 흐름을 거스르고 문명이라는 '비평형 상태'를 유지하려면 끊임없이 대가를 치러야 한다. 426.9ppm이라는 숫자는, 이제 지구가 그 대가를 더 이상 받아 주지 않겠다는 파산 통보서다. 그런데도 우리가 '녹색 성장'이라는 형용 모순을 붙들고 있는 이유는 단 하나다. "성장을 멈춰야 한다"는 진실을 마주하기엔, 우리 문명이 성장이라는 마약에 너무 깊이 중독돼 있기 때문이다. 우리는 영구 기관이 불가능하다는 것을 알면서도, 멈추는 법을 잊어 버린 기관사처럼 파국을 향해 석탄을 퍼 넣고 있다. 단지 그 석탄 위에 '친환경'이라는 스티커를 붙인 채 말이다.

민주주의는 왜 기후를 구할 수 없는가

'녹색 성장'이라는 모순 어법이 경제학의 착시라면, 우리가 직면한 가장 거대한 장벽은 바로 우리의 자랑이자 신념인 '민주주의' 그 자

체다.

다시 한 번 COP28 회의장으로 돌아가 보자. 앞서 이야기했듯, 그곳에는 수천 명의 화석 연료 로비스트들이 몰려와 기후 위기의 가장 큰 피해자인 태평양 섬나라 대표들을 압도했다. 우리는 이를 두고 '부패했다'고 손가락질한다. 하지만 냉정하게 말해, 엑손모빌과 사우디 아람코의 로비스트들은 어떤 법도 어기지 않았다. 그들은 규칙에 따라 등록했고, 합법적으로 협상가들을 만나 커피를 마셨다. 문제는 룰을 어긴 것이 아니라, 룰 자체가 단기 이익을 극대화하도록 설계돼 있다는 점이다.

현대 민주주의의 시계는 4년, 길어야 5년 주기로 돌아간다. 정치인은 다음 선거를 생각하고, 유권자는 다음 달 전기 요금 고지서를 걱정하며, 기업 CEO는 당장 다음 분기 실적에 목숨을 건다. 반면 기후 시스템의 시계는 100년, 1000년 단위로 움직인다. 우리가 오늘 배출한 이산화탄소는 50년 후에야 본격적인 폭염으로 돌아오고, 100년 후에야 해수면 상승으로 도시를 덮친다. 이 치명적인 '시간적 불일치(Temporal Mismatch)'가 모든 실패의 근원이다.

신경 과학에서는 이를 '쌍곡 할인(Hyperbolic Discounting)'이라는 개념으로 설명한다[17]. 인간의 뇌는 진화적으로 먼 미래의 큰 보상보다, 당장 눈앞의 작은 보상에 훨씬 강렬하게 반응하도록 설계됐다. 10만 년 전 사바나 초원에서 우리 조상들은 눈앞의 열매를 당장 따 먹어야 생존할 수 있었다. "내년에 더 맛있는 열매가 열릴 테니 참자"라고 생각했던 느긋한 유전자는 굶어 죽어 도태됐다. 그래서 우리는 본능적으로 미래의 가치를 헐값에 팔아넘긴다. "지금 SUV를 포기하면 50년 후 당신의 손자가 안전한 지구를 얻습니다"라는 제안에 우리 뇌의 보상 회로는 전혀 반응하지 않는다. 손자는 아직 태어나지도 않았고 50년 후는 너무 멀다. 반면 "지금 SUV를 사면 내일부터 편안한 출퇴근이 보장됩니다"라는 유혹은 즉각적이고 확실하다. 우리의 뇌는 주저 없이 후자를 선택한다.

정치인도, 유권자도 이 진화적 굴레에서 벗어날 수 없는 '호모 사피엔스'다. 하지만 동시에 우리는, 지난 200년간 화석 연료를 태워 그 에너지를 자신의 근육과 지능으로 치환해 온 '호모 카르보(Homo Carbo)'이기도 하다. 탄소 없이 단 한 순간도 문명을 지탱할 수 없는 우리 인류에게, 배출 중단은 존재 자체를 부정하라는 선고와 같다. 기후 위기 앞에서 우리가 이토록 무력한 것은, 이미 탄소라는 거대한 마약에 중독된 '탄소 인간'으로 진화해 버렸기 때문일지도 모른다.

2022년 한국 대선을 떠올려 보자. 부동산과 젠더 이슈가 선거판을 뒤덮는 동안, 기후 위기는 철저히 외면당했다. 후보들이 기후에 무관심해서가 아니다. 유권자인 우리가 관심이 없었기 때문이다. 투표는 3월이고, 대선 기간은 한겨울이었다. 2050년의 탄소 중립보다 당장 다가올 겨울 난방비가 더 무서운 것이 보통 사람들의 솔직한 마음이다. 민주주의는 다수의 선택을 따른다. 그리고 다수는 언제나 '장기적 생존'보다 '단기적 편의'를 선택한다. 이것은 도덕의 문제가 아니라 구조의 문제다.

기업은 더하다. 상장 기업 CEO의 평균 수명은 고작 7년이다[18]. 그 7년 안에 주가를 띄우지 못하면 해고된다. 만약 엑손모빌의 CEO가 "30년 후 인류의 생존을 위해 지금 당장 수익성이 높은 석유 사업을 접겠다"고 선언한다면? 그는 영웅이 되는 것이 아니라, '주주에 대한 배임' 혐의로 소송을 당하고 쫓겨날 것이다. 자본주의 시스템은 그에게 이윤 추구라는 법적 의무를 강제한다. 그들이 기후 과학자들을 해고하고, 로비스트를 고용해 합의문에서 '퇴출(Phase-out)'이라는 단어를 지우고 '전환(Transitioning)'이라는 모호한 단어를 넣은 것은 악마라서가 아니다. 그저 '시스템에 충실한 부품'으로서 최적화된 행동을 했을 뿐이다. 그들에게는 30년 후의 인류가 어찌 되든 상관없는 문제다. 당장 이번 분기에 적자를 내고 자리를 뺏기는 것이 그 무엇보다도 끔찍한 일이기 때문이다.

이 구조적 결함은 국제 사회의 의사 결정 방식에서 정점을 찍는다. COP의 모든 결정은 만장일치를 원칙으로 한다. 195개국 중 단 한 나라라도 반대하면 통과되지 않는다. 이는 곧 '최소 공약수'만이 합의된다는 뜻이다. 사우디아라비아가 반대하면 석유 퇴출은 불가능하고, 중국이 반대하면 석탄 감축은 물 건너간다. 그러나 물리 법칙은 협상을 모른다. 이산화탄소 농도가 임계치를 넘으면 195개국 정상이 만장일치로 "기온 상승 반대"를 결의해도 빙하는 녹아내린다. 하지만 우리의 정치 시스템은 끝없는 합의와 타협만을 요구하며, 골든 타임을 허비하고 있다.

미국은 트럼프 1기 행정부 때 파리 협정을 탈퇴했다가 바이든 정부 때 복귀하고는, 다시 트럼프 2기인 2025년에 재탈퇴로 말을 뒤집었다. 정권에 따라 언제 어떻게 될지 모르는 이 널뛰기 정책을 보라. 기후 대응을 위해서는 최소 30년 이상의 일관된 정책이 필수적이다. 원전 하나를 짓는 데 10년, 전력망을 까는 데 20년이 걸린다. 하지만 5년마다 정권이 바뀌고 정책이 뒤집히는 민주주의 시스템 아래서 장기 계획은 모래성처럼 허무하다. "민주주의는 단기 이익을, 기후는 장기 생존을 요구한다"는 이 근본적인 충돌이 우리를 딜레마에 빠뜨리고 있다는 사실만큼은 인정해야 한다.

그런 의미에서 어떤 이들은 중국의 권위주의 체제가 기후 대응에 더 효율적일 것이라 기대하기도 한다. 일당 독재는 장기 계획을 밀어붙일 수 있지 않겠느냐는 착각이다. 중국이 재생 에너지를 공격적으로 늘리는 것은 지구와 인류를 걱정해서가 아니다. 그것은 에너지 패권을 쥐기 위한 국가 전략일 뿐이다. 그들은 태양광 패널과 배터리 공급망을 장악하여 '새로운 세기의 패권 국가'가 되려 한다. 동시에 그들은 여전히 막대한 양의 석탄 발전소를 짓고 있다. 권위주의는 환경의 구원자가 아니라, 또 다른 형태의 약탈적 포식자일 뿐이다.

과학이 발전할수록, 즉 위기의 실체가 명확해질수록 정치는 오히려 뒷걸음질 친다. 2007년 IPCC 보고서가 "인간이 원인일 확률이 90%"라고 했을 때보다, 2021년 "명백하다(Unequivocal)"라고 못 박았을 때 우리의 행동은 더 소극적으로 변했다[19]. 왜일까? 심리학에서는 이를 '시스템 정당화(System Justification)'라 부른다. 진실을 받아들이는 순간 치러야 할 대가가 너무 크기 때문이다. "지금까지의 삶의 방식이 완전히 틀렸다"는 것을 인정하는 것은 자아의 붕괴와도 같다. 그래서 우리는 무의식적으로 진실을 거부하고, "아직 기술이 우릴 구할 수 있어", "조금만 줄이면 돼"라면서 거짓 희망에 매달린다.

COP28에서 로비스트들이 승리한 진짜 이유는 그들의 돈 때문만이 아니다. 우리 모두가 내심 그들의 승리를 원했기 때문이다. 석유 없는 세상을 상상하는 것이 너무나 두렵고 귀찮기에, 우리는 '전환'이라는 애매한 단어 뒤에 숨어 현재의 안락함을 조금 더 연장하고 싶었던 것이다. 하지만 물리학은 우리의 심리적 고통을 배려해 주지 않는다. 탄소 예산은 바닥났고, 민주주의는 느리며, 인간의 뇌는 근시안적이다. 나는 지난 10년간 이 구조적 한계를 넘을 방법을 찾으려 고민해 왔지만, 솔직히 고백하건대 찾지 못했다. 그리고 이제는 찾을 수 있을 거라는 믿음조차 희미해져 가고 있다.

패배를 증명하는 열역학

민주주의가 단기 이익에 눈이 멀어 머뭇거리는 사이, 물리 법칙은 우리를 기다려 주지 않았다. 나는 학생들에게 종종 이렇게 말한다. "인간사에는 타협이 있을 수 있지만, 열역학은 타협하지 않는다." 엔트로피는 뇌물을 받지 않으며, 투표로 결과를 뒤집을 수도 없다. 그것은 우주가 집행하는 냉혹한 판결이다.

우리는 종종 기술이 이 판결을 뒤집을 수 있다고 착각한다. 대표적인 것이 '직접공기포집(DAC)' 기술이다. 거대한 팬을 돌려 대기 중의 이산화탄소를 빨아들인 뒤 땅속에 묻겠다는 이 기술은, 마치 엎질러진 물을 다시 주워 담을 수 있다는 환상을 심어 준다. 하지만 열역학적 계산기 앞에 서면 이 환상은 순식간에 증발한다. 산업화 이후 우리가 대기에 쏟아부은 이산화탄소 잉여분은 약 1조 1,000억 톤이다. 현재 세계 최대의 포집 시설인 아이슬란드의 '매머드(Mammoth)'조차 연간 3만 6,000톤을 처리할 뿐이다[20]. 단순 계산으로도 1조 1,000억 톤을 치우는 데 꼬박 3000만 년이 걸린다.

전 세계 GDP의 수백 배를 쏟아부어 시설 60만 개를 짓는다 해도, 진짜 장벽은 에너지다. 흩어진 기체를 다시 포집하는 물리적 과정에는 상상을 초월하는 에너지가 필요하기 때문이다. 1조 톤을 회수하려면 전 세계가 생산하는 전기를 190년 동안 오직 '공기 청정기'를 돌리는 데에만 써야 한다[21]. 그동안 조명도, 공장도, 병원도 멈춰야 한다. 더구나 그 전기를 만들기 위해 또 화석 연료를 태운다면? 1조 톤을 치우기 위해 오히려 2조 6,000억 톤을 새로 내뿜는, 밑 빠진 독에 물 붓기가 된다. 엔트로피 증가의 파도를 거슬러 헤엄치는 것은 불가능하다.

그렇다면 이제 남은 길은 하나다. 과거를 지우려 하지 말고, 지금 당장 배출을 멈추는 것이다. 이것이 유일한 해법이다. 하지만 화학자의 눈으로 우리 문명의 혈관을 들여다보면, 이 또한 '즉각적인 붕괴' 없이는 불가능함을 알게 된다. 2024년 인류가 배출하는 연간 374억 톤의 내역을 보라. 석탄(전력)이 150억 톤, 석유(운송)가 120억 톤, 천연가스(난방)가 80억 톤, 시멘트가 15억 톤이다[22]. 이 숫자를 0으로 만든다는 건 단순히 불편해지는 것이 아니다. 석탄을 끄면 중국과 인도의 전력망이 셧다운 되고 수십억 명이 암흑천지에 갇힌다. 석유를 끊으면 글로벌 물류가 멈추고, 일주일 안에 슈퍼마켓 진열대는 텅 빈다. 시멘트를 멈추면 도시의 모든 건설 현장이 중단된다. 즉 배출을 급격히 멈추는 것은 문명의 심정지를 의미한다.

우리는 딜레마에 갇혔다. 급격한 중단은 '경제적 붕괴'를 부르고, 느린 전환은 '기후적 붕괴'를 부른다. 안타깝게도 자연은 우리에게 느린 전환을 기다려 줄 인내심이 없다. 1.5℃ 저지선을 위한 탄소 예산은 이미 2024년에 바닥을 드러냈으며, 이제 남은 2℃ 저지선조차 현재의 배출 속도를 유지한다면 20년이 채 남지 않았다. 역사상 에너지 전환(나무→석탄→석유)에는 100년이 걸렸으나, 문명의 생존을 위해 허락된 시간은 그 5분의 1도 되지 않는다.

더 절망적인 것은 '탄소 잠금(Carbon Lock-in)' 효과다[23]. 오늘 당장 내연 기관차 생산을 금지해도, 이미 도로에 깔린 14억 대의 자동차는 향후 15년간 석유를 태울 것이다. 오늘 석탄 발전소 건설을 중단해도, 작년에 완공된 발전소는 2060년까지 돌아간다. 인프라의 물리적 관성은 정치적 선언보다 훨씬 무겁고 끈질기다.

많은 이들이 재생 에너지의 폭발적 성장을 희망의 근거로 댄다. 지난 20년간 풍력과 태양광 설비는 10배 넘게 증가했다. 하지만 같은 기간 화석 연료 소비량도 30% 늘었다. 재생 에너지는 화석 연료를 대체한 것이 아니라, 늘어난 에너지 수요를 충당하기 위해 '추가'됐을 뿐이다. 파이 전체가 커지는데 조각의 비율을 논하는 건 의미가 없다.

결국 우리는 인정해야 한다. 수요 자체를 줄이지 않는 한, 즉 '성장'을 멈추지 않는 한 기술적 해법은 없다. 이제 인류 앞에는 두 가지 붕괴 시나리오만이 놓여 있다. 하나는 '통제된 붕괴(Controlled Collapse)'다. 우리가 의도적으로 경제 규모를 축소하고, 불편을 감수하며 질서 있게 후퇴하는 길이다. 고통스럽지만 계획적이다. 다른 하나는 '혼돈의 붕괴(Chaotic Collapse)'다. 끝까지 성장을 고집하다가 기후 파국에 의해 강제로 문명이 셧다운 되는 길이다. 더 고통스럽고, 무계획적이며, 비참하다.

현재 우리는 전속력으로 후자를 향해 달리고 있다. 어떤 정치인도 "경제 성장을 포기하자"고 말할 수 없고, 어떤 기업도 "수익을 줄이겠다"고 주주를 설득할 수 없기 때문이다. 절벽이 보이지만 브레이크를 밟으면 차가 전복될까 두려워, 차라리 엑셀을 밟으며 "기술이 날개를 달아줄 거야"라고 기도하는 꼴이다.

이것이 내가 여기 책의 말미에서 "우리는 패배했다"라고 선언하는 이유다. 이 선언은 과학적 데이터를 마주한 연구자로서 내릴 수밖에 없는 고통스러운 진단이자, 탄소 없이는 단 한 순간도 지탱할 수 없는 '호모 카르보'의 한계를 인정하는 고백이다. 우리는 이미 임계점을 넘었으며, 우리가 알던 안락한 시대는 이제 완전히 끝났다는 것은 가정이 아닌 확정된 미래가 됐다.

하지만 오해하지 말라. 패배를 인정하는 것은 포기가 아니라 정직함이고, 제대로 맞서야 한다는 의지의 발로다. 우리는 $1.5\degree C$ 방어전에서 졌다. $2\degree C$ 방어전도 승산이 희박하다. 그러나 $3\degree C$ 상승과 $4\degree C$ 상승은 다르다. 30억 명이 고통받는 것과 50억 명이 죽는 것은 다르다. 우리는 이미 졌지만, 얼마나 처참하게 질 것인가는 아직 우리의 선택에 달려 있다.

안토니오 그람시(Antonio Gramsci, 1891~1937)는 일찍이 "이성으로 비관하되, 의지로 낙관하라"[24]는 말을 남겼다. 단숨에 세상을 구하는 획기적인 신기술이나 단 한 번의 조약으로 승리하는 기적은 없다. 대신 우리에게 남은 것은 무너져가는 엔트로피의 전선에 참호를 파고, 삶의 양식을 바꾸며 조금씩 버텨내는 지루하고 고통스러운 '진지전(War of Position)'뿐이다.

환상은 깨졌고, 파티는 끝났다. 이제 우리는 차가운 현실의 사막을 걸어가야 한다. 완벽한 승리는 없다. 하지만 우리에게는 아직 스스로 결정할 수 있는 패배의 모습이 남아 있다.

참고 문헌

1장. 공기를 수집하는 남자

1   Crawford, E. *Arrhenius: From Ionic Theory to the Greenhouse Effect*; Science History Publications: Canton, MA, 1996.

2   Crawford, E. *Arrhenius: From Ionic Theory to the Greenhouse Effect*; Science History Publications: Canton, MA, 1996; pp. 87-92. 아레니우스의 결혼 생활과 이혼 과정은 이 전기에 상세히 기록돼 있다. 소피아 루트벡(Sofia Rudbeck)과의 결혼은 1894년에 이뤄졌으며, 1896년 이혼 소송으로 이어졌다.

3   Crawford, E. *Arrhenius: From Ionic Theory to the Greenhouse Effect*; Science History Publications: Canton, MA, 1996; pp. 103-107. 아레니우스는 "학문의 경계에 갇히기를 거부했다"고 동료들에게 자주 말했으며, 특히 지질학과 기상학에 깊은 관심을 보였다.

4   Arrhenius, S. On the Influence of Carbonic Acid in the Air upon the Temperature of the Ground. *Philos. Mag.* **1896**, *41*, 237-276. 이 논문에서 아레니우스는 동료 지질학자 아르비드 회그봄(Arvid Högbom)의 탄소 순환 연구를 인용하며, 당시 석탄 연소로 인한 이산화탄소 배출이 자연적 배출과 비슷한 규모임을 언급했다.

5   크로포드의 전기(1996, pp. 115-118)에 따르면, 아레니우스는 1895년 11월부터 1896년 9월까지 약 10개월간 집중적으로 계산에 매달렸다. 그는 나중에 동료 닐스 에크홀름(Nils Ekholm)에게 보낸 편지에서 "수천 번의 계산을 반복했고, 손가락이 닳도록 대수표를 넘겼다"고 회고했다.

6   Arrhenius, S. On the Influence of Carbonic Acid in the Air upon the Temperature of the Ground. *Philos. Mag.* **1896**, *41*, 237-276.

7   Arrhenius, S. On the Influence of Carbonic Acid in the Air upon the Temperature of the Ground. *Philos. Mag.* **1896**, *41*, 237-276.

8   Arrhenius, S. *Worlds in the Making: The Evolution of the Universe*; Harper & Brothers: New York, 1908.

9   Ångström, K. Über die Bedeutung des Wasserdampfes und der Kohlensäure bei der Absorption der Erdatmosphäre. *Ann. Phys.* **1900**, *308*, 720-732.

10   Fleming, J. R. *Historical Perspectives on Climate Change*; Oxford University Press: Oxford, 1998. 옹스트룀의 1900년 실험은 실험실 조건(낮은 압력, 건조한 공기)에서 수행되어 실제 대기 조건을 반영하지 못했다. 이 한계는 1940년대 길버트 플라스(Gilbert Plass)의 연구로 밝혀

졌다.

11   Weart, S. R. *The Discovery of Global Warming*; Harvard University Press: Cambridge, MA, 2008.

12   Keeling, C. D. Rewards and Penalties of Monitoring the Earth. *Annu. Rev. Energy Environ.* **1998**, *23*, 25–82.

13   Maber, J. Measuring CO_2: A New Look at an Old Problem. *Anal. Chem.* **2010**, *82*, 7865–7870.

14   Lockwood, J. P.; Lipman, P. W. Holocene Eruptive History of Mauna Loa Volcano. In *Volcanism in Hawaii*; U.S. Geological Survey Professional Paper 1350; USGS: Reston, VA, 1987; Vol. 1, pp. 509–535.

15   Keeling, C. D. The Concentration and Isotopic Abundances of Carbon Dioxide in the Atmosphere. *Tellus* **1960**, *12*, 200–203.

16   Scripps Institution of Oceanography. *The Keeling Curve: A Daily Record of Atmospheric Carbon Dioxide.* https://scrippsco2.ucsd.edu/history_legacy/early_keeling_curve.html 킬링의 측정 프로토콜은 하루 4회, 정확히 6시간 간격으로 수행됐다.

17   Maber, J. Measuring CO_2: A New Look at an Old Problem. *Anal. Chem.* **2010**, *82*, 7865–7870.

18   Scripps Institution of Oceanography. *History of the Keeling Curve.* https://scrippsco2.ucsd.edu/history_legacy/

19   NOAA Global Monitoring Laboratory. *Trends in Atmospheric Carbon Dioxide.* https://gml.noaa.gov/ccgg/trends/

20   Keeling, R. F.; Manning, A. C.; McEvoy, E. M.; Shertz, S. R. Methods for Measuring Changes in Atmospheric O_2 Concentration. *Tellus B* **1998**, *50*, 56–68. 랠프 킬링은 아버지의 연구를 이어받아 현재까지 측정을 계속하고 있다.

21   Scripps Institution of Oceanography. *History of the Keeling Curve.* https://scrippsco2.ucsd.edu/history_legacy/

22   NOAA Global Monitoring Laboratory. *Trends in Atmospheric Carbon Dioxide.* https://gml.noaa.gov/ccgg/trends/

23   Keeling, C. D. The Concentration and Isotopic Abundances of Carbon Dioxide in the Atmosphere. *Tellus* **1960**, *12*, 200–203.

24   Keeling, C. D. The Concentration and Isotopic Abundances of Carbon Dioxide in the Atmosphere. *Tellus* **1960**, *12*, 200–203.

25   Weart, S. R. *The Discovery of Global Warming*; Harvard University Press: Cambridge, MA, 2008; pp. 52–54. 1960년 AGU 회의에서의 학계 반응이 기록돼 있다.

26   Sullivan, W. Wide Changes in Climate Feared; *The New York Times*, May 24, 1959; p. 57.

27   Keeling, C. D. Rewards and Penalties of Monitoring the Earth. *Annu. Rev. Energy Environ.* **1998**, *23*, 25–82.

28   Keeling, C. D. Rewards and Penalties of Monitoring the Earth. *Annu. Rev. Energy Environ.* **1998**, *23*, 25–82.

29   Keeling, C. D. Rewards and Penalties of Monitoring the Earth. *Annu. Rev. Energy Environ.* **1998**, *23*, 25–82.

30   NOAA Global Monitoring Laboratory. *Trends in Atmospheric Carbon Dioxide.* https://

gml.noaa.gov/ccgg/trends/

31   Maber, J. Measuring CO_2: A New Look at an Old Problem. *Anal. Chem.* **2010**, *82*, 7865-7870.

32   NOAA Global Monitoring Laboratory. *Trends in Atmospheric Carbon Dioxide*. https://gml.noaa.gov/ccgg/trends/

33   Keeling, R. F.; Manning, A. C.; McEvoy, E. M.; Shertz, S. R. Methods for Measuring Changes in Atmospheric O_2 Concentration. *Tellus B* **1998**, *50*, 56-68.

34   NOAA Global Monitoring Laboratory. *Trends in Atmospheric Carbon Dioxide*. https://gml.noaa.gov/ccgg/trends/

35   Lüthi, D.; Le Floch, M.; Bereiter, B.; Blunier, T.; Barnola, J.-M.; Siegenthaler, U.; Raynaud, D.; Jouzel, J.; Fischer, H.; Kawamura, K.; Stocker, T. F. High-resolution Carbon Dioxide Concentration Record 650,000-800,000 Years Before Present. *Nature* **2008**, *453*, 379-382.

2장. 전대미문의 속도

1   United Nations Framework Convention on Climate Change (UNFCCC). *Adoption of the Paris Agreement*; 21st Conference of the Parties: Paris, 2015.

2   IPCC. *Climate Change 2023: Synthesis Report. Contribution of Working Groups I, II and III to the Sixth Assessment Report of the Intergovernmental Panel on Climate Change*; IPCC: Geneva, Switzerland, 2023.

3   Villeneuve, D. *Blade Runner 2049*; Warner Bros. Pictures: Burbank, CA, 2017.

4   Ives, M.; Stack, L. Here's the Latest on the Canada Wildfire Smoke. *The New York Times*, June 7, 2023.

5   IQAir. *2023 World Air Quality Report*; IQAir: Goldach, Switzerland, 2024.

6   Paulson, M. Jodie Comer Makes Her Broadway Debut in 'Prima Facie'. *The New York Times*, May 15, 2023.

7   Brantley, B. When Wildfire Smoke Stopped Broadway: A Night to Remember. *The New York Times*, June 8, 2023.

8   Major League Baseball. *Tonight's Yankees-White Sox Game Rescheduled Because of Poor Air Quality*. https://www.mlb.com/press-release.

9   Major League Baseball. *Tonight's Yankees-White Sox Game Rescheduled Because of Poor Air Quality*. https://www.mlb.com/press-release.

10   New York City Department of Health and Mental Hygiene. *Health Department Issues Air Quality Health Advisory Due to Wildfire Smoke*; Press Release; June 7, 2023.

11   Office of the Mayor, New York City. *Mayor Adams' Statement on Deteriorating Air Quality in New York City*. https://www.nyc.gov.

12   Environment and Climate Change Canada. *Canada's 2023 Wildfire Season: A Climate*

Change Perspective; Government of Canada: Ottawa, 2023.

13   Canadian Interagency Forest Fire Centre (CIFFC). *Canada Report 2023*; CIFFC: Winnipeg, MB, 2024.

14   Chen, L.; et al. Health Impacts of the 2023 Canadian Wildfire Smoke Episode in the Northeastern United States. *Environ. Res. Lett.* **2023**, *18*, 104023.

15   Chen, L.; et al. Health Impacts of the 2023 Canadian Wildfire Smoke Episode in the Northeastern United States. *Environ. Res. Lett.* **2023**, *18*, 104023.

16   National Weather Service. *Service Assessment: The August 2023 Maui Wildfire*; NOAA: Silver Spring, MD, 2024.

17   National Weather Service. *Service Assessment: The August 2023 Maui Wildfire*; NOAA: Silver Spring, MD, 2024.

18   Maui County Fire Department. *Incident Timeline: Lahaina Fire Response*; County of Maui: Wailuku, HI, 2023.

19   Maui County Fire Department. *Incident Timeline: Lahaina Fire Response*; County of Maui: Wailuku, HI, 2023.

20   Hernandez, M. Survivors' Stories: Escaping the Lahaina Fire. *Honolulu Star-Advertiser*, Aug 15, 2023.

21   Hernandez, M. Survivors' Stories: Escaping the Lahaina Fire. *Honolulu Star-Advertiser*, Aug 15, 2023.

22   U.S. Coast Guard Pacific Area. *Coast Guard, Partners Rescue 57 People from Maui Fires.* https://www.dvidshub.net.

23   Wong, A. Six Hours in the Ocean: A Lahaina Fire Survivor's Story. *Hawaii News Now*, Aug 20, 2023.

24   County of Maui. *MPD Releases Final List of 102 Fatalities from the August 8, 2023 Lahaina Fire*. https://www.mauicounty.gov.

25   National Interagency Fire Center. *Historical Wildfire Statistics*; NIFC: Boise, ID, 2024.

26   *County of Maui v. Hawaiian Electric Company, Inc., et al.*, Case No. 2CCV-23-0000238 (Second Circuit Court, State of Hawaii 2023).

27   Frazier, A. G.; et al. Meteorological Factors Contributing to the 2023 Maui Wildfires. *Bull. Am. Meteorol. Soc.* **2024**, *105*, E870–E894.

28   Trauernicht, C.; et al. Fuel Loads and Fire Risk in Post-agricultural Landscapes: The Maui Case Study. *Int. J. Wildland Fire* **2023**, *32*, 1287–1302.

29   County of Maui Planning Department. *Lahaina Fire Damage Assessment: Preliminary Report*; County of Maui: Wailuku, HI, 2023.

30   Hawaii Department of Business, *Economic Development and Tourism. Economic Impact Assessment: 2023 Maui Wildfires*; DBEDT: Honolulu, HI, 2023.

31   Office of the Governor, State of Hawaii. *Governor Green Declares Maui Fires 'Largest Natural Disaster in Hawaii State History'*. https://governor.hawaii.gov.

32   Kelleher, J. Lahaina Families Lost Everything Twice: Stories of Resilience and Despair. *CBS News*, Aug 25, 2023.

33   The Holy Bible, *New International Version*; Biblica, Inc.: Colorado Springs, CO, 2011; Genesis 7:11-12.

34   National Disaster Management Authority (NDMA). *Pakistan Monsoon 2022: Final Situation Report*; Government of Pakistan: Islamabad, 2022.

35   Government of Pakistan, Ministry of Climate Change. *Pakistan Flood Impact Assessment 2022*; Islamabad, 2022.

36   Reuters. Pakistan Climate Minister Says Third of Country Under Water. *Reuters*, Aug 30, 2022.

37   Pakistan Meteorological Department. *June 2022 Precipitation Anomaly Report*; Islamabad, 2022.

38   World Meteorological Organization (WMO). *Pakistan Floods 2022: WMO Preliminary Assessment*; WMO: Geneva, 2022.

39   World Meteorological Organization (WMO). *Pakistan Floods 2022: WMO Preliminary Assessment*; WMO: Geneva, 2022.

40   International Centre for Integrated Mountain Development (ICIMOD). *Glacier Melt Contribution to Pakistan Floods 2022*; ICIMOD: Kathmandu, Nepal, 2022.

41   Indus River System Authority. *Indus River System: August 2022 Flow Data*; Islamabad, 2022.

42   National Disaster Management Authority (NDMA). *Pakistan Monsoon 2022: Final Situation Report*; Government of Pakistan: Islamabad, 2022.

43   United Nations Office for the Coordination of Humanitarian Affairs (OCHA). *Pakistan: 2022 Monsoon Floods - Situation Report No. 10*; OCHA: New York, 2022.

44   International Organization for Migration (IOM). *Displacement Tracking Matrix: Pakistan Flood Response*; IOM: Islamabad, 2022.

45   Siddiqui, S. Flood Survivors in Pakistan's Dadu District Languish in Makeshift Camps. *The Guardian*, Sept 20, 2022.

46   Food and Agriculture Organization (FAO). *Crop and Food Security Assessment Mission to Pakistan*; FAO: Rome, 2022.

47   Government of Pakistan, Ministry of National Food Security and Research. *Livestock Losses Assessment: 2022 Floods*; Islamabad, 2022.

48   World Health Organizatio (WHO). *Pakistan Floods: Disease Outbreak Risk Assessment*; WHO: Geneva, 2022.

49   UNICEF Pakistan. *Rapid Nutrition Survey: Flood-Affected Areas*; UNICEF: Islamabad, 2022.

50   United Nations. *Secretary-General's Remarks to the Press during Visit to Pakistan*. https://www.un.org.

51   Climate Action Tracker. *Pakistan Country Profile: Emissions and Climate Targets*. https://climateactiontracker.org.

52   World Bank. *Pakistan: Post-Disaster Needs Assessment for 2022 Floods*; World Bank: Washington, DC, 2022.

53   National Meteorological Centre, Libya. *Storm Daniel Precipitation Analysis*; Tripoli, 2023.

54   Libyan National Oil Corporation. *Derna Dam Failure: Technical Assessment*; Tripoli, 2023.

55   Al Jazeera. 'Water Was Like a 7-Story Building': Derna Survivor Accounts. *Al Jazeera*, Sept 13, 2023.

56   Libyan Red Crescent. *Derna Flood Casualty Update: Official Count;* Benghazi, 2023.

57   Derna Municipal Council. *Official Statement on Flood Impact Assessment;* Derna, 2023.

58   Cavicchia, L.; von Storch, H.; Gualdi, S. Mediterranean Tropical-Like Cyclones (Medicanes): Climatology and Environmental Factors. *Clim. Dyn.* **2023**, *61*, 2623-2644.

59   General Water Authority, Libya. *Derna Infrastructure Assessment: Pre-Flood Conditions;* Tripoli, 2023.

60   World Meteorological Organization. *WMO Statement on Libya Floods and Early Warning Systems;* WMO: Geneva, 2023.

61   Hansen, J.; Sato, M.; Simons, L.; von Schuckmann, K. Global Temperature Anomaly and Heat Content. *Earth Syst. Dyn.* **2023**, *14*, 315-332.

62   Scripps Institution of Oceanography. *March 2024 Sets New Record for Monthly CO2 Increase.* https://scripps.ucsd.edu/news.

63   NOAA Global Monitoring Laboratory. *Record Two-Year CO2 Increase Measured at Mauna Loa.* https://gml.noaa.gov.

3장. 49.6도의 충격

1   Environment and Climate Change Canada. *Climate Data Online: Lytton Climate Station.* https://climate.weather.gc.ca

2   Engels, F. *Dialectics of Nature;* International Publishers: New York, 1940.

3   Engels, F. *Dialectics of Nature;* International Publishers: New York, 1940.

4   NOAA National Centers for Environmental Information. *Climate Data Online: Verkhoyansk Temperature Anomalies, June 2020.* https://www.ncdc.noaa.gov

5   Robine, J. M.; Cheung, S. L. K.; Le Roy, S.; Van Oyen, H.; Griffiths, C.; Michel, J. P.; Herrmann, F. R. Death Toll Exceeded 70,000 in Europe during the Summer of 2003. *C. R. Biol.* **2008**, *331*, 171-178.

6   Barriopedro, D.; Fischer, E. M.; Luterbacher, J.; Trigo, R. M.; García-Herrera, R. The 2010 Russia Heat Wave. *Science* **2011**, *332*, 220-224.

7   Philip, S. Y.; et al. Rapid Attribution Analysis of the Extraordinary Heat Wave on the Pacific Coast of the US and Canada in June 2021. *Earth Syst. Dyn.* **2022**, *13*, 1689-1708.

8   Rantanen, M.; et al. The Arctic Has Warmed Nearly Four Times Faster than the Globe since 1979. *Commun. Earth Environ.* **2022**, *3*, 168.

9   Francis, J. A.; Vavrus, S. J. Evidence for a Wavier Jet Stream in Response to Rapid Arctic Warming. *Environ. Res. Lett.* **2012**, *7*, 014005.

10   Mann, M. E.; Rahmstorf, S.; Kornhuber, K.; Steinman, B. A.; Miller, S. K.; Coumou, D. Influence of Anthropogenic Climate Change on Planetary Wave Resonance and Extreme Weather Events. *Sci. Rep.* **2017**, *7*, 45242.

11   NOAA National Weather Service. *Preliminary Local Storm Report: Pacific Northwest Heat*

Wave; NWS: Silver Spring, MD, 2021.

12   NOAA National Weather Service. *Preliminary Local Storm Report: Pacific Northwest Heat Wave*; NWS: Silver Spring, MD, 2021.

13   Raymond, C.; Matthews, T.; Horton, D. E. Increasing Spatiotemporal Proximity of Heat and Precipitation Extremes in a Warming World. *Environ. Res. Lett.* **2022**, *17*, 035005.

14   Sherwood, S. C.; Huber, M. An Adaptability Limit to Climate Change Due to Heat Stress. *Proc. Natl. Acad. Sci. U.S.A.* **2010**, *107*, 9552–9555.

15   Henderson, S. B.; Mclean, K. E.; Lee, M. J.; Kosatsky, T. Analysis of Community Deaths during the Catastrophic 2021 Heat Dome in British Columbia, Canada. *Environ. Epidemiol.* **2022**, *6*, e189.

16   Radcliffe, E.; et al. Future Increases in Humid–Heat Extremes over the Indo–Gangetic Plain. *npj Clim. Atmos. Sci.* **2020**, *3*, 38.

17   Mukherjee, S.; Mishra, A. K.; Mann, M. E. Increase in Compound Drought and Heatwaves in a Warming World. *Geophys. Res. Lett.* **2022**, *49*, e2021GL097264.

18   Eurostat. *Air Conditioning in European Households: Statistical Overview*; European Commission: Luxembourg, 2022.

19   Met Office. *Record High Temperatures Verified*. https://www.metoffice.gov.uk

20   UK Health Security Agency. *Heat Mortality Monitoring Report: 2022*; UKHSA: London, 2022.

21   El–Akkad, I.; et al. Mortality Risk Assessment under Extreme Heat Scenarios in Europe. *Environ. Res. Lett.* **2023**, *18*, 044022.

22   Andrews, O.; et al. Power System Vulnerabilities and Cascading Failures during European Heat Extremes. *Nat. Energy* **2023**, *8*, 252–261.

23   Robine, J. M.; Cheung, S. L. K.; Le Roy, S.; Van Oyen, H.; Griffiths, C.; Michel, J. P.; Herrmann, F. R. Death Toll Exceeded 70,000 in Europe during the Summer of 2003. *C. R. Biol.* **2008**, *331*, 171–178.

24   Robine, J. M.; Cheung, S. L. K.; Le Roy, S.; Van Oyen, H.; Griffiths, C.; Michel, J. P.; Herrmann, F. R. Death Toll Exceeded 70,000 in Europe during the Summer of 2003. *C. R. Biol.* **2008**, *331*, 171–178.

25   Environment and Climate Change Canada. *Climate Data Online: Lytton Climate Station*. https://climate.weather.gc.ca

26   CBC News. Lytton, B.C., Breaks Canadian Heat Record for 3rd Straight Day as Village Burns. *CBC News*, June 30, 2021.

27   Henderson, S. B.; Mclean, K. E.; Lee, M. J.; Kosatsky, T. Analysis of Community Deaths during the Catastrophic 2021 Heat Dome in British Columbia, Canada. *Environ. Epidemiol.* **2022**, *6*, e189.

28   CBC News. Lytton, B.C., Breaks Canadian Heat Record for 3rd Straight Day as Village Burns. *CBC News*, June 30, 2021.

29   Environment and Climate Change Canada. *Climate Data Online: Vancouver International Airport*. https://climate.weather.gc.ca

30   Environment and Climate Change Canada. *Climate Data Online: Abbotsford Airport*. https://climate.weather.gc.ca

31   CBC News. B.C. Heat Wave Sparks Run on Air Conditioners as Temperatures Soar. *CBC News*, June 28, 2021.

32   Henderson, S. B.; Mclean, K. E.; Lee, M. J.; Kosatsky, T. Analysis of Community Deaths during the Catastrophic 2021 Heat Dome in British Columbia, Canada. *Environ. Epidemiol.* **2022**, *6*, e189.

33   CBC News. SkyTrain Service Suspended Due to Extreme Heat Concerns. *CBC News*, June 28, 2021.

34   BC Hydro. *Heat Wave Power Demand Analysis: June 2021*; BC Hydro: Vancouver, BC, 2021.

35   BC Ministry of Transportation and Infrastructure. *Highway Infrastructure Heat Damage Assessment*; Government of British Columbia: Victoria, BC, 2021.

36   CBC News. Heat Wave Brings Record-Breaking Temperatures to B.C. *CBC News*, June 27, 2021.

37   Mass, C. The Extraordinary Pacific Northwest Heat Wave of Late June 2021. *Weather Clim. Extremes* **2021**, *34*, 100379.

38   CBC News. More than a Billion Seashore Animals May Have Cooked to Death in B.C. Heat Wave, Says UBC Researcher. *CBC News*, July 8, 2021.

39   Jackson, J. M.; et al. Warming in the Salish Sea: Responses to the 2021 Heat Dome. *Oceanography* **2022**, *35*, 8-17.

40   BC Coroners Service. *Extreme Heat and Human Mortality: A Review of Heat-Related Deaths in B.C. in Summer 2021*; Government of British Columbia: Burnaby, BC, 2021.

41   Henderson, S. B.; Mclean, K. E.; Lee, M. J.; Kosatsky, T. Analysis of Community Deaths during the Catastrophic 2021 Heat Dome in British Columbia, Canada. *Environ. Epidemiol.* **2022**, *6*, e189.

42   CBC News. Emergency Departments Overwhelmed during B.C. Heat Wave. *CBC News*, June 30, 2021.

43   BC Emergency Health Services. *BCEHS Call Volume Data: June 2021*; Government of British Columbia: Victoria, BC, 2021.

44   CBC News. Heat Wave Pushes Vancouver-Area Hospitals beyond Capacity. *CBC News*, June 29, 2021.

45   BC Ministry of Agriculture, Food and Fisheries. *Agricultural Impact Assessment: 2021 Heat Dome Event*; Government of British Columbia: Victoria, BC, 2021.

46   BC Ministry of Agriculture, Food and Fisheries. *Livestock Mortality Report: June 2021 Heat Event*; Government of British Columbia: Victoria, BC, 2021.

47   Marchand, W.; et al. Tree Mortality and Forest Dieback in British Columbia's Interior Forests: The Role of Drought, Heat, and Forest Health Agents. *Can. J. For. Res.* **2022**, *52*, 206-218.

48   Natural Resources Canada. *Forest Health Assessment: 2021 Heat Dome Impacts*; Government of Canada: Ottawa, 2022.

49   BC Wildfire Service. *2021 Wildfire Season Summary*; Government of British Columbia: Victoria, BC, 2021.

50   Environment and Climate Change Canada. *Greenhouse Gas Emissions from 2021 British*

Columbia Wildfires; Government of Canada: Ottawa, 2022.

51 Natali, S. M.; et al. Large Loss of CO_2 in Winter Observed across the Northern Permafrost Region. *Nat. Clim. Change* **2022**, *12*, 852–858.

52 Philip, S. Y.; et al. Rapid Attribution Analysis of the Extraordinary Heat Wave on the Pacific Coast of the US and Canada in June 2021. *Earth Syst. Dyn.* **2022**, *13*, 1689–1708.

53 World Weather Attribution. *Western North American Extreme Heat Virtually Impossible without Human-Caused Climate Change.* https://www.worldweatherattribution.org

54 NOAA National Weather Service. *Preliminary Local Storm Report: Pacific Northwest Heat Wave*; NWS: Silver Spring, MD, 2021.

55 National Weather Service. *Preliminary Local Storm Report: Pacific Northwest Heat Wave.* https://www.weather.gov

56 Bartusek, S.; et al. 2021 North American Heatwave Amplified by Climate Change–Driven Nonlinear Interactions. *Nat. Clim. Change* **2022**, *12*, 1143–1150.

57 Latour, B. *Facing Gaia: Eight Lectures on the New Climatic Regime*; Polity Press: Cambridge, UK, 2017.

58 The Guardian. Pacific North-West Heatwave: More than 1bn Sea Creatures May Have Died from Heat. *The Guardian*, July 8, 2021.

4장. 얼음 속에 갇힌 80만 년의 증언

1 EPICA Community Members. Eight Glacial Cycles from an Antarctic Ice Core. *Nature* **2004**, *429*, 623–628.

2 Lüthi, D.; Le Floch, M.; Bereiter, B.; Blunier, T.; Barnola, J.-M.; Siegenthaler, U.; Raynaud, D.; Jouzel, J.; Fischer, H.; Kawamura, K.; Stocker, T. F. High-Resolution Carbon Dioxide Concentration Record 650,000–800,000 Years Before Present. *Nature* **2008**, *453*, 379–382.

3 Clark, P. U.; Dyke, A. S.; Shakun, J. D.; Carlson, A. E.; Clark, J.; Wohlfarth, B.; Mitrovica, J. X.; Hostetler, S. W.; McCabe, A. M. The Last Glacial Maximum. *Science* **2009**, *325*, 710–714.

4 Hawks, J.; Hunley, K.; Lee, S. H.; Wolpoff, M. Population Bottlenecks and Pleistocene Human Evolution. *Mol. Biol. Evol.* **2000**, *17*, 2–22.

5 NGRIP Members. High-Resolution Record of Northern Hemisphere Climate Extending into the Last Interglacial Period. *Nature* **2004**, *431*, 147–151.

6 Alley, R. B. The Younger Dryas Cold Interval as Viewed from Central Greenland. *Quat. Sci. Rev.* **2000**, *19*, 213–226.

7 Weninger, B.; et al. Climate Forcing Due to the 8200 cal yr BP Event Observed at Early Neolithic Sites in the Eastern Mediterranean. *Quat. Res.* **2006**, *66*, 401–420.

8 Schwander, J.; Stauffer, B. Age Difference between Polar Ice and the Air Trapped in Its

Bubbles. *Nature* **1984**, *311*, 45-47.

9   Petit, J. R.; et al. Climate and Atmospheric History of the Past 420,000 Years from the Vostok Ice Core, Antarctica. *Nature* **1999**, *399*, 429-436.

10   Martínez-Botí, M. A.; et al. Plio-Pleistocene Climate Sensitivity Evaluated Using High-Resolution CO_2 Records. *Nature* **2015**, *518*, 49-54.

11   Shakun, J. D.; Clark, P. U.; He, F.; Marcott, S. A.; Mix, A. C.; Liu, Z.; Otto-Bliesner, B.; Schmittner, A.; Bard, E. Global Warming Preceded by Increasing Carbon Dioxide Concentrations during the Last Deglaciation. *Nature* **2012**, *484*, 49-54.

12   Hansen, J.; Kharecha, P.; Sato, M.; Masson-Delmotte, V.; Ackerman, F.; Beerling, D. J.; Hearty, P. J.; Hoegh-Guldberg, O.; Hsu, S. L.; Parmesan, C.; Rockstrom, J.; Rohling, E. J.; Sachs, J.; Smith, P.; Steffen, K.; Van Susteren, L.; von Schuckmann, K.; Zachos, J. C. Assessing 'Dangerous Climate Change': Required Reduction of Carbon Emissions to Protect Young People, Future Generations and Nature. *PLoS One* **2013**, *8*, e81648.

13   Sigman, D. M.; Hain, M. P.; Haug, G. H. The Polar Ocean and Glacial Cycles in Atmospheric CO_2 Concentration. *Nature* **2010**, *466*, 47-55.

14   Marcott, S. A.; Bauska, T. K.; Buizert, C.; Steig, E. J.; Rosen, J. L.; Cuffey, K. M.; Fudge, T. J.; Severinghaus, J. P.; Ahn, J.; Kalk, M. L.; McConnell, J. R.; Sowers, T.; Taylor, K. C.; White, J. W. C.; Brook, E. J. Centennial-Scale Changes in the Global Carbon Cycle during the Last Deglaciation. *Nature* **2014**, *514*, 616-619.

15   Tans, P.; Keeling, R. Mauna Loa CO_2 *Monthly Mean Data*; NOAA/ESRL Global Monitoring Laboratory: Boulder, CO, 2015.

16   Broecker, W. S. Unpleasant Surprises in the Greenhouse? *Nature* **1987**, *328*, 123-126.

17   Burke, K. D.; Williams, J. W.; Chandler, M. A.; Haywood, A. M.; Lunt, D. J.; Otto-Bliesner, B. L. Pliocene and Eocene Provide Best Analogs for Near-Future Climates. *Proc. Natl. Acad. Sci. U.S.A.* **2018**, *115*, 13288-13293.

18   Walker, M.; et al. Formal Definition and Dating of the GSSP for the Base of the Holocene. *J. Quat. Sci.* **2009**, *24*, 3-17.

19   Meinshausen, M.; et al. The RCP Greenhouse Gas Concentrations and their Extensions from 1765 to 2300. *Clim. Change* **2011**, *109*, 213-241.

20   IPCC. Climate Change 2021: *The Physical Science Basis. Contribution of Working Group I to the Sixth Assessment Report*; Cambridge University Press: Cambridge, UK, 2021.

21   Archer, D.; et al. Atmospheric Lifetime of Fossil Fuel Carbon Dioxide. *Annu. Rev. Earth Planet. Sci.* **2009**, *37*, 117-134.

22   Lenton, T. M.; Held, H.; Kriegler, E.; Hall, J. W.; Lucht, W.; Rahmstorf, S.; Schellnhuber, H. J. Tipping Elements in the Earth's Climate System. *Proc. Natl. Acad. Sci. U.S.A.* **2008**, *105*, 1786-1793.

23   Denton, G. H.; Anderson, R. F.; Toggweiler, J. R.; Edwards, R. L.; Schaefer, J. M.; Putnam, A. E. The Last Glacial Termination. *Science* **2010**, *328*, 1652-1656.

24   Ditlevsen, P.; Ditlevsen, S. Warning of a Forthcoming Collapse of the Atlantic Meridional Overturning Circulation. *Nat. Commun.* **2023**, *14*, 4254.

25   Rahmstorf, S.; et al. Exceptional Twentieth-Century Slowdown in Atlantic Ocean Overturning Circulation. *Nat. Clim. Change* **2015**, *5*, 475-480.

26   Rahmstorf, S.; et al. Exceptional Twentieth-Century Slowdown in Atlantic Ocean Overturning Circulation. *Nat. Clim. Change* **2015**, *5*, 475–480.

27   Mann, M. E.; et al. Global Signatures and Dynamical Origins of the Little Ice Age and Medieval Climate Anomaly. *Science* **2009**, *326*, 1256–1260.

28   Dugmore, A. J.; et al. Cultural Adaptation, Compounding Vulnerabilities and Conjunctures in Norse Greenland. *Proc. Natl. Acad. Sci. U.S.A.* **2012**, *109*, 3658–3663.

29   Broecker, W. S. Paleocean Circulation during the Last Deglaciation: A Bipolar Seesaw? *Paleoceanography* **1998**, *13*, 119–121.

30   Hansen, J.; Kharecha, P.; Sato, M.; Masson-Delmotte, V.; Ackerman, F.; Beerling, D. J.; Hearty, P. J.; Hoegh-Guldberg, O.; Hsu, S. L.; Parmesan, C.; Rockstrom, J.; Rohling, E. J.; Sachs, J.; Smith, P.; Steffen, K.; Van Susteren, L.; von Schuckmann, K.; Zachos, J. C. Assessing 'Dangerous Climate Change': Required Reduction of Carbon Emissions to Protect Young People, Future Generations and Nature. *PLoS One* **2013**, *8*, e81648.

5장. 3억 년 전 탄소 저금통

1   *Report on the Employment of Children in Mines*; House of Commons, UK Parliament, Children's Employment Commission: London, 1842.

2   Shear, W. A.; Kukalová-Peck, J. The ecology of Paleozoic terrestrial arthropods: the fossil evidence. *Can. J. Zool.* **1990**, *68*, 1807–1834.

3   Briggs, D. E.; Clarkson, E. N. The late Carboniferous arthropod Arthropleura from Montceaux-les-Mines, France. *Palaeontology* **1987**, *30*, 819–844.

4   Ward, P. *Out of Thin Air: Dinosaurs, Birds, and Earth's Ancient Atmosphere*; Joseph Henry Press: Washington, D.C., 2006.

5   National Geographic. *Carboniferous Period information and Prehistoric Facts*, May 5, 2021. https://www.nationalgeographic.com/science/article/carboniferous

6   Kirk, T. K.; Farrell, R. L. Enzymatic "combustion": the microbial degradation of lignin. *Annu. Rev. Microbiol.* **1987**, *41*, 465–501.

7   Floudas, D.; Binder, M.; Riley, R.; Barry, K.; Blanchette, R. A.; Henrissat, B.; Martínez, A. T.; Otillar, R.; Spatafora, J. W.; Yadav, J. S.; et al. The Paleozoic origin of enzymatic lignin decomposition reconstructed from 31 fungal genomes. *Science* **2012**, *336*, 1715–1719.

8   Robinson, J. M. Lignin, land plants, and fungi: biological evolution affecting Phanerozoic oxygen balance. *Geology* **1990**, *18*, 607–610.

9   Speight, J. G. *The Chemistry and Technology of Coal*, 3rd ed.; CRC Press: Boca Raton, FL, 2013.

10   Hunt, J. M. *Petroleum Geochemistry and Geology*, 2nd ed.; W. H. Freeman: New York, 1996.

11   BP. *BP Statistical Review of World Energy 2024*, 73rd ed.; BP Plc: London, 2024.

12   International Energy Agency. *World Energy Outlook 2022*; IEA: Paris, 2022; pp 450-455.

13   lobal Carbon Atlas. *CO₂ emissions data*. http://www.globalcarbonatlas.org

14   Berner, R. A. GEOCARB III: A revised model of atmospheric CO_2 over Phanerozoic time. *Am. J. Sci.* **2006**, *306*, 182-204.

15   Ward, P. *Out of Thin Air: Dinosaurs, Birds, and Earth's Ancient Atmosphere*; Joseph Henry Press: Washington, D.C., 2006.

16   Fielding, C. R.; Frank, T. D.; Isbell, J. L. Stratigraphic record and facies associations of the late Paleozoic ice age in eastern Australia. *J. Geol. Soc.* **2008**, *165*, 129-140.

17   Erwin, D. H. *Extinction: How Life on Earth Nearly Ended 250 Million Years Ago*; Princeton University Press: Princeton, NJ, 2006.

18   Wignall, P. B. Large igneous provinces and mass extinctions. *Earth-Sci. Rev.* **2001**, *53*, 1-33.

19   Ruddiman, W. F. The anthropogenic greenhouse era began thousands of years ago. *Clim. Change* **2003**, *61*, 261-293.

20   Kaplan, J. O.; Krumhardt, K. M.; Zimmermann, N. Holocene carbon emissions as a result of anthropogenic land cover change. *Holocene* **2011**, *21*, 775-791.

21   Klemme, H. D.; Ulmishek, G. F. Effective petroleum source rocks of the world: stratigraphic distribution and controlling depositional factors. *AAPG Bull.* **1991**, *75*, 1809-1851.

6장. 불을 든 유인원

1   Berna, F. et al. Microstratigraphic evidence of in situ fire in the Acheulean strata of Wonderwerk Cave, Northern Cape province, South Africa. *Proc. Natl. Acad. Sci. U.S.A.* **2012**, *109*, E1215-E1220.

2   Roebroeks, W.; Villa, P. On the earliest evidence for habitual use of fire in Europe. *Proc. Natl. Acad. Sci. U.S.A.* **2011**, *108*, 5209-5214.

3   Roberts, N. *The Holocene: An Environmental History*, 3rd ed.; John Wiley & Sons: Chichester, UK, 2014.

4   Eastwood, W. J. et al. Holocene environmental change in southwest Turkey: a palaeoecological record of lake and catchment history. *Quat. Sci. Rev.* **1998**, *17*, 671-695.

5   Kaplan, J. O.; Krumhardt, K. M.; Ruddiman, W. F. Holocene carbon emissions as a result of anthropogenic land cover change. *Holocene* **2009**, *19*, 435-444.

6   Kaplan, J. O. et al. Holocene carbon emissions as a result of anthropogenic land cover change. *Holocene* **2011**, *21*, 775-791.

7   Luyssaert, S. et al. Old-growth forests as global carbon sinks. *Nature* **2008**, *455*, 213-215.

8   Ruddiman, W. F. The anthropogenic greenhouse era began thousands of years ago. *Clim. Change* **2003**, *61*, 261-293.

9   Kaplan, J. O. et al. Holocene carbon emissions as a result of anthropogenic land cover

change. *Holocene* **2011**, *21*, 775–791.

10 Fuller, D. Q. et al. The contribution of rice agriculture and livestock pastoralism to prehistoric methane levels: An archaeological assessment. *Holocene* **2011**, *21*, 743–759.

11 Mitchell, L. et al. Constraints on the late Holocene anthropogenic contribution to the atmospheric methane budget. *Science* **2013**, *342*, 964–966.

12 Ruddiman, W. F. et al. The early anthropogenic hypothesis: A review. *Quat. Sci. Rev.* **2020**, *240*, 106386.

13 Elsig, J. et al. Stable isotope constraints on Holocene carbon cycle changes from an Antarctic ice core. *Nature* **2009**, *461*, 507–510.

14 Adams, R. M. *Heartland of Cities: Surveys of Ancient Settlement and Land Use on the Central Floodplain of the Euphrates*; University of Chicago Press: Chicago, IL, 1981.

15 Mitsch, W. J.; Gosselink, J. G. *Wetlands*, 5th ed.; John Wiley & Sons: Hoboken, NJ, 2015.

16 Joos, F.; Spahni, R. Rates of change in natural and anthropogenic radiative forcing over the past 20,000 years. *Proc. Natl. Acad. Sci. U.S.A.* **2008**, *105*, 1425–1430.

17 Yan, X. et al. Global estimations of the inventory and mitigation potential of methane emissions from rice cultivation. *Global Biogeochem. Cycles* **2009**, *23*, GB2002.

18 Gerber, P. J. et al. Tackling Climate Change through Livestock – *A Global Assessment of Emissions and Mitigation Opportunities*; FAO: Rome, 2013.

19 MacFarling Meure, C. et al. Law Dome CO_2, CH_4 and N_2O ice core records extended to 2000 years BP. *Geophys. Res. Lett.* **2006**, *33*, L14810.

20 Rehder, J. E. *The Mastery and Uses of Fire in Antiquity*; McGill-Queen's University Press: Montreal, 2000.

21 Antal, M. J., Jr.; Grønli, M. The art, science, and technology of charcoal production. *Ind. Eng. Chem. Res.* **2003**, *42*, 1619–1640.

22 Kassianidou, V. The exploitation of the landscape: metal resources and the development of the Cypriot polities in the Iron Age. *Bull. Am. Sch. Orient. Res.* **2013**, *370*, 49–82.

23 Rothenberg, B.; Blanco-Freijeiro, A. *Studies in Ancient Mining and Metallurgy in South-West Spain; Institute for Archaeo-Metallurgical Studies*: London, 1981.

24 McConnell, J. R. et al. Lead pollution recorded in Greenland ice indicates European emissions tracked plagues, wars, and imperial expansion during antiquity. *Proc. Natl. Acad. Sci. U.S.A.* **2018**, *115*, 5726–5731.

25 Rehder, J. E. *The Mastery and Uses of Fire in Antiquity*; McGill-Queen's University Press: Montreal, 2000.

26 Hopper, R. J. The Laurion mines: a reconsideration. *Annu. Br. Sch. Athens* **1968**, *63*, 293–326.

27 Plato. *Critias*; Bury, R. G., Trans.; Harvard University Press: Cambridge, MA, 1929.

28 Bottema, S. Palynological investigations in Greece. *Palaeohistoria* **1982**, *24*, 257–289.

29 Yegül, F. K. *Bathing in the Roman World*; Cambridge University Press: Cambridge, UK, 2010.

30 Hopkins, K. Roman iron production and environmental impact. *J. Roman Archaeol.* **2018**, *31*, 245–267.

31 Roman Dacia: Mining and deforestation. *Acta Archaeologica Carpathica* **2019**, *54*.

32   Meiggs, R. *Trees and Timber in the Ancient Mediterranean World*; Oxford University Press: Oxford, 1982.

33   Frank, T. *Economic Survey of Ancient Rome*: Revised Edition; Cambridge University Press: Cambridge, UK, 2019.

34   Harper, K. *The Fate of Rome: Climate, Disease, and the End of an Empire*; Princeton University Press: Princeton, NJ, 2017.

35   PAGES 2k Consortium. Consistent multidecadal variability in global temperature reconstructions. *Nat. Geosci.* **2019**, *12*, 643-649.

36   Russell, J. C. Late ancient and medieval population. *Trans. Am. Philos. Soc.* **1958**, *48*, 1-152.

37   Bartlett, R. *The Making of Europe: Conquest, Colonization, and Cultural Change, 950-1350*; Princeton University Press: Princeton, NJ, 1993.

38   Henning, F. W. *Deutsche Agrargeschichte des Mittelalters*; Ulmer Verlag: Stuttgart, 1974.

39   Donkin, R. A. *The Cistercians: Studies in the Geography of Medieval England and Wales*; Pontifical Institute of Mediaeval Studies: Toronto, 1978.

40   Auberger, J. B. *L'abbaye de Fontenay et son domaine*; Presses universitaires de Lyon: Lyon, 1986.

41   Rackham, O. *The History of the Countryside*; J.M. Dent & Sons: London, 1986.

42   White, L., Jr. *Medieval Technology and Social Change*; Oxford University Press: Oxford, 1962.

43   Duby, G. *Rural Economy and Country Life in the Medieval West*; University of South Carolina Press: Columbia, SC, 1968.

44   Francey, R. J. et al. A 1000-year high precision record of δ^{13}C in atmospheric CO_2. *Tellus B* **1999**, *51*, 170-193.

45   Büntgen, U. et al. 2500 years of European climate variability and human susceptibility. *Science* **2011**, *331*, 578-582.

46   Arnaud, F. et al. Holocene environmental variability from Lake Bourget sediments (French Alps). *Holocene* **2012**, *22*, 1177-1187.

47   Mann, M. E. et al. Global signatures and dynamical origins of the Little Ice Age and Medieval Climate Anomaly. *Science* **2009**, *326*, 1256-1260.

48   Jordan, W. C. *The Great Famine: Northern Europe in the Early Fourteenth Century*; Princeton University Press: Princeton, NJ, 1996.

49   Lucas, A. R. *Wind, Water, Work: Ancient and Medieval Milling Technology*; Brill: Leiden, 2006.

50   Holt, R. *The Mills of Medieval England*; Basil Blackwell: Oxford, 1988.

51   Hart, C. E. Royal Forest: *A History of Dean's Woods*; Clarendon Press: Oxford, 1966.

52   Kaplan, J. O. et al. Holocene carbon emissions as a result of anthropogenic land cover change. *Holocene* **2011**, *21*, 775-791.

53   Beveridge, W. *Prices and Wages in England from the Twelfth to the Nineteenth Century*; Longmans, Green & Co.: London, 1939.

1   Weatherford, J. *Genghis Khan and the Making of the Modern World*; Crown Publishers: New York, 2004.

2   McLynn, F. *Genghis Khan: His Conquests, His Empire, His Legacy*; Da Capo Press: Boston, 2015.

3   Saunders, J. J. *The History of the Mongol Conquests*; University of Pennsylvania Press: Philadelphia, 2001.

4   Juvaini, A. Genghis Khan: *The History of the World Conqueror*; Boyle, J. A., Trans.; Manchester University Press: Manchester, 1997.

5   Ibn Battuta. *The Travels of Ibn Battutah*; Mackintosh-Smith, T., Ed.; Picador: London, 2002.

6   Juvaini, A. Genghis Khan: *The History of the World Conqueror*; Boyle, J. A., Trans.; Manchester University Press: Manchester, 1997.

7   Juvaini, A. Genghis Khan: *The History of the World Conqueror*; Boyle, J. A., Trans.; Manchester University Press: Manchester, 1997.

8   McEvedy, C.; Jones, R. *Atlas of World Population History*; Penguin Books: London, 1978.

9   McEvedy, C.; Jones, R. *Atlas of World Population History*; Penguin Books: London, 1978.

10   McEvedy, C.; Jones, R. *Atlas of World Population History*; Penguin Books: London, 1978.

11   Franke, H.; Twitchett, D. C., Eds. *The Cambridge History of China, Vol. 6: Alien Regimes and Border States, 907-1368*; Cambridge University Press: Cambridge, 1994.

12   Plano Carpini, G. da. *The Story of the Mongols Whom We Call the Tartars*; Hildinger, E., Trans.; Branden Publishing: Boston, 1996.

13   White, M. *The Great Big Book of Horrible Things: The Definitive Chronicle of History's 100 Worst Atrocities*; W. W. Norton & Company: New York, 2011.

14   Morgan, D. *The Mongols*, 2nd ed.; Blackwell Publishing: Oxford, 2007.

15   Saunders, J. J. *The History of the Mongol Conquests*; University of Pennsylvania Press: Philadelphia, 2001.

16   Walker, L. R.; del Moral, R. *Primary Succession and Ecosystem Rehabilitation*; Cambridge University Press: Cambridge, 2003.

17   Walker, L. R.; del Moral, R. *Primary Succession and Ecosystem Rehabilitation*; Cambridge University Press: Cambridge, 2003.

18   Zohary, M. *Geobotanical Foundations of the Middle East*; Gustav Fischer Verlag: Stuttgart, 1973.

19   Roberts, N. *The Holocene: An Environmental History*, 3rd ed.; Wiley-Blackwell: Oxford, 2014.

20   Kaplan, J. O.; Krumhardt, K. M.; Zimmermann, N. Holocene carbon emissions as a result of anthropogenic land cover change. *The Holocene* **2011**, *21*, 775-791.

21   Pongratz, J.; Caldeira, K.; Reick, C. H.; Claussen, M. Coupled Climate-Carbon Simulations Indicate Minor Global Effects of Wars and Epidemics on Atmospheric CO_2

between AD 800 and 1850. *The Holocene* **2011**, *21*, 843-851.

22　Lavigne, F.; Degeai, J. P.; Komorowski, J. C.; Guillet, S.; Robert, V.; Lahitte, P.; Oppenheimer, C.; Stoffel, M.; Vidal, C. M.; Surono; et al. Source of the great A.D. 1257 mystery eruption unveiled, Samalas volcano, Rinjani Volcanic Complex, Indonesia. *Proc. Natl. Acad. Sci. U.S.A.* **2013**, *110*, 16742-16747.

23　Luard, H. R., Ed. *Flores Historiarum (Chronicles of English History)*; Rolls Series: London, 1890.

24　Usoskin, I. G. A history of solar activity over millennia. *Living Rev. Sol. Phys.* **2017**, *14*, 3.

25　Pfister, C.; Luterbacher, J.; Schwarz-Zanetti, G.; Wegmann, M. Winter air temperature variations in western Europe during the Early and High Middle Ages (AD 750-1300). *The Holocene* **1999**, *9*, 535-552.

26　Jordan, W. C. *The Great Famine: Northern Europe in the Early Fourteenth Century*; Princeton University Press: Princeton, 1996.

27　Schmid, B. V.; Büntgen, U.; Easterday, W. R.; Ginzburg, C.; Walløe, L.; Bramanti, B.; Stenseth, N. C. Climate-driven introduction of the Black Death and successive plague reintroductions into Europe. *Proc. Natl. Acad. Sci. U.S.A.* **2015**, *112*, 3020-3025.

28　Benedictow, O. J. *The Black Death 1346-1353: The Complete History*; Boydell Press: Woodbridge, 2004.

29　Campbell, B. M. S. *The Great Transition: Climate, Disease and Society in the Late-Medieval World*; Cambridge University Press: Cambridge, 2016.

30　Bereiter, B.; Eggleston, S.; Lüthi, J.; Nehrbass-Ahles, C.; Stocker, T. F.; Fischer, H.; Kipfstuhl, S.; Schmitt, J. Revision of the EPICA Dome C CO_2 record from 800 to 600 kyr before present. *Geophys. Res. Lett.* **2015**, *42*, 542-549.

31　Francey, R. J.; Allison, C. E.; Etheridge, D. M.; Trudinger, C. M.; Enting, I. G.; Leuenberger, M.; Langenfelds, R. L.; Michel, E.; Steele, L. P. A 1000-year high precision record of $\delta^{13}C$ in atmospheric CO_2. *Tellus B* **1999**, *51*, 170-193.

32　IPCC. *Climate Change 2021: The Physical Science Basis. Contribution of Working Group I to the Sixth Assessment Report*; Cambridge University Press: Cambridge, 2021.

33　NOAA Global Monitoring Laboratory. *Trends in Atmospheric Carbon Dioxide.* https://gml.noaa.gov/ccgg/trends/

34　IPCC. *Climate Change 2021: The Physical Science Basis. Contribution of Working Group I to the Sixth Assessment Report*; Cambridge University Press: Cambridge, 2021.

35　Bastin, J. F.; Finegold, Y.; Garcia, C.; Mollicone, D.; Rezende, M.; Routh, D.; Zohner, C. M.; Crowther, T. W. The global tree restoration potential. *Science* **2019**, *365*, 76-79.

36　Pongratz, J.; Caldeira, K.; Reick, C. H.; Claussen, M. Coupled Climate-Carbon Simulations Indicate Minor Global Effects of Wars and Epidemics on Atmospheric CO2 between AD 800 and 1850. *The Holocene* **2011**, *21*, 843-851.

37　Koch, A.; Brierley, C.; Maslin, M. M.; Lewis, S. L. Earth system impacts of the European arrival and Great Dying in the Americas after 1492. *Quaternary Science Reviews* **2019**, *207*, 13-36.

1   Crosby, A. W. *The Columbian Exchange: Biological and Cultural Consequences of 1492*, 30th Anniversary ed.; Praeger Publishers: Westport, 2003.

2   Mann, C. C. *1491: New Revelations of the Americas Before Columbus*; Knopf: New York, 2005.

3   Mann, C. C. *1491: New Revelations of the Americas Before Columbus*; Knopf: New York, 2005.

4   Denevan, W. M. *Cultivated Landscapes of Native Amazonia and the Andes*; Oxford University Press: Oxford, 2001.

5   Glaser, B.; Woods, W. I., Eds. *Amazonian Dark Earths: Explorations in Space and Time*; Springer: Berlin, 2004.

6   Sahagún, B. de. *Florentine Codex: General History of the Things of New Spain*; Anderson, A. J. O., Dibble, C. E., Trans.; University of Utah Press: Salt Lake City, 1950-1982; Vol. 12.

7   Crosby, A. W. *The Columbian Exchange: Biological and Cultural Consequences of 1492*, 30th Anniversary ed.; Praeger Publishers: Westport, 2003.

8   Wolfe, N. D.; Dunavan, C. P.; Diamond, J. "Origins of major human infectious diseases." *Nature* **2007**, *447*, 279-283.

9   Las Casas, B. de. *A Short Account of the Destruction of the Indies*; Griffin, N., Trans.; Penguin Classics: London, 1992.

10   Dobyns, H. F. *Their Number Become Thinned: Native American Population Dynamics in Eastern North America*; University of Tennessee Press: Knoxville, 1983.

11   Cook, N. D. *Born to Die: Disease and New World Conquest, 1492-1650*; Cambridge University Press: Cambridge, 1998.

12   Mann, C. C. *1491: New Revelations of the Americas Before Columbus*; Knopf: New York, 2005.

13   Bradford, W. *Of Plymouth Plantation 1620-1647*; Morison, S. E., Ed.; Modern Library: New York, 1952.

14   Foster, D. R. et al. "Forest response to disturbance and anthropogenic stress: parallels with the past and implications for the future." *J. Ecol.* **2004**, *92*, 645-652.

15   Stocker, T. F. et al. *Climate Change 2013: The Physical Science Basis*; Contribution of Working Group I to the Fifth Assessment Report; Cambridge University Press: Cambridge, 2013.

16   Francey, R. J. et al. "A 1000-year high precision record of $\delta^{13}C$ in atmospheric CO_2." *Tellus B* **1999**, *51*, 170-193.

17   Lean, J.; Beer, J.; Bradley, R. "Reconstruction of solar irradiance since 1610: Implications for climate change." *Geophys. Res. Lett.* **1995**, *22*, 3195-3198.

18   Sigl, M. et al. "Timing and climate forcing of volcanic eruptions for the past 2,500 years." *Nature* **2015**, *523*, 543-549.

19   Koch, A.; Brierley, C.; Maslin, M. M.; Lewis, S. L. "Earth system impacts of the European

arrival and great dying in the Americas after 1492." *Quat. Sci. Rev.* **2019**, *207*, 13-36.

20   Koch, A.; Brierley, C.; Maslin, M. M.; Lewis, S. L. "Earth system impacts of the European arrival and great dying in the Americas after 1492." *Quat. Sci. Rev.* **2019**, *207*, 13-36.

21   Zhang, R.; Delworth, T. L. "Simulated tropical response to a substantial weakening of the Atlantic thermohaline circulation." *J. Clim.* **2005**, *18*, 1853-1860.

22   MacFarling Meure, C. et al. "Law Dome CO_2, CH_4 and N_2O ice core records extended to 2000 years BP." *Geophys. Res. Lett.* **2006**, *33*, L14810.

9장. 소빙하기와 해적의 시대

1   Eddy, J. A. "The Maunder Minimum". *Science* **1976**, *192*, 1189-1202.

2   Cassini, G. D. "Observations astronomiques faites en divers lieux de la France". *Histoire de l'Académie royale des sciences* **1677**.

3   Eddy, J. A. "The Maunder Minimum". *Science* **1976**, *192*, 1189-1202.

4   Lean, J. "Evolution of the Sun's spectral irradiance since the Maunder Minimum". *Geophys. Res. Lett.* **2000**, *27*, 2425-2428.

5   Shindell, D. T.; Schmidt, G. A.; Mann, M. E.; Rind, D.; Waple, A. "Solar forcing of regional climate change during the Maunder Minimum". *Science* **2001**, *294*, 2149-2152.

6   Sigl, M. et al. "Timing and climate forcing of volcanic eruptions for the past 2,500 years". *Nature* **2015**, *523*, 543-549.

7   Robock, A. "Volcanic eruptions and climate". *Rev. Geophys.* **2000**, *38*, 191-219.

8   Stommel, H.; Stommel, E. *Volcano Weather: The Story of 1816, the Year Without a Summer*; Seven Seas Press: Newport, 1983.

9   MacFarling Meure, C. et al. "Law Dome CO_2, CH_4 and N_2O ice core records extended to 2000 years BP". *Geophys. Res. Lett.* **2006**, *33*, L14810.

10   Koch, A.; Brierley, C.; Maslin, M. M.; Lewis, S. L. "Earth system impacts of the European arrival and great dying in the Americas after 1492". *Quat. Sci. Rev.* **2019**, *207*, 13-36.

11   Koch, A.; Brierley, C.; Maslin, M. M.; Lewis, S. L. "Earth system impacts of the European arrival and great dying in the Americas after 1492". *Quat. Sci. Rev.* **2019**, *207*, 13-36.

12   Lewis, S. L.; Maslin, M. A. "Defining the Anthropocene". *Nature* **2015**, *519*, 171-180.

13   Francey, R. J. et al. "A 1000-year high precision record of $\delta^{13}C$ in atmospheric CO_2". *Tellus B* **1999**, *51*, 170-193.

14   Wang, S. W.; Ye, J. L. "Characteristics of Little Ice Age climate in China". *Quat. Sci.* **1995**, *15*, 169-181.

15   《명실록(明實錄)》 권251, 숭정 14년 5월 기사일(己巳日) (1641).

16   Cook, E. R. et al. "Asian Monsoon Failure and Megadrought During the Last Millennium". *Science* **2010**, *328*, 486-489.

17   Brook, T. *Vermeer's Hat: The Seventeenth Century and the Dawn of the Global World*;

Bloomsbury Press: New York, 2008.

18 양방중(梁方仲), 《중국역대호구, 전지, 전부통계(中國歷代戶口‘田地’田賦統計)》, 상해인민출판사, 1980.

19 《무강년표(武江年表)》, 천명 3년 7월 6일 조 (c. 1849).

20 Thordarson, T.; Self, S. "Atmospheric and environmental effects of the 1783-1784 Laki eruption: A review and reassessment". *J. Geophys. Res. Atmos.* **2003**, *108*, 4011.

21 《센다이번 사료(仙台藩史料)》 제15권, 천명기근자료 (1975).

22 기쿠치 이사오(菊池勇夫), 《근세의 기근(近世の飢饉)》, 요시카와 고분관(吉川弘文館), 1994.

23 《승정원일기》 230권, 현종 13년(1672년) 10월 25일(신축) 기사.

24 《승정원일기》 231권, 현종 13년(1672년) 12월 13일(무자) 기사.

25 《현종실록》 19권, 현종 12년(1671년) 1월 11일(갑신) 1번째 기사.

26 《현종실록》 19권, 현종 12년(1671년) 1월 11일(갑신) 1번째 기사.

27 Keigwin, L. D.; Pickart, R. S. "Slope water current over the Laurentian fan on interannual to millennial time scales". *Science* **1999**, *286*, 520-523.

28 Vellinga, M.; Wood, R. A. "Global climatic impacts of a collapse of the Atlantic thermohaline circulation". *Clim. Change* **2002**, *54*, 251-267.

29 De Vries, J. *The Economy of Europe in an Age of Crisis, 1600-1750*; Cambridge University Press: Cambridge, 1976.

30 Israel, J. I. *Dutch Primacy in World Trade, 1585-1740*; Oxford University Press: Oxford, 1989.

31 Lamb, H. H. *Climate, History and the Modern World*, 2nd ed.; Routledge: London, 1995.

32 Defoe, D. *The Storm: Or, a Collection of the Most Remarkable Casualties and Disasters*; G. Sawbridge: London, 1704.

33 Rediker, M. *Villains of All Nations: Atlantic Pirates in the Golden Age*; Beacon Press: Boston, 2004.

34 Sobel, D. Longitude: *The True Story of a Lone Genius Who Solved the Greatest Scientific Problem of His Time*; Walker Books: New York, 1995.

35 Etheridge, D. M. et al. "Natural and anthropogenic changes in atmospheric CO_2 over the last 1000 years from air in Antarctic ice and firn". *J. Geophys. Res. Atmos.* **1996**, *101*, 4115-4128.

36 Mitchell, B. R. *British Historical Statistics*; Cambridge University Press: Cambridge, 1988.

37 Holzhauser, H.; Magny, M.; Zumbühl, H. J. "Glacier and lake-level variations in west-central Europe over the last 3500 years". *Holocene* **2005**, *15*, 789-801.

10장. 와트가 연 판도라의 상자

1 Hills, R. L. *Power from Steam: A History of the Stationary Steam Engine*; Cambridge University Press: Cambridge, 1989.

2   Royer, D. L.; Berner, R. A.; Montañez, I. P.; Tabor, N. J.; Beerling, D. J. CO_2 as a primary driver of Phanerozoic climate. *GSA Today* **2004**, *14*, 4-10.

3   Berner, R. A. The long-term carbon cycle, fossil fuels and atmospheric composition. *Nature* **2003**, *426*, 323-326.

4   Cardwell, D. S. L. *From Watt to Clausius: The Rise of Thermodynamics in the Early Industrial Age*; Heinemann: London, 1971.

5   Heywood, J. B. *Internal Combustion Engine Fundamentals*, 2nd ed.; McGraw-Hill: New York, 2018.

6   Howard, L. *The Climate of London*, 2nd ed.; Harvey & Darton: London, 1833.

7   Lüthi, D. et al. High-resolution carbon dioxide concentration record 650,000-800,000 years before present. *Nature* **2008**, *453*, 379-382.

8   Etheridge, D. M. et al. Natural and anthropogenic changes in atmospheric CO_2 over the last 1000 years from air in Antarctic ice and firn. *J. Geophys. Res. Atmos.* **1996**, *101*, 4115-4128.

9   Mitchell, B. R. *British Historical Statistics*; Cambridge University Press: Cambridge, 1988.

10   Engineering ToolBox. *Fuel energy content data.* https://www.engineeringtoolbox.com/ (accessed Jan 2026).

11   Church, R. *The History of the British Coal Industry, Volume 3: 1830-1913*; Oxford University Press: Oxford, 1986.

12   Mokyr, J. *Industrialization in the Low Countries, 1795-1850*; Yale University Press: New Haven, 1976.

13   Henderson, W. O. *The Rise of German Industrial Power 1834-1914*; Temple Smith: London, 1975.

14   Miller, D. L.; Sharpless, R. E. *The Kingdom of Coal: Work, Enterprise, and Ethnic Communities in the Mine Fields*; University of Pennsylvania Press: Philadelphia, 1985.

15   Way, P. *Common Labour: Workers and the Digging of North American Canals 1780-1860*; Cambridge University Press: Cambridge, 1993.

16   Wall, J. F. *Andrew Carnegie*; Oxford University Press: New York, 1970.

17   Roll, E. *An Early Experiment in Industrial Organisation: Being a History of the Firm of Boulton and Watt, 1775-1805*; Longmans, Green and Co.: London, 1930.

18   Boulton, M. Letter to James Watt, June 7, 1776. Boulton & Watt Collection, Birmingham Central Library Archives.

19   Parliamentary Papers. *Report from the Select Committee on Manufactures, Commerce and Shipping*; House of Commons: London, 1833.

20   Burnett, J. *Useful Toil: Autobiographies of Working People from the 1820s to the 1920s*; Allen Lane: London, 1974.

21   U.S. Bureau of the Census. *Historical Statistics of the United States, Colonial Times to 1970*; U.S. Government Printing Office: Washington D.C., 1975.

22   Parliamentary Papers. *Railway Returns*; House of Commons: London, 1847.

23   Ericson, S. J. *The Sound of the Whistle: Railroads and the State in Meiji Japan*; Harvard University Asia Center: Cambridge, 1996.

24   Lockwood, W. W. *The Economic Development of Japan: Growth and Structural Change*

1868-1938; Princeton University Press: Princeton, 1954.

25   Abe, T. *The Development of the Modern Japanese Cotton Industry*; University of Tokyo Press: Tokyo, 2005.

26   Halliday, S. *The Great Stink of London: Sir Joseph Bazalgette and the Cleansing of the Victorian Metropolis*; Sutton Publishing: Stroud, 1999.

27   Parliamentary Papers. *Report of the Metropolitan Board of Works*; House of Commons: London, 1858.

28   Halliday, S. *The Great Stink of London: Sir Joseph Bazalgette and the Cleansing of the Victorian Metropolis*; Sutton Publishing: Stroud, 1999.

29   Engels, F. *The Condition of the Working Class in England*; Stanford University Press: Stanford, 1958(Original work published 1845).

30   Marx, K.; Engels, F. *The Communist Manifesto*; 1848.

31   MacFarling Meure, C. et al. Law Dome CO_2, CH_4 and N_2O ice core records extended to 2000 years BP. *Geophys. Res. Lett.* **2006**, *33*, L14810.

32   Thompson, E. P. *The Making of the English Working Class*; Victor Gollancz: London, 1963.

33   Parliamentary Papers. *Factory Inquiry Commission: First Report of the Central Board*; House of Commons: London, 1833.

34   Howard, L. *The Climate of London*, 2nd ed.; Harvey & Darton: London, 1833.

35   Ciais, P. et al. Carbon and Other Biogeochemical Cycles. In *Climate Change 2013: The Physical Science Basis*; Cambridge University Press: Cambridge, 2013.

36   Le Quéré, C. et al. Global Carbon Budget 2018. *Earth Syst. Sci. Data* **2018**, *10*, 2141-2194.

37   Archer, D. et al. Atmospheric lifetime of fossil fuel carbon dioxide. *Annu. Rev. Earth Planet. Sci.* **2009**, *37*, 117-134.

38   Jevons, W. S. *The Coal Question: An Inquiry Concerning the Progress of the Nation, and the Probable Exhaustion of Our Coal Mines*; Macmillan: London, 1865.

39   Friedlingstein, P. et al. Global Carbon Budget 2023. *Earth Syst. Sci. Data* **2023**, *15*, 5301-5369.

40   Global Carbon Project. *Global Carbon Budget 2024*. https://www.globalcarbonproject.org/.

11장. 생명을 구한 공정의 대가

1   Haber, F. Über die technische Darstellung von Ammoniak aus den Elementen. *Z. Elektrochem.* **1909**, *15*, 204-217.

2   Erisman, J. W.; Sutton, M. A.; Galloway, J.; Klimont, Z.; Winiwarter, W. How a century of ammonia synthesis changed the world. *Nat. Geosci.* **2018**, *1(10)*, 636-639.

3   Stoltzenberg, D. *Fritz Haber: Chemist, Nobel Laureate, German, Jew*. Chemical Heritage

Press: Philadelphia, PA. 2004

4 Stoltzenberg, D. *Fritz Haber: Chemist, Nobel Laureate, German, Jew*. Chemical Heritage Press: Philadelphia, PA. 2004

5 Friedrich, B.; Hoffmann, D. Clara Haber, née Immerwahr (1870-1915): Life, Work and Legacy. *Angew. Chem. Int. Ed.* **2016**, *55*, 10398-10407.

6 Charles, D. *Master Mind: The Rise and Fall of Fritz Haber*. Ecco/HarperCollins: New York. 2005

7 Stoltzenberg, D. *Fritz Haber: Chemist, Nobel Laureate, German, Jew*. Chemical Heritage Press: Philadelphia, PA. 2004

8 Charles, D. *Master Mind: The Rise and Fall of Fritz Haber*. Ecco/HarperCollins: New York. 2005

9 Hayes, P. *Industry and Ideology: IG Farben in the Nazi Era*. Cambridge University Press. 1987

10 Hayes, P. *Industry and Ideology: IG Farben in the Nazi Era*. Cambridge University Press. 1987

11 Stoltzenberg, D. *Fritz Haber: Chemist, Nobel Laureate, German, Jew*. Chemical Heritage Press: Philadelphia, PA. 2004

12 Rossiter, M. W. The Matthew Matilda Effect in Science. *Soc. Stu. Sci.* **1993**, *23(2)*, 325-341.

13 Atkins, P.; de Paula, J. *Physical Chemistry (10th ed.)*. Oxford University Press. 2014

14 Burgess, B. K.; Lowe, D. J. Mechanism of molybdenum nitrogenase. *Chem. Rev.* **1996**, *96(7)*, 2983-3011.

15 Hoffman, B. M.; Lukoyanov, D.; Yang, Z.-Y.; Dean, D. R.; Seefeldt, L. C. Mechanism of nitrogen fixation by nitrogenase: The next stage. *Chem. Rev.* **2014**, *114(4)*, 4041-4062.

16 Justus von Liebig, J. *Chemistry in Its Application to Agriculture and Physiology*. Taylor and Walton: London. 1840

17 Crookes, W. Address of the President before the British Association for the Advancement of Science. *Science* **1898**, *8(200)*, 561-575.

18 Crookes, W. Address of the President before the British Association for the Advancement of Science. *Science* **1898**, *8(200)*, 561-575.

19 Malthus, T. R. *An Essay on the Principle of Population*. J. Johnson: London.1798

20 Mokyr, J. *The Enlightened Economy: An Economic History of Britain 1700-1850*. Yale University Press. 2009

21 Mokyr, J. *The Enlightened Economy: An Economic History of Britain 1700-1850*. Yale University Press. 2009

22 Ó Gráda, C. *Black '47 and Beyond: The Great Irish Famine*. Princeton University Press. 1999

23 Davis, M. *Late Victorian Holocausts: El Niño Famines and the Making of the Third World*. Verso: London. 2001

24 Darwin, C. *On the Origin of Species*. John Murray: London. 1859

25 Galton, F. *Inquiries into Human Faculty and Its Development*. Macmillan: London. 1883

26 Szöllösi-Janze, M. *Fritz Haber 1868-1934: Eine Biographie*. C.H. Beck: München. 1998

27 Birkeland, K.; Eyde, S. On the oxidation of atmospheric nitrogen in electric arcs. *Trans.*

Faraday Soc. **1906**, *2*, 98-116.

28 Devictor, N.; Schlögl, R. The Haber Bosch process reviewed. *Chem. Eur. J.* **2015**, *21*, 15350-15368.

29 Haber, F. (1909). Über die technische Darstellung von Ammoniak aus den Elementen. *Z. Elektrochem.*, *15*, 204-217.

30 Le Rossignol, R.; Haber, F. Das Gleichgewicht zwischen Stickstoff, Wasserstoff und Ammoniak. *Z. Elektrochem.* **1910**, *16*, 343-355.

31 Stoltzenberg, D. *Fritz Haber: Chemist, Nobel Laureate, German, Jew.* Chemical Heritage Press: Philadelphia, PA. 2004

32 Haber, F. Über die technische Darstellung von Ammoniak aus den Elementen. *Z. Elektrochem.* **1909**, *15*, 204-217.

33 Bosch, C. The development of the chemical high pressure method. Nobel Lecture, December 21, 1932.

34 Travis, A. S. *Nitrogen Capture: The Growth of an International Industry (1900-1940).* Springer: Berlin. 2018

35 Bosch, C. The development of the chemical high pressure method. Nobel Lecture, December 21, 1932.

36 Appl, M. (2011). Ammonia: Principles and Industrial Practice. Wiley-VCH.

37 Travis, A. S. *Nitrogen Capture: The Growth of an International Industry (1900-1940).* Springer: Berlin. 2018.

38 Rafiqul, I.; Weber, C.; Lehmann, B.; Voss, A. Energy efficiency improvements in ammonia production. *Energy* **2005**, *30(13-14)*, 2487-2504.

39 Rafiqul, I.; Weber, C.; Lehmann, B.; Voss, A. Energy efficiency improvements in ammonia production. *Energy* **2005**, *30(13-14)*, 2487-2504.

40 International Energy Agency. *Ammonia Technology Roadmap: Towards More Sustainable Nitrogen Fertiliser Production.* IEA Publications: Paris. 2021

41 Smith, C.; Hill, A. K.; Torrente-Murciano, L. Current and future role of Haber-Bosch ammonia. *Energy Environ. Sci.* **2020**, *13*, 331-344.

42 Erisman, J. W.; Sutton, M. A.; Galloway, J.; Klimont, Z.; Winiwarter, W. How a century of ammonia synthesis changed the world. *Nat. Geosci.* **2008**, *1(10)*, 636-639.

43 Borlaug, N. E. The Green Revolution Revisited. Norwegian Nobel Institute Lecture, September 8, 2000.

44 Evenson, R. E.; Gollin, D. Assessing the Impact of the Green Revolution. *Science* **2003**, *300(5620)*, 758-762.

45 Food and Agriculture Organization. *FAOSTAT Database.* 2020. http://www.fao.org/faostat/

46 Zhang, X.; Davidson, E. A.; Mauzerall, D. L.; Searchinger, T. D.; Dumas, P.; Shen, Y. Managing nitrogen for sustainable development. *Nature* **2015**, *528(7580)*, 51-59.

47 Food and Agriculture Organization. *FAOSTAT Database.* 2020. http://www.fao.org/faostat/

48 Justus von Liebig, J. *Chemistry in Its Application to Agriculture and Physiology.* Taylor and Walton: London. 1840.

49   Devictor, N.; Schlögl, R. The Haber Bosch process reviewed. *Chem. Eur. J.* **2015**, *21*, 15350-15368.

50   Food and Agriculture Organization. *FAOSTAT Database.* 2020. http://www.fao.org/faostat/

51   Smil, V. *Enriching the Earth: Fritz Haber, Carl Bosch, and the Transformation of World Food Production.* MIT Press. 2001.

52   Smil, V. Nitrogen cycle and world food production. *World Agric.* **2011**, *2(1)*, 9-13.

53   Smil, V. Detonator of the population explosion. *Nature* **1999**, *400(6743)*, 415.

54   Erisman, J. W.; Sutton, M. A.; Galloway, J.; Klimont, Z.; Winiwarter, W. How a century of ammonia synthesis changed the world. *Nat. Geosci.* **2008**, *1(10)*, 636-639.

55   International Fertilizer Association. *Fertilizer Outlook 2021-2022.* IFA: Paris. 2021.

56   International Fertilizer Association. *Fertilizer Outlook 2021-2022.* IFA: Paris. 2021.

57   World Food Programme. *COVID-19 and the Risk of Famine: 2020 Global Report on Food Crises.* WFP: Rome. 2020.

58   World Food Programme. *COVID-19 and the Risk of Famine: 2020 Global Report on Food Crises.* WFP: Rome. 2020.

59   Glauber, J.; Laborde, D. *The Russia-Ukraine Conflict and Global Food Security.* IFPRI Blog, March 2022.

60   European Commission. *Impact of the War in Ukraine on EU Agriculture.* Agriculture and Rural Development Report. 2022.

61   European Commission. *Impact of the War in Ukraine on EU Agriculture.* Agriculture and Rural Development Report. 2022.

62   African Development Bank. *African Economic Outlook 2022.* AfDB: Abidjan. 2022.

63   Rockström, J.; Steffen, W.; Noone, K. et al. A safe operating space for humanity. *Nature* **2009**, *461(7263)*, 472-475.

64   Zhang, X.; Davidson, E. A.; Mauzerall, D. L.; Searchinger, T. D.; Dumas, P.; Shen, Y. (2015). Managing nitrogen for sustainable development. *Nature, 528(7580)*, 51-59.

65   Diaz, R. J.; Rosenberg, R. Spreading dead zones. *Science* **2008**, *321(5891)*, 926-929.

66   Ravishankara, A. R.; Daniel, J. S.; Portmann, R. W. Nitrous oxide: The dominant ozone-depleting substance. *Science* **2009**, *326(5949)*, 123-125.

67   Davidson, E. A. The contribution of manure and fertilizer nitrogen to atmospheric nitrous oxide. *Nat. Geosci.* **2009**, *2(9)*, 659-662.

68   Davidson, E. A. The contribution of manure and fertilizer nitrogen to atmospheric nitrous oxide. *Nat. Geosci.* **2009**, *2(9)*, 659-662.

69   International Energy Agency. *Net Zero Roadmap: A Global Pathway to Keep the 1.5°C Goal in Reach.* IEA Publications: Paris. 2023.

70   International Renewable Energy Agency. *Innovation Outlook: Renewable Ammonia.* IRE-NA: Abu Dhabi. 2022.

71   Air Products. NEOM Green Hydrogen Project. Press Release, July 7, 2021.

72   International Renewable Energy Agency. *Innovation Outlook: Renewable Ammonia.* IRE-NA: Abu Dhabi. 2022.

73   MacFarlane, D. R. et al. A roadmap to the ammonia economy. *Joule* **2020**, *4(6)*, 1186-

1205.

74   Topsoe. Breakthrough in Solid Oxide Electrolysis. Technical Bulletin, February 2024.

75   International Renewable Energy Agency. *Innovation Outlook: Renewable Ammonia*. IRE-NA: Abu Dhabi. 2022.

76   Zhang, X.; Davidson, E. A.; Mauzerall, D. L.; Searchinger, T. D.; Dumas, P.; Shen, Y. Managing nitrogen for sustainable development. *Nature*, **2015**, *528(7580)*, 51–59.

77   Smil, V. *Enriching the Earth: Fritz Haber, Carl Bosch, and the Transformation of World Food Production*. MIT Press. 2001.

78   Nishimura, A. et al. Ambient electrochemical ammonia synthesis. *Nat. Catal.* **2023**, *6(4)*, 357–365.

79   International Energy Agency. *Net Zero Roadmap: A Global Pathway to Keep the 1.5°C Goal in Reach*. IEA Publications: Paris. 2023.

80   U.S. Geological Survey. *Mineral Commodity Summaries 2024: Nitrogen (Fixed)—Ammonia*. USGS: Reston, VA. 2024.

81   International Fertilizer Association. *Global Ammonia Production Statistics 2024*. IFA: Paris. 2024.

82   International Fertilizer Association. *Global Ammonia Production Statistics 2024*. IFA: Paris. 2024.

83   Zhang, X.; Mauzerall, D. L.; Davidson, E. A.; Kanter, D. R.; Cai, R. The economic and environmental consequences of implementing nitrogen–efficient technologies. *J. Environ. Qual.* **2021**, *50(5)*, 1063–1071.

12장. 대가속의 시대

1   American Chemical Society. Keeling Curve – National Historic Chemical Landmark. *ACS National Historic Chemical Landmarks*, 2015.

2   Pales, J. C.; Keeling, C. D. The concentration of atmospheric carbon dioxide in Hawaii. *J. Geophys. Res.* **1965**, *70*, 6053–6076.

3   Comprehensive Test Ban Treaty Organization (CTBTO). *Nuclear Testing Statistics*; CTB-TO: Vienna, Austria.

4   Sakharov, A. D. *Memoirs*; Knopf: New York, 1990.

5   Hua, Q. et al. Atmospheric radiocarbon for the period 1950–2010. *Radiocarbon* **2013**, *55*, 2059–2072.

6   Waters, C. N. et al. The Anthropocene is functionally and stratigraphically distinct from the Holocene. *Science* **2016**, *351*, aad2622.

7   BP. *Statistical Review of World Energy*; BP plc: London, 2021 (Historical data 1950–2020).

8   International Organization of Motor Vehicle Manufacturers (OICA). *World Motor Vehicle Statistics*; OICA: Paris.

9   U.S. Department of Transportation. *Federal Highway Administration Historical Statistics*; FHWA: Washington, DC.

10   Civil Aviation Authority UK. *First Commercial Jet Service Records*; CAA Historical Archives: London, 1958.

11   Lee, D. S. et al. Aviation and global climate change in the 21st century. *Atmos. Environ.* **2009**, *43*, 3520-3537.

12   International Air Transport Association (IATA). *World Air Transport Statistics*; IATA: Montreal.

13   Life Magazine. Throwaway Living. *Life*, August 1, 1955, pp 43-44.

14   PlasticsEurope. *Plastics — the Facts 2021*; PlasticsEurope: Brussels, 2021.

15   British Plastics Federation. *Carbon Footprint of Plastics Production*; Technical Report, 2020.

16   U.S. Environmental Protection Agency. *DDT Production and Environmental Impact Assessment*; EPA Historical Report 430-R-72-001, 1972.

17   Young, A. L. The history, use, disposition and environmental fate of Agent Orange. *Environ. Sci. Pollut. Res.* **2009**, *16*, 671-687.

18   Smil, V. *Energy Transitions: Global and National Perspectives*; Praeger: Santa Barbara, CA, 2010.

19   BP. *Statistical Review of World Energy*; BP plc: London, 2021(Historical data 1950-2020).

20   Boyd, S. B. Energy consumption in semiconductor manufacturing operations. *IEEE Trans. Semicond. Manuf.* **2002**, *15*, 571-578.

21   Computer History Museum. *Personal Computer Census Data*; Mountain View, CA.

22   Koomey, J. et al. Growth in data center electricity use 2005 to 2010. *Environ. Res. Lett.* **2011**, *6*, 034008.

23   Global Carbon Atlas. *CO2 Emissions Database*; http://www.globalcarbonatlas.org/.

24   U.S. Environmental Protection Agency. *Greenhouse Gas Equivalencies Calculator*; EPA Report 430-F-24-001, 2024.

25   U.S. Energy Information Administration. *China Profile Analysis*; International Energy Statistics.

26   U.S. Energy Information Administration. *Electric Power Monthly*; Table 1.1 Net Generation by Energy Source, 2024.

27   Myhre, G. et al. Anthropogenic and Natural Radiative Forcing. In *Climate Change 2013: The Physical Science Basis*; Cambridge University Press: Cambridge, UK, 2013.

28   U.S. Environmental Protection Agency. *Inventory of U.S. Greenhouse Gas Emissions and Sinks: 1990-2020*; EPA Report 430-R

13장. 메탄 vs 이산화탄소

1   Tyndall, J. On the absorption and radiation of heat by gases and vapours, and on the phys-

ical connexion of radiation, absorption, and conduction. *Philos. Mag.* **1861**, *22*, 169–194; 273–285.

2 Tyndall, J. Note on the transmission of radiant heat through gaseous bodies. *Proc. R. Soc. Lond.* **1859**, *10*, 37–39.

3 Jacobus Henricus van't Hoff, J. H. *Voorstel tot uitbreiding der tegenwoordig in de scheikunde gebruikte structuurformules in de ruimte*; Greven: Utrecht, 1874.

4 McElroy, M. B.; Elkins, J. W.; Wofsy, S. C.; Yung, Y. L. Sources and Sinks of Atmospheric N_2O. *Rev. Geophys.* **1976**, *14*, 143–150.

5 Cicerone, R. J.; Oremland, R. S. Biogeochemical aspects of atmospheric methane. *Glob. Biogeochem. Cycles* **1988**, *2*, 299–327.

6 Burrows, J. P.; Weber, M.; Buchwitz, M.; Rozanov, V.; Ladstätter–Weißenmayer, A.; Richter, A.; DeBeek, R.; Hoogen, R.; Bramstedt, K.; Eichmann, K. U.; Eisinger, M. The Global Ozone Monitoring Experiment (GOME): Mission Concept and First Scientific Results. *J. Atmos. Sci.* **1999**, *56*, 151–175.

7 Tyndall, J. Note on the transmission of radiant heat through gaseous bodies. *Proc. R. Soc. Lond.* **1859**, *10*, 37–39.

8 Masson–Delmotte, V.; Zhai, P.; Pirani, A.; Connors, S. L.; Péan, C.; Berger, S.; Caud, N.; Chen, Y.; Goldfarb, L.; Gomis, M. I.; et al. *Climate Change 2021: The Physical Science Basis. Contribution of Working Group I to the Sixth Assessment Report of the Intergovernmental Panel on Climate Change*; Cambridge University Press: Cambridge, UK, 2021; Table 7.15.

9 U.S. Environmental Protection Agency. *Greenhouse Gas Emissions from a Typical Passenger Vehicle*; EPA–420–F–18–008; U.S. EPA: Washington, DC, 2018.

10 Masson–Delmotte, V.; Zhai, P.; Pirani, A.; Connors, S. L.; Péan, C.; Berger, S.; Caud, N.; Chen, Y.; Goldfarb, L.; Gomis, M. I.; et al. *Climate Change 2021: The Physical Science Basis. Contribution of Working Group I to the Sixth Assessment Report of the Intergovernmental Panel on Climate Change;* Cambridge University Press: Cambridge, UK, 2021; Table 7.15.

11 Archer, D.; Eby, M.; Brovkin, V.; Ridgwell, A.; Cao, L.; Mikolajewicz, U.; Caldeira, K.; Matsumoto, K.; Munhoven, G.; Montenegro, A.; Tokos, K. Atmospheric Lifetime of Fossil Fuel Carbon Dioxide. *Annu. Rev. Earth Planet. Sci.* **2009**, *37*, 117–134.

12 Prather, M. J.; Holmes, C. D.; Hsu, J. Reactive greenhouse gas scenarios: Systematic exploration of uncertainties and the role of atmospheric chemistry. *Geophys. Res. Lett.* **2012**, *39*, L09803.

13 Archer, D.; Eby, M.; Brovkin, V.; Ridgwell, A.; Cao, L.; Mikolajewicz, U.; Caldeira, K.; Matsumoto, K.; Munhoven, G.; Montenegro, A.; Tokos, K. Atmospheric Lifetime of Fossil Fuel Carbon Dioxide. *Annu. Rev. Earth Planet. Sci.* **2009**, *37*, 117–134.

14 Lan, X.; Thoning, K. W.; Dlugokencky, E. J. *Trends in globally-averaged CH_4, N_2O, and SF_6 determined from NOAA Global Monitoring Laboratory measurements*. Version 2024–10; NOAA Global Monitoring Laboratory: Boulder, CO, 2024. (Available at https://gml.noaa.gov/ccgg/trends/)

15 Lan, X.; Thoning, K. W.; Dlugokencky, E. J. *Trends in globally-averaged CH_4, N_2O, and SF_6 determined from NOAA Global Monitoring Laboratory measurements*. Version 2024–10; NOAA Global Monitoring Laboratory: Boulder, CO, 2024. (Available at https://gml.noaa.gov/

ccgg/trends/)

16   Saunois, M.; Stavert, A. R.; Poulter, B.; Bousquet, P.; Canadell, J. G.; Jackson, R. B.; Raymond, P. A.; Dlugokencky, E. J.; Houweling, S.; Patra, P. K.; et al. The Global Methane Budget 2000-2017. *Earth Syst. Sci. Data* **2020**, *12*, 1561-1623.

17   Steinfeld, H.; Gerber, P.; Wassenaar, T.; Castel, V.; Rosales, M.; de Haan, C. *Livestock's Long Shadow: Environmental Issues and Options*; Food and Agriculture Organization of the United Nations (FAO): Rome, 2006.

18   Kinley, R. D.; Martinez-Kjeldsen, B.; de Nys, R.; Magnusson, M. Strategies for on-farm implementation of *Asparagopsis taxiformis* treatment in beef cattle. *Anim. Prod. Sci.* **2020**, *60*, 1959-1968.

19   The Good Food Institute. *State of the Industry Report: Plant-based meat*; GFI: Washington, DC, 2024.

20   The Good Food Institute. *State of the Industry Report: Plant-based meat*; GFI: Washington, DC, 2024.

21   European Commission. *Regulation (EU) 2023/956 of the European Parliament and of the Council of 10 May 2023 establishing a carbon border adjustment mechanism*; OJ L 130; EU: Brussels, 2023.

22   Heinz, P.; et al. High-resolution microwave spectroscopy of atmospheric methane and carbon dioxide. *Appl. Phys. B* **2019**, *125*, 1-12.

23   Gorroño, J.; et al. Satellite-based assessment of methane emissions from the Darvaza gas crater. EarthArXiv 2025. https://doi.org/10.31223/X5MQ6K.

24   Zhang, Z.; et al. Temperature-dependent vibrational spectra and radiative forcing of greenhouse gases. *J. Chem. Phys.* **2022**, *156*, 154302.

25   Lan, X.; Thoning, K. W.; Dlugokencky, E. J. *Trends in globally-averaged CH$_4$, N$_2$O, and SF$_6$ determined from NOAA Global Monitoring Laboratory measurements*. Version 2024-10; NOAA Global Monitoring Laboratory: Boulder, CO, 2024. (Available at https://gml.noaa.gov/ccgg/trends/)

26   Nisbet, E. G.; Manning, M. R.; Dlugokencky, E. J.; Fisher, R. E.; Lowry, D.; Michel, S. E.; Myhre, C. L.; Platt, S. M.; Allen, G.; Bousquet, P.; et al. Very Strong Atmospheric Methane Growth in the 4 Years 2014-2017: Implications for the Paris Agreement. *Glob. Biogeochem. Cycles* **2019**, *33*, 318-342.

27   Nisbet, E. G.; Manning, M. R.; Dlugokencky, E. J.; Fisher, R. E.; Lowry, D.; Michel, S. E.; Myhre, C. L.; Platt, S. M.; Allen, G.; Bousquet, P.; et al. Very Strong Atmospheric Methane Growth in the 4 Years 2014-2017: Implications for the Paris Agreement. *Glob. Biogeochem. Cycles* **2019**, *33*, 318-342..

28   Howarth, R. W. A bridge to nowhere: methane emissions and the greenhouse gas footprint of natural gas. Energy Sci. Eng. 2014, 2, 47-60.

29   Rothman, L. S.; Gordon, I. E.; Babikov, Y.; Barbe, A.; Chris Benner, D.; Bernath, P. F.; Birk, M.; Bizzocchi, L.; Boudon, V.; Brown, L. R.; et al. The HITRAN2012 molecular spectroscopic database. *J. Quant. Spectrosc. Radiat. Transf.* **2013**, *130*, 4-50.

30   Tyndall, J. Note on the transmission of radiant heat through gaseous bodies. *Proc. R. Soc. Lond.* **1859**, *10*, 37-39.

31   Rothman, L. S.; Gordon, I. E.; Babikov, Y.; Barbe, A.; Chris Benner, D.; Bernath, P. F.; Birk, M.; Bizzocchi, L.; Boudon, V.; Brown, L. R.; et al. The HITRAN2012 molecular spectroscopic database. *J. Quant. Spectrosc. Radiat. Transf.* **2013**, *130*, 4-50.

32   Rothman, L. S.; Gordon, I. E.; Babikov, Y.; Barbe, A.; Chris Benner, D.; Bernath, P. F.; Birk, M.; Bizzocchi, L.; Boudon, V.; Brown, L. R.; et al. The HITRAN2012 molecular spectroscopic database. *J. Quant. Spectrosc. Radiat. Transf.* **2013**, *130*, 4-50.

33   van der Velde, I. R.; van der Werf, G. R.; Houweling, S.; Maasakkers, J. D.; Borsdorff, T.; Landgraf, J.; Tolline, P.; Gurney, K. R.; Collatz, G. J.; Ilijn, A.; et al. Vast CO_2 release from Australian fires in 2019-2020 constrained by satellite measurements. *Nature* **2021**, *597*, 366-369.

34   Laughner, J. L.; Neu, J. L.; Schimel, D.; Wennberg, P. O.; Barskov, K.; Chatterjee, A.; de Grandpre, B.; Engel, A.; Frankenberg, C.; Gatti, L. V.; et al. Societal shifts due to COVID-19 reveal large-scale complexities and feedbacks between atmospheric chemistry and climate change. *Proc. Natl. Acad. Sci. U.S.A.* **2021**, *118*, e2109481118.

14장. 이산화탄소 분자의 양자 화학

1   Einstein, A. Über einen die Erzeugung und Verwandlung des Lichtes betreffenden heuristischen Gesichtspunkt. *Ann. Phys.* **1905**, *322*, 132-148.

2   Kopp, G.; Lean, J. L. A new, lower value of total solar irradiance. *Geophys. Res. Lett.* **2011**, *38*, L01706.

3   Atkins, P.; de Paula, J. *Physical Chemistry: Thermodynamics, Structure, and Change*, 10th ed.; W.H. Freeman: New York, 2014.

4   Bohr, N. On the constitution of atoms and molecules. *Philos. Mag.* **1913**, *26*, 1-25.

5   Rothman, L. S.; Gordon, I. E.; Babikov, Y.; Barbe, A.; Chris Benner, D.; Bernath, P. F.; Birk, M.; Bizzocchi, L.; Boudon, V.; Brown, L. R.; et al. The HITRAN2012 molecular spectroscopic database. *J. Quant. Spectrosc. Radiat. Transf.* **2013**, *130*, 4-50.

6   Rothman, L. S.; Gordon, I. E.; Babikov, Y.; Barbe, A.; Chris Benner, D.; Bernath, P. F.; Birk, M.; Bizzocchi, L.; Boudon, V.; Brown, L. R.; et al. The HITRAN2012 molecular spectroscopic database. *J. Quant. Spectrosc. Radiat. Transf.* **2013**, *130*, 4-50.

7   Sakurai, J. J.; Napolitano, J. *Modern Quantum Mechanics*, 2nd ed.; Cambridge University Press: Cambridge, UK, 2017.

8   Mukamel, S. *Principles of Nonlinear Optical Spectroscopy*; Oxford University Press: Oxford, UK, 1995.

9   Einstein, A. Zur Quantentheorie der Strahlung. *Phys. Z.* **1917**, *18*, 121-128.

10   Wayne, R. P. *Chemistry of Atmospheres*, 3rd ed.; Oxford University Press: Oxford, UK, 2000.

11   Wayne, R. P. *Chemistry of Atmospheres*, 3rd ed.; Oxford University Press: Oxford, UK,

2000.

12 The JWST Transiting Exoplanet Community Early Release Science Team. Identification of carbon dioxide in an exoplanet atmosphere. *Nature* **2023**, *614*, 649-652.

13 The JWST Transiting Exoplanet Community Early Release Science Team. Identification of carbon dioxide in an exoplanet atmosphere. *Nature* **2023**, *614*, 649-652.

14 Friedlingstein, P.; O'Sullivan, M.; Jones, M. W.; Andrew, R. M.; Gregor, L.; Hauck, J.; Le Quéré, C.; Luijkx, I. T.; Olsen, A.; Peters, G. P.; et al. Global Carbon Budget 2022. *Earth Syst. Sci. Data* **2022**, *14*, 4811-4900.

15 Krulwich, R. *Which Is Greater, the Number of Sand Grains on Earth or Stars in the Sky?*; NPR Science Friday: Washington, DC, 2012.

16 Friedlingstein, P.; O'Sullivan, M.; Jones, M. W.; Andrew, R. M.; Gregor, L.; Hauck, J.; Le Quéré, C.; Luijkx, I. T.; Olsen, A.; Peters, G. P.; et al. Global Carbon Budget 2022. *Earth Syst. Sci. Data* **2022**, *14*, 4811-4900.

17 IPCC. *Climate Change 2021: The Physical Science Basis. Contribution of Working Group I to the Sixth Assessment Report of the Intergovernmental Panel on Climate Change*; Cambridge University Press: Cambridge, UK, 2021.

15장. 지구 복사 균형의 붕괴

1 NASA. Apollo 17 Blue Marble photograph; NASA Image Gallery, AS17-148-22727, **1972**.

2 Trenberth, K. E.; Fasullo, J. T.; Kiehl, J. Earth's global energy budget. *Bull. Am. Meteorol. Soc.* **2009**, *90*, 311-323.

3 Kopp, G.; Lean, J. L. A new, lower value of total solar irradiance: Evidence and climate significance. *Geophys. Res. Lett.* **2011**, *38*, L01706.

4 Donohoe, A.; Battisti, D. S. Atmospheric and surface contributions to planetary albedo. *J. Clim.* **2011**, *24*, 4402-4418.

5 Donohoe, A.; Battisti, D. S. Atmospheric and surface contributions to planetary albedo. *J. Clim.* **2011**, *24*, 4402-4418.

6 Stefan, J. Über die Beziehung zwischen der Wärmestrahlung und der Temperatur. *Sitzungsber. Akad. Wiss. Wien, Math.-Naturwiss. Kl.* **1879**, *79*, 391-428.

7 Rothman, L. S.; Gordon, I. E.; Babikov, Y.; et al. The HITRAN2012 molecular spectroscopic database. *J. Quant. Spectrosc. Radiat. Transf.* **2013**, *130*, 4-50.

8 NOAA Global Monitoring Laboratory. *Trends in atmospheric carbon dioxide*; Retrieved from https://gml.noaa.gov/ccgg/trends/, 2024.

9 Myhre, G.; Shindell, D.; Bréon, F.-M.; et al. Anthropogenic and natural radiative forcing. In *Climate Change 2013: The Physical Science Basis*; Cambridge University Press: Cambridge, UK, 2013; pp 659-740.

10   Loeb, N. G.; Johnson, G. C.; Thorsen, T. J.; et al. Satellite and ocean data reveal marked increase in Earth's heating rate. *Geophys. Res. Lett.* **2021**, *48*, e2021GL093047.

11   Roemmich, D.; Johnson, G. C.; Riser, S.; et al. The Argo Program: observing the global ocean with profiling floats. *Oceanography* **2009**, *22*, 34-43.

12   von Schuckmann, K.; Cheng, L.; Palmer, M. D.; et al. Heat stored in the Earth system: where does the energy go? *Earth Syst. Dyn.* **2020**, *11*, 971-1009.

13   Stroeve, J.; Notz, D. Changing state of Arctic sea ice across all seasons. *Environ. Res. Lett.* **2018**, *13*, 103001.

14   Hall, A. The role of surface albedo feedback in climate. *J. Clim.* **2004**, *17*, 1550-1568.

15   Adhikari, S.; Ivins, E. R. Climate-driven polar motion: 2003-2015. *Sci. Adv.* **2016**, *2*, e1501693.

16   Clausius, R. Über die bewegende Kraft der Wärme und die Gesetze, welche sich daraus für die Wärmelehre selbst ableiten lassen. *Ann. Phys.* **1850**, *79*, 368-397.

17   Soden, B. J.; Held, I. M. An assessment of climate feedbacks in coupled ocean-atmosphere models. *J. Clim.* **2006**, *19*, 3354-3360.

18   Terrer, C.; Jackson, R. B.; Prentice, I. C.; et al. Nitrogen and phosphorus constrain the CO2 fertilization of global plant biomass. *Nat. Clim. Chang.* **2019**, *9*, 684-689.

19   Bond-Lamberty, B.; Thomson, A. Temperature-associated increases in the global soil respiration record. *Nature* **2010**, *464*, 579-582.

20   Goody, R. M.; Yung, Y. L. *Atmospheric Radiation: Theoretical Basis*; Oxford University Press: New York, 1989.

21   Boucher, O.; Randall, D.; Artaxo, P.; et al. Clouds and aerosols. In *Climate Change 2013: The Physical Science Basis*; Cambridge University Press: Cambridge, UK, 2013; pp 571-657.

22   Zelinka, M. D.; Myers, T. A.; McCoy, D. T.; et al. Causes of higher climate sensitivity in CMIP6 models. *Geophys. Res. Lett.* **2020**, *47*, e2019GL085782.

23   Twomey, S. The influence of pollution on the shortwave albedo of clouds. J. *Atmos. Sci.* 1977, *34*, 1149-1152.

24   Bellouin, N.; Quaas, J.; Gryspeerdt, E.; et al. Bounding global aerosol radiative forcing of climate change. *Rev. Geophys.* **2020**, *58*, e2019RG000660.

25   Forster, P.; Storelvmo, T.; Armour, K.; et al. The Earth's Energy Budget, Climate Feedbacks, and Climate Sensitivity. In *Climate Change 2021: The Physical Science Basis*; Cambridge University Press: Cambridge, UK, 2021; pp 923-1054.

26   Diamond, M. S.; Director, H. M.; Eastman, R.; et al. Detection of large-scale cloud microphysical changes within a major shipping corridor after implementation of the International Maritime Organization 2020 fuel sulfur regulations. *Atmos. Chem. Phys.* **2023**, *23*, 8259-8269.

27   Forster, P.; Storelvmo, T.; Armour, K.; et al. The Earth's Energy Budget, Climate Feedbacks, and Climate Sensitivity. In *Climate Change 2021: The Physical Science Basis; Cambridge University Press*: Cambridge, UK, 2021; pp 923-1054.

28   Church, J. A.; Clark, P. U.; Cazenave, A.; et al. Sea level change. In *Climate Change 2013: The Physical Science Basis*; Cambridge University Press: Cambridge, UK, 2013; pp 1137-

1216.

29   Caesar, L.; Rahmstorf, S.; Robinson, A.; et al. Observed fingerprint of a weakening Atlantic Ocean overturning circulation. *Nature* **2018**, *556*, 191−196.

30   Masson−Delmotte, V.; Zhai, P.; Pirani, A.; et al. Summary for Policymakers. In *Climate Change 2021: The Physical Science Basis*; Cambridge University Press: Cambridge, UK, 2021; pp 3−32.

31   Serreze, M. C.; Barry, R. G. Processes and impacts of Arctic amplification: A research synthesis. *Glob. Planet. Change* **2011**, *77*, 85−96.

32   IMBIE Team. Mass balance of the Greenland Ice Sheet from 1992 to 2018. *Nature* **2020**, *579*, 233−239.

33   Milillo, P.; Rignot, E.; Rizzoli, P.; et al. Heterogeneous retreat and ice melt of Thwaites Glacier, West Antarctica. *Sci. Adv.* **2022**, *8(2)*, eabn3818.

16장. 비가역적 탄소: 닫혀 버린 귀환의 문

1   Kondepudi, D.; Prigogine, I. *Modern Thermodynamics: From Heat Engines to Dissipative Structures*, 2nd ed.; Wiley: Chichester, UK, 2014.

2   Carnot, S. *Réflexions sur la puissance motrice du feu et sur les machines propres à développer cette puissance*; Bachelier: Paris, 1824.

3   Chase, M. W. NIST−JANAF Thermochemical Tables, Fourth Edition. *J. Phys. Chem. Ref. Data* **1998**, *Monograph 9*, 1−1951.

4   NOAA Global Monitoring Laboratory. *Trends in atmospheric carbon dioxide*; Retrieved from https://gml.noaa.gov/ccgg/trends/, 2024.

5   House, K. Z.; Baclig, A. C.; Ranjan, M.; van de Walle, E. A.; Wilcox, J.; Herzog, H. J. Economic and energetic analysis of capturing CO_2 from ambient air. *Proc. Natl. Acad. Sci. U.S.A.* **2011**, *108*, 20428−20433.

6   House, K. Z.; Baclig, A. C.; Ranjan, M.; van de Walle, E. A.; Wilcox, J.; Herzog, H. J. Economic and energetic analysis of capturing CO_2 from ambient air. *Proc. Natl. Acad. Sci. U.S.A.* **2011**, *108*, 20428−20433.

7   Keith, D. W.; Holmes, G.; St. Angelo, D.; Heidel, K. A process for capturing CO_2 from the atmosphere. *Joule* **2018**, *2*, 1573−1594.

8   Keith, D. W.; Holmes, G.; St. Angelo, D.; Heidel, K. A process for capturing CO_2 from the atmosphere. *Joule* **2018**, *2*, 1573−1594.

9   Friedlingstein, P.; O'Sullivan, M.; Jones, M. W.; Andrew, R. M.; Gregor, L.; Hauck, J.; Le Quéré, C.; Luijkx, I. T.; Olsen, A.; Peters, G. P.; et al. Global Carbon Budget 2023. *Earth Syst. Sci. Data* **2023**, *15*, 5301−5369.

10   Ocean Acidification International Coordination Centre. *The Ocean Acidification Summary for Policymakers 2020*; IAEA: Monaco, 2020.

11   Ocean Acidification International Coordination Centre. *The Ocean Acidification Summary for Policymakers 2020*; IAEA: Monaco, 2020.

12   Ocean Acidification International Coordination Centre. *The Ocean Acidification Summary for Policymakers 2020*; IAEA: Monaco, 2020.

13   Friedlingstein, P.; O'Sullivan, M.; Jones, M. W.; Andrew, R. M.; Gregor, L.; Hauck, J.; Le Quéré, C.; Luijkx, I. T.; Olsen, A.; Peters, G. P.; et al. Global Carbon Budget 2023. *Earth Syst. Sci. Data* **2023**, *15*, 5301-5369.

14   Terrer, C.; Jackson, R. B.; Prentice, I. C.; Keenan, T. F.; Kaiser, C.; Vicca, S.; Fisher, J. B.; Reich, P. B.; Stocker, B. D.; Hungate, B. A.; et al. Nitrogen and phosphorus constrain the CO_2 fertilization of global plant biomass. *Nat. Clim. Chang.* **2019**, *9*, 684-689.

15   Terrer, C.; Jackson, R. B.; Prentice, I. C.; Keenan, T. F.; Kaiser, C.; Vicca, S.; Fisher, J. B.; Reich, P. B.; Stocker, B. D.; Hungate, B. A.; et al. Nitrogen and phosphorus constrain the CO_2 fertilization of global plant biomass. *Nat. Clim. Chang.* **2019**, *9*, 684-689.

16   Terrer, C.; Jackson, R. B.; Prentice, I. C.; Keenan, T. F.; Kaiser, C.; Vicca, S.; Fisher, J. B.; Reich, P. B.; Stocker, B. D.; Hungate, B. A.; et al. Nitrogen and phosphorus constrain the CO_2 fertilization of global plant biomass. *Nat. Clim. Chang.* **2019**, *9*, 684-689.

17   Ciais, P.; Reichstein, M.; Viovy, N.; Granier, A.; Ogée, J.; Allard, V.; Aubinet, M.; Buchmann, N.; Bernhofer, C.; Carrara, A.; et al. Europe-wide reduction in primary productivity caused by the heat and drought in 2003. *Nature* **2005**, *437*, 529-533.

18   Hugelius, G.; Strauss, J.; Zubrzycki, S.; Harden, J. W.; Schuur, E. A. G.; Ping, C.-L.; Schirrmeister, L.; Grosse, G. Estimated stocks of circumpolar permafrost carbon with quantified uncertainty ranges and identified data gaps. *Biogeosciences* **2014**, *11*, 6573-6593.

19   Turetsky, M. R.; Abbott, B. W.; Jones, M. C.; Anthony, K. W.; Olefeldt, D.; Schuur, E. A. G.; Grosse, G.; Kuhry, P.; Hugelius, G.; Koven, C.; et al. Carbon release through abrupt permafrost thaw. *Nat. Geosci.* **2020**, *13*, 138-143.

20   Jorgenson, M. T.; Harden, J.; Kanevskiy, M.; O'Donnell, J.; Wickland, K.; Ewing, S.; Manies, K.; Zhuang, Q.; Shur, Y.; Striegl, R.; et al. Reorganization of vegetation, hydrology and soil carbon after permafrost degradation across heterogeneous boreal landscapes. *Environ. Res. Lett.* **2013**, *8*, 035017.

21   Turetsky, M. R.; Abbott, B. W.; Jones, M. C.; Anthony, K. W.; Olefeldt, D.; Schuur, E. A. G.; Grosse, G.; Kuhry, P.; Hugelius, G.; Koven, C.; et al. Carbon release through abrupt permafrost thaw. Nat. Geosci. **2020**, *13*, 138-143.

22   Hubau, W.; Lewis, S. L.; Phillips, O. L.; Affum-Baffoe, K.; Beeckman, H.; Cuní-Sanchez, A.; Daniels, A. K.; Ewango, C. E. N.; Fauset, S.; Mukinzi, J. M.; et al. Asynchronous carbon sink saturation in African and Amazonian tropical forests. *Nature* **2020**, *579*, 80-87.

23   Gatti, L. V.; Basso, L. S.; Miller, J. B.; Gloor, M.; Gatti Domingues, L.; Cassol, H. L. G.; Tejada, G.; Aragão, L. E. O. C.; Nobre, C.; Peters, W.; et al. Amazonia as a carbon source linked to deforestation and climate change. *Nature* **2021**, *595*, 388-393.

24   Gatti, L. V.; Basso, L. S.; Miller, J. B.; Gloor, M.; Gatti Domingues, L.; Cassol, H. L. G.; Tejada, G.; Aragão, L. E. O. C.; Nobre, C.; Peters, W.; et al. Amazonia as a carbon source linked to deforestation and climate change. *Nature* **2021**, *595*, 388-393.

25   Lovejoy, T. E.; Nobre, C. Amazon tipping point. *Sci. Adv.* *2018*, *4*, eaat2340.

26   Nobre, C. A.; Sampaio, G.; Borma, L. S.; Castilla-Rubio, J. C.; Silva, J. S.; Cardoso, M. Land-use and climate change risks in the Amazon and the need of a novel sustainable development paradigm. *Proc. Natl. Acad. Sci. U.S.A.* **2016**, *113*, 10759-10768.

27   Walker, J. C. G.; Hays, P. B.; Kasting, J. F. A negative feedback mechanism for the long-term stabilization of Earth's surface temperature. *J. Geophys. Res.* **1981**, *86*, 9776-9782.

28   Walker, J. C. G.; Hays, P. B.; Kasting, J. F. A negative feedback mechanism for the long-term stabilization of Earth's surface temperature. *J. Geophys. Res.* **1981**, *86*, 9776-9782.

29   Scheffer, M.; Bascompte, J.; Brock, W. A.; Brovkin, V.; Carpenter, S. R.; Dakos, V.; Held, H.; van Nes, E. H.; Rietkerk, M.; Sugihara, G. Early-warning signals for critical transitions. *Nature* **2009**, *461*, 53-59.

30   IPCC. *Climate Change 2021: The Physical Science Basis. Contribution of Working Group I to the Sixth Assessment Report of the Intergovernmental Panel on Climate Change*; Cambridge University Press: Cambridge, UK, 2021.

31   Scheffer, M.; Bascompte, J.; Brock, W. A.; Brovkin, V.; Carpenter, S. R.; Dakos, V.; Held, H.; van Nes, E. H.; Rietkerk, M.; Sugihara, G. Early-warning signals for critical transitions. *Nature* **2009**, *461*, 53-59.

32   Boers, N. Observation-based early-warning signals for a collapse of the Atlantic Meridional Overturning Circulation. *Nat. Clim. Chang.* **2021**, *11*, 680-688.

33   Armstrong McKay, D. I.; Staal, A.; Abrams, J. F.; Winkelmann, R.; Sakschewski, B.; Loriani, S.; Fetzer, I.; Cornell, S. E.; Rockström, J.; Lenton, T. M. Exceeding 1.5°C global warming could trigger multiple climate tipping points. *Science* **2022**, *377*, eabn7950.

34   Lenton, T. M.; Rockström, J.; Gaffney, O.; Rahmstorf, S.; Richardson, K.; Steffen, W.; Schellnhuber, H. J. Climate tipping points — too risky to bet against. *Nature* **2019**, *575*, 592-595.

35   Wunderling, N.; Donges, J. F.; Kurths, J.; Winkelmann, R. Interacting tipping elements increase risk of climate domino effects under global warming. *Earth Syst. Dyn.* **2021**, *12*, 601-619.

36   Wunderling, N.; Donges, J. F.; Kurths, J.; Winkelmann, R. Interacting tipping elements increase risk of climate domino effects under global warming. *Earth Syst. Dyn.* **2021**, *12*, 601-619.

37   Prinn, R. G. Development and application of earth system models. *Proc. Natl. Acad. Sci. U.S.A.* **2013**, *110*, 3920-3926.

38   Archer, D.; Eby, M.; Brovkin, V.; Ridgwell, A.; Cao, L.; Mikolajewicz, U.; Caldeira, K.; Matsumoto, K.; Munhoven, G.; Montenegro, A.; et al. Atmospheric lifetime of fossil fuel carbon dioxide. *Annu. Rev. Earth Planet. Sci.* **2009**, *37*, 117-134.

39   Archer, D.; Eby, M.; Brovkin, V.; Ridgwell, A.; Cao, L.; Mikolajewicz, U.; Caldeira, K.; Matsumoto, K.; Munhoven, G.; Montenegro, A.; et al. Atmospheric lifetime of fossil fuel carbon dioxide. *Annu. Rev. Earth Planet. Sci.* **2009**, *37*, 117-134.

40   Archer, D.; Eby, M.; Brovkin, V.; Ridgwell, A.; Cao, L.; Mikolajewicz, U.; Caldeira, K.; Matsumoto, K.; Munhoven, G.; Montenegro, A.; et al. Atmospheric lifetime of fossil fuel carbon dioxide. *Annu. Rev. Earth Planet. Sci.* **2009**, *37*, 117-134.

41   Friedlingstein, P.; O'Sullivan, M.; Jones, M. W.; Andrew, R. M.; Gregor, L.; Hauck, J.; Le

Quéré, C.; Luijkx, I. T.; Olsen, A.; Peters, G. P.; et al. Global Carbon Budget 2023. *Earth Syst. Sci. Data* **2023**, *15*, 5301–5369.

42 Keith, D. W.; Claussen, M.; Fu, J. S.; Hegerl, G.; Mielke, J.; Mirza, M. M. Q.; Prather, K. The physics of carbon dioxide removal. In *MIT Climate Portal*, 2022.

43 Keith, D. W.; Holmes, G.; St. Angelo, D.; Heidel, K. A process for capturing CO_2 from the atmosphere. *Joule* **2018**, *2*, 1573–1594.

44 Keith, D. W.; Claussen, M.; Fu, J. S.; Hegerl, G.; Mielke, J.; Mirza, M. M. Q.; Prather, K. The physics of carbon dioxide removal. In *MIT Climate Portal*, 2022.

45 IPCC. *Climate Change 2022: Mitigation of Climate Change. Contribution of Working Group III to the Sixth Assessment Report.* Cambridge University Press: Cambridge, UK, 2022.

46 Folke, C.; Carpenter, S.; Walker, B.; Scheffer, M.; Elmqvist, T.; Gunderson, L.; Holling, C. S. Regime shifts, resilience, and biodiversity in ecosystem management. *Annu. Rev. Ecol. Evol. Syst.* **2004**, *35*, 557–581.

17장. 인류 멸망의 질병원 이산화탄소

1 Robine, J.-M.; Cheung, S. L. K.; Le Roy, S.; Van Oyen, H.; Griffiths, C.; Michel, J.-P.; Herrmann, F. R. Death toll exceeded 70,000 in Europe during the summer of 2003. *C. R. Biol.* **2008**, *331*, 171–178.

2 Météo-France. *Données climatiques historiques.* https://donneespubliques.meteofrance.fr

3 Robine, J.-M.; Cheung, S. L. K.; Le Roy, S.; Van Oyen, H.; Griffiths, C.; Michel, J.-P.; Herrmann, F. R. Death toll exceeded 70,000 in Europe during the summer of 2003. *C. R. Biol.* **2008**, *331*, 171–178.

4 Fox-Kemper, B.; et al. Ocean, Cryosphere and Sea Level Change. In *Climate Change 2021: The Physical Science Basis*; Masson-Delmotte, V., et al., Eds.; Cambridge University Press: Cambridge, UK, 2021.

5 NASA Sea Level Change Portal. *Global Mean Sea Level.* https://sealevel.nasa.gov

6 Ministry of Environment and Energy, Republic of Maldives. *Maldives Second National Communication to the United Nations Framework Convention on Climate Change*; Ministry of Environment and Energy: Malé, Maldives, 2016.

7 Kulp, S. A.; Strauss, B. H. New elevation data triple estimates of global vulnerability to sea-level rise and coastal flooding. *Nat. Commun.* **2019**, *10*, 4844.

8 Armstrong McKay, D. I.; et al. Exceeding 1.5°C global warming could trigger multiple climate tipping points. *Science* **2022**, *377*, eabn7950.

9 Armstrong McKay, D. I.; et al. Exceeding 1.5°C global warming could trigger multiple climate tipping points. *Science* **2022**, *377*, eabn7950.

10 Shepherd, A.; et al. Mass balance of the Greenland Ice Sheet from 1992 to 2018. *Nature*

2020, *579*, 233-239.

11   Shepherd, A.; et al. Mass balance of the Antarctic Ice Sheet from 1992 to 2017. *Nature* **2018**, *558*, 219-222.

12   British Antarctic Survey. Scientists discover cause of rapid ice loss from world's riskiest glacier. https://www.bas.ac.uk/media-post/scientists-discover-cause-of-rapid-ice-loss-from-worlds-riskiest-glacier.

13   Copernicus Climate Change Service. July 2023 confirmed as hottest month on record. https://climate.copernicus.eu/july-2023-sees-multiple-global-temperature-records-broken.

14   Charney, J. G.; et al. *Carbon Dioxide and Climate: A Scientific Assessment*; National Academy of Sciences: Washington, DC, 1979.

15   Forster, P.; et al. The Earth's Energy Budget, Climate Feedbacks, and Climate Sensitivity. In *Climate Change 2021: The Physical Science Basis*; Cambridge University Press: Cambridge, UK, 2021.

16   World Bank. *Turn Down the Heat: Why a 4°C Warmer World Must be Avoided*; World Bank: Washington, DC, 2012.

17   Food and Agriculture Organization (FAO). *Syria: Agriculture Sector in Crisis - Needs Assessment*; FAO Emergency Assessment, 2013.

18   UNHCR. *Syria Regional Response Plan*; United Nations High Commissioner for Refugees, 2013.

19   Syrian Observatory for Human Rights. *Casualties Database 2011-2021*; UNHCR Syria Emergency Response.

20   Kelley, C. P.; Mohtadi, S.; Cane, M. A.; Seager, R.; Kushnir, Y. Climate change in the Fertile Crescent and implications of the recent Syrian drought. *Proc. Natl. Acad. Sci. U.S.A.* **2015**, *112*, 3241-3246.

21   National Hurricane Center. Hurricane Katrina: A Nation Still Unprepared; US Senate Report 109-322, 2006.

22   Couvillion, B. R.; et al. *Land Area Change in Coastal Louisiana(1932 to 2016)*; U.S. Geological Survey Scientific Investigations Map 3381; USGS: Reston, VA, 2017.

23   Costanza, R.; et al. The value of coastal wetlands for hurricane protection. *AMBIO* **2008**, *37*, 241-248.

24   Costanza, R.; et al. The value of the world's ecosystem services and natural capital. *Nature* **1997**, *387*, 253-260.

25   IPBES. *Global Assessment Report on Biodiversity and Ecosystem Services*; IPBES Secretariat: Bonn, Germany, 2019.

26   Friedlingstein, P.; et al. Global Carbon Budget 2023. *Earth Syst. Sci. Data* **2023**, *15*, 5301-5369.

27   US Environmental Protection Agency (EPA). *Climate Change and Social Vulnerability in the United States*; EPA 430-R-21-003; EPA: Washington, DC, 2024.

28   Hoffman, J. S.; Shandas, V.; Pendleton, N. The effects of historical housing policies on resident exposure to intra-urban heat: A study of 108 US urban areas. *Climate* **2020**, *8*, 12.

29   World Inequality Lab. *World Inequality Report 2023*; World Inequality Lab: Paris, 2023.

30   Zhao, J.; et al. Global trends in incidence, death, burden and risk factors of early-onset cancer from 1990 to 2019. *BMJ Oncol.* **2023**, *2*, e000049.

31   Ugai, T.; et al. Is early-onset cancer an emerging global epidemic? Current evidence and future implications. *Nat. Rev. Clin. Oncol.* **2022**, *19*, 656-673.

32   Siegel, R. L.; et al. Colorectal cancer statistics, 2023. *CA Cancer J. Clin.* **2023**, *73*, 233-254.

33   US Preventive Services Task Force. Screening for Colorectal Cancer: US Preventive Services Task Force Recommendation Statement. *JAMA* **2021**, *325*, 1943-1961.

34   Sung, H.; Ferlay, J.; Siegel, R. L.; Laversanne, M.; Soerjomataram, I.; Jemal, A.; Bray, F. Global Cancer Statistics 2020: GLOBOCAN Estimates of Incidence and Mortality Worldwide for 36 Cancers in 185 Countries. *CA Cancer J. Clin.* **2021**, *71*, 209-249.

35   Steffen, W.; et al. The trajectory of the Anthropocene: The Great Acceleration. *Anthr. Rev.* **2015**, *2*, 81-98.

36   Ni, W.; et al. Long-term exposure to ambient temperature and aging: A study of DNA methylation age acceleration. *Environ. Int.* **2023**, *175*, 107935.

37   Romanello, M.; et al. The 2023 report of the Lancet Countdown on health and climate change. *Lancet* **2023**, *402*, 2346-2394.

38   Jones, P. A. Functions of DNA methylation: islands, start sites, gene bodies and beyond. *Nat. Rev. Genet.* **2012**, *13*, 484-492.

39   Horvath, S. DNA methylation age of human tissues and cell types. *Genome Biol.* **2013**, *14*, R115.

40   Tian, R.; et al. Accelerated aging may be a primary driver of early-onset cancer rising in younger generations. Presented at the *American Association for Cancer Research(AACR) Annual Meeting 2024*, San Diego, CA, April 7, 2024.

41   Tian, R.; et al. Accelerated aging may be a primary driver of early-onset cancer rising in younger generations. Presented at the *American Association for Cancer Research(AACR) Annual Meeting 2024*, San Diego, CA, April 7, 2024.

42   Belsky, D. W.; et al. DunedinPACE, a DNA methylation biomarker of the pace of aging. *eLife* **2022**, *11*, e73420.

43   Tian, R.; et al. Accelerated aging may be a primary driver of early-onset cancer rising in younger generations. Presented at the *American Association for Cancer Research(AACR) Annual Meeting 2024*, San Diego, CA, April 7, 2024.

44   Levine, M. E.; et al. An epigenetic biomarker of aging for lifespan and healthspan. *Aging (Albany NY)* **2018**, *10*, 573-591.

45   Steffen, W.; et al. The trajectory of the Anthropocene: The Great Acceleration. *Anthr. Rev.* **2015**, *2*, 81-98.

46   Steffen, W.; et al. The trajectory of the Anthropocene: The Great Acceleration. *Anthr. Rev.* **2015**, *2*, 81-98.

47   NASA GISS. *GISS Surface Temperature Analysis(GISTEMP v4)*. https://data.giss.nasa.gov/gistemp/

48   Zhang, X.; et al. Indices for monitoring changes in extremes based on daily temperature and precipitation data. *WIREs Clim. Change* **2011**, *2*, 851-870.

49   Thiery, W.; et al. Intergenerational inequities in exposure to climate extremes. Science 2021, *374*, 158-160.

50   Hansen, J.; Sato, M.; Ruedy, R. Perception of climate change. *Proc. Natl. Acad. Sci. U.S.A.* **2012**, *109*, E2415-E2423.

51   Heal, M. R.; Quincey, P. The relationship between black carbon concentration and black smoke: A more general approach. *Atmos. Environ.* **2012**, *54*, 538-544.

52   Landrigan, P. J.; et al. The Lancet Commission on pollution and health. *Lancet Planet. Health* **2018**, *391*, 462-512.

53   Tian, R.; et al. Accelerated aging may be a primary driver of early-onset cancer rising in younger generations. Presented at the *American Association for Cancer Research(AACR) Annual Meeting 2024*, San Diego, CA, April 7, 2024.

54   Baker, P.; et al. Ultra-processed foods and the nutrition transition: Global, regional and national trends, food systems transformations and political economy drivers. *Obes. Rev.* **2020**, *21*, e13126.

55   Kahn, L. G.; et al. Endocrine-disrupting chemicals: implications for human health. *Lancet Diabetes Endocrinol.* **2020**, *8*, 703-718.

56   Belsky, D. W.; et al. DunedinPACE, a DNA methylation biomarker of the pace of aging. *eLife* **2022**, *11*, e73420.

57   Belsky, D. W.; et al. Quantification of biological aging in young adults. *Proc. Natl. Acad. Sci. U. S. A.* **2015**, *112*, E4104-E4110.

58   Ni, W.; et al. Long-term exposure to ambient temperature and aging: A study of DNA methylation age acceleration. *Environ. Int.* **2023**, *175*, 107935.

59   Tian, R.; et al. Accelerated aging may be a primary driver of early-onset cancer rising in younger generations. Presented at the *American Association for Cancer Research(AACR) Annual Meeting 2024*, San Diego, CA, April 7, 2024.

60   Ni, W.; et al. Long-term exposure to ambient temperature and aging: A study of DNA methylation age acceleration. *Environ. Int.* **2023**, *175*, 107935.

61   Richter, K.; Haslbeck, M.; Buchner, J. The heat shock response: life on the verge of death. *Mol. Cell* **2010**, *40*, 253-266.

62   Flanagan, S. W.; Moseley, P. L.; Buettner, G. R. Increased flux of free radicals in cells subjected to hyperthermia. *FEBS Lett.* **1998**, *431*, 285-286.

63   Murphy, M. P. How mitochondria produce reactive oxygen species. *Biochem. J.* **2009**, *417*, 1-13.

64   Myhre, G.; et al. New estimates of radiative forcing due to well mixed greenhouse gases. *Geophys. Res. Lett.* **1998**, *25*, 2715-2718.

65   Hansen, J.; Sato, M.; Ruedy, R. Perception of climate change. *Proc. Natl. Acad. Sci. U.S.A.* **2012**, *109*, E2415-E2423.

66   Kang, Y.; Baek, I.; Park, J. Assessing heatwave effects on disabled persons in South Korea. *Sci. Rep.* **2024**, *14*, 3459.

67   이복임. 우리나라 고온 노출 야외작업자의 특성과 건강수준. 한국직업건강간호학회지 **2022**, *31*(2), 95-103.

68   Spector, J. T.; et al. A case-crossover study of heat exposure and injury risk in outdoor

agricultural workers. *PLoS One* **2016**, *11*, e0164498.

69   Xu, R.; et al. Socioeconomic level and associations between heat exposure and all-cause and cause-specific hospitalization in 1,814 Brazilian cities. *PLoS Med.* **2020**, *17*, e1003369.

70   Lee, W.; et al. Temporal changes in heat-related mortality risk in South Korea. *Environ. Int.* **2021**, *155*, 106673.

71   GBD 2019 Diseases and Injuries Collaborators. Global burden of 369 diseases and injuries in 204 countries and territories, 1990-2019. *Lancet* **2020**, *396*, 1204-1222.

72   Friedlingstein, P.; et al. Global Carbon Budget 2023. *Earth Syst. Sci. Data* **2023**, *15*, 5301-5369.

18장. 426.9ppm: 문명의 마지막 분기점

1   **시나리오 방법론에 관한 주석:** 이 장의 첫 번째 단원(2089년 라호르)은 실제 사건이 아니라 과학적 근거에 기반한 가상 시나리오다. 이 방법론은 극한의 상황을 다루는 두 가지 서사에서 영감을 받았다. 첫째, 조지 밀러(George Miller)의 영화 〈매드맥스: 분노의 도로(Mad Max: Fury Road)〉(2015)가 보여 준 극한 환경 묘사다. 밀러는 물 부족 세계를 단순한 배경이 아니라 이야기의 중심 동력으로 만들었다. 물은 화폐이자 권력이며 생존 그 자체다. 임모탄 조(Immortan Joe)가 물을 통제하며 권력을 유지하는 장면은 자원의 물리적 희소성이 어떻게 사회 구조를 재편하는지를 보여 준다. 이 장의 주인공 이반(Ivan)이 5리터 물을 위해 목숨을 거는 장면은 밀러의 통찰을 기후 변화 맥락으로 재해석한 것이다. 둘째, 알렉산드르 솔제니친(Aleksandr Solzhenitsyn)의 소설 《이반 데니소비치의 하루(One Day in the Life of Ivan Denisovich)》(1962)가 제시한 극한 생존의 일상성이다. 솔제니친은 스탈린 시대 수용소의 공포를 거대한 사건이 아니라 평범한 하루의 투쟁으로 그렸다. 이반 데니소비치 슈호프(Ivan Denisovich Shukhov)가 아침에 일어나 빵 한 조각을 얻기 위해 온종일 싸우고, 잠들기 전 "오늘도 살아남았다"고 안도하는 그 단조로운 반복이 바로 전체주의의 본질이다. 이 장의 이반 역시 그 이름을 직접 채용하여 영웅적 저항이 아니라 5리터 물을 얻기 위한 계산된 반복을 그렸다. 기후 파국은 극적인 순간이 아니라 삶 자체가 생존 투쟁으로 환원되는 일상의 붕괴로 온다.

2   Sherwood, S. C.; Huber, M. An adaptability limit to climate change due to heat stress. *Proc. Natl. Acad. Sci. U.S.A.* **2010**, *107*, 9552-9555.

3   **2089년 파키스탄 라호르 시나리오의 과학적 근거:** 2089년은 임의로 선택된 것이 아니다. IPCC의 고배출 시나리오(SSP5-8.5)에서 지구 평균 기온이 산업화 이전 대비 4°C 상승에 도달하는 시점이 2080~2100년 사이로 예측된다. 라호르가 속한 남아시아 지역은 지구 평균보다 빠르게 가열되는 지역이므로(regional amplification factor 약 1.3배), 2089년이면 이 지역의 여름철 최고 기온이 이미 생존 한계를 넘어선 상태일 것으로 추산된다. Im et al. (2017)은 인도-파키스탄 평원 지역이 21세기 말 습구 온도 35°C에 도달할 가능성을 제시했다. 물 배급 시스템은 현재 예멘, 시리아 등 분쟁 지역에서 이미 작동 중인 메커니즘의 확장이다 [Im, E. S.; Pal, J. S.; Eltahir, E. A. Deadly heat waves projected in the densely

populated agricultural regions of South Asia. *Sci. Adv.* **2017**, *3*, e1603322].

4   Clausius, R. Über verschiedene für die Anwendung bequeme Formen der Hauptgleichungen der mechanischen Wärmetheorie. *Ann. Phys. Chem.* **1865**, *125*, 353-400.

5   Floudas, D.; Binder, M.; Riley, R.; Barry, K.; Blanchette, R. A.; Henrissat, B.; Martínez, A. T.; Otillar, R.; Spatafora, J. W.; Yadav, J. S.; et al. The Paleozoic origin of enzymatic lignin decomposition reconstructed from 31 fungal genomes. *Science* **2012**, *336*, 1715-1719.

6   Friedlingstein, P.; O'Sullivan, M.; Jones, M. W.; Andrew, R. M.; Bakker, D. C. E.; Hauck, J.; Landschützer, P.; Le Quéré, C.; Luijkx, I. T.; Peters, G. P.; et al. Global Carbon Budget 2023. *Earth Syst. Sci. Data* **2023**, *15*, 5301-5369.

7   Elsig, J.; Schmitt, J.; Leuenberger, D.; Schneider, R.; Eyer, M.; Leuenberger, M.; Joos, F.; Fischer, H.; Stocker, T. F. Stable isotope constraints on Holocene carbon cycle changes from an Antarctic ice core. *Nature* **2009**, *461*, 507-510.

8   Speight, J. G. *The Chemistry and Technology of Coal*, 3rd ed.; CRC Press: Boca Raton, FL, 2013.

9   Archer, D.; Eby, M.; Brovkin, V.; Ridgwell, A.; Cao, L.; Mikolajewicz, U.; Caldeira, K.; Matsumoto, K.; Munhoven, G.; Montenegro, A.; et al. Atmospheric lifetime of fossil fuel carbon dioxide. *Annu. Rev. Earth Planet. Sci.* **2009**, *37*, 117-134.

10   IPCC. *Climate Change 2021: The Physical Science Basis*; Cambridge University Press: Cambridge, U.K., 2021.

11   von Schuckmann, K.; Cheng, L.; Palmer, M. D.; Hansen, J.; Tassone, C.; Aich, V.; Adusumilli, S.; Beltrami, H.; Boyer, T.; Cuesta-Valero, F. J.; et al. Heat stored in the Earth system: where does the energy go? *Earth Syst. Sci. Data* **2020**, *12*, 2013-2041.

12   IPCC. *Special Report on Global Warming of 1.5°C*; IPCC: Geneva, Switzerland, 2018.

13   Xu, C.; Kohler, T. A.; Lenton, T. M.; Svenning, J.-C.; Scheffer, M. Future of the human climate niche. *Proc. Natl. Acad. Sci. U.S.A.* **2020**, *117*, 11350-11355.

14   International Energy Agency (IEA). *CO2 Emissions in 2023: A new record*; IEA: Paris, France, 2024.

15   Nordhaus, W. D. Climate Change: The Ultimate Challenge for Economics. *Am. Econ. Rev.* *2019*, **109**, 1991-2014.

16   칸트, I. *계몽이란 무엇인가*; 이한구 역; 책세상: 서울, 2009.

17   데카르트, R. *방법서설*; 이현복 역; 문예출판사: 서울, 1997.

18   스미스, A. *국부론 (상)*; 김수행 역; 비봉출판사: 서울, 2003.

19   밀, J. S. *자유론*; 서병훈 역; 책세상: 서울, 2005.

20   하버마스, J. *의사소통행위이론 1*; 장춘익 역; 나남: 서울, 2006.

21   Le Quéré, C.; Andrew, R. M.; Friedlingstein, P.; Sitch, S.; Hauck, J.; Pongratz, J.; Pickers, P. A.; Korsbakken, J. I.; Peters, G. P.; Canadell, J. G.; et al. Global Carbon Budget 2018. *Earth Syst. Sci. Data* **2018**, *10*, 2141-2194.

22   Nash, J. Equilibrium points in n-person games. *Proc. Natl. Acad. Sci. U.S.A.* **1950**, *36*, 48-49.

23   Hardin, G. The Tragedy of the Commons. *Science* **1968**, *162*, 1243-1248.

24   Dunbar, R. I. M. Neocortex size as a constraint on group size in primates. *J. Hum. Evol.* **1992**, *22*, 469-493.

25   Glimcher, P. W. *Decisions, Uncertainty, and the Brain: The Science of Neuroeconomics*; MIT Press: Cambridge, MA, 2004.

26   Joos, F.; Spahni, R. Rates of change in natural and anthropogenic radiative forcing over the past 20,000 years. *Proc. Natl. Acad. Sci. U.S.A.* **2008**, *105*, 1425–1430.

27   Joos, F.; Spahni, R. Rates of change in natural and anthropogenic radiative forcing over the past 20,000 years. *Proc. Natl. Acad. Sci. U.S.A.* **2008**, *105*, 1425–1430.

28   IPCC. *Climate Change 2022: Impacts, Adaptation and Vulnerability*; Cambridge University Press: Cambridge, U.K., 2022.

29   Moberg, F.; Folke, C. Ecological goods and services of coral reef ecosystems. *Ecol. Econ.* **1999**, *29*, 215–233.

30   Munday, P. L.; Dixson, D. L.; Donelson, J. M.; Jones, G. P.; Pratchett, M. S.; Devitsina, G. V.; Døving, K. B. Ocean acidification impairs olfactory discrimination and homing ability of a marine fish. *Proc. Natl. Acad. Sci. U.S.A.* **2009**, *106*, 1848–1852.

31   Frommel, A. Y.; Maneja, R.; Lowe, D.; Malzahn, A. M.; Geffen, A. J.; Folkvord, A.; Piatkowski, U.; Reusch, T. B. H.; Clemmesen, C. Severe tissue damage in Atlantic cod larvae under increasing ocean acidification. *Nat. Clim. Change* **2012**, *2*, 42–46.

32   FAO. *The State of World Fisheries and Aquaculture 2022*; FAO: Rome, Italy, 2022.

33   Immerzeel, W. W.; van Beek, L. P. H.; Bierkens, M. F. P. Climate change will affect the Asian water towers. *Science* **2010**, *328*, 1382–1385.

34   Schuur, E. A. G.; McGuire, A. D.; Schädel, C.; Grosse, G.; Harden, J. W.; Hayes, D. J.; Hugelius, G.; Koven, C. D.; Kuhry, P.; Lawrence, D. M.; et al. Climate change and the permafrost carbon feedback. *Nature* **2015**, *520*, 171–179.

35   Hallmann, C. A.; Sorg, M.; Jongejans, E.; Siepel, H.; Hofland, N.; Schwan, H.; Stenmans, W.; Müller, A.; Sumser, H.; Hörren, T.; et al. More than 75 percent decline over 27 years in total flying insect biomass in protected areas. *PLoS One* **2017**, *12*, e0185809.

36   Lovejoy, T. E.; Nobre, C. Amazon Tipping Point. *Sci. Adv.* **2018**, *4*, eaat2340.

37   Ceballos, G.; Ehrlich, P. R.; Barnosky, A. D.; García, A.; Pringle, R. M.; Palmer, T. M. Accelerated modern human–induced species losses: Entering the sixth mass extinction. *Sci. Adv.* **2015**, *1*, e1400253.

38   Sherwood, S. C.; Huber, M. An adaptability limit to climate change due to heat stress. *Proc. Natl. Acad. Sci. U.S.A.* **2010**, *107*, 9552–9555.

39   Xu, C.; Kohler, T. A.; Lenton, T. M.; Svenning, J.-C.; Scheffer, M. Future of the human climate niche. *Proc. Natl. Acad. Sci. U.S.A.* **2020**, *117*, 11350–11355.

40   Kulp, S. A.; Strauss, B. H. New elevation data triple estimates of global vulnerability to sea-level rise and coastal flooding. *Nat. Commun.* **2019**, *10*, 4844.

41   IPCC. *Climate Change 2023: Synthesis Report*; Cambridge University Press: Cambridge, U.K., 2023.

42   World Bank. *Groundswell: Preparing for Internal Climate Migration*; World Bank: Washington, DC, 2018.

43   Swain, A. Ethiopia, the Sudan, and Egypt: The Nile River Dispute. *J. Mod. Afr. Stud.* **1997**, *35*, 675–694.

44   Institute for Economics & Peace (IEP). *Ecological Threat Register 2020*; IEP: Sydney, Austra-

lia, 2020.

45 Watts, N.; Amann, M.; Arnell, N.; Ayeb-Karlsson, S.; Beagley, J.; Belesova, K.; Boykoff, M.; Byass, P.; Cai, W.; Campbell-Lendrum, D.; et al. The 2020 report of The Lancet Countdown on health and climate change: responding to converging crises. *Lancet* **2021**, *397*, 129-170.

46 Galtung, J. Violence, Peace, and Peace Research. *J. Peace Res.* **1969**, *6*, 167-191.

47 Watts, N.; Amann, M.; Arnell, N.; Ayeb-Karlsson, S.; Beagley, J.; Belesova, K.; Boykoff, M.; Byass, P.; Cai, W.; Campbell-Lendrum, D.; et al. The 2020 report of The Lancet Countdown on health and climate change: responding to converging crises. *Lancet* **2021**, *397*, 129-170.

48 Ebi, K. L.; Capon, A.; Berry, P.; Broderick, C.; de Dear, R.; Havenith, G.; Honda, Y.; Kovats, R. S.; Ma, W.; Malik, A.; et al. Hot weather and heat extremes: health risks. *Lancet* **2021**, *398*, 698-708.

49 Glaser, J.; Lemery, J.; Rajagopalan, B.; Diaz, H. F.; García-Trabanino, R.; Taduri, G.; Madero, M.; Amarasinghe, M.; Abraham, G.; Anutrakulchai, S.; et al. Climate Change and the Emergent Epidemic of CKD from Heat Stress in Rural Communities: The Case for Heat Stress Nephropathy. *Clin. J. Am. Soc. Nephrol.* **2016**, *11*, 1472-1483.

50 Ebi, K. L.; Capon, A.; Berry, P.; Broderick, C.; de Dear, R.; Havenith, G.; Honda, Y.; Kovats, R. S.; Ma, W.; Malik, A.; et al. Hot weather and heat extremes: health risks. *Lancet* **2021**, *398*, 698-708.

51 Ranson, M. Crime, weather, and climate change. *J. Environ. Econ. Manage.* **2014**, *67*, 274-302.

52 Agamben, G. *Homo Sacer: Sovereign Power and Bare Life*; Stanford University Press: Stanford, CA, 1998.

53 Vince, G. Nomad Century: *How Climate Migration Will Reshape Our World*; Flatiron Books: New York, 2022.

54 Bressler, R. D. The mortality cost of carbon. *Nat. Commun.* **2021**, *12*, 4467.

55 Ross, M. L. Does Oil Hinder Democracy? *World Polit.* **2001**, *53*, 325-361.

56 Morris, I. *Why the West Rules—For Now*; Farrar, Straus and Giroux: New York, 2010.

57 Nash, J. Equilibrium points in n-person games. *Proc. Natl. Acad. Sci. U.S.A.* **1950**, *36*, 48-49.

58 Clausius, R. Über die bewegende Kraft der Wärme. *Ann. Phys.* **1850**, *79*, 368-397.

59 Boltzmann, L. Über die Beziehung zwischen dem zweiten Hauptsatze der mechanischen Wärmetheorie und der Wahrscheinlichkeitsrechnung. *Wien. Ber.* **1877**, *76*, 373-435.

60 마르크스, K. *자본론 1*; 김수행 역; 비봉출판사: 서울, 2015.

61 World Bank. *World Development Indicators*; World Bank Group: Washington, DC, 2024.

62 바타유, G. *저주받은 몫*; 조한경 역; 문학과지성사: 서울, 2002.

63 Glimcher, P. W. *Decisions, Uncertainty, and the Brain: The Science of Neuroeconomics*; MIT Press: Cambridge, MA, 2004.

64 Burke, K. D.; Williams, J. W.; Chandler, M. A.; Haywood, A. M.; Lunt, D. J.; Otto-Bliesner, B. L. Pliocene and Eocene provide best analogs for near-future climates. *Proc. Natl. Acad. Sci. U.S.A.* **2018**, *115*, 13288-13293.

65   세네카, L. A. *세네카의 인생론*; 천병희 역; 숲: 서울, 2016.

66   카뮈, A. *시지프 신화*; 김화영 역; 민음사: 서울, 2000

19장. 기술은 인류를 구원하지 못한다

1   Feynman, R. P. "Cargo Cult Science"; Caltech Commencement Address, 1974.

2   Breakthrough Energy Ventures. Portfolio: *Sublime Systems; Investment Announcement, 2023; Sublime Systems. Sublime Systems Raises $40M Series B to Decarbonize Cement Making*; Press Release, Jan 2023.

3   SSAB. *World's first fossil-free steel delivered to Volvo Group*; SSAB News, Aug 2021.

4   WBUR News. *Mass. clean cement company loses $87 million federal award*; June 10, 2025.

5   Canary Media. *SSAB quietly pulls out of $500M green steel award negotiations*; Jan 14, 2025.

6   Andrew, R. M. Global CO_2 emissions from cement production. *Earth Syst. Sci. Data* **2018**, *10*, 195-217.

7   Habert, G.; Miller, S. A.; John, V. M.; Provis, J. L.; Favier, A.; Horvath, A.; Scrivener, K. L. Environmental impacts and decarbonization strategies in the cement and concrete industries. *Nat. Rev. Earth Environ.* **2020**, *1*, 559-573.

8   Ellis, L. D.; Badel, A. F.; Chiang, M. L.; Park, R. J.-Y.; Chiang, Y.-M. Toward electrochemical synthesis of cement—An electrolyzer-based process for decarbonating $CaCO_3$ while producing useful gas streams. *Proc. Natl. Acad. Sci. U.S.A.* **2020**, *117*, 12584-12591.

9   Breakthrough Energy Ventures. *Sublime Systems Investment*; 2023.

10   World Steel Association. *World Steel in Figures 2024*; Brussels, 2024.

11   Quader, M. A.; Ahmed, S.; Ghazilla, R. A. R.; Ahmed, S.; Dahari, M. Present needs, recent progress and future trends of energy-efficient Ultra-Low Carbon Dioxide (CO_2) Steelmaking (ULCOS) program. *Renewable Sustainable Energy Rev.* **2016**, *55*, 537-549.

12   SSAB. *World's first fossil-free steel delivered to Volvo Group*; SSAB News, Aug 2021.

13   Lin, J.-B.; McClure, T. T.; Mohamed, R.; Didas, S. A.; Llewellyn, P. L.; Grendal, K. A.; Mahle, J. J.; Vuong, G. T.; Goudy, A.; Sinnott, S. B.; DeCoste, J. B.; Shimizu, G. K. H. A scalable metal-organic framework as a durable physisorbent for carbon dioxide capture (CALF-20). *Science* **2021**, *374*, 1464-1469.

14   Svante. *Svante and partners announce construction of commercial-scale carbon capture plant*; Press Release, 2024.

15   Nobel Foundation. *The Nobel Prize in Chemistry 2025*; Press Release, Oct 9, 2025.

16   Climeworks. *Orca: World's Largest Direct Air Capture Plant*; Project Report, 2021.

17   Sanz-Pérez, E. S.; Murdock, C. R.; Didas, S. A.; Jones, C. W. Direct capture of CO_2 from ambient air. *Chem. Rev.* **2016**, *116*, 11840-11876.

18   Matter, J. M.; Stute, M.; Snæbjörnsdottir, S. Ó.; Oelkers, E. H.; Gislason, S. R.; Aradottir, E.

S.; Sigfusson, B.; Gunnarsson, I.; Rikardsson, H.; Tarantino, P.; et al. Rapid carbon mineralization for permanent disposal of anthropogenic carbon dioxide emissions. *Science* **2016**, *352*, 1312–1314.

19   Climeworks. *Mammoth: Scaling Direct Air Capture*; Project Update, 2024.

20   Charm Industrial. *Bio-oil Sequestration Technology*; Technical Report, 2023.

21   Fuss, S.; Lamb, W. F.; Callaghan, M. W.; Hilaire, J.; Creutzig, F.; Amann, T.; Beringer, T.; de Oliveira Garcia, W.; Hartmann, J.; Khanna, T.; et al. Negative emissions—Part 2: Costs, potentials and side effects. *Environ. Res. Lett.* **2018**, *13*, 063002.

22   Bridgwater, A. V. Review of fast pyrolysis of biomass and product upgrading. *Biomass Bioenergy* **2012**, *38*, 68–94.

23   Charm Industrial. *California Pilot Project Results*; Technical Report, 2023.

24   Geyer, R.; Jambeck, J. R.; Law, K. L. Production, use, and fate of all plastics ever made. *Sci. Adv.* **2017**, *3*, e1700782.

25   Rahimi, A.; García, J. M. Chemical recycling of waste plastics for new materials production. *Nat. Rev. Chem.* **2017**, *1*, 0046.

26   Yoshida, S.; Hiraga, K.; Takehana, T.; Taniguchi, I.; Yamaji, H.; Maeda, Y.; Toyohara, K.; Miyamoto, K.; Kimura, Y.; Oda, K. A bacterium that degrades and assimilates poly(ethylene terephthalate). *Science* **2016**, *351*, 1196–1199.

27   Tournier, V.; Topham, C. M.; Gilles, A.; David, B.; Folgoas, C.; Moya-Leclair, E.; Kamionka, E.; Desrousseaux, M.-L.; Texier, H.; Gavalda, S.; et al. An engineered PET depolymerase to break down and recycle plastic bottles. *Nature* **2020**, *580*, 216–219.

28   Carbios. *Consortium with L'Oréal, Nestlé Waters, PepsiCo and Suntory Beverage & Food Europe produced first food-grade PET bottles*; Press Release, 2021.

29   Carbios. *First Commercial Plant Announcement*; Press Release, 2024.

30   포스코홀딩스. *2023 기업시민보고서 (통합보고서)*; 서울, 2024.

31   NOAA Global Monitoring Laboratory. *Trends in Atmospheric Carbon Dioxide*; 2024; Global Carbon Project. *Global Carbon Budget 2023*.

32   Plastics Europe. *Plastics—the Facts 2023*; Brussels, 2023.

33   Plastics Europe. *Plastics—the Facts 2023*; Brussels, 2023.

34   Levenspiel, O. *Chemical Reaction Engineering*, 3rd ed.; Wiley: New York, 1999.

35   NOAA Global Monitoring Laboratory. *Trends in Atmospheric Carbon Dioxide*; 2024.

36   Lenton, T. M.; Rockström, J.; Gaffney, O.; Rahmstorf, S.; Richardson, K.; Steffen, W.; Schellnhuber, H. J. Climate tipping points—too risky to bet against. *Nature* **2019**, *575*, 592–595.

37   IEA. *Global Hydrogen Review 2024*; IEA: Paris, 2024.

38   Sublime Systems. *Investor Presentation & Techno-Economic Analysis*; 2024 (Estimated).

39   IRENA. *Global Hydrogen Trade to Meet the 1.5°C Climate Goal*; 2024; Vogl, V.; Åhman, M.; Nilsson, L. J. J. Cleaner Prod. 2018, 203, 736–745.

40   Vogl, V.; Åhman, M.; Nilsson, L. J. Assessment of hydrogen direct reduction for fossil-free steelmaking. *J. Cleaner Prod.* **2018**, *203*, 736–745.

41   IRENA. *Global Hydrogen Trade to Meet the 1.5°C Climate Goal*; 2024; Vogl, V.; Åhman, M.; Nilsson, L. J. J. Cleaner Prod. 2018, 203, 736–745.

42   Climeworks. *Carbon Removal Services Pricing*; 2024.

43   World Bank. *World Development Indicators 2024*; Washington, DC, 2024.

44   European Commission. *EU ETS Carbon Price Tracker*; 2024.

45   Stiglitz, J. E.; Stern, N. *Report of the High-Level Commission on Carbon Prices*; Carbon Pricing Leadership Coalition, 2017.

46   Brinkmann, L.; et al. Plastic waste recycling—A chemical recycling perspective. *ACS Sustainable Chem. Eng.* **2024**, *12*, 12270-12288.

47   Vollmer, I.; Jenks, M. J. F.; Roelands, M. C. P.; White, R. J.; van Harmelen, T.; de Wild, P.; van der Laan, G. P.; Meirer, F.; Keurentjes, J. T. F.; Weckhuysen, B. M. Beyond mechanical recycling: Giving new life to plastic waste. *Angew. Chem., Int. Ed.* **2020**, *59*, 15402-15423.

48   Hahladakis, J. N.; Velis, C. A.; Weber, R.; Iacovidou, E.; Purnell, P. An overview of chemical additives present in plastics. *J. Hazard. Mater.* **2018**, *344*, 179-199.

49   Dafforn, K. A.; et al. Membrane-based nanopurification for plastic recycling. *Nat. Commun. Chem.* **2025**, *8*, 10.

50   Ragaert, K.; Delva, L.; Van Geem, K. Mechanical and chemical recycling of solid plastic waste. *Waste Manage.* **2017**, *69*, 24-58.

51   Clarke, R. W.; et al. Dynamic crosslinking compatibilizes immiscible mixed plastics. *Nature* **2023**, *616*, 731-736.

52   Schäfer, A. W.; Barrett, S. R. H.; Doyme, K.; Dray, L. M.; Gnadt, A. R.; Self, R.; O'Sullivan, A.; Torija, A. J.; Weber, A. Technological, economic and environmental prospects of all-electric aircraft. *Nat. Energy* **2019**, *4*, 160-166.

53   IPCC. *Climate Change 2023: Synthesis Report*; IPCC: Geneva, 2023.

54   IPCC. *Climate Change 2023: Synthesis Report*; IPCC: Geneva, 2023.

55   IRENA. *Renewable Power Generation Costs 2023*; IRENA: Abu Dhabi, 2024.

56   Griffin, P. *The Carbon Majors Database: CDP Carbon Majors Report 2017*; CDP: London, 2017.

57   IMF. *Global Fossil Fuel Subsidies Remain Large: An Update Based on Country-Level Estimates*; IMF: Washington, DC, 2019.

58   Stiglitz, J. E.; Stern, N. *Report of the High-Level Commission on Carbon Prices*; Carbon Pricing Leadership Coalition, 2017.

59   IPCC. *Climate Change 2023: Synthesis Report*; IPCC: Geneva, 2023.

60   IPCC. *Climate Change 2023: Synthesis Report*; IPCC: Geneva, 2023.

20장. 약속과 현실 사이의 간극

1   Climate Home News. Vanessa Nakate criticises COP27 'greenwashing' over Coca-Cola sponsorship. Nov 7, 2022.

2   IPCC. *Global Warming of 1.5°C: Special Report*; Intergovernmental Panel on Climate

Change; Geneva, Switzerland, 2018.

3   Climate Action Tracker. *Glasgow's 2030 credibility gap: net zero's lip service to climate action*; Climate Analytics, NewClimate Institute: Nov 9, 2021.

4   NewClimate Institute. *Reaction: Apple unveils its first carbon neutral products*; NewClimate Institute: Cologne, Germany, 2023.

5   World Resources Institute; World Business Council for Sustainable Development. *The Greenhouse Gas Protocol: A Corporate Accounting and Reporting Standard*; WRI/WBCSD: Washington, DC, 2004.

6   Transport & Environment. *10 years of EU fuels policy has increased reliance on unsustainable biofuels*; Transport & Environment: Brussels, Belgium, 2021.

7   Leber, R. A wildfire is burning up carbon offsets. *Vox*, July 16, 2021.

8   Greenfield, P.; Mukherjee, A. Kenya's carbon credit 'crisis': farmers say they were tricked into deals that trapped them in poverty. *The Guardian*, Jan 25, 2023.

9   Zhang, D.; Stenger, A. Eucalyptus planting in China: A case study on the economic and environmental impacts. *J. Clean. Prod.* **2015**, *103*, 852-859.

10   Greenfield, P. Revealed: more than 90% of rainforest carbon offsets by biggest certifier are likely to be 'phantom credits'. *The Guardian*, Jan 18, 2023.

11   West, T. A. P.; Wunder, S.; et al. Action needed to make carbon offsets from forest conservation work for climate change mitigation. *Science* **2023**, *381*, 873-877.

12   Microsoft. *2022 Environmental Sustainability Report*; Microsoft Corporation: Redmond, WA, 2023.

13   한국거래소. 배출권시장 정보플랫폼; 한국거래소: 서울, 대한민국, 2024.

14   Ruble, I. The Yellow Vests Protests in France: Causes and Consequences. *Energy Policy* **2019**, *132*, 1162-1175.

15   Government of Canada. Climate Action Incentive Payment; Department of Finance Canada: Ottawa, ON, 2024.

16   김형진; 이성우. 제주도 풍력발전에 대한 지역주민 수용성 연구. *신재생에너지* **2021**, *17*, 35-45.

17   World Health Organization. *Environmental Noise Guidelines for the European Region*; WHO Regional Office for Europe: Copenhagen, Denmark, 2018.

18   *Urgenda Foundation v. State of the Netherlands*, ECLI:NL:HR:2019:2007 (Supreme Court of the Netherlands, Dec 20, 2019).

19   *Juliana v. United States*, 947 F.3d 1159 (9th Cir. 2020).

20   *Neubauer, et al. v. Germany*, 1 BvR 2656/18 (Federal Constitutional Court of Germany, Mar 24, 2021).

21   김도현 외 *v.* 대한민국 (헌법재판소, 2020헌마389).

22   *Milieudefensie et al. v. Royal Dutch Shell*, ECLI:NL:RBDHA:2021:5339 (Hague District Court, May 26, 2021).

23   *City of New York v. Chevron Corp.*, 993 F.3d 81 (2d Cir. 2021); County of San Mateo v. Chevron Corp., 294 Cal. Rptr. 3d 834 (Cal. Ct. App. 2022).

24   ABP. ABP stops investing in fossil fuel producers. Press Release, Oct 26, 2021.

25   Hiller, J.; Herbst-Bayliss, S. Exxon loses board seats to activist hedge fund Engine No. 1. *Reuters*, May 27, 2021.

26   Stand.earth. *Global Fossil Fuel Divestment Database*; Stand.earth: San Francisco, CA, 2023.

27   Amazon Employees for Climate Justice. Public Letter to Jeff Bezos and the Amazon Board of Directors. *Medium*, April 10, 2019.

28   European Commission. *Corporate Sustainability Reporting Directive(Directive (EU) 2022/2464)*; Official Journal of the European Union: Brussels, Belgium, 2022.

29   Fink, L. *Larry Fink's 2022 Letter to CEOs: The Power of Capitalism*; BlackRock: New York, NY, 2022.

30   Oei, P.-Y.; Brauers, H.; Herpich, P. Lessons from Germany's hard coal mining phase-out: policies and transition from 1950 to 2018. *Clim. Policy* **2020**, *20*, 963-979.

21장. 녹색 가면의 역설

1   Bieker, G. *A Global Comparison of the Life-Cycle Greenhouse Gas Emissions of Combustion Engine and Electric Passenger Cars*; International Council on Clean Transportation (ICCT): Washington, D.C., 2021.

2   Romare, M.; Dahllöf, L. *The Life Cycle Energy Consumption and Greenhouse Gas Emissions from Lithium-Ion Batteries*; IVL Swedish Environmental Research Institute: Stockholm, 2017.

3   Frischknecht, R.; et al. *Life Cycle Inventories and Life Cycle Assessments of Photovoltaic Systems*; IEA PVPS Task 12: 2020.

4   Garrett, P.; Rønde, K. Life Cycle Assessment of Wind Power: Comprehensive Results from a State-of-the-Art Approach. *International Journal of Life Cycle Assessment* **2013**, *18* (1), 37-48.

5   NOAA Global Monitoring Laboratory. *Trends in Atmospheric Carbon Dioxide*; National Oceanic and Atmospheric Administration: Boulder, CO, 2024.

6   Bieker, G. *A Global Comparison of the Life-Cycle Greenhouse Gas Emissions of Combustion Engine and Electric Passenger Cars*; International Council on Clean Transportation (ICCT): Washington, D.C., 2021.

7   Kelly, J. C.; et al. Energy, Greenhouse Gas, and Water Life Cycle Analysis of Lithium Carbonate and Lithium Hydroxide Monohydrate from Brine and Ore Resources. *Resources, Conservation and Recycling* **2021**, *174*, 105762.

8   Kaunda, R. B. Potential Environmental Impacts of Lithium Mining. *Journal of Energy and Natural Resources Law* **2020**, *38*(3), 237-244.

9   Murphy, L.; Etheber, N. *In Broad Daylight: Uyghur Forced Labour and Global Solar Supply Chains*; Sheffield Hallam University: Sheffield, UK, 2021.

10   Amnesty International. *This Is What We Die For: Human Rights Abuses in the Democratic Republic of the Congo Power the Global Trade in Cobalt*; Amnesty International: London, 2016.

11   China Electricity Council. *China Electric Power Industry Annual Development Report 2024*; China Electricity Council: Beijing, 2024.

12   Statistics Norway. *Energy Statistics 2022*; Statistics Norway: Oslo, 2023.

13   Bieker, G. *A Global Comparison of the Life-Cycle Greenhouse Gas Emissions of Combustion Engine and Electric Passenger Cars*; International Council on Clean Transportation (ICCT): Washington, D.C., 2021.

14   한국전력공사. *제93호 한국전력통계(2023)*; 한국전력공사: 나주, 2024.

15   온실가스종합정보센터. *2023 국가 온실가스 인벤토리 보고서*; 환경부: 세종, 2023.

16   산업통상자원부. *제10차 전력수급기본계획(2022-2036)*; 산업통상자원부: 세종, 2023.

17   Patterson, D.; et al. Carbon Emissions and Large Neural Network Training. *arXiv preprint arXiv:2104.10350* **2021**.

18   Strubell, E.; Ganesh, A.; McCallum, A. Energy and Policy Considerations for Deep Learning in NLP. *Proceedings of the 57th Annual Meeting of the Association for Computational Linguistics* **2019**, 3645-3650.

19   International Energy Agency (IEA). *Electricity 2024: Analysis and Forecast to 2026 (Data Centres and AI)*; IEA: Paris, 2024.

20   International Energy Agency (IEA). *Electricity 2024: Analysis and Forecast to 2026 (Data Centres and AI)*; IEA: Paris, 2024.

21   에너지경제연구원. *국내 데이터센터 전력 소비 현황 및 전망*; 에너지경제연구원: 울산, 2024.

22   Google LLC. *Environmental Report 2024*; Google: Mountain View, CA, 2024.

23   International Energy Agency (IEA). *Electricity 2024: Analysis and Forecast to 2026(Data Centres and AI)*; IEA: Paris, 2024.

24   Koomey, J.; et al. Recalibrating Global Data Center Energy-Use Estimates. *Science* **2020**, *367(6481)*, 984-986.

25   NVIDIA Corporation. *H100 Tensor Core GPU Architecture Whitepaper*; NVIDIA: Santa Clara, CA, 2023.

26   The Seattle Times. Microsoft Data Centers Guzzle Water to Stay Cool. *The Seattle Times*, April 24, 2023.

27   Digiconomist. *Bitcoin Energy Consumption Index*; 2024. https://digiconomist.net/bitcoin-energy-consumption

28   VISA Inc. *2023 Corporate Responsibility and Sustainability Report*; VISA: San Francisco, CA, 2023.

29   Cambridge Centre for Alternative Finance (CCAF). *Cambridge Bitcoin Electricity Consumption Index(CBECI)*; University of Cambridge: Cambridge, UK, 2024.

30   De Vries, A. Bitcoin's Growing Energy Problem. *Joule* **2018**, *2(5)*, 801-805.

31   Digiconomist. *Bitcoin Energy Consumption Index*; 2024. https://digiconomist.net/bitcoin-energy-consumption

32   Ethereum Foundation. *The Merge: Ethereum's Transition to Proof-of-Stake*; Ethereum Foundation: 2022.

33   Chainalysis. *The 2024 Cryptocurrency Wealth Distribution Report*; Chainalysis: New York, NY, 2024.

34   Zhang, L.; et al. The Cryptocurrency Mining Ban in China: Regional Reallocation and Environmental Implications. *Energy Economics* **2022**, *112*, 106133.

35   European Securities and Markets Authority (ESMA). *Report on Crypto-Assets and Climate Risks*; ESMA: Paris, 2024.

36   환경부·국토교통부. 무공해차 통합누리집 통계자료(2024.1 기준); 대한민국 정부: 세종, 2024.

37   산업통상자원부. 제1차 수소경제 이행 기본계획(2021-2030); 산업통상자원부: 세종, 2021.

38   International Energy Agency (IEA). *Global Hydrogen Review 2023*; IEA: Paris, 2023.

39   Parkinson, B.; et al. Hydrogen Production from Natural Gas: A Lifecycle Assessment. *Energy* **2019**, *166*, 1051-1059.

40   환경부. 자동차 온실가스 배출계수 고시; 환경부: 세종, 2024.

41   International Energy Agency (IEA). *Global Hydrogen Review 2023*; IEA: Paris, 2023.

42   Bloomberg NEF. *Hydrogen Economy Outlook 2024*; Bloomberg Finance L.P.: New York, 2024.

43   Robinius, M.; et al. *Comparative Analysis of Infrastructures: Hydrogen Fueling and Electric Charging of Vehicles*; Forschungszentrum Jülich: Jülich, Germany, 2018.

44   Federal Ministry for Economic Affairs and Climate Action (BMWK). *National Hydrogen Strategy Update*; BMWK: Berlin, 2023.

45   Kraftfahrt-Bundesamt (KBA). *New Vehicle Registrations 2023*; KBA: Flensburg, Germany, 2024.

46   dena (German Energy Agency). *Integrated Energy Transition: The Role of Hydrogen*; dena: Berlin, 2024.

47   International Energy Agency (IEA). *Global EV Outlook 2024*; IEA: Paris, 2024.

48   IPCC. *Global Warming of 1.5°C: An IPCC Special Report*; IPCC: Geneva, 2018.

49   산업통상자원부. 제10차 전력수급기본계획(2022-2036); 산업통상자원부: 세종, 2023.

50   Harper, G.; et al. Recycling Lithium-Ion Batteries from Electric Vehicles. *Nature* **2019**, *575 (7781)*, 75-86.

22장. 각국의 선택과 한국의 길

1   Glantz, D. M. *Barbarossa Derailed: The Battle for Smolensk 10 July-10 September 1941*; Helion & Company: Solihull, 2012.

2   Churchill, W. S. BBC Radio Broadcast, June 22, 1941. In *The Churchill War Papers*; Gilbert, M., Ed.; W. W. Norton & Company: New York, 2000; Vol. 3.

3   NOAA Global Monitoring Laboratory. *Trends in Atmospheric Carbon Dioxide*. https://gml.noaa.gov/ccgg/trends/.

4   Global Energy Monitor. Global Solar Power Tracker. https://globalenergymonitor.org/.

5   International Energy Agency (IEA). *Renewable Energy Market Update - June 2024*; IEA: Paris, 2024.

6   Centre for Research on Energy and Clean Air (CREA). *China's Coal Power Development in 2023*; CREA: Helsinki, 2024.

7   International Energy Agency (IEA). *Energy Technology Perspectives 2023*; IEA: Paris, 2023.

8   Morris, C.; Pehnt, M. *Energy Transition: The German Energiewende*; Heinrich Böll Foundation: Berlin, 2012.

9   Federal Ministry for the Environment, Nature Conservation and Nuclear Safety (BMU). *The Path to the Energy of the Future*; BMU: Berlin, 2011.

10   McWilliams, B.; Sgaravatti, G.; Tagliapietra, S.; Zachmann, G. *European Natural Gas Imports*; Bruegel Datasets: Brussels, 2023.

11   진수(陳壽). *삼국지(三國志)*; 서진(西晉), 280.

12   Agora Energiewende. *Die Energiewende in Deutschland: Stand der Dinge 2023*; Agora Energiewende: Berlin, 2024.

13   BDEW. *BDEW-Strompreisanalyse Januar 2024*; Bundesverband der Energie- und Wasserwirtschaft: Berlin, 2024.

14   RTE. *Bilan Électrique 2023*; Réseau de Transport d'Électricité (RTE): Paris, 2024.

15   Yergin, D. *The Quest: Energy, Security, and the Remaking of the Modern World*; Penguin Press: New York, 2011.

16   Hecht, G. *The Radiance of France: Nuclear Power and National Identity after World War II*; MIT Press: Cambridge, MA, 2009.

17   World Nuclear Association. Nuclear Power in France. https://world-nuclear.org/.

18   RTE. *Electricity Report 2023*; Réseau de Transport d'Électricité: Paris, 2024.

19   Euronews. France's Nuclear Power Crisis: What's Going On? *Euronews*, Aug 2022.

20   Reuters. France Becomes Power Importer as Nuclear Woes Worsen. *Reuters*, Oct 14, 2022.

21   Élysée Palace. Discours du Président de la République sur la Stratégie Énergétique de la France. Feb 2024.

22   State of California. *Senate Bill 100(SB 100)*; California State Legislature: Sacramento, 2018.

23   U.S. Energy Information Administration (EIA). *California State Energy Profile*; EIA: Washington, DC, 2024.

24   California Energy Commission (CEC). *2023 Integrated Energy Policy Report*; CEC: Sacramento, 2023.

25   California ISO (CAISO). *What the Duck Curve Tells Us About Managing a Green Grid*; CAISO: Folsom, CA, 2016.

26   California Energy Commission (CEC). *Tracking Progress: Energy Storage*; CEC: Sacramento, 2024.

27   California ISO (CAISO). *Summer 2024 Loads and Resources Assessment*; CAISO: Folsom, CA, 2024.

28   California Energy Commission (CEC). *California Electricity Statistics and Data*; CEC: Sacramento, 2024.

29   Ambrose, S. E. *D-Day June 6, 1944: The Climactic Battle of World War II*; Simon &

Schuster: New York, 1994.

30 Statistics Norway (SSB). *Electricity Statistics*; SSB: Oslo, 2024.

31 Swedish Energy Agency. *Energy in Sweden 2023*; Energimyndigheten: Stockholm, 2024.

32 World Nuclear Association. *Nuclear Power in Sweden*. https://world-nuclear.org/.

33 Danish Energy Agency. *Energy Statistics 2023*; Energistyrelsen: Copenhagen, 2024.

34 Nord Pool. *Market Data and Statistics*. https://www.nordpoolgroup.com/.

35 National Police Agency of Japan. *Damage Situation and Police Countermeasures*; NPA: Tokyo, 2021.

36 Nuclear and Industrial Safety Agency (NISA). *INES Rating on the Events in Fukushima Daiichi Nuclear Power Station*; NISA: Tokyo, 2011.

37 International Atomic Energy Agency (IAEA). *The Fukushima Daiichi Accident*; IAEA: Vienna, 2015.

38 Federation of Electric Power Companies of Japan (FEPC). *Current Status of Nuclear Power Plants*; FEPC: Tokyo, 2011.

39 Institute of Energy Economics, Japan (IEEJ). *Impact of Fukushima Accident on Japan's Energy Policy*; IEEJ: Tokyo, 2014.

40 Nuclear Regulation Authority (NRA). *Status of New Regulatory Requirements Conformity Reviews*; NRA: Tokyo, 2024.

41 Agency for Natural Resources and Energy (ANRE). *Energy White Paper 2023*; METI: Tokyo, 2024.

42 Ministry of Economy, Trade and Industry (METI). *Strategic Energy Plan (6th Edition Draft)*; METI: Tokyo, 2024.

43 통계청. 경제통계시스템 (KOSIS). https://kosis.kr/.

44 통계청. 인구주택총조사; 통계청: 대전, 2024.

45 산림청. 임업통계연보; 산림청: 대전, 2023.

46 한국에너지공단. *2023년 신·재생에너지 보급통계*; 한국에너지공단: 울산, 2024.

47 한국해상풍력협회. 해상풍력산업 리포트; 한국해상풍력협회: 서울, 2024.

48 한국수력원자력. 수력발전 통계. https://www.khnp.co.kr/.

49 한국철강협회. 철강산업 통계; 한국철강협회: 서울, 2024.

50 전력거래소 (KPX). 전력시장 운영실적; 전력거래소: 나주, 2024.

51 제주특별자치도. *Carbon Free Island Jeju by 2030*; 제주특별자치도: 제주, 2024.

52 에너지경제연구원 (KEEI). 에너지통계연보 *2023*; KEEI: 울산, 2024.

53 한국전력공사 (KEPCO). *2023년 연차보고서*; KEPCO: 나주, 2024.

54 한국원자력산업협회. 원자력 에너지 통계; 한국원자력산업협회: 서울, 2024.

55 Ember. *Global Electricity Review 2024*; Ember: London, 2024.

56 International Energy Agency (IEA). *CO2 Emissions from Fuel Combustion*; IEA: Paris, 2023.

57 Ong, S.; Campbell, C.; Denholm, P.; Margolis, R.; Heath, G. *Land-Use Requirements for Solar Power Plants in the United States*; Technical Report NREL/TP-6A20-56290; National Renewable Energy Laboratory (NREL): Golden, CO, 2013; pp 15-18.

58 전력통계정보시스템 (EPSIS). 연도별 발전실적. http://epsis.kpx.or.kr.

59 전력거래소 (KPX). 전력시장 통계정보시스템. http://epsis.kpx.or.kr.

60 한국수력원자력. *신고리 원자력발전소 3, 4호기 최종안전성분석보고서(FSAR)*; 한국수력

원자력: 경주, 2016; 제2장 부지 특성.

61 Ong, S.; Campbell, C.; Denholm, P.; Margolis, R.; Heath, G. *Land-Use Requirements for Solar Power Plants in the United States*; Technical Report NREL/TP-6A20-56290; National Renewable Energy Laboratory (NREL): Golden, CO, 2013; pp 15-18.

62 IPCC. *Climate Change 2014: Mitigation of Climate Change*; Working Group III Contribution; Cambridge University Press: Cambridge, 2014.

63 Buesseler, K. O.; Dai, M.; Aoyama, M.; Benitez-Nelson, C.; Charmasson, S.; Higley, K.; Maderis, V.; Masque, P.; Morris, P. J.; Oughton, D.; Smith, J. N. Fukushima Daiichi-Derived Radionuclides in the Ocean: Transport, Fate, and Impacts. *Annu. Rev. Mar. Sci.* **2017**, *9*, 173-203.

64 Wada, T.; Nemoto, Y.; Shimamura, S.; Fujita, T.; Mizuno, T.; Sohtome, T.; Kamiyama, K.; Morita, T.; Igarashi, S. Effects of the Nuclear Disaster on Marine Products in Fukushima: An Update After Five Years. *J. Environ. Radioact.* **2016**, *164*, 312-324.

65 Garnier-Laplace, J.; Beaugelin-Seiller, K.; Hinton, T. G. Fukushima Wildlife Dose Reconstruction Signals Ecological Consequences. *Environ. Sci. Technol.* **2011**, *45* *(12)*, 5077-5078.

66 International Atomic Energy Agency (IAEA). *Advances in Small Modular Reactor Technology Developments*; IAEA: Vienna, 2023.

67 한국원자력연구원 (KAERI). *SMART 개발 및 상용화*; KAERI: 대전, 2024.

68 한국에너지공단. *재생에너지 3020 이행계획: 진행 보고서*; 한국에너지공단: 울산, 2024.

69 산업통상자원부. *제10차 전력수급기본계획(2022~2036)*; 산업통상자원부: 세종, 2023.

70 BloombergNEF (BNEF). *Energy Storage System Cost Survey 2024*; Bloomberg Finance L.P.: New York, 2024.

71 한국에너지저장산업협회. *ESS 안전관리 가이드라인*; 한국에너지저장산업협회: 서울, 2024.

72 한국가스공사 (KOGAS). *LNG 통계*; 한국가스공사: 대구, 2024.

73 산업통상자원부. *제9차 전력수급기본계획*; 산업통상자원부: 세종, 2020.

74 전력거래소 (KPX). 전력시장 통계정보시스템. http://epsis.kpx.or.kr.

75 한국전지산업협회. *에너지저장시스템 시장 리포트*; 한국전지산업협회: 서울, 2024.

76 한국에너지저장산업협회. *ESS 안전관리 가이드라인*; 한국에너지저장산업협회: 서울, 2024.

77 National Renewable Energy Laboratory (NREL). *Cost Projections for Utility-Scale Battery Storage*: 2024 Update; NREL: Golden, CO, 2024.

78 한국스마트그리드사업단. *스마트그리드 발전 전략*; 한국스마트그리드사업단: 서울, 2024.

79 한국개발연구원 (KDI). *전기요금 체계 개선 연구*; KDI: 세종, 2023.

80 녹색기후기금 (GCF) 한국사무소. *녹색금융 시장 리포트*; GCF: 인천, 2024.

81 원자력안전위원회. *원자력안전백서 2023*; 원자력안전위원회: 서울, 2024.

82 한국에너지공단. *주민참여형 에너지 사업 모델 개발 연구*; 한국에너지공단: 울산, 2024.

83 국회입법조사처. *에너지 정책 일관성과 입법 과제*; 국회입법조사처: 서울, 2024.

84 국회입법조사처. *에너지 정책 일관성과 입법 과제*; 국회입법조사처: 서울, 2024.

85 Kim, J.; Moon, H. South Korea's Energy Transition: Challenges and Opportunities. *Energy Policy* **2023**, *175*, 113472.

1 NOAA Global Monitoring Laboratory. *Trends in Atmospheric Carbon Dioxide.* https://gml.noaa.gov/ccgg/trends/.

2 Le Quéré, C. et al. Global Carbon Budget 2016. *Earth Syst. Sci. Data* **2016**, *8*, 605–649.

3 IPCC. *Global Warming of 1.5°C. An IPCC Special Report on the impacts of global warming of 1.5°C above pre-industrial levels*; Masson-Delmotte, V., et al., Eds.; World Meteorological Organization: Geneva, Switzerland, **2018**; Summary for Policymakers.

4 UNFCCC. Outcome of the first global stocktake. Draft decision -/CMA.5. *Conference of the Parties serving as the meeting of the Parties to the Paris Agreement (CMA)*, Dubai, United Arab Emirates, 2023.

5 Kick Big Polluters Out (KBPO). Record number of fossil fuel lobbyists granted access to COP28 climate talks. https://kickbigpollutersout.org.

6 International Energy Agency (IEA). *CO2 Emissions in 2023: A new record*; IEA: Paris, 2024.

7 Safire, W. Footprint. *The New York Times Magazine*, 2008, Feb 17.

8 Bastin, J.-F.; Finegold, Y.; Garcia, C.; Mollicone, D.; Rezende, M.; Routh, D.; Zohner, C. M.; Crowther, T. W. The global tree restoration potential. *Science* **2019**, *365*, 76–79.

9 Rahmstorf, S. Can planting trees save our climate? *RealClimate* [Online], 2019.

10 Kavanagh, L.; Keohane, J.; Garcia Cabellos, G.; Lloyd, A.; Cleary, J. Global Lithium Sources—Industrial Use and Future Outlook. *ACS Sustainable Chem. Eng.* **2018**, *6*, 569–573.

11 Kelly, J. C.; Dai, Q.; Wang, M. Globally regional life cycle analysis of automotive lithium-ion nickel manganese cobalt batteries. *Mitig. Adapt. Strateg. Glob. Change* **2020**, *25*, 371–396; International Energy Agency (IEA). *Global EV Outlook 2023*; IEA: Paris, 2023.

12 산업통상자원부. *제10차 전력수급기본계획*; 산업통상자원부: 세종, 2023.

13 Sorrell, B.; Gatersleben, B.; Druckman, A. The limits of energy sufficiency: A review of the evidence for rebound effects and negative spillovers from behavioural change. *Energy Res. Soc. Sci.* **2020**, *64*, 101439.

14 Jevons, W. S. *The Coal Question: An Inquiry Concerning the Progress of the Nation, and the Probable Exhaustion of Our Coal-Mines*; Macmillan and Co.: London, 1865.

15 Atkins, P.; de Paula, J.; Keeler, J. *Atkins' Physical Chemistry*, 11th ed.; Oxford University Press: Oxford, 2018; Chapter 3.

16 Global Footprint Network. Earth Overshoot Day 2023. https://www.overshootday.org/.

17 Ainslie, G. *Breakdown of Will*; Cambridge University Press: Cambridge, U.K., 2001.

18 Equilar. *CEO Tenure: S&P 500 CEOs*; Equilar Inc.: Redwood City, CA, 2022.

19 IPCC. *Climate Change 2021: The Physical Science Basis. Contribution of Working Group I to the Sixth Assessment Report of the Intergovernmental Panel on Climate Change*; Masson-Delmotte, V., et al., Eds.; Cambridge University Press: Cambridge, U.K., 2021.

20 Climeworks. Climeworks switches on world's largest direct air capture and storage plant "Mammoth". Press Release, May 8, 2024.

21 Realmonte, G.; Drouet, L.; Gambhir, A.; Glynn, J.; Hawkes, A.; Köberle, A. C.; Tavoni, M.

An inter-model assessment of the role of direct air capture in deep mitigation pathways. *Nat. Commun.* **2019**, *10*, 3277; 이것은 가정이 아니라 잔혹한 산수다. 매머드의 연간 용량(3.6만 톤)으로 1조 1천억 톤을 없애려면 꼬박 3천만 년이 걸린다. 시간보다 더 큰 절망은 에너지다. 클라임웍스 CEO가 밝힌 실제 공정 효율(톤당 약 5,500kWh 소모)을 대입하면, 1조 톤 처리에 전 세계가 190년 동안 생산할 전기가 필요하다. 현재의 전력 생산 방식(kWh당 480그램 배출)으로 이 기계를 돌린다면, 이산화탄소 1톤을 잡기 위해 2.6톤을 새로 뿜어내는 '열역학적 자살'이 된다.

22 Friedlingstein, P. et al. Global Carbon Budget 2023. *Earth Syst. Sci. Data* **2023**, *15*, 5301-5369.

23 Unruh, G. C. Understanding carbon lock-in. *Energy Policy* **2000**, *28*, 817-830.

24 안토니오 그람시. 옥중수고 1 *(Prison Notebooks)*; 이상훈 역; 거름: 서울, 1999.

호보 카르보

탄소로 자란 문명, 탄소에 삼켜질 인류

1판 1쇄 발행 2026년 3월 27일

지은이   신익수

펴낸이   이민선, 이해진
편집   홍성광
디자인   박은정
일러스트   박태연
제작   호호히히주니 아빠
인쇄   신성토탈시스템

펴낸곳   틈새책방
등록   2016년 9월 29일(제2023-000226호)
주소   10543 경기도 고양시 덕양구 으뜸로110, 힐스테이트에코덕은 오피스 102-1009
전화   02-6397-9452
팩스   02-6000-9452
홈페이지   www.teumsaebooks.com
인스타그램   @teumsaebooks
유튜브   www.youtube.com/틈새책방
이메일   teumsaebooks@gmail.com

© 신익수, 2026

ISBN   979-11-88949-89-2   03900